JN410869

그리하여

밤이 밤을

밝히었다

이선우 평론집
그리하여 밤이 밤을 밝히었다

초판인쇄 2020년 4월 17일 **초판발행** 2020년 4월 27일
지은이 이선우 **펴낸이** 박성모 **펴낸곳** 소명출판
출판등록 제13-522호 **주소** 서울시 서초구 서초중앙로6길 15, 1층
전화 02-585-7840 **팩스** 02-585-7848 **전자우편** somyungbooks@daum.net **홈페이지** www.somyong.co.kr

값 26,000원
ISBN 979-11-5905-464-8 03810

이 책은 서울문화재단 '2019 첫 책 발간 지원사업'의 지원을 받아 발간되었습니다.

그리하여 밤이 밤을 밝히었다

AND THE NIGHT ILLUMINATED THE NIGHT

이선우 평론집

잊지 않는다는 것

우리는 이야기로 길을 찾고, 성전과 감옥을 지어 올린다.

—리베카 솔닛, 『멀고도 가까운』

1

한 해의 끝은 겨울이다. 그러니 한 해의 시작도 겨울일 수밖에 없다. 계절은 순환하고, 시작과 끝은 이어져 있기 때문이다. 겨울에서 겨울로, 한 해의 흐름이란 결국 이런 것이다. 하지만 '봄, 여름, 가을, 겨울'이라는 우리의 말 습관은 마치 한 해의 시작이 겨울이 아니라 봄이라는 착각을 불러일으킨다. 언어는 인식에 앞서 인식을 규정한다.

그런데 이것이 정말 언어가 불러일으킨 착각일까. 새해가 시작되었다는 실감은, 달력 속의 날이 바뀌고 해가 달라지는 것과는 상관없이 피부에 와 닿는 대기의 온도, 햇살, 바람, 그것들이 바꾸어 놓는 사람들의 옷차림, 문득 올려다본 가로수에 움튼 푸른 빛들에서 비롯되는 것인지도 모른다. 얼어있던 것들이 녹아 흐르고 죽은 줄 알았던 것들이 꽃 피우는 것을 보노라면 비로소 한 해가 가고 새해가 왔구나, 다시 봄이구나, 생각하지 않을 수 없는 것이다. 언어는 인식을 규정하지만, 언어의 변화를 낳는 것은 바로 인식의 변화다. 생각이 바뀌지 않으면 언어도 쉽게 바뀌지 않는다. 계절의 변화가 시작된 이래, 생명 있는 것들에게 봄은 언제나 유구한 시작이 아니었을까. 1월이 겨울이어도, 그러므로 우리는 겨울이 아니라 봄을 계절의 맨 앞에 둔다. 봄의 생명력이란 이토록 완강한 것이다.

그리하여 다시 봄이다. 연하고 어린 것들이 차고 딱딱한 것들을 뚫고 생의 경이를 드러내는 이 계절에, 그러나 한 학교가, 한 마을이, 때로는 도시 전체가 죽음으로 뒤덮였다. 인간에게 죽음은 불가피한 것이지만 모든 죽음이 필연적인 것은 아니다. 피할 수도 있었던 죽음을 도처에서 목격해야만 하는 봄이란 가혹하다. 화창한 봄날이면 나는 더욱 비감해져서 인간을 둘러싼 어둠에 대해 오랫동안 생각하곤 했다. 왜 한 해의 시작은 봄이 아니라 겨울인가. 하루의 경계는 어째서 아침이 아니라 밤인가. 어떻게 파국을 예감하면서 사랑이 시작되고, 사랑의 이름으로 폭력이 자행되며, 폭력 속에서 역사는 나아가는가. 무엇보다 신은, 무슨 심보로 인간을 여전히 이 어둠 속에서 건져내지 않는가.

인간도 인간을 둘러싼 어둠도, 그 어둠 속에서 도래하는 단 하나의 사건조차도 단순한 것이 없어서 나는 아직 이 질문들을 놓지 못했다. 답지부터 보려는 얼치기 학생처럼 때로는 선명한 문장 하나를 찾아 여러 책을 헤매기도 했다. 줄리언 반스의 『연애의 기억』에는 이런 구절이 있다. "어쩌면 늘 시간을 낭비한 것인지도 몰랐다. 어쩌면 사랑은 결코 정의로 포착할 수 없을지도 몰랐다. 오로지 딱 이야기로만 포착할 수 있었다." 사랑뿐이겠는가. 인간이야말로 정의로는 결코 포착할 수 없는 삶의 내밀한 서사들로 구성된 존재다. 낙관적 전망이 불가능한 모든 순간에,

그리하여 나는 누군가의 이야기를 읽고 있었다.

더 이상 소설을 읽지 않는 어떤 어른들에게 우리의 이 작업은 무용하기 그지없을 것이다. 그러나 인간과 세계에 대한 이해 없이 이루어진 기술의 진보와 자본의 축적은 폭력으로 이어질 뿐이다. 우리 사회에 혐오와 적대가 이토록 광범위하게 자리 잡게 된 것도 단순히 먹고살기가 힘들어져서만은 아닐 것이다. 공포와 불안을 만들어내는 것은 많은 경우 실체가 있는 악이 아니라 무지無知이다. 무엇이 고통의 실체인가, 무엇이 고통의 진짜 원인인가를 알지 못한 채 우리는 각자 누군가를 미워하고 원망하며 몰아낸다. 폭력을 휘두른다. 그 폭력에 누가 상처받고 있는지, 어떤 얼굴로 떨고 있는지도 알지 못한다. 더 지독한 것은, 알지 못하면서 안다고 확신하는 경우다. 안다고 생각하는 순간 우리는 더 이상 알려고 하지 않기 때문이다. 실은 거의 모르고 있다는 사실을 외면해버리기 때문이다. 나는 너무 몰랐고, 모른다는 것조차 몰랐다. 이것이 나의 오만이며, 야만이다. 경제적인 궁핍보다 무서운 것은 상상력의 빈곤이다. 고통은 때로 사람들을 불러 모아 역사의 빛나는 한순간을 만들어낸다. 그러나 고통받는 자들에 대한 감응력, 공감의 상상력 없이 이러한 연대와 실천이 가능할 수는 없다. 물론 공감 능력을 좀 더 키운다고 해서 내가 당신이 될 수 있는 것은 아니다. 나는 결코 당신이 될 수 없고 당신의 고통을 온전히 이해할 수 없다. 이 무수한 '모른다'로부터, 더 정확히 말하면 모른다는 것을 아는 것으로부터 간신히 윤리적 관계가 시작될 수 있을 뿐이다.

문학의 무상성無償性 논의는 대개 문학의 힘과 윤리에 대한 역설적 강조로 이어지지만, 문학의 무용성無用性에 대한 궁색한 답변처럼 취급되기도 한다. 역설적 용법을 통해서만 그 가치를 드러낼 수 있다고 생각하는 것은, 어쩌면 우리 역시 현실의 논리에 깊숙이 젖어있기 때문은 아닐까. 그러나 문학의 힘은, 우리가 생각하는 것보다 훨씬 더 구체적이고 실질적인 것이다. "악에 대한 부정적이고 선험적인 규정으로 인해 윤리는 상황들의 개별성을 사고할 수 없다. 그러나 상황들의 개별성을 사고하는 일이야말로 고유하게 인간적인 모든 행위의 필연적인 출발점"[1] 이다. 소설을 읽는다는 것은 바로 이 출발점으로 자신을 데려가는 일이다. 무엇이 밤이고 낮인지, 누가 착한 사람이고 나쁜 사람인지 단순하게 가르고 단죄하기 위해서가 아니라 한 인간의 구체적인 삶 속에서 존재의 모순과 역설을 고통스럽게 들여다보기 위해, 그리하여 외부로부터 강요된 법과 윤리에 스스로를 종속시키는 것이 아니라 무엇이 인간다운 것인가를 스스로 찾아가기 위해.

어쩌면 끝내 답을 찾지 못할 수도 있다. 그러나 출발점에도 서보지 않고 세계의 어둠만 탓할 수는 없다. 그러고 있는 동안 어둠은 암흑이 될 뿐이고, 내게는 그것이야말로 생을 낭비하는 것이다.

2

글 쓰는 일을 업으로 삼게 된 2006년 이후부터 최근까지 쓴 글들을 대략 추렸다. 삼십 대가 이 글들과 함께 갔다. 꾸물대는 사이 대통령이 네 번 바뀌었고, 두 아이가 태어났으며, 아버지와 그의 마지막 형제가 생을 마감했다.

1 알랭 바디우, 이종영 역, 『윤리학』, 동문선, 2001, 22~23쪽.

귀찮은 일이 생기면 늘 마감을 핑계 대던 나에게, 젊은 날을 그렇게 방구석에서만 보낼 거냐고, 이제 글 따위는 때려치우고 꽃피는 것도 좀 보라고 생의 마지막에 아버지는 자꾸 얼굴을 내밀었다. 유언처럼 그 얼굴을 간직했으나, 한동안 쓰지 못했던 것은 떠난 이의 당부 덕분이 아니라 갓 태어난 생명의 끊임없는 요청 때문이었다. 죽음과 삶 사이, '쓸 수 없다'와 '쓰지 않을 수 없다' 사이에서 이 글들은 겨우 쓰였다. 첫 아이에게 젖을 물리면서 전임 대통령의 부고를 들었고, 둘째 아이의 눈을 가리며 세월호가 끝내 바다 속으로 가라앉는 것을 지켜보았다. 아직 걸음마도 떼지 못한 첫 아이를 업고 용산 참사 시국미사에 참여했을 때, 나는 유모차를 끌고 촛불집회에 나가야 할 미래까지는 점치지 못했다. 그렇게 겨울이 가고 봄이 오고, 사람들이 죽고 태어났다.

그리하여 우리는 이제 어둠을 통과한 것일까.

어둠 속에서 일제히 켜지던 핸드폰 플래시. 그 순간, 숨죽였던 광장에 빛처럼 터져 나온 노랫소리를 기억한다. "어둠은 빛을 이길 수 없다. 거짓은 참을 이길 수 없다. 진실은 침몰하지 않는다. 우리는 포기하지 않는다."[2] 명제처럼 보이지만 무엇 하나 진위를 따질 수 없는 네 개의 부정문. 그러나 광장에서 그것은 단순한 부정문이 아니라 일종의 선언이자 다짐 같은 거였다. 어둠이 빛을 이기고, 거짓이 참을 이기고, 진실이 침몰하는 경우를 우리는 숱하게 보아왔다. 마지막 문장이 '참'일 때조차 앞의 세 문장이 반드시 '참'이 되는 것은 아니다. 그러나 마지막 문장이 '거짓'일 경우 나머지 문장들은 예외 없이 '거짓'이 된다. 그것을 알기에 더 간절

---

2 윤민석 작사 · 작곡, 〈진실은 침몰하지 않는다〉.

하고 뜨거웠던 합창, 잊지 않겠다는 다짐이 넘쳐 흘렀던 광장이었다.

다만 시간이 흘렀을 뿐일 수도 있다. 그러나 일상은 힘이 세다. 잊은 줄도 모르게 잊고 포기한 줄도 모른 채 포기를 반복한다. 포기한 것이 아니라 이미 어둠을 이겨냈다고, 촛불혁명을 달성했으니 결국 참이 거짓을 이긴 거라고 안도하는 이들도 있을 것이다. 승리의 증거를 간직하는 것은 중요하다. 그러나 어둠은 외부에만 있는 것이 아니고, 한 번의 승리로 손바닥 뒤집히듯 세상이 바뀌지도 않는다. 여전히 우리는 숱한 어둠 속에 있다.

이것은 결코 절망할 일이 아니다. 절망한다는 것은 여태 진실을 알지 못했다는 고백에 다름 아니고, 그러므로 유아적 태도일 뿐이라는 매서운 글을 읽은 적이 있다. 어둠은 존재의 기원이자 조건이며 이 세계를 지탱하는 또 하나의 분명한 축이다. 이 현실을 직시하는 것으로부터 문학은 시작한다. 비평이 감당해야 하는 것이 진실이라면 그것은 절망의 알리바이가 아니라 절망으로부터 빠져나오는 형식이 되어야 한다. 잘못을 합리화하지 않되 죄의 굴레에 갇히지 않고, 아픔을 잊지 않되 고통에만 매몰되지 않는 것. 상처를 돌려세워 남을 찌르지 않고, 몰랐다고 변명하며 이 세계에 눈 감지 않는 것. 암흑을 직시하되 기어이 그 암흑에서 빠져나오는, 말하자면 싸우는 삶으로서의 읽기와 쓰기.

어둠을 오래 들여다보며 알게 된 것은 어둠에도 명암이 있다는 것이다. 어떤 이들은 조금만 밝아지면 각자의 일에 파묻혀 분노를 잊고 슬픔을 잊고 잊지 않겠다는 다짐조차 잊고, 세상은 그럭저럭 굴러가게 마련이라고 속 편하게 믿어버리지만 더 어두운 곳에는 잊지 않는 누군가가 반드시 있다는 것도 알게 되었다. 그들은 몇십 년이 지나도 잊지 않고

(혹은 차마 잊지 못하고), 잊을 수 없으므로 기록하고 증언하며 절망 속에서도 싸운다. 포기하지 않는다. 그렇게 학살이 항쟁으로, 폭동이 민주화운동으로, 반란이 혁명으로 제 이름을 찾는다. 모두가 보는 것들 속에서 아무도 보지 못하는 것들을 발견해낸다. 세상은 그럭저럭 굴러가는 것이 아니라 그렇게 포기하지 않는 사람들, 포기할 수 없는 사람들의 사투로 겨우 나아가는 것이다. 내가 아는 한, 작가는 그중에서도 가장 오래 잊지 않는 사람, 가장 내밀하게 기억하는 사람, 가장 구체적으로 그 어둠을 들여다보는 사람이다. 어둠 속에 있으나 어둠에 잠기지 않고 화려한 빛에 현혹되어 어둠을 그냥 지나치지 않는 사람, 말하자면 어둠 속에서 어둠을 밝히는 사람.

"그리하여 밤이 밤을 밝히었다"라는 제목은 롤랑 바르트의 『사랑의 단상』에 나오는 문형紋形, figure을 인용한 것이다. 바르트는 바루지의 『십자가의 성 요한』에 나오는 구절을 맥락을 다소 바꾸어 사랑의 문형으로 제시했는데, 이 역설적인 사랑의 문형이야말로 그동안 내가 읽고 쓴 작품들의 핵심을 드러내는 것이어서 이 책의 표제로 삼는다. 이에 대한 논의는 프롤로그에 따로 담았다.

3

총 35편의 글을 주제에 따라 5부로 나누어 묶었다. 1부의 글은 대체로 길지만, 분량으로 글을 나누지는 않았다. 짧은 글이 때로는 더 깊은 사유를 요한다. 짧고 아름다운 글을 쓰고 싶었으나 늘 짧게 쓰는 데 실패하여 긴 글들이 많다.

1부 '인간이란 무엇인가'는 인간 존재의 조건과 윤리에 대해 고민한 글들이다. 소설이란 결국 인간과 세계에 대한 물음에서 비롯하는 것이므로 어떤 작품이든 이 질문으로부터 온전히 자유로울 수는 없겠지만 최근 몇 년간은 특히나 인간에 대한 근본적인 질문이 터져 나올 수밖에 없었다. 고통스러운 질문들을 외면하지 않고 가장 깊숙한 곳까지 걸어 들어간 작가들이 있어 고민의 형식이 좀 더 깊어질 수 있었다. 1부뿐 아니라 실은 이 책의 모든 글이 그러하다. 비판의 형식도 때로는 매혹의 고백이다. 작가들에게 깊은 감사를 전한다.

2부 '죽음 앞의 삶'에서는 인간을 극한으로 몰아붙이는 세계의 폭력과 실존의 절박함을 드러내는 작품들을 중심으로 '고통에 충실한 삶' 속에서 드러나는 문학의 역설적인 성취를 생각해보았다. 한강의 「회복하는 인간」부터 손아람의 『소수의견』에 이르기까지 체제 속에서 고통받는 자들의 윤리와 그들의 연약하지만 끈질긴 생의 의지가 이 세계를 어떻게 바꾸어 내는가를 보여주고자 했다.

3부 '청춘의 종언과 선언 사이'는 세대론에 대한 비판을 위장한 일종의 세대론들로, 2000년대 중후반에 활동을 시작한 젊은 작가들의 작품을 중심으로 청년세대를 둘러싼 현실의 무게와 무늬, 이에 대한 다양한 대응 전략들을 살펴보았다. 비슷한 시대와 세대라도 각자 다른 언어와 색채로, 그러나 여지없이 이 세계의 모순을 드러내고 있다는 것, 그리하여 청춘의 종언이 곧 청춘의 선언으로 이어진다는 역설에 대해 이야기해 보고자 했다.

4부 '룰의 세계를 내파하는 사랑의 룰'에서는, 존재의 어둠만이 아니라 그 어둠 속에 깃든 사랑의 힘에 좀 더 주목한 글들을 묶었다. 말하자면 상처에서 시작해서 사랑으로, 그리하여 사회로 나아가는 작품들에 대한 기록이다. 가족에 대한 낭만적 환상과는 거리가 먼 가족잔혹극들을 통해서는 국가와 사회의 부재가 낳은 가족주의의 폐해를 살피는 동시에, 어떻게 하면 가족주의의 늪에서 빠져나와 가족으로부터 시민사회로 이행할 수 있을 것인가를 고민해 보았다. 가족을 비롯한 상처의 근원을 정면으로 들여다보고 있는 작품들 덕분에 가능했던 작업이다. 고통을 피하지 않고 고통의 근원을 들여다보는 일이 가능하다는 것은 이미 그 상처로부터 거리두기가 가능해졌다는 의미거니와, '사랑의 룰'이 작동하고 있는 4부의 작품들에서는 자기 안의 '상처받은 아이'만을 바라보던 시선이 점차 타자에게로 향하는 것을 확인할 수 있을 것이다.

5부 '경계를 넘는다는 것'에서는 우리 사회에 아직 완고하게 작동하고 있는 여러 층위의 경계에 대해 문제를 제기하고 경계 넘기를 시도하는 작품들을 읽어보았다. 2000년대 탈국경의 서사를 개관하고 있는 「넘어라, 한국문학」과 이어진 세 글이 일그러진 세계화와 국경에 대한 사유라 한다면, 이후의 글들은 문학의 형식과 내용 등에 존재하는 여러 경계들에 대해 소략하게나마 질문을 던져보고자 한 글들이다. 그 사이에 있는 「21세기 남아프리카공화국의 오이디푸스와 안티고네」는 존 쿳시의 『추락』을 텍스트로 삼은 글로, 타자에 대한 고민에 전 존재를 걸 수밖에 없도록 추락한 두 아프리카너를 중심으로 이웃에 대한 낭만적 정의를 반성하고 추락의 역설적 의미를 발견하고자 했다. 5부의 첫 글인 「우리 시대 작가는 어떻게 존재해야 하는가」는 문화예술 정책의 변화와 작가의 정체성에 대해 고민한 글이다. 이명박 정권의 문화예술 정책에 대한 '저항의 글쓰기'로 기획된 글이었으나, 비단 이명박 정권뿐 아니라 신자유주의에 입각한 문화 정책 전반에 대한 비판이라고 할 수 있다.

4

묵은 글들을 이제야 묶게 된 사연은 구구하여 생략한다. 외부의 여러 조건보다는 결국 나의 게으름과 부족 탓이었다는 생각이다. 어려운 상황에도 책의 출간을 결정해주신 소명출판과 공홍 편집부장님께 진심으로 감사드린다. 선배 연구자들이 소명출판의 이름으로 펴낸 많은 책들이 어려울 때마다 내 길잡이가 되어 주었다. 소명출판이 없었다면 기대지 못했을 그루터기들이다. 제대로 정리되지도 않은 원고의 첫 독자가 되어주신 채현아 편집자님, 평론에 글맛이 있다고 격려해 주신 이영웅 편집자님, 각주 하나도 대충 넘어가지 않고 글의 짜임새까지 살펴주신 권혜진 편집자님, 그리고 최종 편집을 맡아주신 윤소연 편집자님께는 따로 인사라도 드리고 싶은 마음이다. 덕분에 책의 꼴을 갖추게 되었다.

첫 책을 묶다보니 감사할 분들이 많다. 평론을 시작해보라고 적극적으로 권해주신 박철화, 이승하 선생님. 아시아문학에 대한 관심을 연대의 차원으로 실천하고 계신 방현석 선생님. 제자를 동료처럼 존중해 주시는 강헌국 선생님. 철학이 삶에 대한 고민이라는 것을 매 강의마다 실감하게 해주셨던 민승기 선생님. 함께 세미나를 하며 공부하는 즐거움을 몸소 보여주신 강웅식, 전도현 선생님. 문학에 대해 가장 열렬히 고민했던 『작가와비평』 시절의 고봉준, 최강민, 이경수, 정은경, 김정남 선생님. 삶의 구비마다 함께 해주신 여러 선생님들 덕분에 부족하나마 여기까지 올 수 있었습니다. 고맙습니다. 서른 넘어 만난 사람도 친구가 될 수 있다는 것을 알게 해준 따뜻한 문우들, '독수공방讀修工房'의 고독한 글쟁이들, 몇 년째 동화책과 역사책을 함께 읽고 있는 내 어린 친구들에게도 우정과 사랑을 전한다. 다정이 병이어도 그대들과 함께 걷겠다. 슬슬 엄마를 놀릴 줄도 알게 된 나의 첫사랑 이예준, 매일 엄마에게 사랑 고백을 해주는 열정의 이예서에게는 특별한 감사를 전해야겠다. 사랑한다는 것이 무엇인지 너희들 덕분에 알게 되었다. 사랑하고 사랑한다. 생의 변곡점을 만나 안팎으로 힘들어 하는 위기의 이창훈 씨에게는 이 책이 조금이나마 위안이 되길 바란다. 그대의 건강과 안녕을 매 순간 기도한다. 부족해도 나무라기보다 항상 기도로 응원해 주시는 아버님, 어머님께도 깊이 감사드린다.

공부하고 글 쓰는 일이 돈이 되는 시대가 아니라, 돈벌이를 병행하며 이 글들을 쓰는 동안 육아와 살림의 상당 부분을 어머니가 맡아주셨다. 내 삼십 대와 함께 어머니의 육십 대가 갔고, 남편을 떠나보내고 생계의 고달픔에서도 비로소 놓여난 생의 이 황금기에도 어머니는 여전히 내게 붙잡혀 여행도 마음대로 떠나지 못하신다. 대체 왜 저렇게 사는지 이해할 수 없는 딸부터 벌써부터 책에 파묻힌 손자, 손녀까지 한통속으로 지긋지긋하실 법하다. 감사하다는 말 한마디로 눙칠 수는 없을 테니 다른 이야기를 해볼까. 아실 거라 생각하지만, 이렇게 된 데는 당신의 책임이 크다. 내 최초의 책이었던 어머니, 한때 작가를 꿈꾸었다는 당신의 이야기가 내 어린 날의 풍경을 결정지었다. 책 읽고 글 쓰는 일이 세상에서 제일 멋진 일인 양 키워놓으시고 이제 와 그만두라고 하시면 곤란하다. 딱히 성과도 없어 보이는 일을 이토록 오래 붙잡고 있을 줄은 모르셨겠고, 그 핑계로 자신의 삶은 물론 당신의 노후까지 저당잡힐 줄은 더 모르셨을 테니 여기에 대해서는 진심으로 죄송하다. 일상이 더 건강해질 수 있도록 힘쓰겠다. 어떤 상황에서도 자존감을 잃지 않고 삶을 향유할 줄 아는 당신의 딸로 태어나서 항상 자랑스러웠다. 먼저 돌아가신 아버지께는 죄송하지만, 이 책이 내 유일한 책이 될지라도 첫 책은 당신께 드릴 수밖에 없다.

사랑과 존경을 담아, 위희진 님께.

2020년 봄,
지금은 떠나온 내 작은 방들에서

차례

3부 ——— 청춘의 종언과 선언 사이

4부 ——— 룰의 세계를 내파하는 사랑의 룰

5부 —— 경계를 넘는다는 것

그리하여 밤이 밤을 밝히었다

1_ 두 개의 밤

"밤은 어두웠으며, 그리하여 밤이 밤을 밝히었다."[1]

바루지의 『십자가의 성 요한』에 나오는 구절이다. 롤랑 바르트는 이 문장을 빌려 와 사랑의 문형紋形, figure으로 제시한 바 있는데, 나는 이 역설적인 사랑의 문형을 다시 내 문학의 표제로 삼아보려 한다.

스무 살 무렵에는 예사로 넘겼던 이 문장을, 몇 년간 오래 들여다 보았다. 처음 나를 사로잡은 것은 밤이 밤을 밝힌다는 역설이었는데, 나중에는 '어둡다'와 '밝히다'를 연결하는 '그리하여'에 대해 생각하게 되었다. 어둡다, '그리하여' 밝힌다. 여기에는 아무런 논리적 결함이 없다. '그리하여'는 두 문장을 인과관계로 자연스럽게 연결한다. 문제는 앞뒤 문장 모두의 주어가 '밤'이라는 사실이다. 상반되는 서술어의 주어가 동일하다는 모순은 몇 가지 의문을 불러일으킨다. 첫 번째 의문은 이것이다. 어두운 것도 밤이고 그 어둠을 밝히는 것도 밤이라면 이 밤은 대체 무엇인가.

1 롤랑 바르트, 김희영 역, 『사랑의 단상』, 문학과지성사, 1991, 232쪽.

롤랑 바르트의 논지argument에 따르면, "밤nuit이란 사랑하는 사람에게 어둠의 은유(감정적인, 지적인, 실존적인)를 야기하는 온갖 상태로서, 그 속에서 그가 몸부림치거나 마음을 진정시키는 것"[2]이다. 여기서 핵심은 밤이 어둠의 은유라는 것이 아니라 이중적인 어둠이라는 것이다. 몸부림치는 시공간이 밤이라면 그 마음을 진정시키는 곳 역시 밤이라는 역설. 바르트는 그것을 '암흑tinieblas'과 '어둠oscuras'으로, '십자가의 성 요한'[3]은 '감각의 밤'과 '영의 밤'으로 구분한다. 전자가 '사물에 대한 집착과 그로 인한 혼란으로 눈이 먼' 상태라면, 후자는 소유하고 해석하려는 맹목의 눈을 가만히 감은 상태, 욕망에 사로잡혀 암흑 속으로 떨어지는 대신 사랑의 어두운 내부 안에 조용히 앉아 그 사람을 있는 그대로 생각해보는 시간이다. 이 "두 번째 밤이 첫 번째 밤을 감싸며, 어둠이 암흑을 비춘다."[4]

그러나 누구에게나 '두 번째 밤'이 찾아오는 것은 아니다. 암흑 속에 갇혀 산산이 부서져버리는 이들도 있다. 무엇이 이 둘의 차이를 낳는가. 어둠의 이중성에 대한 사유는, 단순히 모든 것은 양가적이라는 사실을 확인하는 데 있지 않다. 어둠조차 고정된 어떤 것으로 파악하고 그 속에서 빠져나오지 못하는 이들에게 밤의 다른 지평을 열어 보이는 것, 어둠에 거하되 어둠에 갇히지 않고 밤을 밝히는 밤을 드러내는 것이야말로 이 사유가 가닿고자 하는 지점일 것이다. 그리하여 성 요한이 신앙을,

2 위의 책, 232쪽.

3 16세기의 성인이자 가르멜 개혁가. 개혁 운동을 저지하려던 완화 가르멜 수사들에게 납치당해 똘레도 감옥에 갇힌다. 탈출하기까지 8개월간 자신이 믿어왔던 모든 것이 무너져버리는 '어둔 밤'을 겪으며 영적으로 다시 태어났다고 한다. 이때의 체험과 깨달음을 바탕으로 「가르멜의 산길」, 「어둔 밤」, 「영혼의 노래」, 「사랑의 산 불꽃」 등의 뛰어난 시를 남긴다. 베르나르 세제, 이연행 역, 『십자가의 성요한』, 바오로딸, 2007 참고.

4 롤랑 바르트, 김희영 역, 앞의 책, 232쪽.

바르트가 사랑을 논하면서 어둠의 이중성에 대해 천착했다면 노자는 도道에 이르는 길을 논하면서 현玄을 강조한 것이 아닐까.

바르트는 글의 마지막에 "이 어둠을 어둡게 하는 것, 바로 거기에 모든 경이로움의 문이 있다"는 『도덕경』의 한 구절("현지우현玄之又玄, 중묘지문衆妙之門")을 인용하는데, "도가도비상도道可道非常道 명가명비상명名可名非常名"으로 유명한 『도덕경』 1장[5]의 결구가 바로 이 구절이다. '도라고 할 수 있는 도는 영원한 도가 아니다'로 시작하는 장의 결구이니만큼 '현玄'을 그저 어둠이라 일컬을 수는 없을 것이다. '현지우현玄之又玄'은 해석이 더 분분하다.[6] 『사랑의 단상』에 인용된 대로 옮겨도, '밤이 밤을 밝히다'의 역설과는 다른 의미의 난감함이 우리의 시선을 붙잡는다. 이미 어두운 것을 더 어둡게 한다는 것은 대체 무엇일까. 혼돈에 혼돈을 더하고 역경에 역경을 가해 존재의 심연으로 가라앉힌다는 것일까. 그리하여 "어두운 것이 되면 이미 어두우니까, 어두운 것을 어둡다고 생각하거나, 무섭다고 생각하는 일은 없"[7]게 된다는 것일까.

---

5 "道可道, 非常道, 名可名, 非常名. 無名, 天地之始, 有名, 萬物之母. 故常有欲以觀其徼, 常有欲以觀其徼. 此兩者同出而異名, 同謂之玄. 玄之又玄, 衆妙之門." 노자, 김학목 역, 『노자 도덕경과 왕필의 주(注)』, 홍익출판사, 2011, 30~32쪽.

6 참고로 오강남 역의 우리말본에는 '현'을 어둠 대신 '신비스러운 것'으로, '현지우현'을 '신비 중의 신비'로 풀이해 놓았다. 문제는 '중묘지문'의 '묘' 역시 '신비'로 번역해("신비 중의 신비요, 모든 신비의 문입니다") 원문에는 드러난 '현'과 '묘'의 구분을 없애버리고 말았다는 것이다. 노자 원전, 오강남 풀이, 『도덕경』, 현암사, 1995; 개정판 2010, 19쪽 참고.

7 황정은, 『百의 그림자』, 민음사, 2010, 90쪽.

2_ 현玄의 양가성, 불확정성, 운동성

'어둠을 어둡게 하다'와 '밤이 밤을 밝히다', 비슷한 구조의 두 문장이 이렇듯 다르게 와 닿는 것은 '밝히다'와 '어둡게 하다'라는 상반된 술어 때문일 것이다. 물론 극과 극은 만나고, 상반되는 것들이 서로의 뿌리가 되기도 한다. 『주역』의 '태극도설'에는 "움직임이 극에 달하면 고요하게 되고 고요함이 극에 달하면 다시 움직여[動極而靜 靜而生陰 靜極復動]" 우주의 생성과 변화를 만들어 간다는 사고가 담겨 있는데, 이에 따르면 어둠을 어둡게 해 어둠의 극에 이르면 그 극단의 어둠에서 밝음이 도래한다는 이야기도 가능할 것이다. 그러나 굳이 『주역』까지 들먹이지 않아도 '어둠을 어둡게 하다'와 '밤이 밤을 밝히다'는 같은 의미라고 볼 수 있다. 『도덕경』에서 말하는 현이 곧 '암흑을 비추는 어둠'이기도 한 까닭이다.

『도덕경』 1장의 뒷부분을 다시 보자. '요徼'와 '묘妙'에 대해서도 해석이 분분하지만,[8] 욕망에 욕망을 더해 존재의 참모습이 가려진 상태가 '요'라면("상유욕常有欲 이관기요以觀其徼") 덜어내고 덜어내 비로소 보게 된 본연의 모습을 '묘'("상무욕常無欲 이관기묘以觀其妙")라 할 수도 있을 것이다. '현'은 바로 이 "왜곡된 현상으로부터 본연의 현상으로 복귀할 수 있는 방법을 제시하기 위한 메타포"[9]라고 해석되기도 한다. 어떻게 빛이 아니라 어둠이, 존재의 가려진 참모습을 드러낼 수 있는가.

---

8 요가 겉으로 드러난 모습이라면 묘는 그 이면의 본질이라고도 하고, 요가 '사물이 되돌아가서 끝나게 되는 종결점'이라면 묘는 '사물이 시작되는 미묘함'이라고도 한다. 그러나 '표면과 이면'이든, '시작과 끝'이든 둘은 같은 곳에서 나왔는데 이름을 다르게 붙인 것(혹은 둘은 같은 것인데 다른 이름으로 나온 것)으로 이 둘을 함께 일러 '현'이라 한다.

9 유병래, 「『노자』의 '玄之又玄, 衆妙之門' 해석—욕망론의 기본 구조」, 『철학 · 사상 · 문화』 3, 동서사상연구소, 2006, 59~110쪽 참고. 이하 이 글의 '玄之又玄, 衆妙之門'에 관한 부분은 대체로 유병래의 해석을 따르고 인용했다. 문장을 그대로 옮겨오지는 않아 모든 문장에 각주를 달지는 못했다는 것을 밝힌다.

일반적으로 현은 '깊고 어둡고 아득히 멀어 알 수 없는 어떤 것'을 의미했으나, 노자는 그것을 철학적인 의미로 발전시켜 '서로 상반되는 것들 또는 차원이 다른 것들이 하나로 뒤섞여 있는 어떤 상태'를 가리키는 말로 사용했다고 한다. 묘만도 아니고 요만도 아닌, 묘와 요가 혼재해 있는 만물의 상태. 이를 고정화시켜 규정하고 이름붙일 수 없으므로 다만 '현'이라 했다("차양자동此兩者同 출이이명出而異名 동위지현同謂之玄").[10] 『도덕경』에서도 양가성과 불확정성이 '현'의 속성인 셈이다. 그렇다면 '현지우현'이란, 이렇듯 이름붙일 수 없는 것들에 이름을 붙여 그 본질을 흐리지 않는 것, 상반되거나 이질적인 것들을 품고 불확정적인 것을 불확정적인 채로 견디는 것을 의미한다. 어둠을 빛으로 가리는 것이 아니라 어둠의 심연까지 내려가 이 혼돈을 직시하는 것, 이것이 밤이 밤을 밝히는 방식이다. 정의하고 분류하기 좋아하는 이론가나 비평가들에게 어쩌면 이것처럼 어려운 일도 없을 것이다. 그러나 노자에 따르면 그것만이 중묘衆妙에 이르는 문이다.

그런데 앞서 인용한 논문에서는 이 '현' 자에 또 다른 함의가 있다고 지적한다. 일차적으로는 상반되는 것의 혼재를 의미하지만, 궁극적으로는 그 혼재의 상태로부터 초월하는 것을 뜻한다는 것이다. 『도덕경』 48장[11]과 연결시켜 보면 이는 좀 더 명확해진다. 학문을 하는 것은 날로 더

10 참고로 『도덕경』 1장의 "此兩者 同出而異名 同謂之玄 玄之又玄 衆妙之門"에 대한 왕필의 주를 소개하면 다음과 같다. "양자는 始와 母를 의미하고, 同出이란 玄에서 함께 나왔다는 것을 의미한다. 異名이란 所施된 것이 같을 수 없다는 말이다. 머리(시작)에 있은즉 始라 하고, 끝에 있은즉 母라고 이른다. 현은 冥과 같은 의미로서 默然無有한 것이요, 여기에서 始와 母가 나온다. 이것은 이름을 붙일 수 없는 것이기 때문에 同을 '名曰玄'이라고 하지 않고 '謂之玄'이라고 말하였던 것이다. 그것은 무어라 이름을 붙일 수가 없는 것이기 때문에 그냥 '謂之'라고 말한 것이다. '謂之'라고 말한 것은 '玄'이라는 표현으로도 규정 · 고정화할 수 없다는 것을 나타내는 것이니, 만약 그것을 어떤 고정된 이름으로 부르게 되면 그 본래의 의미를 크게 잃어버리고 만다. 그렇기 때문에 '玄之又玄'이라고 했으며, 衆妙가 모두 (이 玄)에서 나오기 때문에 그것을 '衆妙之門'이라고 했던 것이다." 위의 글, 95쪽 각주 50번에서 재인용.

11 "爲學日益, 爲道日損. 損之又損, 以至於無爲, 無爲而無不爲. 取天下常以無事. 及其有事, 不足以取天

하는 것이고 도를 행하는 것은 날로 덜어내는 것이니(“위학일익爲學日益 위도일손爲道日損”), 덜어내고 덜어내 무위無爲에 이르는 이 위도爲道의 방법이 손지우손損之又損이며 동일한 구조로 이루어진 현지우현玄之又玄이다. 즉 현은 단순한 어둠도, 도나 도보다 상위에 있는 어떤 존재도 아니다. 그것은 ‘명사’가 아니라 ‘형용사’, 깜깜한 하늘에 여명이 번지듯이 “밝음과 어두움의 혼재, 그러면서도 단순한 혼재가 아니라 ‘짙은 어두움으로부터 밝음으로’ 향하거나 ‘밝음이 짙은 어두움 속으로’ 확산해 들어가는 점진적인 추행趨行에 대한 비유”[12]이다.

이 매력적인 해석을 받아들이는 데 있어 주의해야 할 점은, 초월에 대한 지향을 초월 그 자체로 오인하지 않는 것이다. “궁극적으로는 그 혼재의 상태로부터 초월하는 것”이란 초월을 향해 나아간다는 것이지(이렇게 보면 현은 또한 동사이다) 현이 곧 혼재로부터의 초월이라는 뜻이 아니다(그렇게 되면 현은 형용사나 동사가 아니라 명사가 된다). 혼재 속에서 혼재를 품고 견디되 혼재 너머를 바라보기, 혹은 혼재 너머를 향해 나아가되 혼재를 부인하거나 지우는 방식이 아니라 혼재의 근원까지 드러내기. 양가성과 불확정성뿐 아니라 이것들과 다소 모순될 수도 있는 어떤 운동성, 즉 지향성이 현에 내재해 있다는 것은 이 시대의 어둠에 대한 사유에 희미하게나마 희망을 드리우는 것도 같다.

下.”『도덕경』 48장에 대한 해석은 대개 다음과 같다. “학문을 하면 날마다 보태고, 도를 행하면 날마다 덜어낸다. 덜어내고 또 덜어내 아무것도 하지 않는 경지에 도달하면, 아무것도 하지 않지만 하지 못하는 것이 없게 된다. 그러니 천하를 취하는 것은 항상 일을 없애는 것으로 한다. 일을 하는 것으로는 천하를 취하기에 부족하다.”(홍석주, 김학목 역, 『홍석주의 노자』, 예문서원, 2001, 179쪽)

12 유병래, 앞의 글, 100쪽.

3_ 궁핍한 대낮의 세계

그렇더라도 왜 '그리하여'인가.

모순을 해결하는 가장 쉬운 방법은 바르트처럼 이 문장에 등장하는 '밤'을 서로 다른 것으로 규정하는 것이다. "밤은 어두웠으며"와 "밤을"의 '밤'은 맹목盲目의 밤 곧 암흑으로, '밝히다'의 주어는 무명無名의 밤 곧 어둠으로 구분하면 무명이 맹목을 감싸 안는 풍경, 혹은 묘妙와 요徼가 뒤섞인 상태에서 점차 묘로 나아가는 어떤 파동이 그려진다.

그러나 이것만으로 모든 것이 해명되지는 않는다. 두 가지 밤이 존재한다 할지라도, 어둠이 아니라 빛이 암흑을 밝힐 수도 있기 때문이다. 더 밝게, 더 찬란하게, 더 확실하게 밝혀줄 빛을 놔두고 왜 굳이 밤의 층위를 나누어 어둠으로 하여금 암흑을 비추게 하는가. '그리하여'의 필연성이 성립하기 위해서는 밤을 밝힐 빛 자체가 없거나, 빛이 있어도 밤을 밝힐 수 없거나, 밤이 빛보다 밤을 잘 밝혀야 한다.

'그리하여'에 대해 생각하기 시작했을 때 내가 제일 먼저 떠올렸던 것은 첫 번째 경우였다. 밤은 어두운데 그 어디에도 이 암흑천지를 비출 빛이 없는 경우. 절망한 자가 절망한 자를 위로하고, 아픈 자가 아픈 자를 치료하며, 가난한 자가 가난한 자를, 죽은 자가 죽은 자를 장사 지내야 하는 상황. 용산 참사 현장에서도, 쌍용차 해직 노동자들의 고공농성장에서도, 세월호 참사 유가족들의 광화문 천막에서도 내가 본 것은 또 다른 해직자, 또 다른 철거민, 또 다른 유가족, 누구보다 절망한 자와 아픈 자, 가난하고 힘없는 자들의 연대와 지지였다. 빛이 되어야 할 국가는 오히려 제도화된 폭력 집단으로 기능했고 법은 가진 자들의 잘 벼린 무기에 불과했다. 어두운 곳을 감추고 망각을 조장하는 언론과 배타적 수

구세력이 되어버린 대형 교회는 그야말로 우리 사회를 암흑 속으로 밀어 넣었다. "죄 많고 벌 없는 이곳을 뭐라 부를까 / 내 나라라는 적진敵陣을 부러질 듯 오체투지로 뚫으며 / 몸이 더 젖고 더 해지는 동안,"[13] "그, 마음의 몸을 찌르려고 몰려온 / 웃는 몸들을 보았다".[14] 밤은 어둡다. 밤을 비출 다른 그 무엇도 없다. '그러므로' 밤이 밤을 비춘다.

휘황찬란한 21세기에 이것은 너무 시대착오적인 진단인 걸까. 그러나 어딘가에는 넘쳐흐르는 빛이 다른 어딘가에는 전혀 보이지 않는다. 빛조차 불평등하게 비추는 곳만 비추고 밝힐 곳만 밝히며 어두운 곳은 계속 어둡도록 방치하고 있기 때문이다. 편재遍在하는 빛은 없다. 빛의 일방향성은 빛의 편재偏在를 낳을 뿐이고, 이는 곧 빛의 부재로 이어진다. 누군가는 빛에 갇혀 어둠을 보지 못하고, 어둠에 갇힌 자를 도리어 질책하기도 한다. 이 대명천지 어디가 어둡냐고, 어두운 곳에 있다면 밝은 곳으로 나오면 될 것 아니냐고 무지를 가장해 주위를 모두 암흑천지로 만든다. 어떤 빛은 만물을 따스하게 비춰 생명을 일깨우지만, 어떤 빛은 이렇게 눈조차 멀게 만든다. 사막의 태양처럼 모든 것을 태워버리는 빛, 밤을 감싸는 것이 아니라 추방해버리는 대낮의 폭력.

빛이 밤을 밝히는 것이 아니라 밤의 존재를 감추고 사라지게 만든다는 것은 밤에 공간적 의미만이 아니라 시간적 의미도 있다는 것을 떠올리면 금방 알 수 있다. 낮의 빛이 밤의 어둠을 비추면 그 밤은 더 이상 밤이 아니라 낮이 된다. 너무 찬란한 빛은 밤을 밝히되 밤을 사라지게 하는 식으로만 비추는 것이다. 그러한 빛을 일컬어 과연 밤을 밝히는 빛이라 할 수

13 이영광, 「마음 1」 부분, 『끝없는 사람』, 문학과지성사, 2018.
14 이영광, 「마음 2」 부분, 위의 책.

있는가. 본질은 은폐되고 "궁핍함 자체가 궁핍한 채로" 있는 이 대낮의 세계야말로 오히려 더 '궁핍한 시대', 길고 긴 '세계의 밤'이 아닌가.[15]

4_ 어둠에 내재한 빛, 빛이 되는 어둠

빛은 편재遍在하지 않으며, 편재偏在하는 빛은 대체로 폭력적이다.

'그러므로' 밤이 밤을 밝힌다는 역설로 다시 돌아올 수밖에 없다. 그렇다면 밤은 어떻게 밤을 밝히는가. "너무 어두워서, 정말로 밝은 곳에 당도할 수 있을까, 하는 생각이 들"[16] 때도 있다. 아니, 실은 매 순간이 그러하다. 개인을 둘러싼 세계의 어둠도 어둠이지만, 내면의 어둠이 우리를 덮치는 순간은 꼼짝달싹할 수조차 없다. 이러할 때, 함께 암흑에 갇히지 않고 우리는 어떻게 여명으로 나아가는가.

조해진의 『빛의 호위』에는 유독 어둠에 잠긴 자들이 많다. 인상적인 것은, 이 소설집에는 이들이 어둠에서 빠져나올 수 있도록 희미하게나마 빛을 밝히고 있는 사람들이 함께 등장한다는 것이다. 강렬한 도덕심으로 무장한, 신념에 찬 휴머니스트들이어서가 아니다. 그들 역시 대부분 나약하고, 비슷한 고통으로 괴로워하고 있는 자들일 뿐이다. 조직적이고 지속적으로 연대하는 것도 아니다. 카메라 셔터를 누를 때 잠깐 나타났다가 사라지는 빛처럼 일회적이고 순간적인 빛에 불과한 경우가 더 많다. 흐릿하고 불완전한 이 찰나의 빛이 어떻게 저 깊은 어둠으로부터 빠져나올 수 있는 문이 될 수 있었을까.

15 마르틴 하이데거, 신상희 역, 「무엇을 위한 시인인가」, 『숲길』, 나남출판사, 2008, 404~405쪽.

16 황정은, 앞의 책, 163쪽.

2017년 봄에 이 소설집을 읽고 나는 "핵심은 빛 그 자체가 아니라 빛을 찾는 눈"[17]에 있다고 썼다. 조해진 소설의 인물들이 윤리적인 주체라고 말할 수 있는 것도, 도움이 필요한 누군가에게 그들이 쉽게 손을 내밀어주기 때문이 아니라 스스로를 유폐시킨 바로 그 힘으로 어둠에서 빠져나오는 발걸음을 다시 내딛기 때문이라고. 즉 이들을 어둠으로부터 구원한 것은 외부의 빛이 아니라 자신의 존엄을 지키고자 하는 내부의 의지, 빛을 찾아내는 눈이었다고 말이다. 여전히 나는 이렇게 생각한다. 그러나 이렇게만 써서는 해명되지 않는 것이 있다. 이 내부의 의지는 대체 어떻게 생겨나는 것인가. 왜 누군가는 포기하고 절망하는데 누군가는 버티고 살아내는가. 어떻게 어둠 속에서 길을 찾는가, 끝내 한 걸음을 더 내딛는가.

매 순간 찬란한 빛 속에 거해야만 존귀한 인간이 되는 것은 아닐 것이다. 그러나 누구에게도 인간다운 대접을 받아보지 못한 사람이 스스로를 존엄하게 여기기는 쉽지 않다. "존귀한 사람은 아무에게도 무시당하지 않는다"는 훈계는 판매 서비스직에 종사한 뒤로 언제나 '웃는 사람'이 되어버린 「복경」의 '나' 같은 인물에게는 헛소리에 불과하다. "스스로 귀하다는 것은…… 자존, 존귀, 귀하다는 것은, 존, 그것은 존, 존나 귀하다는 의미입니까."[18] 실제로는 모두가 "꿇으라면 꿇는 존재가 있는 세계. 압도적인 우위로 인간을 내려다볼 수 있는 인간으로서의 경험"[19]을 바라면서 말로만 윤리를 가르치고 천부인권을 선언해봤자, 매일

---

17 이선우, 「인간이란 무엇인가」, 『문학들』 48, 2017.여름.

18 황정은, 「복경」, 『아무도 아닌』, 문학동네, 2016, 202쪽.

19 위의 글, 201쪽.

같이 '도게자土下座'를 요구받는 사람에게 갑자기 자존감이 생길 리 없다. 그것은 인격적인 관계를 통해서만 배우고 익힐 수 있는 것. 사물이 아니라 인간으로 존중받은 경험, 단 한 번이라도 수단이 아니라 목적으로, 존재 그 자체로 이해받은 경험은 그러므로 무엇보다 소중하다. 존재의 심연에서 우리를 끝까지 '호위'하는 것은 어쩌면 이런 소소한 경험일는지 모른다. 누군가에게는 사소해 보이는 일이 누군가에게는 이렇게 '인간을 살리는 위대한 일'이 된다. 구원은 바깥에서 일방적으로 주어지는 것도 아니지만, 혼자만의 힘으로 스스로를 온전히 구원할 수도 없다. 안과 밖은 이어져 있고, "숲의 바깥에도 동행자가 있다"[20]는 것은 결코 사소한 일이 아니다. 신성은 세속과 본질적으로 구분되는 것이 아니어서 어떤 관계는 일상의 남루함을 신성한 것으로 바꾸기도 한다.[21]

그렇다면 어둠 속에서도 빛을 찾아내는 눈은, 어둠 속에도 빛이 숨겨져 있다는 것을 아는 눈, 언젠가 한 번은 그 빛을 본 적이 있는 눈이라는 말일까. '외부의 빛'보다 '빛을 보는 눈'을 더 강조했던 것은, 빛은 구원, 어둠은 구원의 손길만을 기다리는 수동적 지대라는 독법을 비틀어보고자 한 것이었다. 그러나 너무 부셔서 눈을 감게 하는 빛이 아니라 어둠에 눈뜨게 하는 빛, 어둠을 드러내되 어둠에 잠기지 않고 어둠에 손을 내미는 빛이라면 어둠의 대립항으로만 설정할 필요는 없을 것이다. 존재를 드러내는 순간은 찰나에 불과할지라도, 그것은 어둠 자체에 내재

20 조해진, 「동쪽 伯의 숲」, 『빛의 호위』, 창비, 2017, 106쪽.

21 "dd를 만난 이후로는 dd가 d의 신성한 것이 되었다. dd는 d에게 계속되어야 하는 말, 처음 만난 상태 그대로, 온전해야 하는 몸이었다. d는 dd를 만나 자신의 노동이 신성해질 수 있다는 것을 알았다. 사랑을 가진 인간이 아름다울 수 있으며, 누군가를 혹은 무언가를 아름답다고 여길 수 있는 마음으로도 인간은 서글퍼지고, 행복해질 수 있다는 것을 알았다." 황정은, 「d」, 『디디의 우산』, 창비, 2019, 18쪽.

한 빛. 그러므로 결코 사라질 수 없고, 사라진 것이 아니므로 언제든 다시 나타날 수 있는 빛. 특출한 누군가에게만 존재하는 빛이 아니라 누구에게나 존재하는, 다만 지금은 가려져 있는 빛일 뿐이다.

어둠, 가려진 그 빛이 그러나 누군가에게는 가장 뜨거운 응원이 되기도 한다. 현실의 비참과 혼돈 속에서도 인간다움을 포기하지 않고, 우리를 비인간으로 몰아넣는 '툴'을 의심하는 사람들. 처절하게 부서진 채 그 부서진 몸으로 이 세계의 밤과 싸우는 사람들. "그들과 d에게는 같은 것이 거의 없었다. 다른 장소, 다른 삶, 다른 죽음을 겪은 사람들. 그들은 애인愛人을 잃었고 나도 애인을 잃었다. 그들이 싸우고 있다는 것을 d는 생각했다. 그 사람들은 무엇에 저항하고 있나. 하찮음에 하찮음에."[22] 황정은의 연작소설 「d」에서 d는 "너무 하찮아서, 충돌 한 번에 내동댕이쳐질 수 있"는 사람들이 있다는 것에 대해, 자신과 자신의 연인, 그리고 아버지조차 이 세계에서는 그토록 하찮을 뿐이라는 사실에 대해 깊이 상처받고 암흑 속에 잠기지만, 자신이 그렇게 자책과 원망에만 빠져 있는 동안 누군가는 그 하찮음에 저항하고 있었다는 것을 깨닫고 삶의 다른 가능성을 발견한다. 직접적인 구제나 위로의 손길만이 누군가를 구원하는 것이 아니다. 암흑 속에서도 싸우고 있는 사람이 존재한다는 사실만으로도, 우리는 각자의 어둠 속에서 빛을 찾아낸다. 때로는 가장 깊은 어둠이 가장 내밀한 빛이 된다.

이러한 빛과 눈의 조응을 그러므로 단순한 선후나 인과로만 파악할 수는 없다. 빛이 먼저냐 눈이 먼저냐는 질문은 더 이상 사태의 본질을 드러내지 못한다. 그것들은 서로 연루되어 동시에 작동하며 서로가 서

22 위의 글, 144쪽.

로의 원인이자 결과, 과거이자 미래가 된다. 더 중요한 것은 이러한 활동 속에 내재한 능동성이다. 어둠에 내재한 빛은 신의 임재처럼 무작위로 내리쬐는 빛이 아니므로 여기서 '본다'는 것은 무엇보다 능력이며, 이 능력에는 반드시 의지가 개입한다. 밤의 이중성에 대해서는 앞서 논의했으니 그러므로 이제 어둠의 능동성에 대해 이야기해볼까. 결여태가 아니라 능동태로서의 어둠. 종말이 아니라 기원의 활동으로서, 폭력이 아니라 위로의 시간으로서, 배제가 아니라 공존의 공간으로서의 어둠. "어둠의 시간, 눈은 보기 시작하네."[23] 시어도어 로스케의 시에서처럼, 어둠 속에서 비로소 뜨게 되는 눈에 대해서.

5_ 어둠 속에서만 볼 수 있는 것

아감벤의 「동시대인이란 무엇인가?」라는 짧은 에세이에 이와 관련한 흥미로운 이야기가 소개되어 있다. 우리는 흔히 어둠을 단순히 빛이 없는 상태라고 생각한다. 그러나 신경생리학자들에 따르면, 빛의 부재는 망막 주변부의 세포(정확히 오프셀off-cells이라고 부르는 일련의 세포)를 활성화시켜 우리가 어둠이라고 부르는 특수한 종류의 시각을 만들어낸다. "따라서 어둠은 결여를 나타내는 개념, 빛의 단순 부재, 비시각 같은 무언가가 아니라 오프셀이 활동한 결과, 즉 우리 망막의 산물"이다. 천체물리학에서 말하는 하늘의 어둠 역시 빛의 대립 개념이 아니라 "가장 멀리 떨어진 성운의 빛"이다. 우주는 팽창하고 있으므로, 멀리 떨어져 있는 성

23 Theodore roethke, "In a dark time", *On Poetry and Craft: Selected Prose Selected Prose of Theodore Roethke*, Copper Canyon Press, 2001, p.231.

운의 빛은 전속력으로 우리를 향해 여행하지만 다가오는 속도보다 빠르게 멀어지기 때문에 우리에게 도달하지 못한다. 우리가 어둠이라 부르는 것은, "도달할 수 없는 그 빛"이다.[24] 말놀음처럼 보일 수도 있지만, 이러한 설명은 어둠이 단순한 수동태가 아니라 적극적인 활동의 결과이며 빛의 완전한 부재가 아니라 빛과 연관된 상태라는 것을 드러낸다.

「d」에 나오는 '진공'을 이러한 어둠과 관련해서 생각해볼 수는 없을까. 이 작품의 전신인 「웃는 남자」(『아무도 아닌』, 문학동네, 2016)는 그야말로 어둠에 갇혀 있던 한 남자에 대한 이야기인데, 작가의 말에 의하면 「웃는 남자」는 「디디의 우산」을 부숴 만든 단편이다. 즉 「디디의 우산」 반대편에 「웃는 남자」가 있고, 「웃는 남자」를 확장해 만든 작품이 「d」인데, 「d」와 「아무것도 말할 필요가 없다」로 이루어진 이 연작소설집의 제목은 왜 '디디의 우산'일까. 「디디의 우산」에 등장하는 디디는 "모두가 돌아갈 무렵엔 우산이 필요하다"고 생각해 다른 사람들이 자고 있는 시간에 미리 우산을 세어보는 사람, 「d」에서도 비가 오자 오랜만에 만난 d에게 자신의 우산을 내미는 사람이다. 이 작은 걱정과 관심이 d와 dd를 깊이 연루시키고 "dd를 만난 이후로는 dd가 d의 신성한 것"이 된다. 그러나 「d」는 이 '신성한 것'이 상실된 세계다. d는 dd와 함께라면 "생활의 부족함, 남루함, 고단함" 속에서도 행복해질 수 있을 거라고 믿었고 행복해지자고 다짐했지만, dd가 어느 날 갑자기 이 세계 밖으로 내동댕이쳐져 버린 것이다. 신성을 상실한 자의 세계는 삶보다 죽음에 가깝다. 살아남았으나 마치 죽은 자처럼 홀로 유폐되어 있던 d는 dd를 만

24 아감벤 · 양창렬, 『장치란 무엇인가』, 난장, 2010, 76~78쪽.

나기 전보다 더 차가워진 채 잡음으로 가득 찬 원래의 세계로 돌아간다.

「d」는 이렇게 연인을 잃고 매 순간 죽음을 느끼는 d와, 수십 년간 일해 온 전자상가가 어느 날 문득 저승 같다고 느끼는 여소녀, 종말을 예감하는 박조배, 언제고 다시 전쟁이 일어나 소중한 모든 것을 앗아갈 수 있다고 불안해하는 노파들처럼 빛보다는 어둠에 잠긴 자들, 낡아가고 죽어가고 외면당하고 하찮게 여겨지는 자들의 세계를 다룬다. 그러나 "절망적인 것을 절망적인 것으로서 절박하게 감지하는 자들"이라는 점에서, 어쩌면 이들이야말로 하이데거가 말한 '소수의 죽을 자들'(죽음을 죽음으로서 떠맡을 수 있는 인간)일지도 모른다. "세계의 밤의 시대에는 세계의 심연이 경험되고 감내되어야 한다. 그러나 그러기 위해서는 심연에까지 이르는 사람들이 필요하다."[25] '살아 있으면서 단순히 죽어가고 있는 자들'과 달리 이들은 진짜 어둠을 경험한 자, 그리하여 어둠 속에서 눈을 뜨고 어둠을 보는 자이다. 어둠 속에서만 볼 수 있는 것을 보기 위해, 성급히 그 어둠으로부터 벗어나지 않고 오히려 더 깊은 어둠 속으로 들어가는 자들, 스스로 심연에 갇히는 자들.

「d」의 전신인 「웃는 남자」에서도 '나'(도도)는 그저 암굴 같은 곳에 틀어박힌 자가 아니라 그 어둠 속에서 끊임없이 '생각'하는 자이다. 더 정확히 말하면, "생각하고 생각해 마침내는 이해해보려고" 스스로를 어둠 속에 가둔 자이다. 그렇게까지 깊이 내려가 무엇을 이해하려는 것인가. 교통사고가 난 순간 디디가 아니라 가방을 붙들었던 "저날의 나"를, 자신도 모르게 직조해낸 패턴의 연속을, 그 연속이 만들어낸 결과로서의

25 하이데거, 신상희 역, 앞의 책, 396쪽.

현실을. "이것을 이해해보려고 생각에 생각을 거듭하며 나는 여기 머물고 있지만 이해할 수 없다." 생각하고 생각해서 겨우 생각해낸 것은, 생각이 없었다는 것. 아버지처럼 자신도, "그냥 하던 대로" 했을 뿐이라는 것이다. 「d」의 연작인 「아무것도 말할 필요가 없다」는 이 '사유의 무능'이 얼마나 폭력적인 '상식'을 낳고, 아이히만 식의 상투성banality, 즉 악으로 이어지는가에 대해 본격적으로 파헤친 작품이다. 그런 점에서 「웃는 남자」는 「아무것도 말할 필요가 없다」의 전신이라고도 할 수 있는데, 이 무능의 결과가 낳은 처절함의 측면에서는 「웃는 남자」가 훨씬 압도적이다. 그리하여 압도적으로 처절하게 '나'는 생각하는 것이다.

'생각 없음'을 생각한다는 것은 무엇인가. 도도에게 그것은 자신의 삶을 "총체적으로" 돌이켜보는 것, 외면하고 싶었던 자신의 어둠을 똑바로 들여다보는 것이다. 그리하여 그는 결정적으로 아버지와 다른 사람이 된다. 생각이 없었다는 점에서 한때 둘은 같았으나, 이제 아버지는 "당신이 잘못했다는 말을 들으면 화를 내는 사람"이 되고 말았지만 도도는 스스로를 유폐하면서까지 자신에게 "잘못이 있었는지도 모른다는 것을 진지하게 생각"하고 있는 것이다. "나는 어떤 인간인가", "어떻게 살았나", "어떻게 사는가". 지속적으로 되풀이하여 돌아보고, 끈질기게 살펴서 깨닫는다. 이를 일컬어 우리는 반성反省이라고 하거니와, 반성이야말로 오롯이 생각하는 능력이며 죽음이 아니라 삶을 향한 사유라는 것을 기억할 필요가 있다. 도도가 생각하는 사람이라는 것만큼이나 중요한 것이 바로 생각의 이 방향성이다. 단순한 애도나 원망, 자책에 머무르지 않고 자신의 삶을 반성한다는 것은 이 반성에 맞닿아 있는 것이 결국 '어떻게 살 것인가'임을 보여준다. 죽은 것이나 다름없기는 안팎이

매한가지지만 더 이상 "여기 있고 싶지 않다"는 욕망, 이 생의 의지 덕분에 도도는 아무도 자기를 구하러 오지 않을 거라는 것을 알면서도 완전한 절망에 빠지지 않고 자기 발로 걸어나갈 생각도 해보는 것이다.

「d」는 그렇게 제 발로 암굴을 걸어나온 d의 이야기이자, 자신의 어둠을 들여다본 자가 바라본 '바깥'의 어둠에 대한 이야기이다. 「웃는 남자」가 내면의 어둠에 집중하고 있다면 「d」는 개인을 둘러싼 세계의 어둠으로 시선을 확장하고 있는 것이다. 드디어 바깥으로 나왔지만 d에게 바깥은 안과 별반 다르지 않다. "오랫동안 방에 틀어박혔다가 스스로 문을 열고 나왔으나 여기는 여전히, 어딘가의 안쪽이고, 작은 주머니에서 조금 덜 작은 주머니로 이동했을 뿐이라는 생각이 들었다." d는 계속해서 움직이지만, 세운상가도, 도심의 번화한 거리도, 광장도, 소중한 것이 하찮게 다루어지고 있다는 점에서는 어디나 "디디를 먹어치운 거리"일 뿐이다. d가 넓은 곳으로 나갈수록 오히려 더 선명해지는 것은 "미래와 빤하게 연결된 현재, 이상에 이르지 못하는 실재", "혁명을 거의 가능하지 않도록 하는 혁명……", 망함조차 없이 적나라한 채 이어지는 "더는 아름답지 않고 솔직하지도 않은, 삶", 말하자면 이 세계의 투명한 "좆같음"일 뿐이다.

그러나 d가 매일 보고 지나치면서도 모른다고 생각했던 여소녀를 알아보고, 여소녀가 d의 "낯빛이 한순간에 바뀌는 것을" 알아채면서 이야기는 조금씩 다른 층위를 드러낸다. 「웃는 남자」에서 도도는 "아무도 나를 구하러 오지 않을 것"이라고 생각하지만, 「d」의 세계에서는 'dd의 우산'과도 같은 한 그릇의 짜장면이, dd와 함께 들었지만 들어본 적 없는 사운드의 〈러브 미 텐더Love Me Tender〉가, dd가 읽던 박조배의 『REVOLUTION』이 d와 여소녀, 박조배를 이어주고, 이 만남들을 통해 d는 잡음의 세계가 음악의 세계로 바뀔 수도 있다는 것을, 차별이 만들어낸 도시의 진공 너머에도 열기를 품고 싸우는 사람들이 있다는 것을 알게 된다. d는 그들의 함성이 차벽을 뚫지는 못하리라고, 그 사이의 공간은 말 그대로 아무것도 없는 공간空間, 즉 '진공'일 뿐이라고 생각했지만 이 어둡고 막막한 도시의 진공에도 사실은 무수한 빛과 신호가 흐르고 있었던 것이다. 문제는 다만 정류整流와 증폭增幅, 산만하게 흩어진 것이 한 방향으로 흐르고 신호의 진폭이 늘어나는 순간 저 진공 속에서 어떤 일이 벌어지는지, 우리는 이미 경험한 바가 있다.

6_ 불가능성을 뚫고 나오는 가능성

그렇다면 「d」는 단순히 어둠에 갇힌 자의 이야기가 아니라 어둠에서 여명으로 나아가는 이야기, 혁명의 불가능성 속에서 혁명의 가능성을 발견해내는 이야기라고 할 수도 있다. 무엇이 이러한 변화를 가능하게 하는가. 이 세계는 자신의 툴과 패턴에 맞지 않는 것은 아무리 신성한 것이라도 순식간에 하찮은 것으로 전락시켜버리는 무심한 곳이다. 우리를 어둠에 가두는 것이 바로 이것이다. 나의 신성이 무참히 훼손된 경험, 내게는 무엇보다 소중한 것이 무의미하게, 하찮게, 하찮다 못해 지겹게 다루어진 기억. 왜 지겹다고 말하는가. 왜 하찮게 취급하는가. 인간을 인간으로 보지 않고 언제든 교체 가능한 부품처럼, 돈만 주면 살 수 있는 기계처럼 생각하기 때문이다. 그런데 여소녀는 d에게, 아무리 기계라도 다른 것으로 대체할 수 없는 기계들이 있다는 것을 알려준다. 단종되어 더 이상은 살 수도 없고 부품조차 쉽게 구할 수 없는 물건들이 있거니와, "같은 모델이라도, 그 기기를 다룬 사람에 따라 소리가 다르"기 때문에 그것은 세상에 하나뿐인 존재라고. 그래서 "빈티지를 고치려는 사람들은 고친다고 말하지 않는다. 살린다고 말하지."

빈티지를 마치 생명이 있는 존재처럼 다룬다는 것은 인간과 기계의 위상이 전도되었다는 것을 의미하지 않는다. 기계일지라도 관계는 존재를 변화시키고, 서로를 길들인 존재는 서로에게 유일한 존재가 된다는 뜻이다. d와 dd가 그러했던 것처럼, d와 여소녀가 서로를 길들이며 변화시키는 과정 역시 대체 불가능한 존재로서의 인간에 대해 다시 한번 생각하게 만든다. 하지만 만인이 만인과 관계를 맺고 만인에게 '어린왕자와 여우'가 되어줄 수는 없는 일이다. 그렇다면 인간은 인간에게 어떻게 인간이 되는가. 무엇이 인격적인 관계를 만드는가. 무엇이 그도 나와 똑같은 '인간'이라고, 하찮게 패대기쳐지고 함부로 잊혀서는 안 되는 존재라고 알려주는가. 공감하는 능력을 통해서만, 한 사람을 구체적으로 상상할 수 있는 능력을 통해서만 그것은 가능하다. "무감각이 자아의 경계를 수축시키는 것이라면, 감정이입은 그 경계를 확장한다."[26] 그러나 폭력과 차별로 점철된 인간의 역사는 이 단순한 능력이 얼마나 오래 배우고 갈고 닦아야 겨우 쟁취할 수 있는, 불가능에 가까운 능력인가를 증명한다.

문학이란 이 불가능에 도전하는 불가능, 그리하여 매 순간 다시 써 내려가야 하는 백지 위의 싸움이다. 암흑과도 같은 저 진공 속에서 빛과 신호를 발견해내고, 나아가 그것을 정류하고 증폭함으로써 존재 자체를 완전히 바꾸어내는 작업. 이것이 문학하는 일의 암담暗澹이자 황홀恍惚이거니와, 그런 의미에서 '진공관'으로서의 이 문학의 역사는 또한 혁명의

26 레베카 솔닛, 김현우 역, 『멀고도 가까운』, 반비, 2016, 161쪽.

역사다. 혁명이란 무엇인가. 인간을 인간답게 만드는 싸움이다. 인간을 이토록 하찮게 여기는 세계에서 인간을 인간으로 대하는 일보다 "급격"하고 "질적"으로 "새로운" 일[27]이 있겠는가. 혁명의 가능성과 불가능성을 사유하고 있는 황정은 연작소설집의 제목이 '디디의 우산'인 이유가 여기에 있다. '디디의 우산'이란 무엇인가. 인간을 인간으로 대하고 아끼는 마음이다. 그런 마음의 징표이자 그런 사람의 흔적, 그리하여 이제는 그 사람의 일부가 되어버린, 사라져버린 신성神性을 간직한 사물. "혁명을 거의 가능하지 않도록 하는 혁명"으로서 거대한 차별이 발명되었다면, 이러한 야만에 저항할 수 있는 인간의 유일한 무기이자 저 불가능성을 뚫고 '혁명을 가능하게 하는 혁명'으로서 우리에게 당도한 것이 '디디의 우산'인 것이다. 어둠을 힘껏 들여다보되 자기 기도에만 얽매이지 않고[28] 타인의 고통을 알아보는 능력, 사람을 가르고 막아서고 쳐내는 장벽이 아니라 서로를 잇고 더하고 감싸 안는 어둠 속의 연대. "어둠은 벨벳처럼 내려와 주변을 감싸고, 그 고치 같은 암흑 속에서 나를 또 다른 나와 타인에게 이끌어 주었다."[29] 이 어둠으로부터, 어둠을 보는 눈으로부터, 어둠 속에서 어둠을 알아보고 우산을 내미는 작은 움직임으로부터 나와 당신이, 그리하여 세계가 변화한다.

문학이란 무엇인가. 모든 문학은 이러한 어둠의 기록이며 어둠에 대한 어둠의 투쟁이다. 카프카는 "자신의 바닥까지 파괴되었다고 느끼는

27 『표준국어대사전』의 정의에 따르면, 혁명이란 "이전의 관습이나 제도, 방식 따위를 단번에 깨뜨리고 질적으로 새로운 것을 급격하게 세우는 일"이다.

28 "너는 가장 마지막에 온다. 차오르지 않는 빈 몸으로 온다." "튀어오르지 못하는 공은 구르다가도 멈춘다. 그렇다고 하더라도. / 자기 기도에 얽매이면 안된다고. 마지막은 늘 그렇게 끝났다." 안미옥, 「빛의 역할」 부분, 『온』, 창비, 2017.

29 레베카 솔닛, 김현우 역, 앞의 책, 272쪽.

그곳에서 파괴를 가장 고귀한 창작의 가능성으로 대신하는 깊이"를 획득했다. 무엇이 이러한 전복을 가능하게 했을까. "침몰하지 않으리라는 희망, 보다 정확히 말해서 자신보다 더 빨리 침몰하여 마지막 순간 자신을 되찾으리라는 그러한 희망"은 그의 글쓰기가 '생존을 위한 투쟁'에 다름 아니었다는 것을 보여준다.[30] 극도의 절망에서 오히려 글쓰기의 동력을 얻고 내면의 불안을 종이의 깊이 속으로 옮기고 재창조함으로써 그는 자신의 암흑을 어둠으로 바꾼다. 그리하여 그는 스스로를 구원했을까. 아니, 문학은 그 누구도 온전히 구원하지 못한다. 삶의 기본값은 죽음이며, 세속의 구원은 한 번으로 족한 것이 아니기 때문이다. 그러나 그러므로 그는 계속 썼다. 패배가 계속되므로 싸움도 계속될 수밖에 없다. 계속되는 싸움의 기록, 실패와 그럼에도 반복되는 응전應戰의 기록, 혁명의 불가능성을 사유하면서도 그 불가능성 속에서 가능성을 발견해 내려는 영원히 끝나지 않는 이야기. "탈출이 불가능하다면 여기서 날 수밖에, 여기서 마찰하는 수밖에 없어."[31]

그러나 바로 이 실패의 서사를 통해 문학은 아무도 구원하지 못하면서 모두를 구원한다. 신이 사라진 세계에서 인간을 구원하는 것은 더 이상 신성이 아니라 인성에 대한 반성이며, 전지전능한 신의 결정론이 아니라 무력한 인간들이 매 순간 치러내는 투쟁이기 때문이다. 실패할 줄 알면서도 인간은 싸우고, 싸우는 만큼 인간은 존재한다. 어쩌면 구원은 무한히 지연되면서 이미 이곳에 당도해 있는, 완성된 세계가 아니라 하나의 과정으로서만 의미가 있는 것일지도 모른다. '현지우현玄之又玄, 중

30 모리스 블랑쇼, 이달승 역, 『카프카에서 카프카로』, 그린비, 2013, 118~119쪽.

31 황정은, 「아무것도 말할 필요가 없다」, 『디디의 우산』, 창비, 2019, 292쪽.

묘지문衆妙之門'에 담긴 이상도 이러한 '과정'과 무관하지 않다. 혼재 속에서 혼재를 품고 견디되 혼재 너머를 바라보는 것이 '현지우현'이라 했다. 양가성, 불확정성에 이은 현의 운동성, 이 초월에의 지향이란 구체적으로 무엇을 뜻하는가. 유병래에 의하면 이는 "개인이 본연의 모습으로 복귀하여 도를 깨닫는 것만 아니라 이미 도를 깨달은 자가 깨닫지 못한 자들을 본연의 모습으로 복귀시켜 가는 활동"으로서, 개인적 차원에서 도를 깨닫는 체도體道와 사회적 차원에서 도를 구현하는 행도行道가 하나로 중첩된 것이다.[32] 그렇다면 '현지우현' 역시 형용사이자 동사로서, 계속되는 과정이자 활동으로서만 의미가 있는 것이 아닐까. 깨달음과 행함이란 완성이 있을 수 없으므로, 이 미완의, 그리하여 계속 시도할 수밖에 없는 체도와 행도의 '길' 그 자체가 곧 현지우현인 것이다.

'어둠을 어둡게' 할 뿐만 아니라 '어둡게 하고, 다시 어둡게' 함으로써만 겨우 가닿을 수 있는 중묘衆妙의 이상. 그러나 '모든 경이로움에 이르는 문'이든, '모두가 경이로움에 이르는 문'이든, 현지우현이 중묘지문이라는 것은 중묘 역시 어둠을 더 어둡게 하고, 현玄하고 또 현玄하는 그 과정 속에서만 구현되는 것임을 드러낸다. 더 정확히 말하자면 현지우현이 곧 우리에게 주어진 최상의 중묘이며 구원에 이르고자 하는 인간의 모든 행함이 인간에게 주어진 인간의 유일한 구원이다. 보살이 중생을 구제하기 위해 부처가 되는 것을 미루듯이 그리하여 작가는 이 세계의 밤을 드러내기 위해 심연으로 내려간다. 이들이 곧 '궁핍한 시대의 시인'(하이데거)이자 '동시대인으로서의 시인'(아감벤)이다.

---

32 유병래, 앞의 글, 105쪽.

7_ 동시대인으로서의 시인

아감벤이 니체를 경유해 말하는 '동시대성'이란 시대와 너무 일치하거나 동조하는 관계가 아니라 "거리를 두면서도 들러붙음으로써 자신의 시대와 맺는 독특한 관계"이다. 시대와 완전히 일치하는 자들, 모든 점에서 시대와 완벽히 어울리는 자들은 시대에 보내는 시선을 고정할 수 없기 때문에 오히려 동시대인이 되지 못한다. 동시대인이 되기 위해서는 역설적으로 '시차'와 '시대착오'가 필수적인 것이다. 늘 시대에 뒤처지거나 너무 앞서 나가는 듯한 작가야말로 그러므로 진정한 의미에서의 동시대인이라 할 수도 있겠다. 그러나 어떤 '시차'이고 '시대착오'인가, 그리하여 그는 무엇을 보는가.

아감벤에게 동시대인이란 "세기의 빛에 눈멀지 않고 그 속에서 그림자의 몫, 그 내밀한 어둠을 식별하는 데 이르는 자"이자 "현재의 어둠 속에서 우리에게 도달하려 애쓰지만 그럴 수 없는 이 빛을 지각하는" 자이다. 그는 시대의 어둠에 시선을 고정하는 동시에, 우리를 향하지만 우리에게서 무한히 멀어지는 빛을 지각한다. 작가도 이러한 겹눈을 가진 자다. 동시대인이 연대기적 시간성 자체를 해체함으로써 시대의 긴박한 요청에 응답하듯이 작가 역시 "그의 긴급함, 반시대성, 시대착오 덕분에" "'너무 늦은' 형태이자 '너무 이른' 형태로, '아직 아닌' 형태이자 '이미'의 형태로 우리의 시대를 포착한다."[33]

"동시대성, 즉 현재와 함께-현존함은 그것이 체험되지 않은 것에 대한 경험과 망각의 추억을 포함한다는 점에서 드물고 어렵다."[34] 그러나 문

33 아감벤, 양창렬, 앞의 책, 77~78쪽.

34 위의 책, 86쪽(역주7)에서 재인용한 「철학적 고고학」(아감벤, 『사물의 서명』)의 한 부분.

학이야말로 '아직 아닌' 것들과 '더 이상 아닌' 것들이 '이미' 함께 현존하고 있는 '동시대성'의 세계이며, '개별자의 삶의 시간'을 통해 '집단적 역사의 시간' 그 너머까지를 꿰뚫는 '시대착오'적인 투시다. 따라서 "동시대인으로서의 시인은 시간이 다시 모이는 것을 막는 자이며, 동시에 자신의 피로써 그 째진 곳을 봉합해야 한다."[35] 이것이 밤이 밤을 밝히는 문학의 정치이자 윤리다.

지금, 깊은 어둠 속에 잠긴 당신.

어쩌면 생의 가장 어두운 시기를 지나고 있을 이곳의 d와 dd들, 우리 안과 밖의 그림자들, 폭력에 가까웠던 상식常識과 "악의처럼 드러난 오만한 선"[36]에게, 무심한 이웃과 선량한 적들에게, 밤을 잊은 아침과 신성을 잃어버린 텅 빈 얼굴에게, 우리를 하찮다 말하는 대낮의 그대들에게, 자꾸만 넘어지는 혁명에게, 상처받은 마음으로도 다시 사랑하고 싸우는 당신들의 어제 오늘 내일에게,

"그리하여" 이 밤에도, 밤이 밤을 밝히기를.

한 때의 승리는 기나긴 패배의 역사를 장식할 뿐이라 할지라도, 오늘의 패배가 반드시 내일의 패배로 이어지는 것은 아니다. "재앙과 불행과 격투와 청춘과 천만 인의 생활과 / 그러한 모든 것이 보이는 밤 / 눈을 뜨지 않은 땅속의 벌레같이 / 아둔하고 가난한 마음은 서둘지 말라 / 애타도록 마음에 서둘지 말라 / 절제節制여 / 나의 귀여운 아들이여 / 오오 나의 영감靈感이여",[37] 싸움은 아직 끝나지 않았고, 우리의 밤은 그대들

35 위의 책, 74쪽.

36 프리드리히 니체, 김정현 역, 『선악의 저편 · 도덕의 계보』, 책세상, 2002, 133쪽.

의 낮과 다르다. "낮을 부정하면서, 문학은 숙명으로서의 낮을 다시 세운다. 밤을 긍정하면서, 문학은 밤의 불가능성으로서의 밤을 찾는다. 이것이 문학의 발견"[38]이며, 끝날 수 없는 우리의 싸움이다.

37 김수영, 「봄밤」 부분, 『김수영 전집』 1—시, 민음사, 1981, 133쪽.

38 모리스 블랑쇼, 이달승 역, 앞의 책, 52쪽.

1부

인간이란 무엇인가

인간이란 무엇인가

최정화, 『없는 사람』
김훈, 『공터에서』
조해진, 『빛의 호위』*

우리 존재의 일부분은
우리 곁에 있는 사람의 마음속에 자리 잡고 있다.
— 프리모 레비, 『이것이 인간인가』 중에서

"인간이랑 동물의 차이가 뭐냐."

가벼운 코트를 걸치고 나가기 시작했던 촛불집회가 코가 얼어붙는 겨울을 지나 봄까지 이어졌다. 수백만 명의 시민들이 모여 집회의 새로운 역사를 썼다. 매주 집회에 참여했던 사람들도, 세 계절이나 촛불을 들겠다고 처음부터 작정했던 것은 아닐 것이다. 축제 같은 집회였다지만, 축제가 흥겨운 것은 일상으로의 복귀를 전제한 해방이기 때문이다. 에너지를 분출하는 시간들이 너무 오래 지속되면 해방감보다 피로감이 커진다. 그러나 시간이 흐르면 지치고, 잊고, 다시 일상에 젖어들었기 때문에

* 최정화, 『없는 사람』, 은행나무, 2016; 김훈, 『공터에서』, 해냄, 2017; 조해진, 『빛의 호위』, 창비, 2017. 이후 인용할 때에는 '책 제목, 쪽수'로 기재한다.

우리에게 이런 일이 생겼다는 것을, 많은 사람들이 이미 통감하고 있었다. 잊지 않겠다던 약속이 희미해지는 순간, 이제 그만 잊자는 목소리가 얼마나 폭력적으로 우리 사회를 에워쌌는지 기억한다. 그러니까 그냥 육개월, 대충 천만 돌파가 아니었다. 국정농단세력만이 아니라 자기 안에 도사린 망각에의 욕망, 모른 채 살았던 일상의 편안함, 그 나른한 무지와 평범한 무관심들과도 매번 싸웠기에 첫 하루가 다음 하루를 낳고, 수백 명이 수백만 명의 동력이 되었다. 그렇게 모인 촛불들이 있어 마침내 탄핵이 가결되고 인용되었으며, 대한민국은 헌정사상 처음으로 대통령을 파면·구속했다.

그러나 광장에 나간 이들이 모두다 촛불을 들고 탄핵을 외쳤던 것만은 아니다. 태극기를 들고 탄핵 반대를 주장하던 사람들도 있었다. 박 전 대통령이 파면되던 날에는 시위가 과격해져 네 명이나 되는 사람이 목숨을 잃었다. 정권을 교체하고 새로운 대통령을 선출했지만 그것으로 모든 혼란이 종결된 것도 아니다. 한편에서는 청와대에 빨갱이가 들어갔다고 탄식하고, 다른 한편에서는 막말을 일삼던 보수후보가 24퍼센트나 득표했다는 사실을 이해할 수 없어 했다. 좁힐 수 없는 생각의 차이. 겨우내 광장에서 사람들은 무엇이 나라인가, 무엇이 국민의 권리며 대통령의 할 일인가에 대해 이야기했다. 그러나 정반대의 목소리가 들끓던 광장, 질서와 폭력이 교묘하게 오가던 거리, 언론의 이름으로 조작되어 유포되던 가짜 뉴스들, 신의 권위를 빌어 정치집회에 교인들을 실어 나르던 대형 교회들, 아이들을 잃고 단식하는 부모 옆에서 폭식이벤트를 벌이던 젊은이들……. 그 속에서 내가 정말 궁금했던 것은 탄핵 여부가 아니라 인간이란 대체 무엇인가, 하는 것이었다. 왜 누군가는 아무대가 없이 모여 노란리본을 접고 왜 누군가는 그 천막을 박살내는가.

혼란과 반목, 극단의 분열과 거짓조차 민주주의의 다른 얼굴이며 우리가 마땅히 건너가야 할 한 굽이일 수 있다. 모두가 한 목소리를 내는 세상은 꿈에서도 소망한 적 없거니와, 다르다는 것 자체가 문제시될 이유는 없다. 그러나 언어체계 자체가 다른 미지의 종족들처럼 어떤 말로도 설득은커녕 소통조차 할 수 없는 이웃들, 인간됨이라는 최소한의 공통 감각마저 회의懷疑에 부치며 인간의 본질을 사뭇 다른 곳에서 찾고 있는 동시대인들.

문제는, 이토록 다른 사람들이 함께 살아가야 한다는 사실이다. 도무지 이해할 수 없는 이들이 내 이웃이고 부모형제일 수도 있다는 것이다. 짐승이나 동물이 아니라 나와 똑같은 인간, 신실한 신앙인이며 이름난 학자고 건실한 가장이자 유쾌한 친구라는 현실. 그러므로 다시 인간이라는 존재에 대해 생각하지 않을 수 없다. 무엇이 인간인가. 무엇이 우리를 이토록 다르게 만들었는가. 이토록 다른 존재들을 모두 '인간'이라 말할 수 있다면, 인간을 인간으로 묶어주는 것은 대체 무엇인가.

최정화의 『없는 사람』은 제목에 이미 이러한 질문이 숨겨져 있다. 13개의 장에는 각각 소제목이 있는데, 공교롭게도 '인간'과 '사람'이라는 단어가 들어간 두 개의 장만은 질문의 형식을 취한다. "인간이랑 동물의 차이가 뭐냐", "내가 이상한 사람처럼 보입니까". 두 개로 나뉘었으나 실은 하나인 질문, 소설 전체를 관통하는 근본적인 물음은 결국 인간이란 무엇이냐는 것이다. 역사 이래 숱한 인간이 묻고 답했으나 여전히 다시 묻게 되는 이유는, 현실이 언제나 우리의 대답을 넘어서기 때문일 것이다. 살아 움직이는 인간의 욕망은 인간을 쉽게 정의할 수 없는 모순된 존재로 만들었다. 혼돈은 인간이 이해할 수 있는 영역이 아니다. 매번 나누고 묶고 이름을 붙여도 현실은 손아귀에서 빠져나간다. 이 불가능성을 뻔히 알면서, 그러나 인간이므로 우리는 다시 묻는다.

먼저, 인간과 동물의 차이는 무엇인가. 『없는 사람』에서 무오는 이부의 이 질문에 '배신'을 떠올리지만, 이부는 '동물은 일어나지 않은 일에는 반응을 하지 않지만 인간은 그렇지 않다'고 알려준다. 일어나지 않은 일에 대해서도 반응한다는 것은 동물과 달리 인간은 종합적 사고를 한다는 의미이다. 사건을 개별적으로 인식하는 것이 아니라 선후를 연결하고 인과를 판단하며 추론하고 예측하고 상상한다. 이런 고차원적 사고는 분명 인간만의 능력이다. 이를 바탕으로 인간은 살아남았고, 문명을 일으켜 생태계의 강자로 군림했다.

그러나 생존을 위해 발달된 능력이 생존을 위협할 수도 있다는 것이 존재의 역설이다. 환경에 따라 몸의 색을 변화시킬 수 있는 카멜레온은 바로 그 능력 때문에 관상용으로 포획되어 멸종을 재촉당하는 중이다. 인간 역시 이러한 역설 아래 있다. 종합적 사고란 불안과 의심의 동력이기도 하므로 이부의 말처럼 인간은 "일어나지도 않은 일 때문에 미쳐버릴 수" 있다. 목을 조르는 시늉만으로도 실제로 목을 조르는 효과를 얻을 수 있는 것이다. 그렇다면 굳이 칼을 쓸 필요가 있겠는가. 이부의 논리는 자연스럽다. 가느다란 실 하나만으로도 상대가 싸움을 포기하게 만들 수 있다면 총칼보다는 당연히 실이 더 '효율적'인 도구다. 인간을 겨누는 가장 치명적인 칼날은 인간의 능력 안에 이미 내장되어 있다. 우리는 실을 걸어 그것을 뽑아내기만 하면 된다.

이성적 인간과 오작동하는 기계

인간을 이성적 존재로 규정하는 이부는 '효율'을 행동의 제1원칙으로 삼고 필요에 따라 외모나 종교, 감정까지도 능숙하게 조절하는 인물이다. 그는 노조의 투쟁 역시 '효율적'으로 무력화시킬 계획을 세우고 무오를 일종의 '실'(을 거는 사람)로 선택해 작전에 투입한다. 문제는, 무오는 이부처럼 외모나 표정을 쉽사리 바꾸지도, 감정을 감추거나 도구로서의 정체성을 제대로 획득하지도 못한다는 것이다. 그는 사측 용역으로 노조에 잠입하고도 노조 측의 논리에 감화·감동받고, 표적으로 삼았던 이자희의 왜소함이 드러나자 신을 잃은 신도처럼 분노하며, 그 분노를 행동으로 표출해 일을 크게 만든다. 떠났으나 제 발로 돌아와 다시 밀정 노릇을 하지만 '긴팔' 같은 배신자는 노골적으로 경멸하고 결정적인 순간에 돌이켜 다된 밥에 재를 뿌리기도 한다. 말하자면 그는 '오작동하는 기계'다.

이부가 무서운 것은, 그럼에도 그가 무오를 쉽게 폐기하지 않는다는 데 있다. 무오가 혼란에 빠지듯이 독자들도 혼란에 빠진다. 무오를 단순한 하수인으로 부린 게 아니었나, 그도 진심으로 무오를 좋아했던 것인가 갸우뚱거리게 된다. 자기 말에 취해 떠들어대긴 했지만 "그래도 무오의 이름을 불러가면서, 반응을 살피면서, 때로는 답답해하고 짜증을 내면서도 대화를 시도"해 준 유일한 인간. 아무리 큰 사고를 쳐도 화를 내지 않고 다시 손을 내미는 걸 보면 그는 다른 사람들과 달리 무오를 "세상에 단 하나로 존재하는 특별한 사람처럼 바라보는 것" 같다. 물론 착각이다. 그가 감정에 좌우되지 않는 것은 그것이 효율성의 원칙에 부합하기 때문이다. 화를 낸다고 해서 바뀌는 게 없다면 굳이 화를 낼 필요가 없다. 기계의 작동법을 익히듯 그는 다만 무오라는 인간의 행동 양식을 파악한다. 거짓 정보를 제공해 무오의 양심고백을 이끌어내고 무오 스스로 자신의 정체를 모리노조에 노출하게 만드는 소설의 마지막은 그가 얼마나 철두철미하게 무오를 도구로서만 활용하는지를 잘 보여준다. 무오에게는 존재를 건 결단이었으나 이미 '오작동의 원리'를 파악한 이부는 무오의 배신까지도 계산에 넣고 있었던 것. 단순히 예측하고 대비하는 차원을 넘어서서 적극적으로 유도하고, 그 오작동을 역으로 이용해 작전을 완성시켰다는 점에서 이부의 주도면밀함에는 냉혹한 데가 있다. 그 과정에서 무오가 얼마나 심각한 고뇌에 빠질지, 어느 정도의 모멸감에 시달릴지 그가 몰랐을 리 없다. 정체성의 혼란이 어쩌면 무오를 실존의 위기로까지 내몰 수 있다는 것도.

그러나 이부에게 더 중요한 것은 효율적으로 목적을 달성하는 것. 필요하다면 어떤 감정이든 연출하고 이용할 수 있지만, 일에 방해가 된다면 감정 따위는 제거한다. 이것이 이부가 생각하는 '이성적 인간'의 모습이다. 자신이 유달리 냉혹한 인간이어서가 아니라 어떤 감정이든 "그런 감정이 자기 자신에게 해가 된다면 인간이라는 종족은 그 감정을 더 느끼지 않는 쪽으로 움직이기 마련"이라고 생각한다. 악한 인간이라는 생각은 당연히 하지 않는다. "정신적으로 강하고 똑똑하다면, 그러니까 어떤 사람이 적극적이라면, 그것이 바로 선"이라는 스탈린의 말에 따르면 자신은 오히려 선한 사람이다. "악이라는 건 유약하고 게으르고 어리석은 자들이 어쩔 수 없이 가지게 될 성품"인 바 강자의 편에 빌붙어 약자를 괴롭히는 것도 비열한 짓이 아니리라. 그것은 "뭣도 모르고 까부는 새끼들한테 세상이 어떤 곳인지 알려주는" '심판', 곧 이 세계의 질서를 회복시키는 활동이다. 이러한 논리에 따르면 그는 오히려 신과 같은 심판자이거나 최소한 신의 조력자가 된다.

실재를 가리는 이름

그러나 "그게 어째서 심판이 됩니까?" 무오가 즉시 되묻듯이 이부가 추구하는 '질서'란 신의 정의도, 공맹의 정치철학도 아니다. 君君臣臣父父子子. 제나라 경공이 이상적인 정치에 대해 묻자 공자가 이렇게 말했다는 것은 널리 알려져 있다. 임금은 임금다워야 하고 신하는 신하다워야 하며 아버지는 아버지답고 아들은 아들다워야 한다는 것. "묵묵하고 성실하게 자신의 자리를 지킬 것"[1]을 주창하는 것 같지만 공자의 '정명론正名論'이 강조하는 것은 이부가 말하는 "제 분수를 아는 사회"가 아니다. 모든 '명'(개념)에는 그 '명'에 어울리는 '실實'이 갖추어져 있어야 한다는 뜻이다. 예컨대 '정의'의 경우, 그 단어에 부합하는 사태에 대해서만 '정의'라는 이름을 붙일 수 있다. 정치를 맡기면 반드시 "이름을 바로 잡겠다正名"는 것은 누군가 불의한 일을 '정의'라 칭한다면 공자는 그것에 '불의'라는 이름을 돌려주겠다는 것이다.[2] 임금답지 못한 임금에게서는 임금이라는 이름을 거두어들일 수도 있을 것이다. 공고한 신분질서를 옹호하는 듯한 공자의 '정명론'이 맹자의 '역성혁명론'과 통하는 이유다.

이부가 말하는 '일상으로의 복귀'란 그러므로 실은 정명의 포기에 다름 아니다. 기술을 빼돌리고 회사를 헐값에 팔아넘기려는 기업답지 못한 기업이 노동자들을 대량 해고함으로써 노동자들이 노동자답게 일할 수 없는 사태에 이르렀다. 그렇다면 모리노조의 복직투쟁이야말로 기업을 기업답게, 노동자들을 노동자답게 되돌리기 위한 '정명'활동이라 할 수 있다. 이부는 이를 교묘한 수단으로 방해함으로써 복직투쟁을 굴복시키

1 『없는 사람』, 36쪽.

2 박성규, 『대역 논어집주』, 소나무, 2011 참고.

고 기업을 단순한 돈벌이 수단으로 전락시키는 데 일조하고 있을 뿐이다.

흥미로운 것은, 이러한 작전을 실행하기 전에 이부는 반드시 개념을 재정의하고 자신만의 명명법으로 사람이나 사건을 바꿔 부르는 작업을 거친다는 것이다. 자신들이 괴롭힐 사람은 "도트"로, 그를 따라다니며 위치를 보고하는 것은 "점을 찍는 것"으로, 사람을 괴롭혀 불안과 의심, 공포에 빠뜨리는 것은 그저 "도트의 목에 가느다란 실을 거는 것"으로 표현한다. 그런 일을 하는 자신들은 "싸움의 조속한 해결을 위한 도우미"이며, 그 목적은 "일상으로의 복귀. 그리하여 모두의 안전"이다. 그러나 소설은 처음부터 이부의 이 말들이 거짓임을 드러내며 시작한다.

> 그 화살이 어떻게 우리한테 돌아옵니까? 아니지, 아니지. 그렇게 말씀하시면 안 되죠. 그건 정말 아니다. 그런 식으로 따지자면 멀쩡한 사람이 길 가다 픽 쓰러져 죽어도 그게 죄다 우리 탓이게요. 이 부장님이 이러시면 저희가 곤란합니다. 우리가 누굴 믿고 일하는데요?
>
> —『없는 사람』, 7쪽

소설의 첫 문단이다. 이부는 완강히 부정하지만, 소설은 시작부터 모리자동차 해고 노동자의 연이은 죽음이 이부·무오의 작업과 관련되어 있음을 노골적으로 암시한다. 첫 장의 제목부터가 '여섯 번째 죽음입니다'이다. 그들의 작업은 '모두'가 아니라 '일부'만의 안전, 그 일부를 위해 나머지는 모두 안전선 바깥으로 내모는 '위험'한 일이었던 것. 자신들만의 언어가 필요했던 것은 그래서일 것이다. 그렇게 바꿔 부르지 않으면 무오는커녕 스스로조차 설득할 수 없을 테니까. 그러나 이부가 유달리 네이밍에 능한 것이나 선악의 개념부터 인간이라는 종에 대한 구분법까지 각종 '설'을 풀어내는 데 골몰한다는 것은 역설적으로 그가 자신이 하는 일의 부당함을 정확하게 인식하고 있음을 뜻한다. 이름은 대상을 지칭하는 추상일 뿐이지만 실實이 항상 명名에 앞서는 것은 아니다. 때로는 이름이 실체를 규정하고 현실을 추동한다. 광주에 투입된 계엄군의 작전명 '화려한 휴가'처럼 실체를 왜곡하거나 사태 자체로부터 멀리 떨어뜨려 놓음으로써 현실의 무게를 삭제시키는 이름도 있다. 이부가 짓는 이름들이 바로 그러하다.

"대부분의 사람들이 돈 때문에 움직이지."

그러나 무오를 설득하는 것은 이부가 애써 만든 논리가 아니라 결국 돈이다. 돈이면 뭐든지 다 하는 타락한 인간이어서가 아니라 이해되지 않는 명분보다는 생활의 필요를 채워주는 돈이 그에게는 더 실질적이었기 때문이다. 즉 무오는 이부처럼 관념이 승한 인물이 아니다. 타인은 물론이고 스스로에 대해서조차 깊이 생각해본 적 없는 무오는 일종의 '개념의 공백 상태'에 있다고 할 수 있는데, 그 때문에 그는 이부의 말에 논리적으로 맞서지도 못하지만 무턱대고 맞장구치지도 않는다. 이부에게는 당연한 것이 무오에게는 당연하지 않으므로 그는 아이처럼 질문한다. 이부가 '아는 자'라면 무오는 '모르는 자', 언어를 가진 자가 행동하는 자의 선생 노릇을 하는 것은 소설에서 매우 익숙한 구도다. 그러나 이부의 논리에 쉽게 포섭되지 않는 무오의 천진한 질문은, 이부의 논리가 실은 얼마나 허술한 것인가를 희극적으로 드러내면서 이 고전적 구도에 균열을 일으킨다.

"돈 줍니까?"

무오가 던지는 한 마디가 실은 이부의 화려한 수사 아래 감추어져 있던 사태의 핵심이다. 때로는 정답게 호형호제도 하고 부자관계에서나 드러낼 법한 양가적 감정을 노출하기도 하지만 이 둘을 묶는 것은 신의나 우정이 아니라 결국 돈이다. 관계가 너무 심각해지지 않고 경쾌하게 전개될 수 있었던 것도 역설적으로 그들의 관계가 돈에 기반한 동업관계에 불과했기 때문이다. 처음에는 명분을 제시하던 이부도 나중에는 이 사실을 인정한다. "나도 이 짓해서 밥 먹고 사는 거고 너도 그거 해서 밥 먹고 사는 거지. 뭐 별거 있나. 대부분의 사람들이 돈 때문에 움직이지." 심판자 혹은 신의 조력자가 아니라 그저 돈을 버는 평범한 인간이라는 고백. 관조하는 시선, 자신감에 찬 어조, 세상을 비웃던 무감한 언어들은 돈을 벌기 위한 위장술, 먹고살기 위한 애면글면으로 전락한다. 이자희에 대한 환상이 깨졌던 것처럼 이로써 이부와 무오 사이의 결정적인 차이 역시 사라지게 된다. "반드시 이긴다." 신념에 찬 말과 행동으로 무오의 눈을 뜨게 했던 이자희, 히어로는 아니라도 전략가는 될 줄 알았던 그의 뒷모습이 "고작 피로한 사십 대, 무기력하고 평범한 사십 대"에 불과하다는 사실에 무오는 그 누구보다 실망하고 격분했었다. 우상을 잃었기 때문이다. 악인일지언정 신념에 찬 인물이라는 점에서 이부는 무오의 또 다른 우상이 될 수도 있었다. 그런데 그 역시 겨우 돈에 움직이는 자였던 것. 선악의 경계가 허물어지는 동시에 신과 사제의 위계도 사라진다.

이부가 하라는 대로 하는 것. 이런 것을 다른 사람들은 믿음이라고 부르는 걸까, 하고 생각했다 사람들이 신앙을 가지는 이유를 어렴풋이 알 것 같았다. 궁금해하지 않는 것. 나 대신 다른 사람이 알고 있으니까 나는 몰라도 되는 것. 이런 것이 아마 신앙인가보다, 하고 생각했다. 하지만 그렇다면 이부가 신이 되는 건가. 그건 어쩐지 내키지 않았다. 이부가 신이라면 이부에게 연락이 올 때마다 이토록 달갑지 않은 기분이 들 리 없다.

—『없는 사람』, 196~197쪽

이부에게 연락이 올 때마다 달갑지 않은 기분이 드는 이유는 무엇인가. 이부 역시 돈에 따라 움직일 뿐이라면 진짜 신은 이부가 아니라 돈이기 때문이다. 그러나 무오에게 돈은, 거부할 수는 없지만 아직은 노골적으로 섬길만한 신이 아니다. 설명할 수는 없지만 그건 "어쩐지" 내키지 않고, 그것보다 더 중요한 뭔가가 있을 것 같다. 사태는 역전된다. 관념적인 것은 이부가 아니라 무오다. 이익이 곧 신념인 이부와 달리 무오는 아무리 '돈을 벌고 있다'고 되뇌어도 신념에 찬 삶에 대한 동경을 떨치지 못한다. 그런 점에서 무오는 조해진 소설의 인물 제인을 연상시킨다.

누가 더 이상한 사람인가

조해진 단편 「시간의 거절」에 나오는 제인은 미국에서 화가로 살아남기 위해 미술관장 해럴드의 애인 노릇을 하고 있는 재미교포 화가다. 해럴드의 권유에 따라 그녀는 '국적을 뛰어넘는 보편적인 주제' 대신 '자기 나라의 역사와 사회에 대한 작업'을 선택한다. 평단과 언론이 이민자들의 작품에 대해 그나마 관심을 가져주는 것은 "미국사회에 편입되지 못하는 소외감"이나 "떠나온 고국의 역사라든지 문화를 다양성이라는 명분을 앞세워 진열"할 때 정도이기 때문이다. 제인의 작품이 미술관에 걸리고 조금씩이나마 팔리기 시작한 것도 그녀가 "이 나라의 보이지 않는 벽과의 싸움을 포기"하고 성조기를 두른 채 미국의 일상적인 풍경을 떠도는 자기 모습을 그리기 시작하면서부터다. 로스앤젤레스 한인타운에서 한국음식점을 운영했던 그녀의 아버지는 식당 종업원이나 불법체류자, 노숙자 등에게는 악덕사장이었으나 미국의 관공서 직원들에게는 무시와 경멸을 받으면서도 머리를 조아릴 수밖에 없었던 '영어를 하지 못하는 동양인'에 불과했다. 비열한 가해자라 생각했던 아버지가 보다 광범위하게 진행되는 인종주의적 폭력의 피해자이기도 하다는 사실은 제인을 양가적 감정에 빠뜨린다. 마음껏 비난할 수도 동정할 수도 없는 딜레마 속에서 그녀는 점점 아버지를 멀리한다. 그러나 아버지를 대신해 관공서의 일들을 처리하면서 미국사회의 뿌리 깊은 인종주의와 어른 세계의 차가운 질서를 일찌감치 목격한 제인은 "타협은 비겁함이 아니라 또 다른 의미의 용기"라는 세속적 가치관을 장착하게 되고 "쉽게 변하는 인간의 감정에 연연하기보다 해럴드가 미술관에 걸고 싶어 하는 그림을 그리는 게 어차피 버려질 미래에 대응하는 합리적인 자세"라고 생각하게 된다. 냉혹한 사회에서 살아남기 위한 '합리적' 태도, 거기에 신념이나 윤리, 사랑 따위가 끼어 들 틈은 없다.

그런데 아주 사소한 사진 하나가 그녀를 뒤흔든다. 소재를 얻기 위해 한국의 기사를 살펴보다가 발견한, 전투경찰의 틈바구니에서도 애틋하게 웃고 있는 한 여자의 사진. 그 순간 "제인은 여자가 가슴 깊이 품고 있을 한 인간의 신념을 상상"하고, "그 신념의 깊이를 자신은 결코 알 수 없을 거라고 생각"하며 "강렬한 질투"를 느낀다. 파업을 포기하고 결국 사직서를 내버린 석희로서는 제인이 본 자신의 얼굴은 가짜라고 생각하지만, 석희의 진실과는 상관없이 '그 얼굴'은 제인이 오랫동안 회피하고 있던 질문과 마침내 대면하게 만든다. 나의 삶은 아버지의 삶과 얼마나 다른가, 나의 타협은 과연 아버지의 비굴과는 차원이 다른 것인가. 자신이 "아버지와 크게 다르지 않은 생"을 살고 있다는 뼈아픈 깨달음을 얻은 제인은 결국 해럴드를 이용해 얻은 기회를 스스로 저버리고 다시 자신만의 그림을 그린다. 석희의 사진에 영감을 받아 만들었다는 제인의 새로운 페르소나를 보고 석희는 그것이 자신보다는 제인에 더 가깝다고 생각하는데, 그것이 석희이기도 제인이기도 한 것은 둘 모두 신념과 현실 사이에서 고투하며 자신의 진짜 얼굴을 찾기 위한 여정을 하고 있기 때문일 것이다.

『없는 사람』을 일종의 성장소설이라고 보면 무오 역시 이러한 여정 위에 있다고 할 수 있다. 가치관이 제대로 형성되기 전에 자신이 정확히 무슨 일을 하는지도 알지 못하고 현실의 비정에 뛰어들었기 때문에 무오가 겪는 혼돈은 더욱 극심하다. 돈이 필요했을 뿐 돈을 추구한 것은 아니지만, 그는 쉽게 신념을 택하지도 못한다. "가르쳐 준 것을 정확하게 도로 빼앗아" 가버린 이자희 때문이다. 그는 "부당함을 말하고 권리를 찾으라고 알려준 뒤, 그랬을 때 어떤 결과가 찾아오는지를 보여줬다." 섬길 만한 신은 모두 사라지고 신을 집어삼킨 괴물만이 새로운 신으로 도래한 세계, 죽은 신을 되살릴 수도 괴물을 신으로 섬길 수도 없는 이 딜레마로부터 '신념과 행동의 괴리'가 빚어진다. '노조에 위장 잠입한 사측의 용역'이라는 설정에 이미 어디에도 소속될 수 없는 경계인으로서의 정체성이 잘 드러나 있지만, 서사가 진행될수록 무오는 점점 더 안팎으로 방황하는 주체, 혼돈 그 자체가 된다.

동료를 배신하고 어떻게 평상심을 유지할 수 있나, 무오는 '긴팔'을 비난하지만 이런 측면에서 보면 긴팔의 말처럼 "더 이상한 사람"은 분명 무오다. "같이 일을 진행해 놓고 자기는 아니라는 듯 나는 너랑 다르다는 듯 구는" 무오, 칼로 찔러 놓고 아프지 않냐고 눈물 글썽이는, 아무 소용도 없는 이율배반적인 행동만 하는 무오.

그렇다면, 기계처럼 정해진 절차에 따라 필요한 공정만 수행하고 허락되지 않은 길은 가지 않으며 완벽하게 감정을 컨트롤하는 사람이 정상적인 사람인 것일까. 무오를 '오작동하는 기계'라고 했거니와, 그것이 그가 이상한 사람이라는 근거라면 제대로 된 인간이란 결국 잘 작동하는 기계에 불과하다는 말인가.

상수가 된 변수

이 질문에 답하기 위해 다시 이부가 처음 제기했던 질문으로 돌아가 보자. 인간과 동물의 차이는 무엇인가? 아니, 이것은 이부의 진짜 질문이 아니다. 이부는 그에 대해 이미 '이성'이라는 답변을 제출했기 때문이다. 그가 궁금해 하는 것은 오히려 이것이다. 인간이란 이성으로 본능을 넘어설 수가 있는 존재인데 왜 때로 본능이 더 우선하는가. 인간이란 언제나 자기가 살기 위한 쪽으로 움직이기 마련인데 왜 어떤 인간들은 죽음을 무릅쓰고 정반대로 움직이는가. 자기가 하는 일의 결과가 자기한테 안 좋은 쪽으로 작용하는 데도 왜 멈추지 않는가. 전술도 잘 안 먹히고,

"걔네들은 대체 뭐지?"

처음 질문과 다음 질문들은 다소 상반되는 듯 보이지만 이부의 질문들이 공통적으로 전제하고 있는 것은 인간에게는 '이성'만이 아니라 "이성으로는 이해할 수 없는 영역" 또한 존재한다는 것이다. 예외적인 영역, 예외적인 인간이라 생각할 수 있다. 그러나 반드시 발생하는, 언제나 일정 비율 이상을 차지하는 예외라는 점에서 이것은 이미 상수가 된 변수, 존재의 조건이 된 예외다. 생명체이면서 생명에 반하는 활동도 마다치 않는 인간이 있다는 것은 이 예외가 소소한 위반으로만 이루어진 것이 아니라 '이율배반'의 차원까지 포함한다는 의미. 인간이 이렇듯 모순된 존재라는 것을 파악하고 있다는 점에서 이부의 인간 이해는 상당히 정확한 편에 속한다. 그러나 그는 '이성으로는 이해할 수 없는 영역'이 있다는 것은 알고 있지만 이성으로 이해할 수 없는 것을 이해하지는 못한다. 그는 '합리적인' 인물, 철저하게 자신의 생존과 이익을 위해서만 사고하고 움직이는 인물이기 때문이다. 그러므로 자신과 다른 인간, 일테면 이자희나 무오 같은 인간들의 행동과 반응을 미리 예측하고 조종할 수는 있어도 그들에게 공감하거나 그들의 불행에 책임을 느끼지는 않는다.

그러나 인간이 '이성적 존재'라는 것은 맹목적인 '자기보존'의 이데올로기 아래 도구적 이성만을 작동시킨다는 의미가 아니다. 이성은 본능과 충동을 초월하는 사유 능력일 뿐만 아니라 지성의 규칙들을 체계적으로 통일하는 능력으로, 개인뿐 아니라 사회생활의 체계적 통일 역시 지향한다. 이 통일 원리가 바로 인간관계의 이법理法으로서의 도덕법칙으로, 칸트에 의하면 이것이야말로 인간을 인간답게 만들어 주는 본질적인 요소이다. 도덕법칙은 인간 이성이 스스로에게 부여한 것이므로 타율이 아니라 자율이며, 이것을 자각함으로써 인간은 '동물성'은 물론 단순한 사회성으로서의 '인간성'을 넘어서서 '인격성'의 원리에 도달하기 때문이다. 행위의 주체로서의 '인격'은 자기동일성의 의식을 가지고 있을 뿐 아니라 "자기의 행위에 대해 책임을 돌릴 수 있는 주체"여야만 한다. 이성적 존재자로서의 인간에게는 이러한 '인격성'이 포함되어 있다.[3] 그러므로 자신의 이익만이 아니라 공동체의 이익을 위해서, 실리만이 아니라 신념을 위해서, 현재가 아니라 미래에 도래할 어떤 가치를 위해서 살아갈 수도 있는 것이 인간인 것이다.

이부에게는 바로 이 '인격성'의 개념이 부재했다. 그는 합리적 사고를 가장하지만, "인간을 간단하게 그냥 생명체라고 생각해보자. 사는 모양이 다양하고 복잡해 보여도 인간이란 언제나 자기가 살기 위한 쪽으로 움직이지"에서 드러나듯이 그것은 자연의 세계에 존재하는 결정론적인 인과 법칙일 뿐이다. 인간은 한편으로는 자연법칙의 지배를 받지만 다른 한편으로는 도덕법칙을 준수하는 자유로운 존재, 자연법칙의 종속에서 벗어날 수 있는 자유의지를 가진 존재라는 것을 그는 이해하지 못한다. 스스로를 합리적인 존재로 착각하면서 철저히 돈에 지배받고 있을 뿐이다. 타율적인 삶이라는 점에서 어쩌면 그야말로 동물과 구분되지 않는 삶을 산다고 할 수도 있다.

그러나 이부가 과연 사변적 능력이 모자라서 칸트의 인간관에 도달하지 못한 것일까? 「세계시민적 관점에서 본 보편사의 이념」에서 칸트는 인간이 야만적인 동물 상태와 세계시민적 상태의 중간에 위치하고 있

---

3 『칸트사전』(사카베 메구미 · 아리후쿠 고가쿠 편, 이신철 역, b, 2009)의 '이성적 존재자' 항목 및 『칸트 『실천이성비판』 해제』(서울대 철학사상연구소, 2004)의 '도덕법칙과 이성' 부분 참고.

다고 설명하지만 이부에게 인간사회란 도덕법칙이 지배하는 윤리적인 공간이 아니라 그저 양육강식의 법칙만이 판치는 정글이었던 것은 아닐까? 말하자면 그의 실천이성을 방해한 것은 그의 경험, 그가 살아온 현실 세계의 모습이었던 것은 아닐까?

자연사의 이념

인간과 동물의 차이가 무엇인가에 대해 오랫동안 고민해 온 또 한 명의 작가가 있다. 김훈이다. 그가 제출하는 답변은 다소 회의적이고 역설적인 것이어서 곧잘 독자들의 힘을 빼놓는다. 그러나 그 회의와 역설을 극복하지 않고 우리가 인간을 긍정할 수 있는 다른 방법은 없다. 그의 냉정한 시선에 담긴 현실의 핍진성을 부정할 수 없기 때문이다.

김훈 소설에는 "역사는 진보하는 것이 아니라 본질적으로 무상한 것이라는" 소위 '자연사自然史의 이념'이 내장되어 있다.[4] 신형철의 말이다. 10년이 지났지만 이 말은 여전히 유효하다. 『공터에서』를 역사소설이라고 할 수는 없지만, 이 소설이 그리고 있는 마동수 부자의 가족사에는 일제 강점기부터 한국전쟁, 베트남전쟁, 박정희의 죽음과 신군부의 언론사 통폐합, 불법과 비리로 얼룩진 근대화 등 굴곡진 한국 근현대사가 고스란히 담겨 있다. 시대적 배경으로서뿐 아니라 개인의 삶을 구성하고 뒤흔드는 사건으로 인물들 모두에 깊이 연루되어 있다는 점에서 역사는 『공터에서』의 소재가 아니라 주제에 가깝다. 그러나 이 소설에서

4 신형철, 「속지 않는 자가 방황한다」, 『몰락의 에티카』, 문학동네, 2008, 57쪽.

인간은 역사의 주체가 아니라 계절이 바뀌면 오고 가는 개구리나 풀벌레와 다를 바 없다.

> 낮에 고등학생들이 인민항쟁가를 부르며 행진한 거리에서 밤에는 개구리들이 울어댔다. 개구리들은 하늘의 별들과 뒤섞여서 와글거렸다. 빈집 마당에 잡초가 올라와서 장독대를 덮었고 지붕에 버섯이 솟았다.
>
> 가을에, 국군이 서울에 들어왔다. 뒤쳐진 인민군은 서울에 남아 있었다. 국군은 골목마다 시가전을 치렀다. 마동수는 인왕산 바위틈에 숨어 있다가 시가전이 끝난 후에 월세방으로 돌아왔다. 마동수는 원남동 로터리에서 국군의 행군 대열을 향해 만세를 불렀다. 늦더위가 물러서자 개구리 떼는 사라졌고 풀벌레 소리가 도심에 가득 찼다.
>
> —『공터에서』, 112쪽

인민항쟁가와 개구리 울음소리, 국군과 풀벌레를 나란히 배치한 전략은 자명하다. 역사는 인간의 의지와 행동으로 변하는 것이 아니라 개구리나 풀벌레가 나타났다가 사라지는 것처럼 자연의 법칙 아래 있을 뿐이다. 개구리는 왜 울다가 사라지는가. 그저 계절이 바뀌었기 때문이다. 전쟁으로 무너진 성벽, 무너진 성벽의 돌을 밟고 앉아서 똥오줌을 누는 사람들, 똥오줌에 들끓는 파리 떼, 빈 도심에 창궐한 개구리 떼. 전쟁은 인간이 이룩한 문명을 한순간에 파괴시키고 자연은 인간의 빈자리를 순식간에 점령한다. 변소가 없다고 생리현상을 막을 수 있는가. 문명보다 질기고 오랜 것은 몸을 가진 것들은 먹고 싸야 한다는 것, 인간은 파리나 개구리 떼처럼 생리현상에 지배받는 자연의 하나일 뿐이다. 그리고 자연은, 선악을 판단하지 않는다. 여름비는 똥오줌과 함께 화전민이 힘겹게 일군 밭도 다 휩쓸어간다.

그러나 역사의 진보를 믿지 않고, 인간을 한낱 풀벌레에 빗대며, 전쟁의 참상을 기사문처럼 건조하게 서술하고 있다고 해서 김훈이 이 부조리를 그대로 승인하고 있다고 보기는 어렵다. 인간사人間史를 자연사自然史와 구분하지 않는 관조적 시선 이면에는 인간이 자연과 구분되지 않았던 우리의 역사와 현실에 대한 참담한 심정이 서려 있다. 피난 "열차 지붕 위 아이들은 죽고 또 죽었다. 바람에 날려 가서 죽고 졸다가 떨어져 죽고, 열차가 터널을 지날 때 터널 천장에서 늘어진 철근에 부딪혀서 죽었다". 이것을 과연 인간의 죽음이라 할 수 있는가. 물에 휩쓸리는 개미 떼를 보듯이 거리를 두고 인간을 대상화하지 않는다면, 이것은 도무지 이해할 수도 감당할 수도 없는 현실이다. 전투가 끝난 고원, 시체들만이 참례한 미사에서 "이 모든 살육과 파괴가 어떤 의미에 도달하는 것인지를 사제는 울면서 하느님께 물었다". 신은 대답하지 않고, 자연은 모든 것을 덮었다. "계곡과 능선이 눈에 덮이고 달빛이 스며서 죄는 보이지 않았다."

인간의 품격을 찾기 어려운 것은 출생에서도 마찬가지다. "가축우리에서 어떻게 두 아이가 생겨날 수 있는 것인지, 이도순은 잘 기억할 수 없었다." 부모의 섹스로 자신이 태어났다는 것을 믿을 수 없다는 마차세에게 상희는 "그냥, 생리나 습관이라고 생각해"라고 말하는데, 이도순 역시 "땅 밑에서 풀이 돋고, 나무에 잎이 달리듯이 아이가 생긴 것이라고, 죽기 며칠 전에" 생각한다. 그렇게 생각하지 않고서는 설명할 수도 납득할 수도 없는 비인간적인 태어남. 태어나고 죽는 것이 이럴진대 살아가는 것은 어떠했겠는가. 인간이 인간으로 살지 못했던 시절, 그 시절을 살아온 인간들에게 '인간다움'

이란 과연 무엇일 것인가. 김훈의 허무주의나 '자연사의 이념'을 곧바로 윤리적인 것이라고 할 수는 없으나, 함부로 희망이나 진보를 말하지 않는 그의 엄격함에는 차마 인간다움에 대해 논할 수 없었던 우리의 역사가 있다.

무섭고, 달아날 수 없는 곳

김훈의 인물들이 폭압적인 한국 근현대사에 대응하는 방식은 도피하거나 수락하는 것이다. 마장세가 도피하는 인물이라면 마차세는 수락하는 인물이며, 이는 그들의 윗세대 마남수와 마동수에게서도 발견되는 삶의 기본 유형이다. 그러나 견딜 수 없으므로 도피하고 벗어날 수 없으므로 수락했을 뿐 적극적인 긍정이 전제된 것은 아니므로 이들은 모두 쉽게 정착하지 못하고 방황한다.

마동수의 형 마남수는 미국 국회의원들의 방문 소식에 종로 네거리로 나갔다가 불령선인으로 몰려 남산경찰서에서 매 맞고 나온 뒤 "여기가 아닌 곳에서" 살고 죽겠다는 결심으로 조선을 뜬다. 10년 뒤 형의 부름에 마동수도 만주 길림으로 가지만 형과는 달리 "인체의 구조와 기능을 물리적으로 이해하는 능력이 없어" 한의학 공부를 작파하고, 상해에서 여러 일을 전전하며 하춘파의 조직원 노릇을 한다. 한동안 아편에 절어 살다가 해방 후에는 고국으로 돌아간다. "땅 위의 어느 곳도 고향이 아니라는 걸 마동수는 상해 시절부터 알고 있었지만, 돌아가야 한다는 이끌림은 저항할 수 있는 것이 아니었다." 떠나서 정착한 마남수와 달리 돌아오고도 떠도는 마동수의 삶은 마장세와 마차세로 변주되며 반복된다. 마장세는 아버지에게서 벗어나기 위해 아버지처럼 헤매고, 마차세는 룸살롱에서 임금 협상을 타결시켜서라도 먹이를 벌어 오는 또 한 명의 아버지가 된다. 정착도 떠돎도 안티테제로서 추구되었던 바, 그들은 자신들의 닮은 외모로서만이 아니라 형이나 아버지로부터 벗어나겠다는 반작용의 몸짓 그 자체로 자신들이 여전히 혈통의 굴레에 매어있음을 역설적으로 드러낸다.

어떤 난관이 닥쳐도 절망하지 않고 마차세 집안에 생의 온기와 숨결을 불어넣는 박상희 역시 인간에 대한 기본적인 인식은 마장세나 마차세와 별 다를 바 없다. 그는 "일상의 작은 것들을 모으고 쌓아서, 막막한 날들을" 건너갈 줄 아는 사람, 아무리 무거운 것들도 가볍게 바꿔내는 경이로운 인물로 그려지지만 인간은 "아무 데도 기댈 곳 없이 제 구멍을 제가 파고 스스로를 핥아야 하는 야생동물"이라 생각하고, 마차세를 염려한 때문이기는 하지만 "새들을 보면서, 날아다니는 것들은 고향이 없고, 부모 자식이 없어서 좋겠다는 생각"도 한다. 아버지와 너무 닮아 혈통의 무게를 느끼던 마차세 형제처럼, 박상희 역시 너무 닮은 형제를 보고 느낀 첫 감정은 무서움이었다. "마씨 집안의 혈통의 늪으로 빠져 들어가는 느낌"이 들었던 것이다. 인물들은 끊임없이 이 혈통의 굴레로부터 달아나려 하나, 그럴수록 달아날 수 없음만을 보여주는 것. 소설 전체를 에워싸는 배음은 "세상은 무섭고, 달아날 수 없는 곳"이라는 마동수의 목소리이다.

희화화

이 소설에서 이러한 세계관의 반대편에 서 있는 유일한 인물은 하춘파다. 『없는 사람』의 이부처럼 『공터에서』의 하춘파도 다소 희극적으로 그려지고 있는 인물인데, 흥미로운 것은 이부와는 정반대의 사상을 구현하고 있는 이 인물이 이부와 가장 유사한 캐릭터로 희화화되고 있다는 점이다.

> 하춘파는 읽은 글과 자신의 말을 구별하지 못했고 여러 번 되풀이한 말을 처음인 듯 말했다. 그의 어조는 신명에 들떠 있었는데 오히려 나직했다.
>
> —사상을 구현하기 위하여 행동하는 용기를 가져라. 그것만이 자유로 가는 길이다
>
> 하춘파는 또 말했다.
>
> —권력에 의해 작동되는 인간관계의 비극은 세계사의 질곡이다. 이 비극의 사슬을 끊어낼 때 세계는 새롭게 태어나고 이 신세계에서 인간의 모든 위계적 관계는 소멸한다. 혁명무력은 핵심부에 집중되어 있다가 전위부로 산개돼야 한다.
>
> 마동수는 하춘파가 구사하는 단어들이 거기에 해당하는 실체를 지니고 있는지를 물어보지 못했다. 하춘파가 말과 세상을 구별하지 못하는 것이 아닌지, 세상을 접고 구겨서 말의 틀 속으로 밀어 넣고 있는 것이 아닌지도 물어보지 못했다.
>
> —『공터에서』, 73쪽

사상의 구현, 행동하는 용기, 자유, 혁명, 신세계……. 하춘파의 언어에서 우리는 인간성에 대한 칸트의 통찰과 역사의 진보에 대한 맑스의 신념을 모두 엿볼 수 있다. 그는 사익을 위해 움직이는 이부와 달리 역사와 민족의 정의를 바로 세우기 위해 세계를 떠돌며 무장투쟁을 전개

하는 독립투사의 면모를 풍긴다. 술에 취하면 돈키호테처럼 지난 세기의 장수 시늉에 빠져들지만, 홍길동처럼 수완 좋게 사업자금을 마련해 조직원들을 움직이고 노점으로 번 돈을 모아 권총을 구입하며 첩보가 들어오면 술을 마시다가도 문득 사라져 "힘겨운 사업"을 수행한다. 그러나 하춘파의 조직원으로 활동하면서도 마동수는 그가 구사하는 단어들이 거기에 해당하는 실체를 지니고 있는지 의심한다. 듣기에는 그럴 듯하나 너무 거창해서 오히려 공허하고 현실 정합성이 떨어지는 말들. 이부가 실체를 축소시키기 위한 가치 중립적인 언어를 구사했다면, 하춘파는 실체를 과장하기 위한 가치 지향적인 언어를 구사한다. 극과 극은 통한다. 한쪽은 철저히 실리를 따르고 한쪽은 철저히 신념을 추구하는 것 같지만, '정명'의 관점에서 볼 때 둘은 똑같이 타락한 인간들이다.

하춘파가 살인에 대한 죄의식이나 주저가 없었다는 것, 비록 밀정이나 친일파라 할지라도 사람을 죽이는 것을 단순히 '정리'라고 표현했다는 것이 그 증거다. 인간을 사물처럼 다룬다는 점에서 그는 이부와 다를 바 없다. "세상을 접고 구겨서 말의 틀 속으로 밀어 넣는 일"은 이렇듯 스스로도 현실 감각을 상실하는 일, 실체를 왜곡하고 현실을 호도함으로써 마땅히 지켜야 할 '도덕법칙'조차 망각하게 만드는 일이다. 훗날 하춘파는, 알리지도 않은 마차세의 결혼식에 찾아와서 밥을 먹고 차비조로 돈을 달라고 요구한다. 사회로부터 그 어떤 공로도 인정받지 못하고 내팽개쳐진 이름 없는 독립운동가의 비참하고 쓸쓸한 말로다. 그러나 작가는 이 늙고 피로한 얼굴 위에, 허명을 팔아 사람을 이용하는 뻔뻔함을 덧씌워 그에 대한 동정과 연민을 거두어들인다.

유일하게 현실에 저항하는 인물을 작가는 왜 이렇게 이부 같은 작자로 희화화시켜 놓은 것일까. "인간에 대한 철학적 신화들"을 거부하기 위해서라는 것은 명백하다. 비트겐슈타인은 "이야기할 수 없는 것에 관해서 우리는 침묵해야 한다"[5]고 했지만, 김훈은 말할 수 없는 것에 대해 단지 침묵하는 것이 아니라 말할 수 없다고 끊임없이 '말한다'. 언어의 자명성을 의심하면서 언어로 세계를 담아내야만 하는 딜레마, 인간주의를 믿지 않으면서 인간에 대해 이야기해야 하는 곤혹이 그렇게 표현된다. 전작 『내 젊은 날의 숲』[6]의 화자는 세밀화가로, 마차세와 박상희를 겹쳐놓은 것 같은 인물인데 그가 "말을 해야만 살 수 있고 말로 해야만 안심이 되는 수목원 연구직 서기관" 안요한 실장을 답답하고 가엾게 여기는 것도, 식물을 그리면서 열패감을 느끼는 것도 그가 언어와 대상 사이의 좁혀질 수 없는 거리를 끊임없이 인식하기 때문이다. 윤리학뿐만 아니라 예술이나 과학의 세계조차 이들에게는 결코 자명한 것이 아니다.

> 꽃이 자신의 색깔과 구조에 대하여 무엇을 말할 수 있을 것이며, 그것을 인간의 언어로 바꾸어 놓는 결과물이 꽃과 무슨 관련이 있을 것인가. 밤늦은 시간에 새들이 왜 울면서 숲을 떠나는 것인지를 누가 말할 수 있으며 초겨울에 시간이 소멸하듯이 한 생애를 죽음에 포개는 한해살이 벌레들의 내면을 안요한 실장이 설명할 수 있겠는가. 누가 거기에서 분석적 언어를 추출해낼 수 있을 것이며, 인간이 지어낸 언어의 구조물은 그 대상과 어떤 관련이 있는 것인가. 그런 생각을 하면서, 나는 종이에 붓질

5 루트비히 비트겐슈타인, 김양순 역, 「머리말」, 『논리철학논고/철학탐구/반철학적 단상』, 동서문화사, 2008, 31쪽.

6 김훈, 『내 젊은 날의 숲』, 문학동네, 2010. 이후 인용할 때에는 '작품명, 쪽수'로 기재한다.

을 해서 식물의 삶의 질감과 온도를 드러내는 일에 어쩐지 자신이 없어져서 선 자리에서 주저앉아버리는 느낌이었다.

—『내 젊은 날의 숲』, 91쪽

구약성경의 「전도서」를 떠올리게 하는 구절들이다. 신의 섭리를 말할 수 없듯이 자연의 법칙도 사물의 실재도 인간의 언어는 온전히 드러낼 수 없다. 언어의 한계에 대한 자각은 인간의 한계에 대한 인식으로 이어진다. 이러한 세계관을 가진 자들에게 인간은 만물의 척도도, 세계를 변혁하는 주체도 아니다. "일상의 작은 것들을 모으고 쌓아서, 막막한 날들을 건너갈" 뿐이다. 이조차도 결코 쉬운 일이 아니다. 그런데 인간과 세계에 대한 그럴듯한 주의주장들은 '말할 수 없다'는 이 사태를 감추고 '일상의 작은 것들'을 무시한 채 당위와 관념의 세계로 도약한다. 아무리 아름다운 이름을 갖고 있다 할지라도 그것은 '정명'이 아니다. 그러니 비웃어 버리자. 말할 수 없는 것들을 함부로 말하는 자들에 대해서, 실을 넘어서는 명을 휘두르는 자에 대해서 김훈은 이런 식으로 거리를 유지한다.

이상향으로서의 상전벽해

그런데 자세히 살펴보면 하춘파가 꿈꾸는 이상향 역시 인간의 이성이 완벽하게 구현된 세계가 아니다. 그에 따르면 소유와 겁핍, 지배와 피지배의 관계에서 비롯한 이 세상의 온갖 부조리는 정의와 자유, 평등을 외치는 인간의 투쟁이나 기도로써 말소되는 것이 아니라 다만 인간의 문명이 사라질 정도의 오랜 시간이 지나면 저절로 소멸되는 것이다.

> 이 세상의 모든 뽕나무 밭을 다 지나고 나면 갑자기 푸른 바다가 펼쳐지는데, 거기서는 노동과 소유의 구획이 모두 소멸해서 인간세는 초목과 같아지는 것이라고 설명하면서 하춘파는 상전벽해라고 네 글자를 써서 유모차에 아기를 태운 미국인 여자에게 팔았다.
>
> 이 세상이 삭막하고 따분한 까닭은 이 뽕나무 밭에서 벌어지는 소유와 결핍, 지배와 피지배의 관계가 시간 속에 축적되고 공간 속으로 확산되기 때문이라면서 하춘파는 인생하기지리호(人生何其支離乎. 인생은 왜 이리도 지리한가!)라고 일곱 글자를 써서 목발을 짚고 절뚝거리는 포르투갈 노인에게 팔았다.
>
> —『공터에서』, 78쪽

상전벽해, 뽕나무 밭이 변해서 바다가 된다는 것은 대개 세상의 극심한 변화를 비유하는 수사지만 여기서는 모든 뽕나무 밭이 바다가 된 세계, 혹은 그 정도의 오랜 시간을 뜻한다. 인간이 이룩한 모든 문명이 사라지고 자연이 되는 시간, 노동과 소유의 구획이 모두 소멸해서 인간세가 초목과 같아지는 세계. 이것은 말 그대로 인류와 문명의 종말인 바, 이러한 세계야말로 디스토피아가 아니라 유토피아라는 것은 결국 문명이 사라지지 않는 한 노동과 소유의 구획은 결코 소멸하지 않을 것이라는 비관에 다름 아니다. 앞뒤를 가리지 않고 '진격 앞으로!'를 외치는 하춘파 역시 실은 혁명론자가 아니라 허무주의자였던 것.

김훈이 인간사를 자연사로 그리고 있다는 것은 앞서 말했지만, 김훈의 소설에서 자연은 이렇듯 인간의 인간답지 못함을 노골적으로 드러내는 대상일 뿐만 아니라 인간이라는 굴레와 수치로부터 벗어나기 위해 적극적으로 희구되는 대상이기도 하다.[7] 그러나 자연과 구분되지 않는 것이 때로는 인간의 비참이고 때로는 인간의 구원이라는 것은, 어떤 경우이든 간에 인간은 결국 자연이 아니라는 인식을 전제로 한다. 상전벽해가 되지 않는 한 인간은 초목과 같아질 수 없다. 똥오줌에 버무려진 채 "스팅키 애니멀!"로 전락한 피난민 가운데는 미쳐서 죽음을 선택하는 자들도 있었다. 가족을 잃고 삶의 터를 잃고 인간의 존엄을 잃고 마침내 미쳐버린 자들. 그들을 미치게 하는 것은 아무리 세상이 그들을 짐승으로 내 몰아도 그들은 꽃도 나무도 늑대도 솔개도 아닌 인간이라는 사실이다. 인간됨의 비참과 곤궁, 김훈의 '자연자의 이념'이 말하는 것은 결국 이것이다.

역사의 폭력과 인간의 부끄러움

무력한 개인을 둘러싼 역사의 무자비한 폭력은, 조해진 소설 역시 깊이 궁구하고 있는 주제다. 「빛의 호위」나 「사물과의 작별」, 「동쪽 伯의 숲」처럼 국가나 체제에 의한 고문, 조작, 살인 등을 직접적으로 다루고 있는 작품 외에도 『빛의 호위』에 수록된 대부분의 작품이 전쟁, 테러, 이민, 가난, 실업, 실종, 유기遺棄, 질병, 육체적 · 정신적 장애 등 개인이 혼

7 "길바닥이나 책상 앞이나 일은 다 마찬가지야. 먹이를 버는 거잖아. 사냥꾼이나 어부나 늑대나 솔개나……. 그게 오히려 아름다운 거지"(『공터에서』, 228쪽); "혈육이 없어서 인륜이 없고 탯줄이 없어서 젖을 빨지 않는 것이 나무의 복이라고 안실장은 말하고 있는 것 같았다"(『내 젊은 날의 숲』, 265쪽); "새들을 보면서, 날아다니는 것들은 고향이 없고, 부모 자식이 없어서 좋겠다는 생각을 했어"(『공터에서』, 32쪽)

자 힘으로는 극복하기 어려운 사회적 폭력과 차별을 드러내고 있다. 「문주」나 「작은 사람들의 노래」에는 자신의 이름이나 어머니의 얼굴도 기억하지 못하는 어린 나이에 부모를 잃은 아이들이 등장하는데, 역사의 폭력 앞에 무방비 상태로 던져졌다는 점에서 조해진 소설의 모든 인물들은 이 고아들과 다를 바 없다. "무한의 암흑 한가운데서 하염없이 추락하는" 상처 입은 짐승들, 방향을 잃고 떠도는 조난자들.

동백림 사건에 휘말려 이전의 삶을 송두리째 빼앗겨버린 「동쪽 伯의 숲」의 안수 리는 대표적인 역사의 희생양이다. 베를린에서 철학박사 학위를 준비 중이던 안수 리는 어느 날 갑자기 검은색 벤츠를 타고 온 남자들에게 끌려가 강제 귀국을 당한다. 한국에서 그를 기다리고 있었던 것은 "동베를린의 북한 대사관을 출입한 적 있는 한국인들을 밀고"하라는 협박과 고문. 이미 준비해 놓은 자술서에 안수 리의 서명을 받아내기 위해 그들은 그가 "한 인간으로서 숨겨두고 싶었던 모든 것을 한줌의 배려도 없이 적나라하게 들춰낸다". 자발적인 스파이가 나타나 안수 리는 풀려나지만, 조금씩 회복되는 육체와 달리 정신은 형편없이 훼손되어 간다. 스파이가 아니었음에도 그는 다시는 독일로 돌아가지 못한다.

> 머리보다 몸이 먼저 그 "발가벗겨진 시간"을 기억했다. 자신의 신념과 철학을 창백한 문장들로 만들어버리는 육체의 나약한 속삭임을 그는 떨쳐내지 못한 것이다. 그 시간을 외면하면서 그는 살아남았다. 아니, 죽어갔다.
>
> —『빛의 호위』, 113쪽

신념과 철학을 비웃는 육체의 나약함은 인간적인 것 한가운데 숨겨져 있던 비인간적인 것을 들추어낸다. 아무리 그럴 듯한 말을 떠들어봐야 몸을 가지고 있는 한 인간은 한낱 짐승에 불과하다는 사실, 김훈의 소설과는 전혀 다른 질감을 가지고 있지만 조해진 소설 또한 인간의 이 한없는 무력함에 대한 인식으로부터 시작한다.

"가난 속에서도 인간으로서의 품위를 지킬 수 있다"고 자신 있게 말했던 「산책자의 행복」의 철학강사 홍미영도 실업과 어머니의 암 투병이 동시에 진행되면서 결국 개인파산을 신청할 지경이 되자 "이제 그녀에게 남은 선생으로서의 마지막 말은 존재와 신념을 모두 부인하는 배교자의 언어"일 뿐이라는 사실을 깨닫는다. 각종 청구서와 독촉장에 찍혀 배송된, "숫자로 구체화된 불행의 위력 앞에서" 그녀는 한없이 무력하다. 유통기한 지난 차가운 삼각김밥으로 허기를 달래던 그녀가 피난지의 어머니를 떠올리는 장면은 자본주의 사회에서 실업의 고통이란 전쟁의 참상과 다를 바 없다는 것을 조용히 웅변한다. "수치심은 사치가 되고 무엇이든 표현할 수 있는 인간으로서의 자유는 최후의 보루조차 될 수 없는 세계", 인간을 짐승으로 내모는 자본의 폭력은 보다 광범위하게 우리의 일상 속으로 파고든다. 『공터에서』의 마장세를 불법으로 내몰고 마차세를 방관자로 주저앉히며 『없는 사람』의 이부와 무오를 폭력에 길들이는 것도 바로 이 자본의 힘이다.

그러나 김훈이 멈춘 자리에서 조해진은 시작한다. 역사의 어둠을 고발하고 인간의 무력을 고백하되, 끝내 한 걸음을 더 내딛는다. 그 한 걸음이 때로는 한 인간의 전 생애다. 안수 리를 독일로 돌아가지 못하게 만든 것은 '발가벗겨진 시간' 자체가 아니라 그 시간을 통과하며 그가 느낀 부끄러움이었다. 희수는 발터의 증언을 듣고 "그 시간을 외면하면서 그는 살아남았다"고 썼다가 "아니, 죽어갔다"고 정정한다. 살기 위한 외면이었으나 고통에 찬 삶이었다는 말이다. 견딜 수 없는 부끄러움 때문이다. 그러나 아이러니하게도 그 부끄러움이 그를 인간으로 살게 만든다. 부당한 폭력을 행사한 정치권력만이 아니라 그 폭력에 굴복한 자신 역시 쉽게 용서하지 않는 마음, 혼신의 힘을 다한 그 자기형벌의 시간이 역설적으로 그를 자율적 존재로 돌려세우기 때문이다.

아버지들의 순교, 어머니들의 찬송

죽어가는 동료를 직접 죽여 '짐을 줄인' 마장세가, 전쟁이 끝난 뒤에도 한국으로 돌아오지 못한 이유 역시 부끄러움 때문이라 할 수 있다. 그러나 그는, 밀림 속에서 며칠 동안 더 살아 있거나 죽거나 아무 차이 없다고, 혼자서 그곳에 살아 있는 것이 더 견딜 수 없는 일일 거라고 스스로를 합리화한다. 죄책감을 느끼면서도 그가 삶의 태도를 바꾸지 못한 것은 그 때문이다. 먹고 사는 문제 앞에서 그는 다시 양심을 저버린다. 마장세처럼 적극적으로 불법에 가담한 것은 아니지만, 알고도 모른 척 눈을 감았다는 점에서 마차세 역시 무언의 동조자라 할 수 있다. 그러나 김훈은 마장세를 구속시키고 오장춘은 자살로 내몰지만, 다시 물류회사의 배송 기사가 되어 거리로 나온 마차세에게는 힘겨운 세월을 건너가는 성실한 가장의 이미지를 덧씌울 뿐이다. 가족들을 먹여 살리기 위해 손을 조금 더럽히는 일쯤은 아버지로서 응당 감내해야 하는 수난이라는 듯.

"삶이 치사하고 남루하리라는 예감"으로 분노에 가까운 슬픔을 토해낼 수 있는 것은 딸들의 권리일 뿐, 김훈 소설의 아버지들에게 "그렇게 영위되는 삶은 허위나 가식이 아니고, 영광이나 수치가 아니고, 선악미추의 분간으로 가늠하기 어려운, 받아내고 견뎌야 할, 빼도 박도 못할 운명"[8]이다. 아버지들의 지난한 역사를 볼 때, 함부로 비난하기 힘든 사실인 것은 분명하다. 그러나 범죄조차 순교로 둔갑해버리는 이 운명론 앞에서 인간이 할 수 있는 일은 많지 않다. 냉정하고 건조한 문장들은 삶의 비정을 더욱 침통하게 드러내지만 장편소설임에도 인물들은 서로를 비추고 변주할 뿐 그 누구와도 진정으로 대립하지 않는다. 내적 갈등과 동요가 없는 것은 아니나 먹고 사는 일의 엄중함이 결국 그 모든 갈등을 덮는다. 갈수록 소설의 긴장이 떨어지는 이유다. 죄가 드러난 뒤에는 변명하지 않는 것이 생계를 운명으로 받아들인 이 아버지들의 고독한 선택이다. 그러나 인식의 변화를 전혀 수반하지 않는 고통의 전시는 그 자체로 합리화의 수단이 될 수도 있다.

적극적으로 범죄에 가담한 자보다 방관하고 묵인한 자들이 더 문제적일 수 있는 것은, 그것이 보다 광범위하고 일상적으로 벌어지는 폭력이기 때문이다. 물론 인간이 매사에 윤리적으로 행동할 수는 없다. 적당히 타협하고 모른 척하는 것은 바쁜 일상을 살아가는 요령이기도 하다. 그러나 「빛의 호위」의 알마 마이어나 「작은 사람들의 노래」의 균은 우리가 아무렇지 않게 저지르는 무언의 동조, 무지를 가장한 방관, 선의를 가장한 "천진한 기만"이 고통받는 자들을 더 큰 공포와 무기력으로 몰아넣는다는 것을 보여준다.

8 『내 젊은 날의 숲』, 50쪽.

—사람들이 노먼을 시대의 양심이니 유대인의 마지막 희망이니 하는 수식어로 포장하는 걸 도저히 용납할 수 없었어요. 그런 거창한 수식어 뒤에 숨어 있으면 아무것도 하지 않고도 정의의 증인이 될 수 있다고 믿는 건, 뭐랄까, 나에겐 천진한 기만 같아 보였죠. 알려 했다면 알았을 것들을 모른 척해놓고 나중에야 자신은 몰랐으므로 아무런 책임이 없다고 주장하는 것처럼 말이에요. 전쟁이 끝나고 나서야 홀로코스트의 잔인함에 양심적으로 경악하던 그 수많은 비유대인들을 나는 기억하고 있어요. 화가 나진 않았어요. 그때나 지금이나 그저 무기력해졌을 뿐이에요. 무기력한 환멸 같은 거, 그런 거였죠.

—『빛의 호위』, 21쪽

어머니에게 버려져 보육원에 위탁되었으나 수용소와 다름없는 그곳에서 육체뿐 아니라 영혼의 깊은 곳까지 치유될 수 없는 상처를 입은 균의 이야기는 특히 주목을 요한다. "다들 아이답지 않은 힘으로 처신했는데도 대부분의 아이들이 사나흘에 한 번씩은 갇히거나 굶거나 모질게 맞았"던 곳, 그러나 보육원이 곧 학교였으므로 그들이 도망갈 곳은 어디에도 없었다. "눈치가 빨랐고 위험을 본능적으로 감지했으며 이름이 불리면 무조건 잘못부터 빌었다"는 것은 그 어린나이에도 그들이 살아남기 위한 필사의 노력을 기울였다는 뜻이다. 때리는 보육 교사들이 아니라 맞는 보육원생들과 적대를 형성하게 된 것도 그 때문이다. "폭력은 차츰차츰 번져 아이들 사이에서도 빈번해졌다. 덜 맞고 더 먹기 위해 서로를 때리고 비방하고 추문을 만들어 퍼뜨렸다. 시기하고 배반하고 원망하고 괴롭혔다." 저항할 수 없는 외부가 아니라 연약한 내부를 공격함으로써 자신에게 할당된 폭력의 양을 줄여보고자 했던 아만. 균이 결코 잊지 못하는 것은 보육원의 원장과 교사들만이 아니라 "맞고 있을 땐 저만치서 가만히 서 있는 아이들을 죽도록 미워하다가도 다음 날이면 맞는 아이와 무관하다는 걸 보여주려는 듯 구경하는 무리에 숨어 있어야 했던" 자신의 모습이다. 무력했기 때문일 뿐인데 균은 왜 스스로를 용서하지 못하는 것일까. 자신이야말로 그들의 고통을 가장 잘 아는 자이기 때문이다. 그 순간에 도움이 얼마나 절실한지도 알고 있기 때문이다. 그런데 도와줄 수가 없기 때문이다. 말하자면 무력했기 때문이다. 균이 용서할 수 없었던 것은 바로 자신의 그 무력함이다.

그런데 무력하지도 않으면서, 어른이면서, 더구나 보육원 직원이 아니라 신의 사랑을 노래한다는 성가대원이면서 아이들의 구조요청에 단 한 번도 귀기울여주지 않는 사람들은 대체 무엇인가.

> 보육원과 결연을 맺은 교회의 주부 성가대원이었던 *그들*은 보육원을 찾아오는 거의 유일한 외부인이었다. 균을 비롯한 아이들은 *그들*의 공연이 있는 부활절과 성탄절을 기다렸다. *그들*이 힘이 센 어른들을 데려오기를, 그 힘 센 어른들이 저마다의 옷 안에 감춰진 푸른 멍과 앙상하게 마른 몸통을 발견해주기를 간절하게 기다리고 또 기다렸다. 그러나 *그들*의 방문이 지속됐던 수년 동안 그런 일은 일어나지 않았다. *그들*에게 바짝 다가가 은밀하게 폭력을 고백하는 아이도 있었고 부모나 친척의 이름을 밝히며 연락을 부탁하는 아이도 있었지만 그 어떤 아이도 응답을 받지 못했다.
>
> —『빛의 호위』, 240~241쪽(이탤릭체는 원문)

노래를 불러주고 선물은 나눠주지만 더 깊이 관여해 책임질 일은 만들지는 않는 교인들, 불쌍히 여기는 마음 한편에는 그렇게 매를 맞고 자란 아이들에 대한 편견과 공포가 가득한, 누군가의 어머니들. 아이들을 도와줄 수 있는 유일한 어른이라 믿었던 그들에게조차 냉대에 찬 외면을 당한 균은, 보육원의 실태가 언론에 고발되어 그곳을 나오게 된 후에도 세상의 관심에 감사를 표하지 않는다. "균이 생각하기에 어른들은 너무 늦게 도착했고 그건 아무것도 되돌릴 수 없다는 걸 의미했다." 그들의 관심은 "맹수의 우리에 놀잇감을 넣어두고 실컷 구경하다가 놀잇감이 죽기 직전에야 문을 열어주는 문지기의 인색한 배려"에 불과했다. 원장이나 선생들보다 균이 더 증오한 것은 아이들의 고통을 외면하고도 아무렇지 않게 자기 가족들은 챙기며 일상을 영위했을 그들이었다. 보육원의 원장이나 선생보다 더 섬뜩한 것은 이 주부 성가대원들이나 뒤늦게 도착한 어른들이 우리의 모습과 크게 다르지 않다는 사실이다. "우리 존재의 일부분은 우리 곁에 있는 사람의 마음속에 자리 잡고 있다. 인간이 다른 인간의 눈에 하나의 사물일 뿐인 시절을 보낸 사람의 경험이 비인간적인 이유가 바로 여기에 있다."[9]

심판하는 자와 심판받는 자

『없는 사람』의 무오가 이부의 '평범함'에 눈을 뜨고서야 그를 무섭게 여긴 것은 그에게서 바로 자신의 모습을 보았기 때문이다. 처음에는 주

9 프리모 레비, 이현경 역, 『이것이 인간인가』, 돌베개, 263쪽.

저했고, 넘지 말아야 할 선이 있다고 믿었으나 점차 그 경계가 희미해져 버리기 시작한 무오. '악의 평범성'에 대한 인식은 '평범함 속에 도사린 악'에 대한 인식으로 전환된다.

여기서 이부와 무오의 다른 감각이 드러난다. 악이 평범한 것이라면 나도 평범한 사람일 뿐이다, 이것이 이부의 사고방식이다. 악이 평범한 것이라면 나도 악이 될 수 있다, 이것은 무오의 사고방식이다. 이부에게는 자기합리화의 방편이었던 것이 무오에게는 죄책감의 근거가 된다. 스스로를 심판자의 위치에 올려놓은 이부와 달리 무오는 심판받는 자의 위치로 내려온 것, 때리는 자와 맞는 자의 구분은 지워질 수밖에 없다. "깨고 나서 몸이 아픈 걸 보면 맞는 사람 같은데 각목을 휘두르는 장면이 이토록 선명히 떠오르는 걸 보면 때리는 사람 쪽이었는지도 모른다." 때리는 자이건 맞는 자이건 그는 아프다. 때리는 자가 왜 아픈가. 때리는 순간에도 그는 심판하는 자가 아니라 심판받는 자이기 때문이다. '부당한' 폭력을 행하고 있다는 자각, 이것이야말로 그가 맞는 가장 아픈 매다. 『없는 사람』은 한편으로 '타락의 서사'지만, 소설은 첫 장부터 무오가 끊임없이 자신에게 이 매를 가하고 있다는 것을 보여준다. 타인에게 휘두르는 폭력의 강도가 커질수록 자신에게 가하는 매의 강도도 커진다. 용역 일이 생존을 위한 자연법칙을 따르는 것이라면 자신에게 가하는 매는 도덕법칙에 근거한 것이다. 문제는 이 둘이 언제나 조화를 이루는 것이 아니라 곧잘 충돌한다는 것. 내면의 갈등으로 괴로워하던 무오가 사측의 침탈 계획을 반점에게 결국 털어놓는 것은 그의 도덕성이 갑자기 높아져서가 아니라 매의 강도가 너무 극심해졌기 때문이다. 반점에게 자신이 용역이라는 것을 들키고, 이전까지의 친밀했던 반말 대신 정중한 높임말로 나가달라는 요청을 받기에 이르자 그의 죄책감과 수치는 정점을 찍는다. "무오는 갑자기 정신이 드는 것 같았다. 부끄러웠다." "수치스러웠다." "더 듣고 싶지 않았다. 도망치고 싶었다." 그는 더 이상 돈과 윤리 사이에서 망설이지 않는다. 수치심이 너무 압도적이기 때문이다.

> 일단 이곳에서 나가고 보자. 이곳에서 나가면 다시는 이 도시에서 얼씬도 하지 않겠다. 반점은 물론이고 이부와도 완전히 관계를 끊겠다. 굶어죽는 한이 있어도 다시는 이런 짓을 하지 않겠다. 이러다 내가 누군지도 모르게 되고 말 것이다. 몸뚱이만 살아 있으면 뭘 하나. 자신이 누군지도 모르게 되어버린다면 그건 사람도 아니다.
>
> —『없는 사람』, 210쪽

무오는 결국 도망친다. 다시는 이런 일을 하지 않겠다고 다짐한다. 수치와 고통 속에서 자아를 상실하지 않고 살아남기 위해서이다. 이부처럼 도덕법칙 자체를 폐기해버리지 않는 한, 자연법칙을 따름으로써 얻는 이익보다 도덕법칙을 어김으로써 생기는 고통이 더 커지는 순간이 찾아온다. 그 경우는 도덕법칙을 따르는 것이 오히려 쾌락을 얻는 길이다. 불쾌에서 쾌로 향하는 것이 자연의 법칙이고 생존의 방편이라면, 때로는 도덕법칙을 따르는 것이 역설적으로 자연법칙에 합하는 일이 된다.

무오가 결국 이부와 갈라서게 되는 것은 그에게는 이부에게는 없었던 죄책감이라는 것이 있었기 때문이다. 『빛의 호위』에는 유독 이런 죄책감에 시달리는 사람들이 많다. 앞서 살펴보았던 「동쪽 伯의 숲」의 안수 리와 한나, 「작은 사람들의 노래」의 균 외에도 자신의 실수가 "서균의 한 시절을 망쳤다는 근거 없는 죄책감"으로 일평생을 "상상의 법정"에서 살아야만 했던 「사물과의 작별」의 고모, 친구의 자살을 미리 눈치채지 못했다는 죄책감으로 "살과 뼈를 녹이는 절망", "환부 없는 통증"을 앓고 있는 「산책자의 행복」의 메이린, 「잘 가, 언니」의 나…….

부끄러움을 느낄 줄 아는 것, 쉽게 스스로를 용서하지 않는 것이 인간됨의 조건이라고 했다. 그렇다면 가혹한 자기처벌만이 인간의 인간됨을 드러내는 것인가. 처벌해야 할 것은 정말 언제나 '나'인가. 자연법칙을 따르면서 도덕법칙을 함께 지키는 것이 도무지 불가능하다고 판단될 경우, 사람들은 때로 자연법칙을 거스른다. 사는 게 너무 고통스러울 경우에도 그 고통으로부터 벗어나고자 죽음을 선택한다. 대부분 삶이 '쾌'고 죽음이 '불쾌'라고 생각하지만, 고통이 너무 크고 피할 수 없는 것일 때는 삶이 '불쾌'고 고통으로부터의 자유인 죽음이 '쾌'라고 여겨질 수도 있기 때문이다. 이런 극단적인 선택을 막기 위해 생명체는 자기보호 본능을 발동해 자기합리화를 하거나 기억 자체를 조작하고 망각하기도 한다. 그러나 모면은 임시방편에 불과하다. 자기처벌의 고통에서 빠져나올 수 있는 유일한 방법은, 처벌할 필요가 없게 되는 것이다.

「번역의 시작」에서 안젤라는 잦은 실수로 괴로워하는 '나'에게 "실수에는 죄책감을 느낄 필요가 없다"며 위로를 건넨다. 개인의 과도한 죄책감은 사회의 잘못을 개인이 부당하게 짊어져야만 하는 체제나 문화에서 비롯한 것일 수 있다. 스스로에게는 도덕법칙을 전혀 적용하지 않고 비난의 화살을 외부로만 돌리는 사람들도 문제지만, 모든 문제를 개인의 잘못이나 책임으로 떠넘기는 사회는 훨씬 더 위험하다. 『빛의 호위』에 등장하는 인물들은 대개 이런 사회의 잘못이나 폭력으로 망가진 사람들이다. 그들의 유일한 잘못은 그 폭력에 맞서거나 무너지지 않을 힘과 지혜가 부족했다는 것. 그러나 정작 폭력을 가한 당사자는 잘못을 반성하거나 사과하지 않는데, 피해자들만이 자신들의 약함을 탓하며 스스로를 감옥에 가두고 있다. 이것은 역사의 또 다른 폭력이다. 당신의 잘못이 아니라고, 그러니 이제 그만 감옥의 문을 열라고 말해주어야 한다.

조해진의 소설에는, 이 깊은 어둠에 잠긴 자들이 스스로 그곳으로부터 걸어 나올 수 있도록 멀리서나마 한줌의 빛을 밝히고 있는 사람들이 있다. 「시간의 거절」에서는 제인과 석희가 의도치 않게 서로에게 그 역할을 해주었고, 「산책자의 행복」에서는 한 번도 답장해주지 않는 홍미영에게 수년에 걸쳐 이메일을 보내오는 제자 메이린이 있다. 전쟁지지자였던 아버지의 과거를 알게 된 뒤, 아버지가 죽어가는 동안 스스로도 생의 차디찬 바닥으로 추락해버린 「동쪽 伯의 숲」의 한나에게는 그녀의 유배지로 자진해 들어와 친구가 되어준 안수 리가 있었다. 안수 리가 실종되었을 때는 한나가 적극적으로 그를 찾아 나선다. 그가 스파이였을지 모른다는 가능성 때문에 만나지는 않지만 그와 나누었던 우정과 사랑을 잊지 않고 평생 그를 그리워하여 결국 그녀의 아들이 안수 리를 만나게 만든다. 한나가 끝내 저버리지 않았던 안수 리에 대한 신의가 이번에는 안수 리를 자신의 오랜 감옥에서 꺼내어 주었음은 물론이다. 끊임없이 스스로의 자격을 의심하며 '의식적 함몰구역'에 빠져 있던 시인 희수는, "숲의 바깥에도 동행자가 있다는 걸 잊으면 안된다"는 발터의 응원에 힘입어 안수 리의 행방을 찾아 나선다. 이들 뿐만이 아니다. 「문주」의 기관사, 복희식당 할머니, 앙리와 젬마, 「번역의 시작」의 안젤라, 「빛의 호위」의 반장, 장……. 조해진의 소설에서는 일일이 언급하기 힘들 정도로 많은 인물들이 연대의 서사를 보여준다.

이들이 강렬한 도덕심으로 무장한, 신념에 찬 휴머니스트들인 것은 아니다. 그들 역시 대부분 나약하고, 비슷한 고통으로 괴로워하고 있는 자들일 뿐이다. 때로 그들은 자신이 다른 누군가의 빛이 되었다는 사실조차 모르고 있다. 차마 외면할 수 없어 베푼 단 한 번의 친절이었고, 자신의 의도와는 전혀 다르게 받아들여진 선물인 적도 있다. 조직적이고 지속적인 연대 또한 아니다. 한나와 안수 리처럼 평생토록 계속되는 깊은 우정과 사랑도 있지만(하지만 그들이 실제로 우정을 나눈 기간은 매우 짧다) 카메라 셔터를 누를 때 잠깐 나타났다가 사라지는 빛처럼 일회적이고 찰나적인 빛에 불과한 경우가 더 많다.

작고 사소한 찰나의 빛이 어떻게 그 깊은 어둠을 빠져나올 수 있는 문이 될 수 있었을까. 핵심은 빛 그 자체가 아니라 빛을 찾는 눈에 있을지도 모른다. 무관심이 가장 난폭한 폭력이 될 수 있듯이, 사소한 관심도 절박한 누군가에는 구원의 계기가 된다. 조해진 소설의 인물은 대개 매우 윤리적인 주체다. 그러나 흔히 오해하듯이 도움이 필요한 누군가에게 쉽게 손을 내밀어 주기 때문에 그들이 윤리적인 것이 아니다. 똑같이 나약하고 이기적이며 자주 실수를 반복하지만, 끊임없이 반성하는 의식과 자신의 존엄을 지키고자 하는 의지, 그리하여 스스로를 유폐시킨 바로 그 힘으로 어둠으로부터 빠져나오는 발걸음을 다시 내딛기 때문에 그들은 마침내 윤리적 주체로 거듭나는 것이다.

사람이 할 수 있는 가장 위대한 일이 뭔지 알아?

「작은 사람들의 노래」만이 예외적으로 균에게 이러한 우정을 허락하지 않는다. 사고로 죽은 송의 어머니나 후원자녀 앨리를 통해 "남들은 태어날 때부터 누리고 사는" 가족들과의 정다운 시간을 어떻게든 가져보기 위해 노력하지만, 그의 간절한 꿈은 이루어지지 않는다. 그러나 균만이 아니라 『빛의 호위』에 실린 모든 작품들에서 이러한 우정을 나누는 사람들은 혈연으로 이루어진 가족이 아니다. 가족관계로 이루어진 우정의 공동체는 「문주」가 유일한데, 거기서도 앙리와 리사는 문주의 친부모가 아니라 양부모다.

중요한 것은 피를 나눈 부모나 형제의 유무가 아니라 사랑의 유무다. 리사는 남편이 죽게 될 거라는 사실을 알고 신에게까지 독설을 퍼부으며 깊은 절망에 빠져들었지만, 홀로 우울증을 앓던 베로니카 수녀가 자해까지 하며 생의 막다른 곳으로 내몰린 것과 달리 자신을 늘 "어깨 위의 작은 새처럼 조심해서 대하던" 앙리와의 기억 덕분에 다시 제4막, 혹은 5막의 인생을 시작할 수 있게 된다. '문주와 균'은 '리사와 베로니카'의 짝패다. 자신도 부모에게 버림받았을지 모른다는 두려움에 시달리면서도 문주가 균과 달리 영혼의 황폐화로 치닫지 않는 것은, 부모 잃은 그녀를 보살피면서 자기 성을 붙여 이름까지 지어주고 좋은 보육원을 찾아내기 위해 한 달이나 노력했던 기관사 정의 마음에 대해 알게 되었기 때문이다.

편지 안에서 그녀가 내게 묻는다. 반장, 사람이 할 수 있는 가장 위대한 일이 뭔지 알아? 편지 밖에서 나는 고개를 젓는다. 누군가 이런 말을 했어. 사람을 살리는 일이야말로 아무나 할 수 없는 위대한 일이라고. 그러니까…… 그러니까 내게 무슨 일이 생기더라도 반장, 네가 준 카메라가 날 이미 살린 적이 있다는 걸 너는 기억할 필요가 있어.

—『빛의 호위』, 28쪽

「빛의 호위」에서 반장이 권은에게 아버지의 후지카메라를 갖다 준 이유는 권은이 너무나 열악한 곳에서 혼자 버려지다시피 살고 있는 것을 우연히 알게 되었기 때문이었다. 카메라라면 팔아서 돈을 마련할 수도 있으리라 생각했던 것이다. 그러나 권은은 그걸로 사진을 찍었다. "그 후지사의 필름 카메라로 방 안의 사물들을 찍다가 카메라에 담을 만한 더, 더 많은 풍경을 찾기 위해 조금씩 집 밖으로 나오기 시작했고 학교도 다시 다녔다." 삶을 포기하다시피 집안에만 숨어 있을 때, 다시 집 밖으로 학교로 사회로 나오게 만든 것이 카메라였던 것. 유대인 수용소로 끌려갈까 봐 식료품점 지하창고에 숨어 지내던 알마 마이어가 죽음만 생각하던 그 시절을 견딜 수 있었던 것도 장이 음식바구니 속에 함께 넣어줬던 악보 덕분이었다. 오케스트라 단원이었던 그녀에게는 장이 작곡한 그 악보들만이 "내일을 꿈꿀 수 있게 하는 빛"이었다. 생계가 어렵고 목숨이 위태로운 상황에서 왜 이들은 돈이 되고 밥이 되는 음식이나 물건이 아니라 그것과는 아무 상관없는 사진과 음악이 자신들을 살렸다고 말하는 것일까. 먹고 살기 힘들 때 예술이란 사치에 불과한 것 아닌가.

인간은 분명 생명체이다. 따라서 인간을 논할 때 생명체로서의 인간의 본성, 생존을 위한 활동을 논외로 할 수는 없다. 그러나 인간의 동물성만이 허락되는 상황 속에서 인간은 자신의 존엄을 느끼지 못한다. 인간은 몸을 가진 존재지만 한낱 생명체이기만 한 것이 아니기 때문이다. 존중받을 만하고 귀한 존재라는 믿음이 생존에 의미를 부여한다. 권은과 알마 마이어에게 카메라나 악보가 구원이 될 수 있었던 것은, 그것이 상대의 친절이나 배려의 마음을 드러내기 때문만이 아니라 서로가 서로에게 사물이 아니라 인간으로 존재했던 시간을 증거하기 때문이다.

그렇다면 "사람이 할 수 있는 가장 위대한 일", 그것은 다름 아니라 인간을 인간으로 대하는 일이 아닐까.

없는 사람

질문의 형식은 아니지만, '없는 사람'은 매우 중의적인 말이다. 우선, '없는 사람'이라는 말의 뜻이 무엇인지 생각해보자. A라는 어떤 사람이 '지금' '이곳'에 실제로 없다는 것인가, 실제로는 있지만 마치 없는 것처럼 행동하거나 취급된다는 것인가. 말하자면 '지금' '이곳'에 소속되지 않은/못한 사람이라는 것인가. 혹은 개체로서가 아니라 종으로서, 실체가 아니라 가치로서의 '사람-됨'이 없다는 것인가. 보어가 생략된 문장으로 읽을 수도 있다. 돈이 없는, 직업이 없는, 생각이 없는, 줏대가 없는, 친구가 없는, 가족이 없는, 책임이 없는, 권리가 없는, 정신이 없는, 영혼이 없는, ……이 없는 사람.

"도트의 이야기가 아니라 무오의 이야기"가 되어버려 소설의 제목이 '도트'에서 '없는 사람'으로 바뀌었다는 작가의 말은, '없는 사람'이 모리자동차 노조에 밀정처럼 잠입한 무오인 듯한 인상을 준다. 대오가 없는[無伍], 그리하여 어디에도 자신의 자리가 없고, 자신이 누군지도 알지 못하게 된 인간, 무오無吾.

그러나 이 소설에서 '없는 사람'이 무오뿐인 것은 아니다. 무오를 매료시켰던 도트, 모리자동차 노조의 이자희는 어떤가. "끝까지 싸운다." "반드시 이긴다." 그의 열정적이고도 단호한 외침은 무오조차 그들의 승리를 응원하게 만들었지만, 경찰은 용역이 아니라 노조원들을 연행하고, 법은 노조가 사측에 40억의 손해배상을 해야 한다고 판결한다. 법과 제도의 힘으로도 모자라 회사는 이부와 무오 등을 고용해 보이지 않게 그의 목을 조르는 꼼수까지 쓴다. 이 싸움에 가망이 있을까. 가정은 해체되고 동료들은 무너지고 이자희는 불안과 불신 속에서 알코올로 연명하다가 결국 정신착란에 빠져 무고한 이웃을 살해하는 참극을 빚고 만다. '강성노조의 싸움꾼, 친절한 아파트 경비원 잔혹하게 살해.' 사태는 이렇게 정리될 것이다. "저쪽에서 애쓰고 공들여 영웅을 만들면 우리는 그 영웅이 얼마나 형편없는 놈인지를 증명할 거다." 이부의 말처럼, 그는 자기를 잃었고 노조에서도 가정에서도 이 사회에서도 조만간 철저하게 '없는 사람' 취급을 당하게 될 것이다.

목적을 위해서는 상대뿐 아니라 같은 팀도 속이고 이용하는 이부, 인간을 '도트', 하나의 점으로 치환해 대상화하고 감정도 우정도 필요에 따라 조절하는 이부, 인간에게는 자연법칙에 종속되지 않는 도덕법칙이 있다는 것을 이해하지 못하는 이부. 인격에 대한 개념 자체가 훼손되어버린 그도 또 다른 의미의 '없는 사람'이다. 어쩌면 우리 사회는 온통 '없는 사람'들만을 만들어내고 있는지도 모르겠다. 그러나 그러므로 더욱, 인간의 존엄을 되찾기 위한 끈질긴 노력이 필요한 것이 아닐까. 인간은 인간으로 태어나는 것이 아니라 힘겹게 노력해야만 비로소 인간이 되어가는 존재이기 때문이다.

「빛의 호위」의 권은은 사진을 찍기 시작한 후 어둠 속에도 빛이 숨어 있다는 것을 알게 된다. 온통 어둠뿐인 것 같은데, 사진을 찍는 순간 그 어둠 속에서 빛이 나타났다가 사라진다. 외부로부터 온 빛이 아니라 어둠 자체가 품고 있는 빛. 어둠 속에 이미 빛이 있다는 사실을 알고 있으면 우리를 둘러싼 세계의 부조리와 존재의 깊은 심연도 두렵고 고통스럽지만은 않을 것이다. 지난 겨울 광장을 채웠던 촛불들도 그렇게 잠시 나타난 빛이었으리라. 『공터에서』에 그려진 우리의 근대사는 폭력과 비참으로만 가득 차 있었지만, 우리 역사에서 이런 빛은 여러 번 나타났다 사라졌다. 당신이 보지 못했다고 해서, 지금 그 빛이 보이지 않는다고 해서 우리가 어둠 속에만 있었던 것은 아니다. 찰칵, 다시 사진을 찍으면 언제든 그 빛은 나타날 수 있다. 그리하여 당신의 어둠이, 때로는 우리의 밤을 밝힌다.

『내 젊은 날의 숲』의 '작가의 말'에서 김훈은, 부재와 결핍만을 드러낼까 봐 단 한 번도 '사랑'이나 '희망' 같은 단어들을 쓰지 않았다고 돌이키면서, "그러하되, 다시 돌이켜보면, 그토록 덧없는 것들이 이 무인지경의 적막강산에 한 뼘의 근거지를 만들고 은신처를 파기 위해서는 사랑을 거듭 말할 수밖에 없을 터이니, 사랑이야말로 이 덧없는 것들의 중대 사업이 아닐 것인가" 토로한 바 있다. 그리고 "여생의 시간들이, 사랑과 희망이 말하여지는 날들이기를 나는 갈구한다"고 썼다. 눈물겨운 말이다. 마차세에게 박상희의 손을 쥐어주고, 그들의 다음 세대로 "아무도 닮지 않고, 스스로가 기원인 여자" 누니를 예비한 것은 이러한 변화의 시도임에 분명하다. 주위 사람들에게 온기를 나누면서 성실하게 '일용할 양식'을 마련하고 마차세가 흔들릴 때마다 중심대 역할을 하며 삶의 거점이 되어준 박상희는, 거창한 이념이나 자본이 없이도 인간의 삶이 얼마나 풍요해질 수 있는가를 아름답게 증명한다. 너무 이상적인 부인상이라 남성의 판타지일 수 있다는 점은 지적해야겠지만, 각박한 현실 속에서도 서로를 존중하고 아껴주는 부부의 모습을 통해 인간에 대한 신뢰와 사랑을 회복하려는 작가의 노력에는 응원을 보낸다. 누니가 새로 쓰게 될 역사가 어떤 희망을 품고 있을지 김훈은 아직 그리지 않았다. 혈통의 굴레에서 벗어난 새로운 인간의 역사를, 그러나 우리는 지금 쓰고 있다.[10]

10 글을 쓰고 있는 동안 5·18광주민주화운동이 37주기를 맞았다. (이 글은 2017년 5월에 썼다.) 한국 현대사에서 가장 고통스러웠지만 가장 밝고 뜨거운 빛을 비춰주신 그분들께 깊이 감사드린다. 당신들은 지금 '없지만' 인간이 할 수 있는 가장 위대한 일을 하셨다.

인간이 무엇이지 '않기' 위해 우리는 무엇을 해야 하는가

성석제, 『투명인간』
이기호, 『차남들의 세계사』
한강, 『소년이 온다』*

인간의 여러 얼굴

성석제, 이기호, 한강이 2014년에 펴낸 장편소설의 제목에는 한 가지 공통점이 있다. 구체적인 인물의 이름은 아니되 인간을 지칭하는 낱말이 들어있다는 것. 성석제에게 그것은 '투명인간'이고 이기호에게는 '차남들', 한강에게는 '소년'이다. 전혀 관련성이 없어 보이지만 이 인물들은, 기이할 정도로 닮아 있다. 존재하지만 존재하지 않는 것처럼 취급된다는 점에서 이들은 모두 "투명인간"이고, 권력의 폭력에 희생된 무력한 개인이라는 점에서 "한 명의 두려운 형" 아래 떨고 있는 무수한 "차남들"이다. 그러나, 죽음에 가까운 린치를 당하면서도 사력을 다해 눈을 뜨고 상대를 마주봄으로써 스스로를 희생자의 자리에서 존엄한 인간의 자리로 올려놓고 있다는 점에서, 이들은 모두 '지금, 여기'로 다가오는

* 성석제, 『투명인간』, 창비, 2014; 이기호, 『차남들의 세계사』, 민음사, 2014; 한강, 『소년이 온다』, 창비, 2014. 이후 인용할 때에는 '책 제목, 인용 쪽수'로 기재한다.

걸음을 한시도 멈춘 적 없는 우리 안의 "소년"이기도 하다.

자리로 올려놓고 있다는 점에서, 이들은 모두 '지금, 여기'로 다가오는 걸음을 한시도 멈춘 적 없는 우리 안의 "소년"이기도 하다.

수없이 되태어나 살해당하는 광주'들'

세 편 다 군부독재 시절 이야기가 소설의 핵심 서사라는 것도 눈에 띈다. 성석제의 『투명인간』은 김 씨 집안 4대의 가족사를 통해 일제 강점기부터 근 일세기에 가까운 한국 근현대사를 포괄적으로 다루고 있지만 주인공 격인 만수 6남매가 상경해 온몸으로 겪어내는 파란만장한 청춘의 시대는 1970~1980년대다. 이기호의 『차남들의 세계사』는 "이것은 이 땅의 황당한 독재자 중 한 명인 전두환 장군 통치 시절 이야기"임을 명백히 밝히며 시작한다. 한강의 『소년이 온다』 역시 전두환이 무참히 학살한 1980년 5월 광주의 16세 소년 동호로부터 소설의 첫 장을 연다. 비슷한 시기에 출간된 소설 세 편이 공교롭게도 비슷한 시기의 현대사를 다루고 있다. 이 시대가 단순히 소설의 배경이 아니라 인물들의 정체성을 뒤흔드는 핵심적인 사건과 관계하며 소설의 근원적 질문을 낳고 있다는 점에서 이를 그저 우연의 일치라고 치부할 수는 없다. 1970~1980년대는 민주화와 산업화 양 측면에서 지금 우리 삶에 가장 직접적인 영향을 미치는 전사지만, 1990년대 이후 우리 소설들은 역사와 이데올로기의 중력으로부터 훨씬 더 자유로웠다. 역사소설이 다수 창작되었으나 그때의 역사는 '지금, 여기'의 현실과 이렇게 직접적 관련을 맺고 있는 '당대사'가 아니었다.

그렇다면 왜 최근의 작가들은 1970~1980년대의 이야기를 다시 하기 시작한 것일까. 그것은 무엇보다, 30년도 더 지난 과거가 결코 과거가 아니라 여전한 현재라는 문제의식에 근거한다. 이기호의 『차남들의 세계사』는 "30년이 지났지만 여전히 수배 중인 나복만이라는 인물에 대한 이야기"로 30년이라는 세월을 뛰어넘는다. "누군가에게 쫓기면서 30대를, 누군가를 피해 다니면서 40대를, 누군가를 등진 채 50대를 보냈으며, 칠순이 되고 여든이 되어도 계속 수배 상태 그대로 쭈욱 살아가게 될" 우리의 주인공 나복만, "그래서 다시 한번 곰곰 생각해보니, 어쩌면 이 이야기의 진짜 주인공은 나복만이 아닌 '수배' 그 자체인지도 모르겠다"는 것. "그 말인즉슨 나복만에게 일어났던 운 없는 사건들이 당신에게도, 나에게도 연속적으로 벌어진다면, 당신도, 나도, 그 누구도, 별 수 없이 나복만이 될 수밖에 없다는 소리이다." "30년이 흘렀지만 변함없이."

지난 과거의, 나와 무관한 당신의 이야기가 아니라, 현재까지 이어지는, 아니 바로 '지금, 여기'에서 벌어지고 있는 '나'의 이야기라는 급박한 문제의식은 한강의 『소년이 온다』에서는 한층 더 절절하다.

> 2009년 1월 새벽, 용산에서 망루가 불타는 영상을 보다가 나도 모르게 불쑥 중얼거렸던 것을 기억한다. *저건 광주잖아.* 그러니까 광주는 고립된 것, 힘으로 짓밟힌 것, 훼손된 것, 훼손되지 말았어야 했던 것의 다른 이름이었다. 피폭이 아직 끝나지 않았다. 광주가 수없이 되태어나 살해되었다. 덧나고 폭발하며 피투성이로 재건되었다.
>
> —『소년이 온다』, 207쪽

2013년 1월의 거리를 걸으면서도 이 소설 속의 작가는 "화사하고 태연"하게 일상을 살아가는 사람들과 섞이지 못한다. "믿을 수 없었다, 사람이 얼마나 많이 죽었는데." 그의 시계 속에서 이곳은 여전히 1980년 5월 광주다.

시간의 연속성

이러한 문제의식은 소설의 구성과 시점에 그대로 반영되어 있다. 소설 세 편이 모두 과거와 현재를 단절시키지 않고 그 지속성과 함께 연속적 계기를 드러내는 구성을 취한다. 『차남들의 세계사』는 현재 시점의 전지적 화자가 나복만이라는 인물의 내력을 들려주는 구성을 취하고 있다. 주변인물들 모두에게서 갑자기 사라져버린 나복만이 1987년 이후 매 계절마다 '김순희' 앞으로 보낸 편지가 결국 나중에 작가가 된 어느 고등학생 손에 이르게 되는 이야기를 통해 과거가 어떻게 현재와 만나 새로운 역사를 만들어내는지, 30년 전에 수배를 당한 나복만의 서사가 어째서 '나'와 무관한 타인의 이야기가 아니라 곧 '나'의 이야기인지를 밝힌다. 『투명인간』은 일종의 연대기적 서술을 하고 있지만, 과거로부터 현재로 직선적으로 이어지는 구성 대신 현재에서 시작해 가장 먼 과거로 갔다가 차츰차츰 소설의 첫 장면으로 다가오는 구성을 취한다. 1980년 5월 광주, 학살당한 시민들의 시신을 수습하고 있는 '너' 동호로부터 시작하는 『소년이 온다』에서는 첫 장에서 동호와 같이 등장했던 인물들이 이후 각 장마다 한 명씩 다시 등장해 각자의 내면과 상황들을 내밀하게 고백하고 있는데, 여기서도 시점의 이동과 함께 소설의 시간이 점차 현재로 다가오면서 결국 이 소설을 쓰고 있는 작가의 시간과 만나도록 짜여 있다. 정대의 영혼을 화자로 삼아 무참하게 학살당한 자들의 목소리를 들려주는 2장의 시간은 결국 동호 '너'도 죽게 되는 1980년 5월 27일까지이다. 그리고 몇 년의 시간을 건너뛰어 3장은 대학을 자퇴하고 출판사 편집일을 하고 있는 1985년의 은숙을, 4장은 10년 후 자살을 선택하고 만 진수를, 5장은 주위의 모든 사람들과 철저한 거리를 유지하면서 힘겹게 자신을 지키고자 하는 2000년의 선주를, 6장은 아직도 새벽이면 지갑에서 동호의 사진을 꺼내 보며 아들의 이름을 부르곤 하는 2010년의 동호 어머니를, 마침내 에필로그에서는 이 이야기들을 쓰려고 하는 현재 시점의 작가를 보여준다. 1980년 5월 18일에서 5월 27일, 1985년, 1990년, 2000년, 2010년, 2013년. 각 장마다 다른 시간대를 살아가는 각기 다른 인물들의 '동호', 5년이 지나도 10년이 지나도, 30년이 지나도 결코 '너'를 잊지 못하는 그들을 통해 스스로는 한 번도 화자로 등장하지 않았던 '동호'가 점차, 지금, 소설을 읽고 있는 우리에게로 다가오는 것이다.

고통의 지속성

과거의 시간과 현재의 시간이 만나 하나로 맞물리는 구성이 시간의 연속성을 드러낸다면, 과거를 과거시제가 아닌 현재시제로 기록하는 것은 시간을 초월하는 사건의 현재성과 함께 시간이 흘러도 사라지지 않는 고통의 지속성을 드러낸다. 잊히고 사라지는 순간의 고통이라면 시간이 흐르기만 기다리면 될 것이다. 그러나 "어떤 기억은 아물지 않"는

다. “시간이 흘러 기억이 흐릿해지는 게 아니라, 오히려 그 기억만 남기고 다른 모든 것이 서서히 마모”된다. 지워지지 않는 기억, 지속되는 고통, 현재를 지배하는 과거. 그러므로 언제를 기록하든지 모든 시제는 현재가 될 수밖에 없다. 죽은 정대가 화자로 등장하는 2장을 제외하고 『소년이 온다』의 모든 장들은 현재형이다.

자그마치 서른다섯 명에 달하는 인물들이 모두 ‘나’로 등장하고 있는 『투명인간』 역시 4대에 걸친 이야기를 모두 현재형으로 기록함으로써 현장감과 박진감을 획득한다. 너무 많은 일인칭 화자는 분명 가독성을 방해할 수 있다. 그러나 『소년이 온다』의 모든 인물들이 동호와의 관련성을 지니되 동시에 독자성을 가진 서사의 주체로 기능하는 반면(각 장의 분량도 비슷하다), 『투명인간』의 ‘나’들은, 반복적으로 등장하는 몇몇 인물들을 제외하고는 대개 만수와 관련된 다양한 에피소드를 소개하는 단순한 화자로 기능하므로 그다지 혼란스럽지는 않다. 그렇다고 이들이 단지 도구이기만 한 것은 아니어서 수십 명의 일인칭 화자들은 서로 다른 처지와 생각을 드러내면서 만수의 면모를 보다 입체적으로 드러내는 동시에 살아 움직이는 지금 ‘나’의 역사로 시대를 만들고 기록한다. 정작 주인공이라 할 수 있는 만수는 단 한 번도 화자로 등장해 자신의 내면을 토로하지 않지만, 파노라마처럼 펼쳐지는 숱한 ‘나’들의 70여 개 이야기 조각들로 우리는 퍼즐을 맞추듯이 만수와 그의 시대를 그려볼 수 있는 것이다.

사람에 따라 전혀 다르게 평가할 정도로 만수라는 인물이 아주 입체적인 것은 아니다. 적도 동지로 만들고 경쟁자도 지기知己로 돌려세우는 따뜻한 인간애와 세상에 대한 순박한 믿음, 초인적인 성실함은 대부분의 화자가 공통적으로 증언하는 바다. 『차남들의 세계사』의 나복만 역시 성실하고 순박하기는 마찬가지다. 그러나 세상은 그들의 순박함을 어리석음으로 조롱하고 이용할 뿐이니, 나복만羅福滿과 김만수金萬壽, 아이러니하게도 둘 다 '복이 많다'는 뜻의 이름을 가지고 있는 이들은 세상에 대한 바로 그 순박한 믿음과 열정으로 인해 누구보다 기구한 인생을 살아가게 된다. 『소년이 온다』의 어린 소년과 젊은 청년들 역시 마찬가지다. 차마 양심을 외면할 수 없었던 이들, 그리하여 마지막 순간 "무릎 꿇고 살기보다 서서 죽길" 선택한 이 젊은 영혼들은 시민들을 향해 총부리를 겨눈 집단이 국가일 리는 없다고 믿었다. 순진하게도, 그들로부터 '사람들의 나라'를 지켜낼 수 있다 믿었다. 그리하여 죽었고, 투명한 유리 같던 영혼은 돌이킬 수 없이 파괴되었다. 삶이 현재형인 한 고통도 영원한 현재형이 되었다. 공적으로 사과받기는커녕 스스로를 경멸하는 사회부적응자가 되어 피폭자처럼 남은 생을 견뎌야 했다. "살아남았다는, 아직도 살아 있다는 치욕과" 싸우며, "내가 인간이라는 사실과" 싸우며.

보여지는 자, 보는 자, 보이지 않는 자

『투명인간』의 석수에 의하면, "인간은 두 종류로 구분할 수 있다. 고문을 경험해본 사람과 그러지 못한 사람." 공교롭게도 성석제의 『투명인간』, 이기호의 『차남들의 세계사』, 한강의 『소년이 온다』에는 모두 고문의 경험이 기록되어 있다. 한국 근현대사를 다루는 이야기에서 고문은 결코 빠질 수 없는 필수요소라는 듯. 1980년 5월 광주를 서사의 근원으로 삼고 있는 한강의 소설뿐 아니라 유쾌한 입담꾼으로 소문난 성석제와 이기호의 소설마저도 그러므로 이번에는 고통 없이 읽을 수가 없다.

"고통을 받아들인다는 것과 별개로, 고통을 증명한다는 것에는 도대체 무슨 의미가 있을까?" 『타인의 고통』에서 수전 손택은 자극적인 이미지로 소비되고 있는 전쟁사진을 분석하면서 이런 질문을 던졌다. 사진은 분명 그 어떤 매체보다 타인의 고통에 대한 객관적인 진술이 될 수 있다. 그러나 "이런 사진들이 보여주는 광경에는 이중의 메시지가 있다. 이 사진들은 잔악하고 부당한 고통, 반드시 치유해야만 할 고통을 보여준다. 그리고 그와 동시에 이런 고통은 다름 아닌 바로 그런 곳에서 발생하는 일이라고 믿게 만든다."[1] 전쟁의 참상에서 멀리 떨어진 곳에서 이미지를 통해 전쟁을 전달받은 우리는 사진을 통해 타인의 고통을 이해하는 것이 아니라 이렇듯 우리와 그들을 나누고 이곳과 그곳을 분리함으로써 이곳은 안전하다는 착각에 빠진다. 관음증 환자처럼 더 잔인하고 자극적인 사진들을 소비한다. 또 다른 폭력의 가해자가 된다.

그렇다면 소설은 사진과 어떻게 다른가, 어떻게 소설은 타인의 고통을 그저 연민하고 않고 나의 아픔으로 기록할 수 있는가. 마치 그 질문에 답이라도 하듯이 이 세편의 소설은 형식적 측면에서도 고투한 흔적이 역력하다. 『소년이 온다』와 『투명인간』의 다중시점과 현재시제, 현재와 과거가 만나는 구성 등이 이 고통을 '타인의 고통'이 아닌 '현재' '나'의 고통으로 기록하려는 노력의 소산일 수 있음은 이미 살폈다. 그런데 특이한 것은, 두 소설 모두 정작 소설의 가장 핵심적 인물인 만수와 동호만은 일인칭 화자로 내세우지 않는다는 것이다. 차마 그 고통을 '내'가 어찌 다 이해할 수 있겠느냐는 듯이. 지난 시대 당신의 고통이 지

1 수전 손택, 이재원 역, 『타인의 고통』, 이후, 2004, 110쪽.

금 '나'의 사건이며 고통이라는 자세 한편에는, 이렇듯 '나'는 결코 '너'가 될 수 없다는 윤리적 고백이 함께 놓여 있다.

그러나 '너'는 결코 관음의 대상이 아니다. 『소년이 온다』가 보여주듯이 오히려 '너'는 무엇보다 '보는 사람'이다. 눈이 나빠져서 눈을 크게 뜨면 사물이 더 흐릿하게 보이는 '너'는 "눈을 가늘게 뜨고" 도청 앞 은행나무들을, 거리 가운데 쓰러진 수십 명의 사람들을, 쓰러진 젊은 여자를 향해 달려가 팔을 잡고 일으키는 남자 둘을, 그 남자들이 나동그라지는 것을, 운전석 옆 좌석에서 진수 형이 내려오는 모습을, 부패한 시신을 확인하고 체머리 떠는 노인의 얼굴을, 이승에서 가장 끔찍한 것을 본 사람처럼 끔적거리는 노인의 두 눈을 '본다'. "무명천을 걷기 전에 너는 눈을 감지 않는다. 피가 비칠 때까지 입술 안쪽을 악물며 천을 걷는다. 걷은 다음에도, 천천히 다시 덮으면서도 눈을 감지 않는다. 달아났을 거다, 라고 이를 악물며 너는 생각한다. 그때 쓰러진 게 정대가 아니라 이 여자였다 해도 너는 달아났을 거다. 형들이었다 해도, 아버지였다 해도, 엄마였다 해도 달아났을 거다." 그렇게 '너'는 '너'의 두려움을 직시한다. 아무것도 용서하지 않겠다는 '너'의 다짐은, 그러므로 '너' 자신까지도 포함하는 윤리적 결단이 된다. 그렇게 '너'는 희생자의 자리에서 증인의 자리로, 무참하게 도륙된 썩은 육체가 아니라 존엄한 인간의 자리로 올라선다. 살아남은 자들이 끊임없이 '너'의 기척을 느끼는 것은, 바로 그런 '너'의 얼굴, 우리를 바라보는 '너'의 그 시선 때문일 것이다.

『소년이 온다』가 이렇듯 '보는 자'가 됨으로써 희생자로서 '보여지는 자'가 되는 것을 거부했다면, 『투명인간』은 아예 '보이지 않는 자'가 됨으로써 '보여지는 자'의 운명을 벗어난다. 이 소설에서 '투명인간'은 자본과 권력에 의해 소외된 현대인에 대한 흔한 수사가 아니라 "만에 하나쯤" 실제로 존재하는 인간의 한 유형으로 등장한다(사실 이 소설에 등장하는 인물들은 '다섯에 하나'가 투명인간이다). 아무 보상 없이 평생 가족을 위해 헌신했던 만수뿐 아니라 자기 혼자 살겠다고 가족도 친구도 외면했던 석수 역시 투명인간이 되었다는 사실은 투명인간에도 여러 계열이 존재한다는 것을 암시하거니와, 끝까지 살아남는 자가 되기 위해 자발적으로 투명인간의 삶을 선택한 석수와, 투명인간처럼 취급당하다가 결국 투명인간이 된 만수 사이에 우리의 좌표 역시 놓여 있는지도 모르겠다.

흥미로운 것은 만수 역시 투명인간이 되고 나자 잘 볼 수 있게 되었다는 점이다. "이상하게 다른 사람들도 그러더라고, 나는 안 보이는 사람이 없는데. 잘 보여. 난 못 보는 사람이 없다니까." 그렇다면 석수가 버프를 썼다고 해서 만수가 과연 동생을 알아보지 못했을까. 석수와 만수의 만남, 만수의 자살시도, 교통사고 등을 모두 모호하게 처리해 놓고 있는 소설의 마지막은 이렇듯 몇 가지 의문을 남긴다. 아들 태석의 유서를 보고 모두 다 죽여버리겠다고 짐승처럼 포효하는 장면을 보면, 그토록 낙천적이고 긍정적이던 만수 역시 끊임없는 시련과 고통 속에서 실은 깊이 상처받고 있었다는 것을 짐작할 수 있다. 그가 포기하지 않은 것이 삶인지 죽음인지 분명하지 않다고 느껴지는 것은 그 때문이다. 만수가 그리워하는 "모든 것을 함께 나누는 느낌, 개인의 벽을 넘어 존재가 뒤섞이고 서로의 가장 깊은 곳까지 다다를 수 있을 것 같"은 행복한 가족의 모습은 이미 떠나온 고향집에 대한 환상에 가깝다. 그 환상 속에서만 자신의 '진짜 모습'을 찾을 수 있다면, 죽지 않는 최고 수준의 투명인간이 된 것은 과연 축복일까 저주일까.

서사를 지연시키는 "이것을 들어 보아라"

앞선 두 소설과 달리 『차남들의 세계사』는 삼인칭 전지적 시점의 단일화자가 소설의 처음부터 끝까지를 동일한 목소리로 끌어간다. 시제는 과거다. 현재형과 숱한 일인칭, 혹은 다중 시점이 타인의 고통을 기록하는 소설의 윤리적 장치라면 정반대의 형식을 취하고 있는 이기호의 소설은 비윤리적인가. 물론 그렇지는 않다. 이 화자는 끊임없이 "이것을 들어 보아라"고 말하며 작품에 직접적으로 개입하는 일종의 구연자, 혹은 작가화자라 할 수 있는데, 『차남들의 세계사』에서는 70번 이상 다양하게 변주되며 독자를 청자로 소환, 화자와 대면시키는 이 특유의 화법이 일종의 윤리적 장치로 기능한다. 표면적으로 "이것을 들어 보아라"는 말은 독자의 관심을 환기시키고 참여를 유도하는 기능[2]을 하는 것 같지만 동시에 그것은 서사를 계속 지연시키고 독자의 몰입을 방해하는 역할을 한다. 소설의 인물이 처한 상황이나 감정을 '나'의 것처럼 적극적으로 상상하고 공감하라는, 즉 소설의 인물과 독자 사이의 거리를 없애라고 권하는 바로 그 문장이, 우리가 읽고 있는 것이 실제 현실이 아니라 한낱 이야기라는 사실을 계속 상기시키면서 소설과 현실의 거리를 확인시키는 기능을 하는 것이다.

거리 없애기와 거리두기라는 이율배반적 욕망을 드러내는 이 화법이

---

2 "이것을 잘", "똑똑히", "귀 기울여", "누군가와 함께" 열심히 들어줄 것을 요청하는 수준에서 변주되던 "들어 보아라"는 점차 "이것을 이제 천천히", "마음 편히", "턱을 괸 채", "누워서", "엎드린 채", "커피라도 한 잔 마시면서" 등의 범상함을 가장한 독서 태도와 관련해 변주되다가, 다시 "화장실에 한 번 다녀온 후 계속", "세탁기라도 한 번 돌리고 와서 계속", "윗몸일으키기라도 몇 번 하고 나서 계속" 등의 독서의 지연과 지속을 동시에 드러내는 변주로, 나중에는 "떠나간 옛 애인들을 떠올리며 계속", "잉크 한 방울 뚝 떨어진 습자지를 생각하며", "당신이 지닌 비밀들을 떠올리며 마저", "피식, 한 번 비웃고 나서 계속", "젊은 날 사라졌다가 30년 만에 다시 나타난 아버지를 상상하며" 등으로 독자의 적극적인 상상과 감정 이입을 유도하는 식으로 변주된다.

어째서 윤리적일 수 있다는 것일까. 서사를 계속 지연시키는 이 "들어보아라"는 작가가 작중인물과의 거리를 확보하지 않고는 차마 그 고통을 기록할 수 없다는 고백이기도 한 바, 이는 역설적으로 그의 고통을 이미 '나'의 것으로 기록하고 있다는 반증일 뿐 아니라 나복만의 고통스러운 이야기를 흥밋거리로 소비시키지 않고자 하는 작가적 의지의 산물이기도 하기 때문이다. "정작 말하기 어렵고, 쓰기 힘든 것은 고통 그 자체이다. 스토리를 멈추게 하고 플롯을 정지시키는, 그런 고통이 사라진 이야기란, 그런 고통을 감상하는 이야기란, 사파리 버스에서 내다보는 저녁놀 붉게 물든 초원과 아무런 차이가 없"다. 호기심을 충족시켜 주는 스토리만을 요구하는 독자는, 그러므로 나복만의 고통을 "다음에서 다음으로 넘어가기 위한" 하나의 과정으로 여긴 고문기술자들과 다를 바 없는 것이다. 이 소설의 화자가 끊임없이 독자를 각성시키면서 서사를 지연시키고, 참여를 유도하면서 읽기를 정지시키는 이유가 바로 거기에 있다. 우리가 읽어야 하는 것은 스토리가 아니라 고통 그 자체이고, 우리는 그 고통에 아무런 책임이 없다는 착각이 아니라 소설을 읽는 순간에도 작동하고 있는 우리 안의 괴물이기 때문이다.

"인간이 무엇이지 않기 위해 우리는 무엇을 해야 하는가"[3]

그렇다면 왜 작가들은 이토록 힘겹게 고통을 기록하는가? 그것이 남의 이야기가 아니기 때문이라는 것, 지나간 이야기는 더욱 아니기 때문

3 『소년이 온다』, 95쪽.

이라는 것은 이미 말했다. 그러나 하나가 더 남았다. 계속 그렇게 고통 속에서 살아갈 수는 없기 때문이다. 그러므로 고통에 대한 기록에는 고통의 근원에 대한 질문이 포함되어 있으며, 그것은 필연적으로 인간에 대한 질문으로 이어진다.

문제는 『투명인간』에 등장하는 저 숱한 '나'들만큼이나 인간의 스펙트럼이 너무나 다양하다는 것이다. 만수가 있으면 석수가 있고, 나복만이 있으면 정남운이 있다. 그저 다양한 것이 아니라 극단적으로 상반된 인간들이 존재한다. 고문당하는 인간이 있으면 고문하는 인간이 있고, 학살당한 인간이 있으면 학살하는 인간이 있다. "무감각을, 잔인성을, 살인을" 숨기는 얼굴이 있다. 그러나 주어진 역할에 갇혀 기계적으로 행동하는 인간만 있는 것은 아니다. "특별히 잔인한 군인들이 있었던 것처럼, 특별히 소극적인 군인들이 있었다." "소심하고 나약한 사람이 당국의 주시를 받는 필자들과 친분을 유지하고, 당국의 주시를 받는 책들을 꾸준히 출간"하는가 하면, 언제나 최악의 상황을 피하는 선택을 하던 사람이 결국 패배할 것을 알면서도 "끝까지 남겠다"고 가만히 손을 들기도 한다(『소년이 온다』). 인간성의 신비는 바로 여기에 있다. '인간은 근본적으로 잔인한 존재'이며 "굴욕당하고 훼손되고 살해되는 것, 그것이 역사 속에서 증명된 인간의 본질"이라고 절망하며 탄식하는 순간에, 가장 약하고 힘없는 이들이 다만 양심의 소리를 따라 "무릎 꿇고 살기보다 서서 죽길" 선택함으로써 인간의 존엄성을 증명한다. 『투명인간』, 『차남들의 세계사』, 『소년이 온다』는 모두 이 상반된 현상과 신념의 충돌이 보여주는 혼란과 고통을 드러내거니와, 단지 다양한 인간의 본성을 드러내는 것만이 이 소설들의 역할은 아니다. 인간성에 대한 질문은 고통의 근원에 대한 질문에 이어지는 것이라고 했다. "*그렇다면 우리에게 남는 질문은 이것이다: 인간은 무엇인가, 인간이 무엇이지 않기 위해 우리는 무엇을 해야 하는가.*"(『소년이 온다』) 투명인간이었고, 알아서 기는 차남에 불과했던 이들의 이야기가 마침내 인간선언으로 이어지는 것은 이 세편의 소설이 마지막까지 이 질문을 붙들고 있었기 때문일 것이다. 그렇다면 소설을 읽는 우리는 어떠한가.

이 소설들이 출간된 것은 2014년 5월(『소년이 온다』), 6월(『투명인간』), 7월(『차남들의 세계사』)이다. 세월호 참사가 일어난 것은 2014년 4월 16일이다. 그리고 이 글을 쓰는 2014년 10월 31일, 끝내 진상조사위에 수사권과 기소권을 포함시키지 않은 세월호 특별법이 여야합의로 타결되었다.[4]

4 특조위는 수사권·기소권만 없었던 것이 아니라 활동 기간, 조사 권한까지 축소되었다. 세월호 특별법은 2015년 1월 1일 시행되었으나 시행령은 5월에 발효되었고 이에 따라 특조위가 사무처를 구성한 것은 2015년 7월이다. 8월에 예산을 배정받고 9월에 비로소 조사업무를 시작했으나 지난 정부·여당은 특조위 활동기간을 특조위 구성 시점이 아닌 특별법 시행시점으로부터 1년 6개월로 못박아 2016년 6월 30일 특조위 활동을 종료시켰다(해양수산부는 2017년 12월 12일 자체 감사결과 발표를 통해 "전 정권 해수부 공무원들이 세월호 특조위 활동 기간을 축소하거나 당시 청와대와 협의해 특조위 활동에 대한 대응 문건을 만드는 등 특조위 활동을 방해한 사실이 드러났다"고 시인했다). 이후 '가습기 살균제 사건과 세월호 참사에 대한 진상규명을 위한 사회적 참사의 진상규명 및 안전사회 건설 등을 위한 특별법'(2017.11.27)이 통과되어 이른바 2기 특조위라 할 수 있는 '가습기살균제 사건과 4·16세월호 참사 특별조사위원회'가 설치되었다.
한편 세월호에 대한 수색 작업은 2014년 11월 11일 종료되었고 공식 인양 결정은 세월호 참사 1년 만인 2015년 4월 22일에야 확정됐다. 지난 정부는 2016년 7월까지 인양을 완료하겠다는 입장을 밝혔으나 인양 작업은 기술, 비용 문제 등으로 계속 지연되다가 대통령 박근혜가 탄핵 인용으로 파면(2017.3.10)된 직후인 2017년 3월 22일에야 이뤄져 4월 11일 육상 거치 작업이 완료됐다. 이후 미수습자 9명을 찾기 위한 수습·수색 과정에서 단원고 고창석 교사, 단원고 허다윤 양, 조은화 양, 이영숙 씨의 유해가 발견되었다. 참사 희생자 304명 중 미수습자는 단원고 남현철 군, 박영인 군, 양승진 교사, 권재근 씨, 권혁규 군이다. 2018년 5월 10일, 세월호를 완전 직립시키는 데 성공해 6월 중순부터 미수습자 수색이 재개되었다.

불가능한 애도

김이정, 「죄 없는 사람들의 도시」*

끝낼 수 없는 애도

김이정의 「죄 없는 사람들의 도시」는 세 가지 층위의 죽음-서사가 하나의 질문을 향해 나아가는 소설이다. 서사를 끌고 가는 것은 아직 이른 나이에 어머니의 죽음을 지켜봐야만 하는 아들, 따라서 핵심 서사는 어머니의 죽음을 둘러싼 일련의 과정이지만 품고 있는 질문만큼이나 서사의 결이 단순치 않다. 한 인간의 죽음으로부터 인간 일반의 죽음이, 인간의 부조리한 죽음으로부터 신의 정의正義에 대한 질문이 제출되고 있기 때문이다. 시대와 사회를 막론하고 누구나 던질 수 있는 질문이지만, 이 고전적인 질문을 지금 나와 우리 시대의 가장 절실한 문제로 그려내는 것은 쉽지 않은 작업이다. 김이정의 「죄 없는 사람들의 도시」에도 그러한 고투의 흔적이 보인다. 단편소설에 세 겹의 서사나 필요했던 것도, 소설의 시공간을 리스본까지 확장시킨 것도 그래서일 것이다.

개인의 육체가 소멸되어 가는 과정과 도시 전체가 붕괴되어 가는 과정이 절묘하게 맞물려 전개되고 있지만 「죄 없는 사람들의 도시」는 전체적으로 매끄럽게 다듬어진 소설은 아니다. 서로 다른 층위의 죽음을 하나의

* 김이정, 「죄 없는 사람들의 도시」, 『문예바다』 11, 2016.여름. 이후 인용할 때에는 인용 쪽수만 기재한다.

질문 위에 포개놓을 때 생기는 어쩔 수 없는 균열이 있다. '나'는 리스본을 여행하고 있지만 수시로 어머니를 회상하고 때때로 260년 전 대참사의 현장까지 떠올리고 있어 시공간의 교차도 잦다. 한 세계의 붕괴를 경험한 직후의, 아직 혼돈이 가시지 않은 인물의 내면을 그대로 반영하는 구조다. 도망치듯 죽음의 현장을 떠나고도 죽음의 흔적들만을 찾아다니는 기이한 여로, 질문으로 시작해 질문으로 끝나는 소설. 합리적인 사유와 대답 대신 통곡을 삼킨 분노와 질문을 가장한 절규가 소설 곳곳에 포진해 있다.

함께 울어주는 것 외에 이 질문에 달리 어떤 대답을 할 수 있을까. 그러나 눈물과 기도만으로는 충분치 않은 애도가 있다. 자기가 겪는 고난을 도무지 이해할 수 없어 하는 욥에게 신은 자상한 설명을 해주기는커녕 신적 권위로 그를 압도해버린다. 알면 너도 한번 대답해보라는 신의 우레 같은 질문들은 하나같이 인간의 이해를 넘어서는 것들. 욥은 입을 가리고 허리를 조아릴 수밖에 없다. 신이 '아는 자'라면 인간은 근본적으로 '모르는 자'이다. 하여 닥치고 신의 말씀을 따르는 것만이 인간의 길이었던 적이 있다. 그러나 '모르는 자'의 또 다른 숙명은 알고자 하는 것, 그것이 죄의 시작이라 할지라도 어떤 식으로든 이해하고 납득하지 못하면 인간은 온전히 떠나보내지 못한다. 애도가 끝나지 않는 것은 그 때문이다. 「죄 없는 사람들의 도시」 역시 끝낼 수 없는 애도에 대한 이야기이다.

신은 과연 존재하는가

신을 향해서나 인간을 향해서나, 심지어 눈에 잘 보이지 않는 미물들에게까지 죄를 짓지 않고자 했던 사람이 있었다. 다섯 살 때 이미 육식을 거부했으며, 다른 여인과 떠나버린 남편에 대한 원망조차 평생 내비치지 않았다. 고통스럽지 않아서 고통을 견딘 것은 아닐 것이다. 닭을 잡는 모습을 본 후부터 어떤 고기도 입에 대지 않았다는 것은 그녀가 타자의 고통에 대해 높은 감응력을 가지고 있었다는 증거다. 다른 이들에게 고통을 주지 않기 위해 자신의 고통을 감내하기, 그러나 그러한 버팀의 결과는 더 큰 고통이라는 듯 어느 날 무서운 통증과 함께 급성백혈병이 그녀를 점령한다. 아들에게도 알리지 않고 홀로 병원에 누운 그녀가 마지막까지 놓지 않은 것은 신을 향한 기도. 의식을 잃어가면서도 손에서 묵주를 내려놓지 않는 어머니를 보면서 '나'는 생각한다. 저토록 의심 없이 자신을 의지하는 사람을 신은 왜 이토록 매정하게 내치는가. 대체 그녀의 잘못이 무엇인가.

어머니가 죽음의 제 단계를 거치며 중환자실에서 고통스럽게 소멸해가는 동안, 진도 앞바다에서는 또 다른 죽음이 진행되고 있었다. 인천항에서 제주도로 향하던 여객선이 침몰해 탑승자 476명 중 304명이 사망·실종한 세월호 참사다. 한 사람의 죽음도 이토록 참혹한데 무려 304명, 더구나 사망자의 대부분이 수학여행을 떠났던 고등학생들이었다. "가만히 있으라"는 어른들의 말을 너무 잘 믿고 따랐던 탓에 구명조끼를 입은 채 배 안에 갇혀 나오지 못했다. 사고 이틀 뒤까지도 에어포켓에 희망을 거는 사람들이 있었지만 초기에 배를 빠져나온 사람들 외에 정부는 누구 하나 구조하지 못했고 세월호는 사흘 뒤 완전히 침몰했다. 전 국민이 생중계로 그 장면을 지켜보아야 했다. 산 채로 배와 함께 바다에 가라앉는 아이들의 모습을, 도와달라는 문자와 음성, 손짓들을 무력하게 지켜보아야만 하는 잔인한 형벌을 받았다. 왜 침몰했나, 왜 구하지 못했나, 온갖 이유와 분석이 분분했고 분노와 슬픔이 들끓었다. 선박회사와 선원들, 통치권자와 정부부처들이 서로 잘못을 떠넘기고 감추는 동안 일반시민들이 참회와 추모의 행렬을 이어갔다. 그러나 그 모든 노력에도 불구하고 풀리지 않는 의문. 왜 하필 저 아이들이었을까, 죄 많은 어른들이 아니라 왜 아직 다 자라지도 않은 꿈 많은 아이들이었을까. 저 아이들에게 대체 무슨 죄가 있는가.

소설의 주공간이 하필 리스본인 이유가 여기에 있다. 익히 알려진 대로 리스본은 인구의 4분의 1을 대지진으로 잃은 도시다. 1755년 11월 1일, 진도 9에 가까운 대지진이 발생했고 곧이어 해일까지 몰아쳐 항구로 피신했던 사람들마저 다 쓸어가 버렸다. 지진과 화재, 해일. 잇따른 이 재앙들로 대형 교회를 비롯해 리스본 건물들의 85%가 파괴되었고 4~5만 명 정도가 죽었다고 전해진다. 하필이면 만성절All Saints' Day 축일에, 그 어느 곳보다 독실한 가톨릭 도시였던 리스본에서 발생한 대참사였다. 더욱 아이러니한 것은 리스본의 대표적인 홍등가 알파마는 지진의 피해를 거의 입지 않았다는 사실. 신을 섬기고 성인들을 기리고자 교회로 모인 사람들은 비참하게 떼죽음을 당했는데 오히려 몸을 사고팔던 타락한 사람들은 살아남았다. 사람들은 당연히 의문을 품었다. "신을 믿는 사람들을 죽음으로 몰아넣은 그 신이란 도대체 무엇인가. 신에게 정의가 있고 신도들을 사랑한다면 어떻게 죄 없는 사람들을 이토록 비참하게 죽음으로 몰아넣었는가."

김이정의 「죄 없는 사람들의 도시」 역시 결국 이 질문에 가닿는다. 260년의 세월이 지나도 풀리지 않는 의문, 신은 과연 존재하는가. 신이 존재한다면, 어떻게 이 세계가 이토록 부조리할 수 있는가. 세계를 이렇게 만들고 다스리는 신이라면, 그가 과연 정의롭고 자비로운 신이라고 할 수 있는가. 그리하여 소설의 첫머리에 버젓이 인용해 놓은 볼테르의 선언, "모든 불행의 시작이 신의 권위라는 이름으로 자행된 만행이라면 나는 신을 믿지 않겠다". 세월호 참사와 어머니의 고통스러운 죽음을 함께 겪어내야만 했던 '나'를 화자로 내세운 이 소설의 표면적 입장은 바로 이러한 계몽주의자들의 태도다.

> 어쩌다 정신이 돌아온 그녀는 묵주를 찾았다. 그때마다 나는 그녀가 믿는 신에게 달려들어 멱살이라도 잡고 싶었다. 저토록 의심 없이 당신을 의지하고 있는 사람을 이토록 매정하게 내치는지, 도대체 이 모진 외면은 무엇인지. 나는 그녀에게 묵주를 감아주며 또 분노했다. 기도야말로 그녀의 생을 모욕하는 행위 같기만 했다. 나는 어떡하든 그녀 스스로 희망을 만들어내는 걸 보고 싶었다. (69쪽)

"그녀 스스로 희망을 만들어내는 걸 보고 싶었다"는 '나'의 말은 리스본대지진 후 볼테르가 쓴 철학소설 『캉디드 혹은 낙관주의』의 마지막 문장을 연상시킨다. "하지만 우리의 정원은 우리가 가꾸어야 합니다." 세상의 온갖 악과 불행, 부조리를 겪은 뒤에도 "모든 사건들은 가능한 최선의 세상 안에서 서로 연결되어 있다"는 궤변을 늘어놓는 팡글로스에게 캉디드가 던진 이 말은 신 없는 세계에 직면한 근대 유럽인들의 가장 합리적이고 진취적인 답변이라 할 수 있다. 그러나 볼테르의 질문과 대답을 똑같이 공유한다면, 지금 다시 이러한 소설을 쓸 이유가 어디 있겠는가. 균열이 이 소설의 한계가 아니라 성취가 될 수 있는 가능성이 여기에 있다.

혼돈의 형식

「죄 없는 자들의 도시」에서 세월호 침몰과 구조 실패, 어머니의 급성 백혈병과 치료 실패, 리스본대지진에 잇따르는 해일이라는 대재앙의 서사는 구조적 유사성을 드러내며 하나의 질문을 향해 수렴해 가지만, 사실 이 각각의 서사는 조금씩 다른 차원을 품고 있다. 리스본대지진은 인간의 능력을 넘어서는 천재天災의 성격을 띠지만 세월호 참사는 총체적으로 자연재해보다는 인재人災에 가깝다. 한 개인에게 불치병이란 그야말로 청천벽력과도 같은 일이지만, 질병으로 인한 개인의 죽음과 재해로 인한 집단의 죽음 역시 동일선상에서 사유할 수는 없다. 모든 죽음은 결국 단독적인 것이지만, 인재에 의한 집단적 죽음일 경우 그것은 개인적 차원이 아니라 사회적 차원에서 보다 엄밀하게 고찰되어야 하기 때문이다. 그러나 「죄 없는 자들의 도시」는 각각의 차이보다는 이 죽음들이 공통적으로 드러내는 부조리에 집중함으로써 질문의 방향을 인간이 아닌 신에게로 돌리는 듯 보인다.

리스본대지진 이후 유럽의 많은 지식인들과 기독교인들도 이 질문에 매달렸다. 어떤 답도 신에 대한 납득할 만한 비전을 제시해주지 못했다. 신은 왜 그 많은 사람들을 무차별적으로 몰살시킨 것인가. 그날 죽은 모든 사람에게 죽을만한 죄가 있었다고 치자, 하지만 젖먹이 아기들에게도, 아직 태속에 있던 아기들에게도 죄가 있었다고 말할 수 있는가. 기독교에는 '원죄'라는 개념도 있으니 반대로 묻자, 그렇다면 살아남은 자들은? 죽음이 죄의 결과라면, 살아남은 자들은 과연 죄가 없어서 재앙이 그들을 비껴간 것인가. 교황청과 리스본 대주교가 '이 재앙은 신의 뜻과는 관계가 없다'고 선을 그었을 정도로 신의 심판이라기에는 너무나 부조리했다. 하지만 이런 엄청난 재앙이 신의 뜻이 아니라면 과연 그 신을 전능한 신이라 할 수 있는가. 신의 심판이라고 해도 아니라고 해도 결국 그 신은 우리가 섬길 만한 신이 아니다. 그것이 신의 심판이라면 그 신은 선하지도 자비롭지도 공정하지도 않으며, 신의 심판이 아니라면 그 신은 인간사를 주관하는 자도 전능한 자도 아니기 때문이다.

리스본대지진이 불러일으킨 신에 대한 근본적 회의는 결국 신앙의 세속화, 종교권력의 몰락으로 이어졌고 역설적으로 유럽의 근대화를 촉발시켰다. 리스본대지진을 단순한 재앙이 아니라 하나의 혁명으로 보는 시선이 존재하는 것은 그래서이다. 그러나 「죄 없는 사람들의 도시」에 등장하는 2014년의 이 철학도는 그러한 근대혁명 이후를 살아가는 인물이다. '나'는 줄곧 '잔혹한 신'에게 분노를 표하고 있지만, 붕괴의 시작을 "근대철학사 수업이 있던 그 봄날부터"로 설정한 것이나 다른 날보다 일찍 학교에 가서 준비한 발제가 하필이면 "계몽주의 비판"이었다는 것은 현대인의 이런 딜레마를 암시한다. 세월호 참사가 보여주듯이, 잘못은 비정한 신에게만 있었던 것이 아니다. 신을 부정하고 인간의 주체적 삶을 추구했으나 우리는 우리의 정원을 잘 가꾸지 못했다. 국가와 사회는 재난에 대비하고 대책을 마련하기는커녕 재난의 주범이 되어 사건을 은폐하고, 통곡하는 자들을 향해 제일 먼저 돌을 던졌다. 신을 의지할 수도 인간을 신뢰할 수도 없는 이중의 질곡 속에서 우리는 여전히 우리를 둘러싼 세계의 부조리와 맞서야 한다. 화자의, 분노에 찬 저 단호한 목소리 너머에 혼란과 균열이 도사리고 있는 것은 그 때문이다. 병의 이유를 찾아내 반성하고자 하는 어머니에게 '세상은 그렇게 원인과 결과가 명확한 곳이 아니다'며 화를 내던 그가, 신에게 온몸을 엎드려 매달리는가 하면 리스본까지 가서 재앙의 이유를 따져 묻는 모순. 모순된 신이 만든 모순적 인간.

그러나 대재앙이 발생했을 때 우리가 신을 떠올리는 것은, 신을 믿어서가 아니라 그것이 인간이 이해할 수 있는 차원을 넘어서기 때문이다. 신을 동원해서라도 이 세계를 이해하기 위한 노력. 그러나 신이야말로 인간이 이해할 수 없는 가장 큰 부조리다. 욥을 시험하기 위해 신이 무차별하게 죽여버린 욥의 자식들을 생각해보라. 그가 다시 같은 수의 자식들을 낳았다고 해서 자식을 잃은 아비의 슬픔이 완전히 사라지겠는가. 신의 잔혹함을 증명할 수 있는 성경 구절들은 이뿐만이 아니다. 그렇다면 이것은 신의 '악'함을 드러내는 것일까. 광포한 힘으로 인간에게 무조건적인 복종을 강요하는 것이 신의 본질인 것일까. 안타깝지만, 여기에 대해서는 '모른다'고 말할 수밖에 없다. 인간의 비참한 죽음들이, 온갖 참사들이, 손댈 수 없는 저 질병들이 신의 심판인지 은혜인지, 자연의 거대한 순환 과정 속 사소한 사건에 불과한 것인지조차 우리는 알 수 없다. 신이 정말 존재하고 그 신이 인간과는 차원을 달리하는 존재라면, 우리가 신의 차원에서 이 세계를 이해하는 것은 영원히 불가능할 것이다. 극심한 고통 속에서 프라두의 아버지가 되뇌는 말처럼 "영원이라는 관점에서 보면"(『리스본행 야간열차』) 인간의 고통과 기쁨은 아무 의미가 없을지도 모른다. 그러나 우리는 신이 아니고 영원의 관점에서 이 세계를 관조하는 존재가 아니다. '모른다'는 것을 인간의 존재 조건으로 받아들여야 한다는 것은 그 어떤 질문도 하지 말라는 것이 아니다. 신이 신의 일을 한다면, 인간은 인간의 일을 할 수밖에 없다. 슬퍼하고, 애도하고, 분노하고, 비참한 인간의 조건에 대해 끊임없이 질문하는 것. 그것이 인간이 인간으로서 할 수밖에 없는 일이다. '나'의 질문은, 그러므로 이미 답이 제출되어 있는 것을 무의미하게 반복하는 일이 아니다. 질문이야말로 이 부조리한 세계를 살아가야만 하는 인간의 슬픔과 절규가 내재된 혼돈의 형식이기 때문이다.

기억한다는 것

「죄 없는 자들의 도시」에 원망과 절규만 있는 것이 아니다. 소설의 배면에 깔린, 들리지 않는 또 하나의 목소리. 바로 기도하는 어머니의 음성이다. '나'에 의하면 어머니야말로 부당하게 고통당한 자, 신의 부조리한 심판 아래 희생당한 자이다. 소설의 상당 부분이 발병 이후 병원에서의 치료 과정을 담고 있지만 결과적으로 그것은 치료라기보다 잔혹한 죽음의 과정이었다. 병원이 갖고 있는 모든 진통제를 투여해도 잡히지 않는 통증 속에서, 신음과 비명 이외의 그 어떤 말도 하지 못한 채 그는 "소멸과 부패"를 향해 나아간다. 납득할 수 없는 것은 아들의 절규와 분노가 아니라 이 상황에서도 신을 원망하지 않고 신앙에서 돌아서지 않는 어머니이다.

> 그녀는 매일 기도를 잊지 않았다. 주일 미사와 매일 아침저녁으로 드리는 묵주기도를 그녀는 하루도 잊은 적이 없었다. 나는 그녀만큼 간절히 기도하는 사람을 본 적이 없었다. 달싹이는 입 밖으론 절대 새어나오지 않는 기도의 내용이 늘 궁금했지만 그녀는 대답해 주지 않았다. 기도만은 누구도 침범할 수 없는 그녀만의 것이었다. 아니 때론 그녀와 그녀

가 믿는 신의 완벽한 결합처럼 보이기도 했다. 그들은 지나치게 밀착돼 있어 내가 비집고 들어갈 틈이 없어보였다. 그녀가 떠나자 나의 상실감은 그녀가 믿던 신에 대한 분노로 변했다. (67쪽)

"달싹이는 입 밖으론 절대 새어나오지 않는 기도", 화자뿐 아니라 독자에게도 그 기도의 내용은 공개되지 않는다. 우리는 다만, 그가 기도한다는 것만 알 수 있을 뿐이다. 그가 의식을 잃어가면서도 신에게 올린 기도는 과연 무엇이었을까. 아들에게 남긴 마지막 말이 "사..랑....해"였던 것처럼 어쩌면 신에게도 그는 자신의 쓴 잔을 거두어달라는 말 대신 내밀한 신앙을 고백하고 있었을지도 모른다. "내 아버지여, 만일 할 만하시거든 이 잔을 내게서 지나가게 하옵소서. 그러나 나의 원대로 마시옵고 아버지의 원대로 하옵소서."

대지진이 일어나기 전의 리스본처럼 신과 "지나치게 밀착"된 어머니는 신을 믿지 않는 아들을 오히려 격분시킨다. 그러나 소설의 표면에 드러난 아들의 음성과는 전혀 다른 어머니의 이 음성으로 인해 소설은 긴장을 유지하고 균형감을 얻는다. 혼란의 형식일지라도 '내'가 쉽게 신을 부정하지 못하고 끊임없이 신을 향해 질문을 던지는 것 역시 어머니의 이 목소리 때문이다. "학교에 들어갈 무렵부터 아버지이자 엄마였으며 누이였던 그녀", '내'가 가장 사랑했던 어머니라는 이 세계 안에는 신도 포함되어 있다. 앞서 우리는 "신을 의지할 수도 인간을 신뢰할 수도 없는 이중의 질곡"에 놓여 있다고 했지만, '나'의 상황은 훨씬 더 복잡하다. 신을 의지할 수도 인간을 신뢰할 수도 없지만, 신을 부정하면 어머니 역시 온전히 긍정할 수 없는 딜레마. 그러므로 혼돈이야말로 인간의 영원한 형식이라면, 이 혼돈 속에서 인간이 할 수 있는 일은 무엇인가. 그것은 바로 이 혼돈을 기억하는 것. 잊지 않는 것이다.

'나'는 말끔하게 복구된 리스본을 여행하면서도 "이 도시에 일렬로 나란히 들어선 건물들은 불안과 공포에 다름 아니"라고, "이 도시는 공포를 내장 깊숙이 숨긴 채 환히 웃고 있는지도" 모른다고 생각한다. "내진 설계는 물론 건물들이 넘어진 후 사람들이 빠져나갈 수 있는 여유 공간"까지 확보하며 지은 건물과 도로들은 자연의 재앙을 극복하고 마침내 정복해 나가는 인간의 위대한 승리를 보여주는 것도 같다. 그러나 지진의 기억을 새겨 넣은 광장의 물결무늬 타일바닥, '칼사다 포르투게사'. 이제는 명물이 되다시피 한 이 포르투갈식 보도가 적극적으로 기억하고자 하는 것은 인간의 승리가 아니라 자연의 신적인 힘 앞에 맥없이 쓰러졌던 인간의 나약함이다. 지금도 11월 1일 만성절 아침이면 리스본 전역의 교회들이 조종을 울려 대지진을, 대지진으로 죽어간 많은 이들을 기리는 의식을 거행한다고 한다. 왜 이들은 잊고 싶은 과거를 끊임없이 되새기는 것일까.

삶의 터전을 다른 곳으로 옮기지 않고 재난의 현장 위에서 다시 시작한다는 것은 삶에 대한 인간의 의지와 신념을 보여주는 것이기도 하지만, 인간의 삶이란 어디든 결국 이런 허약한 기반 위에 놓여 있을 수밖에 없음을 겸허히 인정하는 것이기도 하다. 내진 설계를 아무리 튼튼하게 해도 언제든 더 큰 재앙이 우리를 덮칠 수도 있음을 매 순간 기억하는 것, 불안과 공포를 극복하는 힘은 감추고 잊어버릴 때가 아니라 드러내고 기억할 때 비로소 자라나기 때문이다. 개인의 기억뿐만 아니라 집단기억과 역사가 중요한 이유가 여기에 있다. 「죄 없는 사람들의 도시」에서 '나'의 여행은 어머니의 죽음-부재로부터 촉발되었으나, 리스본의 칼사다 포르투게사를 통해 작가는 벌써부터 세월호 참사를 잊고 싶어 하는 사람들, 제 아이를 위한다는 명분으로 아무런 협의도 없이 단원고 기억교실을 철거시키려고 했던 사람들에게 "잊으면 재난이 다시 찾아온다고 목이 쉬도록 외치는 것 같"다. 기억 따위가 무슨 힘이 있느냐, 단지 기억하는 것만으로는 아무것도 바꿀 수 없다, 말하는 사람들도 있다. 그렇다. 그러나 기억조차 하지 않고 변화시킬 수 있는 일은 그야말로 아무것도 없다. 기억하지 않는 사회, 서둘러 애도를 끝내는 사회에 기대를 걸 수 없는 이유다. 모든 것은 반복된다. 애도가 불가능한 사회에서는 치유도 불가능하다. 병든 자들의 병든 사회가 된다.

작가의 진정성을 전혀 의심하지 않기에 굳이 하지 않아도 될 말을 하나 더 덧붙인다. 2년 여의 시간이 지났지만 세월호 참사는 여전히 현재 진행형이다. 선체는 아직 인양되지 않았고 9명은 여전히 시신으로도 돌아오지 못했다. 유족들뿐만 아니라 우리 사회의 많은 사람들에게 이 사건은 집단적 트라우마로 남아 있다. 직접적으로 이 이야기를 하는 것이 얼마나 어려운 일인지 우리 모두 알고 있다. 세월호 참사로 자신을 둘러싼 한 세계의 붕괴를 예감하면서도 이 소설이 어머니의 죽음과 세월호의 침몰을 대응시키지 않고 굳이 260여 년 전의 리스본대지진을 끌어들여 서사를 전개시킨 이유가 여기에 있을 것이다. 하지만 오히려 그 때문에, 세월호 참사가 어머니의 죽음을 이야기하기 위한 소재 정도로만 소비되는 듯한 오해를 불러일으킬 수 있다. 세월호 침몰과 어머니의 죽음이 동시에 전개되고 있지만, 소설의 화자에게 더 중요한 문제는 결국 어머니의 죽음이기 때문이다. 특히 "그녀의 병명을 처음 들었을 때 나는 침몰하는 배 안에 갇힌 기분이었다. 학생들을 태운 채 바다로 침몰한 배의 승선자가 되어 나는 깊이깊이 가라앉고 있었다. 짙은 어둠과 깊은 침묵 속으로 들어가 입을 닫았다. 밖으로 나가야 한다는 생각도 들지 않았다" 같은 문장들은, 아직 불편하다. 침몰하는 배와 학생들이 '나'의 심리를 묘사하는 단순한 수사로 동원되고 있다는 느낌이 든다. 표현하고자 했던 것은 아마 그 반대였을 것이다. 세월호 침몰로 희생된 사람들, 유가족들의 고통을 그대로 자신의 고통과 슬픔으로 앓고 있는 작가-화자를 그리고 싶었을 것이다. 그 거리가 아직 좁혀지지 않은 결과가 아닐까 하지만, 소설적으로 독자를 설득하는 것은 다른 작업이다. 작가가 해결할 과제다.

종말을 살아가는 인간의 윤리

정용준, 『바벨』*

인간이라는 존재의 조건

처음에는 말에 대해 생각하게 된다. 다 읽고 나면, 다시 읽어야겠다는 생각이 든다. 다시 읽으면 사랑에 대해 생각하게 된다. 다 읽고 나면, 여전히 모르겠다는 생각이 든다. 요나의 무력함과 노아의 슬픔이 온몸에 새겨져 책을 펼칠 엄두가 안 나는 순간이 온다. 시간이 흐르고, 다시 더듬거리며 책을 읽는다. 생쌀을 씹듯 한 자 한 자 옮겨본다. 결국에는, 신에 대해 생각하게 된다. 침묵하는 신, 그리고 그 뒤에 남겨진 인간에 대해. 침묵하는 신을 대신해 울부짖는 인간에 대해. 신을 죽이고도 끝내 살아남아, 죽음 같은 삶을 살아내야만 하는 인간에 대해. 죄는 짊어졌으나 구원할 능력은 없는, 결코 예수가 될 수 없는 나약한 인간의 한없는 죄책감에 대해. 말하자면, 인간이라는 존재의 조건에 대해.

정용준의 장편소설 『바벨』이다.

* 정용준, 『바벨』, 문학과지성사, 2014. 이후 인용할 때에는 인용 쪽수만 기재한다.

인물의 수동성과 행동의 부재

말이 펠릿이 되어 튀어나온다는 설정 자체가 워낙 강렬하고 이에 대한 사회학적 상상력 또한 치밀해서 이것만으로도 『바벨』은 단연 2014년의 문제작이라 할 만하다. 그런데 여기에 누구도 쉽게 답할 수 없는 존재론적 질문이 묵직하게 얹혀 있다. 한참 동안 두근두근, 심장 뛰는 소리를 들으며 읽었다. 말할 수 없는 시대 '바벨'이 시작된 지 10년, 그 10년을 몇 장면에 요약적으로 보여주고 있는 초반부의 속도감 있는 전개도 그 두근거림에 한몫 했으리라. 그러나 후반부로 갈수록 속도감이 떨어지고, 전개방식이 다소 지루해진다. 충격적인 설정에 익숙해져서일까, 구성상에 어떤 문제가 있어서일까. 혹은, 이 지루한 싸움이 『바벨』이 해결하려고 하는 진짜 문제인 것일까.

우선 인물의 수동성. 노아의 실체를 밝히고 역사를 되돌리기 위해 동분서주하던 소설의 초점화자 요나는 구속을 피해 마리의 대저택으로 피신한 이후 한동안 실질적인 행동을 하지 않는다. 사건은 인물의 내부에서만 일어난다. 그럼에도 노아와 볼, 마리, 룸, 정부기관, 펠릿과 관련된 연구 등 그가 그토록 알고자 했을 때는 결코 알 수 없었던 비밀들이, 때로는 그가 묻기도 전에 고백된다. 물론 요나가 아무런 행동도 하지 않는 것은 아니다. 무엇보다 그는 피신을 거부한다. 자기에게는 아무 힘도 방법도 없다는 것을 알면서도 마리의 집을 떠난다. 그 결과 그는 바로 검거되고 노아의 펠릿을 읽을 수 있다는 동생 룸에 관한 진술을 강요받는다. 그의 죄명조차도 『횃불』의 기자로 그가 썼던 글 곧 그의 '행동'이 아니라, 룸의 형이라는 그의 '위치'인 것이다.

요나가 비판적으로 바라보던 인물들이 그의 조력자로 급전환되는 것도 그의 수동성을 강화하며 소설의 갈등을 단순하게 만든다. 처음에는 마리에 의해, 다음에는 볼에 의해 그는 위기의 순간마다 구출되어 그들의 저택에 머무른다. 볼이야말로 바벨을 초래한 핵심인물이고 마리는 그의 딸이므로 요나는 본의 아니게 비밀의 한복판에 들어오게 된 것이다. 그는 물어야 할 것을 묻는다. 그러나 볼과 마리가 요나를 자신들의 요새로 데려왔다는 것은 그의 질문에 앞서 그들의 고백이 먼저 예정되어 있었다는 의미다. 마리에 이어 볼은 국가기밀뿐 아니라 자신의 내밀한 진실까지 요나에게 밝히는데, 여기에도 요나의 다그침보다는 그가 룸의 형이라는 이유가 더 크게 작용하는 것으로 보인다. 이쯤 되면 행동이 아니라 위치가 인물의 성격을 결정짓는다고도 할 수 있을 것이다. 그러나 이러한 위치는 개인의 선택사항이 아니다. 인간으로 던져지듯이, 우리는 어떤 위치 속으로 속절없이 던져진다. 요나의 수동성은 이러한 존재 자체의 피투성과 밀접한 관련이 있다. 즉 수동성이야말로 존재의 근본 조건이라는 것이다.

존재의 지정학과 대립항의 소멸

더구나 관계는 수없이 얽혀 있다. 룸이 노아와 함께 생활하며 마음을 나누었다면, 요나 역시 자신의 의지와 상관없이 바벨의 운명에 깊이 연루될 수밖에 없는 것이다. 노아는 더 이상 먼 곳에서 침묵하는 비정한 신이 아니라 룸의 "친구였고, 형이었고, 아버지였고, 때론 동생"이었던 "착하고 슬픈 사람"이 된다. 이렇게 행위의 측면이 아니라 존재의 지정학이 만들어내는 내면의 서사를 따라가다 보면 요나와 마리뿐 아니라 요나와 볼, 나아가 요나와 노아 사이의 대립조차 그다지 크지 않다는 것을 알 수 있다.

실제로 작가는 이들의 차이보다는 공통점에 더 주목한다. 사회 구성원들의 정신 변화를 중시하는 요나와 물리적 저항과 사회 혁명을 추구하는 아벳, 노아에게 희망을 거는 '레인보'와 노아의 OUT을 외치는 'NOT', 정부의 기관지 『모닝 바벨』과 비판적 잡지 『횃불』, 펠릿을 새로운 언어로 연구하려는 마리와 말을 되찾으려는 요나……. 『바벨』을 역동적으로 구성하던 여러 대립항들은 소설이 전개될수록 점차 그 차이를 지워나간다. "한쪽은 희극적인 비극이고 또 다른 쪽은 비극적인 희극이야. 둘이 차이가 있나? 없네. 그 둘은 결국 같다고 생각하네." 볼의 이런 사고방식에 적극적으로 저항하던 요나조차 결국 "바벨을 사는 사람들은 모두 NOT이고 동시에 모두 레인보"라는 것을 인정한다. 문제는 이 대립이 대화로 좁혀졌다거나 화해로 사라진 것이 아니라는 점이다. 그들은 대립 자체가 무의미해지는 시간, 곧 종말을 살아가는 자들. 희망조차 절망의 다른 얼굴일 뿐인 바벨의 인류들이었던 것이다. "그러니까 우리의 모든 노력은 삶에 관한 것이 아닌, 죽음에 관한 것이었다. 죽음을 향한 노력과 긍정적인 움직임을 희망으로 혹은 삶에 대한 의지로 착각하고 있는 것이다. 결국엔 횃불도 꺼지고 바벨의 아침도 사라지고 말 것이다." 종말에 대한 이러한 감각, 곧 절망감이 이 소설의 기본 정조를 이룬다. 가짜 희망은 사라지고, 열심히 노력하면 무언가 바꿀 수 있으리라 믿었던 요나와 마리마저 절망감의 포로가 된다. 소설에서 행동이 사라지는 것은 당연하다. 그러나 모든 싸움이 사라지는 것은 아니다. 아니, 진짜 싸움은 이제부터다.

내면의 싸움과 사건의 간접성

진실을 알게 된 후 요나는 슬픔과 분노, 극도의 무력감으로 인해 환각 증세까지 보인다. 하지만 "의욕을 상실한 육체와 달리 요나의 정신은 꼿꼿이 일어섰다". "고요하고 정적인 외면과 달리 요나의 내면은 분주하고 복잡하게 얽혀 있었다. 그는 분명한 고통을 겪고 있었고 위험한 생각에 맞서고 있었다." 말하자면 그는 싸우고 있었다. 현실을 정확히 판단할 힘을 잃고 고통을 회피하고자 했던 때도 있었다. 너무 오래 극심한 고통에 시달린 나머지 빠져들게 된 일종의 무감각 상태라고나 할까. 룸을 생각하면 견딜 수 없던 마음조차 어느 순간 무감하고 딱딱하게 변해버렸다. 그러나 이 또한 싸움의 단계다.

> 알고 있던 모든 것이 거짓이었고, 믿었던 진실이 모두 허구였으며, 그동안 칼처럼 품고 다니던 내 증오와 적개심은 물처럼 변해 모두 증발하고 말았다. 얼룩처럼 남은 무게 없는 흔적을 바라보며 나는 나 자신에게 묻는다. 그렇다면 이제 무엇을 믿고, 무엇과 싸우고, 무엇을 위해 힘을 써야 할까. (239~240쪽)

혼신의 힘을 다해 그는 묻는다. 한편에서는 죄책감과의 싸움이, 또 한편에서는 무의미와의 싸움이 그를 사로잡고 있다. 거리에서 전시를 방불케 하는 격렬한 시가전이 벌어지고 있는 동안에도 그는 홀로 내면의 싸움을 계속한다. 소설의 꽤 많은 분량이 이 고투에 바쳐진다. 마리와 같은 집에 머물면서도, 서로의 어두운 심연을 드러내 보인 뒤 뜨겁게 '공통감각'을 확인한 뒤에도, 둘은 자신만의 싸움을 멈추지 않는다. 그러느라,

요나를 다시 각성시키는 아벳의 죽음과 눈먼 소년의 처참한 최후조차 그들은 스크린에서 재생되는 영상으로밖에 볼 수 없는 것이다. 간접성은 수동적 인간의 운명과도 같다. 그러나 그것은 이 내향적 인간들의 죄책감을 더욱 강화하는 요인이 되기도 한다. 거리에는 진압대원의 무차별한 구타로 죽어간 사람들이 "젖은 낙엽처럼" 쌓여 가는데 안전한 정부청사 단지에 숨어 회의懷疑나 하고 있었다니, '나는 정말…… 어리석다. 비겁하고 비겁하다. 너무 비겁하다' 중얼거릴 만도 하다.

그러나 요나에게 이 시간은 『요나서』의 요나가 큰 물고기의 뱃속에서 참회의 기도를 하던 그 3일과 같다. 요나는 신의 부름에 응하지 않고 도망쳤던 자다. 풍랑을 만나지 않았다면, 바다에 빠지지 않았다면, 물고기에게 삼켜지지 않았다면, 물고기 뱃속에서 죽음과도 같은 그 3일을 보내지 않았다면, 그는 참회하지도, 신의 심판을 전하기 위해 니느웨로 향하지도 않았을 것이다. 삶을 이야기하기 위해서 우리는 때로 죽음을 먼저 말해야 한다. 죽음 이전이나 이후가 아니라, 바로 그 죽음 안에 삶이 놓여 있기 때문이다. 『바벨』 역시 마찬가지다. 마리는 자신의 집이 "마지막까지 남은 하나의 피난처" 곧 방주가 되기를 바라지만, 정적은 "수면을 높이는 물처럼" 거실에 차오르고 "묽어져가는 어둠에 흰빛이 뒤섞여 있는 푸른 방은 물속에 잠긴 폐선의 낡은 내실" 같다. 죄책감에 사로잡힌 요나에게는 그 어느 곳보다 안전한 볼의 집이야말로 피난처가 아니라 부서진 방주, 혹은 큰 물고기조차 예비되어 있지 않은 차가운 바다 속이었던 것. 그곳에서 요나는 물속에 빠져 울고 있어도 아무도 구해주지 않는 꿈을 꾸며 "익사한 사람"처럼 몇날며칠을 보낸다. 그러나 이 죽음의 시간이야말로 진실과 마주하는 시간, 혹독하게 앓고 난 뒤 그는 마리의 집을 박차고 다시 결연히 거리로 나간다.

종말을 살아가는 인간의 윤리

그런데 『바벨』은 여기서 또다시 우리의 기대를 저버린다. 그토록 오래 마음을 다지고 깨달아 결행한 일이라면 뭔가 성과가 나타나는 것이 서사의 자연스러운 흐름일 텐데 요나는 이번에도 이렇다 할 행동을 하지 못하는 것이다. 카메라까지 챙겨들고 시위대에 합류하지만 시위를 시작하기도 전에 볼이 등장해 노아의 죽음을 선포해버렸기 때문이다. 시위에 물리적으로 대응하지 않겠다는 정부의 방침 따위는 더 이상 필요치 않았다. 요나는 폭력시위가 절망한 자들의 마지막 행동 양식이라고 생각했지만, 절망한 자들의 마음 깊은 곳에서 "뜨겁게 진동하는 에너지"란 기실 희망의 다른 이름이다. 그러나 이제 그 마지막 에너지마저 사라진다. 믿을 대상도 미워할 대상도 잃어버린 이들은 넋이 빠진 채 흩어진다. "죽음을 각오한 이들에게, 비장한 마음으로 몰락을 받아들이고 끝을 향해 전력으로 달려온 이들에게, 바벨은 최후의 선택마저 앗아가고 말았다."

이 완전한 종말, 여기에 인물의 수동성(내향성), 사건의 부재(간접성), 고백이라는 지루한 형식이 삼박자를 맞춘다. 화려한 스펙터클로 세계의 종말을 하나의 볼거리로 치환시켜버리는 블록버스터들과는 분명히 다른 전략이다. 구원은 없다. 영웅도 없다. 정부에 대한 목숨 건 저항도, 개인들의 비장한 연대도 빛을 발하지 못한다. 인간은 철저히 무력한 존재이며 그러므로 사랑이 불가피하지만, 사랑 속에서도 슬퍼할 수밖에 없는 존재이다.

이 슬픔, 『바벨』에서 그것은 자주 분노로 표출되지만 분노 뒤에 감추어진 진짜 얼굴은 죄책감이다. 요나는 룸에게, 볼은 노아에게, 그리고 노아는 자신의 연구로 인해 말을 빼앗긴 모든 인간에게 자신이 죄를 지었다고 느낀다. 일부러 지은 죄가 아니다. 어쩌면 실수였고, 인간의 약함에서 비롯한 잘못일 뿐이다. 그러나 이들은 자신에게 죄가 있으며 거기에는 책임이 따른다고 생각한다. '책임져야 한다'는 마음의 당위와 '책임질 수 없다'는 현실의 무능, 슬픔은 바로 이 간극에서 발생한다. 『바벨』은 말이 펠릿이 되어 튀어나오는 시대, 그리하여 시도 노래도 사랑의 속삭임도, 웃고 떠들며 한없이 이어지는 말 그 자체의 기쁨도 한순간에 사라져버린 역사의 종말에 관한 이야기이다. 이를 통해 훼손되어버린 언어의 기원에 대해, 망각해버린 인간의 존재 조건에 대해 근본적으로 질문하게 하는 이야기이다. 그러나 무엇보다 이것은 종말을 살아가는 인간의 윤리에 대한 이야기이다. 인간의 피투성을, 존재 자체의 수동성을 자기 삶의 조건으로 기꺼이 껴안는 자들. 무력하지만 바로 그 때문에 오히려, 누구보다 먼저 나에게 죄가 있다고 고백할 줄 아는 자들. 분노가 슬픔과, 절망감이 죄책감과 분리되지 않는 이들. 이들의 '공통 감각'은 그러므로 사랑 이전에 고통, 언어 이전에 앓는 몸이다. 신에게도 타인에게도 책임을 전가하지 못하고 자기 죄를 오롯이 짊어진 자들, 하여 개인이 결코 짊어질 수 없는 종말의 고통마저 온통 자기 것으로 앓고 있는 자들. 요나와 볼 그리고 노아는 각자 다른 방법으로 그 고통과 싸우지만, 그러므로 실은 모두 닮은꼴이다.

몇 가지 의문이 남아 있었다. 죄책감에 괴로워하고 슬퍼할 뿐 결국 어떤 것도 해결하지 못한다면 그것이 과연 윤리적인 것인가 하는 의문. 볼에 의하면 노아의 펠릿 연구가 전 인류의 재앙이 된 것은 정부적 차원의 어떤 개입 때문이라는데 그 부분에 대해서는 여전히 모호한 채로 소설이 종결된 것은 아닌가 하는 불만. 다시 말하면 이런 질문이 될 수도 있겠다. 왜 소설은 체제나 시스템 차원의 문제마저도 개인의 윤리 차원으로 이야기하려고 하는가. 물론 소설은 사회학이 아니다. 그러나 이 윤리적인 인간들이 모든 것을 자신, 곧 개인의 문제로 환원해버림으로써 우리의 시선을 더 큰 문제로부터 돌려버리는 것은 아닌가. 요나와 마리의 사랑, 노아와 룸의 우정. 서로의 펠릿이 찬란하게 섞이고 완전하게 이해되는 저 아름다운 장면들이 하나의 가능성이 아니라 지극히 사적이고 예외적인 순간으로 느껴졌던 것은 그래서이다.

펠릿을 처리하는 데 드는 막대한 비용 때문에 호기심이 왕성한 아이들의 혀를 제 부모가 나서서 잘라야만 하는 시대. 하고 싶은 말을 마음껏 하는 것만으로도 스스로를 죽음으로 몰아넣을 수 있는 시대. 몇 푼의 돈을 위해 어떤 인간은 단지 말을 하는 도구로 전락해버린 시대. 더구나 이 모든 것을 정부가 방치하고 조장하는 시대. 이 살벌한 현실에 대한 대안이 겨우 개인들의 사랑이라니. 펠릿의 등장과 이로 인한 사회 혼란을 모두 신의 탓으로 돌려버린 바벨의 인간들만큼이나 작가 역시 어떤 측면에서는 다소 안이하고 무책임한 것은 아닌가. 하지만 펠릿에 저 생생한 육체를 입힌 작가가, 거기서 파생되는 온갖 사회적 문제뿐 아니라 그 이면의 의미까지 치밀하게 짚어낸 이 작가가 과연 문제를 그토록 안이하게 처리했을까.

혹시 우리의 질문이 잘못된 것은 아닐까. 정부의 잘못을 정확히 밝혀내 비판하고 체제나 시스템을 바꾸도록 촉구하면 역사를 되돌릴 수 있을 거라는 어떤 믿음. 그것은 사실 소설의 초반부 요나를 지탱하던 신념이었고 동력이었다. 그러나 『바벨』이 끈질기게 사유하고 있는 것은 그 믿음이 완전히 사라진 이후다. 종말은 돌이킬 수 있는 미래의 것이 아니라 이미 과거였고 현재라는, 절망적이지만 확고한 인식. 우리의 미심쩍음은, 그러므로 종말을 현실로 받아들일 수 없는 자의, 이 소설의 전제 자체를 문제 삼는 질문이다. 종말을 의심조차 할 수 없는 이런 이야기가 세계에 대한 탁월한 알레고리라는 사실이 참혹하지만, 소설을 읽는다는 것은 소설의 전제를 현실로 가정한다는 것이다.

역사는 끝났다. 문제는, 그럼에도 불구하고 삶은 계속된다는 것이다. 말을 할 수 없는 채로, 아니 말에 대한 욕망 자체를 완전히 포기한 채로. "지겹다. 이렇게 삶을 살아내는 게 치욕스럽다." 그러므로 『바벨』을 관통하는 질문은, 어떻게 역사를 되돌릴 것인가가 아니라 "무엇을 위해 포기하지 않는 걸까. 우리는 무엇을 위해 더 살아야 한단 말인가"가 될 수밖에 없다. 요나와 마리의 사랑, 노아와 룸의 우정. 공통 감각을 통한 이들의 소통은 문제를 근본적으로 해결하기 위한 것이라기보다 이러한 견딤을 위한 사적 차원의 열림이라 할 수 있다.

수신, 온 존재를 건 접속

그렇다면 공적 차원의 열림은 무엇인가. 그것은 요나가 그토록 불신했던 언어, 곧 글을 통해 기록을 남기는 것이다. 내면의 오랜 방황 끝에 요나가 다시 거리로 나선 것은 단지 시위에 동참해 모종의 혁명을 달성하기 위해서가 아니었다. 그는 "글이 마음을 전할 수 있다거나 진심을 담을 수 있다는 것은 이해할 수도 받아들일 수도 없는 허황된 가설에 불과"하다고 생각하던 사람이었으나 결국 마리에게 자신의 진심을 전하기 위해 긴 편지를 쓴다. 모든 것은 불완전하다. '리르'의 사냥꾼은 자신이 서두르다 넘어져 아이라 여왕의 말얼음이 부서졌다고 한탄하지만, 이 세계로 옮겨오는 순간 그것은 깨어질 운명 속으로 들어온 것이다. 말이 처음부터 부서진 얼음이라면 그것을 기록한 글 또한 온전할 수는 없다. 그 불완전한 언어가 인간의 존재 조건이다. 불완전함으로 불완전함에 맞서 싸우기, 전략은 그것밖에 없다. 온 진심을 담아 마리에게 편지를 썼듯이, 시대를 기록하기 위해 요나는 광장으로 나갔던 것이다. 볼 역시 자신들의 이야기를 후세에 전해줄 사람으로 요나를 선택한다. 기자가 단순한 직업이 아니라 삶을 포기하지 않을 하나의 사명이 되는 순간이다.

그러나 이를 위해 작가가 요나에게 부여한 가장 중요한 임무는 발신이 아니라 수신, 즉 보고 듣는 것이다. 보고 듣고 말하고 쓰는 것이 결국에는 서로 연결되어 있지만 소설 내에서 그는 아직 말하는 자, 쓰는 자가 아니라 그것을 위해 예비된 자인 까닭이다. '쓴다는 것', 그것은 먼저 '읽는다는 것'이다. 그는 온몸으로 보고 듣고 읽고 기억한다. 요나의 과도한 수동성이나 직접적인 행동의 부재는 이렇게 해명된다. 수신受信이 핵심 역할인 자에게 그것은 무능력이 아니라 일종의 능력이 아니겠는가.

그리고 또 한 명의 탁월한 수신자가 있다. 룸이다. 언어에 장애가 있지만 대화를 하지 않고도 사람의 마음을 꿰뚫어 보는 아주 예민한 감각을 가지고 있으며, 자신만의 방식으로 펠릿도 읽어낼 수 있는 사람. 바벨이 시작되기 전부터 스스로 입을 닫고 말을 버렸으므로, 말을 할 수 없게 만드는 펠릿이 그 어떤 장애도 공포도 되지 않는 사람. 그가 이 소설에서 유일하게 죄가 없는 존재라는 사실은, "인간에게 말은 욕망이고 본능이며 또한 천성"이라는 요나의 웅변에 고개를 끄덕이면서도 인간의 죄 또한 말과 깊은 관련을 가지리라는 예감을 갖게 만든다. 그러나 룸은 스스로 죄책감에 시달리지 않듯이 다른 사람에게 죄를 묻지도 않는다. 자기에게 죄 지은 자를 용서한다기보다 그 죄를 기억하지 않는다고나 할까. 그가 읽고 기억하는 것은 타인의 죄가 아니라 죄 지은 자의 마음, 그 섬세하고 내밀한 결이기 때문이다. 룸은 소설의 마지막 장에서야 별안간 화자로 등장하지만, 그러므로 아직 두려움에 떨고 있는 요나에 앞서 룸이 먼저 기록자 역할을 하게 되는 것도 무리는 아니다. 말을 버림으로써 온 몸이 입 대신 귀가 된 이 철저한 수신자로부터 우리는 듣는다는 것이 무엇인지 다시 배우게 된다. 그것은 온 존재를 건 '접속', 내가 곧 당신이 되는 시간.

> 나는 그가 밤새 뱉어낸 말 위에 무릎을 꿇고 앉아 서서히 사라져가는 얼음 같은 노아의 육체를 응시했다. 슬펐다. 슬프다는 감정이 너무 강렬해 어쩌면 죽을지도 모른다고 생각했다. 아직 온기가 가시지 않은 펠릿을 손바닥으로 눌렀다. 세미한 세포 하나까지 노아의 말을 듣기를 원했고, 기억하길 원했다. 나는 온종일 노아 곁에 머물며 그의 말을 경청했다.
>
> 나는 이제 그의 말을 종이 위에 글로 남긴다. 노아는 말하고 나는 쓴다. (286쪽)

소설, 그 어리석음의 계주

소설은 이렇게 룸이 받아 쓴 노아의 마지막 말로 끝난다. 대홍수로 죽어간 자들을 등에 업고 아무도 늙지 않고 누구도 죽지 않는 "영원의 땅 아이라"로 향하겠다는 노아의 에필로그는, "결코 나처럼 아이라를 찾는 어리석은 행동을 하지 않기를 바란다"는 사냥꾼의 프롤로그와 겹쳐지며 그 슬픔을 증폭시킨다. 아이라는 없다. 동화 속 아이라는 이 세계의 불완전함을 비추는 이상적 공간으로 기능할 뿐이다. 아이라에서는 완전했던 말이 이 세계에서는 부서진 채 존재할 수밖에 없고, 아이라에서 불멸하는 것이 이 세계에서는 필멸한다. 그곳에서는 다시 살아나 서로의 얼굴을 바라보며 부끄러움 없이 죄책감 없이 환한 빛처럼 웃을 수 있겠지만, 이곳에서는 죽는 순간까지 부끄러움과 죄책감 속에서 살아갈 수밖에 없다. 그것이 인간의 운명이다. 그러나 사냥꾼이 자신의 기록을 얼음산에 묻은 뒤 끝내 "북극의 심장을 감싸고 휘몰아치고 있는 눈보라를 향해" 달렸던 것처럼 인간은 불가능하다는 것을 알면서도 그 꿈을 향해 걸음을 떼지 않을 수 없는 어리석은 존재다. 남겨진 기록을 통해 리르 사냥꾼의 어리석음이 노아에게로, 볼에게로, 요나에게로 이어진다. 어리석음의 계주다. 그러나 이 어리석음이, '절망하는 인간들'의 또 하나의 윤리다. "살아 있는 한 숨을 쉬고, 움직이는 한 어쨌든 이 땅을 걸어야 합니다." 살아 있다는 것은 그런 것이다.

> 잘못된 길이 아닌 다른 길은 없습니다. 벼랑이 아닌 안전한 땅도 더 이상 남아 있지 않습니다. 지금 가는 이 길이 유일한 길이고 지금 서 있는 위태로운 벼랑이 마지막 남은 땅입니다. 바벨을 지배하고 있는 증오

심과 분노는 연기처럼 사라지거나 거품처럼 사그라지지 않습니다. 그것들은 현실이고 삶 그 자체입니다. 살아 있는 한 숨을 쉬고, 움직이는 한 어쨌든 이 땅을 걸어야 합니다. (62쪽)

“전할 수 있는 미래가 없고 후대가 존재하지 않더라도…… 그래도 나는 기록할 것이다.” 요나는 미래에 대한 희망 없이 다만 기록을 다짐할 뿐이다. 그러나 리르 사냥꾼이 북극의 심장에 묻은 기록이 끝내 노아에게 전해졌다는 것은, 요나의 기록 또한 언젠가는 또 다른 누군가에게 전해지리라는 희망을 품게 한다. 어쩌면 그것이 지금 우리에게 전해진 『바벨』이라는 이 한 권의 우화일 수도 있다. 그것이 다시 바벨을 불러올지, 끝내 아이라를 찾게 만들지는 아무도 모른다. 그러나 이렇게 계주는 계속된다. 소설은 영웅들의 승리담이 아니라 절망하는 인간의 이 어리석은 계주에 대한 기록이다.

2부

죽음 앞의 삶

'대낮'의 삶과 '밝아지기 전'의 윤리

한강, 『노랑무늬영원』*

오에 겐자부로는 장애를 가진 아들과의 긴 세월을 기록하면서 "오직 인간은 '회복'하는 존재다, 하는 놀람으로 가득 찬 발견의 연속만"이 자신을 지탱해 주었다고 밝힌 바 있다. '인간은 회복하는 존재'라는 그의 신념은 단순한 바람이나 희망이 아니라, 삶을 통해 문학의 핵심으로 성육成育한 것이다. 이 이야기가 담긴 산문집 제목은 『회복하는 인간』(2006). 한강이 12년 만에 펴낸 소설집 『노랑무늬영원』에도 같은 제목의 단편이 실려 있다. 전자가 역경을 극복한 자(물론, 히카리의 삶에는 여전히 숱한 곤경들이 놓여 있지만)의 회고록에 가깝다면, 한강의 「회복하는 인간」은 여전히 고통 속에 뒹굴고 있는 자의 소리 없는 비명에 가깝다. 그런데 왜 '회복하는 인간'인가.

소설은 본질적으로 후사건적인 장르다. 기본 시제는 과거형, 대상으로부터 객관적 거리를 획득하기 위한 필연적 장치라 할 수 있다. 그런데 한강의 최근 소설들은 현재시제를 기본으로 과거가 교차 전개되는 경우가 더 잦다. 고통의 현재성, 싸움의 절실성 때문이다. 사건은 '이미' 일어났다. 그러나 그로 인한 상처와 고통이 여전히 현재진행형이라는 점에서

* 한강, 『노랑무늬영원』, 문학과지성사, 2012.

사건은 '아직' 종결되지 않았다. 장편소설 『바람이 분다, 가라』(2010)와 『희랍어시간』(2011)을 비롯해서 이 소설집에 실려 있는 대부분의 소설들이 다 그렇다. 분열된 자아와의 싸움이 자신을 결국 파국으로 몰아가는 「왼손」만이 현재시제와의 교차 없이 과거시제만으로 기록되어 있다. 현재에 개입하는 과거, 과거를 잊지 않는 현재. 모든 고통은 바로 이 '잊지 않음'에서 시작하지만, 한강 소설의 인물들은 과거를 잊음으로써 현재의 고통을 잠재우는 것이 아니라 고통을 통해 '사건에 충실한 주체'(바디우)로 거듭난다.

그런데 「회복하는 인간」에서는 이 얽혀 있는 과거와 현재에 미래의 시점이 다시 개입한다. 과거의 사건, 그 상처를 현재까지 앓고 있는 '당신'을 바라보는 화자의 시점이다. 미래에서 현재의 '당신'을 바라보는 듯, 혹은 미래에서 현재로 되짚어온 듯, 이 화자는 '당신'의 과거와 현재뿐 아니라 미래까지도 알고 있다. 일테면, '당신'이 지금은 고통스럽지만 더디게나마 결국 그 고통에서 회복되리라는 것을 말이다. 그럼에도 화자의 목소리는 권위적이지 않다. 지금은 고통스럽지만 시간이 지나면 다 괜찮아질 거라는 속화된 교훈을 남발하는 대신 그는 가만히 '당신'을 들여다본다. 모든 것을 다 알지만 비난도 동정도 하지 않는다. 판관判官으로서가 아니라 함께 앓아주는 친구로서 '당신'을 대리해 말할 뿐이다. 단지 들어주기만(대신 말해주기만) 할 뿐인데도 묘한 울림을 주는 공감의 목소리. 고통의 현재성, 충실성에도 불구하고 이 소설이 절망으로 치닫지 않고 윤리성을 획득하는 것은 그 때문이다.

미래-현재-과거의 일직선적인 흐름에서 현재는 미래의 과거일 뿐이고, 미래는 결코 현재에 개입하지 못한다. 그러나 「회복하는 인간」에서 미래는 이렇게 현재에 (보이지 않게) 개입하고, 현재는 '미래의 과거'가 아니라 오직 현재로만 기록된다. 그러므로 강조되는 것은 '당신'이 회복할 것이라는 사실이 아니라, 앞으로 얼마나 더 고통스러울지 모르는 것과 마찬가지로 회복하리라는 것 역시 당신은 "모른다"는 것이다. "그 모든 것을 아직 알지 못한 채 지금 당신은 갈대밭 가장자리에 누워 있다." 화상이 다 낫기도 전에 또다시 상처를 입고도 '당신'은 "이 모든 통각들이 너무 허약하다고", 그러니 "지금 당신이 겪는 어떤 것으로부터도 회복되지 않게 해달라고", 지금보다 더 큰 고통을 달라고 기도한다. 아는 화자와 모르는 '당신', 현재에 충실한 '당신'의 이 무지無知는 '당신'의 고통을 더욱 증가시킨다.

그러나 회복하지 않게 해달라는 '당신'의 기도야말로 역설적으로 '당신'의 앎을 드러낸다. '당신'은 무지한 것이 아니라 무지를 선택한 것일지도 모른다. 끝나지 않는 슬픔과 애도, 죄책감과 자기처벌 욕구가 '당신'에게 '형벌로서의 삶'을 선고했으므로. 회복을 거절하고 고통을 선택하기, 그것이 '당신'의 윤리를 드러내는 것은 '당신' 역시 약한 사람이었기 때문이다. 상실감을 죄책감과 함께 앓는 약하고 윤리적인 자아들은 이 소설집의 도처에 있다. 이들은 자신들이 겪은 죽음-상실에 대해 단순히 슬퍼하는 것이 아니라, 언제나 자신에게 그 죄를 묻는다. 아이를 유산시킨 적이 있는 '언니'는 모든 것을 갖추고도 "마치 냄새가 싫은 음식을 꺼리듯 자신의 인생을 멀리"했으며, 언니가 죽어가는 것을 모르고 살았던 '당신'은 이제 자전거를 탈 때조차 살아 있다는 기쁨을 느끼지 못한다. 「훈자」의 '그 여자'와 「밝아지기 전에」의 '은희 언니' 역시 상실감과 죄책감으로 이곳이 아닌 다른 곳을 떠돈다. "한번 들어가면 떠나고 싫지 않아지기 때문에 장기 여행자들의 블랙홀"이라 불린다는 훈자는, 소설의 초입에서는 단지 고단한 현실에서 꿈꾸는 이상향, 혹은 도피처로 제시되는 것 같지만 점차 악몽과도 같은, '그 여자'의 죽음 충동이 드러나는 장소로 바뀐다. 배가 아프다는 동생을 그대로 두고 출근했던 '은희 언니'는 동생이 복막염으로 죽자 장기 여행자로 해외를 떠돌다가 뎅기열로 사망한다. 그렇다면 이들은, 결국 자기처벌에 성공한 것인가?

「밝아지기 전에」의 '나'는 '은희 언니'의 장례를 치르고 돌아와 오래전에 써놓았던 "*그녀가 돌아오지 않는다*"라는 문장을 지우고 "*그녀가 회복되었다*, 라고 첫 문장을 쓴다". 고대 그리스 철인들처럼 죽음을 육체로부터의 해방으로 본 것도 아닐 텐데, 그녀는 왜 이렇게 썼을까. 소설 안에서 '은희 언니'의 회복을 확신할 수 있는 단서는 많지 않다. 오히려 '나'는 그녀의 꿈 이야기를 듣고 "*존재하지 않는 괴물 같은 죄 위로 얇은 천을 씌워놓고, 목숨처럼 껴안고 살아가지 마*"라고 말하고 싶어 했다. 아직 '밝아지기 전에'라는 제목이 암시하듯이, 그러므로 그것은 어쩌면 '나'의 바람, 앞으로 '내'가 쓸 소설에서나 나올 이야기일 수도 있다. 그러나 "오직 삶을, 삶만을 달라고, 누구에게든, 무엇에게든 기어가 구걸하고 싶던 시간"을 통과한 '나'가, 시간이 정말 주어진다면 다시 꼭 살고 싶었던 삶은 바로 '은희 언니'의 삶이 아니었을까. "*망치로 머리를 맞은 짐승처럼 죽지 않도록*" '두려워하지 않을 준비'를 하는 삶, 언제나 "*내 안에 있는 가장 뜨겁고 진실하고 명징한 것*"만 꺼내놓아 "*언제든 무심코 나를 버릴 수 있는 삶*", 제일 늦게까지 지글지글 끓는 심장, 한때는 생의 박동 그 자체였던 저 "압도적인 고통의 형상"을 맨눈으로 바라보는 삶. 말하자면, 죽음 앞의 삶.

삶에 대한 사유를 가장 잘할 수 있는 사람은 *"언제 어느 곳에서든 죽음과 맞닥뜨릴 수 있는 사람…… 덕분에 언제나, 필사적으로 삶에 대해 생각할 수밖에 없는 사람"*(『희랍어시간』)이다. 생명의 '회복하는 힘'을 그 어떤 소설보다 감동적으로 그리고 있는 한강 소설들이 오히려 죽음을 전면에 배치하는 것은 그 때문이다. 「밝아지기 전에」의 '나'처럼 「파란 돌」, 「에우로파」, 「노랑무늬영원」의 주인공들 역시 이렇게 죽음의 한순간을 통과하면서 삶의 또 다른 심연으로 나아가는 인물들이다. '죽음 앞의 삶'이라는 것을 아직 몰랐을 때, 스크래치 없는 깨끗한 목소리와 절망감을 모르는 환한 웃음을 아직 지니고 있었을 때, 이들은 삶을 제대로 살지 못했다. 노래를 그만두고 의사와 결혼했고(「에우로파」), 그림 작업을 명분으로 자연인으로서의 삶은 모두 유보했다(「노랑무늬영원」). 조건을 보고 했던 결혼은 되돌릴 수 없는 상처를 남긴 채 끝이 났고, 영원히 그림을 그리리라 생각했던 손은 일상생활조차 제대로 할 수 없을 정도로 망가져버렸다.

한강의 소설은 이 막다른 골목에서 시작한다. 그러면서도 단지 죽음이 아니라 '죽음 앞의 삶'을, 죽음 충동과 싸우는 생충동을 함께 그린다. 꿈속에서나마 죽어서 홀가분했다던 '당신'이 주우려고 했던 '파란 돌', 꿈인데도 그 돌을 줍기 위해서는 다시 살아나야 한다는 걸 알았다는 '당신'처럼, 자살을 감행하려 했던 '나'는 아픈 아이에게 약을 줘야 한다는 걸 깨닫고 죽음의 문턱에서 되돌아선다(「파란 돌」). 생의 의지가 되살아나는 순간은 이렇듯 사소하고 우연적이지만, 죽음까지 내려갔던 이들은 "진실을 살아보지 않는다면, 다시 그 순간이 닥칠 때 결단코 두려움과 후회 말고는 기대할 것이 없다"(「노랑무늬영원」)는 것을 안다. 후회 없이 죽기 위해서는, 그러므로 다시 태어나야 한다.

"생명은 언제나 핏속에서 시작"(「파란 돌」)하듯이, 이렇게 죽음으로부터 삶이, 고통으로부터 회복이 시작된다. 화상 자리에서 피가 흥건히 흘러내리자 그날 이후 진물이 놀랍도록 빠르게 줄어간 것처럼(「회복하는 인간」) 어쩌면 '당신'이 가장 고통스럽다고 느낀 순간이 회복이 시작되는 순간이었는지도 모른다. 고통을 느낀다는 사실이야말로 살아 있다는 가장 확실한 증거이므로. 그러나 산도産道를 빠져나오는 고통이 죽음의 고통보다 덜하다고 말할 수는 없다. 동트기 전의 어둠처럼, 이들은 생의 가장 어두운 시기를 지나고 있다. 결코 삶을 포기하지 않지만, 그들을 지탱하는 힘은 조금만 더 버티면 아침이 온다는 추상적 신념이 아니라 '죽음 앞의 삶'이라는 실존의 절박함이다. 그러므로 한강 소설은 결코 쉽게 회복을 말하거나 초월해버리지 않는다. "싸워서 이겨야지, 그래야 그림이 되지." 흔한 위로와 값싼 힐링 대신 그는 새벽을 향해 나아가는 싸움을 그린다. 아침도 아니고 밤도 아닌, 이 '밝아지기 전'을 사유하는 것이 바로 한강 소설의 윤리다. 그것은 또한 "신비도 그윽함도 벗어던져버린" 대낮의 태양 아래 자신을 세우는 일이기도 하다. 자신의 상처를 모두 드러내 정면으로 응시함으로써만 진실은 드러날 수 있기 때문이다.

이렇게 한강의 『노랑무늬영원』은 삶과 죽음, 강함과 약함, 세속과 초월, 타나토스와 에로스 사이의 충돌과 긴장은 그대로 유지하면서 이 둘을 가르는 이분법은 다시 절단시켜버린다. 문학이 하는 일이 바로 이것이다. 세상의 언어가 나누고 삭제해버린 것들을 자기 삶의 리듬과 언어로 다시 불러내는 것. 강자의 논리가 약자의 자리를 말소시키는 것에 저항하되 동일한 이분법의 논리로 강자의 횡포를 고발하는 방식이 아니라, 약함 속의 강함, 일상 안의 성스러움, 죽음 앞의 삶을 드러냄으로써 이 세계의 지배적인 논리와 언어 자체를 의심하게 만드는 형식. 고통을 이기기 위해 고통의 반대편이 아니라 오히려 고통의 극한까지 걸어 들어가는 태도. 제 눈을 찌르게 될지라도 기어이 진실을 살아내겠다는 오이디푸스의 후예들이 선택한 이 '고통에 충실한 삶' 속에서 드러나는 역설적인 성취가 바로 문학의 성취이자 윤리다.

진실은 '어떻게' 드러나는가

한강, 『바람이 분다, 가라』*

한강의 자리는 독특한 데가 있다. 등단 17년, 어느덧 중견작가라 불러도 손색이 없을 만한 시간이 흘렀고 작품이 쌓였다. 문학을 한다는 사람은 누구나 알 만한 이름이 되었고, 굵직한 문학상도 몇 차례 거머쥐었다. 최근에는 동리문학상의 수상자로 선정되었다는 소식도 들려온다. 그러나 가만히 생각해보면, 그녀는 한 번도 문단의 중심이었던 적이 없다.[1] 그렇다고 주변부였다고 말하기도 곤란하다. 중심이 되기에는 시류를 너무 타지 않았고 주변부가 되기에는 소설을 너무 잘 썼다, 이렇게 말하면 너무 단순한가?

이 세계의 폭력을 온통 자신의 것으로 앓고 있는 한강의 저 진지하고

* 한강, 『바람이 분다, 가라』, 문학과지성사, 2010.

1 이 글을 쓴 2010년에 한강은 『바람이 분다, 가라』로 제13회 동리문학상을 수상했다. 이후 2015년에는 「눈 한 송이가 녹는 동안」으로 황순원문학상을, 2016년에는 『채식주의자』(2007)를 영역한 *The Vegetarian*으로 맨부커상 인터내셔널 부문을, 2017년에는 말라파르테 문학상을 수상했다(2018년에도 한강은 『흰』(2016)으로 맨부커상 인터내셔널 부문 최종후보에 다시 올랐다). 국내작가가 '노벨문학상, 프랑스의 공쿠르 문학상과 함께 세계 3대 문학상의 하나'라고 불리는 맨부커상을 수상하게 되자 언론의 대대적인 홍보로 『채식주의자』는 출간 10년 만에 드디어 베스트셀러가 되었고 한강에 대한 독자들의 관심도 급부상했다. 이제 그는 문단의 중심이 아니라고 말하기는 좀 어렵게 되었다. 그러나 이 글을 쓴 2010년에 그는 이미 『채식주의자』를 넘어서서 『바람이 분다, 가라』를 출간했으나 대중에게 아주 인기 있는 작가는 아니었다. 이 변화를 기록하기 위해 본문은 일부러 수정하지 않았다. 세계적인 문학상 수상으로 그의 위상이 엄청나게 달라진 것 같지만, 맨부커상을 수상하기 이전부터 그는 훌륭한 작가였고 지금도 여전히 다음 작품으로 나아가는 작가다. 다만 우리가 그를 미처 알아보지 못했던 것뿐이다.

예민한 주인공들은 그럭저럭 한 세상 살아가고자 하는 우리들에게는 확실히 불편하고 비현실적이다. 세상을 바꾸고 싶은 사람들에게는 그녀의 소설이 너무 내성적이거나 심미적이고, 때로는 몰역사적으로 보일 것이다. 어쩌면 그녀는 너무 급진적이었던 것일지도 모른다. 인간문명을 구축하고 있는 온갖 동물성을 거부하고 아예 식물이 되겠다는 발상은 과연 문학 안에서나 가능한 것이다. 세상의 관습이나 도덕 대신 자기 내부의 윤리만을 따라 살고자 하는 한강 소설의 '그녀들'에게 우리 사회가 배정하는 곳은 그러므로 정신병원 정도. 살아남는 것만이 미덕이 되어버린 이 속물과 동물의 시대에 한강의 소설이 끈질기게 제기하는 진정성의 미학은 과연 얼마만큼 설득력을 가질 수 있을까. 그러나 『바람이 분다, 가라』는 그녀가 지금까지 추구해 온 진정성이라는 것이 결코 문학 안에서만 이루어진 것이 아님을, 저 오랜 싸움이 이제 새로운 국면에 접어들었음을 보여준다.

범박하게 말해, 『바람이 분다, 가라』의 주요 골자는 화가 서인주의 죽음을 둘러싸고 벌어지는 진실 싸움이다. 이 싸움의 한편에는 서인주의 죽음을 자살로 확정지으며 그녀의 신화화 작업에 앞장서고 있는 권위 있는 미술평론가이자 교수인 강석원이 있고, 반대편에는 서인주의 오랜 친구인 이정희가 있다. 그녀는 인주의 삼촌에게 한동안 그림을 배웠으나 화가가 되는 대신 희곡작가가 되었고, 오래전 그마저 그만두고 번역가가 되었다. 그런데 지금 그녀는 번역 일도 접고 서인주의 평전에 매달리고 있는 중이다. 강석원이 쓴 평전을 반박하기 위해서다. 엄마가 자살했다는 거짓으로부터 인주의 아이를 지키기 위해서다. 진실을 밝히기 위해서다.

그러나 고군분투하면서 이정희가 하나하나 알아나가는 것은 그동안 자신이 알고 있었던 것과는 전혀 다른 인주의 면모들이다. 모든 정황과 증언들이 인주의 죽음을 자살로 몰아간다. 진실은 이정희의 편이 아니라 오히려 강석원의 편에 서있는 것 같다. "*나는 너를 몰랐다, 네가 나를 몰랐던 것보다 더.*" 불안에 떨며 이정희는 고백한다. 너덜너덜한 치욕의 밑바닥을 들여다본다.

그렇다면 이 소설은, 스스로 목숨을 끊을 정도로 고통스러운 삶을 살았던 두 친구의 이야기인가. 각자의 고통에 빠져 서로의 고통을 미처 눈치채지 못했다는, 살아남은 자의 자책어린 후일담인가. 그 고통의 근원에 가족이, 가난이, 이루어지지 못한 사랑이, 대물림되는 운명이 있었다는, 온갖 슬픈 이야기들의 집결체인가. 혹은, 서인주-이정희-이동주로 대변되는 모성의 세계 반대편에 강석원 그리고 인주와 정희의 전 남편 등으로 대변되는 폭력적인 남성의 세계를 배치함으로써 여자는 약하지만 어머니는 강하다는 만고불변의 진리를 보다 감동적으로 그려내는 한 편의 휴먼드라마인가. 또다시 반복되는 '상처와 치유의 서사'인가. 이 소설을 구성하는 전혀 다른 기억들, 욕망들, 언어들에 집중한다면, 어쩌면 여기서 우리는 고정된 하나의 진실이란 존재하지 않는다는 익숙한 전언을 찾아낼 수도 있을 것이다. 하지만 그뿐이라면, 이 소설의 힘이 이토록 크지는 않았을 것이다.

문제는 너무 빤한 우리 삶의 세부가 아니라 그 삶의 요목을 바라보는 우리의 시선이다. 상투성을 만드는 것은 내용이 아니라 그 내용의 배치이기 때문이다. 인간의 심연을 파고드는 한강 소설의 문체는, 문체의 힘만으로도 웬만한 상투성들은 극복할 수 있는 저력을 분명 가지고 있다. 그러나 문체의 힘만으로 장편소설이 될 수는 없다. 거기에는 어떤 싸움이 필요하다. 익숙한 장르론의 문법으로 말하자면 그 싸움을 일컬어 '자아와 세계의 대립'이라 할 수도 있을 것이다. 그러나 현실에서 자아와 세계는 정확하게 양분되어 있지 않다. 싸움은 전면전이 될 수밖에 없으며 동시에 자신의 내부까지 겨냥해야 한다. 진실을 밝히려는 이정희의 작업은 그러므로 강석원이라는 구체적이고 현실적인 힘과의 싸움일 뿐만 아니라 모두에게 익숙하게 받아들여지고 있는 사유의 어떤 전개 방식—이를테면 수많은 죽음으로 점철되어 있는 불행한 가족사나 이혼의 전력 등이 자살의 증거라고 제시되고 의심의 여지없이 받아들여지는 방식, 곧 상투화(이것이 신화화의 또 다른 얼굴이다)와의 싸움이기도 하며, 그 속으로 안주하고 싶은 내밀한 자기 욕망과의 싸움이기도 하다.

그러므로 이 싸움은 고스란히 글쓰기로 이어진다. 치고받듯이 새로운 증거들이 제출되고 다시 반박된다. 그러나 무엇보다, 끊임없이 자살의 증거를 들이미는 사람들 앞에서, 자신은 전혀 몰랐던 인주의 다른 얼굴들 앞에서, 그것들이 불러일으키는 어떤 기억들과 여전히 아물지 않은 환부 사이에서, 흔들리는 내면을, 그러나 흔들리지 않으려는 다짐을, 머뭇거리는 불안을, 박차고 전개되는 싸움을, 의심을, 충동을, 분노를, 절망을, 그리고 마침내 그 절망을 뚫고 일어서는 생의 의지를 이 소설은 놀라울 만큼 생생하게 기록한다. 다성적인 목소리만큼이나 다성적인 문체들이 서사의 완급을 조절하며 소설의 색채를 바꾸어 나간다. 익숙한 이야기를 다루되 그것들과 부단히 싸우며 전혀 다른 배치를 만들어낸다. 진실을 의심하되 진실을 포기하지 않는다. 온통 싸움의 기록이자, 싸움 그 자체인 소설이다. 그리하여 마침내, 상투적인 것은 정희의 죽음이 아니라 강석원의 사랑이었다는 것이 드러난다.

이 소설의 감동은, 그러나 마침내 밝혀진 진실이 아니라 그 진실을 드러내는 방식에서 온다. 아니, 둘은 분리되어 있지 않다. 진실이 드러나는 방식이 바로 진실의 내용을 구축한다. 우선, 강석원의 '논리'에 맞서 이정희가 내세우는 '감각'. 그것은 한편으로 이 소설의 딜레마이다. 이성으로 설명되지 않는 것을 이성의 언어로 납득시켜야 한다는 딜레마, 증거에 기대지 않고 진실을 드러내야 한다는 곤혹. 그러므로 "모른다고밖에는. 모든 것이 덩어리로 다가왔다고밖에는. 스며들고 번져갔다고밖에는" 말할 수 없다. 한 사람의 진실이란 바로 그렇게 드러나는 것이다. 그것은 조각조각 따로 존재하는 것이 아니며, 그러므로 퍼즐을 맞추듯이 이어 붙여 완성되는 것이 아니다. 그것은 처음부터 덩어리로, 육체와 분리된 사유가 아니라 그것들의 총합인 몸으로 현현한다. 논리와 이성이 아니라 그것을 넘어선(배제한다는 뜻은 아니다) 어떤 감각으로 느낄 수밖에 없는 것이다. 이성으로 증명할 수 없으므로 우리는 이 믿음을 신뢰해서는 안 되는가. 그러나 강석원의 예에서 알 수 있듯이 증거란 언제든 조작 가능하다. 오히려 진실은 그 너머에 있다. 문학이 추구하는 세계가 바로 그곳이다. 이성의 언어를 질료로 삼되 이성의 화법만으로는 도달할 수 없는 그 너머를 드러내는 것, 그것이 바로 이 소설이 놓여 있는 문학의 세계다.

그렇다면 정희는 어떻게 그 너머를 드러내는가. 강석원이 구축한 논리의 틈새를 드러내며 상반된 논리를 내세우는 것만으로는 부족하다. 증거는 조작될 수도 불에 타 사라질 수도 있다. 남는 것은 진실을 알고(어쩌면 '믿고'가 더 정확한 표현일지도 모르겠다) 있는 이정희, 그녀 자신뿐이다. 그러나 그것으로 충분하다. 그녀만이 진실을 알고 있고 그것을 증명할 수 있는 증거를 손에 쥐고 있기 때문이 아니라, 그녀가 바로 증거이기 때문에. 인주와 인주 어머니, 그 고통의 서사를 공유했고, 하여 죽고 싶었던 것이 나약함의 증거라면 분명 그들만큼 나약했던 그녀가 죽지 않고 살아남는다는 것 자체가, 인주의 자살을 반박하는 가장 강력한 증거가 될 수 있기 때문이다. 죽음은 삶으로 반박되고 삶은 죽음 앞에서야 증명된다. 소설의 결말은 그것을 감동적으로 보여준다. "무릎이 짓이겨진 채 뜨거운 배로 바닥을 밀고" 기어이 불구덩이 밖으로 나가는 그녀, 인공호흡기를 쓰고도 스스로 "쿼엑 쿼엑" 숨을 토해내는 그녀, 죽음이 자신을 덮치는 바로 그 순간, "살고 싶다"는 생생한 욕망을 실천하는 그녀. 인주의 마지막과 정확히 겹쳐지는 이 장면이야말로 인주의 죽음이 자살이 아님을 가장 강력하게 시사한다.

그러므로 나약함도 인주가 자살을 시도했다는 증거가 되지 못한다. 소설은 이미, 누구보다 나약했던, 그러나 누구보다 생의 감각으로 충만했던 이동주라는 인물을 소설의 배후에 배치해 놓았다. 인주가 강인하기만 했던 것이 아니라면 정희도 나약하기만 했던 것은 아니며, 나약함이 강인함과 공존할 수 없는 것도 아니다. 이동선이 있었다면 이동주가 있었고, 태어나지 못한 아이들이 있었다면 매 순간 생의 약동을 보여주는 민서가 있었다. 자살을 증명하는 논리는 그대로 그것을 반박하는 논리가 된다. 그러나 여기에는 논리만으로는 설명할 수 없는 또 다른 무언가가 있다. 그것은 바로 삶에 대한 사랑이다. 절망을 뚫고 솟아나는 생에 대한 의지다. 자살에 실패한 정희가 밖으로 나와 처음으로 다시 본 세상이 온통 생명력으로 들끓던 봄이었다는 것, 그 생명의 약동에 자기도 모르게 감탄을 자아냈다는 것은 정희의 부도덕을 드러내는 것이 아니라 생에 대한 그녀의 경외심을 드러내는 것이다. 어둠이 아니라 오히려 "생명이 우리한테 있었던 게 예외적인 일, 드문 기적"이므로.

살아남은 자의 슬픔이 아니라 살아남은 자의 책임을, 아니 삶 그 자체의 윤리를 우리는 이제 말할 수 있을지도 모른다. 그러나 이때 삶이라는 것은, '벌거벗은 생명'만을 뜻하는 것이 아니다. 애초에 그런 것은 존재하지 않는다. 생명은 곧 생명활동이며, 그러므로 그것은 결코 우리가 추구하는 삶의 의미와 분리되지 않는다. 정희가 진실을 밝히기 위해 삶을 향해 투쟁하며 나아가듯이, 투쟁이 그 자체로 진실의 구현이듯이. 우리의 삶도, 한강의 소설도, 그러므로 아무것도 완결된 것은 없다. 모든 것은 길 위에 있고, 진실은 길 위에서만 드러난다. 『바람이 분다, 가라』는 한강이 그 길을 얼마나 열심히, 그리고 꾸준히 걸어왔는가를 증명한다. 더딘 걸음이어서 그녀가 얼마나 걸어갔는지 미처 모르고 있었다면, 이 소설을 읽을 것을 권한다. 맨부커상 인터내셔널 부문 수상 이후 『채식주의자』 열풍이 불고 있지만, 한강은 한 권의 대표작만으로 논할 작가가 아니다.

서울은 '어디에' 있는가

21세기, 명품도시 서울과 '노웨어맨'

서울에서 살아간다는 것

모든 공간에는 풍경이 있다. 風景, 낱글자의 뜻은 '바람'과 '햇볕'이다. 이 둘이 한 낱말을 이루어 '풍경'을 뜻하게 된 것은 부분으로 전체를 칭하는 언어의 환유기능 때문이겠지만, 여기에는 인간을 둘러싼 공간이 대부분 자연이던 시절의 기억 또한 오롯이 새겨져 있는 듯하다. 이제 사람들은 농촌이나 어촌이 아니라 대부분 도시에서 살아간다. 상쾌한 바람이 불어오고 따뜻한 햇볕이 내리쬐는 산과 들보다는 높은 빌딩과 아파트, 백화점과 대형마트, 8차선 도로를 꽉 채운 자동차들과 미로처럼 얽혀 있는 지하철, 책상마다 놓여 있는 컴퓨터와 노트북, 손에 손에 들고 다니는 스마트폰들이 지금 우리를 둘러싼 풍경이다. '바람'과 '햇볕'은 이제 환유가 아니라 은유로나 풍경을 뜻할 수 있을 정도로, 인간이 만들어 살고 있는 도시의 풍경은 자연과 멀어졌다. '친환경'이 새로운 트렌드로 부상하고, 도심 내 녹지공원 조성이 선거 공약이 되는 것은 도시가 그만큼 반환경적이고 녹지 빈곤지역이라는 뜻이기도 하다. 산이나 바다로의 여행이 관광 상품이 되고 잘 꾸며진 정원이 아파트의 가격을 올리는 것처럼, 자연은 언제부터인가 우리 주위의 일상적인 풍경이 아니라 돈이 되는 하나의 상품이 되었다. 이런 풍경의 변화가 가장 극심하게 전개된 곳은 단연 서울이다.

대한민국에서 서울이 갖는 위상은 한 나라의 '수도'만은 아니다. '서울공화국'이라는 말이 보여주듯이 서울은 정치, 경제, 행정, 교육, 문화, 예술 등 한 나라의 거의 모든 부문이 집중되어 있는 '특별한' 도시이다. 그러나 이 특별한 도시에 특별한 사람들만 모여 사는 것은 아니다. 2010년 인구주택총조사에 따르면 전국인구의 49.1%가 서울을 비롯한 수도권에 모여살고 있다. 우리나라의 인구밀도는 세계 3위, 서울의 인구밀도는 한국 전체 인구밀도의 서른 배가 넘는다. 서울의 이러한 인구과밀은 국가의 거의 모든 부문을 서울로 집중시켜버린 한국의 파행적인 근대화 과정과 그 과정에서 한국인들에게 깊이 뿌리박힌 욕망의 구조와 깊은 관련이 있다. 현실의 이런 구조와 욕망으로부터 자유로운 이들은 많지 않다. 그러므로 이제 문제는 우리가 '어디'에 있는지가 아니다. 서울의 영역이 서울의 경계를 넘어선 지는 이미 오래다. 우리는 서울에 살지 않아도 서울에 '있다'. 메트로폴리스 서울, 이 도시는 이미 한국인의 삶의 방식과 의식, 감수성까지 내밀하게 지배하고 있기 때문이다.

판잣집을 일으켜 세워 와우, 아파트로

언제부터 서울은 이런 대도시가 되었을까. 서울은 그 기원이 600년이 넘는 고도古都로 근대 이전에도 느리지만 꾸준히 그 인구가 증가해 왔던 곳이다. 그러나 개화와 더불어 빠르게 증가하기 시작한 서울의 인구는 해방 후 집단 이주한 월남민들과 농어촌 실업군의 대거 유입에 따라 서울이 갖는 실질적 능력을 초과하여 급격히 증가했다. 근대화 과정을 밟지 못한 산업 구조와 경제적 불합리성으로 인해 당시 서울은 폭증하는 이촌 인구를 부양할 능력이 없었으나, 일종의 푸시push 현상으로 인해 과잉도시화된 대표적인 경우라 할 수 있다.[1] 많은 사람들이 농촌에서 먹고살기 힘들어 서울로 왔으나 대부분 도시빈민이 되었다. 서울은 결코 농촌보다 살기 좋은 곳이 아니었다. 사람들은 여전히 농촌을 그리워했으며, 당대 시와 소설이 이상향으로 설정한 공간 역시 도시가 아니라 농촌공동체였다. 그러나 도시빈민의 증가는 농촌의 와해 위에 이루어진 '농민의 도시화cities of peasants'를 늦추지 못했다. 서울살이에 실패하고 다시 귀향하는 경우도 있었으나 대부분은 도시를 떠나기보다 끊임없이 주변화되는 방법으로 도시화의 동력이 되어 왔으며, 1970년대에 이르면 우리나라 전체 인구의 50% 이상이 도시에 거주할 정도로 도시의 삶은 일상이 된다.

한국의 이런 도시화를 선도한 것은 서울. 1955~1980년 사이의 인구이동에서 가장 큰 부분을 차지하는 것 역시 서울을 중심으로 한 수도권으로의 이동이다. 단기간에 이루어진 서울의 폭발적 인구 증가는 당연히 여러 가지 문제를 야기했다. 무엇보다 공간 수급 능력의 한계로 주택난이 심화되었고, 땅값이 상승해 자산가치가 토지를 중심으로 급격히 증가하는 기형적 양상이 생겨났다. 농촌에서 무작정 상경한 사람들은 대부분 안정된 일자리를 찾지 못한 채 서울 변두리에 판자촌을 형성하고 집단으로 거주할 수밖에 없었다. 이렇게 생겨난 무허가 불량주택이 점차 늘어나, 1966년에는 서울시 인구 380만 명 가운데 3분의 1에 해당하는 127만 명이 무허가 주택에 거주하고 있었다. 이로 인한 문제들은 서울

1 오유석, 「서울의 과잉도시화 과정—성격과 특징」, 역사문제연구소 편, 『1950년대 남북한의 선택과 굴절』, 역사비평사, 1998 참고.

시가 가장 시급히 해결해야 할 난제 중의 난제였다.

하지만 더 큰 문제는 "쓰러질 듯 누워 있는 판잣집을 번듯하게 일으켜 세우자"는 당시 서울시장 김현옥의 단순한 발상이 아니었을까. 1966년에 서울 시장으로 부임한 그는 이후 대대적으로 판자촌을 밀어버리고 아파트 건설에 매진한다. 그러나 1970년의 '와우아파트 붕괴사고'가 보여주듯이 당시의 서민아파트 공사는 대개 부정부패로 얼룩진 날림공사였으며, 성과 위주의 전시행정이라는 정부 당국의 무능과 무책임을 그대로 드러내는 경우가 많았다.[2] 더구나 이 과정에서 서울시는 판자촌 빈민들을 당시에는 거의 황무지와 다름없었던 경기도 광주로 강제 이주시켜 놓고, 투기꾼이 몰려들자 당초의 약속을 어기고 토지를 비싼 값에 불하하겠다고 발표, 빈민들의 대대적인 저항을 야기하게 된다. 이것이 1971년에 발생한 '광주대단지 사건'이다. 도시 재개발을 둘러싸고 진행된 투기열풍과 폭력적으로 감행된 판자촌 철거, 이 과정에서 철저히 소외되고 유린된 도시빈민들의 이야기는 이후 윤흥길의 「아홉 켤레의 구두로 남은 사내」나 조세희의 『난장이가 쏘아올린 작은 공』 등을 통해 1970년대 문학의 한 축으로 자리 잡는다.

아름다움을 추구하는 명품도시, 서울?

서울의 파행적인 도시 재개발 사업은 1970년대라는 한국의 특수한 상황만이 낳은 결과였을까? 전후로 황폐해진 수도 서울, 사방에서 밀려

2 강준만, 「모든 집은 와우식으로」, 『한국현대사 산책 1970년대 편』 1—평화시장에서 궁정동까지, 인물과사상사, 2002 참고.

드는 월남민과 이촌민, 도시행정을 마비시킬 정도로 늘어나버린 무허가 판자촌들……. 어떤 식으로든 빠른 도심 재정비가 필요했던 당시의 상황에서라면 과정보다는 결과가 우선시될 수밖에 없었을 것이라는 논리에 설득력이 전혀 없는 것은 아니다. 억압적인 정치권력이 경제 개발을 최우선 과제로 밀어붙이고 있던 시대였으니 더욱 그럴만했다. 그러나 40여 년이 지난 지금까지도 이러한 논리가 여전히 사라지지 않고 있다면, 이제 우리는 이러한 논리 자체가 가지고 있는 야만성에 대해 의심해 보아야 하지 않을까.

21세기에도 서울은 여전히 공사 중이다. 판자촌이 도시행정을 마비시키지 않아도, 켜켜이 쌓여가는 시간의 아름다움을 공간에 새겨놓을 줄 몰랐던 우리의 졸속적인 근대화는 끊임없이 재개발을 요구하고 있으며, 부동산을 사람이 거주하는 공간이 아니라 재산 증식의 가장 효과적인 수단으로 간주하는 사람들에게 낡고 낮은 것은 하루속히 새롭고 높은 것으로 변모되어야 하기 때문이다. 이러한 과정에서 철거민, 특히 세입자들의 권익이 제대로 보호되지 않는 것은 어쩌면 당연한 일이다. 재개발, 재건축의 목적 자체에서 인간은 이미 소외되어 있었기 때문이다.

21세기, 서울은 이제 단순히 공업화, 산업화를 추구하는 도시가 아니라 '아름다움'을 추구하는 명품도시를 표방하고 있다. 서울시가 내세운 '디자인 서울', 그것은 이제 우리의 삶이 그만큼 여유로워졌다는 의미일까. 오세훈 전 서울시장은 "디자인 산업은 국가와 도시 경쟁력을 높이는 원동력"이고, "시민이 행복한 서울을 만들기 위해서는 '디자인'이 가장 중요하다"며 '삶의 질'을 높이는 4대 디자인으로 그린디자인(도심 공원화사업 등을 통한 녹지 공간 창출), 블루디자인(한강르네상스사업과 20개소

하천 복원사업 등), 휴먼디자인(걷기 좋은 도로, 상상어린이공원, 여행女幸프로젝트, 유니버셜 디자인 등), 서비스디자인(120 다산콜센터, 천만상상오아시스 등)을 들었다. '양'이 아니라 '삶의 질'을 이야기하고, 산꼭대기까지 아파트를 밀어 올리는 것이 아니라 도심 내 녹지 공간의 창출을 약속하며, 무분별하게 복개했던 하천을 복원해 서울시민의 휴식 공간으로 되돌려줄 뿐 아니라 눈에 보이지 않는 영역에서까지 사람을 생각한다니, '디자인 서울'은 정말 우리가 추구해야 할 도시의 미래상처럼 여겨진다.

그러나 엄청난 예산을 들여 '디자인 서울'사업이 진행되는 동안에 용산 참사가 일어났다. 철거 현장에서 여섯 명이 죽었다. 그 후에도 홍대에서, 명동에서, 포이동에서, 재개발이 일어나는 곳에서는 어디서나 강제 철거가 계속되고 있다. 과연 무엇이 '그린'이고 '휴먼'이고 '아름다움'이고 '명품'이란 말이었을까. 새롭게 포장하고 꾸미긴 했지만, 핵심에는 여전히 인간에 대한 고려가 보이지 않는다. 못 가진 자는 이제 '인간'의 반열에도 들 수 없기 때문일까.

21세기 서울의 '노웨어맨'들

1970년대의 서울을 그린 문학 작품에서 가장 대표적인 인물상은 '뿌리 뽑힌 사람들'이었다. '농촌-고향'을 떠나왔으나 '도시-서울'에서도 제대로 정착하지 못하고 뜨내기의 삶을 살아갈 수밖에 없던 사람들의 박탈감과 상실감, 서울에 대한 애증과 돌아갈 수 없는 고향에 대한 그리움은 마치 하나의 공식과도 같았다. 그러나 최근 젊은 작가들의 소설에 나타나는 서울의 인간군상은 더 이상 뿌리 뽑힌 사람들이 아니다. 도시

화률 91%(2010년 기준), 도시는 제2의 자연이 아니라 거의 유일한 자연이 되어가고 있다. 젊은 세대의 대부분은 도시에서 나고 자랐기에 이들에게는 애초에 뽑힐 뿌리조차 없었던 것인지도 모른다. 아니, 이제는 이런 식물적 상상력 자체가 소설에 거의 등장하지 않는다. 대신 인간은 종종 동물이나 사물로, 혹은 유령이나 환영으로 등장한다. 아예 '노웨어맨nowhere man'이라는 말까지 떠돈다.

소설가 염승숙이 존 레논의 노래에서 빌려온 이 '노웨어맨'은 염승숙의 「노웨어맨」(2011)에서는 파산자를 지칭하는 용어로 한정해 사용되고 있지만, "어디에도 없는" 혹은 "아무것도 아닌 사람"을 뜻한다. 그런 사람이 존재할 수 있는가. 물론 그럴 수는 없다. 그러나 어떤 사람들은 종종 "어디에도 없는" 것처럼 취급당하고, "아무것도 아닌 사람"처럼 대접받는다. 파산자뿐만이 아니다. 실업자, 탈북자, 외국인 노동자, 장애인, 철거민……. 우리 역시 예외가 아니다. 돈 '없고' 힘 '없는' 사람들은 언제든 '없는' 사람, '노웨어맨'이 될 수 있다. 놀랄 일도 아니다. 우리에게는 이미 그런 유구한 역사가 있다. 인간의 역사에서 노예와 노비가 사라진 것이 그리 오래되지 않았다는 것, 여성과 아이들이 인간의 반열에 오른 것 또한 최근의 일이라는 것을 우리는 알고 있다. 오랜 싸움 끝에 인간은 부분적이나마 평등을 쟁취했다. 물론 대부분은 형식적 평등에 불과하다. 그것을 실질적 평등인 양 포장하고 있다는 점에서 민주주의라는 정치제도에는 사실 기만적인 측면이 있다.

그 기만을 벗긴 것은 아이러니하게도, 가진 자들에게만 더 많이 가지게 하고 못 가진 자들에게는 인간적 삶조차 허락하지 않는 적나라한 후기 자본주의의 논리다. 가면을 쓰는 따위의 체면치레도 없이, 자본의 폭력은 이제 일상화 · 전면화되었다. 인간의 인간됨을 결정짓는 것은 인권선언 따위가 아니라 그가 가진 돈의 총량이라는 듯, 정치마저도 경제에 종속된 시대를 우리는 천연덕스럽게 살아간다. 그리하여 우리는 다시, '노웨어맨'이 되었다. 게오르그 짐멜이 말했듯이 현대사회에서 돈은 사물의 모든 다양성을 균등한 척도로 재고, 모든 질적 차이를 양적 차이로 표현하며, 무미건조하고 무관심한 태도로 모든 가치의 공통분모임을 자처하는 가공할 만한 '평준화 기계'다. 대도시에서는 이 평준화 기계의 작동 아래 모든 인간이 수량적 대소관계로 환원되어버리고, 사물의 핵심이나 고유성, 특별한 가치, 비교 불가능성은 가차 없이 사라져버린다. 이것은 짐멜이 100년 전에 내린 진단이다. 그러나 대도시의 본질이 크게 바뀐 것 같지는 않다. 서울에서 살아가는 한, 우리는 이 근본적인 소외로부터 벗어나기 힘들다.

대도시의 욕망과 유령의 삶 —『풀이 눕는다』[3]

김사과는 서울의 이 폭력적인 존재 방식에 매우 민감한 작가다. 그에게 서울이라는 도시 공간은 소설의 단순한 배경이 아니다. 그는 '서울'이 한국인의 삶에 있어 매우 중요한 표상이라는 것을 의식하고 있으며, 그것을 자기 소설의 중요한 테마로 삼고 있다. 특히 『풀이 눕는다』에는, 서울이라는 도시 공간에 대한 불안과 공포를 강하게 표출하는 젊은 소설가가 주인공으로 나온다. 서울의 중산층 가정에서 태어났고 이른 나

3 김사과, 『풀이 눕는다』, 문학동네, 2009. 이후 인용할 때에는 인용 쪽수만 기재한다.

이에 소설가가 되었지만 그는 지금 학교도 휴학하고 소설도 쓰지 못하면서 도시를 방황하고 있는 중이다. 그에게 서울은 끊임없이 욕망을 전시하고 판매하고 소비하며 사람들의 의식과 삶의 방식을 결정해버리는 곳, 그러므로 누구도 그 욕망의 굴레로부터 벗어날 수 없는 곳이기 때문이다. 그러한 욕망을 가장 잘 드러내는 것은 높이 솟은 서울의 빌딩들과 화려하게 치장된 이른바 명품아파트들이다. 「성북동 비둘기」로 유명한 김광섭은 1970년대에 이미 "지평선까지 양회일색洋灰一色"으로 늘어서고 있는 서울의 고층 아파트들이 이 시대의 "새로운 神"(「산책」)이라고 탄식한 바 있다. '하늘밖에는 보이지 않는 산책', 그로부터 40여 년이 흘렀다. 서울은 더욱 거대해졌고, 이 도시의 산책자는 비탄 정도가 아니라 절망에 빠져 있다.

> 도시는 거대했다. 아니 끝이 없었다. 아무리 걸어도 벗어날 수가 없었다. 내 눈을 가린 빌딩들 너머에 뭐가 있을지 상상조차 할 수 없었다. 아니 도시는 이렇게 말하는 듯했다. 이게 전부다. 네가 보는 것, 이게 전부다. 걸으면 걸을수록 나는 피곤해지고 무거워졌다. 그리고 정말로 그게 다였다. 코끝까지 먼지가 차올랐고 몸에서는 오래된 기름 냄새가 나기 시작했다. 사방은 회색 콘크리트 덩어리로 막혀 있었다. 거리는 사람들과 자동차로 차고 넘쳤고 반짝거리는 간판들이 번번이 지갑을 유혹했지만 나를 기억하거나 기다리는 곳은 어디에도 없었다. 바로 그곳이 내가 태어나 자랐고 또 살아가는 곳이었다. 절망적이었다. 나는 서서히 가라앉고 있었는데 거기는 수영장도 바다도 아니었다. 나는 분명히 익사하고 있었지만 아무도 그런 하찮은 일에는 관심이 없었다. (13쪽)

보이는 것이 전부인, 이 한 겹뿐인 도시적 삶을 결코 벗어날 수 없다는 사실은 '나'를 더욱 깊은 절망에 빠뜨린다. 그러나 서울은 타인의 절망 따위에는 관여하지 않는 거대한 익명의 도시. 이 도시에서는 결코 채울 수 없는 욕망만이 높은 빌딩처럼 자라날 뿐이다. "이런 데서 살고 싶지?" 사람들을 유혹하며 화려하게 솟은 고급아파트들은 사람들이 원하지 않게 되면 순식간에 무너져버릴 것들이지만, 그것들이야말로 "이 도시를 만든 사람들의 욕망 그 자체"이므로 결코 무너지지 않는다. 낡으면 즉각 허물어버리고 더 높이 쌓아올리는, 우리의 욕망이 만들어낸 우리의 특별시, 서울. 나도, 너도, 그 누구도 이 도시의 욕망으로부터 자유로울 수 없다는 것이 서울에서 나고 자란 소설가 '나'의 현실인식이다.

가난하지만 자족적인 삶을 살아가는 무명 화가 '풀'은, 그러므로 '나'에게 매우 예외적인 인물로 다가온다. 그는 이 도시의 온갖 욕망에서 자유로워 보였기 때문이다. 우울증을 앓으며 이 삭막한 도시를 방황하던 '나'는, 마치 딱딱한 아스팔트에서 솟아난 풀 한 포기를 발견한 것처럼 그에게 자신의 모든 사랑과 희망을 건다. 그러나 '풀'은 '나'의 구원자가 되지 못한다. '나'의 예측대로, 그는 철저히 파괴당한다. 거기에 가장 크게 일조한 것은, 절대로 지면 안 된다고 말했던 '나' 자신이다. '나'는 스스로를 믿지 못하듯이 '풀'도 믿지 못했고, 노동은 거부하면서도 도시적 삶의 욕망은 거부하지 못했다. 자족하는 대신 소비하고, 배려하는 대신 집착하고, 소유함으로써 소유당하고 의존하는 '내' 삶의 방식은 그대로 사랑의 방식이 되어 '풀'을 압박했던 것이다. 불안정한 삶의 방식으로 세상과 맞서며 사랑 안에서 아름답게 굶어 죽겠다던 '나'는, "행복하게 굶어 죽지 못하고 자꾸 배가 고파서 짜증이 나는" 자신에게 실망하면서도 '풀'의 옥탑방에서 부모의 안락한 아파트를 그리워하며 알코올릭이 되어 간다. '나'는 도시적 삶에 이미 너무 깊이 길들여져 있었던 것이다. 결국 둘은 헤어지고 '나'는 '풀'의 옥탑방에서 나와 부모의 아파트로 돌아간다.

'풀'은 오래 견뎠으나 깊이 상처받는다. 부모는 내내 아들을 부끄러워했으며, 목숨을 내던질 듯하던 연인은 알코올릭이 되어 떠났다. 자신을 믿어주던 작은아버지마저 돌아가셨다. 잘난 친구는 자신의 비루한 현실을 생생하게 드러낸다. 그는 결코 많은 것을 바라지 않았는데, 그것조차 가질 수 없다. 인간이 아니라 "병신 청소기" 취급이나 받으며 돈을 벌어야 하고, 그렇게 돈을 벌어도 그림을 그릴 방 한 칸 얻을 수 없으며, 어렵사리 그림을 그려도 전시의 기회조차 얻지 못한다. 풀은 그렇게, 자신에게는 앞이 보이지 않는 삶만이 계속 이어질 뿐이라는 것을 처절하게 깨닫는다. 아무것도 하지 못했다는 자책감, 아무것도 하지 못할 것이라는 공포가 서서히 그를 사로잡는다. 그리고 그것은, 이 세상과 싸워 이길 수 있는 그의 유일한 무기였던 자존감을 그에게서 앗아가 버린다. 궁지에 몰린 개처럼 불안하게 눈을 굴리며 그는 이제 예전의 '나'보다 더 분노하고 절망한다. 반항의 포즈는 용서될 수 있지만 정말로 반항하는 자들에게는 결코 삶이 허락되지 않는다는 것을, 이 젊은 예술가들은 혹독하게 배운다.

> 삶은 끝났다. 그런데 우리는 여전히 살아 있었다. (270쪽)

'나'의 말이다. 삶이 끝난 이후에도 여전히 살아 있는 존재들이란 대체 무엇인가. 그것은 바로 유령이 아닌가. '나'는 사랑도 꿈도 반항도 끝나버린 이후의 삶이란 한낱 유령의 삶에 불과할 뿐이라는 것을, 자신은 결국 이 유령의 삶을 살아가게 될 것이라는 사실을 절망적으로 응시한다. '나'의 응시를 통해 드러나는 것은 그것이 유령의 삶이라는 것도 모른 채 좀비처럼 욕망의 도시를 향해 달려가고 있는 우리들의 삶이다. 그 유령의 삶을 살아갈 수 없었던 '풀'은 결국 추락사한다. "병신 청소기"나 "쓰레기"가 아니라 인간이라는 선언, 그것은 죽음이 동반되고서야 잠시 전파를 탈 뿐이다.

절망적인 결말로 끝난다고 해서 『풀이 눕는다』가 우리에게 무장해제를 권하고 있는 것은 아니다. 낙관적 전망을 거부함으로써 김사과는 냉정한 현실인식을 드러내는 동시에 풀을 죽음으로 몰고 가는 우리 사회의 구조와 자본주의적 삶의 욕망에 대해 심각하게 질문한다. 풀의 죽음은 나약한 한 개인의 무책임한 현실 도피가 아니라 분명한 사회적 타살이다. 거기에는 우리 모두가 깊이 연루되어 있다. 더 이상 개발독재 시대는 아니라고 말하면서도, 도시 이곳저곳에서 여전히 폭력적으로 전개되는 재개발 사업은 그것을 더욱 첨예하게 드러낸다.

도시 재개발과 종말론적 상상력

김사과의 『풀이 눕는다』에는, 자신이 쓰는 것은 "무에 지나지 않는다"고 말하는 또 한 명의 소설가가 등장한다. 그는 "일종의 추모"를 위해서만 글을 쓸 뿐, "남은 건 끝없는 종말뿐"이라고 한탄한다. "세계는 더욱더 나빠지고" "희망은 자살이란 형태로 존재할 뿐"이다. 체제는 견고

하고, 우리는 "삼차원적 동물", "체제 내 존재"에 불과하기 때문이다. 실제로 최근 젊은 작가들의 작품에서 우리는 종종 이런 종말론적 의식을 발견할 수 있다. 그러나 이들의 종말론은 여타 종교의 그것과는 분명한 차이가 있다. 기독교의 종말론만 해도, 비록 도식적인 이분법에 기대고 있긴 하지만 이 세계 바깥에 대한 상상력이 존재한다. 즉 지상의 종말은 천국의 도래와 직결되어 있는 것이다. 그러나 최근의 소설이 보여주고 있는 종말론적 의식에는 체제 바깥에 대한 상상력이 결핍되어 있다. 바로 그것이 "남은 건 끝없는 종말뿐"이라는 절망적인 현실인식을 낳는다. 단지 세계가 더욱더 나빠지고 있기 때문이 아니다. 우리는 "체제 내 존재"에 불과하다는 체념과 '체제는 너무 견고하다'는 두려움이 우리를 사로잡고 있기 때문이다.

이것은 물론 오랜 학습의 산물이다. 그런데 그것이 과연 현실에 대한 정확한 판단에 근거한 것일까. 혹시 우리는 도시적 삶을 벗어날 수 없듯이 체제 밖도 상상할 수 없도록 길들여져버린 것은 아닌가. 바깥을 꿈꿀 수 없으므로 이 세계의 부정은 곧 종말을 의미할 수밖에 없고, 진보를 기대할 수 없으므로 이 세계의 변함없는 지속 역시 역설적인 의미에서 종말과 다르지 않다. 결코 종말이 오지 않는 종말, 하여 마치 지옥을 살아가듯이 우리는 속으로 비명을 삼키며 도시의 악무한을 견디고 있는 것일까. 낙관과 유머를 가장 큰 소설적 자산으로 자랑하던 김애란마저 최근에는 웃음기를 싹 지우고 일종의 재난소설을 내놓았다. 그 재난의 현장이 도시 재개발 현장이라는 점에서 「물속 골리앗」(2010)은 보다 문제적이다.[4] 주원규의 『망루』(2010) 역시 재개발을 위해 철거가 진행되는 서울의 한 지역을 '제국의 야만에 의해 재앙의 화마에 휩싸인 예루살렘'에 등치시키며 종말론적 상상력을 드러낸다.

화려한 도시 한가운데에서 자신이 매일매일 익사당하고 있다고 느낀다거나(『풀이 눕는다』), 더욱 화려하게 변신하기 위한 도시 재개발 현장에서 오히려 이 세계의 종말을 실감한다는 것은 매우 아이러니한 일이다. 그것은 그만큼 이 도시가 비인간적인 공간이며, 개발의 현장이 폭력적이라는 의미일 것이다. 이는 어제 오늘의 일은 아니지만, 2010년을 전후해서 한국소설은 도시 재개발을 소설의 주요 테마로 삼고 있는 작품들을 여러 편 제출했다. 황정은의 『百의 그림자』(2010)도 철거를 앞둔 서울의 전자상가를 소설의 주요 무대로 삼고 있으며, 손아람의 『소수의견』(2010)은 비극적인 망루 화재 사건으로 여섯 명의 목숨을 앗아간 용산 사건의 법정 공방을 소설화하고 있다. 현실의 비정성시가 작가들을 자꾸 독촉한 까닭이겠지만, 이 작품들은 현실의 징후만을 그리는 것이 아니라 현실의 폭력에 맞서고자 하는 작가의 고투를 함께 보여주고 있어 더욱 소중하다. 도시가 고향이고, 자본주의가 상상할 수 있는 세계의 전부인 지금, 우리는 어떻게 이 도시에 투항하지도, 질식하지도 않고 살아남을 수 있을까.

세속화된 교회, 신神이 되어버린 자본의 논리—『망루』[5]

주원규의 『망루』는 도강동 재개발 사업을 둘러싼 세속도시의 욕망과 그 폭력의 연쇄를 정공법으로 다루고 있는 소설이다. 도강동의 거대지주로 철저히 세속화된 세명교회를 설정하고, 한국철거민연합(한철연) 회

4 서울을 배경으로 전개되는 소설이 아니므로 여기서는 이 소설에 대한 논의는 생략한다.

5 주원규, 『망루』, 문학의문학, 2010.

장으로 신학대학 출신의 김윤서를 등장시켜 대립각을 세우는 한편, 미래시장의 허드레일꾼 한경태를 '재림예수'로 제시함으로써 인성人性과 신성神性을 함께 고민하고 있다는 점에서도 우리 시대의 야만에 정면으로 도전하고자 하는 작가의 의지를 읽을 수 있다.

『망루』가 뚜렷하게 그 영향관계를 노출하고 있는 작품은 이문열의 『사람의 아들』(1980)이다. 이 작품이 『사람의 아들』이 가진 한계를 제대로 극복한 것은 아니지만 '도강동 미래시장'과 '세명교회'라는 현실의 시공간에 보다 집중함으로써 신성의 탐구라는 고전적인 문제와 함께 재개발과 철거를 둘러싼 당대 서울의 핵심적인 문제로 바로 파고들었다는 점만은 높이 살만하다. 여기에 대형 교회의 목사직 세습 문제라든가, 세속적인 사회와는 비교할 수 없는 교회 내의 강력한 위계 구조, 서민들의 맹신에 가까운 신앙과 그러한 평신도의 순수한 신앙심을 호도해 자신의 배를 불리는 목사, "서울시에서 몇 안 되는 빈곤층 시민들의 거주지"였던 도강동에 본격적인 개발 붐이 일어나면서 펼쳐지는 교회 안팎의 지각변동들을 세밀하게 그려냄으로써 현실을 보다 중층적으로 구축해내고 있다. 경제와 정치, 종교가 하나로 결탁한 '세명교회'라는 일종의 권력 집단이 신의 이름을 빙자해 폭력적으로 밀어붙이는 대형 레포츠센터 건립사업 이야기는 종교의 타락상에 대한 거침없는 비판이자 돈이 곧 정치고 종교가 된 우리 사회 전반에 대한 알레고리이다.

결말부에서 제시되는 성문당 망루화재 사건이 보여주듯이, 이 소설의 재개발 현장은 비극적인 용산 참사를 낳은 용산4구역 재개발 현장을 바로 연상시킨다. 철거민들의 항의집회에 용역깡패들이 나타나 폭력 행위를 해도, "먼발치도 아닌 바로 차도 하나를 사이에 두고 지켜보던 지구대 경찰들"이 싸늘한 무반응으로 일관하며 "이 무법의 야만을 두 눈 멀쩡히 뜨고 지켜보고" 있는 장면이라든가, 깡패들이 성문당에 테러를 가해 112에 신고를 해도 "그곳에 아직도 사람이 있어요? 그럴 리가 없을 텐데요" 따위의 냉담하고 어처구니없는 반응만 되돌아오는 상황들은 안타깝게도 지금 우리에게도 전혀 낯설지가 않다. "무슨 말씀이세요. 여기 철거민들이 모여 있어요. 사십 명이 더 넘는다고요. 그런데 지금 용역 깡패들이 함부로 건물 전기를 내리고 2층 창문으로 화염병을 던지고 있어요. 빨리 와주세요. 어서요." 그러나 경찰은 오지 않는다. 경찰에게 철거민이란 더 이상 보호해 주어야 할 시민이 아니라, 마치 아무 데도 없는 것처럼 감추고, 아무것도 아닌 것처럼 내쫓아야 하는 존재들이기 때문이다.

그런데 교회는 이들에게 '악마의 무리'라는 표상까지 추가한다. 교회가 "지역 사회에 경제적으로 이바지할 수 있는 기업이 될 수 있도록 만드는 것이 곧 하나님 왕국의 확장"이므로 성문당에 남아 있는 철거민들은 "하나님 나라 확장을 반대하는 악마의 무리들"이라는, 철저히 세속화된 교회의, 신의 이름을 빙자한 야만적인 자본의 논리가 교인들에게 강요되고 있는 것이다. 목사의 협박에 굴복해 스스로 이러한 논리를 만들어낸 전도사 정민우는 자신이 작성한 설교문이 담임목사 조정인의 입에 의해 선포되는 순간 "재앙의 화마에 휩싸여버린 예루살렘"의 환상에 압도당하며 고통스러워한다. 제국의 야만에 의해 재앙의 화마에 휩싸인 예루살렘, 바로 이것이 『망루』가 그려내고 있는 서울의 오늘이다.

아쉬운 점은, 선과 악, 순결과 타락, 예수와 악마 등으로 소설이 너무 이분법적 구도 아래 놓여 있고 인물 역시 도식적으로 그려지고 있어 인간의 다층성이 잘 드러나지 않는다는 것이다. 특히 결말부에서 제시하고 있는 재림예수의 논리, 즉 '인간(의 악성)을 창조한 것은 신이므로 신은 오히려 인간을 심판할 수 없다. 심판의 칼은 결국 인간의 것이니 그 칼로 무력한 신을 찔러야만 이 저주와 비극의 구조가 붕괴되고 정의가 회복될 것'이라는 논리는 오랜 고뇌 끝에 얻은 결론치고는 다소 허탈하다 하지 않을 수 없다. 인간만이 인간을 심판하고 구원할 수 있다는 논리는 별반 새로울 것도 없거니와, 신을 죽임으로써 비극의 구조가 붕괴되고 정의가 회복될 것이라는 주장은 소설 내적으로도 설득력을 얻지 못한다. 신을 죽이기만 하면 모든 것이 해결된다는 것은 결국 신에게 다시 책임을 떠넘기는 일이기 때문이다. 이러한 한계는 김윤서와 한경태라는 인물의 추상성에서 이미 예정된 것이다.

한철연을 이끌던 김윤서의 독단성과 폭력성이 결국에는 망루 화재를 야기한 것처럼 묘사하고 있는 것도, 현실과의 맥락을 고려할 때 다소 불편한 점이 없지 않다. 다행히 정민우라는 인물은, 힘없는 한 개인이 자신의 선한 의지에도 불구하고 어떻게 악한 구조를 지탱하는 밑돌이 되어 가는지, 그러한 구조에서 빠져나오는 것이 얼마나 어려운 일인지를 설득력 있게 보여준다. 결국 그는 한경태와 김윤서의 죽음을 겪으며 그 밑돌의 삶으로부터 자신을 돌려세운다. 저항이 다소 소극적이긴 하지만 미래가 보장된 목사직을 내던져버린 그의 실존적 결단에는 숙연한 데가 있다. 문제는, 우리가 모두 이렇게 윤리적인 결단을 내릴 수 있을 것인가 하는 점이다.

전자상가 사람들과 공감의 능력—『百의 그림자』[6]

황정은의 미덕은, 사람들을 극한으로 밀어붙이는 도시적 삶에 대해 날카로운 비판의식을 드러내면서도 인간과 인간이 이룩한 문명을 일면적으로만 파악하지 않고 마지막까지 인간에 대한 희망을 놓지 않는 것이다. 『百의 그림자』는 숲에서 시작해 섬에서 끝나는 이야기지만 이 소설의 공간은 철거를 앞둔 도심의 전자상가와 그 주변이지 도시를 벗어난 자연 공간이 아니다. 도심 속 이야기가 더 많은 분량을 차지하고 있어서만은 아니다. 이 소설에 나오는 숲과 섬은, 한때의 나들이 장소는 될지언정 도시를 떠난 자들의 안식처는 아니기 때문이다. 숲에서 은교는 처음으로 자신의 그림자가 일어서는 경험을 하고(이 소설에서는 이렇게는 못살겠다 싶게 힘들 때 사람들의 그림자가 일어서는데, 일어선 자신의 그림자를 따라가게 되면 대부분 죽고 만다), 무재와 함께 따뜻한 국물을 먹으러 간 섬에서도 결국 길을 잃고 헤맨다. 춥고 무섭고 어두운 곳. 『百의 그림자』에서 자연은 도시와는 또 다른 공포의 공간이다. 장엄한 자연 경관에 잠시 위로를 받기는 하지만, 이들을 진정으로 위로해 주는 것은 언제나 자연이 아니라 사람이다.

그러므로 이들은 도시 밖의 공간을 욕망하는 것이 아니라 자신들의 삶의 터전인 서울로 되돌아온다. 분명 다른 삶을 꿈꾸지만 그 삶의 공간을 도시 밖의 이상적 공간으로 제시하지 않는다는 점에서 이 소설은 철저히 21세기적 도시소설이라 할 만하다. 이제 퇴락해 역사의 뒤편으로 사라질 운명에 처했으나, 소설의 핵심 공간인 '전자상가'라는 건물 자체

---

6 황정은, 『百의 그림자』, 민음사, 2010. 이후 인용할 때에는 인용 쪽수만 기재한다.

가 철저히 근대-도시의 산물이기도 하다. 그런데 『百의 그림자』에서는 전자제품이나 기계들이 차가운 근대의 산물로 묘사되지 않는다. 자연이 이상적 공간으로 예찬되지 않는 것처럼 기계문명이 인간성을 파괴하는 대상으로 그려지지도 않는 것이다. 디지털 시대를 선도하는 첨단의 제품들이 아니라, 수리실에 맡겨진 낡고 사라져가는 구식 물건들이기 때문일까, 『百의 그림자』의 저 고철덩어리들에는 마치 사람에게서나 풍길 법한 기이한 온기가 있다. 무재의 화분에 심겨진 칩들, 은교가 선물 받은 플라스틱 떡잎 화분, 만 오천 원을 주고 산 무재의 낡은 자동차, 오무사 할아버지가 하나씩 더 끼워주는 작은 전구들……. 전자상가를 밀어내고 인공적으로 조성한 녹지공원보다 오히려 이런 기계와 공산품들이 사람들과 더 가까이 있으면서 삶의 온기를 나누어준다.

도시 밖의 삶을 꿈꾸지 않는다고 해서 이 소설의 상상력이 도시적 삶 안에만 갇혀 있다는 의미는 아니다. 황정은이 그려내고 있는 오무사 할아버지의 인간적인 배려나, 모든 존재에게 고유한 무게와 속도, 공간과 시간에 대한 기억을 존중하는 은교와 무재의 조용하고 느린 사랑은 '시끄럽고 분주하고 의미도 없이 빠른 데다 여러모로 사나운' 대도시 서울에 대한 비판을 함축한다. 그리하여 이들은 언어가 갖는 폭력적인 동일화에 예민하게 반응하고, 제 안의 허무를 응시하는 일은 "뒷집에 홀로 사는 할머니가 종이 박스를 줍는 일로 먹고산다는 것은 애초부터 자연스러운 일일까" 하는 질문으로까지 나아간다. 이러한 삶의 태도와 질문들은 도시 밖이 아니라 도시 공간 안에서 실천되는 것이기에 더욱 큰 울림이 있다. 도시적 삶에 철저하게 저항하고자 했으나 결국에는 그 안에 갇혀버린 자신을 발견할 수밖에 없었던 『풀이 눕는다』의 '나'와는 달리, 도시에 살고 있으면서도 이들은 도시적 삶 안에 갇히지 않는다. '공감의 능력' 때문이다.

삶의 오랜 터전은 철거를 앞두고 있고, 사람들 역시 온통 그림자가 일어설 수밖에 없는 극한상황으로 내몰려, 각자는 모두 "한 치 앞도 보이지 않는 어둠 속에서" 잠도 들지 못하고 단독자로 서 있는 것만 같은데, 이 소설은 그런 그들 옆에 반드시 누군가를 함께 세워둔다. 은교는 집단따돌림과 폭력에 시달리다가 열일곱 살에 학교를 그만뒀고, 아홉 식구가 커다란 방 하나에서 살았던 무재는 아버지가 돌아가신 후에도 여전히 "빚을 갚기 위해 빚을 지고, 빚의 이자를 갚기 위해 또 다른 빚을 지고, 전심전력으로, 그 틈에 점점 불어나는 먹고 사는 비용의 빚을 져 가는 일의 연속"을 살고 있지만, "어두운 것이 되면 이미 어두우니까, 어두운 것을 어둡다고 생각하거나, 무섭다고 생각하는 일은 없지 않을까, 아예 그렇지 않을까, 어둡고 무심한 것이 되면 어떨까, 그렇게 되고 나면 그것은 뭘까, 뭐라고 부를 수 있을까, 아 모르겠다, 모르겠어, 모르도록 어두워지자, 이참에, 라고 생각하며 눈을 뜨는데" 그토록 기다렸던 연인의 전화가 걸려오는 식으로 말이다.

은교와 무재만이 아니다. 십여 년째 이천 원만 빌려달라며 수리실을 드나드는 유곤 씨를 보고, 어떤 사람은 "저런 자에게 뭘 돈을 주느냐"고 말하기도 하지만 여 씨 아저씨는 오히려 그렇게 말하는 사람을 경계하며 유곤 씨를 반긴다. 그는 유곤 씨가 돈을 얻으러 왔다고 생각하는 것이 아니라 외로워서 들른 거라고 여기기 때문이다. 이 소설에 나오는 사람들은 모두 이렇게 외롭고 힘든 사람들뿐이지만, 이 외롭고 힘든 사람들이 서로를 위로하고 격려하며, 그림자가 일어서더라도 따라가지 않도록 서로의 손을 잡아준다. 인간에 대한 사랑은 그대로 인간이 깃들어 있는 공간과 사물에 대한 사랑으로 이어진다. "나는 도심에 있는 전자상가에서 일하고 있었다. 가동과 나동과 다동과 라동과 마동으로 구별되는 상가는 본래 분리되어 있었던 다섯 개의 건물이었으나 사십여 년이 흐르는 동안 여기저기 개축되어서 어디가 어떻게 연결되었는지 얼핏 봐서는 알 수 없는 구조로 연결되어 있었다. 무재 씨와 나는 그 건물 속에서 만났다." 무분별하게 개축된 건물인데도 소중하게 여겨지는 것은 그 건물에 쌓인 세월의 무게와 오랜 세월 그곳에 터 잡고 생활하고 있는 사람들의 기억 때문일 것이다. 사람들 역시 건물처럼, 어디가 어떻게 연결되었는지 얼핏 봐서는 알 수 없는 구조로 깊이 연결되어 있다.

철거를 앞둔 전자상가에 대해 이야기를 하고 있지만, 이 소설의 목소리는 높지 않다. 우리를 극한으로 몰아붙이는 도시의 메커니즘에 직접적으로 저항하는 방식이 아니라, 이 도시의 논리와는 다른 삶의 가치를 아끼고 사랑하는 방식으로 우리의 삶을 응원하고 있기 때문이다.

대도시와 정신적 삶

그러나 사랑하는 사람이 곁에 있어도, 끝끝내 그림자는 일어서고야 만다. 누군가는 여전히 집단따돌림을 당하고, 누군가는 여전히 필연적으로 빚을 지고, 전자상가는 결국 철거된다. 당장 철거되는 것은 다섯 개의 건물 중 가동 하나뿐인데도 기사 제목은 일률적으로 '전자상가 철거', 마치 상가 전체가 사라지고 말았다는 듯 구성된다. 세상은 "이미 죽어 가고 있는 놈더러 자꾸 죽어라, 죽어라" 할 뿐, 축제가 벌어지는 녹지공원 뒤쪽에 여전히 장사를 하고 있는 사람들이 있다는 것을 기억하지 않는다. 정부는 첫 삽을 보란 듯이 뜨고 난 뒤에 삽자루를 슬쩍 민간에 떠넘긴다. "민간이라면 돈", "돈이라 무서운" 재개발이 그렇게 진행될 것이다. 이것이 작가가 묘파한 서울의 오늘이다. 그래서 더욱 "요즘도 이따금 일어서곤 하는데, 나는 그림자 같은 건 아무것도 아니라고 생각하는 거야. 저런 건 아무것도 아니다, 하고 생각하니까 견딜 만해서 말이야. 그게 실은 아무것도 아닌 것은 아니지만 아무것도 아니라고 생각하니까 가끔은 아무것도 아닌 것 같고, 시간이 좀 지나고 보니 그게 정말 아무것도 아닌 것이 맞는 것 같고 말이지" 식의 사고방식은 너무 소극적이고 안이하다는 생각이 드는 것이다. 스스로도 인정하듯이, "아무것도 아니지만 어느 순간 아무것도 아닌 것이 아닌 게 되어버리면 그때는 끝장"이기 때문이다.

> 따라오는구나, 하고 생각했다. 따라오는 그림자 같은 것은 전혀 무섭지 않았다. 완만한 고개에 올라서자 멀리 떨어진 곳에 가로등이 보였다. 세 개의 가로등이 또 다른 모퉁이를 향해 점점이 이어지고 있었다. 그리로 내려갔다. 불빛의 조그만 언저리 바깥은 대부분 어둠에 잠겨서, 공중에 떠 있는 길을 둥실둥실 가는 듯했다. 귀신일까요, 우리는, 귀신일지도 모르죠, 이 밤에, 또 다른 귀신을 만나고자 하는 귀신, 하고 말을 나누며 탁하게 번진 달의 밑을 걸었다.
>
> 어둠에 잠겼다가 불빛에 드러났다가 하며 천천히 걷고 있었다.
>
> 은교 씨.
>
> 하고 무재 씨가 말했다.
>
> 노래할까요. (168~169쪽)

『百의 그림자』의 마지막 장면이다. "귀신일까요" "귀신일지도 모르죠." 하지만 황정은은, 우리는 "또 다른 귀신을 만나고자 하는 귀신"이므로 그림자 같은 것은 이제 무섭지 않다고 말하려는 듯하다. 슬프면서도 마음이 따뜻하게 차오르는 결말이다. 그런데 이 슬픔은 뭔가. 표면적으로 드러나는 낙관과 달리, 이 소설의 배면에는 지독한 비관과 슬픔이 서려 있다. 지금은 따라오지만, 그림자는 또 일어설지도 모른다. 이 소설에서, 아니 현대 도시인의 삶에서 그것은 존재의 조건과도 같다. 그리고 그 순간, 우리는 고독하게 혼자일 수도 있다. 매 순간이 위태롭다. 말하자면 우리는 이미 귀신인 채 살아가고 있는 것이다. 황정은은 우리의 삶이 계속 어둠에만 잠겨 있는 것이 아니라 "어둠에 잠겼다가 불빛에 드러났다가" 하며 천천히 걷는 거라고 말한다. "불빛의 조그만 언저리 바깥은 대부분 어둠에 잠겨서" 길도 잘 보이지 않지만, "또 다른 귀신을 만나고자 하는" 한, 우리는 계속 길을 걸어갈 것이다. 불을 밝혀주는 것도 귀신, 손을 잡아주는 것도 귀신, 당장 곁에 없다 하더라도 서로에 대한 믿음과 사랑이 서로를 지탱해 줄 수도 있을 것이다. 이름하야 '귀신들의 공동체'라 불러봄직도 하다. 웃자는 소리다.

하지만 우리가 정말 문제 삼아야 할 것은 일어서는 그림자 따위가 아니라 그림자가 일어설 수밖에 없도록 만드는 도시의 생리가 아닌가. 무재와 은교는 분명 세계에 대한 비판적 시선을 확보하고 있고, 사라져가는 저 전자상가의 사람들은 약소자의 어떤 윤리적 감각을 구현하고 있다. 장막에 가려진 전자상가 사람들의 삶과 그들이 아직 품고 있는 삶의 가치들을 조곤조곤 우리에게 전해 주고 있는 것만으로 『百의 그림자』는 분명히 소중한 작품이다. 그러나 도시적 삶의 욕망을 거스르는 것처럼 보이는 저 인간적인 배려와 관심은, 자칫 이 세계를 변화시키기보다 그냥 견디도록 만드는 수동적인 힘이 될 수도 있다는 것을 지적하지 않을 수 없다. 인간적인 배려와 관심 자체가 문제라는 것은 아니다. 그것이 개인의 각성과 윤리 차원에만 머물고 있는 것이 문제이다. 인생은 원래 허망하다고 생각했던 무재는, 종이 박스를 좀 더 차지하려고 싸우다가 분하고 원통해 죽어버린 할머니를 본 뒤, "살다가 그러한 죽음을 맞이한다는 것은 오로지 개인의 사정인 걸까" "너무 숱한 것일 뿐, 그게 그다지 자연스럽지 않은 일이었다고 하면, 본래 허망하다고 하는 것보다 더욱 허망한 일이 아니었을까" 하는 의심에 이른다. 그러나 여기서 더 나아가지는 않는다. 그저 여기까지가, 그러니까 어쩌면 이 한계까지가 작가가 그리고 싶었던 우리의 모습일는지도 모른다.

말하자면 『百의 그림자』는 전자상가 사람들의 남다른 '공감의 능력'을 보여주면서 도시 안에서 도시 밖을 살아갈 수 있는 삶의 가능성들을 보여주는 동시에, 그런 공감의 능력을 가진 사람들이 결국 이 도시에서 살아남지 못하고 내몰리는 현실까지도 함께 보여준다. 이 시적이고 몽환적인 소설에 '현실적'이라는 수식어를 덧붙일 수밖에 없는 것은 그래서이다. 하지만 대안을 찾을 수 없는 것 역시 그 때문일지도 모르겠다.[7] 『百의 그림자』의 전자상가는 가장 현대적인 공간이 아니라, 대도시 한가운데 섬처럼 떠 있는 작은 마을에 가깝다. 30여 년간 한자리에서 같은 일을 하고 있는 사람들이 모여 있는 곳이라면 그럴 법도 하지 않은가.

---

7 대안, 어쩌면 그것은 단지 불확정성을 견뎌내지 못하는 나의 조급함일 수도 있고, 매 순간 그 불확정성과 싸울 수밖에 없는 것이 현대 도시인의 삶이라는 것을 인정하고 싶지 않은, 그래서 그냥 모든 것을 작가에게 떠넘기고자 하는, 가장 윤리적인 얼굴 아래 가장 비윤리적인 욕망을 감춘 폭력적인 요구일지도 모르겠다. 하지만 작가는 그것까지도 견뎌내는 힘을 가진 사람들이라고 믿는다.

지금 서울에서 살아가는 사람들의 터전은 대부분 그런 곳이 아니다. 대도시적 삶을 거스르는 공간, 그런 곳은 대개 철거가 진행 중이기도 하겠지만, 서울은 본질적으로 사람들이 한 곳에 오래 정착할 수 있는 곳이 아니라 이런 저런 이유로 자꾸만 이동해야 하는 곳이기 때문이다.

게오르그 짐멜은 「대도시와 정신적 삶」[8]에서 화폐경제의 본거지인 대도시의 사회경제적 · 문화적 구조는 인격의 무차별화를 강화할 뿐만 아니라 인간의 심리 상태까지 둔감하게 만든다고 지적한 바 있다. 대도시에서는 온갖 자극이 끊임없이, 급속도로 바뀌기 때문에 신경과민이 개인의 전형적인 심리 상태가 되는데, 신경이 이렇게 혹사당하다 보면 결국 새로운 자극에 대해 합당한 에너지를 가지고 반응하는 능력이 없어지게 된다는 것이다. 이러한 무능력이 바로 대도시인들의 둔감함이다. 아이러니한 것은 사물들의 차이가 지닌 의미나 가치, 나아가 사물 자체를 공허한 것으로 받아들이는 대도시인들의 둔감함과 무기력이, 대도시에서 살아가기 위해서는 반드시 갖추어야 하는 일종의 능력이기도 하다는 것이다. 대도시가 야기한 소외와 폭력으로부터 스스로를 방어하기 위한, 말하자면 일종의 자구책이었던 것이 또 다른 소외와 폭력을 양산하고 있는 것, 이것이 우리의 현실이고 딜레마이다. 둔감함을 예민함으로 바꾸고 고통에 대한 공감의 능력을 키우는 것, 하여 인간들의 관계가 서로에게 폭력이 되지 않고 따뜻한 힘이 되기 위해서는 개인의 윤리나 각성만이 아니라 대도시의 구조 자체를 변모시킬 수 있는 동력이 필요하다.

8 게오르그 짐멜, 김덕영 외역, 『짐멜의 모더니티 읽기』, 새물결, 2005.

국가와 법에 대한 도전, 그리고 새로운 사랑의 연대—『소수의견』[9]

마지막으로, 손아람이라는 신진작가가 펴낸 『소수의견』이라는 소설을 한 편 더 읽어보자. 철거민들의 투쟁 현장에 보다 밀착해 있는 주원규의 『망루』에서는 이들의 목숨을 앗아간 끔찍한 망루 화재 사건이 소설의 결말 부분에서 다뤄지고 있지만, 손아람의 『소수의견』은 바로 그 지점에서 시작하는 소설이다. 이 소설이 문제 삼고 있는 것은 도시 재개발과 강제 철거, 그리고 그를 둘러싸고 벌어지는 온갖 불법과 비리만이 아니라 그런 일들이 수십 년간 반복되어 올 수 있었던 우리 사회의 구조, 그 근간을 이루고 있는 법 자체이기 때문이다. 이 질문은 자연히 '국가란 무엇인가'라는 질문으로 이어진다. 용산 참사에는 재개발을 둘러싼 우리 사회의 온갖 모순들이 중층적으로 얽혀 있어서 '법'에 대한 근본적인 문제제기가 크게 부각되지는 못했다. 하지만 이후 전개된 법정 공방은, 그 과정과 결과 모두 국가와 법에 대해 질문하지 않을 수 없도록 만들었다. 그런 측면에서, 철거민 당사자가 아니라 변호사를 소설의 화자로 삼고 있는 이 법정소설이 용산 참사를 가장 잘 소설화한 작품일 수도 있는 것이다.

『소수의견』에서는 아현동 뉴타운 망루 화재로 두 명의 사람이 죽는다. 철거민 박재호의 아들 박신우와 전경 김희택. 이 사망 사건으로 박재호와 철거용역 업체 직원 김수만이 검찰에 의해 기소된다. 공소사실은 다음과 같다. "피고인1 박재호는 아현동 뉴타운 재개발 사업 대지를 불법 점거했다. 또한 피고인1 박재호는 경찰의 진압작전에 물리적으로

9 손아람, 『소수의견』, 들녘, 2010. 이후 인용할 때에는 인용 쪽수만 기재한다.

저항하는 와중에 진압경찰 1인을 폭행하여 사망에 이르게 했다. 피고인 2 김수만은 철거용역 업체의 직원으로, 현장을 불법 점거하던 피고인1 박재호의 아들 박신우를 폭행했고 사망에 이르게 했다." 검사는 어떤 문장 사이에도 인과관계를 설정하지 않지만, 박재호의 주장은 이와 다르다. '아들 박신우를 죽인 것은 철거용역 업체 직원이 아니라 진압경찰이며, 자신이 진압경찰을 폭행한 것은 그들에게 구타당하고 있던 아들을 구하기 위해서이다. 그 과정에서 전경 김희택을 사망케 했으나 이는 고의에 의한 것이 아니라 아들을 구하다가 일어난 사고이다.'

"한쪽에는 엄연한 사실이 있고, 다른 한쪽에는 엄연한 사법 형식이 있다." 그렇다면 문제는 이 사법 형식 안에서 어떻게 저 사실의 인과관계를 증명해내는가, 하는 것일까. 『소수의견』은 실제로 지면의 상당 부분을 이를 위해 할애한다. 손에 땀을 쥐게 하는 치열한 법정 공방뿐 아니라 그 법정 싸움을 준비하는 과정들 역시 매우 실감나게 펼쳐지고 있어, 작가가 이 소설에 기울인 공력이 어느 정도인지 짐작할 수 있다. 이 소설의 놀라운 흡인력 역시 많은 부분은 여기에서 나온다. 그러나 『소수의견』은 정의롭지 못한 권력 집단과 맞서 싸우는 의로운 한 개인의 이야기도, 결국 정의가 승리하는 감동적인 결말로 막을 내리는 가슴 후련한 법정 스릴러도 아니다. 대부분의 법정소설은 법의 중립성을 전제하고 법 안에서의 싸움을 보여주지만, 이 소설은 법의 편파성과 비윤리성을 고발하면서 법 그 자체에 싸움을 걸고 있기 때문이다.

『소수의견』이 철거민 박재호 사건이 아니라 조직폭력배의 두목 조구환 사건으로 첫 장을 시작하고 있는 것도 이를 위해서이다. 살인교사 혐의로 기소된 조구환의 변호를 맡은 윤 변은, 살인교사는 인정하되 그 시기만 몇 년 앞당겨 주장하는 전략을 세움으로써 공소시효 만료로 그가 면소처분 받도록 해준다. 이 사건은, 재판에서 중요한 것은 정의가 아니라 합법성이며 그 합법성은 얼마든지 조작 가능하다는 것을 보여줌으로써 우리에게 법 자체를 의심하게 만든다. 윤 변이 조구환을 변호한 것이 박재호를 변호하기 이전이 아니라 잠시 박재호 사건에서 손을 떼고 있을 때라는 것도 유념할 필요가 있다. 그는 돈이 필요했고, 변호사는 "어떤 가치판단도 하지 말고 한쪽의 입장을 대변해야 한다"는 비극을 받아들인다. 박재호를 살인혐의로 기소해 놓고 경찰에게는 무죄를 구형한 저 파렴치한 검사들처럼, 즉 그들과 싸우며 그들에게 배운 대로, 그는 추악한 계략을 짜 재판에서 이긴다. 실망해야 하는가? 아니다. 이를 통해 『소수의견』은 변호사라는 직업 자체의 비윤리성을 드러냈을 뿐만 아니라, 인간과 세계에 대한 보다 깊은 이해와 함께 선악의 이분법적 구도에서 벗어난다. 작가의 이러한 태도는 철거 현장을 바라보는 윤 변의 시선에서도 확인할 수 있다.

> 굴삭기의 시퍼런 기계음들이 음표처럼 땅과 하늘 사이의 철근 위에 기록된다. 기계들이 연주하는 그 음표들의 춤이 사람의 목소리를 몰아냈다. 아니다. 목소리. 현장의 인부들은 일을 하며 서로에게 끊임없이 욕설을 내뱉는다. 파괴와 창조. 한끝 차이의 개념들. 그것이 양립불가능의 의미이다. 인부들은 하나같이 허름하게 낡았다. 그들에게도 철거가 필요했다. 그들은 철거를 담당했다. 그들의 철거는 아무런 표정이 없었다. 이곳이 아닐 뿐이다. 어딘가에서 그들의 터전이 철거되었을지 누가 알겠는가. (257쪽)

파괴와 창조가 실은 한끝 차이의 개념이라는 통찰은, 이 소설의 인물과 구도를 이해하는 중요한 준거점이다. 『소수의견』은, 철거민을 변호하는 변호사는 언제나 정의롭고 국가를 위해 증거까지 조작하며 무소불위의 권력을 휘두르는 검사는 부패한 권력일 뿐이라는 식의 구도를 만들어내지 않는다. 직업에 따른 역할을 성실히 수행할 뿐, 이들은 한낱 인간일 뿐이다. 따라서 이 소설은 단순한 선과 악의 대결이 아니라 이들을 이러한 구도 속으로 몰아넣은 국가와 법 자체에 대한 질문에 보다 집중한다. 그렇다고 『소수의견』이 인간의 선한 의지를 부정하는 것은 아니다. 만약 그렇다면 이 소설은, 법과 국가라는 관념 뒤에 숨은 나약한 인간들의 자기변명에 불과할 것이다. 변호사나 검사라는 직업 자체가 윤리성을 담보하는 것은 아니라 해도, 우리는 그들의 비윤리성을 문제 삼을 수 있다. 변호사나 검사이기 이전에 그들 역시 인간이기 때문이다. 윤 변이 끊임없이 "변호사들은 왜 변호사가 되었는가" 질문하는 이유 역시 거기에 있다. 이 질문 덕분에 그는 직업적인 타락 속에 깊이 빠져들지 않는다. 무엇보다 그에게는 그를 붙잡아주는 여러 명의 조력자가 있다.

경찰의 과잉진압으로 아들을 잃은 철거민 박재호가 국가에 의해 도리어 살인범으로 내몰리게 된 데에는 정치권력과 건설사 사이에 모종의 결탁이 있었기 때문이고, 따라서 이 싸움은 윤 변호사와 홍재덕 검사의 법정 안 싸움에 머물지 않고 필연적으로 시민사회 대 국가권력의 싸움으로 확대된다. 특별히 부도덕하지도 않지만 특별히 더 정의롭다고 할 수도 없는, 가난한 집안 출신의 평범한 국선변호사였던 윤 변은, 박재호 사건을 맡음으로써 시민단체와 기자, 야당의원과 여러 법조계 전문가들의 지지와 연대를 받게 된다. 이에 힘입어 국선변호사직을 사임한 뒤 국가에 배상을 청구하고 국민참여재판을 이끌어냄으로써 박재호 사건에 대한 사회적 관심을 환기시키는 데 성공한다. 이 소설이 의로운 한 개인의 이야기가 아니라고 말한 것은 이런 의미다. 『소수의견』은 한 명의 영웅이 아니라 여러 사람들의 협력과 연대가 만들어낸 선한 의지의 드라마이다. 윤 변은 법을 믿었고 이를 통해 정의를 실현하려 했으나, 실제로 박재호가 살 길을 모색할 수 있었던 것은 윤 변이 비판했던 언론과 시민단체의 도움 때문이었고, 정의의 편에 선 것 역시 똑똑한 소수의 재판관들이 아니라 일반인들로 구성된 다수의 배심원들이다. 그렇다고 그 배심원들이 특별한 윤리적 감각을 가진 것도 아니다. 손아람은 "이 법정에서 자신만이 정의롭고, 자신만이 솔직하고, 자신만이 실천주의자라고 공표하는" 4번 배심원의 "그 으스대는 얼굴"을 놓치지 않는다. 그 오만한 정의감이 일을 어떻게 망쳐 놓았는지에 대해서도. 그러나 각자는 완벽하지도 온전히 선하지도 않지만 이들의 연대와 협력은 선을 만들어낸다.

서울의 닫힘과 트임

『소수의견』에서 윤 변은 결국 승리하지 못한다. 아홉 명의 배심원들은 "박재호의 특수공무집행방해치사에 대한 정당방위 성립을 인정"하여 그의 처벌을 면하기로 평결하지만, 재판부의 판결은 배심의 평결에 구속되지 않는다. 하여 단 한 명의 재판장이 아홉 명의 평결을 뒤집는다. 소수의견이 다수의견이 되고, 다수의견이 소수의견이 된 것이다. 이것이 법의 맨얼굴이다. 정의를 위한 것도, 대다수 국민을 위한 것도 아니라 다만 힘 있는 소수의 의견에 정당성을 실어주기 위한 형식적 절차.

그러나 이러한 법의 맨얼굴을 드러냈다는 점에서, 이 소설의 싸움은 역설적인 승리를 거두었다고 볼 수 있다. “자연법과 일치하지 않는 인정법이 있다면, 그것은 올바른 이성과도 일치하지 않는다. 이때 법은 더 이상 법이 아니라 법의 타락이다.”(토마스 아퀴나스, 『신학대전』) “정의가 없는 국가가 거대한 강도 집단이 아니고 무엇인가?”(아우렐리우스 아우구스티누스, 『신국론』) 작가가 소설에 인용하고 있는 이 문장들은 그대로 이 소설이 지금 우리 사회에 던지는 질문이다.

체제는 견고하다. “나는 국가에 그런 식으로 복종하지 않아. 내가 국가에 복종하는 방식은 더 깊은 곳에서부터 작용하지. 나한테 이 나라는 종교일세. 다시 말하지만 어떤 외압도 없었어. 모든 판단은 내가 내렸네”라는 홍재덕 검사의 말에서 알 수 있듯이 국가라는 종교와 법이라는 형식은 결코 쉽게 무너지지 않을 것이다. 실제 ‘용산 사건’ 재판에서는 국민참여재판은커녕 일반인들의 방청마저도 강하게 통제당했다. 아버지가 망루에서 돌아가셨는데, 그 아들이 도시의 테러리스트로 몰려 실형을 받고 수감되었다. 더 이상 상고도 할 수 없는 대법원의 판결이다. 『소수의견』도 결코 해피엔드는 아니었지만, 우리의 현실은 그보다 더 참담하다. 그렇다면 이러한 현실에서 우리는 어떻게 문학적인 승리만이 아닌 실질적인 승리를 쟁취할 수 있을 것인가. 이 도시를 떠나는 것, 혹은 이 국가를 버리는 것, 아니면 법 자체를 거부하는 것? 전혀 불가능한 것은 아니지만, 그것이 보편적인 선택이 될 수 없다는 것은 우리 모두 알고 있다. 우리는 체제 내 존재이고, 그것을 부정할 수 없다. 하지만 우리 앞에 종말만이 놓여 있는 것은 아니다.

우리가 싸움을 시작하기도 전에 패배하는 것은, 그 싸움을 너무 거창하게 생각하고 지레 겁을 먹기 때문이다. 적이 너무 크고 힘이 세다거나, 아무리 싸워도 끝이 없을 거라거나, 그러므로 결국 아무것도 바꾸지 못한 채 나만 상처받고 쓰러질 거라는 식으로 생각하게 되는 것이다. 그러나 모든 싸움이 그렇게 거창하게, 추상적으로 전개되는 것은 아니다. 아이가 한발 한발 나아가듯이, 우리 내부의 작은 변화로부터 그 싸움은 시작될 수도 있다. 도시의 구조를 근본적으로 바꿀 수 있는 동력이 필요하다고 말했지만, 문학이 그 자체로 우리 사회의 구조를 바꾸는 직접적인 동력이 되지 못한다는 것도 분명하지만, 문학이야말로 이 부조리한 사회에 대한 질문을 자기 존재의 조건으로 삼고 있는 예술이다. 근대를 시간과 공간을 지배하고자 하는 인간의 어떤 태도와 관련된 것이라고 말할 수 있다면, 문학은 철저히 근대의 아들딸이면서도 끊임없이 그 아버지에게 대드는 문제아, 시간과 공간을 전혀 다른 방식으로 기억하고 노래하고 상상하는 근대의 유령들인 것이다. 문학하기, 말하자면 그것은 대도시가 우리에게 강요하는 저 둔감함을 민감하게 벼리고자 하는 실천들이다.

그 실천 가운데에서 누군가는 체제와 제도 속에 있으나 체제와 제도에 갇히지 않는 다른 삶의 방식들을 발명해내고, 법 안에 있으나 "추상화된 갑을관계의 일면"이 아니라 법이 관심을 가지지 않는 "살아 있는 인간"에 대한 사랑을 회복한다. 그리고 이러한 변화는 이미 그 안에 체제와 제도, 구조 자체에 대한 의심과 저항을 내포하는 것이다. 『소수의 견』은 정의의 반대는 불의가 아니라 무지라는 것을 강조한다. 『百의 그림자』 역시 사람들마다 가마가 있지만 그 가마가 모두 똑같은 것은 아니라고, 각각의 다름을 아는 것이 중요하다고 말한다. 앎이 곧 정의가 되는 것은 아니지만, 정확하게 알고 그 차이를 인지하는 것은 도시의 폭력적인 동일화에 순응하지 않으며 이면에 감추어진 진실을 바라볼 수 있는 힘이 될 수 있다. 이 힘들이 모이면, 우리는 어쩌면 '대도시의 삶이란 원래 그런 거'라고 말할 수 없도록 우리 사회의 구조 자체에 균열을 가져올 수도 있을 것이다. 그렇다면 어떻게 개인의 윤리나 각성에만 머물지 않고 이 힘들을 모을 것인가.

실마리 하나를 『소수의견』에서 찾을 수 있을지도 모르겠다. 용산 사건을 다루고 있긴 하지만, 『소수의견』은 철거민들의 삶이나 그들의 생활 현장보다는 법정 공방에 보다 집중하면서 '국가'와 '법'이라는, 그 실체를 정확히 만질 수 없는 것들에 대해 이야기하고 있기 때문에 서울이라는 도시 공간에 대해서는 그다지 심도 깊은 문제의식을 드러내지 않는다고 여겨질 수 있다. 하지만 이 소설에서 서울은 참사가 발생한 장소일 뿐만 아니라, 국가권력의 핵심이라 할 수 있는 입법부(국회), 사법부(법원), 행정부(정부)가 모두 모여 있는 곳이며, 주요 언론사, 기업, 대학들까지 집중되어 있는, 그야말로 '서울공화국'의 진면목을 드러내는 공간으로 나타난다. 만약 이 사건이 서울이 아닌 시골의 어느 소읍에서 일어났다면 이토록 많은 사람들이 함께하기 힘들었을 수 있다. 서울이라 일어난 비극이지만, 중앙신문의 기자가 협력하고 국회의원이 관여하며 서울대 법학교수와 학생들, 시민단체가 적극적으로 개입하면서 결국 국민적 여론을 환기할 수 있었던 것 역시 서울이라 가능했을 수 있다. 온갖 기관과 사람들이 모여 있고 욕망들이 충돌하며 매 순간 사건 사고를 일으키지만, 서울이라는 대도시가 갖고 있는 한계는 동시에 서울의 가능성이기도 하다. 물론 이 가능성에 대한 기대가 서울에 대한 또 다른 욕망을 낳기도 한다.

남진우는 오래전 「도시 입성과 도시 탈출」이라는 글에서 신학자 하비 콕스를 빌려 다음과 같이 말한 적이 있다. "관습과 영역의 협소함 때문에 부득이 맺어질 수밖에 없는 재래의 농경사회적 인간관계가 아닌, 공동 관심과 자발적 선택에 의한 자유스러운 친교가 도시에서는 가능하다는 것. 물론 이러한 상태가 자칫 소외 현상이라는 암을 유발할 우려가 있음은 사실이다. 그러나 그러한 한계를 극복함으로써만이 우리는 인간관계의 진보와 '세속화의 성숙'을 기할 수 있다."[10] 그렇다. 대도시는 우리에게 둔감함을 강요하면서 서로를 소외시키는 곳이지만, '공동 관심과 자발적 선택에 의한 자유스러운 친교가 가능한 곳'이기도 하다. 『소수의견』이 보여주고 있는 여러 사람들의 협력과 연대는, 착한 사람들의 선한 의지만이 아니라 다소 부도덕한 이들의 각종 이해관계와 동상이몽들이 얽혀들어 가능했던 측면도 있다. 이들 각자는 온전히 선하지 않지만, 이들의 만남과 연대는 서로를 성장시키는 동력으로 작동하면서 개인의 한계를 극복하게 하고 어쩌면 점차 역사의 방향을 돌려놓을 수도 있을 것이다. 그러고 보니 잠깐 잊고 있었다. 대도시에는 언제나 '광장'이 있다는 사실을. 광장이 광장일 수 있는 것은, 그 광장에 사람들이 가득 들어찰 때이다. 서울의 활력과 가능성은 높이 솟은 빌딩과 화려한 백화점이 아니라, 작은 공동체들이 모여 이룬 저 드넓은 광장에 있을 것이다. 우리가 꿈꾸는 문학 역시 바로 이런 것이 아닐까.

10 남진우, 『바벨탑의 언어』, 문학과지성사, 1989, 77쪽.

환상은 어떻게 환멸이 되는가

이선, 「사라진 길」*

기억, 욕망이 그린 지도

"사랑은 메타포와 더불어 시작한다."[1] 누군가는 바구니에 담겨 떠내려 오는 연약한 아기의 이미지에, 누군가는 자신을 건져주는 억센 남성의 이미지에 한순간 사로잡힌다. 운명적인 만남이 아니라, 운명적인 만남에 대한 이미지가 사랑을 결정짓는다. 실체가 아니라 겨우 하나의 이미지가? 그렇다. 때로는 한 인간의 생애 전체를 후려치는 무시무시한 사랑이, 고작 그렇게 시작된다.

나는 그의 사진을 본다. 나를 사로잡았던 시절, 그의 사진. 시간이 흘러 그가 변했다고 해도 사진 속의 그는 여전히 매혹적인 그때의 그다. 그는 사라져도 그의 이미지만은 남는다. 그런데 이 매혹적인 이미지의 주인은 그인가, 나인가. "사진의 본질은 재현하는 것이 아니라 기억하는 데 있다."[2] 기억이란 과거의 객관적 회상이 아니라 주체의 욕망이 그린 지극히 주관적인 지도다. 그렇다면 그의 이미지 역시 그의 것이 아니라

---

* 이선, 「사라진 길」, 『내일을 여는 작가』 46, 2007.봄. 이후 인용할 때에는 인용 쪽수만 기재한다.

1 밀란 쿤데라, 송동준 역, 『참을 수 없는 존재의 가벼움』, 민음사, 1988, 256쪽.

2 롤랑 바르트, 김희영 역, 『사랑의 단상』, 문학과지성사, 1991, 260쪽.

그를 바라보는 타자의 시선, 곧 '타자로서의 나'의 것이다. 사진 속에서 '나'는 무엇을 보는가. 나는 내가 보고 싶은 것을 본다. 그의 실체가 아니라 내가 욕망하는 그, 그의 이미지. 그렇다면 내가 사랑하는 것은 그인가, 그의 이미지인가. 그의 이미지가 나에 의해 만들어진 것이라면, 혹시 내가 사랑하는 것은 그가 아니라 '나'인 것은 아닌가.

사랑은 이미지와 함께 시작한다. 사로잡히는 순간, 우리는 매번 속을 수밖에 없다. 그러나 속인 것은 대상이 아니라 주체다. 이미지를 만든 것은 그가 아니라 나이기 때문이다. 둘은 각자의 세계에서 각자가 만든 이미지에 자신들만의 서사를 기입한다. "추억은 다르게 적힌다."[3] 이것은 태곳적부터 이어져 내려온 기억의 수사학, 오해는 오류가 아니라 사랑의 본질적 요소다. 착각 없이 사랑에 빠질 수는 없다.

물론, 착각만으로 사랑이 지속될 수도 없다. 누구나 이미지가 벗겨지는 순간, 메타포가 깨어지는 순간을 맞이한다. 사랑은 비로소 새로운 국면에 접어든다. 다채로운 이야기가 펼쳐지는 것은 이때부터이다. 파국의 형식도 그중 하나다. 이미지가 조작된 것임을, 그 조작의 주체가 자신이라는 것을 인정하는 대신 당신은 변했어, 상대를 탓하며 끊임없이 새로운 대상을 찾아 떠나는 것이 인간이므로. 그들의 욕망을 적나라하게 드러내며 소설은 묻는다.

환상 없이, 인간은 인간을 사랑할 수 있을 것인가. 사랑의 판타지만을 다루는 동화의 문법에서는 곧잘 생략되는 해피엔드 이후의 세계, 소설이 문제 삼는 것은 시작이 아니라 오히려 이러한 종말의 세계다.

3 이소라의 노래 〈바람이 분다〉 중에서.

이선의 「사라진 길」은 각자의 환상을 좇아 다시 만난 중년의 남녀가 결국 서로를 견디지 못하고 헤어지는 과정을, '도피안사'를 찾아 떠났다가 다시 서울로 돌아오기까지의 한나절 여정을 통해 그려낸 작품이다. 초점화자의 이동을 통해 시선의 균형을 획득하고 욕망의 삼각형에 빠진 인물들의 낭만적 허위를 여지없이 드러내 보인다. 마지막까지 소설적 긴장을 놓치지 않고 남녀의 상반된 기억과 심리를 묘파하는 이 소설이 드러내는 세계 역시 이러한 종말의 세계다.

오래된 길

회상은 불행한 사람들의 특징이다. 이미 지나가버린 과거나 아직 오지 않은 미래를 꿈꾸면서 그들은 현재에 뿌리내리지 못한 자신들의 불행을 외면하고자 한다. 그러나 실재성을 갖지 못한 과거나 미래는 현재의 불행을 무한히 연장시킬 뿐이다.

> 여자는 자꾸만 시간을 되돌려보았다. 남자를 처음 봤던 순간부터 헤어지던 마지막 장면까지 한순간도 놓치지 않으려고 온 신경을 집중하며 꼼꼼히 되짚어보았다. 그때마다 매번 처음에서는 설렘과 조바심을 느꼈고 마지막에서는 어긋난 운명을 예감하는 가슴 저리는 설움을 맛보았다. 여자는 점점 더 나이가 들었고, 중매로 만난 건축사와 결혼을 했고, 두 아이를 낳았고, 학부모가 되었다. 그동안 많은 일들이 여자의 몸과 마음을 괴롭고 지치게 만들었다. 그럴 때마다 여자는 눈을 감고 남자를 만나러 가는 길로 들어섰다. 그래서 기억은 점점 더 선명해졌고, 설렘도 조바

심도 설움도 점점 더해졌다. 아무도 모르는 그 길에서 여자는 너무나 편안하고 자유로웠다. (195쪽)

'남자'와의 과거를 회상함으로써 '여자'는 '남자'의 부재를 견딜 뿐 아니라 현실의 괴롭고 힘든 일들로부터 손쉽게 도피한다. '오래된 그 길'로의 여행이 잦아지면 잦아질수록 '여자'는 현실감을 잃는다. 남편이 불미스러운 일을 저질러도 동요하지 않고, 자신이 그리워하던 '남자'가 눈앞에 나타나도 알아보지 못한다. 그녀는 '지금', '이곳'이 아니라 '과거', '저곳'에 존재하기 때문이다. 보이는 것보다 보이지 않는 것을 '여자'가 더 신뢰하는 것도 그 때문이다.

'여자'와 달리 '남자'는 언제나 미래를 향해 질주해 왔다. 자신이 꿈꾸던 미래에 더 빨리 도달하기 위해 그는 과거 따위는 돌아보지 않았다. 현기증 나는 속도에 공허감을 느낀 것일까. '남자' 역시 어느 날 문득 '여자'를 떠올린다. '여자'가 '남자'를 그리워하듯 '남자'가 '여자'를 그리워한 것은 아니다. '남자'가 '여자'를 떠올린 것은 "너무 빨리 달려서 잃어버린 영혼을 어쩌면 여자가 주웠을지도 모른다"고 생각했기 때문이다. '여자'는 '남자'에게 욕망의 대상도, 사랑의 대상도 아니다. 그녀는 사랑과 영혼의 중개자일 뿐이다.

잃어버린 영혼에 대한 '남자'의 욕망 역시 자연발생적인 것은 아니다. 첫사랑을 만나는 텔레비전 프로그램을 보고 오랜 세월 잊고 있던 '여자'를 떠올렸듯이, 라디오에서 흘러나온 인디언 이야기를 듣고 '남자'는 젊은 시절의 순수했던 영혼을 그리워하게 된다. 흔히 욕망은 결핍에서 비롯한다고 생각하지만 자본주의 사회에서 욕망은 오히려 모방의 산물이기 쉽다. 욕망의 대상이 끊임없이 바뀔 수밖에 없는 까닭이 여기에 있다. 무수한 욕망의 중개자들 사이에서 주체는 끊임없이 미끄러지며 욕망을 확장해 나간다. 이 모방욕망이야말로 자본주의의 증식 원리이다.

사랑도 영혼도, 매개된 욕망의 하나일 뿐이므로 '남자'는 그것들을 되찾기 위해 자기 삶의 방식까지 바꾸지는 않는다. 자신의 영혼을 진정으로 되찾고 싶었다면 그는 자본의 논리에 매몰된 지금까지의 삶을 근본적으로 변혁하고 삶의 속도를 한 템포라도 늦추었을 것이다. 그러나 그는 질주를 멈추는 대신 우연히 다시 만나게 된 '여자'와의 만남을 이어간다. 그에게는 이미 은밀한 상대가 있었고 아내와도 헤어질 생각은 전혀 없었으나, 그가 기대했던 대로 '여자'는 '남자'의 영혼을 고스란히 보관하고 있었기 때문이다.

> 여자가 기억하고 있는 일들은 모두 남자를 감동시켰다. 그렇게 순수하고 애틋한 이야기의 주인공이 바로 자신이었다는 사실이 너무나 흐뭇해서 여자의 말을 들으며 연신 큰소리로 웃었다. 어깨를 들썩이면서 내장이 흔들리도록 후련하게 웃어본 지가 언제인지 까마득했던 남자는 거침없이 후련하게 웃고 나면 가끔 눈가가 축축해지는 것을 느끼기도 했다. 남자는 여자를 만난 것이 자신의 인생에서 몇 안 되는 행운이라고 생각했다. 기대했던 대로 여자에게서 미처 따라오지 못한 영혼을 찾아냈다고 믿었으므로 남자에게는 이십여 년 전의 만남보다 지금의 만남이 더 큰 행운이었다. 남자는 들은 이야기를 자꾸 다시 물었다. 여자도 기꺼이 언제든지 되풀이해 주었다. 아무리 되풀이해도 남자는 처음 듣는 것처럼 새삼스럽게 감동을 느꼈다. (199~200쪽)

그러나 '여자'가 보관하고 있던 영혼은 '남자'의 과거이지 현재가 아니다. 현재의 삶을 바꾸지 않는 한, 과거의 영혼은 현재로 소환되지 않는다. 그가 느낀 삶의 활력은 영화 한 편을 관람하고 난 뒤의 카타르시스에 불과하다. '여자'라는 표만 끊으면 '남자' 주연의 "순수하고 애틋한 이야기"는 언제나 상영되었으므로 '남자'는 현재를 바꾸지 않아도 된다고 착각한다. 그러나 오해는 금물, 영화의 주인공은 '지금 이곳'의 '남자'가 아니다. '남자'와 '여자'의 길이 어긋날 수밖에 없는 이유가 여기에 있다.

어긋난 길

길을 읽는 것이 '여자'의 몫이듯 과거를 기억하는 것도 '여자'의 몫이었다. "남자는 도무지 기억하는 것이 없었"고, 그래서 둘은 만났기 때문이다. 그런데 어느 날 '남자'가 그들의 과거를 기억해낸다. "다른 일들은 당신이 말하니까 어렴풋이 생각나는데 이제 그날은 내가 선명하게 기억할 수 있어." '남자'는 의기양양하게 그날의 기억을 말하지만, '여자'의 '오래된 길'에는 남자가 기억하는 그날이 없다. 길은 어긋나기 시작한다. '여자'는 '남자'와 함께 송도에 놀러 간 여자가 다른 사람이었다고 확신한다. 수없이 재생해 왔던 자신의 기억이 잘못되었을 리는 없다고 생각했기 때문이다. 그러나 '회상 효과'가 아무리 강렬하다 해도 그것이 곧 '사실'을 의미하는 것은 아니다. 기억이란 마음 내키는 곳에 드러눕는 개와 같은 것,[4] 자기도 미처 깨닫지 못한 욕망의 법칙에 따라 기억은 얼마

4 다우베 드라이스마, 김승욱 역, 『나이 들수록 왜 시간은 빨리 흐르는가』, 에코리브르, 2005, 7쪽.

든지 왜곡되고 수정되고 망각될 수 있다. 더구나 모든 형태의 기억 중에서 가장 쉽게 파괴될 수 있는 것이 바로 자전적 기억이다.

「사라진 길」은 누구의 기억이 '사실'인지 밝히는 데 주력하지 않는다. 다만 자신들의 기억만을 고집하는 남녀와 그로부터 야기된 서로에 대한 불신을 드러내고 있을 뿐이다.

> 남자는 자기가 기억하지 못하는 일은 사실이 아니라고 믿는 여자를 도무지 이해할 수가 없었다. 그렇게 따지면 남자도 여자가 기억하고 있는 일을 모두 사실이 아니라고 생각해야 했다. 하지만 남자는 여자의 기억을 조금도 의심하지 않았다. 그런데 왜 여자는 내 말을 순순히 믿어주지 못하는가. 남자는 그동안 여자의 말을 무턱대고 믿고 감동했던 자신이 짓쩍게 생각되었다. 어쩌면 여자도 고집 세고 비논리적인 아내와 그다지 다르지 않은 중년여자일지도 몰랐다. (201쪽)

욕망의 삼각형은 깨어진다. 의심이 시작된 이상 '여자'는 중개자의 자리에도 머물 수 없다. 욕망의 대상도 폐기된다. 주체는 중개자를 통해서만 대상을 욕망할 수 있기 때문이다. 도피안사의 '철조불좌상'이나 '금와보살님'에 대한 남녀의 상반된 태도는 이를 극명하게 드러낸다. 더 이상 순수한 영혼 따위는 욕망하지 않으므로 '남자'는 '여자'의 믿음이 사치스럽게 느껴진다. "먹고살자고 매일 아등바등하는데 그런 헛소리가 귀에 들어오나?" '남자'는 '여자'에게 핀잔을 주고, '여자'는 그런 '남자'가 너무 각박하다고 생각한다.

애당초 '여자'가 욕망한 것도 이 중년의 사내는 아니었다. 그녀가 꿈꾼 것은 '오래된 길'에 있던 젊은 시절의 '남자'다. 그러나 과거를 돌이킬 수는 없는 일, '여자'는 '남자'의 현재에서 그의 과거를 볼 수 있으리라고 기대했을 것이다. 기대는 무참히 깨어진다. "한때는 보지 않고도 많은 것을 믿었던 남자"가 "이제는 보이는 것조차도 믿지 않으려고" 하는 "낯선 중년사내"로 바뀌어 있었던 것이다.

> 텅 빈 주차장 한가운데에 차를 세우던 남자가 앞을 바라보면서 큰 소리로 말했다. 오호라, 피안이 겨우 저런 데야? 여자도 남자 못지않게 실망했다. 절은 이름에서 상상했던 것과 너무나 달랐다. 그보다 더 속세의 길에 가까이 붙어 있는 절은 없을 것 같았다. 그렇다고 특별한 풍광을 가진 것도 아닌 볼품없는 작은 절이었다. (197~198쪽)

'여자'의 피안彼岸이 다름 아닌 '남자'였다는 점에서 도피안사에 대한 이 묘사는 매우 중의적이다. '남자'와의 만남과 헤어짐을 도피안사로의 여행과 긴밀히 대응시킴으로써 남녀 사이의 욕망과 환상의 서사를 종교와 사회 일반의 문제로 확대·심화한다. 도피안사가 그러하듯이 남자 역시 "상상했던 것과는 너무나 달"리 "속세의 길에 가까이 붙어" 있다. "여자는 그만 돌아가자고, 굳이 가지 않아도 된다고 말하고 싶지만 매정하게 빠른 남자의 속도를 도무지 붙잡을 수가 없다." '여자'를 다시 만난 후에도 '남자'는 삶의 속도를 늦추지 않았고, '여자'는 여전히 과거를 거닐었으니 이제 남은 일은 환멸을 느끼고 헤어지는 것뿐이다.

사라진 길

주체가 사랑하는 것은 사랑 그 자체이지 대상이 아니다. 이것이 롤랑바르트가 말하는 이른바 '사랑의 고유한 변태성'이다.[5] 그러므로 사람들은 터무니없는 대상을 향해 사랑의 '의지'를 불태우기도 하지만, 사랑 자체의 무게에 짓눌려 사랑의 대상을 쉽게 취소하기도 한다. '남자'는 말한다. "당신은 내게 환상을 가지고 있고, 솔직히 난 그게 부담스러워."

환상, 한때는 더할 수 없는 감동의 이유였던 것이 이제는 "점점 더 신발에 두껍게 달라붙는 흙처럼 진득거리는 무거운 느낌"으로 바뀐 이유가 뭘까. 남자는 구구절절 변명을 늘어놓지만, 대답은 한가지다. 사랑하지 않았다는 것. '남자'만 '여자'를 사랑하지 않은 것이 아니다. '여자' 역시 '남자'를 사랑하지 않았다. 그럼에도 그들이 일 년이나 더 만남을 지속한 이유는 자신들의 낭만적 허위를 인정할 수 없었기 때문이다. '여자'와 헤어지면서도 '남자'가 견디지 못하는 것은 "결국 다시 여자에게 잘못한 사람이 되고 말았다는 사실"이고, '여자'가 두려워한 것 역시 '남자'와 헤어지는 것이 아니라 '남자'에 대한 오랜 환상이 깡그리 깨어지는 것이다.

퇴근길 정체 속으로 휩쓸려 들어가는 남자의 차를 바라보며 여자는 비로소 환상을 갖고 있다고 말한 남자에게 대꾸할 말을 찾았다. 그건 환상이 아녜요. 현실로는 있을 수 없는 일을 있는 것처럼 상상한 게 아니죠. 당신은 버린 것을 나는 그대로 가지고 있었을 뿐이죠. 그래서 당신에

---

5 롤랑 바르트, 김희영 역, 앞의 책, 50쪽.

게는 불편하고 어색하지만 내게는 너무나 익숙하고 편안하지요. 아주 오래되어서 설사 그것이 환상이라고 할지라도 내게는 눈앞에 보이는 어떤 사실보다도 미덥지요. 그러나 이제 다시는 그 오래된 길로 들어설 수 없다는 것을 여자는 알았다. 남자를 다시 만난 순간 그 길이 사라진 것을 미처 깨닫지 못했다는 것도……. (212쪽)

"눈앞에 보이는 어떤 사실보다" 미더웠던 그 길은 이제 현실에서는 물론이고 기억 속에서도 다시 걸을 수 없는 길이 된다. '여자'는 '보지 않고도 믿는 자'가 아니라 '보지 않아서 믿는 자'였던 것, '남자'와의 만남은 결국 "기억의 장례"[6]로 이어질 수밖에 없다.

현재를 버티게 해주었던 추억마저 잃었으니 이제 '여자'는 어떡해야 하는가. 『기억의 장례』(이선, 민음사, 1990)의 치매에 빠진 '어머니'처럼 기억을 되찾기 위해 날마다 주먹을 부르쥐어야 하는가. 물론 그럴 수는 없다. 기억을 되찾으려는 '어머니'의 노력은 고통스런 현실과의 대결의지에 다름 아니지만, 「사라진 길」의 '여자'에게 '오래된 길'은 현실로부터 도피하는 수단일 뿐이기 때문이다. 도망간다고 해서 고통스런 현실이 사라지는 것은 아니며, 고통이 반드시 불행의 이유가 되는 것도 아니다. 그들이 불행한 진짜 이유는, 이 세상의 속도에 맞춰 살아가기 위해 다시는 영혼 따위는 찾지 않겠다고 다짐해버렸기 때문이며, 제 존재의 근거를 추억 속의 상대로부터 공급받고 있었기 때문이다.

세상에서 제일 불행한 사람은 '현재'에 존재하지 않는 사람, "자신의

6 '오늘의 작가상'을 수상한, 이선의 장편소설 제목.

이상과 자신의 삶의 내용과 자신의 의식의 충실과 자신의 존재의 본질을 어떤 방식으로든지 자기 자신 바깥에 갖고 있는 사람"[7]이다. 「사라진 길」의 '남자'와 '여자'가 바로 그런 사람들이다. 사랑은 이미지와 함께 시작할 수 있다. 환상이 깨어진다고 사랑이 항상 사라지는 것도 아니다. 그러나 존재하지 않는 자가 사랑을 할 수는 없다. 애도해야 할 것은 사랑의 상실이 아니라, 존재의 상실이다.

7 키에르케고르, 임춘갑 역, 『이것이냐/저것이냐』—제1부/상, 종로서적, 1981, 327쪽.

사실과 진실, 진언과 잡설의 경계

하창수, 『서른 개의 門을 지나온 사람』*

좋은 소설이 읽는 이를 불편하게 만드는 것은, 어렵고 생경한 내용이나 형식 때문이 아니라 외면하고 싶었던 진실을 그것이 끝내 들추어내기 때문이다. 진실이란 무엇인가. 그것은 쉽사리 알 수 없는 것이지만, 알게 된 이후에는 결코 알기 이전으로는 되돌아갈 수 없는 것이며, 제 눈을 찌른 오이디푸스처럼 결국 파국을 향해 치달을 수밖에 없는, 생의 어떤 비의와 잇닿아 있다. 평온한 일상을 영위하고 싶은 우리들에게 그러므로 진실이란 달갑지 않은 손님이다. 하지만 착각해서는 안 된다. 진실이 우리 삶에 균열을 일으키는 것이 아니라 이미 균열이 시작되었다는 것이 진실이다. 감추면 모든 것이 사라진다는 듯, 비겁한 우리는 화려한 외장재를 덧바르는 데에 급급하지만, 밑바닥부터 갈라지고 있는 집을 벽지 몇 겹으로 부여잡을 수는 없는 법이다. 삶은 결국 붕괴된다. 예상치 못한 순간에, 예상치 않은 방법으로 우리를 완전히 덮쳐 버리는 존재의 무너짐. 그것은 죽음일 수도 있지만, 죽는 게 더 낫겠다 싶은, 여전한 삶일 수도 있다.

진실을 마주 보아도 파국을 향해 나아갈 수밖에 없고 진실을 외면해

* 하창수, 『서른 개의 門을 지나온 사람』, 문학과지성사, 2010.

도 삶이 붕괴된다면 차라리 진실을 외면함으로써 파국의 시기를 최대한 유예하는 것이 낫지 않은가. 그러나 전자의 몰락은 역설적으로 주체의 탄생을 증명하며, 인간의 사전에 '운명'뿐 아니라 '초월'이라는 단어를 기입하는 데 성공하는 반면, 후자의 붕괴는 주체의 상실을 드러낼 뿐이다. 소설이 사실의 층위가 아니라 진실의 층위를 문제 삼으며, 우리 삶의 균열을 감추고 있던 외장재들을 하나씩 걷어내는 작업에 골몰하는 것은 그 때문이다. 하창수의 『서른 개의 門을 지나온 사람』은 여기서 한 걸음 더 나아간다. 진실의 층위 역시 한 겹이 아니기 때문이다. '나선형 궤도'라는 테마를 소설의 형식으로까지 구현해내고 있는 「추상화」를 비롯해서, 이 소설집에 실린 대부분의 작품들은 진실의 또 다른 층위와 함께 '진언'과 '잡설'의 경계를 질문한다.

일테면, 사령관 딸의 사설간호사였던 「엑스 존」의 '나'가 '그녀'의 환자 냄새를 맡지 않기 위해 지속적으로 마취제를 사용하다가 결국 후각을 상실해 나중에는 마취제가 필요 없어졌다는 것, 이것은 사실의 층위다. 그러나 '나'의 뒤늦은 고백에 따르면, '내'가 마취제를 끊은 진짜 이유는 그녀를 사랑했기 때문이다. 그런데 그것'만'이 진실인가? 그렇다면 그녀의 고백에 내가 응답하지 않은 이유는 무엇일까? 소설의 화자는 "모든 일은 그렇게 흘러가도록, 그렇게 일어나도록 되어 있는 법"이며, 이 "인과의 법칙에 어떻게든 입을 댄다는 건 확실히 주제넘은 짓"(「엑스 존」)이라고 말하지만 이 소설은 인과의 법칙을 명료하게 드러내지도, 하나의 진실을 강요하지도 않는다. '열림이 곧 닫힘과 동의어가 되어버리는' 엑스 존exceptional zone 제8구역이라는 예외적 공간은 작가의 이러한 태도를 극명하게 드러내는 장소이다.

그런데 이 자살성소가 과연 예외적 공간일까. 병원에서 군대로, 군대에서 수용소로, 수용소에서 엑스 존으로 옮겨온 '나'의 이력은 우리의 일상적 공간이 모두 이런 예외적 공간에 다름 아니라는 사실을 보여준다. 미래를 대가로 현재를 저당 잡힌 채 살아가고 있는 우리에게 하창수가 제시하는 미래사회는 헌법이 규정하고 보증하는 '자살성소'나, 사회가 요구하는 속도에 개인을 철저히 길들이기 위한 '달리는 감옥'(「환상의 이쪽」)의 얼굴을 하고 있을 뿐이다. 가공된 현실virtual reality이 실제 현실을 대체해도, 역사의 진보만을 외치는 이 미래사회에서는 "진정한 리얼리티"를 문제 삼는 일 자체가 '역사 퇴행죄'에 해당된다. 사람에게는 각 사람마다의 속도라는 것이 존재하게 마련이지만, 그 어떤 초월도 퇴행도 용납되지 않는 것이다. 그러나 나아갈 수밖에 없는 것이 우리의 삶이라면, "되돌아가는 것도 우리들의 숙명"이라고, "나아간다는 게 실은 되돌아가는 것"아니겠냐고 묻는 사람들이 있다. "조금의 멈춤도 허락하지 않는 세계의 진전을, 나는 무엇으로도 이겨낼 수 없음을"(「환상의 이쪽」) 깨닫고 이 세계의 속도에 편승하기로 결심하지만, 타락한 세계에도 여전히 자신만의 속도를 지켜내는 사람들 또한 존재한다는 것을 하창수의 소설은 보여준다.

그 사람들 중의 하나가 바로 소설가이다. 인간에 대한 탐구와 함께 언어와 소설에 대한 성찰이 이 소설집 전체를 꿰뚫고 있는 것은 그 때문일 것이다. 신의 말씀만으로는 깨달을 수 없는 스스로의 병증을 일깨워 삶의 전복顚覆을 가능케 하는, "진리의 허를 찌르는 창끝"(「성자가 된 소설가」)으로의 소설. 그러므로 소설가에게는 또 하나의 눈이 필요하다. 스스로 말言의 성을 쌓아올려 견고하게 타락해버린 외눈박이 인간의 세계에서, 두 눈을 갖고 산다는 것은 그야말로 위험천만한 일일 것이다. 그러나 그 눈이 없이는, 인간을 떠나간 신神도, "신을 저버리고 황야로 돌아가는 자의 헐벗은 등짝"(「성자가 된 소설가」)도, 우리가 어제 저녁 깔아뭉개 버린 "흰나비 두 마리"(「당신도 흰나비 두 마리를 죽일 수 있다」)도 우리는 영영 알아볼 수 없을 것이다. 너무 오래 감았던 눈을 뜨려면, 제 눈을 찌르는 것과 같은 격렬한 고통이 찾아올 수도 있다. 그러나 정말 아프기만 할까?

어쩌면 저 '서른 개의 문'이란, 하나의 진실에 다다르기 위한 겹겹의 문, 즉 쉽게 떠오르는 대로 숱한 난관의 상징이라기보다, 서른 개의 진실이 서로 넘나들며 만나는 우리 생의 어떤 틈새가 아닐까. 그 틈새에서 무엇을 만나게 될지는 아무도 모른다. "모든 일은 가능하다."(「추상화」)

소외된 자의 언어, 견디는 자의 침묵

김훈, 『강산무진』*

김훈의 소설은 불편하다. 언어는 미려하고 문장은 명료하지만 때로 불필요하다 싶을 정도로 세부 묘사가 장황하고, 일인칭 소설임에도 감정의 토로는 고도로 절제되어 있다. 감정을 드러내지 않는 것, 그것이 사내의 마땅한 태도라는 듯.

그렇다. 『강산무진』의 인물은 대부분 중년 남성이고, 이들의 시선은 철저히 가부장적이다. 젊은 여성은 그들에게 아름답고 생명력이 넘치는 존재지만, 충만한 생명력 그 이상도 이하도 아니며(「화장」), 늙고 병든 여인조차 '모성'의 연장에서 다루어질 뿐이다(「고향의 그림자」). 물론 그들은 가족에게 폭력을 휘두르거나 자식들을 억압하는 전근대적 아버지는 아니다. 가족을 먹여 살리기 위해 헌신하고, 병든 아내의 수발도 정성껏 든다(「화장」). 이혼을 제안할 때도 합리적인 원칙을 제시하며(「언니의 폐경」) 위자료도 정확히 챙겨준다(「강산무진」). 바깥일을 시시콜콜 부인에게 말하지는 않지만 그건 다 부인을 위하기 때문이고(「고향의 그림자」), 사납금을 못 채울 줄 알면서 6년 전 여인을 자신의 택시로 공항까지 바래다주는 진정성도 갖추고 있다(「배웅」).

* 김훈, 『강산무진』, 문학동네, 2006. 이후 인용할 때에는 '글 제목, 인용 쪽수'로 기재한다.

그러나 이들은 결코 현실 저 너머를 꿈꾸지 않는다. 자본이 없으면 좋은 물건도 시장에 진입할 수 없고(「배웅」) 고대유물 발굴조차 돈과 정치적 목적에 좌우되며(「뼈」) 이별에도 죽음에도 돈 계산이 빠지지 않는(「화장」, 「언니의 폐경」, 「강산무진」) 것이 이들이 살아가는 세속도시의 현실이다. 세상은 정의롭지 않고 삶은 신명나지 않는다. 하지만 이 사내들은 묵묵히 자신들의 일을 한다. 삶이란 '견디는 것'이며, 생존은 가열한 노동을 그 대가로 요구하기 때문이다. 그 이외의 것은, 그것이 정의든 곧 다가올 자신의 죽음이든, 모두 부차적인 일에 불과하다. 건더기와 껍데기도 구별되지 않는(「화장」) 타락한 세상에서 살아남는 방법은 함께 타락하는 것, 이들은 "스모키한 헛것들의 대열 맨 앞에" 서서(「화장」) 조직적 분식회계도 마다하지 않는다(「항로표지」). 죽지 않는 한, 노동의 자리를 떠날 수도 없다. 회사가 망하면 사장도 택시 운전을 하고, 재무관리 상무도 계약직 등대지기를 자청한다. 죽거나 병들더라도 거액의 퇴직금과 보험금을 남겨 마지막까지 가족 부양의 임무를 소홀히 하지 않는다.

그런데 이 '잔혹한' 밥벌이의 의무로부터 자유로운 이들이 있다. 여성이다. 『강산무진』에서 여성은 직업이 없거나, 있다 하더라도 그들의 삶을 결정지을 만큼 중요하지 않다. 남성에게 나이와 직업은 그 인물을 나타내는 가장 중요한 표지지만("저녁반 택시 운전사 김장수(47세)", "등대장 김철(40세, 6급 수로직)", "송곤수(무직, 55세)" 등), 여성의 정체성을 규정하는 것은 '여성성'밖에 없다. 젊은 여성들은 아이를 낳는 "큰일"을 할 수 있고 "확실하고 가득 찬" 생명력을 발산한다는 이유로 예찬될 뿐이다. 오상무가 연모하는 추은주조차, 회사를 그만둬도 누구 하나 아쉬워하지 않을 정도로 근무평점이 낮다(그나마 능력이 뛰어난 직업여성들은 대개 주인공의 딸들인데, 이들 역시 아직 부모의 보호 아래 있거나, 더 뛰어난 남성을 남편으로 두고 있다). 중년 부인들은 당연히 직업이 없다. 이들은 남편이 벌어다 준 돈을 소비할 뿐이고, 때로 그 돈조차 제대로 간수하지 못하는 심약한 존재로 등장한다. 남성이 보호하고 돌보아 주어야만 한다는 점에서 이들은 주체성을 상실한 존재다.

생명력이 영원할 수 없다는 점에서 젊은 여성 역시 불완전한 존재다. 이를 증명하듯 『강산무진』에는 늙고 병들어 죽어가는 여성들이 젊은 여성과 짝을 이루며 등장한다. 생명의 유한성이야 남성과 여성 모두의 근원적 한계일 테지만, 『강산무진』에서 여성은 '몸'으로 환원되어 보편적 인간에서 배재되고 있으므로 이는 여성에게 더욱 치명적인 문제인 것으로 보인다. 「뼈」에서 '나'는 '여성의 골반뼈=생명'이라는 발상에 대해 비판을 시도하기도 하지만, 박물관장에 의해 결국 이는 고착화되고 오문수에 의해 '기원화=석정'으로 재영토화되기에 이른다.

소외되고 대상화된 존재는 여성만이 아니다. 남성 역시 노동으로부터 가족으로부터 그리고 그 자신으로부터 소외되고 있다. 애초부터 자아실현을 위한 노동은 아니었으나, 쉬지 않은 노동의 결과가 실직과 부도와 이혼과 질병, 그리고 마침내 자신의 죽음이라는 것은 가혹해 보인다. 하지만 남성들은 이 소외마저 묵묵히 자신의 것으로 받아들인다. 세상을 견딘다는 것은 자본의 질서, 양육강식의 법칙을 인정한다는 것. 그들은 세상을 긍정하지도 않지만 부정하지도 않는다. 그러므로 비판도 의심도, 탈출이나 혁명도 이들의 언어가 될 수 없다. 타락한 방식으로 세상과 타협할 수밖에 없었던 그들은, 이제 다만 침묵할 뿐이다. 그런데 역설적이게도 이 침묵이 바로 김훈 소설의 한 경지를 구축한다.

딸은 밤 열한시께 돌아갔다. 새벽에 수면제를 먹고 잠들었다.

—「강산무진」, 355쪽

아무것도 아닌 듯 보이는 이 짧은 두 문장 사이에는 심연과도 같은 침묵이 흐른다. 이날 '나'는 딸을 불러 자신이 말기 간암 판정을 받았음을 알린다. 아내와는 이혼했고 아들은 외국에 나가 있으며 딸도 결혼한 터라, 딸이 돌아가고 난 뒤 '나'는 집에 혼자 남는다. 명예퇴직 위로금을 받기 위해 회사에도 병을 알리지 않았으므로 '나'는 누구에게도 죽음을 위로받지 못한다. 수면제는 "새벽까지 잠이 안 오는 밤에 복용하라"고 의사가 처방해 준 약이다. 딸이 왔다 돌아간 날 밤에도 '나'는 새벽까지 잠을 이룰 수 없었다는 정보가 숨어 있다는 것을 알 수 있다. 무엇이 그를 잠 못 들게 했을까. 홀로 죽어가는 자의 고독과 고통이 아니었을까, 하는 생각에 이르면 이 단순한 문장이 결코 예사롭게 보이지 않는다. 이 순간, 침묵은 통곡보다 가슴 저미는 외침이 되고, 화자에 대한 독자의 연민은 증폭된다.

죽음에 이르는 고통마저 객관적 기록으로만 남기는 냉정한 관찰자적 시선은 소설의 도처에서 발견된다. 이것이야말로 『강산무진』 전체를 관통하는, 아무런 희망도 없이 세상을 견디는 자의 태도이기 때문이다. 이들은 세상을 받아들이지만 세상에 개입하지는 않는다. 택시운전자는 철저히 택시운전자의 관점에서 노동자·농민 집회를 바라볼 뿐 같은 노동자로서의 어떠한 연대감도 드러내지 않으며 「머나먼 세속」의 청년 복서 역시 "돌멩이를 던져서 어찌 세상을 바꾸겠느냐"는 난각 스님의 전언을 몸소 보여줄 뿐이다. 그러나 이 '견자의 코드'는 늙은이의 허무주의나 무기력함으로 읽히기도 한다. 무언의 긍정이야말로 타락한 세상을 지속시키는 원동력이며, 처절한 견딤이야말로 탈영토화를 가로막고 자아를 소외시키는 주범이라는 것을 작가는 애써 외면하고 있는 듯하다.

섬뜩한 것은, 『강산무진』의 이 세계인식이 현실의 성실한 반영이라는 점이다. "내가 혼자서 가야 할 가없는 세상과 시간의 풍경"(「강산무진」)을 『강산무진』처럼 온전히 그려 보이기도 쉽지 않을 것이다. 그렇다면 문제는 풍속도가 아니라 풍속 그 자체가 아닐 것인가. 작품 하나하나가 잘 벼려놓은 칼과 같은 『강산무진』은, 결국 『강산무진』에 겨누었던 칼을 늙어가는 우리의 영혼에게 돌릴 수밖에 없게 한다.

센티멘털리즘에 빠진 동물들

김정남, 『숨결』*

삼류극장으로의 불편한 초대

작품마다 다소 편차가 있긴 하지만, 김정남의 소설은 기본적으로 감출 줄을 모른다. 세련되지 않았다는 말이다. 적나라한 육체의 욕망, 거친 문법, 노골적인 냉소와 위악, 그리고 그 틈새를 비집고 넘쳐흐르는 비애와 감상……. 모든 것이, 때로는 감추려고 하는 몸짓마저도, 너무 명징해서 (김훈과는 정반대의 이유로) 불편하다. 문장에도 속도감이 있고 서사도 박진감이 넘치지만, 그래서 더욱 더디게 읽을 수밖에 없다. 더디게 읽어도 불편함은 사라지지 않는다. 인물도 일상도 서사도, '삼류극장'의 간판처럼, 아니 바로 우리의 삶처럼 비루하고 상투적이기 때문이다.

김정남의 첫 소설집 『숨결』에서 우리가 끊임없이 확인하게 되는 것은, 인간이 아니라 짐승이 될 것을 요청하고 생명이 아니라 기계가 될 것을 강요하는 근대의 폭력적인 메커니즘이다. 그러나 김정남 소설의 비루함은 '야생도시'에서 살아남기 위한 그들의 수성獸性 때문이 아니라 오히려 아직 짐승이 되지 못하고 남아 있는 그들의 '인간다움', 혹은 그 인간다움에 대한 미련에서 비롯한다. 기계가 아닌 인간의 '숨결'을 아예

* 김정남, 『숨결』, 북인, 2010. 이후 인용할 때는 '글 제목, 인용 쪽수'로 기재한다.

제목으로 내세우고 있는 「숨결」뿐 아니라 동물과 속물의 삶을 유감없이 그려내고 있는 「야생도시」, 「아타락시아」, 「역사의 천사」 등에서도 이러한 미련은 반복적으로 노출된다. 그리고 그 중심에는 어김없이 가족과 사랑이 놓여 있다. 그러나 '미련'이라는 말이 암시하듯이, 이 소설에 등장하는 가족은 모두 해체 중이며 사랑 역시 낭만과는 거리가 멀다. 이 도시가 그들에게 허락한 것은 기껏해야 생존일 뿐, 사랑이나 낭만 따위가 아니기 때문이다.

인간과 동물의 모호한 경계

문제는 생존만을 허락받은 이 인물들이 외로움을 느낀다는 것이다. 『숨결』에 수록된 아홉 편의 소설에 단 한 편의 예외도 없이 모두 성애 장면이 들어있는 것은 그 때문일 것이다. 그러나 역설적으로, 이 소설집 어디에서도 그것은 지극한 사랑의 행위로 그려지지 않는다. 아내와의 성교는 아무런 전희도 없이 강간하듯 이루어지고, 앵두와의 성교는 결국 돈이 전제된 거래일뿐이다(「야생도시」). 스포츠 경기처럼 속되게 중계되는 연인들의 성교 장면은 사랑이라는 포장지 아래 놓인 육체의 욕망을 적나라하게 드러내며 모든 것을 희화화하는 데 바쳐지고(「역사의 천사」) 불륜 남녀의 성교마저 일상적 풍경으로 그려진다(「꿈나라 팬시점」). 욕정에 눈이 멀어 가르치던 학생과 관계를 맺었다가 신세를 망친 정 박사의 섹스 상대는 이제 인간이 아니라 교복을 입고 얌전히 앉아 있는 섹스용 인형이다.(「아타락시아」). 그렇다면 이들이 이토록 성욕에 시달리는 이유는 무엇인가.

눈알은 시리고 눈꺼풀은 무겁다. 그런데도 이상하게 새벽만 되면 아랫도리가 빳빳하게 서는 것은 무슨 이유일까. 이런 생각이 들 때면, 육허기진 놈처럼 욕망을 진정시킬 수가 없다. 아내가 집을 나가기 전날까지도 나는 걸신들린 듯 그녀의 가랑이를 벌렸다. 아내는 내가 집에 들어가는 새벽마다 잠을 설치고, 마치 강간을 할 듯이 밀고 들어오는 나를 받아들여야 했다. 아이 방에서 자고 있는 시아버지 때문에 신경이 곤두 선 아내는 손으로 입을 막고 고개를 외틀었다. 그 어떤 동의도 없이, 아무런 전희도 없이 발기된 성기를 억지로 밀어 넣는 우격다짐. 아내는 그런 나를 가엽게 봐줄 수는 없었을까. 새벽까지 야생의 본능으로 도로를 헤매고 다닌 사내의 허기를 말이다. 미안하면서도 서운한 건 바로 그것 때문이다.

—「야생도시」, 26쪽

이런 사내를 가엽게 봐 줘야 하는 건지는 잘 모르겠지만, 그의 진정시킬 수 없는 욕망이 '허기'와 연결되는 것은 분명해 보인다. 그렇다면 "새벽까지 야생의 본능으로 도로를 헤매고 다닌 사내의 허기"란 무엇인가. 그것은 분명 인간소외가 야기한 실존적인 허기일 것이다. 약육강식의 도로 위에서 살아남기 위해서는 야생의 본능만을 단련시켜야 하지만 그럴수록 그의 고유한 내면은 점차 사라질 위기에 처한다. 그렇다면 인간은 이제 자신의 존재를 어떻게 증명할 수 있을 것인가. 생존을 위해서는 인간성의 상실을 감내해야 하지만, 인간성의 상실은 곧 존재의 죽음을 의미한다. '새벽마다 빳빳하게 서는 아랫도리'는 이 죽음 공포의 본능적인 표출이다. 자신이 살아 있음을 증명할 수 있는 것은 이제 그것밖에 없으므로 그는 어떻게든 자신의 욕망을 분출해야 한다.

아이러니하게도 바로 그것이 그의 인간성이 아니라 동물성을 증명하는 또 하나의 근거다. 아무런 동의도 없이 이루어진, 강간에 다름 아닌 우격다짐이었다는 것을 알면서도 아내가 아니라 자신을 더 가여워하는 그의 모습은 그의 인간성이 얼마나 파괴되었는가를 역설적으로 드러낸다. 성욕의 분출을 위한 부도덕한 만남(「생의 조도」)이나 철거촌에서 벌어지는 일상적인 범죄(「마추픽추」)로, 혹은 그들이 짐승임을 드러내는 하나의 에피소드(「숨결」)로 추가되는 저 섹스 장면들은 그들이 놓여 있는 자리를 다시 한번 확인시켜 준다. 가장 인간적인 관계가 진짜 짐승만도 못한 행위로 전락하는 그 어디쯤에 이들은 놓여 있다. 그러나 자신의 짐승-됨이 완성되는 순간, 이들은 인간적인 교류를 갈망하는 자신을 본다.

「아타락시아」의 '정 박사'는 섹스 인형과도 상상의 대화를 하고 전처의 싸이월드를 드나들며 혼잣말을 중얼거린다. 생활비를 벌기 위해 중년의 남자들과 DVD방을 드나들던 「생의 조도」의 혜란은, 자신의 치부를 가장 잘 알고 있는 DVD방의 아르바이트생에게 마음을 연다. 「숨결」의 '천부장'은 일명 '쫑쫑이 그림'을 그리다가 경찰의 추적을 받게 되자, 한 번도 보듬어주지 못했던 아들의 외로움을 떠올리고 아들이 있는 곳으로 가려 한다. 소외의 장소인 몸이 만남과 위로의 장소가 되고 상처의 근원인 가족이 상처를 극복하는 힘이 되기도 한다는 것, 『숨결』에는 여전히 이러한 낭만적 믿음이 깔려 있다. 이 세계에 대한 냉소와 비판, 위악과 위선의 틈새를 비집고 감상이 넘쳐흐르는 순간도 바로 이때다. 현실과 이상의 괴리가 크면 클수록 존재의 외로움은 더욱더 증폭되기 마련이므로.

누군가의 사고 소식만을 기다리는 견인차 운전수를 크리스마스이브라는 낭만적인 시간 속에 배치시켜 소설의 아이러니를 극대화하는 「야생도시」의 냉정한 소설공학도 이 외로움 앞에서 흔들린다. 야생의 본능 운운하던 운전수는 오빠도 쓸쓸하냐는 말에 금세 눈물이 고이고 아버지 앞에서는 사는 게 힘들다며 아예 울음을 터뜨린다. 아들에 대한 애끓는 부정父情과 집나간 아내에 대한 원망과 그리움, 모든 것이 전형에서 한 치도 벗어나지 않는다. 반면 자신이 견인한 차에 아내가 타고 있었다는 것도 모르고 곤한 잠에 빠져든 새벽과 결국 시체가 되고 만 아내를 발견하는 크리스마스 아침, 이 우연과 반전의 드라마는 다소 억지스러워 보이는 감이 있다. 그러나 아내와 함께 병원으로 가는 대신 경찰서로 강제 연행되는 사내의 마지막 울부짖음은, 끝까지 인간됨을 허락하지 않는 이 도시의 비정한 법을 처절하게 고발한다. 그것이 처절한 까닭은 이 '교통가족'의 비극적인 최후 때문만이 아니라, 그 법에 철저히 길들여진 자신이야말로 '사고차'에 다름 아니라는 뒤늦은 자각에 있다.

물론 『숨결』의 인물들이 모두 다 이런 자각에 도달하는 것은 아니다. 이들의 일상을 굳건하게 지탱하는 것은 오히려, 저항할 수도 벗어날 수도 없다면 차라리 "모르는 게 약"이라는 세속의 철학이다. 어설픈 자각은 오히려 삶을 고단하게 만들 뿐이다. 김정남 소설의 인물들이 끝내 짐승의 껍데기를 벗어던지지 않는 것은 그 때문이다. 잘나가는 족집게 언어강사였으나 학생과 모텔로 들어가는 동영상이 인터넷에 퍼지는 바람에 가족에게도 버림받고 사회에서도 매장당한 「아타락시아」의 '정 박사'는 히키코모리로 살고 있으면서도 자신의 삶이 최적화된 삶이라고 강변하며 위악을 떨뿐 아무런 성찰도 반성도 하지 않는다. 그러나 끊임없이 감상에 빠지면서도 감상에 빠지는 것을 경계한다는 점에서 그는 「야생도시」의 견인기사와 닮은 데가 있다. 그들이 의식적으로 선택한 삶은 철저하게 동물적이고 기계적인 삶이지만, 이것은 경계하지 않으면 안 될 정도로 그들이 매우 감상적인 사람들이라는 의미다. 결코 동물도 기계도 될 수 없는 그들의 저 감정 상태, 그러므로 어쩌면 센티멘털리즘이 그들의 인간됨을 드러내는 유일한 표지일지도 모른다.

그렇다면 이 소설집 곳곳에서 발견하게 되는 감정의 직설적 토로나 단단하지 못한 온갖 감상들도, 인물들의 미숙을 드러내는 것이 아니라 오히려 그들의 인간됨을 드러내는 것일까? 그것이야말로, 감정을 감추는 세련된 태도만이 성숙한 성인의 자질이라고 가르치는 이 세계에 대한 저항인 것일까? 그러므로 삼류인생들의 저 비루함은 감추어야 하는 것이 아니라 더 적극적으로 표방되어야 하는, 말하자면 우리 삶의 '숨결'인 것일까? 그러나 동물과 기계의 반대편에 인간을 놓으면서 고작 슬프고 우울한 감정 상태나 그것의 즉흥적인 표현을 인간됨의 표지로 삼는다는 것은 왠지 멋쩍게 여겨진다. 마치 인간의 내면이란 곧 감정이라는 오해를 기정사실화하는 것 같고, 스스로를 성찰하고 이 세계를 사유하는 인간만의 고유한 힘과 위상을 추락시키는 것도 같다.

그러나 하이데거는 "인간의 감정이 단순한 심리학적 소여가 아니라, 주체가 역사적으로 세계와 관계 맺는 가장 본원적인 차원이며 집합적인 체험의 구조"라는 사실을 적극적으로 논구한 바 있다. 이를 위해 그가 사용하는 개념이 '정조'다. 그에 따르면 세계에 대한 이해(세계관)는 오히려 세계에 대한 감정(세계감) 이후에 발생하는 현상이다. 그런데 테크

놀로지의 확산으로 인해 근대 세계의 주체는 고유의 결단성을 상실하고 주체성을 형성할 수 있는 체험을 상실하며, 그 결과 '정조의 불가능성'이 발생한다. 하이데거에 의하면 정조의 이 부재 상태가 또 하나의 정조이다. 『숨결』이 표면적으로 드러내는 정조가 바로 그것이다. 「아타락시아」는 기술의 발달이 이룩한 '평정'의 세계, 곧 기술이 인간의 생활을 편리하게 해줄 뿐 아니라 인간의 모든 고통을 위무하고 나아가 인간적 관계까지 대체하는 '안전한 칩거'의 세계를 보여주지만, 이를 통해 드러나는 것은 그러한 기술의 발달이야말로 인간성을 말살시킨다는 사실이다.

기술의 발달을 가져온 저 근대적 사유는 앞서 말했듯이 파토스의 분출이 아니라 그 퇴행과 은폐를, 감정의 원초적 폭발이 아니라 그 소멸을 자신의 근본적인 정조로 삼는다. "비극적 구원은 사라졌고, 남은 것은 무의미한 연극에 불과한 이 세계의 덧없는 현존이다." 하이데거에 의하면, 따라서 근대적 형이상학의 근본 정조는 '권태'다. 멜랑콜리, 슬픔, 우수, 공허감, 피로 같은 문화적 모더니티의 주요한 감정 형식들이 이와 조응한다. 그런데 김홍중이 '토성적 정조'라 명명하는 이 일단의 감정들은, 사회적 모더니티가 빠른 속도로 일소해버린 초월적 가치들과 대상들, 즉 사유의 타자들을 문화적 모더니티의 영역에서 생존시키려는 전략이다. 상실이 우울을 불러오는 것이 아니라 우울이 상실을 인지하게 만드는 조건이라는 것이다.[1] 『숨결』의 저 멜랑콜리가 언제나 우리가 상실한, 인간 고유의 '숨결'을 향하고 있는 것은 그 때문이다.

그러나 김정남이 인간의 '숨결'을 드러내는 방식은, 진지한 철학자의

---

1 김홍중, 「멜랑콜리와 모더니티」, 『한국사회학』 40-3, 한국사회학회, 2006 참조.

사유나 세련된 댄디의 감성이 아니라 짐승들의 안간힘과 속물들의 뻔뻔함과 삼류들의 센티멘탈리즘이다. 이 부정의 미학은 아우라의 상실을 환기시키기는 하지만 상실된 아우라를 회복시키지는 못한다. 그것은 이미 개인의 의지로 해결할 수 있는 일이 아니다. 터치파의 거봉이었던 「숨결」의 '천부장'이 온갖 노력에도 불구하고 끝내 과거의 유물로 사라질 수밖에 없었듯이, 이 세계에서 우리가 진정한 인간으로 살아갈 수 있는 날은 갈수록 요원해 보인다. 그리하여 결국 우리들의 미래는 마약처럼 꿈을 복용해야만 살아갈 수 있는 가련한 인간들로만 구성(「꿈나라 팬시점」)되리라는 것이 이 작가의 참담한 전망인 것일까? 이 절망이 속물과 동물을 낳고, 센티멘털리즘을 낳은 것일까?

그런 혐의가 전혀 없다고 할 수는 없지만 김정남의 소설이 기본적으로 아이러니의 전략을 취하고 있다는 점을 상기하면, 그것은 성급한 판단이다. 상실에 대해 말할 수 있을 때는, 아직 완전히 상실하지 않은 때이다. 미련은 아직 포기하지 않은 자의 태도다. 그의 이 미련스러운 소설 쓰기가 어디로까지 이어질 지 오래 지켜보고 싶은 것은 그 때문이다.

3부

청춘의 종언과 선언 사이

청춘의 종언과 선언 사이

세대론의 욕망

이 글은 2000년대에 활동을 시작한 젊은 작가들의 세대론적 상상력을 짚어보기 위해 기획되었다. 세대론 일반이 무의미한 것은 아니겠지만, 문학 작품마저 작가의 생물학적 연령에 기대어 특정 세대의 상상력으로 구획 지으려는 기획은 매우 순진하거나, 어쩌면 불순한 작업이다. 10년 단위로 세대를 구분하는 발상 자체에 이미 문제가 있다는 것을 우리는 알고 있다. 현실의 인간은 연속적으로 존재하기 때문이다. 작가의 나이를 좀 더 유연하게 설정한다고 해서 이런 발상이 가진 문제를 감출 수 있는 것도 아니다. 이런 식으로 1년씩 덧대어 가다 보면 결국 그 어떤 구분도 할 수 없게 된다는 또 다른 딜레마에 봉착할 뿐이다. '임의적인' 선택과 배제가 필수적이라는 말이다. 이 말은 곧, 세대 구분에는 정확하고 객관적인 원칙이 존재할 수 없다는 의미이기도 하다.

사회학자 박재홍의 정의를 보자. 그는 세대를 "① 특정 사회에서 비슷한 시기에 출생하여 역사적 · 문화적 경험을 공유하고, ② 그로 인해 상대적으로 유사한 사고방식이나 행위 양식이 어느 정도 지속되는 경향을 보이며, ③ 자신이 속한 코호트(동일시기 출생 집단)에 대하여 느슨한 수준에서의 동류의식을 갖는 사람들"[1]이라고 정의한다. 세대에 대한 일반의 생각을 잘 정리하고 있지만, 모든 정의가 그러하듯이 이 정의 역시 모호함을 그 본질로 한다. '비슷한' 출생시기, '상대적으로 유사한' 사고방식과 행위 양식, '느슨한 수준'에서의 동류의식. 결국 아무것도 확정하지 않는 이 정의는 그래서 역설적으로 세대라는 말의 일면을 정확히 포착한다. 고정되지 않는, 실체 없는 유동체로서의 세대.

그러나 우리는 실체가 모호한 것도, 경계가 애매한 것도 견디지 못한다. '편의상 10년', 이 단순하고 폭력적인 구분법은 그러므로 누구나 비판하지만 누구나 사용하는 매우 실용적인 기준이다. 이 글 역시, 결국에는 2000년대의 20대 작가론으로 묶이지 않겠는가. 문제는 오히려 이 10년 단위 구분법으로는 해당 코호트의 특징을 명시적으로 드러낼 수 없다는 데 있다. 우리는 다시 세대를 지칭하는 용어들을 끊임없이 만들어낸다. 4·19세대, 유신세대, 386세대, 88만원세대. 혹은 신세대, X세대, N세대, W세대, G세대……. 역사적 경험이나 문화적 특성 등을 기준으로 만들어진 이 명칭들은 그렇다면 세대의 실체를 명확하게 드러낼 수 있을까? 아니다. 그 어떤 세대론도, 세대 전체는커녕 그 세대의 한 구성원도 온전히 담아내지 못한다. 그것은 비단 세대론뿐 아니라 인간 존재를 다루는 모든 이론이 필연적으로 봉착하게 되는 딜레마이다.

문학은 바로 여기에서 출발한다. 이론이 미끄러지는 자리, 보편적인 틀에서 벗어나는 저 숱한 예외와 잉여들, 그 '특수성'의 세계가 바로 문학의 자리가 아닌가. 앙리 메쇼닉이 말했듯이, 문학은 구체적으로 랑그

---

1 박재홍, 「한국사회의 세대 구성」, 『문학과 사회』 71, 2005.가을, 175쪽.

가 존재하지 않는다는 사실을 명확하게 한정하는 작업일 뿐이다. 물론 문학이 추구하는 특수성이 보편성을 모두 배제하는 것은 아니다. 오히려 문학은 언제나 특수성을 통해 보편성을 드러낸다. 그것이 문학이 가진 역설적인 힘이자 거부할 수 없는 매력이다. 문제는 이론이, 보편성을 드러내기 위해 종종 특수성[2]을 삭제해버린다는 데 있다. 이러한 작업은 하나를 버리고 하나를 취하는 행위가 아니라 자칫 문학 전체를 버리는 행위가 될 수도 있다. 문화적 공동 경험에 강하게 지배받는 세대론 역시 이러한 한계로부터 자유롭지 못하다. 시작은 귀납적이었을지라도, 보편언어로 규정되는 순간 그 세대의 의미는 고착될 뿐더러 그 의미망에 포착되지 않는 모든 예외를 필연적으로 배제할 수밖에 없기 때문이다. 이것은 그야말로 비문학적 행위가 아닌가.

더구나 그 양식 자체에 이념과 계급의 백색화, 타자들에 대한 배제적 기능이 포함되어 있다는 점에서, 세대 논의는 우리 사회의 이념적 깊이 없음을 증거 하는 것[3]일 뿐만 아니라 그 깊이에 대한 의식적 · 무의식적 거부를 드러내는 것이기도 하다. 누가 '세대'를 호출하는가 하는 문제가 바로 이와 밀접한 관련을 가진다. 알다시피 "세대 이름을 생산하는 3대 주체는 대중매체, 기업과 광고기획사, 정치권"[4]이다. 즉 세대명은 시대 풍속과 인간 이해의 방편이기도 하지만 많은 경우 상업적 · 정치적 목적으로 만들어지는 것이다. 더구나 '4 · 19세대'처럼 스스로 자신들을 호명한 경우도 있지만, 대부분은 언어를 선점한 윗세대에 의해 타율적으

---

2 여기에서 '특수성'은 두 가지 의미로 다 쓰일 수 있다. ① 역사나 정치 등의 문학 외적 현실과 구분되는 문학의 특수성, ② 다른 문학 작품과 구별되는 개별 작품의 특수성.

3 황호덕, 「청년, 그 이상의 이념을 생각한다–초세대론 서설」, 『당대비평』 21, 2003.봄, 237쪽.

4 박재흥, 「세대 명칭과 세대 갈등 담론에 대한 비판적 검토」, 『경제와사회』 81, 2009.봄, 14쪽.

로 부과된다. 이는 근대 이후 대부분의 세대론이 곧 청년론이었다는 사실과도 직결되는 것이다.[5]

세대론이 청년세대와 밀접한 관련을 갖게 된 것은, 물론 한 세대를 다른 세대와 구분 지우는 "결정적 집단 경험crucial group experience"(칼 만하임)이 대개 20대 전후의 경험이라는 사실과도 무관하지 않다. 앞선 세대들은 이미 자신들의 세대명을 가지고 있을 테니 세대 간 담론이 아니라면 세대론은 언제나 '신新'세대론일 수밖에 없을 것이다. 그러나 그 '신'세대가 반드시 '청년'이어야 하고, 청년세대는 반드시 어떤 이름을 부여받아야 하는 것일까. 더구나 자신들의 언어로 자신들이 명명하기 전에, 타자, 일테면 진짜 어른들(?)에 의해 성급하게 호명되는 이름들을, 하여 하나가 지어지면서 다른 하나가 지워지는 이름들을? 세대의 성격을 규정하고 확정하는 것은, 그러므로 한 세대의 '결정적 집단 경험'이 아니라 어쩌면 그들을 호명하는 자들의 욕망일지도 모른다. 왜 어른들의 이름 짓기 놀이는 자기 자식들만으로 그 대상이 한정되지 않는 것인가. 이름을 지어 자식을 제 호적에 올리듯이, 청년세대 역시 서둘러 어딘가에 입적시키고 싶은 것은 아닐까. 감시와 통제까지는 아니더라도, 최소한 '지도 편달'은 할 수 있는 어떤 곳으로 말이다.

문학사에서도 이런 '세대론=청년론'은 끊임없이 반복되어 왔다. 아이러니한 것은, 세대론의 외피를 쓰고 있는 대부분의 글들이 세대론의 이런 오류와 한계를 지적하면서 시작한다는 것이다. 그런 점에서 이 글 역시 전형적인 세대론에 다름 아니다. 그런데, 그렇다면 대체 왜 우리는

5 근대의 발명품으로서의 세대론과, 새롭게 등장하는 세대를 청년으로 규정짓고 여기에 국가의 미래를 투사하는 "세대=청년"의 도식에 관해서는 본문에서 인용한 황호덕의 글에 잘 나타나 있다.

계속해서 세대론을 반복하는 것일까. 우석훈에 의하면, "한 사회에 대한 분석을 시도하는 사람들이 종종 세대 담론을 사용하는 이유는 이것이 '역사성'과 '공간성'이라는 구체성을 추상성에 덧붙여주는 효과가 있기 때문이다. '한국의 지금 20대'라는 개념은 매년 20대가 갱신되기 때문에 '잡을 수 없이 흘러가는 물'과 같은 개념이다. 그럼에도 불구하고 한국이라는 특수한 공간에서 21세기 초반이라는 특수한 구체성을 부여하는 매력을 가지고 있다. 개념 자체가 가지고 있는 수많은 위험에도 불구하고 많은 연구자들이 세대라는 표현을 쓰는 것은 보편주의적 접근이 절대로 가질 수 없는 맥락이라는 또 다른 매력 때문이다".[6] 말하자면 세대론은, 세대에 대한 일반화이되 구체적인 시공간 즉 특수성을 드러내는 일반화라는 장점이 있다. 이 특수성에 대한 관심에는 분명, '특수한 사회적 맥락 안에서 존재할 수밖에 없는 인간'에 대한 이해와 성찰도 들어있을 것이다. 그러므로 모든 세대론을 세대를 호명하는 자들의 불순한 욕망과 연결 짓는 것은 또 하나의 편견일 수 있다. 개체 차이가 집체 차이보다 크다는 것을 근거로 집체 차이가 존재한다는 것 자체를 부정할 수도 없을 것이다. 세대의 다차원적 성격과 이질성을 과소평가하는 것이 폭력적이듯이, 세대 내 동질성을 전면적으로 부정하거나 세대 간 차이를 단순히 개인차로 환원시키는 것 역시 현실에 존재하는 다양한 층위를 삭제해버리는 인식의 빈곤을 드러내는 것이다.

그러나 굳이 구분하자면, 문학은 '특수성을 드러내는 일반화'가 아니라 '일반성(보편성)을 드러내는 특수화'이다. 그러므로 문학사에서조차

6 우석훈 · 박권일, 『88만원세대』, 레디앙, 2007, 77쪽.

습관처럼 반복되는 세대론을 보고 있노라면 거기에는 또 다른 강박이 존재한다는 생각을 떨칠 수 없다. 그것은 바로 새로움에 대한 강박, 명명에 대한 강박이다. 이러한 강박을 가진 자들에게, 자신의 언어를 갖지 못한—혹은 자신'만'의 언어를 가진, 하여 아직 정체성이 규명되지 않은—혹은 하나의 정체성으로 수렴되기를 거부하는 젊은 작가들만큼 두렵고 매혹적인 존재는 없을 것이다. 그들을 자신들의 담론체계 안으로 끌어들여 끊임없이 실체를 '규명'하려고 하는 기성세대-비평가의 욕망은 저 모호함에 대한 두려움으로부터 시작하는 것이 아니겠는가. 물론 그 두려움의 이면에는 그들의 미결정성에 대한 어떤 선망과 기대가 함께 존재할 것이다. 미결정성, 그것은 곧 가능성의 다른 이름이기도 하기 때문이다.

문제는 그 가능성에 기대를 거는 형식 역시 세대를 구분하는 감각으로 발현된다는 것이다. 이 감각에는 이미 차이에 대한 어떤 시선이 존재한다. 거기에는 언제나 가치판단이 개입하며, 대부분의 논의는 훈계와 걱정 아니면 '젊음=새로움'이라는 강박을 반복한다. 이 강박에 우리 사회의 오랜 '새것 콤플렉스'가 도사리고 있음은 물론이다. 하여 새로움은 곧잘 문학의 창조성으로 오인되거나 손쉽게 포장되고, 젊은 작가들의 작품은 단지 젊다는 이유만으로도 시장에 내다팔기 좋은 상품이 된다. 새로움에 대한 문학적 요구가 자본의 욕망과 그대로 일치하는 이 현상을 우리는 어떻게 극복할 수 있을 것인가. 지금 우리가 해결해야 할 가장 절실한 비평적 과제는 바로 이것일지도 모른다. 세대론에 대한 회의가 세대론에 대한 극단적인 부정으로 치닫지 않고 인간과 사회, 동시에 개별 작품에 대한 보다 의미 있고 풍성한 논의로 이어지기 위해서는 세대론의 이 욕망들을 의식적으로 자각하고 부단히 경계하지 않으면 안 될 것이다.

'88만원세대'라는 호명

2000년대 젊은 작가들의 작품에서 이른바 '88만원세대'의 특질들이 많이 발견되고 있다는 것은 사실이다. 소설은 당대 현실을 어떻게든 반영할 수밖에 없고 작가들 역시 자기 또래의 이야기에 훨씬 더 민감하다는 사실을 떠올려 보면 이는 자연스러운 현상이지만, 공교롭게도 앞서 논한 '세대론의 허구성'과는 배치되는 결과처럼 보인다. 이를 어떻게 해명할 것인가.

'88만원세대론'은 몇 가지 점에서 다소 예외적이다. 무엇보다 이 세대론은 앞서 제기했던 '젊음=새로움'이라는 강박을 반복하지 않는다. 물론 문학 담론장 안에서는 지금도(그리고 언제나) '새로운 상상력'이 세대 논의의 중심을 이루지만, 지금의 20대를 지칭하는 세대 명칭 가운데 가장 널리 쓰이고 있는 '88만원세대'라는 이름은 1990년대 중반을 지배했던 '신세대'나 'X세대'라는 이름과는 확연히 다르다. 이는 세대 명칭의 구성 기준 자체가 다르기 때문이지만, 어떤 기준으로 만들어진 세대명이 해당 사회에서 보다 광범위한 동의를 얻어 내는가 역시 당대 현실과 그 세대의 특성을 반영한다. 즉 1990년대 중반 청년세대의 성격이 문화적 · 행태적 특성으로 보다 잘 드러났다면 지금 청년세대의 성격을 규정하는 것은 그들의 경제적 현실인 셈이다. 이는 '상부 구조를 토대로부터 직접적으로 인과하고 절대적으로 환원하는 오류'를 범하고 있는 것처럼 보이기도 하지만, 역설적으로 그 때문에 오늘날의 세태를 잘 반영한다.

모든 것을 경제의 논리로 해석해버리는 이 세태만큼이나 암담한 것은 청년세대가 당면한 경제적 상황이 결코 희망적이지 않다는 것이다. 경제학자 우석훈과 시사잡지 기자였던 박권일은 그들이 공동 집필한 『88만원세대』(레디앙, 2007)에서 "지금의 20대는 상위 5% 정도만이 한전과 삼성전자 그리고 5급 사무관과 같은 '단단한 직장'을 가질 수 있고, 나머지는 이미 인구의 800만을 넘어선 비정규직의 삶을 살게 될 것"이며, "비정규직 평균 임금 119만 원에 20대 급여의 평균비율 74%를 곱하면 88만 원 정도가 될 것"이라는 암울한 전망을 내어놓았다. '88만원세대'는 이렇게 탄생한 명칭이다. 청년세대의 새로움에 대한 기대와 찬양보다는 우려와 연민이 담겨 있을 수밖에 없다. 생물학적으로 이들은 분명히 젊지만, 88만 원이라는 현실에 갇혀 아등바등하는 이들에게서 우리는 근대 이후 우리 사회가 '젊음'에 부여했던 일반적 가치, 즉 무모할 정도의 저항정신이라든가 낭만, 순수, 열정, 패기 등을 더 이상 발견할 수 없(다고 생각하)기 때문이다. 물론 엄밀하게 말하면 '88만원세대' 역시 허구적인 개념이고, 이 세대명이 드러내는 것은 세대에 대한 가치 판단이 아니라 이 세대가 당면한 현실일 뿐이다. 그러나 바로 그것이 이 세대명이 상대적으로 보편성을 획득할 수 있었던 이유일 것이다.

『88만원세대』가 단순히 절망적인 현실만을 그리고 있는 것은 아니다. 저자들이 이 책에서 강조하고 있는 것은, 평균임금 88만 원이라는 20대의 암담한 미래는 세대 내 경쟁이 아니라 오히려 세대 간 경쟁으로 인한 것이므로 세대 간 소통의 통로를 열어 현재의 상황을 '협력 게임'의 형태로 전환해야 한다는 것이며, 이를 위해서는 20대 역시 새로운 저항의 주체로 나서야 한다는 것이다. 그러나 이 책이 큰 파장을 일으킨 것은 그들이 제시한 대안 때문이라기보다는 이 책이 청년세대의 구조화된 빈곤을 적나라하게 드러내는 동시에 이에 대해 기성세대 책임론을 강하게 시사했기 때문이다. 즉 청년빈곤 문제는 특정 세대의 자질과 능력 때문이 아니라 1997년 외환금융위기 이후 가속화된 신자유주의적 세계화에 따른 '불안정노동의 전면화'로 인한 것이며, 이것이 일국 노동자의 생애주기와 맞물리면서 특정 세대에 그 폐해가 집중되고 있다는 것이다. 이미 일자리를 선점한 30~40대와의 세대 간 경쟁 및 착취 구조는 이러한 청년빈곤을 더욱 심화시키는 원인이다. 노동유연성은, 아직 노동시장에 제대로 진입하지 못했거나 진입했더라도 노동 기능과 경험을 충분히 갖추지 못한 20대에게 일차적으로 적용될 수밖에 없기 때문이다. 잡셰어링jobsharing이라는 명목 아래 신입사원의 연봉을 20~30%나 삭감한 최근의 사례 역시 일종의 세대 간 착취의 한 예라 할 수 있을 것이다.

청년빈곤 문제가 비단 우리나라의 문제만은 아니지만, 특히 우리나라의 청년빈곤이 심각한 문제로 제기되는 이유는 이들에 대한 사회적 안전망이 거의 마련되어 있지 않기 때문이다. 과거에는 국가복지의 사각지대를 기업복지와 가족복지가 메웠으나, 신자유주의로의 체제 전환과 불안정노동의 전면화가 기업복지와 가족복지를 파괴했음에도 국가복지는 여전히 그 빈 공간을 메우지 못하고 있다. 이는 결국 가족 모두가 빈곤의 연쇄에 얽혀 들어가는 현실을 낳는다. 그러므로 젊은 세대에 대한 사회적 응급조치를 통해 이러한 빈곤의 연쇄를 끊어야 한다는 것이 『88만원세대』의 주장이다. 물론 이를 위해서는 20대 스스로도 토익책을 덮고, 상징적인 의미에서 '짱돌'을 들어야 한다. 각개약진 공화국의 스펙 쌓기 전략만으로는 명박과 그의 공화국에게 결국 각개격파당할 수밖에 없기 때문이다. 우석훈은 『혁명은 이렇게 조용히—88만원세대 새판짜기』(레디앙, 2009)라는 책을 통해 이러한 논의를 다시 한번 전개시킨 바 있다.[7] 그러나 이러한 대안은, "절망의 시대에 쓰는 희망의 경제학"이라는 부제까지 달고 있는 『88만원세대』 역시 결국에는 30, 40대가 20대에게 보내는 훈계로부터 자유롭지 못하다는 느낌을 준다.

20대의 보수화나 이해타산적인 성향에 대한 기성세대의 오해나 일방적인 비난으로부터 비판적 거리를 유지하고 "청년실업과 비정규직 문제를 세대 간 경쟁의 맥락에서 이슈화함으로써 기성세대로 하여금 청년들의 고통에 공감하고 해법 마련을 강하게 촉구하는 효과를 낳은 것"[8]은 분명 이 책의 소중한 기여지만, 88만원세대론에는 이밖에도 몇 가지 한계가 존재한다. 공저자인 박권일 스스로가 지적했듯이 우선 이 책에서는 "불안정노동의 전면화라는 다분히 계급적인 문제"가 전략적으로 선택된 "세대론의 '당의糖衣'"로 인해 제대로 드러나지 않았다. 세대모순을 드러내기 위한 '386세대 비판'은, "386세대가 싸우며 만들어냈지만 이제는 20대에게 굴레와 질곡이 되어버린 사회 시스템"이 아니라 "386세대 개개인"에 대한 비판으로 오해되거나, 특정 의도로 세대 갈등을 조장하고자 하는 세력이나 개인에 의해 오용될 소지가 없지 않았다.[9] 이러한 우려는, 이후 전개된 공격적인 세대 담론을 통해 바로 현실화되었으며, 이는 여전히 현재진행형이다.

그러나 내가 더욱 실감하는 문제는, 이 책을 읽은 20대들은 이후 쏟

---

7 이상의 '88만원세대론'에 대한 논의는 본문에서 언급한 우석훈·박권일의 『88만원세대』와 우석훈의 『혁명은 이렇게 조용히—88만원세대 새판짜기』 외에도 우석훈·지석훈의 『우석훈, 이제 무엇으로 희망을 말할 것인가』(시대의창, 2008), 우석훈의 「88만원세대는 저항하지 않는가」(『(내일을여는)역사』 31, 2008.봄), 박재흥의 「세대 명칭과 세대 갈등 담론에 대한 비판적 검토」(『경제와사회』 81, 2009.봄), 박권일의 「청년빈곤, 세대의 문제냐 성장의 단계냐」(『황해문화』 74, 2009.가을)를 참고했으며, 일일이 각주를 달지는 못했지만 몇몇 문장을 부분적으로 인용했음을 밝힌다.

8 박재홍, 앞의 글, 28~29쪽.

9 이 단락의 인용문은 모두 박권일의 「88세대론 '조선' 독우물에 빠지다」(『레디앙』, 2009.1.30)에서 발췌했으며, 대체로 그의 지적과 비판에 동의하지만 이 단락의 전개는 박권일의 논지와는 다소 차이가 있다.

아져 나온 88만원세대 관련 책들이 대안으로 내놓고 있는 20대 당사자 운동이나 세력화에 대한 가능성보다는 20대의 암울한 현실에 더욱 주목한다는 것이다. 이것은 물론 『88만원세대』만의 한계라기보다는 우리 사회의 한계이며 88만원세대론이 우리 사회에서 작동하는 방식의 한계일 것이다. 그러나 암울한 현재(뿐 아니라 미래)가 개인의 능력으로는 타개할 수 없는 구조적인 문제라는 진단은 "너희들이 노력하지 않아서 그렇다"는 비난보다 어쩌면 훨씬 더 절망적일 수 있다. '연대와 협력'이라는 대안은 지극히 건강하고 상식적이지만, '대안'이라는 말에 걸맞을 만한 그 어떤 인식의 전환도, 구체적인 전략과 전술도 제시하지 못한다. 승자독식의 논리를 어렸을 때부터 체화해 온 지금의 20대에게 과연 그것이 실천 가능한 대안이 될 수 있을 것인가.

물론 그 책임이 몇몇의 저자들에게만 있는 것은 아니다. 이 절박한 문제제기만으로도 그들은 최선을 다했다고도 할 수 있다.[10] 88만원세대론은 그 자체로 우리 사회 전체에 던지는 하나의 의제이기 때문이다. 세대는 허구적인 개념이지만, 이 세대가 당면한 현실은 실재다. 말하자면 젊은 작가들이 드러내는 세대 감각은 곧 현실 감각이기도 한 것이다. 대

10 "세대에게 이름 붙이기라는 행위 자체"에 내재한 위험을 충분히 알고 있지만 "전후 세계는 거의 최초로 이런 문제, 즉 '세대간 불균형의 확대-심화'라는 문제에 봉착"했으며 "한국은 그 정도가 세계에서 가장 심각"하기 때문에 세대 이야기를 할 수밖에 없었다(우석훈 · 박권일, 「에필로그」, 앞의 책)는 박권일의 말에는 이러한 절박감이 강하게 묻어난다. 그러나 한 가지 의문은 남는다. 『88만원세대』는 분명 "20대에게 필요한 것들"보다는 "기성세대가 88만원세대를 맞는 자세"에 더욱 공력을 기울인 책이다. 에필로그에서 박권일은 이를 보다 분명히 한다. 그가 "간절하게, 정말 절실하게 요청하고 있는 것은 '자녀 세대를 위한 부모세대의 양보'"이며, 이를 위한 "일종의 사회적 합의이며 미래를 위한 결단"이다. 그런데 왜 이후에 전개된 논의는, 우석훈 자신의 글이나 책에서조차, 청년세대의 저항이나 당사자 운동에 대한 것으로 초점이 맞춰지고 있는 것일까. 기성세대에게 변화를 촉구하는 것은 현실성이 떨어진다고 판단했기 때문일까. 아니면 20대가 당면한 암울한 현실을 "세대 간 불균형의 확대-심화" 탓으로 돌린 것 자체에 문제가 있다고 생각했기 때문일까. 단지, 여전히 절박한 것은 기성세대가 아니가 20대이기 때문일까. 혹은 시장이 새로운 '자기계발서'를 필요로 했기 때문일까…….

다수의 작가들이 자발적으로, 아니 실은 어쩔 수 없이, 비정규직 노동에 종사하고 있는 현실을 말하는 것이 아니다. 알다시피 이것은 어제 오늘의 일도, 20대 작가만의 이야기도 아니다. 자발적 선택이라고 해서 비정규직 노동자의 삶이 미화되어서도 안 되겠지만, 더 심각한 문제는 단지 소수의 예술가 집단만이 아니라 대다수의 젊은이가 자신의 의지와 상관없이 그런 미래로 내몰리고 있다는 사실이다. '예외 상태'가 일상이 되어버린 현실, 이것이 지금 우리가 당면한 현실이다. 물론 이러한 현실로부터 자유로운 젊은 세대도 있을 것이다. '88만원세대론'에 반발하여 일각에서는 '실크세대론'이나 'G세대론'을 주장하기도 한다. 하지만 이 세대론들이 희망적일 수 있는 이유 역시 세대 내 계층 격차를 공공연하게 감추고 있기 때문은 아닐까. 그렇다면 희망은 곧 절망의 다른 얼굴인 것일까, 우리가 진보라고 믿었던 것들이 실은 가장 추악한 야만이었듯이? 자본이 아니라 사람이, 효율성이 아니라 인간다움이 서로를 일구어 갈 수 있는 날은 이제 다시 올 수 없는 것일까?

세계의 종말과 죽음 앞의 삶

이런 관점으로 현실을 바라보기 시작하면, 젊은 작가들의 작품 세계 역시 병리적 현실의 징후나 증상이 아닌가 하는 생각이 든다. 실제로 몇 년 전부터 젊은 작가들의 작품을 읽으면서 받았던 인상 중 하나는, 그들의 작품 세계가 의외로 종말론적 상상력에 강하게 지배받고 있다는 것이었다. 20대의 한가운데를 세기말과 함께 보낸 나로서는 새천년의 시작에 대한 무의식적인 기대가 있었던 듯하다. 그러나 2000년은 밀레니

엄 버그에 대한 공포와 함께 시작되었으며, 그것이 한낱 기우에 불과했음이 밝혀진 이후에도 우리의 일상을 지배했던 것은 희망이 아니라 포스트-IMF라는 현실이었다. 신자유주의 물결에 급속하게 휩쓸린 우리 사회의 구석구석에는, 그 파도가 토해 놓은 숱한 '비非인간'들이 난무했다. 국가적 차원의 해고, 실직, 파산, 자살……. 이것이 우리가 목도한 2000년대의 초상이다. 남북정상회담의 감격도 이러한 현실을 바꿔놓지는 못했다. 현실의 직접적인 재현 여부와 상관없이 젊은 작가들의 작품에 짙고 넓게 드리워져 있는 종말론적인 그림자는 이러한 현실로부터 파생된 것은 아닐지. 물론 실업이나 가난 때문에 이 세계가 종말을 맞는 일은 없을 것이다. 그러나 구조화된 실업, 세계적 차원에서 대물림되는 가난이라면 문제가 좀 다르지 않을까. 소수의 가진 자들을 제외하고 그 누구에게도 주권이 없다면, 이 세계가 실은 거대한 수용소에 다름 아니라면, 그런데 이 수용소를 빠져나갈 방법이 없다면, 아니 수용소 밖도 결국 수용소에 다름 아니라면?

임세화의 「데스스토커」(『문학동네』, 2009.가을)는 '돈'을 위해 사막에 파병된 한 무리의 "쓸모없는" 군인들을 통해 세계의 이러한 본질을 드러낸다. "특별한 보직 없이 막일과 훈련만을 반복하는" '잉여 병사들'. "전선과 먼 후방일수록 훈련은 혹독"하지만, 그럴수록 선명해지는 것은 그들의 무용함일 뿐이다. 사막. 폐허가 된 신전. 이름이 아니라 군번으로만 불리는 병사들. 끊임없이 반복되는, 그러나 불가능할 뿐 아니라 무의미하기까지 한 신전보수작업. 병사들을 쓰레기 취급하며 잔인하게 몰아붙였던, 그 자신 쓰레기에 불과했던 장교 11057의 자살……. 이 모든 것들이 하나의 잘 짜인 구조를 이루며 가리키고 있는 것은 무엇일까. 11057을 살해했다는 누명을 뒤집어쓰자 '나'는 캠프를 탈출하지만, "살아나가는 것만이 중요한 것"이라는 인식에도 불구하고 '나'는 "대상을 알 수 없는" 아니 대상이 너무 많은 살의에 시달린다. 11057과 아버지에 대한 살의는 분명하게 드러난다. 삶은 그(들)에게 모욕밖에는 줄 것이 없었는데 그들은 끈질기게 살아남으려고 했기 때문이다. 그런데, 그것이 그들에게만 해당하는 이야기인가. 그것은 오히려, "사막의 밖. 무조건 벗어나야만 하는 사막의 바깥은 그러나 사막과 전혀 다르지 않을 것이다. 목숨을 걸고 사막을 벗어날 경우 내가 얻을 수 있는 것은 오직 목숨뿐"이라는 것을 알면서도 탈출을 시도하고 있는 '나' 자신에게 돌아와야 할 말은 아닌가. '내'가 살의를 느끼는 대상 1순위가 바로 '나' 자신이라는 것은 소설의 후반부로 가면서 더욱 명확해진다. "모든 것이 미수였기 때문에 나는 아직 살아" 있지만, "내가 나를 읽게 되는 날…… 더러움, 경멸, 자괴, 참담함 속에서 내가 나를 죽이지 않을 수 있을 것인가를, 과연 그럴 수 있을 것인가를 나는 확신할 수 없었다". 자살했다는 11057과 자살했을지도 모르는 '나'의 아버지는 그러므로 '나'의 또 다른 자아다.

문제는 '나'의 살의가 내부를 향해 있다는 사실만이 아니다. 주목할 것은 그 살의 안에 격렬한 죄의식이 동반되고 있다는 것이다. '나'는 신에 대한 저항의지나 순교자적 사명, 아니면 단지 현실에 대한 도피로 자살을 꿈꾸는 것이 아니다. '나'를 지배하는 생각은 "내가 죽으면 나의 죄과들, 추잡하고 불길한 모든 것들이 함께 죽어 사라질 수 있을까" 하는 것이다. 무엇이 이 청년에게 이토록 깊은 죄의식을 심어준 것일까. 더구나 이 죄의식에는, 우리는 모두 그 죄로 인해 이미 '저주받은 자'라는 인식이 함께 한다. 신의 노여움을 사 더 이상 생명이 살 수 없는 곳이 되어버린 사막이란 바로 이러한 관념을 드러내기 위한 공간이다. 그렇다면 '나'의 죄는 단지 한 개인의 죄가 아니라 혹시 인류 전체의, 문명사적 범죄에 해당하는 것은 아닐까. 사막을 만들고 아무리 벗어나려 해도 벗어날 수 없도록 사막의 경계를 계속 확장시켜 끝내 세계 전체를 사막으로 만들어버린, 탐욕스러운, 말하자면 인간이라는 범죄. 그렇다면 그것은 원죄에 다름 아니며, '나'는 이 죄의 대가로부터 자유로울 수 없다. 구원도 없다. '나'는 "아버지가 내게 물려준 죄의 대가로부터 도망"치려 했으나 "아버지를 버리고 떠난 대가"까지 짊어지게 되었을 뿐이다. '나'의 탈출은 곧 '나'의 죽음이다.

이러한 죄의식은 한유주의 소설에서도 자주 발견된다. 그녀가 동시대 한국의 현실에만 머무르지 않고 지난 세기의 전쟁, 아우슈비츠, 핵폭탄, 9·11테러 등에 민감하게 반응하는 것은 그 때문이다. 인간의 야만을 증언할 수 있는 일은 지금도 매 순간 일어나고 있다. 이 모든 일을 "한 줄의 문장, 한 줄의 전파", "한 줄의 과거로 스크랩"[11]하고 곧바로 일상의 평화를 회복하는 우리 모두가 바로 그 증거다. 그러므로 한유주의 죄의식에는 수치심이 함께 한다. 인간이라고 말하자니 너무 부끄러워서 한유주의 인물들은 자꾸 묻는다. "나는 짐승일까? 아니면, 짐승이었던 것일까?", "나는 마음을 가진 짐승이었을까?", "나는 가짜로 가짜인 사람일까, 진짜로 가짜인 사람일까", "아직 스무 살도 되지 않았고, 아이지만" '나'는 "내 생은 끝났다. 이미 다 살아버렸다"고 선언하기도 한다.[12] 성숙이 아니라 노화와 죽음을 선언하는 젊음. 이 '저주받은 청년'들에게 현실

11 한유주, 「그리고 음악」, 『달로』, 문학과지성사, 2006.

12 한유주, 「죽음에 이르는 병」, 위의 책.

은 지옥에 다름 아니고 화려한 도시의 맨얼굴은 하수구보다 더럽다. "가장 더러운 것은 자신"이라는 생각으로부터 이들은 자유롭지 못하다. 이 현실을 수락하고 유지시켜 주는 이가 바로 나 자신이기 때문이다. 공격해야 할 적은 없으나("그들은 처음부터 존재하지 않았거나, 그 존재가 지워지는 중이었다"),[13] 그러므로 살의는 더욱 강렬해진다.

한유주의 작품은 대개 분노나 살의보다 죄의식과 수치를 더 자주 드러내지만, 소설의 배경과 인물과 구조가 「데스스토커」와 놀라울 만큼 닮아 있는[14] 「서늘한 여름 사냥」(이 작품은 「데스스토커」보다 먼저, 『문학수첩』, 2009년 봄호에 발표되었다)은 이러한 살의를 적나라하게 노출하고 있는 작품이다. "나는 오랫동안 누군가를 죽이고 싶다는 생각을 해왔다." 강박적으로 반복되고 있는 이 문장은, 누군가를 죽여야만 하는 '나'의 정체성과 아무도 죽이지 못하는 '나'의 무력 사이에서, 차례로 죽어가는 요원들과 아직 살아남은 '나' 사이에서, 외부를 향한 살의와 내부를 향한 살의 사이에서 요동치며 떠다닌다. "각자의 이름으로 불리지 않았으므로 그 어느 악명도 익명도 오명도 물려받지 못"한 우리, 벌레 같은.

> 이제는 아침, 잠이 덜 깬 시작, 아직 누구의 눈에도 띄지 않았을 때, 자신이 가장 먼저, 벌레로 변한 자기 모습을 발견하는 것이 아니라, 시시때때로, 어느 곳 어디에서나, 직장 동료나 상사 혹은 슈퍼마켓의 계산원 혹은 횡단보도를 나란히 건너던 행인 혹은 막 우체통에 편지를 꽂아넣던

13 한유주, 「서늘한 여름 사냥」, 『얼음의 책』, 문학과지성사, 2009, 287쪽.

14 사막. 결코 최종명령이 하달되지 않는, 무용한, 이름 없는 요원들. 대상을 알 수 없는 살의. 시간을 때우기 위한, 아니, 살의를 견디기 위한 전갈 러시안 룰렛. 상관의 명령에만 복종하는 개(「데스스토커」의 소녀를 연상시키는), 그리고 상관의 자살…….

집배원 혹은 그리고 그리고 그리고 기타 등등의 사람들 앞에서, 자신이 가장 늦게, 벌레로 변한 자기 모습을 발견하게 되었다. 누구나 벌레가 될 수 있었고, 또 누구나 그 사실을 알고 있었기에, 아무도 벌레로 변한 사람 앞에서 놀라움을 표하지 않았지만, 오직 자기 자신만은 지독한 수치심을 느껴야 했다. 시간이 흐를수록 점점 더 많은 사람들이 벌레로 변했고 벌레가 된 사람들은 서로 동질감이 아닌 혐오를.

—한유주, 「지옥은 어디일까」[15]

문제는, 우리가 모두 벌레가 되어가고 있다는 것만이 아니다. 그런 서로를 서로가 부끄러워하고 혐오하고 있다는 것. 이것이 여전히 우리가 벌레인 이유다. 한때 누군가는 혁명을 꿈꾸었고 그 꿈에 자신의 삶 전체를 걸었다. 숱한 희생이 있었으나 그 덕분에 현실이 조금이나마 나아질 수 있었던 것은 분명하다. 그러나 지금은 누구도 그러한 혁명이 가능하리라고 생각하지 않는다. 미완의 혁명, 그 실패의 역사를 공부했기 때문만은 아니다. 그것은 이제 몸의 문제가 되었다. 자본의 메커니즘을 유전자 지도처럼 몸에 새겨 넣은 순간, 우리는 자본주의가 아닌 다른 세계는 꿈조차 꿀 수 없게 되었다. 이제 생산이 아니라 소비가, 필요가 아니라 욕망이 우리를 지배한다. "만약 사람들이 더 이상 원하지 않게 되면 저것들은 순식간에 무너져버리고 말거야. 그게 유일한 목적이었으니까. 하지만 절대 그런 일은 없을 거야. 저건 이 도시를 만든 사람들의 욕망 그 자체니까. 저걸 원한 건 우리들이야. 그래서 이 도시가 이따위로 생겨먹은

15 한유주, 「지옥은 어디일까」, 『달로』, 앞의 책, 195쪽.

거야. 우리가 이런 모습의 도시를 원했으니까 이런 모양이 된 거라고."[16]

젊은 작가들의 종말론적 상상력은 그러므로 아주 자연스러운 결과다. 바깥을 꿈꿀 수 없으므로 세계에 대한 부정은 종말을 의미할 수밖에 없고, 진보를 기대할 수 없으므로 이 세계의 변함없는 지속 역시 역설적인 의미에서 종말과 다르지 않다. 젊은 작가들의 작품 세계가 설화적 세계로 퇴행했다거나 우주로 날아가 버린 듯하다는 비판은 이러한 현실적 맥락을 충분히 고려하면서 이루어지고 있는 것일까. 구체적인 시공간이 지워져 버린 설화적 세계나 지상에서 너무 멀리 떨어진 우주 공간으로의 비약은 망상이나 환각처럼 현실 도피의 한 방편일 수 있다는 우려에 근거가 없는 것은 아니다. 그러나 보다 중요한 것은, 현실에서 벗어났다는 것이 아니라 왜 그들이 현실로부터 벗어날 수밖에 없었는가, 현실에서 벗어나 무엇을 하고 있는가가 아니겠는가. 아니, 그들은 여전히 현실 속에 있다. 외면하기 위해서가 아니라 정확히 보기 위해서, 절망의 포즈가 아니라 견딤의 형식으로 '탈-현실'을 시도한 것이기 때문이다. 한유주, 김유진 소설에 지배적인 알레고리나 염승숙, 윤고은, 안보윤, 이반장 소설 등에 자주 나타나는 환각이나 환상 역시 현실의 이면을 포착함으로써 오히려 현실의 구조를 선명하게 드러내는 데 기여한다. 『오즈의 닥터』의 '나'는 "현실이라고 해봐야 좋을 것도 없"고, 환각이나 현실이나 "결국 마찬가지"니까 끝까지 현실로부터 도망가겠다고 말하지만("그래요, 닥터. 나는 도망칠 거예요. 현실을 정면으로 바라보면서 살아야 한다니 그건 너무 끔찍한 형벌이잖아요. 나한테는 이 정도가 어울려요. 죄책감도 책임감도 자부감도 없는 이 정도가."),[17] '나'의

16 김사과, 『풀이 눕는다』, 문학동네, 2009, 146쪽.

17 안보윤, 『오즈의 닥터』, 이룸, 2009.

어지러운 환각을 따라가면서 이 소설이 점차 드러내고 있는 것은 환각에서 깨어나고 싶지 않을 정도로 잔혹한 현실의 구조다. "렌즈는 사물의 허상虛像을 보지만 그것은 우리들의 실상을 가리키는 좌표가 된다."[18]

비루한 현실 속에서도 인간다움을 지키기 위한 김애란 특유의 유머와 상상력 역시 이러한 태도로부터 태동한 것이 아닐까. 현실에 대한 부정이 아니라 현실과의 거리 감각으로서의 유머, 현실로부터의 도피가 아니라 현실을 재전유reappropriation하기 위한 상상.

> 환상이란 삶의 도피이며 정면 대결에의 회피라는 생각은 좁은 편견의 오류일 뿐이다. 삶과 정면대결하여 절망을 극복하기 위한 우리들의 힘은 어디에서 오는가. 그것들은 모두 어둡고 습습하여 정체를 알 수 없는, 그러나 사람들에게서 각자 다른 모습으로 추정되는, 환상(幻想) 또는 허상(虛像)에서 비롯되어 존재할 것이다. 우리의 정신적 양식(糧食)이 비롯되는 곳은 환상이다. 그리고 그러한 환상이 존재하는 어두움의 창고를 인식하는 개인의 성숙에서 우리의 삶과의 끈질긴 투쟁은 그 무기를 얻게 되리라. 설령 그 이발사가 그녀 앞에 영원히 모습을 나타내지 않을지라도, 그녀 앞에 언젠가 다른 사람, 다른 시차(時差)로 새로운 끈이 나타나 그녀를 지탱해 줄 때까지의 그 생존(生存)의 힘은 그녀의 이발사에 대한 애증(愛憎)일 것이다.
>
> —기형도, 「환상일지」[19]

18 기형도, 「환상일지」, 『기형도 산문집』, 살림, 1999, 117쪽.
19 위의 글, 114쪽.

이들 사이에는 자그마치 20년이라는 세월이 놓여 있지만, 환상을 대하는 태도로만 본다면 이 둘은 매우 닮아 있다. 김애란의 이런 기법이 유감없이 드러나고 있는 작품들은 「달려라, 아비」로 대표되는 가족로망스 계열이지만, 등단작 「노크하지 않는 집」에서부터 「큐티클」, 「너의 여름은 어떠니」에 이르기까지 그녀가 줄기차게 그려내고 있는 동시대 젊은이들의 우수와 불안 속에서도 그녀의 재치와 상상력은 쉽게 그 자리를 내주지 않는다. 취향이 계급을 나누고 소비 수준이 그 사람의 가치를 결정하는 세계에 그들 역시 한 발을 담그고 있지만, 도시적 세련이 몸에 배지 않은 김애란 소설의 젊은이들은 아직 인간에 대한 믿음을 잃지 않았으며 무엇보다 삶에 대한 의지를 버리지 않았기 때문이다. 그러므로 그들이 자신의 상처를 도닥이는 과정은 "나도 모르는 곳에서 나도 모르는 누군가 많이 아팠고, 또 견뎠을 거"[20]라는 생각으로 나아간다.

정한아의 『달의 바다』(문학동네, 2007)가 보여주는 공감과 위로의 세계, 그리고 거기에서 다시 시작되는 삶의 다른 가능성 역시 이러한 긍정과 의지에서 비롯한다. 물론 이 긍정이 현실의 지배적인 논리에 대한 긍정이거나 현실에 대한 무지로부터 비롯하는 것은 아니다. 모순을 비판하는 동시에 받아들이는 과정이 전형적인 성장소설의 일면을 보여준다는 것을 부정할 수는 없으나, 『달의 바다』의 주인공이 현실을 포기하지 않는 것은 단지 현실을 수락했기 때문이 아니라 스스로 삶의 다른 가치를 발견해내고 있기 때문이다. 다양한 가치를 드러내고 다른 삶의 가능성을 열어 내는 힘, 이것이 문학의 상상력이 가진 또 하나의 힘이다. 생

20 김애란, 「너의 여름은 어떠니」, 『비행운』, 문학과지성사, 2012.

이 우리에게 줄 것이 모멸밖에 없다는 말은, 모멸을 모멸로 받아들일 수밖에 없을 만큼 우리 역시 이 세계의 논리에 깊숙이 관여하고 있다는 말이기도 하다. 이탈자의 생이 얼마나 처절한지 모르지 않지만, 같은 논리와 상상력으로는 현실과 싸워 이길 수 없다는 것도 확실하다. 상위 5%, 아니 1% 안으로 들어간다 해도, 그래서는 성공한 삶일 수 없다. 줄 바깥으로 나가도 죽음이 아니라 삶이 있을 수 있다는 것, 줄을 세우고자 하는 자들은 그것을 "절대로 믿고 싶지가 않을 거다 / 그것만은 사실이 아니길 엄청 바랄 거다." 하지만 "나는 별일 없이 산다 / (…중략…) / 나는 사는 게 재밌다 / 매일 매일 신난다"[21] 고 노래할 수 있는 것, 진짜 이기는 삶은 이런 것이다.

'앵그리 영 맨'의 탄생과 청춘의 선언

자본은 소화력과 번식력이 어마어마한 괴물이다. 돈만 된다면, 자본에 대한 그 어떤 비판과 저항도 자본은 언제든지 자본의 질서 안으로 포섭한다. 절망적인 현실을 무사히 건너가기 위한 저마다의 환상과 상상, 유머와 긍정, 공감과 위로, 그리고 자본의 논리와 무관하게 구축해 놓은 새로운 삶의 리듬까지도 현실을 감추는 값싼 포장지로 순식간에 탈바꿈시킬 수 있다. 그렇기 때문에 더 많이 상상하고 더 끈질기게 나만의 리듬을 찾아야 하겠지만, 죄의식과 수치심 한편에는 날 것 그대로의 절망과 분노 또한 존재할 수밖에 없는 것이다. 한유주나 임세화뿐 아니라 김

21 장기하와 얼굴들의 노래 〈별일 없이 산다〉 중에서

애란, 정한아, 김금희 등의 작품에서도 우리는 그러한 감정을 종종 발견할 수 있다. 특히 김사과는 박권일이 기다리던 바로 그 '앵그리 영 맨'이라 할만하다. 등단작 「영이」로부터 최근작 「움직이면 움직일수록 이상한 일이 벌어지는 오늘은 참으로 신기한 날이다」에 이르기까지 김사과의 작품[22] 거의 전부를 관통하는 감정은 단연 분노다. 부패한 현실이 구조적으로 고착화되었다는 것을 깨달았을 때의 절망은 젊은 작가들의 작품 대부분에서 발견되는 현상이지만, 이러한 현실에 대해 이토록 일관되게 직설적인 분노를 표출하는 것은 김사과가 거의 유일하다. 윗세대에 대한 전면적인 부정과 비난 역시 그를 다른 작가들과 구분지우는 지표다. 그러나 바로 그 때문에 아이러니하게도 그는 예외적인 작가가 아니라 20대를 대표하는 젊은 작가가 되고 있다.

> 내가 너를 죽여야 하는 이유는 니가 어른을 공경하기 때문이야. (…중략…) 너 같은 쓰레기들 때문에 세상이 이렇게 점점 더 거지 같아져가는 거야. 어떻게 늙은이들을 공경할 수가 있어? 너는 니가 고개를 숙이고 굽실거리는 사이에 그들이 너한테서 가장 중요한 것을 빼앗아가는 걸 모르고 있어. 다 빼앗기고 남은 건 하나도 없이. 상처만 남아서 썩어가는 거. 끔찍하지 않니? 그런 게 어른의 삶이야! 그리고 너는 그런 걸 좋아해! 그래서 이런 거지 같음이 사라지지 않고 지속되고 심지어 확대되어

22 김사과, 「영이」(『창작과비평』 128, 2005.겨울), 「물 마시러 갑니다」(『문장웹진』 9, 2006.1), 「준희」(『창작과비평』 131, 2006.가을), 「이나의 좁고 긴 방」(『현대문학』 627, 2007.3), 「정오의 산책」(『문학동네』 56, 2008.가을), 「나와 b」(『창작과비평』 140, 2008.겨울), 『미나』(창비, 2008), 「동생」(『실천문학』 94, 2009.여름), 「매장」(『문학동네』 61, 2009.겨울), 『풀이 눕는다』(문학동네, 2009), 「움직이면 움직일수록 이상한 일이 벌어지는 오늘은 참으로 신기한 날이다」(『자음과모음』 7, 2010.봄). 이후 인용할 때에는 '책 제목, 쪽수'로 기재한다.

가. 너 때문에 세상은 점점 더 더러워져가고 있다고. 알겠어? 너는 알아야 해. 너는 죄책감을 가져야 해.

—『미나』, 298~299쪽

『미나』의 수정이 외부로 분노를 발산하는 까닭은, 이 거지 같은 현실을 만든 사람들이 바로 "어른"들이라고 생각하기 때문이다. 그들과 한통속으로 몰려 짐승 취급을 받지 않으려면, 어른들, 그리고 어른들을 공경하는 미나 같은 아이들과 자신을 명확히 구분해야 한다. 그 구분법이란 바로 그들을 죽이는 것이다. 죽이는 자가 됨으로써 그는 그들을 응징하고 스스로 초인의 자리에 올라서려고 하는 것처럼 보이기도 한다. 물론 우리가 그에게서 발견하는 것은 초인이 아니라 도리어 짐승이다. 그러나 문제는 악마적인 인물 수정이 아니라 수정의 논리에서 발견하게 되는 우리 사회의 맨얼굴이다.

"자유란 남들이 들어갈 수 없는 곳에 들어가는 것"이고 "희망이란 집단 속으로 — 좀 더 핵심적인 집단 속으로 — 매몰되어 융합하는 것"이며 "그 밖의 것들 — 대안이란 패배자들의 위안에 불과하다"는 수정의 생각이 섬뜩한 것은, 그것이 너무 삐뚤어졌기 때문이 아니라 너무 적나라하기 때문이다. 절망과 희망에 대한 기형도의 정의("절망이라는 것은 이미 모든 것을 알아버려 더 이상 꿈꿀 것이 없다는 뜻이고, 우리들 앞으로 언젠가 불쑥불쑥 튀어나올 의지나 정열의 시간들을 우리는 희망이라고 부르지 않, 습, 니, 까?")[23]는 수정의 저 단호하고 적나라한 정의 앞에서 드디어 지난 세대의 낡은 가치를 드러내

23 기형도, 앞의 글, 117쪽.

는 것처럼 보이지만, 수정의 논리란 사실 우리 사회에 만연한 승자독식의 논리를 그대로 내면화한 것일 뿐이다. 그런데 이상하게도 그 논리의 육화인 수정은 모두에게 지탄받고 세상은 착한 마음으로 이루어져 있다고 믿는 미나는 연민과 지지를 받는다. 아무리 이 세계의 논리를 내면화해도, 태어날 때부터 이미 승자였던 미나를 수정이 따라잡을 수는 없기 때문이다. 품위 있게 포장되지 않은 날것 그대로의 경쟁 논리는 오히려 주변 사람들의 반감만 살 뿐이다. 이것을 깨닫는 순간, 수정의 분노와 살의는 극에 달한다.

단순히 살의를 느끼는 것이 아니라 실제로 살인을 하는 아이·청년들을 등장시키고 있다는 점에서 김사과의 소설은 확실히 반反윤리적이다. 비非윤리적이라고 하지 않고 굳이 반윤리적이라고 한 까닭은, 이 섬뜩한 인물들이 실은 자신들만의 확고한 윤리 감각을 가지고 있기 때문이다. 그것은 대개 우리 사회에 통용되고 있는 윤리에 대한 의심과 비판에 맞닿아 있다. 그들이 부모뿐 아니라 교양 있는 (척하는) 386세대를 비롯해 기성세대 전체를, 대놓고 속물적인 어른들뿐 아니라 꾸며진 미소로 예의를 차리는 작가들까지도 통렬하게 비판할 수 있는 것은 그 때문이다. 생활이라든가 현실이라는 핑계가 그에게는 통하지 않는다. 『풀이 눕는다』의 화자는 이 낭만적 열정의 육화다. 그러므로 그는 수정이 아니라 오히려 미나에 더 가깝다. 말하자면 '각성한' 미나.

> 도시는 거대했다. 아니 끝이 없었다. 아무리 걸어도 벗어날 수가 없었다. 내 눈을 가린 빌딩들 너머에 뭐가 있을지 상상조차 할 수 없었다. 아니 도시는 이렇게 말하는 듯했다. 이게 전부다. 네가 보는 것, 이게 전부다. 걸으면

걸을수록 나는 피곤해지고 무거워졌다. 그리고 정말로 그게 다였다.

—『풀이 눕는다』, 13쪽

이 주인공이 가장 혐오하고 절망스러워하는 것은, 보이는 것이 전부인, 즉 한 겹뿐인 우리의 현실이다. 욕망이라는 관념 그 자체에 다름 아닌 거대한 빌딩들. 예외 없이 그 욕망에 사로잡혀 돈의 노예가 되어버린 사람들. 문제는 '나' 역시 예외가 아니라는 것이다. 표면적으로 '나'는 돈을 하찮게 여기는 듯 보이고 돈을 벌기 위해 자신의 시간과 노동을 허비하지도 않지만 그것은 "데이지에게 빌붙는 삶"을 선택했기 때문이지 돈이나 그 돈이 만족시켜 줄 수 있는 취향과 습관과 욕망들로부터 자유롭기 때문이 아니다. '나'의 고민과 방황은 여기에서 비롯한다. 이전의 작품들에서 인물들의 분노가 외부로만 향했다면, 『풀이 눕는다』에서는 동시에 내부로 향하고 있는 것 또한 그 때문이다. 분노보다 절망이, 외부를 향한 살의보다 자기 자신에 대한 파괴욕망이 더 자주 솟아나는 것 또한. 욕망이 아니라 단지 필요에 의해 돈을 벌어 쓰는 인물은 오히려 '풀'이라는 인물인데(그런 점에서 그는 단순히 '나'의 연인이 아니라 '나'의 욕망이 투영된 이상적인 자아상이다), 그렇다면 풀의 죽음은, 낭만적 열정으로 가득 찼던 청춘의 종언을 뜻하는 것일까. "세상은 너 혼자 아름답게 살도록 내버려두지 않아. 그렇게 되면 자기들이 무너져버리고 마니까. 그러니까 막으려고 들 거야. 무슨 짓을 해서라도. 무슨 수를 써서라도 네가 저것들을 사랑하게 만들려고 할 거야. 그런데도 니가 말을 듣지 않으면? / 너는 파괴당할 거야. 짓밟힐 거야. 너는 절대로 못 이겨. 절대로. 그리고, 그러니까, 풀. / 너는 절대로 지면 안 돼."[24] 그런데 결국, 지고 만 것일까?

모든 것이 끝난 뒤에도 삶은 이어졌다. 그것이 영원히 지속되리라는 걸, 우리는 마침내 깨달아버렸다. 아무 일도 일어나지 않은 채로, 더 이상 어떤 기쁨도 놀라움도 설렘도 없이, 영원히, 이어질 것이다. 끝내 우리는 아무것도 이루지 못한 채로 늙어갈 것이다. 그는 끝내 아무것도 그리지 못할 것이다. 나는 끝내 아무것도 쓰지 못할 것이다. 아무도 우리를 기억하지 못하는 채로 우리는 두 마리의 거북이나 염소처럼 시시하게 늙어갈 것이다. 삶은 끝났다. 그런데 우리는 여전히 살아 있었다. 남은 것은 그 삶을 견딜 수 있을 정도의 뻔뻔함과 얄팍한 위안뿐이었다. 우리는 이제 서로 외에는 아무도 없다는 것을, 손을 잡아줄 사람은 서로뿐이라는 것을 깨닫고 있었다. 그건 끔찍한 깨달음이었다.

—『풀이 눕는다』, 270쪽

결코 패배를 선언할 것 같지 않던 김사과의 주인공 역시 이렇게 청춘의 종언을 선언한다. 처음부터 아예 청춘이 존재하지 않았던 다른 인물들에 비해 이들은 한때나마 혁명을 꿈꾸며 청춘의 열정을 마음껏 불태웠다는 것으로 만족해야 할까. 패배를 인정하는 과정에서 현실의 강고함을 깨닫고 이 모순을 내면화하며 성장했다는 것으로 위안을 삼아야 할까. 그렇게 읽는 것도 틀린 것은 아니다. 그러나 풀의 죽음을 패배의 선언이 아니라 또 하나의 저항으로 읽을 수는 없을까. 일탈을 일삼으며 풀을 몰아치던 '내'가 아니라 최선을 다해 자신의 삶을 일구려고 노력했던 풀의 죽음이라는 점에서 그것은 더욱 참혹하고 절절한, 현실에 대한

---

24 『풀이 눕는다』, 146~147쪽, 강조는 원문.

고발이자 경고일 뿐 아니라 목숨을 건 선언일 수도 있지 않을까. 당신들이 원하는 대로, 결코 그렇게 살아주지는 않겠다는 선언. 우리들의 죽음은 결코 자살이 아니라 사회적 살인이라는 고발. 혹은, 이렇게 계속 몰아치기만 하면 우리는 결국 다 죽어버릴 거라는 경고.

> 이건 사는 게 아니야. 벌을 받는 거라고. 근데 왜 내가 그런 벌을 받아야 돼? 왜? 나 진짜 열심히 살았단 말이야. 아니 열심히 산 건 아닐지도 몰라. 그래도 잘못한 건 없잖아? 이런 벌을 받을 정도로 내가 뭘 그렇게 잘못했어? 내가 그림 그린 게 잘못이야? 내가 하고 싶은 거 한 거, 그게 잘못이야? 난 진짜 모르겠어. 내가 그래, 씨발 그림에 재능이 없을지도 몰라. 하지만 나는 열심히 했단 말이야. 그런데 왜 이래? 왜 앞이 안 보여? 왜 이렇게 살아야 돼? 그래 나는 돈도 없고 머리도 나쁘고 재능도 없어. 그러면 이렇게 살아야 되는 거야? 하고 싶은 것도 못 하고 이렇게 사천 원짜리 알바나 하면서 평생 고시원에서 살아야 되는 거야? 나는 그냥 솔직하게 산 것 같은데. 그림 그리고 싶어서 그런 건데. 일해야 돼서 일도 했어. 근데.
>
> —『풀이 눕는다』, 274쪽

근데, 왜 이렇게 살아야 하는 것인가. 이것이 우리가 꿈꾸는 사회인가? 죽이거나 죽거나, 그것만이 인간의 삶인가? 풀의 분노는 정당하다. 그리고 그의 절망 역시. 풀이 짓밟히고 파괴당한 것 역시 사실일 것이다. 그럼에도 나는 왜 풀의 죽음을 저항으로 읽고 싶어 하는가. 살아남은 '내'가 있기 때문이다. 자신의 낭만적 열정이나 윤리적 지향과는 달리 철저히 "20세기의 자식"일 수밖에 없는 '나', 타락한 이 도시의 일부인

'나'. 그러나 영원히 풀을 기억할 '나'. 그 기억의 힘으로 '나' 역시 그냥 이곳을 떠날 지는 아직 알 수 없다. 그러나 풀의 죽음은 시시하게 계속될 '나'의 일상에 분명 종지부를 찍는다. 앞서 인용한 부분은 풀이 죽은 후가 아니라 풀과 헤어졌다가 다시 만나고 나서 '내'가 한 생각이다. 그때 "삶은 끝났다. 그런데 우리는 여전히 살아 있었다." 그러나 이제, 그는 죽었다. 그런데 다시 삶이 시작된다. 말하자면 다시, 청춘의 선언이다.

이 청춘이 어떻게 흘러갈지 나는 아직 모른다. 수치와 공포, 분노와 절망, 유머와 상상, 공감과 위로, 환상과 긍정……. 현실에 대응하는 태도만으로도 이토록 스펙트럼이 넓은 작가들을 세대라는 이상한 그물망으로 잡아 올려 일목요연하게 정리해내는 것은 처음부터 나의 능력을 벗어나는 일이었다. 각자 다르게 세대의식을 드러내면서도 그들은 모두 세대 담론의 울타리를 넘어서고 있다. 더구나 젊은 작가들이 고투하고 있는 문제는 단지 자신들이 속한 세대의 문제만이 아니다. 우리는 20대를 걱정하지만, 그들은 도리어 우리를 걱정한다. 우리가 만든 세계, 그리고 어느 순간 이 세계의 논리에 푹 젖어버린 바로 우리들을 말이다. 세계가 한 겹뿐인 것은, 우리의 상상력이 한 겹뿐이기 때문이다. 그러므로 다시, 이 공을 받아야 하는 것은 우리다. 그들, '그리고' 우리.

청춘, 그 벌레로서의 '삶'

강윤화, 『목숨전문점』*

"정답 따위 아무것도 아니야, 없는 게 아니라 아닌 거야."

『죄와 벌』의 라스콜리니코프는 사람의 목숨 값이 동일하다고 생각지 않았다. 인류를 위해 더 큰 일을 할 수 있는 가치 있는 생명이 있고, 죽는 게 더 나은 쓸모없는 목숨이 있다고 생각했다. '초인론'에 근거해 그는 실제로 전당포 노파를 죽이러 갔다가 노파의 이복 여동생까지 살해한다. 예상치 못했던 죄의식과 공포심이 그를 사로잡는다. 죄 없는 이복 여동생은 죽이지 않았다면 그의 죄가 좀 더 가벼워졌을까? 아니다. 라스콜리니코프의 잘못은 사람을 몇 명이나 죽였느냐가 아니라 애초에 사람의 목숨을 놓고 경중을 따졌다는 데 있기 때문이다. 그런데 이런 생각이 비단 라스콜리니코프만의 것일까? 잉여, 루저, 식충, 좀비 같은 단어들이 너무나 일상적으로 소비되는 요즘의 한국사회에서 라스콜리니코프의 사상이란 사실 그다지 충격적이지도 않다. 소수의 '비범한 사람들'을 소수의 '돈 있는 사람들'로 대체해 최소한의 전복성마저 탈각시킨 채로, 우리는 여전히 사람의 목숨조차 등급을 매겨 나누던 유구한 역사

---

* 강윤화, 「목숨전문점」, 『목숨전문점』, 실천문학사, 2015, 27쪽. 이하 이 글의 소제목은 모두 강윤화의 『목숨전문점』에 나오는 문장을 원문 그대로 인용한 것이다. 자세한 서지정보는 생략한다.

와 전통을 이어가고 있다.

강윤화의 등단작이자 첫 소설집의 표제작인 「목숨전문점」에는 음료값을 돈 대신 일정량의 목숨으로 계산하는 흥미로운 카페가 나온다. 이름하야 '목숨전문점'. 목숨을 그램 단위로 환산해 화폐처럼 통용한다는 점에서 이 카페에는 라스콜리니코프의 생각과는 정반대의, 목숨에 대한 산술적 평등관이 작동한다. "어떻게 살아야 옳은가"라는 윤리적 고민보다 "살고 싶은가"라는 존재론적 질문이 문제의 핵심을 구성하는 것도 그래서이다. 중요한 것은 삶의 의지지 어떤 삶이냐가 아니다. 잉여나 루저라는 이유로 죽어야 할 이유도 없지만, 잉여나 루저를 판단하는 기준 자체가 달라진 것이다.

일테면 이런 식이다. '호'라는 인물은 소의 꼬리가 되기보다 닭의 머리가 되겠다고 일본까지 유학 왔으나 가족에게조차 외면당해 국제적인 신용불량자로 전락할 위기에 처한 소위 루저다. 있는 돈 없는 돈 다 빌려 얻은 방은 하필 곰팡이가 가득한 낡은 아파트. 그곳에서 호는 '카루'라는 독특한 인물을 만나 친구가 된다. 규율에 어긋난 짓을 함으로써 세상을 제대로 순화시킨다는 '민폐적극실천위원회'의 회원인 카루는, 진짜 곰팡이는 세상 사람들이 손가락질하는 호나 민폐적극실천위원회가 아니라 남들과 조금이라도 다른 것을 견디지 못하는 규격화된 그들 자신이라고 비판한다. 호가 가족, 친구, 국가로부터 없는 사람 취급당하는 것은 호의 무능력을 드러내는 것이 아니라 그러므로 오히려 호의 강함을 드러내는 것이다. 타인의 시선을 자기 존재의 근거로 삼는 대다수 사람들과 달리 그 모든 연결 고리가 끊어진 뒤에도 호는 여전히 이곳에 '살아 있기' 때문이다.

하이데거에 따르면 인간이 사물과 구별되는 것은 실존이 본질에 앞서기 때문이다. 이러한 존재론에 근거해 근대의 철학과 예술이 발전했다. 그러나 근대의 또 다른 축은 아이러니하게도 인간의 도구화, 기계화에 힘입은 바 크다. 극단적으로 말하면, 신의 세계에서 탈출해 짐승과 사물과 기계의 세계로 곤두박질친 것이 인간의 현대화 과정이라고 할 수도 있다. 최근에는 인간의 좀비화, 유령화가 그 뒤를 잇고 있는 실정이다. 그리하여 새로운 실존주의가 대두한 것일까. 카루 말대로라면 실존은 본질에 앞설 뿐 아니라 본질을 결정한다. 아니, 실존이 곧 본질이다. 강한 자가 살아남는 게 아니라 살아남는 자가 강한 것이니 어떻게든 살아남기만 하라는 뒤집힌 약육강식론을 말하는 게 아니다. 누가 뭐라든 죽어도 좋은 목숨 따위는 없다는 말이다. 루저와 잉여라고? 한 가지 기준만으로 이 세상 사람을 모두 줄 세운다면 루저나 잉여는 넘쳐날 수밖에 없다. 문제는 줄 밖으로 튀어나가는 다종다기한 인간들이 아니라 일렬로만 서야 한다는 이상한 기준인 것이다. 어떻게 하면 저 줄 안에 들어갈 수 있을까, 끄트머리가 아니라 선두를 차지할 수 있을까 고민하는 것은 애초에 잘못된 질문에 말려들어 가는 방식이다. 잘못된 질문으로부터 제대로 된 답이 나올 수는 없다. 그러한 세계에서는 답도 하나밖에 없지만(그러므로 나머지는 모두 오답!), 과연 이 많은 사람들에게 단 하나의 답밖에 없을 것인가. 그렇다면 그게 인간인가. 그렇게 사는 게 인간의 삶인가. 강윤화의 『목숨전문점』을 관통하는 질문은 바로 이것이다.

"어디서부터 잘못된 걸까. 학교 근처만 가도 들려오는 소리들."

곰팡이는 흔히 부패, 죽음, 낡음, 빈곤 등의 이미지와 연결되지만, 그 어떤 악조건 속에서도 피어나는 강인한 생명력으로 해석할 수도 있다. 곰팡이 자체가 하나의 생명이기 때문이다. 더구나 곰팡이의 생명활동은 죽은 생명체들의 몸을 다시 삶의 터전으로 바꾸어낸다. '떳떳한 인간'이라고 자부하는 이들이 도리어 자신만의 생명활동을 하지 못하고 규격화된 틀에 갇혀 세상을 정체시킨다. 자신들뿐만 아니라 다른 사람들까지 틀에 가둔다. 틀을 벗어나면 비난하고 각종 폭력을 휘두른다. 추방한다. 죽인다. 푸코에 따르면, 이런 사람들이 만들어낸 것이 바로 학교고 병원이고 감옥이고 군대다.

강윤화의 『목숨전문점』이 문제 삼고 있는 것은 그중에서도 특히 학교다. 소설의 인물들은 대개 10대 후반에서 20대 초반의 젊은이들인데 총 여덟 편의 소설 가운데 네 편(「목숨전문점」, 「얼룩 사이다, 사이다 얼룩」, 「토익 학원 오전반의 미덕」, 「혼자서 목걸이」)이 대학생을 주인공 화자로 내세우고 있고, 「내꺼 하자」는 재수생, 「세상에 되돌릴 수 있는 건 아무것도 없다」(이하 「세상에」)는 고등학생의 이야기이다. 「빨간 반성문」의 20대 화자도 고등학생 때의 일이 이후의 삶을 거의 지배하고 있고, 유일하게 40~50대 주부를 화자로 내세우고 있는 「누구 아는 사람 있어요?」(이하 「누구」) 역시 핵심 서사는 딸의 학창 시절 이야기이니 『목숨전문점』은 모두 우리 시대 '학생들'의 이야기라고 해도 과언이 아니다. 비교적 최근에 학교를 졸업한 젊은 작가이기 때문만은 아닐 것이다. 동일한 원리를 내재하고 있지만 병원이나 감옥, 군대에 비해 학교는 훨씬 더 일상적이고 보편적인 공간이다. 누구나 때 되면 다니는 곳이라고 생각해 강제성을 미처 인식하지도 못하고 입학한다. 그곳에서 아이들의 장래가 결정되리라는 조바심에 부모들까지 매달린다. 잔인한 현실이 학창 시절이라는 낭만적 환상에 감춰진다. 그래서 더 일상적이고 보편적으로 폭력과 경쟁과 획일화된 규칙에 쉽게 노출된다. 일찌감치 이 세계의 문법을 배운다. 그러나 이런 병리적 세계에서는 아무도 자신만의 룰을 가진 진짜 어른이 되지 못한다.

재수생과 휴학생조차 결여의 방식으로나마 '학생'으로 호명될 때만 그 존재를 인정받을 수 있는 세계, 유치원으로부터 시작해 10대 전체와 20대 초중반을 모두 학생으로 살아가야 하고, 그렇게 근 20년을 학교라는 규격화 권력에 갇혀 지내도 그 세계를 떠나는 순간 아무것도 보장되지 않는 시대. 하여 차라리, 영원히 이 규격화된 권력에서 벗어나지 않기를 소망하는 시대. 자유보다 안정이, 개성보다 모범 답안이 젊은이들의 '야망'이 되어버린 시대. 너도나도 공교육의 붕괴를 비판하고 학교폭력을 문제 삼고 청년실업을 걱정한다. 그러나 이 이상한 세계에서 제대로 배우고 사귀고 일할 수 있다면 그게 더 신기한 일이 아닌가. 학교를 둘러싼 문제들은 결코 학교 안에서 일어난 문제가 아니다. 올바른 가치의 부재가 낳은 우리 사회의 구조적 병폐가, 청소년이라는 가장 취약한 집단, 학교라는 가장 대중적인 교육기관에서 집중적으로 발현된 것에 다름 아니다. 학생이야말로 우리 사회의 이 병리성을 가장 잘 드러내는 징후적 주체인 것이다. 동일화의 폭력으로 인해 오히려 분열증을 앓게 된 강윤화의 인물들은 특히 그러하다.

「누구」의 김은주는 "선생님 말도 참 잘 듣고, 엄마 말도 참 잘 듣고" 어릴 때부터 그렇게 시킨 대로 모든 걸 다 하던 착하고 똑똑한 아이였다. 그러나 진로를 결정할 시기에 '아무것도 되고 싶지 않으니 차라리 아무거나 되겠다'고 고집을 피우다가 격분한 아빠에게 심한 폭력을 당한다. 결국 부모의 뜻대로 문과에 진학해 대학도 부모가 정해준 대로 잘 갔지만(그러니까 은주의 부모가 실은 '아무거나 되겠다'는 은주의 말을 실현시켜 준 것!), 그 사건 이후 정신분열이 심해진 김은주는 자기랑 똑같은 이름을 가진 김은주들의 삶을 흡수하여 세상이 떠들썩한 범죄자가 된다. 「빨간 반성문」의 '나'를 '충蟲'으로 만든 것도 한순간의 다름도 용납하지 않는 편견 가득한 어른들이었고, 「내꺼 하자」의 '나'를 죽음으로 몰아넣은 것도 아무리 아니라고 말해도 믿어주지 않고 오해하는 엄마와 남자친구다. 「토익 학원 오전반의 미덕」(이하 「토익 학원」)의 대학생 '나'를 대책 없는 휴학생으로, 빚쟁이로, 앞날이 캄캄한 알바생으로, 예비 미혼모로 전락시킨 사람 역시 무조건 공무원이 되라고 자식을 두들겨 패고 멋대로 휴학시켜버린 아버지다. 자식을 위한다는 핑계로 부모는 자식을 틀에 맞추려고 하지만 틀에 맞지 않는 아이들은 오히려 그 틀로 인해 깊이 상처받는다.

더 큰 문제는 제대로 치유되지 못한 상처로 인해 이들이 성장을 멈추게 되고, 상처는 결국 흉기로 변한다는 점이다. 「목숨전문점」의 토오리마, 「누구」의 김은주, 「세상에」의 김해우 등이 외부로 그 흉기를 휘둘렀다면, 「내꺼 하자」, 「얼룩 사이다, 사이다 얼룩」(이하 「얼룩 사이다」), 「빨간 반성문」, 「토익 학원」의 화자들이나 「혼자서 목걸이」의 정수인 등은 폭력의 방향을 내부로 돌렸다는 차이점이 있을 뿐이다. 「세상에」는, 그렇게 온통 상처 입은 짐승들이 서로에게 더 깊이 상처 입히며 온갖 악의적인 소문을 양산해내는 곳으로 학교를 그려낸다. 아이들이 의좋은 명우와 해우를 호모 형제로 탈바꿈시킨 건 단지 이들이 친형제간이 아니라는 사실 때문이다. 남들과 다르다는 이유로 끊임없이 시비가 걸리고 폭력에 시달려야 하는 해우가 자신을 지켜낼 수 있는 방법은 또 다른 폭력밖에 없었을 것이다. 그러나 해우에게 시비를 걸고 명우를 때려죽인 아이들 역시 그런 폭력의 연쇄 속에 있었던 것은 아닐까. 선배에게 기어오르는 놈들은 일찌감치 강변에 묻어버려야 한다는 생각을 길러준 것은, 그러니까 바로 우리 어른들이 아니었을까. 명우를 살려내기 위해 해우는 시간을 되돌리려 하지만, 시간을 되돌린다고 해서 문제가 다 해결되는 것은 아니다. 타임슬립이 야기하는 시간 역설 때문만이 아니다. 다름을 용납하지 않는 이 현실을 바꾸지 않는 한, 명우와 해우는 언제고 다시 같은 시간 앞에 멈춰 설 수밖에 없을 것이기 때문이다.

「세상에」가 어떻게든 시간을 되돌리고 싶다는 바람을 실현하기 위한 일종의 SF소설이라면, 「혼자서 목걸이」는 그것의 공포소설 버전이다. 친자매는 아니지만 살붙이보다 더 살뜰히 서로를 챙겨준다는 점에서 「혼자서 목걸이」의 수인과 기혜는 「세상에」의 해우와 명우를 닮았다. 해우가 폭력에는 폭력으로 맞서는 다소 즉흥적이고 공격적인 성격을 가졌다면, 수인은 백내장을 앓아 어릴 때부터 장님 소리를 들으며 자랐지만 잘 웃는 소녀였다. 눈이 보이지 않는데도, '유치찬란'이라고 불릴 정도로 옷이든 장신구든 문구든 온갖 색깔로 화려하게 꾸미는 것을 좋아했다. 오랜 친구 기혜는 그런 수인에게 자신이 보는 세상을 그대로 보여주고 싶어 한다. 그러나 시력이 돌아온 수인에게 이 세상은 온통 괴물 같았다. 밥도 옷도 친구도, 자신을 둘러싼 세상의 모든 색들이 구토를 유발했다. 수인은 차라리 눈을 감고 생활하려 하지만, 기혜는 수인이 다시 장님 노릇 하는 걸 용납하지 못한다. 앞을 보지 못했을 때는 없던 갈등이 오히려 눈을 뜨자 생기게 된 것이다. 물론 기혜는 그것이 수인을 위하는 거라 생각한다. 혼자서는 아무것도 할 수 없게 된 수인이를 위해 온갖 치다꺼리도 다 해준다. 바라는 것은 단 한 가지, 수인이가 눈을 뜨고 자신과 같은 것을 보는 것뿐이다. 단지, 그것뿐.

그러나 견디지 못한 수인이 결국 제 눈을 찌르고 핏물이 떨어지는 그 빗꼬리를 다시 기혜 쪽으로 들이대는 마지막 장면은, 기혜가 바랐던 그 단 하나의 소망이 실은 얼마나 폭력적이었던가를 충격적으로 드러낸다. 멀쩡한 눈을 찔러 실명을 시키는 것은 끔찍한 일이지만 다른 감각으로 세상을 보고 느끼고 충분히 향유하던 사람에게 꼭 눈으로만 보자고, 내가 보는 것과 똑같은 것을 똑같은 방식으로 보고 이야기하자는 것이 폭력이라고는 미처 생각하지 못했던 기혜와 같은 우리들에게, 이 소설이 던져주는 메시지는 적지 않다. 사랑도 동일화의 욕망만으로 가득 차 있으면 사랑이 아니라 폭력이 된다. 우리 시대 부모의 사랑이 대개 그러하다. 몸은 다 자랐는데 왜 빨리 어른이 되지 못하냐고 다그칠 뿐, 제대로 자라는 방법을 가르쳐 주지도, 천천히 혼자 자랄 수 있도록 기다려주지도 않는다. 수인이 제 눈을 찔러 차라리 시간을 되돌리기 원했던 것처럼, 하여 우리 시대 청년들도 성장을 거부하고 퇴행을 선택하고 있는 것은 아닐까.

"이제 너도 어른이잖아. 네가 해결했어야지."

「토익 학원」의 '나'나 「얼룩 사이다」의 도진이가 바로 이렇게 몸만 자란 아이들이다. 「토익 학원」의 '나'는 공무원 시험만 강요하는 아버지에게서 기껏 도망쳐 나오고도 "뭐가 되든 자격증을 따두자"는 생각으로 잠시 공부에 집중했다가 다시 해이해져 한동안 쉬고, 그러다가 다시 "뭔가를 시작해야겠다는 생각"만으로 "무작정 학원을 끊"는 대책 없는 생활을 반복할 뿐이다. 그 와중에 임신까지 하게 되자 별수 없이 아기는 변기에 낳아 버리고 자신은 한강에 뛰어들어야겠다고 생각한다. 산달이 가까웠으니 죽을 날도 얼마 남지 않았다. 그런데도 태몽을 꾼 날조차 새벽부터 일어나 토익 학원에 간다. 그렇다고 정말 열심히 공부를 하는 것도 아니어서 시험 직전까지 수업 진도조차 알지 못한다. 죽음을 유예하고자 하는 안간힘이나 마지막까지 최선을 다하고자 하는 성실함이 아니라 그저 남들처럼 무언가를 하지 않으면 안 된다는 공포와 불안이 죽는 순간까지도 '나'를 사로잡고 있었을 뿐이다.

이런 아이러니는 비극적 상황에 걸맞지 않는 희극적인 문체로 더욱 극대화된다. 하필 토익 학원 수업 시간에 진통을 느껴 학원 화장실에서 사력을 다해 낳고 보니 아기가 아니라 변비에 시달리다가 싼 피똥이었다는, 희비극이 교차하는 마지막 장면은 특히 그러하다. '토익 학원 오전반의 미덕'이란 결국 활발한 장운동 끝에 아침부터 싸댄 구린 똥이었던 것. 그러나 이러한 해학 이면에는 '나'의 아버지뿐만 아니라 너무 쉽게 태아 유기를 결정한 '나' 역시 결코 부모가 될 수 없는 존재라는 암시가 담겨 있다. 자립을 가르치는 것이 아니라 불안과 공포를 조장해 끊임없이 외부적 존재에 의존할 수밖에 없게 만드는 어른들, 아무런 사회적 안전망도 없는 무한경쟁 속에서 오히려 경제적·윤리적으로 퇴행하는 청년들, 우리 사회의 부끄러운 맨얼굴이 여기에 다 들어있다.

「얼룩 사이다」는 습관적으로 근친상간하는 남매와 아들을 성폭행하는 엄마를 통해 이러한 윤리의 부재와 가족의 붕괴를 섬뜩하게 그려낸다. 시험과 리포트에 시달리는 평범한 대학생처럼 등장했던 도진이, 실은 '도진이는 내꺼'라며 수시로 오빠의 몸을 탐하는 여동생 기연을 거부하지 못해 아노미 상태에 빠져 있었던 것. 처음에는 잘못이라는 걸 모르고 시작했고, 알고 난 뒤에는 너무 습관이 들어 고치질 못했다. 먼저 몸을 요구하는 것은 항상 기연이었으므로, 밀어내는 법을 배우지 못한 도진은 지옥 같은 관계를 계속 이어간다. 가족 내 이러한 법의 부재를 상징하는 것은 아버지의 부재라는 장치이다. 10년 만에 돌아온 아버지는 그러므로 곧 근친상간 금지를 선포한다. "이제 너도 어른이잖아. 네가 해결했어야지. 가족끼리 그러면 안 되는 거야. 무슨 일이 있어도 해서는 안 되는 짓이라고."

하지만 나이를 먹었다고 모두 다 어른이 되는 것은 아니다. 어른이 되는 방법을 제대로 배우지 못한 도진은 여전히 아버지가 집을 나가기 전의 그 어린아이일 뿐이다. 도진은 사라진 아버지의 행방을 내내 수소문했지만 다른 가족들에게는 아버지의 부재조차 잊혔던 지난 10년간 이 집을 지배한 것은 아버지의 법이 아니라 어머니의 성性이었다(돌아온 아버지 역시 '아버지라는 법'보다 어머니의 성적 파트너로서의 남편이라는 분위기를 더 강하게 풍긴다). 도진이 기연을 거절하지 못하는 것도, 피할 수 없는 고통 속에서 환시를 보듯 얼룩에 빠져드는 것도 그 때문이다. 아버지가 금지한 것이 실은 여동생과의 근친상간이 아니라(그 사실까지 아버지가 인지하고 있었는지는 알 수 없다) 어머니와의 근친상간이었다는 것이 드러나는 소설의 마지막은 이를 더욱 충격적으로 드러낸다.

처음에는 방관자나 도피자로, 나중에는 심판자로 비춰졌던 아버지는 여기서 마침내 구원자로서의 모습을 드러낸다. 혼자서는 더 이상 이 지옥을 벗어날 수 없다 생각한 순간 아버지가 얼룩 밖으로 손을 내밀어 도진의 "손을 잡고 힘차게 잡아"당긴 것이다. 얼룩의 중심으로 헤엄쳐 들어온 도진은 그 탄산수 같은 얼룩이 실은 "눈물의 바다. 아버지의 도피처"였다는 것을 깨닫는다. 어쩌면 아버지 역시 저 세계의 법이 아니라 도망자였을지 모른다는 것, 그가 내민 손은 심판자나 구원자의 거대한 손이 아니라 기껏해야 먼저 탈출한 자의 "부들부들 떨리는" 손이다. 아들을 끌어올린 뒤 울고 있는 아버지의 얼굴은 도진이 처절하게 몸부림친 만큼 아버지 역시 오래 사투를 벌였다는 것을 보여준다.

그렇다고 아이들을 오랜 세월 폭력 속에 방치하고 도피한 책임이 다 사라지는 것은 아니다. 아버지의 도움으로 탈출에 성공하는 순간 도진은 다시 어린아이로 돌아가는 듯한 모습을 보여주는데, 이는 아버지를 의심 없이 따르던 유년으로의 회복이라기보다 성장하지 못한 어린 자아가 그 억눌렸던 모습을 비로소 드러내는 것처럼 보인다. 탈출이 성장으로 이어지지 않고 퇴행의 조짐을 보이는 것은 이러한 구원의 한계를 명백히 드러낸다. 아버지와 아들 앞에 마침내 나타난 흰 빛은 새로운 희망을 암시하는 듯도 하지만, 구원은 환상적으로 처리된 반면 현실의 폭력은 너무나 섬뜩하고 생생해 여전히 현실의 출구 없음이 더 강하게 와 닿는다. 「얼룩 사이다」만이 아니다. 「세상에」 역시 구원은 타임슬립이라는 SF적 설정을 통해서만 가능하거니와, 타임슬립의 가능성은 언제나 그 불가능성을 동반하는 것이어서 명우와 해우의 행복한 만남이 과연 실현될 것인지 확신할 수가 없다. 그렇다면 강윤화가 말하고자 하는 것은 대체 이 세계의 변화 가능성일까 불가능성일까.

"그렁 게나 는벌 레로 서의 삶을 또이 어가 기시 작했 다."

카루의 사유 역시 '틀린 것은 우리가 아니라 당신들'이라는 수준을 크게 넘어서지 않지만, 그가 입버릇처럼 달고 다니던 '정답 따위는 아무것도 아니다'라는 말은 정답의 유무나 가부를 문제 삼는 것이 아니라 그러한 사유체계 자체를 해체하고자 하는 전복성을 내재하고 있었다. 그러나 다른 사람이 지불한 목숨의 힘을 빌어서라도 제대로 살아내고 싶다며 맛없는 목숨주스를 마셔대던 카루는 아이러니하게도 '묻지마 살인'의 희생자가 되어 짧은 생을 마감하고, 카루의 죽음을 받아들이지 못하는 호는 "모든 것이 오답을 향하고" 있다고 절규한다. 문제는 이로 인해 카루의 전복적 사유가 다시 정답과 오답의 세계로 회귀해버린다는 것이다. '토오리마'[1]를 만들어낸 것이 바로 이런 닫힌 세계라는 점에서, 카루의 죽음은 다른 사고를 허용하지 않는 우리 사회의 폐쇄성과 병리성을 함께 드러내는 문제적 장치임에 분명하다. 체제의 피해자가 또 다른 약자들을 공격하는 것으로밖에 분노를 표출하지 못하고 그로 인해 결국 범죄자로 전락해 체제 바깥으로 추방되거나 격리되는 현실도 침통하지만 하필 그 대상이 유일하게 다른 방식으로 사유할 줄 알던 카루라는 점에서, 이 소설의 마지막은 민중이 스스로 자신들의 영웅을 제거해버리는 아기장수 설화를 연상시키는 측면마저 있다. 겨우 열렸던 가능성이 무참히 닫혀버리는 느낌.

카루의 죽음은 카루의 정답도 "내 정답"도 아니라며 호는 뒤늦게 생의 의지를 다지지만, 호의 이 급작스런 변화는 별로 설득력이 없다. 카

1 토오리마(とおりま). 순식간에 지나치면서 만난 사람에게 해를 끼친다는 마물, 또 그와 같은 나쁜 사람. 흔히 무차별 살인 사건을 일컫는 말로 사용된다.

루가 죽은 뒤 혼자 목숨전문점을 찾아 비로소 목숨주스를 마시는 것도 일종의 애도 행위일 뿐, 그 애도가 또 다른 맹목으로 흐를 위험을 다분히 드러내고 있어 그것이 진정한 생의 의지인지도 알 길이 없다. 결말을 반전이나 불친절한 폭로로 마무리하는 것은 강윤화의 스타일인 듯한데, 그렇다 할지라도 호의 변화는 너무 급작스럽고 다소 작위적이다. 왜일까. 작가의 솜씨가 부족해서라기보다 이러한 결말이 작가의 비극적 세계관을 애써 감추고 있기 때문이다.

앞서 말했듯이 강윤화 소설의 주요한 축은 세상이 강요하는 정답에 대한 의심과 비판이다. 여기에는 규격화・획일화된 사회가 아닌 '다른 세계'의 가능성에 대한 기대와 소망이 있다. 그것이 일종의 엔진으로 작동하면서 소설에 시동을 걸고 상상력을 증폭시킨다. 그러나 「얼룩 사이다」나 「세상에」가 보여주듯이 출구 없는 현실을 작가의 상상력만으로 돌파해내기란 쉽지 않다. 단편소설이라는 장르적 특성 때문이기도 하겠으나 「내꺼 하자」나 「누구」, 「토익 학원」, 「혼자서 목걸이」 등은 가상의 출구보다는 현실의 '출구 없음' 그 자체를 드러내는 데 더 치중하고 있다. 살인, 자살, 자해 같은 극단적인 결말이 자주 제시되는 것도 그 때문이다. 강윤화의 소설 세계가 모두 비관적이기만 한 것은 아니다. 「목숨전문점」의 카루, 「내꺼 하자」의 문방구 청년, 「빨간 반성문」의 스누피와 노란새, 「세상에」의 사하와 김명우 등은 가족애를 뛰어넘는 공감과 연대의 가능성을 시사하며 소설에 온기를 부여한다. 그러나 카루와 명우는 죽임을 당하고, 문방구 청년의 친절과 공감은 내가 진짜 애정을 갈구하던 사람들의 오해와 냉대를 더 부각시키며, 스누피는 '내 반성문'을 베껴 씀으로써 '내'가 다시는 글을 쓰지 못하게 만드는 데 일조했던 인물이다. 가능성을 열어보였다가 다시 닫아버렸으니 현실의 폐색은 오히려 더 도드라진다. 믿었던 친구는 "긍정적이 되라"는 비난성 충고를 던지거나(「토익 학원」) 남이라는 현실을 확인시켜 주고(「내꺼 하자」), 가족은 때로 지옥 그 자체다(「얼룩 사이다」). 강윤화의 소설에서 출구는 가상 현실에나 존재하고 진짜 현실에서는 기껏해야 갈등을 잠시 봉합할 수 있을 뿐 그 어떤 활로도 없는 듯하다.

그러나 이것만으로는 강윤화의 소설 세계를 제대로 드러낼 수 없다. 더 중요한 것은 그럼에도 불구하고 강윤화의 소설에는 어떤 싸움이 있다는 것이다. 출구 없음을 보여주는 것만으로 만족하지 않고 작품에 균열을 일으킨다. 인물과, 세계와, 작품의 예정된 결말과 싸운다. "세상에 되돌릴 수 있는 건 아무것도 없다"는 비관적 현실인식 한편에 "그렇다면 왜 '되돌리다'라는 말이 존재"하냐는 질문이 맞선다. 화해할 수 없는 세계라는 인식과 끝내 화해하고자 하는 욕망이, 소통되지 않는 세계라는 절망과 쉼 없이 말을 건네려는 몸짓이 함께 있다. 그것이 때로는 자아분열을 일으키거나(「누구」, 「빨간 반성문」) 달리는 차를 향해 돌진하게(「내꺼 하자」) 하지만, 어쩌면 이 자기 파괴의 몸짓들조차 불화와 불통의 세계에 건네는 간절한 외침일 수 있다. 차이를 지우고자 하는 욕망이 아니라 다름을 살아내고자 하는 의지가 만들어낸 생의 절규들.

「빨간 반성문」의 화자 충은 내내 직선의 삶을 살았는데도 빨간 색으로 썼다는 이유만으로 자신의 반성문이 찢겨지고 끝내 책 도둑이라는 오명을 벗지 못하게 되자 펜으로는 더 이상 그 어떤 글도 쓰지 못하는 일종의 외상 후 스트레스 장애를 앓는 인물이다. 정신분열을 겪을 정도로 내면에 깊은 분노와 설움을 쌓아가던 충은, 검은 색 반듯한 글씨 덕에 자기 대신 면죄부를 받았던 스누피를 만나 지난 일을 따진다. 하지만 "모든 것을 돌리기 위해서" 충이 만나야 할 질문의 진짜 대상은 스누피가 아니다. "나를 구해주지 못한 내 글"을 용서할 수 없었을 뿐, 그것이 스누피의 잘못이 아니라는 것은 충도 알고 있었다. 더구나, 모든 것을 되돌린다는 것이 과연 가능한가. 그러한들, "내용이 그 색깔 급에 결정"되는 게 "인간이라는 거"라면, 자신을 충蟲으로 전락시킨 그런 인간 세계로 다시 돌아가는 것이 과연 자신의 불명예를 회복하는 방법일 수 있는가. 문제는 간단치 않다. 충이 온 집을 거울로 둘러 '나들'을 불러낸 까닭이 여기에 있다. 스누피나 서점 주인뿐 아니라 충 역시 오랫동안 직선의 삶을 살아왔고 그곳으로 다시 돌아가기를 욕망해 왔던 인물이다. 잘못은 '너들'에게만 있는 것이 아니었다. 외면하고 싶었겠지만 그러므로 충은 정직하게 그 온갖 '나들'을 대면할 필요가 있었던 것이다. 필통 속을 검은 펜으로 채워 넣고 "내가 벗어난 일직선으로", "그 일이 있기 전의 나로 돌아가 인간만의 인간론 안의 예문으로 등장"하길 바라다가도, 충은 문득문득 정신을 차리고 되묻는다. "그러나 내가 그걸 진정으로 원했던가? 나는 뭘 원했던 거지?"

"충. 벌레처럼 거울을 더듬어줘. 빈틈없이. 인간들한테 똑똑히 알려주자고!" 배신자로 몰려 눈물만 흘리던 스누피는 신문부 폐부를 선언하고 떠나면서도 기획기사 자료 위에 반듯한 글씨로 이런 메모를 남겨놓았다. 「빨간 반성문」은 "지나치게 일직선으로 걷고 지나치게 일직선으로 생각"하는 "인간만의 인간론"이 범람하는 세상을 향해, 그리하여 충이 제출한 "그렇 게나 는벌 레로 서의 삶을 또이 어가 기시 작했 다"는 벌레들의 거울 이야기인 셈이다.

진실과 마주한 뒤에도 충은 인간으로 돌아가지 못하고 여전히 '벌레로서의 삶'을 살고 있다. 여기에는 두 가지 함의가 있다. 하나는 "인간만의 인간론"이 여전히 강고하다는 것이다. 한 번이라도 이탈한 자는 쉽게 본래 궤도로 돌아오지 못한다. 탈선자라는 꼬리표는 평생을 따라다니는 주홍글씨다. 그러나 저 문장을 소외와 박탈의 언어로만 읽을 이유는 없다. 인간의 삶을 구성하는 것이 그런 배제와 폭력이라면 나는 인간 따위하지 않겠다는 선언으로 읽을 수도 있는 것이다. '돌아갈 수 없다'는 부정의 수동태가 아니라, '돌아가지 않겠다'는 의지의 능동태. "또이 어가기시 작했 다"라는 서술부 역시 마찬가지다. '벌레로서의 삶'이라니 죽지 못해 구차하게 이어가는 것처럼 읽힐 수도 있지만, '벌레로서의 삶'을 후자가 아니라 전자로 해석한다 하더라도 「목숨전문점」의 카루처럼 오히려 이 '이어감'을 근거로 전자를 후자로 탈바꿈시킬 수 있는 것이다. 살아낸다는 것은 이제 그만큼 힘든 일이 되었다. "살고 싶어. 살 수 있는 만큼을 살아내고 싶어. 그건 정말 어려운 일이야."(「목숨전문점」)

강윤화의 소설은 '벌레로서의 삶'이라는 절망적인 현실인식과 그럼에도 끝내 '제대로 살아내겠다'는 생의 의지가 격돌하는 장이다. 가능성이 불가능성을 의심하고, 불가능성이 가능성을 밀어낸다. 그 격돌이 소설에 종종 균열을 일으키고 쉽게 해석되지 않는 모호한 결말 처리로 이어지기도 한다. 분열된 것은 작품 속 인물만이 아닌 것이다. 그러나 그 어떤 균열도 없이 물 흐르듯 자연스럽게 흘러가는 작품들보다 이 거칠고 불친절한 소설들이 우리의 시선을 더 오래 붙잡는다. 10대의 유치하고 단순해 보이는 언어들이 쉽지 않은 이야기를 풀어낸다. 겉보기엔 해사하고 싱싱한 젊음이지만 속으로는 온갖 모순을 끌어안고 부글부글 끓어오르는, 아프고 상한 우리 시대 청년을 이야기하는 청년의 글쓰기이다. 패배했다고 말하지 마라. 싸움은 아직 끝나지 않았고, 우리의 답은 당신의 답과 다르다.

세계의 아이러니에 빠진 유머리스트

구경미, 『게으름을 죽여라』*

백수소설, '구경미' 하면 제일 먼저 떠오르는 말이다. 첫 소설집 『노는 인간』(열림원, 2005)의 강렬함 때문일 것이다. 하지만 『노는 인간』에 등장하는 수십 명의 인물 가운데 백수는 겨우 서너 명에 불과하다는 사실을 아는 사람은 얼마나 될까? 심지어 표제작 「노는 인간」의 자칭 타칭 '노는 인간'인 '나'도 소설가이지 엄밀한 의미의 백수는 아니다. 「봉덕동 블루스」처럼 실제 백수가 등장하는 소설도 소설의 관심이 백수 그 자체에 놓여 있지는 않다. 그렇다면 구경미가 백수소설의 새로운 지평을 열었다는 세간의 평가는 실체 없는 소문과 편견에 근거한 것일까. '백수'라는 용어가 사회과학적 개념이 아니라, 정규직 노동자도 아니고 일정한 수입도 없는 작가(「노는 인간」)와 주부(「그리고 싱가포르」), 사고후유증으로 자폐증상을 보이는 청년(「광대버섯을 먹어라」) 등을 모두 뭉뚱그릴 수 있는 일종의 수사修辭로 사용되고 있다면 그다지 틀린 말은 아닐 것이다. 하지만 『노는 인간』이 '노는 인간=백수=사회부적응자=낙오자'라는 우리 사회의 지배 담론에 대한 일종의 저항을 보여줬다면, 그의 소설에 따라붙는 '백수소설'이라는 꼬리표는 혹 그의 저항을 무력화시

* 구경미, 『게으름을 죽여라』, 문학동네, 2009.

키고 재영토화하는 수사로 기능했던 것은 아닐까? 그의 소설들의 숱한 비-백수들을 열외로 취급하면서까지 말이다. 두 번째 소설집 『게으름을 죽여라』에 백수는 등장해도 '노는 인간'은 거의 등장하지 않는 것 역시 어쩌면 그 때문일지 모르겠다.

대신 이번 작품집에서 구경미는 백수들과 나란히, 아니 보다 적극적으로 직장인들의 소외된 삶을 탐구한다. 그런데 가만, 굳이 백수와 직장인을 구분해 이야기할 필요가 있을까? 읽어본 사람들은 알겠지만, 사실 그들 사이에는 본질적인 차이가 없다. 직장인은 물론이거니와 『게으름을 죽여라』에 등장하는 백수들도, 비록 자발적 실업자라 하더라도 자기만의 삶의 리듬과 가치를 추구할 여유와 패기를 상실해버린 자들이기 때문이다. 음악을 하기 위해 진학도 취업도 마다한 채 서른이 넘도록 프리터족free arbeiter으로 살아가고 있는 「뮤즈가 좋아」의 기타리스트에게도 "순수한 즐거움으로 가득 찼던 그 순간들"은 이미 지나가버린 과거다. 타인을 감동시키지도, 스스로 즐기지도 못하면서 미련하게 계속되는 그의 연주는 이제 어깨를 짓누르는 암담한 현실일 뿐이다. 「은자와 함께」의 동호에게도 글쓰기는 놀이가 아니라 전투에 가깝다. "자신을 알아주지 않는 세상에 대한 증오"와 열등감, "채워지지 않는 욕망"에 시달리느라 그는 소설가 지망생이라도 「노는 인간」의 '나'처럼 유유자적할 수가 없다. "습작 부족을, 기초 부족을, 혹은 재능 부족을 현장 탓으로만" 돌리며 독한 현장에 직접 뛰어들던 그는, 그러나 결국 아무것도 쓰지 못하고 허무하게 죽음을 맞는다. 노는 인간들의 전유물인 문학과 예술도 이렇게 놀이가 아니라 일이 되는 순간 자본의 경쟁 논리 속으로 들어간다. 제도화된 문학과 예술, 그리고 그 속에서 살아남기 위한 강박들. 그들에게 '호모 루덴스Homo ludens'란, 새로운 문화콘텐츠로 써 먹을 때가 아니라면 그야말로 한가한 소리일 뿐이다.

세계의 속도와 가치를 따라가지 못하는 사람들을 숫제 병자-죄인 취급하는 우리 사회의 단면은 표제작 「게으름을 죽여라」에 보다 선명하게 드러난다. '게으름 치료센터'라는 시대착오적인 공간이 21세기에도 각광받는 소설 속 현실은 그 자체로 부조리하다. 그러나 우리를 더욱 우울하게 하는 것은, 학교-회사-군대-감옥-병원의 이 혼연일체가 실제로도 그다지 낯설지 않다는 것이다. 무엇을 할지, 무엇이 하고 싶은지 몰랐을 뿐 아무도 '게으름 병'을 앓고 있지 않았으나, 교도소가 범죄자를 배출하듯 '게으름 치료센터'는 입소자들에게 '게으르고 쓸모없는 사람'이라는 낙인을 찍는다. 사소한 비판과 저항도 용납하지 않고 자신들의 논리와 원칙만 강요하는 센터-현실의 벽은 좌표를 상실한 청년들의 일탈과 무기력, 공포와 불안을 더욱 가중시킨다. 퇴소 후 결국 취업의지마저 상실한 '나'는 잠으로 도피하면서도 자꾸만 불안감에 시달린다.

반면 「잠자는 고양이」의 '그'는 쓸모없는 인간이라는 불안감을 잊기 위해 회사도 그만두고 끊임없이 잠을 자며 자살까지 시도한다. 그러나 그에게 현실도피 심리나 무의미한 삶에 대한 부정의 의지만 있는 것은 아니다. "늘 뭔가 바라는 게 있을 때 자살을 결심"했다는 점에서 그의 죽음 충동에는 언제나 에로스적 충동이 함께 한다. 문제는 그가 자살을 결심할 때마다 바라던 일이 이루어졌다는 것이다. 죽음은 유예되지만, 술·담배에 중독되듯이 그는 틈만 나면 자살 욕구에 사로잡힌다. 이 우연이 언제까지 계속될 수 있을까. 평소에 너무 많이 잔 탓에 다량의 수면제를 먹고도 죽기는커녕 잠조차 들지 못하는 희극적인 결말은, 무거운 주제를 무겁지 않게 끌고 가는 구경미 특유의 장기이거니와, 절망의 수위가 생의 의지를 넘어서지 않았다는 암시이기도 할 것이다. 그렇다면 우연이나 초자연적인 힘에 기대지 않고 스스로 생의 의미를 만들어갈 수는 없는 것일까?

"내 삶에서 스스로 선택한 게 하나도 없"다는 사실도 모르고 열심히 일만 했던 「새로운 삶」의 그는 죽다 살아나고서야 스스로 '선택'이라는 것을 하지만, 그의 유일한 선택도 '삶으로부터의 퇴근'이다. 자살이 "가까스로 되찾은 걸 엿 먹어라 하고 놓아버리는" "멋진 반전"이라는 그의 말에는 얼핏 키릴로프의 그림자가 비치지만, 그 포즈 뒤에 놓여 있는 것은 삶에서 더 이상 의미를 찾아낼 수 없으리라는 도저한 절망감이다. 이 절망을 감추기 위해 그들은 스스로를 기만하거나(「일주일」) 남을 속이는가 하면(「거짓말」) 장례식장 대신 무작정 바다로 나가기도 하고(「2005년 6월, 귀덕과 애월 사이」) 급기야 자살까지 시도하는 것 아닐까(「새로운 삶」, 「잠자는 고양이」). 그들에게는 그것이 "무미건조한 삶을 견디기 위한" 놀이의 일종이지만, 이 놀이의 끝은 전혀 유쾌하지 않다. 자신의 계획과 선택에 따른 인생이라는 것이 실은 비굴하게 이 사람 저 사람 눈치 보며 애면글면 사는 인생과 전혀 다를 바 없음을 확인하는 씁쓸함, '여자의 외모'라는 잣대에 '남자의 능력'이라는 잣대를 맞받아치는 비열함, 단 한 번의 일탈이 죽음으로 이어질지도 모른다는 섬뜩함. 구경미가 그리고 있는 현실에는 어디에도 출구가 보이지 않는다. 자살도, '삶을 강요하는 현실'에 대한 제대로 된 '엿 먹이기'가 아니다. 아무도 기억하지도, 애도하지도 않는 죽음이 어떻게 저항력을 형성할 수 있겠는가. 이들의 죽음은 그저 약자들의 자연도태로 이해될는지도 모른다. 더욱 심각한 것은, 이 강자의 논리가 약자에 불과한 바로 우리 자신들에 의해 더욱 강화되고 고착화된다는 사실이다.

『게으름을 죽여라』는 바로 이 암담한 현실에서부터 출발한다. '노는 인간'의 뒤를 이어 '게으름을 죽여라'를 표제로 내세웠으나, 반어적이고 풍자적이어서 오히려 더 노골적인 책 제목과 달리 그가 직접적으로 게으름을 예찬하지 않는 것도 그 때문이다. 섣부른 대안을 제시하는 대신, 그는 핍진한 현실을 보여준다. 그러나 그가 문제 삼는 것은 부조리한 사회만이 아니다. 제대로 탈주선을 그리지 못하고 묵묵히 부조리를 견디는 개인들, 구경미의 비판적 시선은 바로 이런 우리 자신을 향해 있다. 비판을 위해서는 반드시 거리가 필요한 법, 일인칭 화자-주인공이 등장하는 소설에서도 작가의 시선이 언제나 인물들과 일정한 거리를 유지하는 것은 그 때문이다. 인물들을 극한의 절망에 몰아넣으면서도(그런 경우는 드물지만) 그러므로 그는 절망에 빠지지 않는다.

이것은 구경미가 유머를 구사할 줄 아는 작가라는 것과도 밀접한 관련이 있다. 프로이트는 유머를 '자신의 존재를 동요시키고 절망으로 내모는 것에서 시선을 돌리는 정신적 위대함'이라 했다. 말하자면 유머는 세계를 바라보는 태도이기 이전에 시선이 향하는 방향의 문제인 것이다. 구경미의 시선이 정확히 어디를 향하고 있는지는 아직 잘 모르겠지만 동반자살을 결심할 정도의 깊은 고독을, 베이스 주자를 놓고 실랑이를 벌이는 중년 사내들의 한심한 작태 이면에 능청스레 새겨 넣는 작가의 솜씨는 바로 이 유머의 산물임에 분명하다. 현실의 절망에 함몰되지 않으면서도 현실의 이면을 날카롭게 드러내는 유머의 힘은, 비판과 부정의 정신에 사랑과 긍정의 정신이 함께 할 때 생겨나는 법이다. 쓰는 사람은 있으나 읽는 사람은 없는 텍스트 과잉의 시대. 형식은 결코 '껍데기'가 아니라고 믿지만, 완미한 형식미가 없는 글이라도 그 속에서 진심을 읽어달라는 「독평사」의 호소가 단순한 풍자나 아이러니로만 다가오지 않는 것은 단지 내가 바로 독평사이기 때문일까.

무한히 확장되는 '안'의 세계, 닿을 수 없는 죽음의 '바깥'

박형서, 「너와 마을과 지루하지 않은 꿈」*

박형서의 「너와 마을과 지루하지 않은 꿈」(이하 「너와 마을」)은 욕망과 금기에 관한 이야기이다. 그렇다면 결론은 뻔하다. 금기는 깨어지고 욕망하는 자는 파국으로 치닫는 것. 그러나 「너와 마을」은 금기가 무엇인지 감춰버림으로써 이 고전적인 구조를 살짝 비튼다. 무엇이 금기인지 알 수 없으므로 사람들은 파국에 빠지고도 어안이 벙벙할 뿐이다. 뻔한 것을 뻔하지 않은 것으로 만들기, 뻔하지 않은 것을 뻔한 것으로 만들기. 그것이 박형서식 소설작법이라는 것은 그의 두 작품집으로 이미 증명된 바 있다. "멍청하게 생긴 이십 대 청년의 머리에서 하루 이백만 배럴의 원유에 해당하는 고농축 유분"이 흘러나오고 있다는 설정으로 시작되는 「두유전쟁」이나, K가 던진 돌멩이는 마치 유도미사일처럼 스스로 속도와 방향을 조절해 목표를 정확히 명중시킨다는 「K」만큼이나 비현실적인 이야기가 「너와 마을」에서도 이어진다.

특징 없는 시골 마을, 사람들도 "닭이나 돼지처럼 그저 태어나고, 밋밋하게 살아가다 조용히 늙어 죽"는 그런 마을에서 살인인지 자살인지

* 박형서, 「너와 마을과 지루하지 않은 꿈」, 『핸드메이드 픽션』, 문학동네, 2011. 이후 인용할 때에는 인용 쪽수만 기재한다.

알 수 없는 기괴한 사건이 일어난다. 호숫가 운모바위에 난 자그마한 구멍에 사람들이 머리를 처박고 죽어가기 시작한 것이다.[1] 처음에는 낯선 외지 사내였고, 다음에는 마을 이장이었으며, 그 다음에는 '너', 그 다음에는 또 누가 될지 모른다. 소설은 끝났지만 사건은 종결되지도 해결되지도 않는다. 구멍에 머리가 처박힌 당사자들 외에는 아무도 그 사건의 주범을, 아니 원인을 알지 못하기 때문이다.

물론 예외적 존재가 있다. 인간도 아니면서 소설의 화자 노릇을 하고 있는 땅벌들. 사건의 전후관계는 물론, '너'의 오래된 욕망과 마을 사람들의 내밀한 심리까지 모두 알고 있다는 점에서 그들은 전지적 존재요, 마을에 활기를 불어넣어 '너'의 '지루하지 않은 꿈'을 실현시켜 준 대가로 '너'의 목숨을 앗아간다는 점에서 또한 악마-메피스토-적 존재다.

이쯤 이야기했으니 이미 눈치챘겠지만, 사실 「너와 마을」은 상당 부분 『파우스트』를 연상시킨다. '너'는 '남루하고 따분한 생활의 연속-마을 안'을 못 견뎌하고 '분주하고 활기가 넘치는 공간-마을 밖'을 꿈꾼다는 점에서 "오오! 대기 속을 떠다니는 영이 있다면, 부디 황금 빛 놀 속에서 내려와서 나를 새롭고 다채로운 생활로 인도해 다오"[2]하고 외쳐대

1 박형서의 소설 속 인물들은 대부분 죽는다(혹은 죽이거나). 토끼 흉내를 내다 계단에서 굴러 떨어져 죽고(「토끼를 기르기 전에 알아두어야 할 것들」), 잠자다가 남편에게 눈 찔려 죽고(「하얀 발목」), 깨어진 안경알을 줍다 목이 꺾여 죽고(「사막에서」), 납치당해 죽고 효수당해 죽고(「작별」), 트럭에 깔려 죽고 맨홀에 빠져죽고(「하나, 둘, 셋」), 누군가 잘못 휘두른 낫에 맞아 죽고 사형당해 죽고(「이쪽과 저쪽」), 진실을 파헤치려다 불에 타 죽고(「불 끄는 자들의 도시」), 자기 머리에 돌멩이 던져 죽고(「K」), 논쟁하다 칼 맞아 죽고(「논쟁의 기술」), 학생을 구하려다 물에 빠져 죽고(「날개」), 약 먹고 죽고 발작하다 죽고(「물 속의 아이」), 고문 끝에 방망이에 맞아 죽고(「진실의 방으로」), 총 맞아 죽거나 폭탄 터져 죽고(「두유전쟁」), 컨테이너박스에 깔려, 죽은 자까지 다시 죽는다(「노란 육교」). 죽는 이유도 다양하지만 죽는 방법은 더 다양하다. 보라, 이 많은 등장인물들이 모두 다른 방법으로 죽는다. 그야말로 죽음의 향연이다. 그러나 이 정도로는 성에 차지 않았던지 박형서는 「너의 마을과 지루하지 않은 꿈」으로 여기에 한 가지 방법을 더 추가한다. 바위 구멍에 머리 끼여 죽기.

2 괴테, 김정진 역, 『파우스트』, 신원문화사, 1992, 44쪽.

던 파우스트를 닮았다. 물론 '너'는 파우스트처럼 철학, 신학, 법학, 의학, 연금술 등에 모두 도통한 당대 최고의 학자도 아니고 신과 악마가 '너'를 두고 서로 내기를 걸만큼 신실한 인간도 아니다. '너'는 평범하디 평범한 시골 청년, 대부분의 청춘들이 그러하듯이 '너' 또한 변함없는 일상이 "영원히 반복되는 따분한 형벌"처럼 느껴졌고, 이 무료한 마을 밖에는 뭔가 새롭고 재미있는 일이 펼쳐지고 있지 않을까 호기심을 품어본 것에 불과하다.

문제는 그런 '너'의 욕망을 "하나도 빼놓지 않고" 들은 땅벌들이 있었다는 것이고 그들 역시 "마을 한구석에서 너처럼 무료하게 살아가던" 존재들이었다는 데 있다. '너'로 인해 "나른한 일상과 곤한 휴식에서" 깨어난 땅벌들은 '너의 마을'에 기괴한 죽음들을 야기한다. 덕분에 '너의 마을'은 기나긴 잠에서 깨어나 생동감 넘치는 마을로 거듭난다. '네'가 더 이상 지루하지 않았음은 물론이다. 그러나 그 '지루하지 않은 꿈'의 대가는 참혹하게도 '너'의 죽음이다. 파우스트처럼 세계의 본질을 밝혀보겠다는 거창한 욕망을 품었던 것도 아니요, 간음이나 살인 등의 죄를 저지른 것도, 천하제일의 미녀를 품에 안아보았던 것도 아닌데, 죽음이란 너무 가혹한 형벌이 아닌가. 그러나 호기심 때문에 돌이킬 수 없는 벌을 받는 인물이 신화와 전설에는 이미 숱하다. 성경이 최초의 인간이라 말하는 아담과 하와 역시 호기심으로 인해 결국 죽음을 운명으로 받아들이지 않는가.

물론 신의 계율에만 복종하는 삶이 최고의 미덕이던 시대는 이미 오래전에 지나갔다. 오히려 호기심은 인간의 본성이며 '밖'에 대한 욕망이야말로 근대문명의 추동력이라고 예찬받아 왔다. '신'대륙을 발견하고 식민지를 '개척'한 것도, 너도나도 달나라로 별나라로 로켓을 쏘아올린 것도, 그리하여 이제 우주여행도 돈만 있으면 갈 수 있는 시대가 도래한 것도 모두 이런 인간의 욕망에서 비롯된 것 아닌가. 그렇다면 인간은 도대체 얼마나 무료했던 것인가. 얼마나 무료했기에 전쟁도 불사하고 학살도 불사하고 지구생태계의 파괴까지도 불사하며 안과 밖을 다 황폐하게 만들어 버리는 것인가.

"영원히 반복되는 따분한 형벌"로서의 삶은 이미 까뮈의 『시지프 신화』나 아베 코보의 『모래의 여자』에도 탁월하게 그려져 있다. 까뮈는 시지프에게서 '산꼭대기로 향하는 투쟁'을 읽어내고 행복과 부조리는 같은 땅의 두 아들임을 선언하는 데 이르며, 아베 코보는 탈출만을 꿈꾸던 남자를, 점차 '이곳'을 긍정하고 자신의 존재의의마저 '이곳'에서 찾아가는 존재로 변모시킴으로써 '이곳'과 '저곳'의 경계를 지워버린다. 그러나 박형서의 「너와 마을」에서는 인간과 세계에 대한 그 어떤 긍정도 발견되지 않는다. 세계는 '너'의 머리를 삼켜버린 구멍 그 자체이며,[3] 인간은 아무리 도망치려고 해도 그 구멍에서 한 발짝도 벗어날 수 없는 운명을 짊어지고 있을 뿐이다.

> 끔찍한 광경이었다. 손톱은 죄다 빠졌고, 돌비늘에 갈린 손가락 끝으로 새하얀 뼈가 드러나 있었다. 머리통이 구멍에 완전히 처박힌 채로, 이장은 팔과 다리를 때로는 힘없이 휘청거리며 때로는 근육을 씰룩이며 바

3 이 세계가 저 살벌한 구멍에 다름 아니라는 작가의 인식은 '너의 마을'이 산으로 둘러싸인 곳이라는 설정에서도 드러난다. 산 위에서 보면 '너의 마을'이야말로 커다란 구멍에 불과할 터, 그렇다면 이 세계도 더 높은 곳에서 바라보면 또 하나의 구멍이 아닐 것인가.

위 여기저기를 걷어차고 긁고 밀었다. 그러면서 차츰 손마디가 파랗게 질려갔고, 기력이 다한 양쪽 무릎은 이리저리 휙휙 꺾였다. 보다 못한 주민들이 달려들어 어깨며 팔을 잡아당겼다. 그러자 이번에는 이장이 필사적으로 그들의 팔뚝을 할퀴고 반항하는 것이었다.

"잡아당기지 마! 그렇게 잡아당기면 목이 부러져!" 뒤에서 누군가 외쳤다. 그 말을 듣자 사람들은 이장이 자기들의 도움을 왜 그토록 거부했는지 비로소 알아채고는 뒤로 물러섰다. 이장은 다시 바위를 밀고 걷어차며 안간힘을 썼다. 주민들은 어떻게 도와줘야 할지 몰라 주먹만 꽉 움켜쥐었다. (20쪽)

구멍에서 머리를 빼내려는 이장의 고투는 실로 눈물겹지만, 살려고 발버둥 치면 칠수록 그는 죽음에 가까워질 뿐이다. 부조리한 세계에 갇혀버린 인간의 운명을 이토록 참혹하게 시각화하기도 쉽지 않을 것이다. 그러나 박형서는 이에서 더 나아간다. 그는 인간도 신뢰하지 않는다. 이 세계를 이렇게 구성한 것은 다름 아닌 우리 인간이기 때문이다.

또다시 우릴 불러낸 건 너였다. 나른한 일상과 곤한 휴식에서 깨어난 우리는 수풀 사이로, 언덕 너머로, 호숫가로 너를 쫓았다. 마침내 저 불운한 도약의 끝, 어둠에 갇혀 발버둥치는 너의 뒤로는 **낯익은 살인자들이** 몰려들었다. (9쪽. 강조는 인용자. 이하 동일)

소설의 첫 문단이다. 얼핏 읽으면 '낯익은 살인자'는 땅벌들을 가리키는 것처럼 느껴진다. 바위 구멍에 머리가 끼이기 전에는 '너'도 그렇게 생각했을 것이다. 그러나 땅벌들은 "저 두 사람을 죽인 건 우리가 아니었"다고 주장한다. 물론 저들이 죽게 된 것은 미망에 빠져 바위 비늘을 물결의 일렁임으로 오인한 탓이요, 연거푸 사람이 죽어나가는 데도 불구하고 "바위의 아름다운 은빛 비늘에 성스러운 신령이 깃들어 있다"고 믿은 주민들이 바위를 부수는 데 완강히 반대한 탓도 있다. 하지만 땅벌들이 직접적인 원인을 제공한 것 아닌가. 그런데도 이들이 완강히 혐의를 부인하는 까닭은 무엇인가. 사태의 전말은 소설의 마지막에 가서야 드러난다. 바위 구멍에 끼인 사람들이 미처 죽기도 전에, 시체를 꺼낸답시고 그들의 목을 댕강 잘라버리는 이들은 바로 그 마을의 주민들이었던 것이다.

> 얼마 후 네 뒤로 사람들이 모여들었다. 네가 살았던 마을의 어른들이었고, 늘 보아오던 경찰들이었다. 그들이 팔이며 다리를 건드렸지만 너는 반응하기는 커녕 느낄 수조차 없었다. 때문에 모두들 네가 이미 죽었다고 생각했다. (…중략…) 너는 어떻게든 신호를 보내려고, 움직여보려고, 도망치려고 발악했으나 소용없었다. 용철이 헤헤 웃으며 네게 다가왔다. 차갑고 예리한 금속이 목울대 아래에 닿았다. (29~30쪽)

물론 마을 주인들이 작심하고 '너'를 죽인 것은 아니다. 주민들은 '네'가 이미 죽었다고 오인했을 뿐이다. 그러나 면죄부를 받을 수 있을 만큼 주민들이 순수했던 것도 아니다. "어떠한 인간도 진심으로 타인의 불행을 바라지는 않"지만 '너의 마을' 주민들은 분명 저들의 죽음으로 "이제 막 기나긴 잠에서 깨어난 듯 활기를 띠었"고, 은근히 그것을 즐기기까지 했다. 한때 그것을 가장 적극적으로 즐긴 이는, 물론 '너'다.

> 주민들은 공포와 동정이 가득한 눈으로, 바위에 머리를 붙잡힌 채 힘없이 늘어진 이장을 바라보았다. 너 또한 그랬다. 현기증 때문에 시커멓게 썩어가는 개암나무에 기대어 서서 그 모든 광경을 하나도 남김없이 지켜보았다. 네 몸에서 식은땀이 흘렀다. 전신이 부들부들 떨렸고 입안은 바싹 타들어갔다. 독한 몸살을 앓을 때와 비슷한 느낌이었지만, 그보다는 훨씬 황홀하고 짜릿했다. (21쪽)

돈이 없고 힘이 없어 번번이 마을로 돌아올 수밖에 없었던 '너', 이제는 병든 어미가 발목을 잡아 더 이상 마을을 떠날 수도 없는 '너'. 그런 '너'에게 저들의 기괴한 죽음은 '너'의 '지루하지 않은 꿈'과 맞바꿀만한 새로운 외부로 자리매김한다. 사건이 미궁에 빠지자 다른 주민들은 점차 일상으로 돌아가지만 '너'는 일상으로의 복귀를 거부한다. "돌아간다는 게 얼마나 끔찍한 일인지 알고" 있기 때문이다. 그러나 '네'가 꿈꾼 새로운 외부는 '너의 마을'보다 더 "무거운" 구멍이 되어 '너'를 붙잡고, '너'와 함께 이방인과 이장을 죽였던 마을 주민들은 이제 '너'의 목울대를 겨눈다. 『모래의 여자』가 '안'을 긍정함으로써 '안'을 '밖'으로 만든 데 반해 「너와 마을」은 '밖'조차 '안'으로 만들어 이 세계 전체를 부정하는 데 이르고 있는 것이다.

그러나 '너'와 저들을 죽음에 이르게 한 것은 땅벌도 마을 주민들도 아니다. 땅벌들을 불러낸 자는 바로 '너'이며 몇 겹으로 둘러싸인 이 모든 죽음의 기저에는 결국 '너'의 욕망이 자리 잡고 있었기 때문이다. '너는 도망을 꿈꾸었다'라는 진술은 소설의 도처[4]에서 반복되고 확장되고 변주되면서 마침내 '너'를 가두는 구멍이 되고 만다. 이것이 소설가 박형서가 보여주는 비극적 세계인식이며 처절한 자기고백이다. 괴테의 '파우스트'는 신의 사랑으로 구원받지만, 「너와 마을」에서는 그 어디에도 신의 손길이 느껴지지 않는다. 세계를 빠져나올 수 없는 구멍으로 만들고 인간을 인간의 지옥으로 만든 것은 애초부터 신이 아니라 우리 인간이기 때문이다. 마지막까지 '네'가 도망치려고 했던, 그러나 끝끝내 도망칠 수 없었던 '너'의 구멍은 어쩌면 '죽음'이라는 인간의 운명인지도 모른다. 그러나 죽는 것은 인간만이 아니다. 죽음은 모든 살아 있는 것들의 숙명적인 미래다. 그런데 어째서 인간만은 이토록 죽음 바깥을 꿈꾸는가.

「너와 마을」이 보여준 인간과 세계에 대한 부정이 이 시대를 살아가는 우리에게 의미 있는 이유는, 그것이 부정이기 때문이 아니라 인간에 대한 반성이기 때문이다. 신에게도 운명에게도 책임을 돌리지 말고, 인간 스스로를 돌아보아야 한다는 다짐. 욕망을 죽음의 동인이 아니라 창조와 생성의 힘으로 만드는 자 역시 인간이어야 할 것이므로.

---

4 ① 10쪽 5~14행, ② 12쪽 2~6행, ③ 17쪽 4~11행, ④ 18쪽 11~23행, ⑤ 26쪽 1~10행, ⑥ 29쪽 12~13행, ⑦ 29쪽 19~20행, ⑧ 30쪽 8~9행.

룰의 세계를 내파하는 사랑의 룰

김금희, 「체스의 모든 것」*

이미지의 반역, 반역의 이미지

"이것은 파이프가 아니다"라는 문구로 유명한 파이프 그림이 있다. 마그리트의 〈이미지의 반역La trahison des images〉이다. 이미지는 실체가 아니며 언어는 그야말로 추상일 뿐이라는 것을 새삼 일깨우는 미술사의 명작. 그러나 「체스의 모든 것」에서 노아는, 이제 하나의 정전이 되어버린 마그리트의 '이미지의 반역'을 "미술관의 금테가 넝쿨처럼 장식하는 호화로움의 스퀘어 속에" 갇힌 "반역의 이미지"라고 몰아세운다.

마그리트는 과연 "가상의 파괴"를 시도한 것일까, 그저 "반역의 이미지화"에 성공한 것일 뿐일까. 아니, 이 둘은 서로 꼬리를 무는 관계다. 가상의 파괴에 성공해야만 반역의 이미지가 될 수 있기 때문이다. 그러나 반역의 이미지가 되는 순간, 그것은 다시 하나의 이미지, 즉 가상이 될 수밖에 없으니 가상의 파괴는 영원히 달성될 수 없는 과제가 된다.

「체스의 모든 것」 역시 실패의 기록이다. 그러나 이 작품이 집중하고 있는 것은 가상을 파괴하고자 하는 의지로 충만한 반역자들이 아니라, 어쩔 수 없이 파괴되어 가는 가상들의 맨얼굴이다. 반역에도 실패하고,

* 김금희, 「체스의 모든 것」, 『너무 한낮의 연애』, 문학동네, 2016.

반역의 이미지에서도 이제 내려와야만 하는 패배자들의 이야기, 그러므로 군림을 위한 승리가 아니라 스스로에 대한 부끄러움을 '이기는 것에 대한 간절함', 모욕당한 자들의 이 공통 감각에 대한 이야기가 소설의 한 축을 형성한다.

개개의 진실, 실존을 위한 사투

마그리뜨의 '이미지의 반역'에 대한 상반된 평가처럼 이 소설의 인물들이 서로를 바라보는 시선에도 다양한 온도 차가 존재한다. 일테면 노아에 대한 '나'와 국화의 상이한 관점, 국화에 대한 '나'와 노아의 다른 감각. 동일한 인물과 사건에 대한 다층적 시선, 해석의 충돌은 이 소설을 구성하는 핵심 원리다. 보는 사람에 의해서만 해석이 달라지는 것이 아니다. 시간도 생각의 변화를 낳는다. 관점을 바꿀만한 새로운 사실이 드러나기도 하고, 세월에 따라 인물 자체의 변화가 수반되기도 한다. 그렇게 이 소설은 하나의 진실을 향해서가 아니라 각자의 진실, 진실의 모든 것을 향한다.

노아 선배를 중심으로 '나'와 국화가 이루는 삼각구도를 보자. '나'에게 노아 선배는, 일상적인 일들에 서투르지만 서툴러서 못한다기보다는 '다르게 하는' 인물이다. 그 '다름'이 나를 매료시킨다. 어쩌면 우울증과 정동 장애를 앓고 있는 것까지, '내'가 노아에게서 발견한 '다름'의 목록들은 모두 그를 "힙하고 쿨한 우울한 청춘"의 표상으로 만들기에 부족함이 없었을 것이다. '나'는 "어딘가 다른 중력에서 사는 듯한" 그를 "있는 그대로" 받아들이게 되고, 이 "새로운 감각" 속에서 그의 곁을 맴돈다. 그러나 노아가 집착하는 것은, 그를 배려하고 이해하고 걱정하는 '나'가 아니라 막무가내로 억지를 부려 그를 항상 실패로 몰아넣는 국화다.

선배에 대한 최소한의 예의는커녕 때로는 공격적일 정도의 무심함까지 발산하는 국화에게 노아는 왜 모든 것을 참아내며 다가가려 하는 것일까. 노아에게는 국화가 바로 '반역의 이미지'이기 때문이다. '내'가 노아의 '다름'에서 청춘의 새로운 감각을 맛보았던 것처럼, 노아는 자신과 달리 타인에게 무심하고 세상의 룰에 전혀 굴하지 않는 국화야말로 이 세계의 승자로 자리매김할 수 있는 반역의 아이콘이라 여겼을 법하다. 서로 다른 방향을 바라보고 있지만, 그러므로 이들이 욕망하는 것은 결국 같은 이미지이다.

그러나 국화의 단순한 동선이 드러내는 것은, 그녀가 단지 '자유분방하고 쿨한 20대'가 아니라 산다는 것의 비참을 억척스럽게 감내하고 있는 고학생이라는 사실이다. 점심은 언제나 학생식당에서만 먹으면서도 하루도 빠짐없이 각종 아르바이트를 하고 틈틈이 학업에도 매진해야 하는 국화로서는 반역의 '이미지' 따위나 연출하고 있는 노아가 "유아적"으로 보일 수밖에 없다. 그는 15세기에 만들어진 체스의 신사적인 룰이나 네것내것 구분 없이 쌓아놓고 혼자 먹어버리는 감자튀김, 잔돈 몇 푼 따위는 돌려주지 않아도 그만이라고 생각하는 노아의 무신경한 태도에서조차 민감하게 "언페어"를 감지하는 인물인 것이다. 문맹의 부모를 둔 국화에게 세상은 처음부터 공정한 게임이 아니었을 것이다. '나'는 국화를 '부주의하게', '천연덕스럽게', '무심한', '공격적인' 등의 부정적 어휘로 수식하지만, 국화의 이런 태도는 타고난 품성이 아니라 이 불공정한 게임에서 살아남기 위한 일종의 전략이 아니었을까.

'이기는 사람이 되겠다'는 국화의 다짐이 단순히 세속적 성공이나 출세를 의미하는 것이 아니라 부끄러움을 이기는 사람, "부끄러우면 부끄러운 상태로 그걸 넘어서는 사람"이라는 점은 그래서 더욱 많은 생각을 하게 만든다. 1970년대에 박완서는 '부끄러움을 가르칩니다'라는 제목의 소설로 중산층의 속물성을 날카롭게 파헤쳤다. 40년이 지났다. 많은 기성세대들이 여전히 부끄러움을 모른 채 살아가고 있지만, 구조적으로 경제적 자립과 사회 진출이 가로막힌 상당수의 청년세대는 모멸감에 허덕인다. 실질적 대책도 시급하지만, 이제 부끄러움이 아니라 부끄러움을 이기는 것에 대해서도 함께 고민해야 하는 참담한 시대가 온 것이다. 외적인 조건들이 무참히 짓밟아버린 인간의 존엄성, 그것을 다시 회복시키지 않는 한 우리가 다음 세대에 기대할 수 있는 것은 많지 않다.

"국화는 냉정하고 무심하니까 얼마든지 그럴 수 있으리라 생각"한 '나'와 달리 노아가 국화의 저 말에 유난히 감동해 오랫동안 응원한 것은, "이기는 사람"에 대한 간절함과 실감이 '나'와는 달랐기 때문이다. '나'는 한참 뒤에야 알게 된 노아의 모멸감. 벗어나고 싶을수록 오히려 자기를 학대하고 말았던 그 자멸의 시간 동안 노아는 대신 이겨줄 누군가라도 간절히 소망했을 것이다. 누군가의 승리가 곧 나의 승리는 아닐지라도 적어도 하나의 가능성은 될 수 있으니까. 이렇게 사람들은 우상을 만들고 가상의 이미지에 빠져든다. 쉽게 비판할 수는 있다. 그러나 실재를 보지 못하는 자들의 나약함에 대해 비판할 때 우리는 그 고통의 크기와 절박함에 대해서는 곧잘 침묵한다.

"나는 걔가 이기는 사람이 되라고 응원해, 정말 확실히 그렇게 될 수 있을 거라고 생각해, 거기에는 아무런 의심이 없다고 생각해, 하지만 나는 앞으로 걔를 볼 수 없을 거라고 예상해, 그것은 어떤 오류의 가능성 없이 확실해." 영어 문장을 그대로 번역한 저 어색한 문투와 거기서 생겨난 야릇한 운율, '생각하다', '예상하다', '확실하다'처럼 감정과는 무관한 건조한 술어가 에워싸고 있는 절절한 문장들. 형식과 내용의 낙차가 묘한 울림을 주는 저 복문들처럼, 국화와 노아는 겉으로 드러난 이미지와는 달리 거창하게 이 세계에 반역을 꾀한 것이 아니라 매 순간 자기 자신의 실존과 사투를 벌이고 있었던 것은 아닐까. 이 비정한 세계에서 얼마나 더 수치스럽게 삶을 이어가야 할 것인가, 하고. 그러나 부끄러움을 이기는 일은, 아이러니하지만 바로 이런 질문으로부터 시작하는 것이다. 이들을 아직 패배자라 부를 수 없는 이유다.

룰의 세계를 내파하는 사랑의 룰

「체스의 모든 것」은 이 모든 것을 치밀하게 구조화하면서도 그 뼈대를 쉽게 노출시키지 않는 의뭉함으로도 탁월하지만, 소설의 주제가 하나로 일목요연하게 꿰어지지 않는다는 점에서 더욱 매력적인 작품이다. 각자가 바라본 상대의 일면이 그 인물의 모든 것이 아니었던 것처럼, 이 소설이 품고 있는 일견 모순적인 이야기들은 오히려 소설의 결을 풍성하게 만들며 여러 가지 질문들을 제출한다.

일테면, '나'가 노아에게, 노아가 국화에게 끌리게 된 것이 반역의 이미지, 곧 상대의 실재가 아니라 가상이었을 뿐이라고 해서 이들의 사랑을 사랑이 아니었다고 잘라 말할 수 있을 것인가. 이제 '반역의 이미지'가 어떻게 "기대를 배반한 반역"에 머물고 말았는지를, 반역 따위는 언감생심, 실은 그 모든 것이 살아남기 위한 안간힘, "이기는 것에 대한 간절함"이 만든 포즈에 불과했다는 것을 알게 된 삼십 대가 되었다. 뿐인가, 그들 앞에 놓인 현실은 점점 더 나빠지는 것만 같다. 누군가는 사랑을 잃었고 누군가는 이혼했다. 우울증이 심해졌고, 회사를 그만뒀고, 사업이 망해 죽고 싶을 정도로 지긋지긋하게 빚에 시달리기도 했다. 문자 삐삐 따위와는 비교할 수 없을 정도로 뛰어난 기능의 스마트폰을 너나 없이 들고 다니게 되었지만 기술의 진보가 모든 사람들에게 진보였던 것은 아니다. 아픈 사람은 더 아프고 소외되는 사람들은 여전히 소외된다. 자살 방지를 위한 핫라인에서조차 매뉴얼대로 주민등록번호를 묻는 이 '룰의 세계'는 가히 공포스러울 정도다.

노아는 어렵사리 다시 국화를 만나 체스를 두지만 재회를 오래 이어가지 못한다. 중개자였던 '나' 역시 이제 노아로부터 멀어지려고 하고 있다. 이것이 "가상의 파괴"가 가져온 쓸쓸한 결말인 것일까? 지라르는 욕망의 삼각형에서 비롯한 낭만적 거짓을 폭로하고 소설적 진실을 드러내는 것이 위대한 소설의 결말이라고 했다. 단편이지만, 「체스의 모든 것」은 소설의 제요소를 동원해 한때 우리를 사로잡았던 가상의 파괴로 치밀하게 나아간다. 그러나 종교적 초월이나 허무로 치닫지도, 가상이 파괴되는 그 순간에 소설을 충격적으로 끝맺지도 않는다. 시간이 흐른 뒤 다시 만난 노아 선배는 "확실히 전보다 더 심각한 상황"에 놓여 있었고, 그와 헤어진 뒤 '나'는 "선배를 보면서 느꼈던 새로운 감각 같은 건 다 어디로 간 것일까?" 슬퍼하지만 "그 뒤로 선배를 자주" 만난다. 말하자면 이 소설은, 가상의 파괴까지가 아니라 그 이후에 대해 생각하는 소설이다. 가상의 이미지에서 시작했다면 가상이 파괴된 순간, 그 관계는 파국을 맞아야 마땅하다. 물론 이들은 서로에게서 "점점 멀어지는 거리를 열심히 계산하면서" 달린다, 도망친다. 선배가 국화와의 "재회를 계속 이어가지 못했을 때 우리의 관계도 완전히 끝이 났다고 생각했다". 런던 브릿지 폴링다운, 폴링다운……, 부랑자의 노랫소리가 음울하게 환기시키고 있는 것처럼 이들은 모두 무너지고 있는 세계 속에서 여전히 패배하며 서로에게 불안을 전염시킬 뿐일 테니까.

그러나 '나'에게는 선배가 불러일으켰던 '새로운 감각'에 대한 경도만이 아니라 또 다른 감각적 본능이 있다. 타인의 불안에 전염되고 싶지 않다는 이기적인 생각을 실천하는 와중에도 "끊임없이 나를 일깨우며 선배에게 무슨 말을, 아무 말이라도 해야 한다고 충동질"하는 저 '윤리적 감각', 하여 '나'는 "아무리 체스에 대해 말한다 해도 결국 아무것도 달라지지는 않으리라 독하게 생각하면서도" 혹한의 밤에 홀로 걷고 있는 노아에게 위로의 말을, 실패는 아니었다는 말을 멈추지 않는다. "아니 그렇지는 않았어." "아니야, 한심했어." "아니 그렇지는 않았어. 그 정도는 아니었어."

실패를 선언하는 노아와 그것을 부정하는 '나'. 노아와 국화의 체스가 사랑의 알레고리란 점에서 '나'의 말은 단순한 위로만이 아니다. 체스의 룰에 대한 논쟁에서조차 국화의 억지가 노아의 논리를 일방적으로 이겼던 것처럼 다시 만난 뒤에도 노아의 "이상한 패배"는 계속되었을 것이다. "열띠면서도 무시무시하게 공허한" 대화, 대화의 내용보다는 대화에 대한 의지, 대화를 한다는 사실 자체가 대화의 목적인 대화란 바로 사랑의 대화일 텐데, 사랑이라는 게임에서는 더 많이 사랑하는 사람이 질 수밖에 없기 때문이다. 이것이 세상의 룰과는 다른 사랑의 룰이다. 그렇다면, 더 많이 사랑한 것을 과연 실패라고 할 수 있을까. 사랑의 목적이 상대를 소유하거나 사랑을 돌려받는 데 있는 것이 아니라 사랑함 그 자체에 있다면, 사랑에 성공한 것은 더 많이 사랑한 사람이다. '지는 것이 이기는 것'이라는 모순된 명제가 여기서 성립한다. 그러므로 "아니 그렇지는 않았어"라는 '나'의 반복된 부정은, 상대를 위로하기 위한 빈말이 아니라 오히려 진실에 다가서는 말이다. 노아에게만이 아니다. 그것은 노아를 좋아했지만 애초에 그의 상대가 되지 못했던, 항상 비켜서서 관찰하거나 중개하는 역할만 해야 했던 '나' 스스로까지도 긍정하게 만드는 부정. 실패를 거듭하며 체스 두는 방법을 다 배운 뒤에도 국화의 연락처를 수소문해 노아에게 가르쳐 주고, 기껏 매정하게 돌아선 뒤에도 끝내 전화를 걸어 그의 한기寒氣에 온기를 더하고야 만 '나'의 바보 같은 사랑 역시 긍정하려는 부정인 것이다.

같은 말을 반복하는 것은 "구제불능의 술꾼"들만이 아니다. 사랑하는 자들도 사랑한다는 말을 끊임없이 반복한다. 가상이 파괴되고 드러난 맨얼굴, 패배한 자들의 한심하고 고통스런 얼굴에서 끝내 고개를 돌리지 않는 자의 서늘한 마음 한편에는 스스로에 대한 연민만이 아니라 그 어떤 논리로도 설명할 수 없는 구제불능의 사랑이 존재한다. 인간의 존엄이 사라진 이 시대에 그것은 인간이 인간에게 보여줄 수 있는 최고의 윤리적 감각일지도 모른다. "주체의 후퇴는 사랑에 본질적이다." 그러나 이러한 "사랑만이 대화적인 것에, 타자에 다가갈 수 있다."[1] 끝없는 패배 속에서도 삶을 지속시키는 힘은, '룰의 세계'에 갇히지 않고 그것을 안으로부터 내파하는 이 사랑의 룰에서 비롯하는 것이 아닐까.

---

1 한병철, 『아름다움의 구원』(문학과지성사, 2016)에서 "주체의 후퇴는 정의에 본질적이다", "감정만이 대화적인 것에, 타자에 다가갈 수 있다"라는 문장을 인용해 변용함.

외부화하는 비평, 내파하는 소설

김사과의 청소년소설 출간에 대한 단상

김사과와 '청소년소설'

김사과의 '청소년소설' 『나b책』[1]이 나왔다.

아, 그렇습니까, 하고 당신은 대수롭지 않게 흘려버릴지도 모르겠다. 하지만 저 문장이 말하고 있는 것은 단순한 신간 정보가 아니다. 적어도 나에게는 그렇지가 않다. 하여 순간 멈칫, 잠시 당혹, 잠깐 끄덕. 그리고 뭔지 모를 불편함에 시달리며 몇 주를 보내고 말았다. '김사과'와 '청소년소설'. 이 둘을 어떻게 연결시켜야 하나 쉽게 결정내릴 수 없었기 때문이다. 차라리 김사과가 동화를 썼다고 하면 나는 덜 난감했을 것이다. 내가 김사과에게 너무 과도한 기대를 걸었던 것일까, 혹은 청소년소설에 대해 너무 편협한 시각을 가지고 있었던 것일까.

'청소년소설'이라는 레테르를 떼고 읽었다면, 나는 별 저항 없이 『나b책』을 읽었을 것이다. 강도가 좀 약해졌고, 이미 발표했던 단편(「동생」, 『실천문학』, 2009.여름)을 다소 수정해 장편의 한 장으로 만들어놓긴 했지만, 이건 분명 김사과 소설이니까. 하지만 이 불편함은 뭔가. 김사과 소설은 원래 매우 불편한 소설이다. 하지만 이건 다른 불편함이다. 말하자

1 김사과, 『나b책』, 창비, 2011.

면 나는 김사과에게 어떤 배신감을 느끼고 있는 것이다. 그런데 혹시, 이것은 나만의 착각인가.

성장과 화해에 대한 강박

김사과에 대한 신뢰를 단번에 철회할 수는 없었으므로, 나는 '청소년소설'에 대한 내 시각을 교정해보고자 노력했다. 별로 관심을 두지 않았던, '청소년소설'에 대한 그간의 논의를 구할 수 있는 대로 읽어보았고 독자와 평자 모두에게 꽤 좋은 반응들을 얻었던 몇몇 작품들도 찾아 읽었다. 다행히, 내 시각은 꽤 '교정'되었다. 완전히 바뀐 것은 아니지만 훨씬 유연해진 것은 사실이다. 많은 사람들이 매우 진지하고 열정적인 자세로 청소년소설을 창작하고 연구하고 고민하고 있다는 사실을 확인한 것만으로도 고맙고 미안하고 반가웠기 때문이다.

물론 그 전에도 나는 '청소년소설'의 필요성은 인정하고 있었다. 한때는 아이들을 가르쳤고, 그 아이들을 위한 독서교재 만드는 일을 한 적도 있다. 대상도서를 선정하기가 정말 어려웠던 기억이 난다. 아이들의 정서와 눈높이, 관심사에 맞는 책은 막상 별로 없는데, 일종의 '19금'들은 너무 많았기 때문이다. 더구나 아이들에게 무슨 책이라도 권하기 위해서는 먼저 학부모의 기대에 부응해야 하므로, 구체적으로 입시에 도움이 되거나 최소한 어른들의 입맛에 맞는 어떤 교훈성이라도 띠고 있어야 한다. 그러다보면 결국 천편일률, 동서양의 고전이나 교과서에 소개된 작품 위주로 도서를 선정할 수밖에 없다. 국내 청소년소설들이 활발하게 창작되기 시작할 무렵 나는 그 일을 그만두었지만, 누구보다 청소년소설의 필요성을 절감했으니 그러한 작품들이 반가웠던 것이 사실이다.

하지만 그것은 매우 현실적인 필요에 의한 요청이고 환영이었을 뿐, 일명 '청소년소설'의 등장이 문제의 본질을 해결한 것은 아니다. 그것은 금기를 뛰어넘는 방식이 아니라 오히려 훨씬 더 안전하게 제도 안으로 편입되는 방식이기 때문이다. 소재에 대한 제한은 이제 많이 사라진 듯하지만, '청소년소설'이 여전히 성장과 화해에 대한 강박으로부터 자유로울 수 없는 것은 그 때문이다. 문학은 제도의 산물이지만 동시에 끊임없이 그 제도를 넘어섬으로써 제 가치를 드러내는 것인데, 대부분의 '청소년소설'은 그 태생부터가 (청소년들 속에 내재한) 위반의 욕망이 아니라 (어른들의) 체제 내적 요구로 시작된 것이다.[2] 그러므로 그러한 요구가 아무리 선의에 의한 것이었다 할지라도 여기에는 본질적으로 청소년을 훈육의 대상으로 바라보는 시각이 내재해 있을 수밖에 없으며, 소설의 표면에 그 어떤 반항아가 등장하든 간에 결국 이면에는, 이른바 성장을 내세운, 체제와의 어떤 타협이 존재할 수밖에 없는 것이다.

'청소년소설'을 둘러싼 어른들의 욕망

더구나 '청소년소설'이라는 이름에는, 청소년을 위한다는 명목 아래 왠지 청소년을 그 안에 가두어 두고자 하는 어른들의 욕망이 들어있는 것만 같다. 말하자면 일종의 '청소년용' 소설이라는 것. 물론 그것은 단순히 출판사의 판매 전략이거나 편의적인 명칭에 불과할 수도 있다. (그렇다면

2 2006년 12월 『창비어린이』에 실린 청소년들의 좌담 「청소년이 보는 청소년문학」은 청소년문학이 청소년들의 자발적 요청에 의한 것이 아니었음을 분명히 보여준다.

그것이야말로 얼마나 편의적이고 상업적인 발상인가) 그러나 이름은 상징계의 기호다. 그것은 차이체계에 의해서만 작동하는 것이므로 언제나 선택과 배제를 포함한다. 청소년용, 그것은 성인용이나 아동용과의 구분에 의해서만 의미가 발생하는 것이므로 '청소년소설'에 대한 범주 설정은 그 밖의 것, 즉 아동소설이나 성인소설의 범주까지 설정해버리는 것이다.

그러나 '청소년소설'이라는 분류표를 달아주면 청소년들이 과연 그 소설들을 읽게 될까? 욕망을 부추기는 것은 오히려 금기다. 아이들은 오히려 '청소년소설' 너머를 욕망할 가능성이 크다. 의도와는 달리, 성인과 청소년 양자 모두에게 외면을 받을 가능성이 농후한 명칭이라는 것이다. 그럼에도 불구하고 출판업계가 '청소년소설'이라는 레테르를 포기하지 않는 것은 그것이 독서 주체인 청소년이 아니라 학부모나 선생들에게 호응을 얻고 있기 때문은 아닐까. 물론, 이것은 원론적인 이야기일 뿐 구체적인 검증을 거친 것도, 개별 작품 각각에 대한 평가도 아니다. 태생이야 어떻든 간에, 지금도 끊임없이 그 태생적 한계를 뛰어넘으려고 하는 시도들이 이어지고 있으리라는 것을 나도 의심하지는 않는다. 그러나 청소년기의 특수성을 인정하는 것과 청소년의 영역을 제한하는 것은 다르다. 아이들의 정서와 관심에 부응하는 책이 많이 창작되고 있는 것은 분명 고무적인 사실이지만, 그것이 나이에 따른 명시적인 위계 구분으로 이어져야 할 필요가 있는지는 여전히 의문이다.

청소년이 적극적인 독서 주체가 될 수 없었던 것이 입시 위주의 교육제도와 성공만이 강조되는 우리 사회의 척박한 풍토에서 기인한 것인지 정말 읽을 만한 작품이 없어서 그랬던 것인지도 의문이거니와, 후자의 경우라 할지라도 우리에게 요청되는 것은 독서 대중을 고려한 작품의 다변화와 금기를 넘어서려는 지속적인 실천이 아니었을까. 출판사들의 전폭적인 지원과 창작계층의 지속적인 확충에도 불구하고 오히려 '청소년소설'에서 작품의 획일성이 더욱 많이 지적되고 있는 것을 보면 외양의 화려함과는 달리 우리의 실천은 다른 방향으로 이루어지고 있었던 것 같다. '청소년소설'이라는 규정이 작가와 독자 모두에게 상상력을 자극하는 방향으로 이루어진 것이 아니라 알게 모르게 일종의 금기로 작동하지 않았나 하는 것이다. "독자 대상으로서의 청소년이라는 틀을 재고하는 자리에서야 비로소 청소년'문학'의 상은 보다 풍요로워질 수 있을 것"[3]이라는 한 평론가의 제언은 그런 점에서 시사하는 바가 크다.

내부에 포섭된 외부들

그런데 김사과가 바로 이 '청소년소설'이라는 명패를 단 장편소설을 출간한 것이다. 등단작 「영이」로부터 장편소설 『미나』(창비, 2008)에 이르기까지 김사과가 꾸준하게 청소년을 주인공으로 한 소설들을 발표해왔다는 것, 상징계에 모범적으로 자리 잡은 어른들의 규범적인 문체 대신 아이들의 직설적인 화법과 분열증자의 강박적인 언어를 즐겨 쓴다는 점, 기성세대의 가치로부터 스스로를 분리하고자 하는 욕망이 모든 작품에서 강하게 드러난다는 점, 하여 누구보다 강렬한 '앵그리 영 맨'의 대표주자로 자주 호명되고 있다는 점 등을 떠올려보면 이것은 어쩌면 자연스러운 결과일지도 모른다.

3 소영현, 「청소년문학이 질문해야 할 것들」, 『작가세계』 84, 2010.봄, 347쪽.

그의 폭주하는 소설들은 체제 속에 속박된 청소년들의 분노와 불안을 그 어떤 소설보다 잘 드러내고 있고, 그러면서도 현실에 대한 낭만적인 환상을 거부함으로써 소설적 진실에 한 발 더 다가선다. '청소년소설'을 표방하며 발표된 작품이 아님에도, '청소년소설'을 논하는 글들에서 기존의 '청소년소설'들보다 『미나』를 상찬하는 내용들을 많이 발견할 수 있었던 것도 그 때문이었을 것이다. 그리고 어쩌면, 이 모든 것이 김사과의 이러한 행보를 예견하게 하는 것이었는지도 모르겠다. 말하자면 그는 충분히, '청소년소설' 관계자로부터 러브콜을 받을 만했다. 그리고 그는 응했다. 실존에 대한 고민이 언제나 자본주의에 대한 비판과 함께 했고, 어른들로부터는 아무것도 배울 것이 없다는 듯 굴었던 그가 말이다. 물론, 이것은 하나의 '가정'일 뿐이다.

굳이 이러한 과정을 가정까지 해가면서 구질구질 뇌까리고 있는 것은, '저항'이 얼마나 손쉽게 '상품'이 될 수 있는가를 말하기 위해서만은 아니다. 처음에 내가 느낀 배신감은 아마도 그러한 혐의에서 기인하였을 테지만, 어쩌면 이건 너무 단순한 논리일지도 모르겠다. 외부를 내부로 포섭하고자 하는 욕망에는 내부의 한계에 대한 인식이 전제되어 있다. 한계를 극복하고자 하는 노력은 누구에게나 필요하다. 그러니 뭐가 문제란 말인가.

그러나 경계를 그어 놓고 그 경계를 이리저리 넓혀가는 방식으로는 결코 경계가 가진 한계를 없애지 못한다. 내부로 포섭된 외부가 내부에 일정 부분 균열을 가할 수는 있겠지만, 그것은 결국 내부를 더욱 공고하게 해주는 방식으로 '내부화'될 것이기 때문이다. '청소년소설'이라는 이름표를 다는 순간, 기존 작가들의 작품들도 청소년소설의 틀에 어느 정도는 갇힐 수밖에 없는 것이다. 그러므로 '청소년소설'의 한계를 극복하고자 하는 노력은 이미 검증된 기존의 작가들을 청소년소설계로 영입하는 방식이 아니라 '청소년소설' 그 자체에 대해 질문함으로써 내부에서부터 먼저 틀을 깨는 방식으로 시작되어야 한다.

경계를 내파하는 글쓰기

나는 어떤 의혹으로 이 글을 시작했고 오해를 불러일으키며 이 글을 전개시키고 있다. 여기에는 아마 어떤 균열과 부조화가 존재할 것이다. 그것은 내가 『나b책』을 그냥 '김사과 소설'이 아니라 김사과의 '청소년소설'로 읽고 있으며, 그 안에서 『나b책』이 거둔 성취를 분명히 인식하고 있기 때문이다. 김사과가 무슨 마음으로 '청소년문학' 시리즈에 발을 들여놓았는지는 알 수 없으나, 그는 '청소년소설'의 관습적인 서사에 길들여지는 대신 그러한 관습에 대한 하나의 질문으로서 『나b책』을 제출했다. 내부에 균열을 일으키는 외부. 아마도 그것이 김사과에게 요청된 역할이었을 것이고 그는 그 역할을 성실히 수행했다. 그리고 이것이 나의 딜레마이다.

앞서 나는 이러한 '외부'의 한계를 지적했지만, 내부화될 외부에 불과하니 외부의 개입은 그 무엇도 필요 없다고 주장할 수 있을까. 그렇다고 하면 그것은 현실을 너무 무시한 발언이 될 것이다. 문제는 그것이 사안의 본질을 가리는 방식으로 진행되는 데 있는 것이지 외부의 개입이라는 사실 자체에 있는 것은 아니다. 근본적인 해결책은 아닐지라도, 아무 노력도 하지 않는 것보다는 어쩌면 시행착오라도 하는 것이 나을 수도 있다. 그런데 혹시 김사과는 처음부터 스스로를 외부가 아닌 내부에 위치시키고 있었던 것은 아닐까. 혹은 그런 작위적인 경계 따위는 아예 존재하지 않는다고 생각했거나. 그렇다면 이 글은 처음부터 다시 쓰여야 할지도 모른다. 스스로를 완강히 그 경계 밖에 둠으로써 역설적으로 그 경계 안에 갇혀 있었던 것은 실은 내가 아닐까.

생각해보면 김사과는 한 번도 자신을, 그리고 자기 소설의 인물들을 자본주의에서 자유로운 인물로 그렸던 적이 없다. 체제에 대한 비판은 언제나 그 체제에 너무나도 깊이 길들여진 스스로에 대한 비판의식으로부터 시작되고 있으며, 그 체제를 벗어나는 것은 때로 죽음보다 어려운 일이라는 것 역시 냉철하게 인식하고 있다. 소설가가 되기 위해 그는 등단이라는 제도를 거쳤으며 그 제도 안에서 글쓰기를 하고 있는 작가다. 말하자면 그는 체제와 제도 바깥에서 그 모든 것들을 한껏 조롱하며 무중력의 자유를 누리는 자가 아니다. 그러나 그의 문학적 실천과 저항이 의미를 창출할 수 있었던 것은 바로 그 때문이다. 그는 제도 바깥이 아니라 제도 안에 있으면서 제도 안의 글쓰기에 갇히지 않았고 체제 안에서 살아가면서 그 체제에 대한 의심을 멈추지 않는다. 회피하고 떠나는 방식이 아니라, 들어가서 싸우는 방식을 취한다. 그리고 그 싸움의 방식은 '비평하기'가 아니라 '소설 쓰기'다. 바깥에서 왈가왈부하는 것이 아니라 안으로 들어가서 내파內破하기.

말하자면 '청소년소설'과 관련된 김사과의 행보는 타락이나 타협이 아니라 그의 일관된 방법론에 의거한 것이다. 그렇다면 김사과의 '청소년소설' 발간 소식을 듣고 내가 느낀 불편함이란, 내 안의 진실과 마주하기 싫었던 나의 또 다른 자아가 표출한 심리적 저항이었던 것은 아닐까. 내가 읽어야 했던 것은 『나b책』에 붙은 '청소년소설'이라는 레테르가 아니라 『나b책』인데, 나는 왜 그 레테르에 발이 묶여 끝까지 『나b책』에 대한 이야기는 한 마디도 하지 못하고 주어진 지면을 다 써버렸나. 편견이란 이토록 무서운 것이다.

4부

룰의 세계를 내파하는 사랑의 룰

존재의 어둑함 속에 깃드는, 사랑

다시, 가족에서 사회로

환영幻影을 어떻게 환영歡迎할 것인가
김이설, 『환영』

끝나지 않는 것은 고통만이 아니다
최진영, 『끝나지 않는 노래』

상처와 공포의 서사에서 치유와 회복의 서사로
김이정, 『그 남자의 방』

내 상처를 파헤치던 손길에서 네 상처를 어루만지는 손길로 이영옥, 『사라진 입들』

가시와 침 김덕희, 「가시 자국 - 혈 2」

절망의 강바닥에서 퍼 올린, 이 싱싱한 낙관들
김종광, 『처음의 아해들』

똥광에 똥쌍피 이소망, 「어떤 실업」

존재의 어둑함 속에 깃드는, 사랑

낮도 아니고 밤도 아닌, 존재의 어스름—김숨의 『노란 개를 버리러』[1]

소년은 창밖 하늘을 살폈다. 하늘에 해가 보이지 않았다. 아무리 둘러봐도 해가 없었다. 그렇다고 달이 떠 있는 것도 아니었다. 해가 없는데도 날은 어둡지 않았다. 그렇다고 환하지도 않았다. 언젠가 소년이 그린 하늘처럼. (154쪽, 이탤릭체는 인용자)

빛이 먼저인가, 어둠이 먼저인가. 무의미한 질문을 던져본다. 성경에 의하면 하나님이 제일 먼저 창조한 것은 빛이다. 흑암과 혼돈 속에서 빛을 창조하고 빛과 어두움을 나누어 낮과 밤이라 칭했다. 그리스신화에도 카오스에서 밤과 어둠이 나왔고, 다시 밤에서 창공과 낮이 나왔다고 되어 있다. 힌두교의 창조주 브라마는 몸을 입고 있다가 이 몸을 버린 뒤 빛의 몸을 입는다. 이란신화의 오르마즈드 역시 아리만과 자기를 갈라놓고 있는 우주의 광대한 심연에 자신의 순수한 빛을 던짐으로써 창조를 시작했다. 숱한 창세신화들이 창조의 핵심에 '빛'을 놓아두고 있는

1 김숨, 『노란 개를 버리러』, 문학동네, 2011. 이후 인용할 때에는 인용 쪽수만 기재한다.

것은 빛이 곧 분별지分別智이기 때문이다. 창조한다는 것은 비단 무無에서 유有를 탄생시키는 것만이 아니라, 어둠에 빛을 부여해 하늘과 땅을 나누고 바다와 뭍을 가르며, 남자와 여자를 구별하고 아비와 아들을 분별하며, 생명과 죽음, 선과 악, 좋고 나쁨을 판별하는 것, 즉 혼돈에 질서를 부여하는 것이다.

하지만 창세신화들이 우리에게 알려주는 것은 이런 창조의 원리만이 아니다. 여기에는 존재의 기원에 대한 또 다른 메시지가 담겨 있다. 신은 왜 질서를 부여하려고 하는가. 거기에는 우리 존재의 기원이 빛이 아니라 어둠, 질서가 아니라 혼돈이라는 전제가 깔려 있다. 신이 세계를 창조하기도 전에, 흑암과 혼돈은 이미 거기에 있었다. 어둠의 우위를 말하는 것이 아니다. 그것이 우리 존재의 조건이라는 것이다. 그렇다면 어둠이 먼저인가? 아니다, 질문 자체가 잘못되었다. 빛이 창조되기 위해서는 어둠이 전제되어야 하지만, 빛을 모르는 자가 어둠을 사유할 수는 없기 때문이다. 그러므로 빛이 태어날 때 어둠도 함께 태어난다. 쌍생아이자 영원한 짝패, 빛과 어둠은 이렇게 서로의 존재를 통해서만 존재할 수 있다. 우리는 대개 빛과 어둠을 대립항으로만 설정하고 모든 것을 둘 중 하나로 편가르기 좋아한다. 이런 근대의 사유체계로는 창조의 신비에도, 인간 존재의 본질에도 다가설 수 없다. 신이 빛을 창조했다면 그는 빛과 함께 어둠도 창조했다. 단순한 대립항이 아니라, 어둠을 품은 빛이고 빛을 낳은 어둠이다. 그렇다면 빛도 아니고 어둠도 아닌, 혹은 빛이면서 동시에 어둠인 것이 오히려 우리의 본질에 가까운 것은 아닐까?

일테면 베케트가 말하는 저 '회색 암흑' 같은 것. 어떠한 빛도 대립물로 가정되지 않는 '존재의 장소'로서의 회색 암흑. 여기서는 당연히 자명성의 데카르트적 지표가 회피된다. 회색 암흑이 존재를 위치시킨다면, 존재의 진리에 이르는 길은 분리되지 않는 것, 구분되지 않는 것을 사고하는 데 있기 때문이다.[2] 김숨의 『노란 개를 버리러』가 우리에게 보여주고 있는 것이 바로 존재의 이 회색 암흑이다. 마치 기이한 한 편의 시와 같은, 낯설면서도 익숙한 악몽의 세계에는 이야기의 시작과 끝도, 논리 정연한 서사도, 명징한 시공간이나 또렷하게 실체를 그려볼 수 있는 그 어떤 인물도 없다. 모든 존재와 시공간이 "먹버섯 같은 어둠" 속에 잠겨 있고, 낮과 밤의 경계는 불분명하다. 사건은 불현듯 시작되어 끊임없이 반복되고, 인과관계도 없이 갑자기 등장한 인물과 장면 들이 전체 서사의 맥을 끊으며 또 다른 서사의 리듬을 형성한다. 과거와 미래가 착종되고 예언이 기억처럼 쏟아진다. '단 하나의 진실'에 대한 믿음 역시 송두리째 부정된다. 죽음은 도처에 있다. 늙거나 병들어서도 죽지만 사고로도, 자살이나 살인으로도 죽는다. 도처에 깔린 이 죽음 속에서, 죽지 않은 자들이, 말하자면 죽어가는 자들이, 죽인 자들과 죽일 자들이, 죽은 자들과 함께 살아간다. "송아지는 묶인 채 이유를 모르고 죽어가네." "발과 발목밖에 남지 않은 사람들이 나의 창문 앞으로 지나가네." 노래 아닌 노래가 음산하게 울려퍼지며 소설 전체의 불안과 공포를 강화한다. 이 불안과 공포 속에서, 이유도 모르고 목적지도 알지 못한 채 무작정 길을 떠나 끊임없이 방황하고 있는 우리 인간이 바로 저 '노란 개를 버리러 가는 소년'일 것이다.

새벽 두 시, 아빠는 노란 개를 버리러 가야 한다며 소년을 깨운다.

---

2 알랭 바디우, 이종영 역, 「유적인 것에 대한 글쓰기—사무엘 베케트」, 『조건들』, 새물결, 2006, 442~444쪽 참고.

"날이 밝기 전에 돌아오려면 서둘러야 한다." "형광등을 등지고 웅크려 앉아 있어서 아빠의 얼굴은 묵처럼 흐리고 어두침침했다." 소년은 김밥 바구니를 든 엄마와 함께 아빠의 '빈' 택시에 탄다. 그런데 거기에는 이미, 죽었는지 살았는지조차 알 수 없는 정체모를 '밤의 손님'이 타고 있다. 소년이 버려야 할 노란 개는 택시 트렁크에 실려 있다. 그러나 그것을 보증하는 것은 아빠의 '말'뿐, 소년도 그 누구도 트렁크에 들어있다는 노란 개를 실제로 보지는 못한다. 택시 뒷좌석에 탄 엄마는 문득 낯선 여자가 되기도 한다. 마치 여전히 소년의 꿈속인 듯 모든 것이 모호한 채로, 노란 개를 버리러 가는 한 가족의 기이한 여행이 시작된다. 택시는 "연필심 가루처럼 들끓는 어둠 속을" 내달린다. 그러나 이 어둠은 빛과 구분되는 어둠이 아니다.

지금도 밤이에요?
낮도 아니고, 밤도 아니다.
검정도 아니고, 하양도 아닌 것처럼 말이에요?
그래.
그럼 낮이 가까워요, 밤이 가까워요?
낮이 가깝다.

낮이 더 가깝다고 하지 않았어요?
그래, 그랬다.
그런데 왜 이렇게 어두워요?
터널 속을 달리고 있으니까 어둡지.

택시는 터널을 벗어난 뒤에도 계속 달렸다. (166~167쪽)

터널을 지난 뒤에도 "낮인가 하면 밤이었고, 밤인가 하면 낮이었다. 낮만 같은데 밤이었고, 밤만 같은데 낮이었다. 낮이 밤보다 더 어둡기도, 밤이 낮보다 더 환하기도 했다." 노란 개를 버리기 위해 떠나온 도시에는 황사주의보가 내려져 있었고, 택시를 타고 지나간 어느 마을 역시 낮인데도 초저녁처럼 고요하고 어두침침했다. 밤도 아니고 낮도 아닌 시간, 검정도 아니고 하양도 아닌 존재의 어스름 속에서 이들은 마치 '도망이라도 가는 것처럼' 노란 개를 버리러 가는 여행을 계속한다. 반복적으로 등장하는 불빛은, 사람이 타도 결코 꺼지지 않는 '빈차' 표시등이나 주유 경고등, 한쪽만 깜박거리는 비상등 같이 이 세계의 불안과 위험을 드러내는 일종의 '경고등'들뿐이다. 눈이 부셔 운전을 할 수 없게 만들거나 불안의 그림자를 거대하게 키우는 "느닷없이 들이친" 하늘의 "한줄기 빛" 역시 재앙을 암시하는 일종의 경고등에 다름 아니다.

무엇이 이들을 이토록 불안하고 두렵게 하는가. 교통사고, 엄청난 금액의 합의금, 도저히 갚을 수 없는 빚, 가난, 무의미하게 계속되는 노동, 폭력, 납치, 살인, 도주 그리고 벗어날 수 없는 존재의 고독……. 파편적으로 드러나는 가족의 모습 속에서 '아이인 것도 싫지만, 어른이 되는 것도 싫다'는 저 소년의 마음, 그러나 "노란 개를 버리고 나면 어른이 되어 있을 거"라는 예감이 주는 불안과 두려움을 짐작할 수도 있다. 그러나 회색 암흑 사이로 "신호를 보내듯 깜박깜박"하는 경고등들이 현실의 비참만을 암시하는 것은 아니다. 그것은 '의미'를 위해 '존재'를 포기할 수밖에 없는 현존재의 부조리, 결코 '의미'의 영역으로 소환될 수 없는 존재의 본질을 끊임없이 환기시키며, 인간이라는 영원히 '찢겨진 존재'의 불안을 심화시킨다.

사람이 타고 있는 '빈차', 소년이 앉아 있는 '빈 의자', 산양이 살던 '텅 빈 우리', '얼굴이 텅 빈 여자'……. 이 숱한 '비어' '있음', 어쩌면 이런 모순 어법을 통해서만 우리는 간신히 우리 존재의 모습을 눈치챌 수 있는 것은 아닐까. 그러므로 노란 개를 버리러 가는 일은 결코 완수되지 않는다. "소년은 오리 인형 머리가 저리도 쉼 없이 흔들리는 것이 갑자기 소름 돋도록 무서우면서도, 흔들림이 멈출까봐 걱정되었다." "소년은 그래서 오리 인형 머리를 주먹으로 갈기고 또 갈겼다." 우리의 삶이, 바로 이와 같다.

근대의 빛과 존재의 멜랑콜리—허수경의 『박하』[3]

> *여전히 아프리카로, 동양으로 떠나고 싶어하는 정치가와 은행가, 그리고 장사꾼은 한 기관이 되어 움직였고, 학자들은 그들의 군대와 돈에 의지해서 새롭게 펼쳐져가는 이 세계를 설명해내기 위해 길을 떠났다. 밤은 사라지고, 빛이 밤을 지배하는 이 세계를 위해 분주한 사람들의 시간은 마치 영원처럼 지속되고 있었다.* (37쪽, 이탤릭체는 인용자)

근대는 빛과 이성의 시대다. 중세가 암흑기로 인식되고 있는 것도 스

3　허수경, 『박하』, 문학동네, 2011. 이후 인용할 때에는 인용 쪽수만 기재한다.

스로를 빛의 세기로 자리매김하기 위한 근대의 논리에 의한 것. 과학과 기술의 발달은, 인간과 자연뿐 아니라 미지의 시공간까지도 이 빛 아래로 소환해 지배하고 다스리려는 근대의 기획에 박차를 가했다. 그러나 허수경의 『박하』, 한 세기를 넘나들며 인간 존재의 근원적 상처에 대한 고고학적 탐사를 전개하고 있는 이 멜랑콜리한 장편소설에는 오랜 세월 우리 사회를 지배해 온 사회적 모더니티에 대한 의심과 비판이 농후하다. 20세기 초 독일의 고고학자 이무李無와 21세기 초 한국의 출판업자 이연, 독일에서 고고학을 전공했으나 지금은 논문대필업자로 생계를 유지하고 있는 마준이라는 닮은꼴의 세 인물이 모두 그러한 인물들이다. 이무가 사랑한 노마드 여성 하남, 이연의 아내 은인수, 마준이 사랑하는, 어쩌면 그의 쌍둥이 여동생일 수도 있는 마리타. 이 세 여성 역시 서로를 비추며 이들과 공명한다.

『박하』는 일종의 격자소설이다. 외부 액자의 화자는 이연. 나이 마흔 중반을 넘기면 안팎으로 안정이 될 줄 알았으나, 그에게 닥친 현실은 실직, 아내와 두 아이의 갑작스런 죽음이었다. 그렇게 모든 걸 잃고 집에 틀어박힌 그에게 운명처럼 다가온 백여 년 전 이무李無의 기록. "내가 이 글을 읽을 때 나는 이미 모든 것을 잃고 난 뒤일 것이다." 마치 자신의 이야기를 하고 있는 것만 같은 이무의 문장에 끌려 이연은 마준이 번역해 건네준 이무의 글을 조금씩 읽어나간다. 소설은 이렇게 21세기 초 한국과 독일에서 펼쳐지는 이연-은인수, 마준-마리타의 이야기와 20세기 초 독일 제국과 이스탄불, 앙카라 등지를 배경으로 전개되는 이무-하남의 이야기가 겹쳐지며 교차되는 구성을 취하고 있다. 이연은 마준을 만나러 독일까지 가지만, 이 소설에서 그는 행동하는 주체라기보다는 읽고 관찰하고 추억하고 사유하며 이야기를 전개시키는 화자의 성격이 보다 강하다. 서사의 핵심으로 떠오르는 것은 오히려 마준-마리타와 이무-하남의 이야기이다. 그러나 서로가 너무 비슷한 상황에 처해 있는 일종의 닮은꼴이기도 하거니와, 이들의 삶과 기록을 옆에서 지켜보고 읽어나가면서 이연 또한 점차 자신의 슬픔을 딛고 일어서게 된다.

이 인물들을 모두 관통하는 키워드는 '멜랑콜리'이다. 이무는 자신의 "가슴 밑바닥에 도사리고 있는 낭만의 습성"이 "정치나 어떤 사회 현상으로 비롯된 것"이 아닌 "영원한 나만의 병"이라고 말하지만 『박하』의 인물들은 거의 모두 이 '마음의 병'을 앓고 있다. 멜랑콜리란 무엇인가. 일반적으로 그것은 우울이나 비애의 정조를 뜻하지만 이 소설에서 멜랑콜리는 "생에 갑자기 출몰하는 어떤 미지, 그 미지에 대한 그리움"에 보다 가깝다. 헬무트가 이무를 양아들로 삼은 것도 "세상을 살면서 단 한 번 있을 것 같은 순간을 본 듯한 느낌" 때문이었고, 이무가 박사논문을 중도에 접고 하남이라는 고대 도시를 찾아 떠나는 것도 "이 지상에 단 한 번 있을 것 같은 순간이 나에게 온 느낌" 때문이며, 마준이 이무의 기록을 번역하게 된 것 역시 이런 멜랑콜리 때문이다. "이 지상에 단 한 번 있을 것 같은 순간"이란 어떤 순간일까? 그것은 혹시 이 세계의 틈새로 존재의 본질이 드러나는 순간은 아닐까? "멜랑콜리가 깊어지면 깊어질수록 삶으로부터 자신을 차단하게" 되는 것도, "제국의 질서에서 빠져나와 미지의 것과 불륜하려는" 마음이 생기는 것도, 영원과도 같은 그 찰나, 실재가 섬광처럼 모습을 드러낼 것만 같았던 생의 한순간에 대한 갈망 때문이 아니겠는가.

그렇다면 이들은 왜 모두 멜랑콜리에 빠져 있는가. 이무는 고향과 부모에 대한 기억이 없는 자이다. 그는 자신의 불안이 "뿌리를 모른다는 데서부터 기인"했으며, "어머니의 부재가 나를 이렇게 무기력한 사람으로 만들었을지도 모르겠다"고 생각한다. 존재의 불안을 잠재워준 하남까지 자신의 아이를 낳다가 죽어버리자 그는 더 깊은 그리움에 젖어 떠돈다. 이무와 스스로를 동일시하기에 이른 이연도 아내와 두 아이를 동시에 잃은 자이고, 마준은 사랑하는 사람과 결혼할 수 없는 사람이다. 스스로를 바위에서 나온 고대 여인이라 생각하고 있는 하남, 어릴 적 외국으로 입양되었으나 의붓오빠의 성폭력에 오랫동안 시달리다가 섬유근통증후군을 앓기에 이른 마리타 역시 자신의 가장 소중한 것을 잃어버린 상실감과 고통 속에 빠져 있는 자들이다. 그러나 이 모든 슬픔과 그리움, 즉 멜랑콜리가 아내의 죽음이나 고향의 상실, 혹은 부모의 부재 때문이라고 단정할 수는 없다.

아내를 잃기 전, 이연은 아내를 사랑함에도 다른 여자들과 연애를 하곤 했다. "시대가 간섭하지 못하는, 인간이 스스로의 내면에 묻어둔 자신만의 울음이 있다는 걸 잘 아는 사람"이었던 인수 역시 남편 아닌 누군가와 사랑에 빠지곤 했다. 그들의 철들지 않은 마음은 중년의 무미건조한 삶을 견디지 못하고, 아무리 애를 써도 결국은 들판에서 서성거리곤 했던 것이다. 삭막한 사막, 혹은 깊이를 알 수 없는 심해가 되어버린 가슴으로 이들은 "죽어도 포기할 수 없는 그 무엇이 있을 거다 싶었던 그때" "우리의 웃음이 그 환한 박하꽃에 아주 가까이 다가간 별이었던 그때"를 그리워한다. 그러나 처음부터 그 시간은 '잃어버린 시간'으로만 존재했을 뿐, 그들이 실제로 그 환한 박하꽃이 되었던 적은 없다. "죽어도 포기할 수 없는 그 무엇", 그것은 그때도 영원히 도달할 수 없는 무엇이었고, 어쩌면 그래서 더 포기할 수 없는 것이었다. 처음부터 가져본 적 없고 앞으로도 손에 쥘 수 없으며 실체조차 뚜렷하지 않은데도 저들이 저토록 깊은 심연 속에 빠지면서까지 그리워할 수밖에 없는 것, 그것은 바로 문명의 시작과 함께 인간이 잃어버린 '신화'에 다름 아니다. 그러므로 역설적으로 멜랑콜리 역시 근대의 산물이다. "말과 사물, 상징과 실체 그리고 문화와 자연 사이에 존재하는 이러한 간극이 발생시키는 정조가 바로 멜랑콜리"[4]이기 때문이다.

> 하지만 그래, 19세기가 되면서 지구의 거의 모든 곳이 지도에 옮겨졌어. 그동안 신화의 땅이라고 불리며 전설로만 전해오던 곳들도 이제 숫자와 방위로 다 표시되었지. 우리가 사는 이 지구에 신화의 땅은 이제 다 사라진 거야. 이성의 땅만 남은 셈이라고. 나는 학자로서 그 사실을 반가워해야겠지만 어떨 때는 낙심하고 말아. 컴컴한 곳을 빛으로 다 채우면 너무 삭막하잖아. 우리는 신화를 말끔하게 벗겨놓고 그 신화의 땅을 모조리 정치와 장사의 땅으로 바꿔버린 걸세. (220쪽)

이무의 스승 프롬 교수의 말이다. 그는 "뭔가를 발견하려고 하는 욕망 뒤"에는 "그것을 지배하려드는 욕망"이 있다는 것을 꿰뚫고 평생을 바쳐온 고고학에서 손을 뗀다. 그에 따르면 이무가 "근원을 찾는 것도 이데올로기에 불과"하다. 그 누구도 자신이 태어난 순간을 기억하지 못한다. 그렇다고 그곳을 모두 빛으로 채울 수는 없다. 컴컴한 곳을 빛으

4 김홍중, 「멜랑콜리와 모더니티」, 『한국사회학』 40-3, 한국사회학회, 2006, 13쪽.

로 다 채우면 너무 삭막하기 때문인가. 아니, 애초에 그것은 불가능한 욕망이다. 세계는 빛으로만 이루어진 것이 아니라 처음부터 언제나 어둠이 함께 하는 곳이었다. 인간은 특히 그러하다. "이 세상의 모든 빛으로도 충분하지 않아", 우리는 누구나 나만의 '해', "자신만의 신화적인 이야기"를 갖고자 한다. 근대의 이성적이고 합리적인 목소리들은 그것을 어둠이라 부르지만, 문학은 바로 이 어둠을 위해 존재하는 것이다.

당신의 빛과 나의 어둠 사이로 흐르는 고통의 (불)공평함—전수찬의 『오래된 빛』[5]

> *그자를 다시 만난 것은 삼년 전, 봄 햇살 가득한 횡단보도 위에서였다. 그자를 알아보지 못했을 때도 길 건너 서 있는 남자의 양복은 유난히 봄 햇살에 반짝거렸다.* (39쪽, 이탤릭체는 인용자)

『박하』의 모든 인물들이 멜랑콜리에 빠져 있다고 했으나, 여행에서 돌아온 이연은 죽은 아내와 아이들에 대한 애도에 성공함으로써 오히려 그 이전부터 자신을 사로잡고 있던 이유모를 우울증으로부터도 벗어난 것처럼 보인다. 그러나 오랜 세월이 흘러도 애도에 성공하지 못하는 사람들이 있다. 이무가 그랬고 하남이 그랬다. 그들은 한곳에 머물지 못하고 떠돌거나, 죽음으로 돌아갔다. 그리고 여기, 또 한 사람이 어둠 속에 서 있다.

---

5 전수찬, 『오래된 빛』, 문학동네, 2011. 이후 인용할 때에는 인용 쪽수만 기재한다.

여기서 말하는 어둠은 근대의 밝은 빛 아래 사라져버린 신화도, 낮과 구별되지 않는 존재의 회색 암흑도 아니다. 이것은 말 그대로 어둠. 슬픔과 절망, 고통과 분노, 죄책감과 억울함, 그리고 죽음…… 이 모든 부정적인 감정과 상황을 모두 다 끌어안은, 그러니까 빛의 반대, 불행의 그 흔한 은유다. 그러나 이런 어둠 속에 있는 사람에게 세상은 온통 어둠이므로, 그에게는 이 낡은 은유가 결코 단순한 수사가 아니다. 그런데 누군가 빛 가운데 서 있다면, 더구나 하필 그 자가 자신을 오랜 세월 어둠 속에 가둔 사람이라면? 여전히 어둠 속에 선 채로, 그는 이렇게 물을 수도 있을 것이다. "그게 공평한가?"

전수찬의 『오래된 빛』은 불의의 사고로 막내아들을 잃은 뒤 어둠 속에 갇혀 버린 한 가족의 이야기이다. 아들 창호를 괴롭히던 같은 반 친구 기환이 그 사고의 원인을 제공하긴 했으나, 죽음 자체는 사고였을 뿐이다. 직접적으로 가해를 당한 것이 아니므로 법적으로는 누구에게도 죄를 물을 수가 없다. 그러나 사람의 마음은 적법 절차에 따라 움직이지 않는다. 창호의 부모도, 기환의 부모도, 그리고 기환 자신도, 캄캄한 밤에 창호를 산으로 불러낸 기환에게 잘못이 있다는 것을 안다. 그래서 창호의 부모는 분하고, 기환의 부모는 죄를 덮기에 급급하며, 기환은 집 밖으로 나오지 못한다. 피해자와 가해자가 모두 초등학생인 터라 갈등은 그들의 부모, 특히 두 아버지들에게로 집중된다. 창호의 아버지 조두용은 기환과 그의 가족이 도의적으로나마 잘못을 뉘우치고 사과하길 바라지만, 기환의 아버지 박선명은 결코 그런 방법을 선택하지 않는다. 사과를 하는 것은 아들의 살인죄를 인정하는 것이라고 생각하기 때문이다. 그는 기환을 만나보려는 조두용을 완력으로 저지하고 돈과 권력으로 사람들의 입을 막은 뒤 마을을 떠난다. 사건은 종결되었으나 상처는 아물지 않는다. 소설이 시작되는 것은 바로 여기에서부터다. 이 소설에서 집중하고 있는 것은 사건이 아니라 사건 이후이기 때문이다.

십 년이 흘렀다. 창호가 죽은 뒤 태어난 딸아이가 초등학생이 되도록 조두용의 가족은 바다여행을 가지 못했다. 여름은 창호의 기일과 함께 시작되었고, 그들은 그 시간에 여전히 붙잡혀 있기 때문이다. 아들이 왕따를 당한 것도, 그 어두운 밤에 홀로 산에 올라간 것도 모르고 있다가 속수무책 아들의 주검을 맞이해야만 했던 어머니는 담석이 생겨 수술을 하면서도 자신을 위해 그 어떤 호사도 부리지 않는다. 분노에 떨던 조두용은 삼년 전 우연히 박선명을 만난 후 발령지를 옮기고 이사까지 하면서 그에게 복수할 일념으로 살아가고 있다. 큰아들 조창수 역시 "어두운 길에 오래 서 있었다는 막연한 느낌"으로부터 벗어나지 못해 대학을 휴학하고 아르바이트를 전전한다. 이렇게 이 가족을 사로잡고 있는 어둠은 소설 도처에서 다양한 형태로 변주되며 『오래된 빛』의 주된 색조와 질감을 형성한다. 소설의 시작과 끝이 모두 어둠 속에 잠겨 있다. 주요한 사건이 전개되는 시간 역시 대부분 밤이나 저녁이고, 어둠 속에서 강렬하게 빛나는 불빛은 편재遍在한 어둠을 드러내기 위한 장치로 기능할 뿐이다.

이는 어둠과 빛의 극명한 대비가 집요하게 반복되고 있는 첫 장면에서 특히 잘 드러난다. 어둠 속에서 유난하게 빛나는 '삼일 자동차 서비스'의 작업등 불빛과 창수가 그 불빛에 비춰보고 있는 흑백사진 속 베트남 여자아이. 발가벗은 채 겁에 질려 울음을 터뜨리며 걷고 있는 그 여자아이 뒤로는 포연이 하늘을 먹구름처럼 덮으며 따라오고 있다. 『오래된 빛』 전체를 지배하는 이미지가 바로 이 어둠에 잠긴 베트남전쟁 사진의 이미지이다. 창수뿐 아니라 이 소설에 등장하는 모든 인물들이 도망칠 수 없는 삶의 저 깊은 어둠 속에서 겁에 질려 울고 있는 작은 여자 아이에 다름 아니다. 조두용은 박선명의 가족들이 "아무런 문제없이" 빛 속에서 살고 있다고 생각했지만, 그래서 그들을 자신이 살고 있는 캄캄한 시간 속으로 데려와 이 시간을 매듭지어야겠다고 다짐했지만, 그들 역시 참혹한 어둠의 한가운데 서 있었을 뿐이다. 특히 기환, 뚱뚱한 자신과는 달리 날렵하고 싱그럽던 창호를 동경했으나 그에 대한 애정을 폭력으로밖에 표현하지 못했던 그 아이는, 자신의 잘못으로 창호가 죽게 되자 이후의 삶 전체를 어둠에 저당 잡힌 채 출구 없는 삶을 살아간다. 아버지의 잦은 주먹질과 어머니의 숨죽인 눈물 속에서 슬픔과 분노와 빛을 향한 갈망을 억누른 채 온 마을의 망나니로, 괴물로, 웃음거리로.

당신의 빛과 나의 어둠. 이 불공평한 현실에 대한 분노야말로 조두용의 삶을 추동하는 힘이었으나, 그들 모두에게 공평하게 주어진 고통과 슬픔을 발견하게 되면서 그는 결국 표적을 잃고 만다. 박선명 가족의 불화를 지켜보면서 그는 한동안 심리적 안정감을 되찾을 수 있었지만, 도탄에 빠진 기환이 마을에서 집단폭행을 당하고 마침내 거의 실성 수준에 이르자 박선명의 비리를 고발하기 위해 힘들게 모았던 자료들을 결국 폐기해버리고 마는 것이다. 그는 생각했다. "너는 불행했다. 너는 불행한 자신을 직시했다. 그렇게 소리쳐라. 너는 불행했다고. 행복을 바라지 않았다고. 그것이야말로 네 삶의 자부심이라고." 그러나 조두용이 정말로 원했던 것은 그들의 불행이 아니라 자신과 가족의 행복, 기환이 그토록 그리워하는 오래전의 바로 그 빛이고, 바다다. 그러므로 그는 더 이상 그들의 불행에 위안을 받을 수도, 이 폭력의 악순환 속으로 자신을 깊이 밀어 넣을 수도 없다. 폭력은 폭력을 낳고, 불행은 더 큰 불행으로 이어진다는 사실을 그가 모를 리 없기 때문이다.

이러한 폭력의 연쇄는 박선명과 박기환, 박기환과 조창호뿐 아니라 이성근과 박기환을 통해 더욱 뚜렷이 드러난다. 박선명은 활달하고 사업 수완이 뛰어나지만 권위적이고 폭력적이며 무엇보다 승부욕이 강한 남자다. 이는 그가 해병대 출신이라는 것과도 밀접한 연관을 갖는다. "해병대 출신들은 지는 게 죽는 거야. 너 전쟁 나가서 지면 어떻게 돼?" "죽어요." "죽으면 끝이잖아. 그러니까 지는 건 죽는 거나 같은 거야." 박선명이 아들과 나누는 대화에서 알 수 있듯이 이 소설에서 군대는 나라를 지킨다는 본래의 의미보다는 일상이 전쟁이 되어버린 세계의 과도한 폭력성을 드러내는 장치로 활용된다. 군복, 군화, 지프로 무장하고 사람을 패러 나가는, '군복'으로 불리는 이성근이 바로 그런 인물이다. 그는 박기환이 마을에 자주 문제를 일으킨다는 이유로 마치 짐승이라도 잡듯이 집요하게 기환을 가격한다. 육체에만 타격을 입히는 것이 아니다. 아랫도리를 벗긴 채 돼지처럼 기어 다니게 하여 인간적으로도 심한 모멸감을 준다. 왜인가. "그렇게 패놔야 무서워서 조용히 다닌다"는 것이 그의 변이지만, 그의 폭력에는 이유가 없다. "난 말이야, 이상하게 너같이 살찐 놈 보면 진절머리가 나." 이유 없음, 그것이 한 인간을 죽게 하고 미치게 하고 다시 폭력에 빠져들도록 만드는 폭력의 유일한 이유이다. 이성근만이 아니다. 그의 폭력에 굴복해 박기환을 때리는 데 동조한 진표는 그 일이 문제가 되자 그때 이성근을 "한번 올라타는 건데" 그러지 못했다고 후회한다.

폭력을 응징하는 폭력, 그러나 『오래된 빛』은 폭력과 불행의 악순환

뿐만 아니라 이 악순환의 고리를 끊어버릴 수 있는 가능성도 함께 보여준다. 여기에 가장 크게 기여하는 것은 조창수다. 그는 박기환을 때리는 이성근을 저지하다가 대신 맞기도 하지만, 조두용이 복수를 결행하지 않게 된 데에도 이 큰아들의 존재가 중요한 역할을 한다. 이 소설이 조두용뿐 아니라 조창수를 번갈아 초점화자로 등장시키고 있는 것은 그 때문일 것이다. 4장과 5장에서는 잠시 박기환이 초점화자로 등장하기도 하지만, 박선명이나 그의 아내, 혹은 조두용의 아내가 초점화자로 등장해 내면을 토로하지는 않는다. 그런데 왜 사건의 당사자도 아니고 부모도 아닌, 창호의 형 창수인가. 그는 여기서 유일하게 죄가 없는 인물이기 때문이다. 창호의 부모 역시 가해자는 아니지만, 그들이 끊임없이 죄책감에 시달리고 있다는 사실은 역설적으로 그들에게도 책임이 있다는 것을 보여준다. 어른이었고 부모였기 때문이다. 그러나 창수는 아직 어렸으므로 그에게 동생을 돌보지 못한 책임을 물을 수는 없다. 창호와 마찬가지로 그는 오히려 피해자에 가깝다. 자식을 잃은 부부의 불화는 고스란히 창수의 상처가 되었고, 동생의 죽음과 어른들의 폭력으로 그는 일찌감치 세계의 어둠을 알아버렸다. "누군가의 입에서 고통스러운 항변이 흘러나와야 한다면, 그것은 창수의 몫이었다."

그러나 어둠 속에 서서 분노하는 대신 그는 어둠 속에 갇힌 다른 사람들을 응시한다. 타인의 불행을 통해 나의 행복을 확인받거나 나의 불행을 위로받고자 함이 아니다. 이해하기 위해서이다. 그러므로 그는 박기환이 자기 동생을 괴롭혔던 아이라는 것을 알고 난 뒤에도, 그에게 용서를 구하러 가는 진표를 따라나선다. 조두용은 이런 아들을 지켜보면서, 자신의 복수가 아들에게 오히려 고통과 불행을 대물림하는 것이라는 사실을 자각한다. 복수를 포기한다고 해서 바로 행복해지는 것은 아니다. 하늘은 여전히 어둡고 불행은 우리를 쉽게 비껴가지 않는다. 그러나 타인의 불행을 통해 내가 행복해질 수 있는 방법이란, 그 어디에도 없다.

투명하게 빛나는 어둠, 욕망하는 딸들의 딸들—박주현의 『롤리팝과 책들의 정원』[6]

> *그래도 너는 빛을 봐야지. 명심해라, 늘 밝은 곳에 있어라. 알겠니? 죽은 사람들 말고 산 사람을 써야 하는 거야. 선생님이 저랑 있어주세요. 그러면 저는 늘 밝은 곳에 있을 텐데요. 거대한 애인이 고개를 저었다. 너는 나 없이도 밝은 곳에 있어야지. 나랑 있으면 늙는단다. 봐라, 너는 벌써 늙었어.* (277쪽, 이탤릭체는 인용자)

죽음, 폭력, 고통, 불행, 슬픔…… 이런 것들이 어둠의 영역에 있는 것이라면, 욕망은 어두운 것인가, 밝은 것인가. 그리고 섹스는, 무엇보다 사랑은? 우리는 쉽게 대답할 수 없는 것들을, 엄마들은 때로 단호하게 대답한다. 그리하여 책들의 화형식. "범죄와 섹스, 공포가 들어있다는 의심이 드는", 딸은 읽지 말아야 할 어둠의 책들을 엄마가 모두 모아 불태운다. 딸에게 욕망과 악몽을 가르쳐 주고 쾌락의 지침서 역할을 한, 딸의 애인들이 불에 탄다. "안 된다." 엄마가 금지한다. "정말 안 돼?" "안 돼. 안 되고말고." 딸은 엄마의 이 목소리와 늘 함께 한다. 그 목소리

6 박주현, 『롤리팝과 책들의 정원』, 문예중앙, 2011. 이후 인용할 때에는 인용 쪽수만 기재한다.

를 잘 듣고, "되는 것과 안 되는 것 가운데 안 되는 것을 고른다." "짓밟고 싶도록" 엄마가 좋았기 때문이다.

딸을 감시하고 억압하고 소유하려고 하는 존재. 딸이 미워하고 동시에 사랑하는 존재, 아니 너무 사랑해서 미워할 수밖에 없는 존재. 나는 오랫동안 그러한 존재가 아빠인 줄 알았는데, 박주현의 『롤리팝과 책들의 정원』에서는 그 사람이 바로 엄마라고 말한다. 엄마가 왜 딸을 못살게 구는가? 이유는 단 하나, 딸이 엄마를 닮았기 때문이다. "딸은 엄마를 그렇게나 닮았으므로 엄마와 그렇게나 똑같은 실수를 저지르게 될 거라는 확신. 얘야, 너는 내 비밀이야. 실패, 구멍, 실수, 과오, 얼룩이야. 너는 이렇게 끔찍하단다. 차라리 죽지 그랬니." 닮은 사람들은 닮았다는 이유로 서로를 사랑하지만, 닮았다는 바로 그 이유로 서로를 미워하게 되는 법이다. 살아서 돌아다니는 엄마의 비밀, "딸은 엄마의 가장 좋은 것이자 나쁜 것이었다." 그리고 엄마는, 바로 그런 엄마의, 바로 그런 딸이었다. 엄마 말을 듣지 않고, 자신의 사랑과 욕망을 키워가던 발칙한 딸. 『롤리팝과 책들의 정원』은 이런 엄마와 딸들의 이야기를 몇 겹으로 얽고 엮고 쌓아 그 내밀한 속내를 한겹한겹 풀어헤친다. 아라비아 숫자가 붙어 있는 스물두 개의 장들과, 그 사이사이, 소제목을 붙인 스무 개의 또 다른 장들이, 인과관계도 없이 오락가락 이어진다 싶다가 한참 후에야 그 내막을 드러낸다. 말하자면 이 소설은, 이현이 자신의 삶을 텍스트로 삼아 써 내려간, 불온하고 발칙하고 슬프고 어두운 네 편의 소설이 모여 이룩된, 한 편의 사랑 이야기이다.

먼저, 아버지 또래의 사진가를 엄마 몰래 만나고 있는 스물아홉의 보습학원 강사, 이현이 있다. 소설가로 등단하긴 했으나 이후 이렇다 할 소설을 써본 적 없는 그는 극성스러운 엄마 때문에 거식증과 폭식증을 오가며 정신과 치료를 받고 있지만, 여전히 엄마가 바라는 것과는 반대로만 행동한다. 반면 아버지 없이 할머니와 엄마, 이모, 이렇게 과부들과 아이들만 모여 사는 집에서 자라는 호연은, 소설가를 꿈꾸는 엄마를 위해 할머니에게 곧잘 대들기도 하는 맹랑한 여자아이다. 그러나 엄마의 재혼으로 할머니 집에 혼자 남겨지자 고아가 될지도 모른다는 공포와 외로움에 사로잡힌다. 이현이 호연과 무슨 상관인가. 소설의 마지막에 가서야 둘이 자매라는 사실이 밝혀진다. 호연을 떼놓고 재혼한 엄마가 낳은 딸이 이현이었던 것. 양가의 반대를 무릅쓰고 사랑하는 사람과 도망쳐서 결국 미혼모가 되었던 사람, 그토록 소설을 쓰고 싶어 했고, 그래서 소설책만 읽다가 툭하면 할머니에게 얻어터지던 바로 그 '호연의 엄마'가, 끊임없이 이현의 책을 불태우고 그의 연애를 감시하는 '이현의 엄마'라는 것이 밝혀지면서 이현은 혼란에 빠진다. 자신이 미워하던, 아니 사랑하던 그 엄마의 비밀과 슬픔, 부끄러움을 알아버렸기 때문이다. 이제 엄마를 미워할 수 없게 되었기 때문이다. 결국, 자신이 엄마를 닮은 딸이라는 것을 인정할 수밖에 없었기 때문이다. 그렇다면 이제 남은 것은 엄마와 딸의 화해뿐인가?

이현이 만나고 있는 '거대한 애인'의 죽은 아내, 즉 '보이지 않는 여자'와 그 엄마의 이야기는 이현과 호연으로 분리되어 있는 이 딸과 엄마의 병리적이고 모순적인 애증관계를 보다 압축하고 극대화해 보여준다. 이현의 엄마처럼 극성스러운, 괴물 같은 엄마. 그러나 그녀의 엄마는 "전설에 등장하는 다른 모든 괴물처럼 공포와 매혹을 함께 주는 존재였다". '투명한 여자'는 이 "(무시무시한) 엄마"와 "(존재하지 않는) 아빠" 때문에

"물어뜯는 남자"와 사랑에 빠졌으나 그는 그녀의 엄마가 아니라 "제일 먼저 여자부터 물어뜯었다". 알약과 후회의 전문가가 된 여자는 결국 투명해짐으로써 가장 선명하게, 그리고 가장 오래 존재하기로 마음먹는다. 과연 '거대한 애인'은 그녀가 죽은 다음부터 그녀만을 사랑하게 된다. 그리고 이현은 바로 그것 때문에, 그의 화려한 이력과 정력적인 삶 이면에 감춰진, 아내를 잃고 모욕을 견디며 늙어가는 그 지친 얼굴 때문에 그를 사랑하게 된다. 언제나 산 사람들보다 죽은 사람들에게 관심이 많았던 이현은 처음부터 그의 어둠, "한 번도 얼굴을 보지 못한 죽은 여자를 통해" 그를 사랑하게 되었던 것이다.

> 나는 죽은 여자들을 잘 알았다. 또 좋아했다. 세상에는 많은 여자들이 각자 다른 이유, 다른 상황에서 죽어가지만 나는 죽은 여자들, 특히 욕망의 미아였던 여자들을 좋아했다. 길 잃고 죽은 여자들, 못되고도 착한 여자들, 비겁한 여자들. 내가 그런 여자였기 때문이다. (245쪽)

그러나 '거대한 애인'은 죽은 여자들의 사례만 수집해 기록하고 있는 이현을 나무라며 그를 '빛이 오는 쪽'으로 돌려세우려고 한다. "그래도 너는 빛을 봐야지. 명심해라, 늘 밝은 곳에 있어라. 알겠니? 죽은 사람들 말고 산 사람을 써야 하는 거야." '거대한 애인'에게 버림받고 그를 괴물이라 욕하면서도, 아니 어쩌면 자신이야말로 괴물이라고 생각하면서도, 이현은 '거대한 애인'의 이 말을 새긴다. 물론 알약은 아직도 책상 뒤에서 썩어가고, 눈물에 얼굴이 쭈글쭈글해지는 일도 왕왕 있다. 서른 살이 되었어도 변한 건 별로 없다. 하지만 이현은 이제 욕망의 미아가 되어

떠돌다가 죽은 여자들 대신 욕망하는 여자들을, 그 여자들의 말하는 보지를, 그 보지의 말에 따라 이루어진 아무런 금기 없는 섹스의 황홀경에 대해 쓰기 시작한다. "안 된다는 말은 너무 지겨워. 도대체 왜 안 된다는 거야?" "이건 그렇게 나쁜 게 아니라고. 이렇게 좋은데." 음탕한 정사가 끝난 뒤 서로의 몸을 베고 나른하게 누워 있는 세 남녀의 벌거벗은 몸 위로 '그것'이 들려주는 이야기가 끊임없이 이어진다. 'Pussy talk', 이현이 써 내려간 이 포르노소설이 『롤리팝과 책들의 정원』을 완성하는 또 하나의 퍼즐인 셈이다.

그렇다면 '거대한 애인'의 말처럼 이현은 이제 빛에 있게 된 것일까. 지호처럼 자기 나이에 맞는, "물어뜯는 연인 말고 든든하게 손잡아주는 연인"을 만나면서? 이 질문에 답하기 위해서는 처음에 던졌던 질문에 먼저 답해야 한다. 욕망은 어두운 것인가, 밝은 것인가. 그리고 섹스는, 무엇보다 사랑은? 둘 중 하나가 답일 수는 없다. 사진은 빛이 있어야 완성되지만, 빛만 있다면 우리는 그 사진에서 아무것도 볼 수 없다.

엄마가 그토록 싫어하는 포르노를 직접 쓰기까지 했으니 엄마와의 화해는 또다시 지연될 수밖에 없을지도 모른다. 하지만 엄마의 거짓말들, 금기들, 억압들이 실은 그 엄마들을 억압했던 엄마들의, 아니 실은 남편들의, 아빠들의, 저 남자들의, 그러니까 바로 우리 사회의 금기라는 것을 모를 수는 없게 되었다. 이 딸들에게는 금기하는 아빠가 없거나 없다시피 했지만, 그래서 아버지 같은 '거대한 애인'을 사랑하게 되었지만, 엄마는 아빠의 대리인, 혹은 금기를 내면화한 또 다른 연약한 딸에 다름 아니다. 그러므로 『롤리팝과 책들의 정원』이 보여주는 엄마와 딸의 진정한 화해는, 다시 금기를 내면화함으로써 딸의 욕망을 감추고 숨기고 억압하는 또 다른 엄마가 되는 방식이 아니라 엄마가 마음껏 펼치지 못했던 욕망들을 기어이 실행하는 딸이 되는 방식으로 이루어진다. 다시 이현은 소설을 쓴다. "이것은 무엇이든 될 수 있는 빈칸", 그러나 우리가 계속 써 내려가야 하는 빈칸이다. 빈칸에 이현이 제일 먼저 적어 넣은 글자는 "나는". 바로 여기에서부터 다시 욕망하는 딸들의 이야기가 시작된다.

사랑, 당신의 그 어둠이 되기—정용준의 『가나』[7]

그녀의 입술이 내 입술에서 떨어지는 순간 이런 생각을 했다. 모든 종류의 기억과 흔적이 이제 내겐 덧없고 무의미하고나. 열한 살의 지독했던 시간도 그녀를 처음으로 만났었다는 기억 하나로 완전히 뒤바뀌는 것 같았다. 나는 그때, 그녀의 얼굴을 보며 말하고 싶었다. 너를 사랑해.

—「떠떠떠, 떠」, 32쪽(이탤릭체는 인용자)

이 세계의 어둠에 대해서라면, 정용준도 빼놓을 수 없다. 이 젊은 작가의 첫 소설집 『가나』는, 그 밀도와 색채를 달리하며 시시각각 우리를 찾아오는 각종 어둠의 향연이라고 말할 수 있을 정도다. 정용준이 그리고 있는 어둠의 저 다양한 육체를 보라. 사랑하는 사람을 삼촌에게 빼앗기고 아직 아이에 불과한 여자와 결혼할 수밖에 없었던 잔인한 운명, 도적의 습격으로 자급자족할 능력을 완전히 상실해버린 마을, 생존을 위한

7 정용준, 『가나』, 문학과지성사, 2011. 이후 인용할 때에는 '글 제목, 쪽수'로 기재한다.

월경과 끝없이 이어지는 길고 지루한 항해(「가나」). 원인을 알 수 없는 각종 질병이나 언어적 · 신체적 장애(「떠떠떠, 떠」, 「가나」, 「구름동 수족관」, 「굿나잇, 오블로」, 「어느 날 갑자기 K에게」)도 정용준이 집중하는 주제다. 그러나 이들을 진짜 어둠 속으로 밀어 넣는 것은 장애 그 자체가 아니다. 이에 대한 배려라고는 전혀 찾아볼 수 없는 무심하고 잔인한 선생과 아이들(「떠떠떠, 떠」, 「먹이」, 「굿나잇, 오블로」), 구제를 빙자해 타인의 아픔을 오락거리로 전시하고 소비하는 방송, 인자하고 불쌍한 얼굴로 딸을 매스컴에 내다팔고 뒤로는 딸을 성폭행하는 아버지(「굿나잇, 오블로」), 이 세계에 더욱 짙은 어둠을 드리우는 것은 바로 이들이다. 하여 이유를 알 수 없는 분노와 방향을 상실한 살육 충동 속에서 가상인지 현실인지 구분할 수 없는 전쟁이 일어나고(「여기 아닌 어딘가로」), 국가로부터도 가족으로부터도 버림받은 자에게는 죽어서야 겨우 벗어날 수 있는 가공할 만한 폭력이 기다리고 있다(「벽」). 뿐인가, 때로는 사랑이라는 말조차 각자의 편의에 따라 사용되며 서로에게 깊은 상처를 입힌다(「사랑해서 그랬습니다」). 이 도저한 폭력과 어둠을, 그 어둠의 생생한 육체성을, 정용준은 군더더기 없는 차분하고 냉정한 문체로, 그러나 두려울 정도로 세밀하고 정확하게 그려낸다. 아름다운 문장들이 참혹하다.

그러니 이들이 어찌 삶을 노래할 수 있을 것인가. "뜨거운 태양 아래 누워 눈을 감으면 붉은 어둠이, 손바닥으로 눈을 가리면 푸른 어둠이 나를 둘러쌌지만 나는 어디에도 숨을 수 없었다. 할 수 있다면 내게 주어진 시간을 앞당겨 죽고 싶었다."[8] '나를 둘러싼 현실은 온통 어둠, 그러나 숨

8 「떠떠떠, 떠」, 29쪽.

을 수도 벗어날 수도 없다, 그러므로 차라리 죽고 싶다.' 현실에 대한 비극적 인식과 그로 인한 죽음 충동, 죽음의 이 삼단논법이 『가나』의 인물들을 온통 지배하고 있다. 표제작인 「가나」를 비롯해, 「떠떠떠, 떠」, 「벽」, 「굿나잇, 오블로」, 「먹이」, 「구름동 수족관」, 「여기 아닌 어딘가로」 등이 모두 그렇다. 실제로 「굿나잇, 오블로」의 스끼는 "어떤 죽음은 어떤 삶보다 차라리 행복할 수도 있을 것" 같다는 생각으로 고통받는 누이에게 영원한 잠을 선사하고, 「가나」의 '나' 역시 어떤 놀람도, 고통도 없이, 기다렸다는 듯 자신의 죽음을 달게 받아들인다. 그에게 죽음은 차라리 선물이다. 죽고서야 고해苦海에서 벗어나고 "당신이 좋아했던 노래"가 되어 "당신이 있는 곳으로" 돌아갈 수 있게 되었기 때문이다.

그러므로 문제는 여전히 죽음이 아니라 삶이다. 죽을 수 없는 삶, 어떻게도 벗어날 수 없는 현실. 안전한 곳으로 가려면 "여기 아닌 어딘가로 가야 하는데" "어디로 가야 할지" 몰라 결국 자신이 떠나왔던 집으로 피를 흘리며 돌아가는 「여기 아닌 어딘가로」의 그는 현실의 탈출 불가능성을 잘 보여준다. 그 역시 죽음을 꿈꾼다. 그러나 "죽음이 보편적이고 일상적인 곳에서는 죽는다는 것이 의미를 갖지 못한다."[9]

> 염전에서의 죽음은 더 이상 특별하지 않다. 죽음이 너무도 사소하고 끊임없이 반복되기 때문이다. 하지만 본능은 다르다. 때리면 맞지 않으려고 몸을 웅크린다. 본능은 의지와 상관없이 일어나는 가장 정직한 반응 중 하나인 것이다. 이러한 본능을 일으키는 지속적인 자극은 노력으

9 「벽」, 89쪽.

로 이어진다. 몰아붙일수록 삶의 포기는 선명해지고 생존 본능은 강해진다는 원리는 사내의 생각 중 가장 창의적인 것이었다. 염전은 생존 본능이라는 에너지를 동력 삼아 움직이는 낡은 기계와 같다. 탈출의 욕망보다는 잡힐 것이라는 두려움이, 불만보다는 지금의 상태라도 유지하고 싶은 무력감이 지배하는 땅. 모든 곳이 벽으로 막혀 움직일 수 없는 염전에서 일꾼들이 숨을 수 있는 유일한 장소는 그들이 함께 모여 웅크리고 자는 막사뿐이다.

—「벽」, 89쪽

삶을 포기할 수조차 없을 정도로 가혹하게 몰아붙이는 극단의 폭력과 모멸 속에서, 이들은 벌레처럼 죽거나 "유령처럼 표정도 감정도 없이 숨만" 쉬는 "살아 있는 시체", 곧 '벽'이 되어간다. 더욱 공포스러운 것은, "어느 날 갑자기" "이유를 찾을 수도 해결 방법을 찾을 수도 없이" K의 머리 위로 뼈가 자라난 것처럼, 이들이 이 재앙의 땅으로 들어오게 된 것 역시 어떤 잘못을 저질러서가 아니라는 것이다. 왜 하필 나에게 이런 일이 생겼나 하는 질문은 불필요하다. 불행은 아무런 이유도 없이, 예고도 없이, 누구에게나 언제든 다가올 수 있다. 그것이 불행이 불행인 이유이다. 그러나 아이러니하게도 이 '우연성'이야말로 삶이 우리에게 베푸는 은총이기도 하다. 사랑도 '어느 날 갑자기' 우리를 찾아오기 때문이다. 온통 어둠으로 가득 차 있는 것만 같은 정용준의 소설들에서 우리가 의외로 곧잘 사랑의 노래를 들을 수 있는 것도 그래서이다. 죽고 싶은, 그러나 마음대로 죽을 수도 없는 생의 비의 속에서 울려 퍼지는 사랑의 노래라, 그 아름다움이 더 먹먹하다.

세계의 어둠에 누구보다 예민한 이 작가가 그리는 사랑은, 같은 고통을 가진 자들의, 고통에 대한 지극한 이해와 이어져 있다. 빛과 함께 어둠이 탄생하듯이, 서로의 고통을 알아보면서 그들은 사랑에 빠진다. 사랑하는 여자를 삼촌에게 빼앗긴 고통에, 「가나」의 '나'는 말도 못하는 아내에게 오래도록 심하게 화풀이했지만 그가 자신보다 더한 고통을 견디고 있었다는 것을 깨닫는 순간 그를 아내로 품고 깊이 사랑하게 된다. 말을 더듬는 것 때문에 온갖 고초를 겪으며 모든 사람들을 적대시하기에 이른 「떠떠떠, 떠」의 '나' 역시, 자신에게 말을 걸어온 '팬더곰'이 간질발작을 일으키며 쓰러졌던 초등학교 동창이라는 것을 알고 난 뒤 그녀와 사랑에 빠진다. 서로는 각자가 감당해야 할 고통의 크기를 짐작조차 할 수 없지만 그녀와의 따뜻한 입맞춤 이후 '나'는 생각한다. "모든 종류의 기억과 흔적이 이제 내겐 덧없고 무의미하구나. 열한 살의 지독했던 시간도 그녀를 처음으로 만났었다는 기억 하나로 완전히 뒤바뀌는 것 같았다. 나는 그때, 그녀의 얼굴을 보며 말하고 싶었다. 너를 사랑해." 벌거벗은 채 몸을 비틀며 쓰러진 그녀가 "볼 수도 만질 수도 도와줄 수도 없는 저 먼 세계에서" 홀로 싸우고 있을 때, 하여 "나는 그녀의 벗은 몸을 내 옷으로 덮어주고 처음으로 그녀에게 천천히 말하기 시작했다". 단 한 마디도 정확하게 발음되지 않는, 그러나 그 어떤 고백보다 아름다운 사랑의 고백이 그녀의 깊고 고독한 잠 속으로 파고든다.

기형아를 사산한 매춘부 송과 얼굴이 일그러진 아이를 홀로 키우고 있는 구름 횟집의 농이 서로에게 던지는 짠한 눈빛과, 매운탕 한 냄비를 놓고 보여주는 서로에 대한 작은 배려도 그 어떤 사랑의 세레나데 못지 않다. 송이 깨끗이 씻어 돌려준 매운탕 냄비, 그 속에 든 벚꽃 가지 하나가 "칼을 잡고 생선의 살을 바를 때마다, 그 칼로 그대로 왼쪽 손목을 부드럽게 떠내는 상상을"[10] 하곤 하던 농의 구름 횟집에 봄이 오게 만든다. 이토록 담백하게, 이토록 아름다운 사랑을 그려낼 수 있는 작가도 흔치 않을 것이다. 사랑이 현실을 모두 바꾸지는 못한다. 그러나 죽고 싶었던 것이 사람 때문이라면 살고 싶어지는 것도 결국 사람 때문일 수밖에 없다. 그러므로 사랑은, 여전히 불가사의하다. 당신의 어둠에 손을 내밀어 그 어둠을 내 것으로 만든다. 그러나 사랑이 움직이는 방식은 폭력이 퍼져 나가는 방식과는 다르다. 두 배로 어두워지는 것이 아니라 어둠과 빛의 경계 자체를 흐트러뜨린다. 어둠을 빛으로 바꾸지 않고도, 어둠 속에서 빛을 볼 수 있게 한다. 어두울수록, 우리가 사랑을 말할 수밖에 없는 이유다.

10 「구름동 수족관」, 155쪽.

다시, 가족에서 사회로

2009년 여름의 가족잔혹극

사회가 불안해질수록 가족에 대한 논의가 활발해진다는 말을 다시금 실감한다. 같은 계절에 발표된 소설 중 무작위로 60여 편을 추려 읽었는데, 그중 절반가량이 '가족'을 주요 테마로 삼고 있거나 중심인물로 등장시키고 있었다.* 그러나 '마지막 은신처로서의 가족'에 대한 일반의 믿음을 비웃기라도 하듯이 이 소설들이 그리고 있는 가족은 따뜻함이나 위로와는 거리가 멀다. 이들 소설에 등장하는 아비들은 몇 년 만에 오면서도 아이에게 줄 과자꾸러미 하나 없이 손님처럼 왔다가 사라져버리거나(「감은 눈 뜬 눈」) 게임에 빠져 가족들을 피시방에 방치하는가 하면(「피

---

* 이상섭의 「엄마가 수상해」, 한수영의 「파이」(『내일을 여는 작가』 55, 2009.여름), 박원의 「내가 사랑하는 모자」, 유애숙의 「바람의 집」(『리토피아』 34, 2009.여름), 김숨의 「럭키슈퍼」, 편혜영의 「통조림 공장」(『문학동네』 59, 2009.여름), 이화경의 「초식」(『문학들』 16, 2009.여름), 신경숙의 「세상 끝의 신발」, 김유진의 「바다 아래서, Tenuto」(『문학과사회』 86, 2009.여름), 김사과의 「동생」, 전아리의 「K이야기」, 최진영의 「아빠!」(『실천문학』 94, 2009.여름), 은희경의 「프랑스어 초급 과정」(『세계의문학』 132, 2009.여름), 천운영의 「감은 눈 뜬 눈」(『자음과모음』 4, 2009.여름), 박정규의 「갈림」(『작가세계』 81, 2009.여름), 김금희의 「아이들」(『창작과비평』 142, 2009.여름), 함정임의 「꿈꾸는 소녀」(『한국문학』 274, 2009.여름), 김신우의 「밤」, 임정연의 「피시방 라이프」, 이선의 「고요한 밤 거룩한 밤」(『문장 웹진』 50, 2009.6), 윤성희의 「매일매일 초승달」(『현대문학』 654, 2009.6), 윤영수의 「떠나지 말아요 오동나무」, 조해진의 「새의 종말」, 안보윤의 「괜찮아요, 아빠」(『현대문학』 655, 2009.7) 등. 이후 인용할 때에는 '저자명, 글 제목, 인용 쪽수'로 기재한다. 단 웹진의 경우 쪽수는 표시하지 않는다.

시방 라이프」) 유통기한이 지나 이제 누구도 사가지 않는 존재(「럭키슈퍼」)들이다. 일중독에 빠진 아버지들도 있다. 그들은 자신의 일만으로도 너무 바빠 아내나 자식은 거들떠볼 새가 없으며(「밤」) 설사 가족들이 먹을 음식을 깡통으로 만들어 보내주면서까지 수년간 '기러기 아빠' 노릇을 해왔다 하더라도, 그가 실종되었다는 연락을 받고도 아무도 돌아오지 않을 정도로 이미 철저히 소외된 존재들이다(「통조림 공장」).

어미들은 어떤가. 우연찮게도 이 계절에 발표된 소설들에서는 자식을 죽이거나 죽이려고 했던 '비정한 어미'들이 자주 등장한다. 남편의 무관심과 비난 속에서 산후우울증을 앓다가 아이를 안고 아파트에서 뛰어내린 「밤」의 '나', 정신과 치료를 받았음에도 불구하고 끝내 두 딸을 한강에 던져 죽이고는 오히려 자신을 '제발 살려 달라'고 절규하는 「괜찮아요, 아빠」의 엄마, 갓난아기를 죽이려다 큰 딸이 그 장면을 목격하자 딸의 눈알을 파내겠다고 손톱을 세우는 「감은 눈 뜬 눈」의 엄마는 우리가 기대하고 있는 일반적인 엄마상에서 얼마나 멀리 떨어져 있는가. 물론 경제적 어려움이나 산후우울증 등으로 부모가 자녀를 죽인 사건은 실제로도 이미 몇 차례 보도된 바 있다. 아동학대의 가장 큰 주범이 바로 그 아동들의 부모라는 것도 알고 있다. 하여 우리가 개탄해 마지않으며 몇 마디 말로 정리해버리는 이들 '비정한 모정' 뒤에, 실은 '강요된 모정'의 함정이 도사리고 있는 것은 아닐까.

죽은 아비와 죽이는 어미 사이에서도 살아남은 아이들은 어떻게든 자란다. 자라는 것은 몸만이 아니다. 어미의 비난과 폭력에 길들여져 이웃집 여인의 눈알을 뽑아 죽이는 자매(「감은 눈 뜬 눈」), 친동생을 버리거나(「초식」, 「매일매일 초승달」) 죽이는(「동생」) 형 / 언니, 말을 잃거나(「초식」) 사랑에 대한 믿음을 잃고(「매일매일 초승달」) 앓는 동생들. 어린 시절 몸에 새겨진 상처들은 몸보다 더 크게 자라 이들의 삶을 오랫동안 지배한다. 세계의 비정을 모두 다 알아버린 이 늙은 아이들은, 그러나 너무 일찍 늙어버려 더 이상 자라지 못한다. 한국문학이 여전히 가족서사에 집착하고 있는 것은 우리 역시 이 어른아이의 세계를 살아가고 있기 때문이다.

가족에 대한 낭만적 환상과는 너무 거리가 먼 가족잔혹극들을 읽고 있으면, 엄마의 실종을 통해 그동안 잊고 있었던 가족과 모성의 의미를 발견해가는 과정을 그리고 있는 신경숙의 『엄마를 부탁해』(창비, 2008)가 도리어 예외적인 작품으로 읽힐 정도다. 발간 직후부터 13주 연속 종합 베스트셀러 1위를 기록하고도 여전히 높은 판매순위를 유지하며 독자들의 사랑을 받고 있는 것을 감안하면, 『엄마를 부탁해』 한 권이 지닌 파급력이 이 소설들 모두를 합한 것보다 크게 느껴질 수도 있고, 보수적인 가족서사의 귀환을 염려하는 평단의 비판에 어느 정도 공감이 가는 것도 사실이다. 그러나 그 떠들썩한 이면에서는 이렇게, 상처의 근원이자 고통의 집합소로의 가족을 철저히 해부하고 가족주의에 희생당한 가족의 현실을 되짚어보는 작업도 꾸준히 이루어지고 있다. 우리가 한국문학에 거는 기대는 그러므로 한두 편의 많이 읽히는 작품이 아니라 적게 읽혀도 매번 새롭게 시도되는, 하여 이 세계의 공고한 질서와 자동화된 사고의 흐름을 끊어내고, 비록 작지만 결코 돌이킬 수 없는 균열을 일으키는 작품들에게로 향해야 하는 게 아닐까.

"아빠가 깨어나질 않아."[1]

박민규의 '기린', 황정은의 '모자', 김숨의 '백치', 김애란의 '아비'처럼 최근 한국소설에서 아버지는 무책임하고 무능력하고 무기력한 존재로 등장하곤 한다. 김숨의 「럭키슈퍼」에도 "팔리지 않은 채 유통기한이 한참 지나버린 간장"처럼 가게 쪽방에서 매일 잠만 자는 아빠가 등장한다. 문제는 이 아빠의 이마에 지난 지 한참 된 유통기한 날짜가 실제로 찍혀 있다는 것이다. "직장에 사표를 내고 백수가 된 날"을 아빠의 유통기한으로 설정한 작가의 의도는 무엇일까. 유통기한이란 일반적으로 '유통할 수 있는 기간'을 의미하지만 이 소설에서 그것은 '유통된 기간'과 겹쳐진다. 그리고 유통이 정지된 순간 아빠는 그야말로 쓸모없는 인간으로 전락한다. 엄마가 "밀린 빨래를 하고 청소를 하고 반찬을 만들고 이런저런 볼일을" 보는 동안, "시도 때도 없이 병을 달고 사는 동생을 들쳐업고 병원으로 뛰어" 가는 동안 엄마 대신 가게를 보는 사람은 아빠가 아니라 언제나 '나'다. 가게가 떠나갈 듯이 TV 볼륨을 높여도, 라면 국물을 아빠 이마에 튀겨도, 동생이 죽을지도 모른다는 의사 말에 엄마가 밤마다 동생을 끌어안고 울어도 아빠는 "죽은 듯이" 잘 뿐이다.

"열세 살에 고향을 떠난 이후로 이십 년 동안" "하루에 다섯 시간 이상을 자본 적이 없었다"는 「매일매일 초승달」의 아버지 역시 "모두 떠나고 막내딸만 남게 되자" "쪽잠을 잤던 그 옛날을 보상이라도 받으려는 듯이" 잠만 자기 시작한다. '하루에 다섯 시간 이상을 자본 적이 없었던 과거'와 '그 옛날을 보상이라도 받으려는 듯이 잠만 자는 현재'로 아버

1 김숨, 「럭키슈퍼」, 365쪽.

지의 삶은 극단적으로 양분된다. 그 사이의 삶이 없었으므로 아버지들은 그토록 황폐하고 고독했던 것이겠지만, 과로 아니면 실업이 주어진 선택항의 전부였으므로 이들은 전력 질주를 멈출 수 없다. 이것이 자본주의가 요구하는 유일한 삶의 자세다. 인간성의 파괴는 필연적이다. 이 무한경쟁의 틈바구니에 몸을 밀어 넣는 순간, "인생은 자신이 원할 때 멈춰지지 않는다". 효용이 다하는 순간 내쳐질 뿐이다. 젊은 날의 꿈은 부질없어져 버리고 남은 것은 무기력하고 노쇠해진 몸뿐이니, 잠이란 꿈 없는 자가 달려갈 마지막 도피처가 아니겠는가.

아직 젊은 나이에 스스로 사표를 쓰고 백수가 되었다는 점에서 「럭키슈퍼」의 아빠는 「매일매일 초승달」의 아버지와는 좀 다르다. 얼핏 보기에 그는 「매일매일 초승달」의 아버지가 하지 못했던 일, 즉 자신이 원할 때 멈추는 일을 과감하게 해낸 것으로도 보인다. 그런데 왜 잠만 자는 것일까. 문제는 단지 멈추는 것이 아니라 어떻게 멈추는가에 있기 때문이다. 멈춤 이후를 고민하지 않았다는 점에서 그는 「매일매일 초승달」의 아버지와 다를 바 없다. 잠시 쉬면서 다른 일자리를 찾으려고 했던 것일 뿐, 사표를 썼다고 진정한 의미의 멈춤을 실천했다고 볼 수도 없다. 그러나 바깥을 용납하지 않는 자본주의적 삶의 질서는 한순간의 이탈도 용서하지 않는다. 사표를 제출한 날짜가 주홍글씨처럼 이마에 새겨지고, 그가 결국 "아무도 사가질 않아 유통기한이 건잡을 수 없이 지나버린 존재로 전락"한 이유는 그 때문이 아닐까. 말하자면, '달릴 수 있을 때 달려라, 인생은 네가 원할 때 달려지지 않는다'는 것이 세상이 그에게 던진 경고였던 것. 감히 그 경고를 잊었으므로 그는 이 세계의 속도 바깥으로 영원히 추방된다. "세상으로부터 스스로를 보호하기 위해 잠든 척 위장"하는 것만이 이제 그가 할 수 있는 일의 전부이다.

유통기한이 지나버린 존재는 아빠만이 아니다. 서울슈퍼에 마지막 단골까지 빼앗겨버리고 유통기한이 지난 물건들과 함께 빠른 속도로 몰락해가는 '럭키슈퍼' 역시 더 이상 유통되지 못하는 지난 세기의 유물이다. 경쟁에서 도태된 물건과 사람과 공간에 무료하게 둘러싸여 '나' 역시 "한 점의 반짝거림도 남지 않은 동전"처럼 닳아간다. 한없이 가라앉는 이 소멸과 몰락의 서사에 일순 활기를 불어넣는 사람은 엄마다. 소설 내내 종종걸음 치던 엄마가 마침내 '너희들 아빠를 팔아야겠다'고 결심한 것이다. 이를 위해 엄마가 하는 일은 아빠의 유통기한 날짜를 바꾸는 것. 똑똑한 미정 엄마도 감쪽같이 속아 유통기한을 조작한 우유를 사갔던 일, 무엇보다 그 우유를 먹고 탈이 났다는 사람이 아무도 없었던 일은 과연 유통기한 날짜만 다시 새겨 넣으면 아빠도 팔 수 있을 거라는 희망을 갖게 한다. 상품의 가치는 내용이 아니라 어떻게 포장하고 진열하고 선전하는가에 따라 결정된다는 것은 이미 주지의 사실 아닌가.

그러나 타락한 세상에 타락한 방법으로 대응하겠다는 전략은 체념적 수용을 전제로 한다. 유통기한 날짜를 다시 새겨 넣는다는 것은 결국 개인의 능력이나 의지와 상관없이 외부로부터 강제되는 유통의 질서를 인정한다는 것이고, 상품으로서의 가치가 사라지는 한 모든 존재는 폐기되어야 할 쓰레기와 다름없다는 이 세계의 비정을 추인하는 몸짓에 다름 아니다. 그 순간, "기껏 우주로 날려 보낸 동전들"은 "지상으로 떨어지"고 우리는 다시 자본주의체제의 하수인으로 전락한다. 끊임없이 조작하지 않는 한 결국 유통기한은 끝나게 될 테고, 유통기한의 조작 정도로는 감출 수 없을 정도로 노동 능력이 완전히 상실되는 날도 온다. 그

때는 또 다른 누군가를 팔면 되는 것일까? 문제는 원점으로 돌아간다. 아버지든 어머니든 오빠든 한 개인에게 생존의 짐을 모두 떠넘기는 한, 우리는 우리가 원할 때 멈추거나 달릴 수 없다.

「세상 끝의 신발」의 낙천이 아저씨 역시 이러한 현실로부터 자유롭지 못하다. 무기력하거나 무책임하거나 무자비한 다른 아비들과 달리 그는 아이를 낳다가 세상을 떠난 아내 몫까지, 평생을 딸을 위해 살아온 사람이다. 그런 의미에서 이 소설은 『엄마를 부탁해』의 아버지 버전이다. 어린애가 된 늙은 딸을 거두고 치료하기 위해 그는 쉼 없이 일을 하지만, 자신이 가는 곳이면 어디든 졸졸 따라다니는 딸에게서 한시도 시선을 거두지 않는다. 이들 부녀가 그려내는 이 애잔한 풍경을 그러나 '나'는 차마 마주하지 못한다. "남자 형제들에게는 없는 다정하고 섬세한 손길"로 '나'를 챙겨주고 보듬어주던 순옥 언니, 그 "언니 같은 사람"이 되고 싶었던 '나'에게 언니의 몰락은 유년의 꿈을 비웃고 이 세계의 비정을 속속들이 비추는 거울에 다름 아니기 때문이다. 아름다운 비상을 위해 참혹하게 일그러져야 했던 발레리나의 발처럼, 누군가의 오르막을 위해서는 내리막만을 살아야 하는 이들이 있는 것일까. 전쟁을 일으켜 가족까지 앗아가 놓고도 국가는 시련을 이겨낼 책임을 오로지 각자의 가정에 짐 지울 뿐이다. 7년 만에 제대로 자리를 잡아 이제부터 튼실한 복숭아가 열릴 나무라도 휴경 신청을 하면 뽑아내야 하는 것이 법이고, 사고를 당해 반병신이 되어도 늙은 아비 외에는 아무도 돌봐주지 않는 것이 이 나라의 복지다.

국가와 제도가 역할을 제대로 하지 못하는 사회에서 가족이기주의의 득세는 필연적이다. 가족 외에는 기댈 곳이 아무 데도 없기 때문이다.

근대 이래 우리가 경험한 국가란, 국민을 보호하고 먹이고 입히고 살리는 어머니보다 통제하고 억압하고 가두고 죽이는 아버지에 언제나 더 가까웠다. 「당신들 모두 서른 살이 됐을 때」[2]에서 '내'가 우연히 목격하게 되는 용산 참사의 현장은 이 왜곡된 국가권력의 실체를 여실히 드러내는 장소이다. 실업이나 명예퇴직 같은 간접화된 폭력뿐 아니라 강제철거와 살인 진압 등의 직접적인 폭력도 불사하는 사디즘적 국가에게 우리가 무엇을 기대할 수 있겠는가. 그러나 가족이 유일한 대안일 경우, 가족이 해체되거나 사라지면 개인은 존재 기반 자체를 상실하고 떠돌게 된다. 가족의 붕괴나 해체가 자본주의적 질서를 위협하는 심각한 사회문제인 이유다.

> 낙천이 아저씨와 아버지의 관계는 무엇일까. 전쟁이 끝난 후 아버지는 낙천이 아저씨의 평생 동무이며 후원자였다. 성씨 마을로 흘러 들어온 단출한 가족이었던 낙천이 아저씨가 전쟁 중에 홀로 남은 이후, 순옥 언니를 낳다가 아내조차도 세상을 떠난 이후 낙천이 아저씨에게 아버진 또 어떤 존재였을지. 낙천이 아저씬 순옥 언니 딸이 스물이 되려면 3년이 남았다며 문서들을 아버지에게 맡긴 모양이었다. 뒤에서 총을 겨누고 있는 전쟁 중의 그 골짜기에서 낙천이 아저씨가 신을 벗어 아버지에게 신기고 앞서 달려가게 했던 일은 아버지와 낙천이 아저씨를 그렇게 결속시켰다.
>
> —신경숙, 「세상 끝의 신발」, 93쪽

2 김연수, 「당신들 모두 서른 살이 됐을 때」, 『문학수첩』 26, 2009.여름.

아버지와 낙천이 아저씨의 이 결속을 통해 신경숙은 혈연가족을 뛰어넘는 새로운 가족상을 제시하려는 것처럼 보이기도 한다. 『엄마를 부탁해』의 엄마에게 이은규가 그러했던 것처럼, 전쟁이 끝난 후 아버지는 낙천이 아저씨의 평생 동무이자 후원자가 된다. 홀로 남은 순옥 언니를 돌볼 이도 아마 '나'의 아버지일 것이다. 그러나 아비세대의 결속이 자식세대로까지 이어지지는 않는다. "아버지는 늘 그를 작은아버지로 지칭했지만" 자식들은 그를 낙천이 아저씨로 불렀고, '내'가 순옥 언니를 친언니처럼 따랐던 일도 어린 시절의 추억일 뿐이다. 이들에게는 아비들을 결속시켰던 생사의 기로가 없었고 고향을 떠난 뒤로는 함께 나눌 삶마저 사라져버렸기 때문이다. 그렇다면 아버지마저 돌아가시고 순옥 언니만 혼자 남게 되면 어떻게 될까? 아버지와 낙천이 아저씨의 우정은 아름답지만, 사회적 연대로 확장되지 않고 다시 가족주의의 테두리 안으로 포섭되는 개인과 개인의 연대는 이렇듯 그 뚜렷한 한계를 드러낼 수밖에 없다.

죽거나 미치거나

국가와 사회의 부재가 낳은 가족주의의 폐해는 가장의 어깨에 생존의 모든 짐을 떠넘기는 것으로 끝나지 않는다. 가부장적 질서를 뒷받침할 헌신적 어머니상 역시 가족주의가 낳은 폐단이다. 더 큰 문제는 이런 사회・역사적 맥락에서 형성된 어머니상이 오랫동안 여성의 자연적 본능인 것처럼 간주되어 남성뿐 아니라 여성 스스로에게도 내면화되어 왔다는 것이다. 여성의 교육과 사회적 진출이 일반화되면서 '강요된 모성'

에 대한 성찰과 반성이 확산되고 있긴 하지만 현실적 영향력은 아직 미비한 편이다. '모성'을 대체할 사회가 마련되어 있지 않은 까닭이다. 그러므로 현대사회에서 여성은 임신과 출산, 육아의 책임을 상당 부분 그대로 떠맡은 채로 사회적·경제적 능력까지 함께 계발해야 하는 이중고에 시달리게 된다. 김신우의 「밤」은 이런 폭력적 현실에 처한 여성의 내면을 따라가며 그 파국을 그려낸다.

현실의 괴로움과 근심 걱정이 꿈속에서 '아기'라는 형태로 나타날 정도로 「밤」의 '나'는 "아기를 낳아야 한다는 출산의 공포"에 오랫동안 시달렸던 사람이다. 이 공포는 출산 시 겪게 될 육체적 고통보다는 출산이 자신의 삶을 자신의 의지와는 전혀 상관없는 곳으로 끌고 갈지도 모른다는 두려움에서 기인하는 것처럼 보인다. 아이를 낳기 전에도 "되지도 않는 습작이나 하려고 남편에게 기생하는 것" 같다는 굴욕감을 느끼고 있던 '나'는, 임신으로 인한 졸음, 입덧, 무기력증에 시달리면서 남편에게 점점 소외감을 느낀다. 출산 후 육아에 시달리면서 이 소외감은 더욱 극대화된다. 남편은 성취감 없는 '나'의 일상을 비웃듯 퇴근 후에도 자기 방에 들어가 일에 몰두하거나 다른 사람들과의 관계에만 치중할 뿐 '나'와 아기에게는 관심도 사랑도 기울이지 않는다. 그는 과거의 아비들처럼 무능력하거나 포악하거나 권위적이지는 않지만, 여전히 가정보다는 사회적인 성공과 출세를 중시하고 가정 내에서는 철저히 이기적인 태도를 견지하는 가부장적 남성이다. 견디다 못한 '내'가 분노를 표출하자 남편은 도리어 '나'를 비난한다.

당신은 왜 나와 결혼했지? 고작 애를 안고 징징거리기나 하려고 결혼한 건가? 당신은 지금 직무 유기를 하고 있어. 왜 자신의 일을 하지 않는 거야. 이렇게 통속적인 역할만 하고 있는 당신의 모습이 얼마나 실망스러운 줄 알아? 나에게까지 그 역할을 강요하진 마. 언제까지 애만 끌어안고서 아줌마로 늙어 죽을 셈인가? 이렇게 사는 게 당신은 행복해?

—김신우, 「밤」

•

남편의 이 비난은 여성을 가정과 모성의 굴레에서 해방시키려고 했던 과거 페미니스트들의 목소리와 매우 닮아 있다. 그런데 어째서 이토록 잔인하게 느껴지는 것일까. 중요한 것은 발화의 내용이 아니라 발화의 주체와 태도이기 때문이다. 동일한 발화라도, 통속적인 '아비'의 역할을 거부함으로써 통속적인 '어미'를 강요한 남편의 입에서 나오는 순간 거침없는 폭력이 될 수도 있다. 출산으로 "남성도 여성도 아닌, 모체이기만 한 몸"이 되어버린 '나'는 차마 "천륜이라는 형틀"을 벗어던지지는 못하고, 남편이 규정한 "패배자의 표식을" 온 몸에 단 채 "사회 속에 섞이지 못하는 좌절감"에 시달린다. 남편과 마찬가지로 사회적인 성공과 부를 향해 달려갈 뿐 '나'와 아이에게 모성애를 드러내지 않는 어머니 또한 '나'의 고통을 증폭시키는 존재다.

통속에도 미치지 못하는 현실 속에서 '나'는 통속적인 삶에 대한 부러움과 그런 삶에 부러움을 느끼는 자신에 대한 환멸을 오가며 분열하다가 결국 아이와 함께 죽음을 선택한다. "기본적인 역할조차 하지 못하는 건 바로 나였답니다. 엄마라는 타이틀이 내겐 가당치 않았어요. 일을 핑계로, 아이를 핑계로 어느 것 하나 제대로 하지 못하는 나약하고 무능한 존재인걸요. 나 자신을 견딜 수 없고 그런 나를 지켜보는 남편을 견딜 수가 없답니다." 유서와도 같은 '나'의 마지막 말은, 슈퍼우먼만을 요구하는 이 사회가 여성을 어떻게 질식시켜 죽음으로 몰아가는가를 잘 보여준다.

안보윤의 「괜찮아요, 아빠」에도 산후우울증에 걸려 발작적으로 아이들을 학대하다가 급기야 두 아이를 한강에 빠뜨려 죽이는 엄마가 등장한다. 「밤」이 산후우울증에 걸릴 수밖에 없는 원인을 드러내는 데 집중하고 있다면 「괜찮아요, 아빠」는 엄마가 산후우울증에 걸린 한 가족의, 처참하게 파괴되어 가는 '이후의 삶'에 집중함으로써 온전한 정신으로는 살아갈 수 없는 병든 사회에 대한 경각심을 일깨운다. 「괜찮아요, 아빠」에서 엄마는 외할머니의 도움도 받고 병원에 입원도 하지만, 모든 노력은 사후약방문이었던 듯 엄마의 병은 계속 재발한다. 엄마의 학대와 살인미수로 두 딸도 심각한 정신적, 육체적 병을 앓는다. 그럼에도 둘째 딸은, 엄마가 두 팔을 활짝 벌리고 웃자 언니 손까지 뿌리치고 엄마에게 달려가 "번쩍 들어 안아주는 엄마 가슴에 뺨을 부비며 까르르 웃"는다. 엄마에 대한 전폭적인 애정과 신뢰는 어린 아이들만의 능력이자 생존 본능이다. 이 믿음을 배반하고, 웃고 있는 아이를 그대로 한강에 던져버리는 엄마라니. 참혹하기 이를 데 없다. 아내에 의해 두 딸이 죽자 정신적 충격을 받아 다리가 직각으로 굳어버린 남편이, 그 다리로 매일같이 한강다리만 건너고 있는 모습은 또 어떤가.

아이들을 죽음으로, 아비어미의 삶을 죽음보다 더한 고통 속으로 밀어 넣은 것은 그러나 어미의 히스테리나 우울증만이 아니다. 우울증을 앓게 하는 국가와 사회는 제쳐놓고 비정한 모정만 비난하는 것이야말로 폭력이다. 저출산이 야기할 온갖 사회 문제들을 나열해대면서 출산을 강제해 놓고 정작 임신과 출산·육아의 책임은 각 가정(의 여성)에 다 떠넘기는 국가, 국가의 이 폭력을 폭력으로 인식하지 못하고 가족의 당연한 의무로 생각하게 만드는 사회, 모든 것을 혼자 짊어지고 가다가 난파 직전에 처한 가족. 이 폭력적인 세계 속에서 아무런 상처도 받지 않고 온전한 정신으로 살아남는다는 게 오히려 이상하지 않은가.

천운영의 「감은 눈 뜬 눈」은 국가가 아비에게, 아비가 어미에게, 어미가 자식에게 휘두르는 폭력의 연쇄를 특유의 섬뜩하고 집요한 시선으로 파헤친다. 이 작품에도 남편에게 버림받고 산후우울증에 시달리다가 자식을 죽이려고 하는 엄마가 등장하지만, '너'의 목격으로 어미의 자식 살해는 중단된다. 그 대가로 '너'는 엄마에게 잔인한 처벌을 받는다.

> 너는 두려웠다. 두렵기는 그녀도 마찬가지였다. 두려움은 네게 용기를 주었고, 그녀에게는 죄의식을 일깨웠다. 너는 눈을 부릅뜨고 그녀를 노려보았다. 네 검은 눈동자에서 그녀는 의심의 눈초리를 보았다. 의심은 의심을 불렀다. 그녀는 너를 의심했다. 네가 그를 쫓아 보내고, 그녀의 행복을 앗아가고, 그녀의 미래를 망쳐버릴 거라고, 그녀는 단정 지었다.
>
> 그녀 속에 든 죄책감과 의심이 너를 궁지로 몰아넣었다. 그녀는 모든 죄를 네게 덮어씌웠다. 아이를 죽이려 했던 마음의 짐에서 벗어나려면 속죄양이 필요했다. 너는 보지 말아야 할 것을 보았고, 해서는 안 되는 말을 한 것이었다. 그것이 네가 처벌받아야 하는 이유였다.
>
> —천운영, 「감은 눈 뜬 눈」, 394쪽

남편에게 받은 상처와 아이를 죽이려 했다는 죄책감에서 벗어나기 위해 엄마는 이후로도 '너'에게 온갖 폭력을 행사한다. 엄마의 비난에 "몸 전체가 하나의 상처가 되어버린 듯"했으나 '너'는 어린 동생을 돌보는 것으로 위안을 삼을 뿐 "온몸으로 그녀의 비난을 받아들였다". 동생과 쌍둥이로 오해받을 만큼 성장도 더뎌 학교에서도 어린 짐승들의 표적이 된다. 그러나 천운영은 이 작고 여린 아이 속에도, 제 자식의 눈을 파내겠다고 손톱을 세우던 어미 속에 들어있던 잔인하고 파괴적인 공격성이 도사리고 있다는 것을 충격적으로 보여준다. '마법의 스프'를 불에 올려놓은 채 잠이 들어 아파트에 불을 낼 뻔 했던 '너'와 동생에게 "연민과 조롱이 뒤섞인 추잡한 눈빛"을 던지며 이웃집 여자가 비난을 퍼붓자, 너와 아이의 몸속에 갇혀 있던 짐승이 뛰쳐나와 여자의 눈알을 뽑아 죽여버린 것이다.

천운영이 말하고자 한 것이 인간의 폭력성 그 자체는 아닌 듯하다. "무언가 짓밟고 싶은 마음, 죄를 덮어씌우고 싶은 마음, 능욕하고 싶은 마음, 모든 악의적인 행동들을 유발하는" 이 짐승을 내 속에 불러들여 살찌우는 것은 나의 상처고, 내 안의 짐승을 불러내 날뛰게 하는 내 밖의 짐승 역시 나와 마찬가지로 상처 입은 영혼의 다른 얼굴이라는 것을 보여주고 있기 때문이다. 왜 상처는 짐승이 되는가. 왜 "그저 서로에게 거울을 들이미는 일"만으로도 서로를 알아보고 뛰쳐나오는 짐승이 될 수밖에 없는가. 폭력은 상처를 낳고 상처는 다시 폭력을 키우는 이 악순환의 고리는 어떻게 끊을 수 있는가. 병든 사회에서 살아가는 한, 우리는 내내 이 질문으로부터 자유롭지 못할 것이다.

"산다는 게 전쟁이 아니었던 적이, 우리에게 언제 있기나 했던가."[3]

물리적으로 가해지는 직접적인 폭력은 아니지만 가난은 우리 삶에 보다 깊은 상처를 남기며 광범위하고 지속적으로 영향을 미치는 간접화된 폭력이다. 특히 경제적 자립 능력을 갖추지 못한 아이들에게, 운명적으로 수용할 수밖에 없는 가족의 가난이란 원죄와도 같은 것이다. 공공영역이 부재하는 사회에서 가족 누군가가 심각한 질병에 걸리거나 큰 사고라도 당할 경우, 가난은 가족 구성원의 죽음이나 가족 자체의 해체를 낳을 수도 있다. 김사과의 「동생」이 그리고 있는 가족 역시 이런 위기에 놓여 있다. 바람에 문이 삐걱거리는 소리가 '동생동생동생……'으로 들릴 정도로 '나'에게 동생은 강박증적 대상이다. '창문 아래, 죽은 것처럼 누워 있는 동생' 때문에 엄마는 식당에 나가 일을 해야 하고, 나는 엄마 대신 하루 종일 동생을 보살펴야 하기 때문이다. '나'는 동생이 낫기를, 하여 엄마는 식당에 나가지 않고 '나'는 학원에도 다니고 친구도 사귀고 대학에도 갈 수 있기를 바라지만, 돈이 없기 때문에 결국 "동생은 죽을 거고 엄마는 계속 은평가든에 나갈 거고 난 얼른 커서 공장에나 가야" 할 거라는 것을 알고 있다.

현실에 대해 조금의 환상도 가지고 있지 않은 '내'가 유일하게 욕망하는 대상은 지나다. '나'는 "자는 척 엎어져서 항상 지나를 훔쳐"보고, 지나가 웃는 모습을 보기 위해 "동생이 너무 너무 너무 너무 너무 아플 때, 반씩 쪼개서 먹이라고" 엄마가 준 아주 비싼 약도 지나에게 줘버린다. '나'처럼 가난한 집 아이지만, 과외를 받지 않아도 언제나 일등을 할

---

3 윤이형, 「바이올렛」, 『한국문학』 274, 2009.여름, 143쪽.

정도로 똑똑하니까 지나는 언젠가 여길 "존나 욕하고 침 뱉으면서 떠날" 수도 있을 거라고 생각한다.

'나'의 욕망이 투사된 인물이자 '나'의 소망을 대신 실현해주는 인물이라는 점에서 지나는 '나'의 또 다른 자아라고도 할 수 있다. 현실을 체념적으로 수용하는 '나'와 달리 "항상 화가 나" "저주라든가 욕이라든가 잡아먹을 듯이 노려보는 것도 아주 잘"하는 지나는 일종의 악마적 자아이다. 변기의 물을 떠 동생에게 약을 먹이고, 신음 소리를 내는 동생을 노려보며 "시끄러워! 시끄러워! 시끄러워! 시끄러워서 숙제를 할 수가 없잖아! 방해하지 말라고! 어차피 넌 죽을 거잖아!" 무시무시하게 소리 지르는 지나에게 두려움을 느끼면서도 '내'가 아무런 저항을 하지 못하는 것은, 지나의 그 오싹한 욕들이 사실은 "내가 하고 싶은 말"이고 '아프지 않았을 때는 동생을 사랑했지만 지금은 아프니까 미워한다. 다시 사랑할 수 있도록 동생이 어서 죽었으면 좋겠다'는 것이 '나'의 솔직한 심정이기도 하기 때문이다.

'나'는 결국 "더 이상 동생이 아니"라 "그냥 초록색 덩어리"가 된 동생을 죽여 담장 아래 묻은 뒤, 지나와 함께 동생의 약을 다 먹고 동생이 누워 있던 이불 속으로 들어가 잠이 든다. 환상 대신 환각을, 사랑 대신 살인을, 성장 대신 (의사)죽음을 택하는 타락한 아이들의 서사는, "오른손을 꼭 쥐고" 어려운 문제들을 아무리 다 풀어 없애도 상은 언제나 일등을 하는 지나가 아니라 이등이지만 "좋은 집에서 좋은 엄마 아빠하고 좋게좋게 살고 있"는 반장 김현경이 받는 타락한 현실이 낳은 필연적 결과가 아니겠는가.

윤이형의 「바이올렛」은 대물림되는 이 빈부의 미래상을 GIP 키드 속에서 살아가야 하는 '쌩' 아이들의 절망과 분노로 그려낸다. 절망과 분노가 주된 정조라는 점, 절망과 분노에 빠진 어린 화자의 목소리를 날로 드러낸다는 점, 이 분노와 절망감을 가라앉히기 위해 약물을 복용한다는 설정 등에서 「바이올렛」은 「동생」과 상당한 친연관계를 드러내지만, 윤이형은 시공간을 미래로 설정함으로써 현재의 모순을 보다 첨예하게 드러내는 그만의 장기를 이 작품에서도 어김없이 발휘한다.

유전자 조작을 거치지 않고 태어났으나 공부를 썩 잘했던 '나'는 GIPGenetic Improvement Project(유전자향상계획) 키드들이 다니는 학교에 입학하지만, GIP 키드들이 자신과 본질적으로 다르다는 것을 깨닫고 심한 열등감에 빠져 '바이올렛'을 상시적으로 복용하기에 이르며, 결국 분노와 공격성 장애로 입원까지 하게 된다. "아무리 발버둥쳐도 넘을 수 없는 유전자의 차이"가 존재한다는 것, 그러므로 GIP 키드가 아닌 '나' 같은 아이들은 영원히 열등한 존재로 살아가야 한다는 것은 어린 '내'가 쉽게 받아들일 수 있는 현실이 아니다. 더구나 GIP 키드들은 대부분 뛰어난 지능과 외모뿐 아니라 "자신보다 좋지 못한 환경에서 태어난 아이들을 어떤 눈으로 바라봐야 하는지까지 충분히 가정교육을 받아" 천사 같은 관대함까지 갖추고 있다. 미워할 수조차 없으니 '나'의 열등감과 자기파괴적 충동만 강화될 뿐이다.

그러나 연희-휘은 사건을 계기로 '나'는 '관대함'이야말로 가진 자들의 특권의식에서 비롯한 것이며 이들의 봉사와 희생, 나눔과 배려가 자기만족이나 과시욕, 도덕적 우월감 등을 그 동력으로 작동하고 있다는 사실을 직시한다. GIP 키드들의 배려에도 불구하고 '소희-명진-은조-나'가 그동안 자연스럽게 그룹을 형성했던 것은, 눈에 보이지는 않지만 완강하게 존재하고 있었던 GIP 키드들의 패거리 문화 때문이다. 병원에서 하는 치료라는 것도 사회를 교정하는 것이 아니라 언제나 개인을, 사회에 대한 '나'의 시각을 교정하는 것. 환각에 빠질 정도의 약물로 육체를 통제하고, "세상의 모든 것, 사람들, 서로 다른 상황들 사이에 어떤 인과관계가 있다"는 '내' 생각을 교정하고 비판의식을 잠재워 결국 GIP 키드들의 밑바닥 인생에 만족하며 살게 하는 것이다. 학교와 마찬가지로 병원은 자본주의-국가 시스템을 떠받드는 주요한 수단이기 때문이다.

고등학교뿐 아니라 대학과 기업, 사회 전반으로까지 차별을 확산하고 정당화하는 GIP가 경제력과 뗄 수 없는 관계에 있으며 빈부를 대물림할 주요한 동인이자 결과가 된다는 것도 간과해서는 안 되는 지점이다. 미래의 시공간에만 일어나는 일이 아니다. 지금도 이른바 대한민국 1%는 자본주의체제에서 살아남을 수 있는 우성 형질만을 자신의 가계로 편입시키고 있을 것이기 때문이다. 마찬가지로 가난한 사람들, 못난 사람들 역시 끼리끼리 만나 끼리끼리 살 수밖에 없는 것이 현실이다.

이렇게 "우리 사회에서 가족이란, 표면적으로는 어느 집단보다 혈연 중심적이지만 철저하게 '계급적'인 원리에 의해 차별화되어 구성된다. 가족적 차이가 곧 계급적 차이다. 이 가족적 위계질서는 바로 사회 전반에서 배타적인 차별화가 이루어지는 근본 원리"[4]이며, 가족이기주의에 가족을 가둠으로써 가족 밖을 사유하지 못하게 하고 그 결과 "질적인 민주주의를 실현시키는 과정에 가족이 가장 결정적인 장애물"로 자리 잡을 수밖에 없도록 만드는 국가주의의 전략이다. "사회 부재의 모순을 욕

---

4 권명아, 『가족 이야기는 어떻게 만들어지는가』, 책세상, 2000, 73쪽 참고.

망의 최전선에 있는 가족을 통해 은폐하는 것이 국가주의의 본질"이라 할 때, 가족주의란 결국 국가주의의 다른 이름에 지나지 않는 것이다.[5] 그렇다면 우리는 어떻게 가족주의의 늪에서 빠져나와 시민사회로 이행할 수 있을까.

"그 무엇도 아닌 존재에서 이 세상 그 누구라도 될 수 있는"[6] 존재로

김연수의 「당신들 모두 서른 살이 됐을 때」는 "2009년 1월의 어느 날 새벽, 용산의 어느 한 건물 옥상에서 아버지를 잃은 아들이 쓴 편지"를 읽고 '내'가 흘리는 눈물을 통해 가족을 넘어서는 사회적 공감과 연대의 가능성을 보여준다. 남자친구와 이국의 엘리자베스타운 같은 곳에서 서른 살 생일을 맞을 줄 알았으나, 남자친구와는 이미 헤어졌고 여행은커녕 잠잘 시간도 내지 못할 정도로 과도한 업무에 시달리고 있던 '내'가 막상 서른 살 생일에 한 일은 처음 만난 육촌 내외에게 서울 구경을 시켜주는 일이다. "인생은 제멋대로"고 "이 세상을 지배하는 건 우연"이니까 이런 일쯤은 아무것도 아니라는 듯이, 작가는 "오직 약육강식의 확률로만 움직이는 거대하고 비정한 도시 서울"에 맞서는 '김연수식 우연의 세계'로 우리를 초대한다.

육촌 내외의 첫 만남도 몇 번의 우연이 만들어낸 것이고, '나'의 전 남자친구 이종현이 새로운 애인을 만나게 된 것도 그가 운전하는 택시에 그녀가 '우연히' 같은 날 세 번이나 탑승했기 때문이다. 야근하던 '내'가 '택

5 이득재, 『가족주의는 야만이다』, 소나무, 2001 참고.

6 김연수, 앞의 글, 159쪽.

시기사 이종현의 우연의 밤 프로젝트' 기사를 발견한 것도, 이틀 뒤 그 사이트에 접속해서 종현이 '우연히' 촬영한 용산 참사 사태를 실시간으로 지켜보게 되는 것도 우연이다. '나'는 "그로부터 얼마 지나지 않아 우연히" 윤현구 군(용산 참사로 숨진 윤용헌 씨의 장남)이 쓴 편지도 읽게 된다. 뿐인가. 바하의 칸타타 〈양들은 평화롭게 풀을 뜯고〉를 듣고 있는 '내'게 육촌은 "정말 우연찮게도 평화롭게 풀을 뜯어 먹는 양 떼와 목자의 그림이 그려져 있"는 할머니의 소학교 시절 보물상자를 건네주기도 한다.

그러나 이 우연의 연쇄가 불러일으킨 '내' 마음의 동요는 우연이 아니다. '나'의 "지난 1년 동안의 외로움"은 단지 종현과 이별했기 때문이 아니라 그와 이별하면서 함께 꾸었던 젊은 날의 꿈과도 이별했기 때문이라는 것을, 미국산 소고기 수입 반대시위를 할 때 종현이 그토록 그리웠던 것은 그와 '내'가 함께 했던 꿈 때문이라는 것을, 그 꿈을 상실하고 이렇게 자본의 첨병이 되어 살아가는 한 우리는 언제나 서로로부터 철저히 고립되고 소외된 삶을 살 수밖에 없다는 것을 저 우연의 연쇄가 일깨운 까닭이다. 그러므로 '나'의 생각이, 자본주의-국가체제의 희생양이 되어 극한의 고통과 고독 속에 내던져진 저 가족들-용산의 철거민들에게로 이어지고, '나'의 고독이 그들의 고독과 공명해 눈물을 자아낸 것은 더 이상 우연이 아니다. 이 동질감의 회복, 공감과 사랑의 눈물로부터 사회적 연대에의 가능성은 시작한다. "도저히 빠져나올 수 없을 것만 같은 극한의 절망과 다른 선택을 전혀 고려하지 않는 완강하고도 그만큼 멍청한 확신 사이를 한없이 오가면서 그 무엇도 아닌 존재에서 이 세상 그 누구라도 될 수 있는 어떤 사람들"로 변할 수 있는 것이 바로 우리이므로.

그러므로 다시 '이야기'는 시작된다. "어쩌면 그날 이후, 좋았던 한 시절은 모두 끝났다"고 생각하던 '나'는 우연에 힘입어, 아니 실은 사랑에 힘입어 다시 종현에게 전화를 건다. 종현은 "그날 새벽의 불길은 또 얼마나 무서웠는지에 대해서" 말하고, '나'는 그의 두려움을 이해하며 그의 이야기를 주의 깊게 듣는다. "행복은 복종이나 보편에의 함몰이 아니라 타자의 삶-이야기와 자신의 삶-이야기가 겹쳐지면서 생성"[7]되는 것. "보석을 흩뿌려놓은 듯 점점이 반짝이는 불빛들의 물결"이 아름다운 것은, 그 불빛 하나마다에 사람들이 살고 있기 때문이고 그 사람들 모두가 저마다의 이야기를 품고 있기 때문이 아니겠는가. 너와 내가, 너의 이야기와 나의 이야기가 조금씩 겹쳐지기 시작하면서 우리는 다시 가족으로부터 사회로 나아간다. 부족한가. 그래, 부족하다. 하지만 여기서부터 시작이다. "전쟁 한가운데에서 서로가 죽지 않았는지 가끔씩 잡아줄 손과, 이따금씩 눈을 돌려 확인해 줄 마음"(「바이올렛」)으로부터. 전화를 건다. "내가 보낸 신호가 남산타워의 가장 높은 곳을 거쳐 신호음이 한 번 울릴 때마다 도넛 같은 원 모양의 파장이 하나씩 서울 전역으로 흩어지는 광경"이 떠오른다. 누군가 나의 신호를 수신한다. 그리고 지금, 누군가가 보낸 또 하나의 신호가 당신에게 도착한다.

7 이정현, 「우연의 패러독스, 상처를 넘어 자기-되기—김연수 '네가 누구든, 얼마나 외롭든' 論」, 『문화일보』, 2008.1.1.

환영幻影을 어떻게 환영歡迎할 것인가

김이설, 『환영』*

'환영'이라는 두 개의 단어가 있다. 눈앞에 없는 것이 있는 것처럼 보이는 것, 혹은 사실이 아닌 것이 사실로 보이는 것. 그것은 환영幻影이다. 오는 사람을 기쁘게 맞는 것, 그것은 환영歡迎으로 쓴다. 한자를 병기하지 않으면 맥락이라도 드러내야 구분이 가능한, 그러나 전혀 다른 뜻을 가진 동음이의어. 김이설의 『환영』은 이 두 단어를 묘하게 겹치면서 결국에는 이 둘 모두를 뒤집는다. 그것이 우리가 보지 않으려고 하는 현실을 드러내는 이 작가의 방식이며, 이 현실을 구성하는 우리에게 그가 질문을 던지는 형식이다. 그래서 그의 질문은, 그의 서사가 표면적으로 드러내는 것과는 달리 매우 윤리적이다. 말하자면 이런 질문. '환영幻影을 어떻게 환영歡迎할 것인가'.

이 질문은 다시, 저 온갖 환영歡迎이야말로 환영幻影이 아닌가 하는 의문과 이어진다. "안녕히 가십시오." "어서 오십시오." 누구에게나 공평한 저 환영과 환송은, 도시의 경계를 알리는 관용어일 뿐이지 않은가. 눈앞에 없는 것을 있는 것처럼 만든다는 점에서 도시와 도시의 경계도 인간이 만든 일종의 환영幻影이다("안녕히 가십시오. 시와 도의 경계를 알리는 표지판이

* 김이설, 『환영』, 자음과모음, 2011. 이후 인용할 때에는 인용 쪽수만 기재한다.

어둠 속에서 번쩍였다. 어디에도 보이지 않는 선을 아침저녁으로 넘나들었다"). 『환영』의 주인공 윤영은 눈에 보이지 않는 도시의 경계를 매일같이 넘나들며, '경계 위에서의 삶survie'(데리다)을 살아가는 인물이다. 그는 자신의 가혹한 현실이 차라리 환영이길 바란다. "아침마다 안녕히 잘 가시라는 말 때문에 다른 세계로 들어선 것 같았다. 그런데 밤이 되어 되돌아오는 여기도 다른 세계 같았다. 왕백숙집이나 옥탑방이 나의 세계라고 믿고 싶지 않기 때문이었다." 그러나 정작 환영이 되어 가는 것은 자신을 둘러싼 세계가 아니라 바로 자기 자신이다. 윤영은 한 푼이라도 더 벌기 위해 물가의 식당일과 그곳에서 음성적으로 이루어지는 매춘을 겸하면서 사장뿐 아니라 그의 어린 아들에게도 몸을 팔지만, 옥탑방으로 돌아오면 젖먹이의 엄마이자 공부하는(척하는) 남편을 뒷바라지하는 억척스런 아내이다. 주부-매춘부. 이 일그러진 정체성, 셈해지지 않는 현존은 그 자체로 그녀의 환영-됨을 드러낸다.

그러나 '있는 것이 없는 것처럼 되는'("내내 용선을 응시한 태민은 돈을 받아들자마자 쌩, 앞서 사라졌다. 이제 나는 없는 사람이 된 것이었다") 환영-되기는 비단 윤영에게서만 나타나는 것이 아니라 이 소설의 인물들 전반에서 일어나는 현상이다. 누구도 존재 그 자체로 서로에게 환영받지 못하며, 가족이야말로 없어지면 딱 좋을 존재들로 취급당한다. 물론 『환영』은 깨어나면 사라지는 가상 세계의 이야기가 아니다. 현실이 곧 환영이라는 전언을 담고 있는 것도 아니다. 김이설의 소설에서 현실은 생생한 공포다. 그러나 이 생생한 현실을 구성하는 것은 바로 환영이다. 그러므로 그것은 욕망의 다른 이름이기도 하고, 폭력의 오래된 발원지이기도 하며, 문명의 이면이자 문명 그 자체이며, 공포이자 환멸이고 끝내 살아내야 하는 생의 맨얼굴이다.

이 맨얼굴을 그대로 드러내고 있다는 점에서, 『환영』의 색채는 전작 『나쁜 피』(민음사, 2009)나 소설집 『아무도 말하지 않는 것들』(문학과지성사, 2010)과 크게 다르지 않다. 지독하다는 말이다. 여전히, 아니 더욱. 현실에 대해 조금이라도 환상을 품어볼 만하건만 일말의 가능성도 허락하지 않고 인물들을 극한까지 밀어붙이는 이 작가의 근성에는 정말이지 집요한 데가 있다. 말하자면 이런 식이다. 30대 초반의 여성화자 윤영, 그에게는 젖도 떼지 않은 백일 난 딸이 있지만 그는 고시 중독에 빠진 무능력한 남편을 대신해 산후 조리도 못한 채 물가 식당의 종업원으로 나간다. 가난한 아버지는 암에 걸려 박대만 받다가 사망했고, 촉망받던 여동생은 사업을 한답시고 집안을 풍비박산 낸 뒤에도 끊임없이 윤영에게 돈을 요구하다가 스스로도 삶의 나락으로 떨어져 결국 죽임을 당한다. 게임 중독에 빠진 남동생 역시 주위 사람에게 사기를 치거나 윤영의 전세 계약서를 빼내 돈을 대출해간다. 병든 남편에게 발길질을 하던 엄마는 자식들이 잘못된 길을 걸어도 그 길을 바로잡아주기는커녕 방관하거나 부추기며 끝까지 윤영의 삶을 옭죄고, 아들을 고시중독자로 만든 시어머니는 아들이 무능력하거나 말거나 아들 둔 위세를 톡톡히 부린다. 이혼 위기에 몰리자 남편은 드디어 마음을 다잡고 일을 시작하지만 출근 3일 만에 사고를 당해 심각한 부상을 입고, 딸은 두 돌이 되도록 걷지 못해 치료에 오랜 시간과 엄청난 액수의 돈이 들어갈 판이다. 가족. 윤영에게 그것은 육친의 정을 느끼게 하는 친밀하고 편안한 공동체가 아니라 "참을 만큼 참고도 더 참아야 하는" 부조리한 짐들이다.

남은 반찬만 갖다 버릴 것이 아니라, 필요 없는 식구도 갖다 버렸으면 싶었다. 앓아누웠던 아버지가 죽기까지 그 생각을 버린 적이 없었다. 걸핏하면 용돈 좀 보내달라는 준영이나 빚 독촉 전화를 대신 받게 하는 민영도 마찬가지였다. 밥만 축내면서 밤이면 취하다시피 잠든 마누라 배 위에 올라타 남자 행세하려는 남편도 꼴 보기 싫었다. 가족이어서 더 그랬다. (48쪽)

벌레가 된 인간, 쓸모없어진 가족을 외면하고 죽음에 이르도록 방치하는 카프카의 섬뜩한 단편이 떠오르는 장면이다. 「변신」을 읽으며 사람들은 쉽게 현대 산업사회의 인간소외를 비판한다. 그러나 윤영의 적나라한 목소리 앞에서 그런 빤한 비판은 도리어 탁상물림이라는 비난을 면하지 못할 것이다.

인간소외가 가장 극명하게 드러나는 관계가 가족인 것은 가족의 타락 때문이 아니라 가족에 대한 우리의 환상 때문이다. 근대소설의 가장 큰 화두 가운데 하나는 낭만적 사랑이었지만, 사랑이 아니라 경제력이 가족을 지탱하는 힘이 되어버린 현실은 소설에서도 이제 익숙한 풍경이다. 윤영은 "남편이 허드렛일을 하는 게 아니라 그래도 상 앞에 앉아 책을 펼쳐 드는 사람이어서" 그와 살림을 차리지만, 그가 고시중독생일 뿐 고시에 붙을 가능성은 전혀 없는 나약한 인간이라는 것을 깨닫자 남편을 점점 난폭하게 대한다. 거기에는 젖이 새어나오는 가슴을 부여잡고 매춘까지 해야만 했던 어미의 원초적인 분노가 서려 있다.

그러나 냉정하게 말해서, 윤영이 매춘에 내몰린 것은 단지 남편이 돈을 벌어오지 않았기 때문이 아니다. 식당 종업원의 월급도 "분명히 적은 돈은 아니었다. 그러나 남편이 공부에 전념할 수가 없었다. 생활은 가능하지만 꿈을 이루기는 힘들었다. 배는 부르지만 희망에 가까이 가지 못한다는 뜻이었다." 말하자면 그녀는 당장의 생계를 위해서가 아니라 '도래하지 않을 미래'를 위해 자신을 팔아버린 것이다. 그러나 윤영의 이러한 꿈은, 민영의 파국을 통해 이미 그 불가능성이 충분히 입증되었다. 총명했던 민영의 타락과 가난한 고시중독자의 연기延期될 뿐인 현재는, 더 이상 개천에서는 용이 날 수 없는 현실과 여전히 과거의 환영에 사로잡힌 개인들 간의 슬픈 간극을 드러낸다.

문제는 가난한 주제에 꿈까지 꿨다는 사실에 있는 것이 아니라, 몸으로 벌었을지언정 실제로는 벌이가 가장 많았음에도 불구하고 가족의 대표선수에게 자신의 꿈을 위탁하고 끊임없이 그들에게 모든 것을 쏟아부었다는 것이다. 집을 팔고 어렵사리 장만한 가게까지 날리면서 민영에게 온가족이 투자한 것이나, 아이를 시골로 내려 보내고 몸까지 팔아가면서 남편의 고시공부를 뒷바라지한 것은, 그들이 자신의 이 남루한 운명을 바꿔줄 수 있을 것이라는 기대 때문이었다. 과도한 기대, 혹은 환영. 의존, 혹은 공모. 우리 사회의 무책임한 희망고문에 자유로울 수 있는 사람이 몇이나 될까마는, 결국 윤영 역시 꿈이라는 이름으로 이들 모두와 결탁한 것이다. 그 결탁의 결과는 과도한 노동, 질병, 죽음, 파산, 신용불량, 한탕주의, 사기, 도박, 매춘, 고시중독, 권위주의, 그리고 결국에는 가족의 붕괴다. 그러므로 민영과 남편에 대한 윤영의 저 주체할 수 없는 분노는, 어쩌면 타인을 향한 것이 아니라 바로 자신을 향한 것, 자신을 매춘으로 내몬 현실에 자기 스스로가 공모했다는 사실에 대한 분노다. 왕 사장의 아내가 복수라는 이름으로 자살을 선택할 수밖에 없었던 것도 그 때문이었을 것이다. 가학과 자학은 같은 얼굴의 다른 이름이다. 가족은 그렇게 서로에게 치명적 상처를 낸다.

그렇다고 가족 바깥에서 윤리적 관계가 형성되는 것도 아니다. 평범한 주부였던 윤영이 물가 식당의 매춘-종업원이 된 것은 가난하고 무능력하고 몰염치한 가족들뿐만이 아니라, 돈을 벌기 위해서라면 부인까지도 매춘으로 내모는 왕 사장, 불법매춘을 눈감아주는 대가로 새로 오는 여자종업원들을 때마다 '상납'받는 경찰, 번듯하게 배우고 입성 좋게 살면서 매춘을 일삼는 교육자들과 예비교육자, 그리고 그들에게 그 어떤 윤리도 교육받지 못한 있는 집 자식들의 이해와 요구가 공모한 결과다. 국가는 매춘을 불법으로 규정하고 감시와 처벌의 대상으로만 삼고 있을 뿐, 이러한 불법매춘이 자행되는 현실의 구조에 대해서는 아무런 관심을 기울이지 않는다. 육아와 교육, 주거와 양육, 취업과 노동, 각종 질환과 상해 치료……. 이 모든 책임을 가족에게 떠넘긴 국가야말로 주부매춘을 낳은 주범이라 해도 과언이 아닐 지경이다. 국가에는 국민만 있을 뿐 인간은 존재하지 않는다.

> "왜 이렇게까지 돈을 벌려고? 결혼도 안 했으니, 남편도 없고, 애도 없을 거 아냐. 부모나 형제자매가 속 썩여?"
>
> "사람대접 받고 싶습니다."
>
> "그럼 많이 벌어야겠다."
>
> "네." (148쪽)

사람 대접을 받기 위해 매춘을 하겠다는 용선의 아이러니한 대답과, 당연하다는 듯이 받아치는 윤영의 저 한 마디. "그럼 많이 벌어야겠다."

그 어떤 보충 설명도, 설득도, 반론도 없이. 슬픔도, 한탄도, 다른 삶이 가능할 수도 있다는 일말의 기대도 없이 무심하게 전개되는 이 짧은 대화를 읽고 있노라면, 저도 모르게 속에서 뜨거운 것이 치밀어 오른다. 그래, 이것이 우리의 현실이다. 돈을 들고 튄 준영, 관절염을 앓는 엄마, 다리에 철심을 박아 넣은 남편, 그리고 걷지 못하는 아이……. 소설의 처음부터 이미 최악의 상황을 겪고 있다 싶던 윤영은 더욱 극한으로 내몰려 결국 다시 왕백숙집의 매춘-종업원으로 돌아온다. 다른 삶을 살기 위한 시도가 모두 좌절되고, 결국 처음으로 다시 돌아가는 결론. 견딤만이, 누구보다 끈질긴 견딤만이 유일한 삶의 형식이라는 듯한 이 결론을 우리는 어떻게 해석해야 할 것인가. 그것은 환영으로 들끓는 현실에 대한 냉혹한 고발인 것일까, 아니면 현실의 강고함보다 더 끈질긴 생명력에 대한 긍정인 것일까.

몸은 물과 같아 고이면 흐르고 마르면 채워져, 없앤 아이의 흔적은 사라지고 윤영의 몸은 또다시 아이를 가질 수 있는 몸으로 회생된다. 윤영은 이런 몸의 본능, 새끼를 향한 본능이 끔찍하다고 말하지만, 배 속의 아이를 지우고 후련해했던 그도 자신에게 웃어주는 아이를 보는 것만으로 가슴이 덥혀지는 걸 느낀다. 그녀가 다시 왕백숙집으로 돌아간 가장 큰 이유도 아이 때문이었다. "걱정 마. 엄마가 평생 몸을 팔아서라도 네 다리 고쳐줄게." 자식을 위한다는 명분으로 결국 자식들을 다 망쳐 놓은 두 명의 어머니에게 온갖 비난을 퍼붓던 윤영이, 자식을 위해 몸이라도 팔겠다는 결단을 내리는 것은 또 어떻게 이해해야 할 것인가? 이 이율배반적인 모성으로의 회귀는 국가에 대한 저항의 한 방식일까, 또 다른 순응의 형식일까. 애초에 국가에 대해서는 어떤 기대도 하지 않왔을 이 '환영'과도 같은 '경계 위에서의 삶'들에 대해 우리는 어떤 인사를 준비해야 하는 것일까.

소설의 마지막 장 제목은, '어서 오세요'이다. 그러나 우리는 과연, 이들이 드러내는 우리 삶의 맨얼굴을 환영할 준비가 되어 있을까. 동정이나 연민이 아닌, 환대의 방법으로.

끝나지 않는 것은 고통만이 아니다

최진영, 『끝나지 않는 노래』*

모든 이야기에는 시작과 끝이 있다. 연대기적 서사라면 더욱 그러하다. 크로노스chronos는 기본적으로 직선적 시간관에 근거하기 때문이다. 그런데 소설 제목이 '끝나지 않는 노래'다. 긴 이야기라는 말인가? 아니다. 백 년이라는 소설적 시간은 '끝나지 않는 노래'의 형식적인 시작과 끝일 뿐이다. "아주 오래전부터 시작"되었고, 앞으로도 "영영 끝나지 않을" 노래, 말하자면 이 땅에서 나고 자란 여성들에게 불행은 지겹게 반복되고 해피엔드는 무한히 연기된다는 이야기. 물론 '끝나지 않는다'는 것은 일종의 수사修辭다. 인간과, 인간이 살아가는 이 세계 자체가 유한하기 때문이다. 하지만 단순한 과장법만도 아니다. 여기에는 우리의 상투적인 언어습관뿐 아니라 생의 어떤 비의가 함께 담겨 있기 때문이다.

최진영의 『끝나지 않는 노래』에서 그것은 우선, 시간이 아무리 흘러도 세상은 결코 (좋게) 바뀌지 않는다는 비극적 인식으로 표출된다. "주걱 잡는 힘이 생기면서부터" 남자들을 봉양하기 위한 온갖 일들을 도맡아야만 했던 두자에게 역사의 진보 따위는 존재하지 않는다. 두자를 시집보내며 엄마는 세상이 좋아졌다고 했지만, 두자의 시어머니 역시 "제 아들과

* 최진영, 『끝나지 않는 노래』, 한겨레출판, 2011. 이후 인용할 때에는 인용 쪽수만 기재한다.

남편만 떠받들고 며느리는 도둑놈 취급이다." "해방이 되어 일본군이 떠났다고 해서 사는 게 좋아진" 것도 아니었고, "대통령이 바뀌었다고 해서 새로운 세상이 온 것"도 아니었다. 가난은 계속되고 독재는 되풀이되고 국가권력의 횡포 역시 여전하다. 집에는 공비보다 무서운 시어머니가 있고, 집밖에는 이래도 욕하고 저래도 흉보는 순박하고 잔인한 이웃들이 있다. 둘째 부인이 아들을 낳자 남편의 손을 물어뜯고 과감히 집을 나왔던 두자도, 결국 할머니처럼 드세고 모진 아낙이 되어 남편과 아들들을 위해 딸들을 부리게 된다. 두자의 딸들이 딸을 낳고 묻는다. "야가 우리 나이가 되면. (…중략…) 좀 다를까." 그러나 쉬지 않고 일해도 가난한 이 엄마들의 아이들은 동급생들에게 따돌림을 당하거나 학교폭력에 시달린다. 견디다 못해 학교를 그만두기로 한 동하가 엄마의 저 오랜 질문에 답한다. "다를 거 뭐 있어." "……더 좆같아졌지." 두자는 서울로 대학가는 손녀딸을 보고 세상 많이 좋아졌다고 하지만, "휴학과 복학을 반복하며 학생인지 일당인지 모를 신분으로 허겁지겁" 살아치우고도 결국 학자금 대출금을 다 갚지 못한 채로 은하는 지금 창문도 없는 고시원에서 불타 죽어가고 있는 중이다. 과연, "씨발, 세상 좋아지긴 개뿔"이라 아니할 수 없다. 이제 인간은 여자와 남자로 나뉘는 것이 아니라 돈 있는 인간과 돈 없는 비인간으로 재편되고 있다. 성차별이 약화되었다고 해서 은하가 엄마들보다 더 나은 삶을 살았다고 단정할 수는 없는 것이다.

그러나 『끝나지 않는 노래』를 단순히 근현대사의 온갖 억압과 모순을 짊어진 여성 삼대의 '끝나지 않는 수난사'로만 읽는 것은 이 소설을 반만 읽은 것이다. 최진영은 이미, '진짜 부모'를 찾겠노라고 겁 없이 집을 나가 전국을 떠돈 여자 아이의 이야기(『당신 옆을 스쳐간 그 소녀의 이름은』.[1] 이하 『그 소녀』)를 내놓은 바 있다. 이 소녀가 진짜를 찾는 방법은 가짜를 하나씩 지워나가는 방식. 이 과정에서 그는 점차 진짜와 가짜의 경계가 불분명하다는 것을 깨닫는다. 아니, 어쩌면 이 세상은 온통 가짜로만 이루어져 있을지도 모른다. 진짜 따위가 없는 세상에서 진짜를 찾는 여행을 떠났으니 이 여행의 끝은 가짜 세상과의 작별, 마지막으로 지워지는 것은 결국 자기 자신이 될 수밖에 없다. 그러니 여행은 영영 끝난 것인가? 아니다. 이 고독하고 지독한 열정이 이번에는 백여 년을 거슬러 시간여행을 떠났다. 그러므로 끝나지 않는 것은 가난하고 힘없는 여성들의 수난만이 아니다. 가짜를 강요하는 가짜 세상에 대한 통렬한 고발과 저항이 바로 이 여성들을 통해 '끝나지 않고' 계속되는 것이다.

『끝나지 않는 노래』가 우리 근현대사의 굵직한 사건들을 원경으로만 제시하는 것도 '공적 역사'에 대한 일종의 저항이라 할 수 있다. 여성 삼대의 '사적 역사'를 기록하고 있기 때문만이 아니다. 최진영은 분명히 공적 역사를 의식하고 있으며, 그것이 개인의 삶을 통째로 뒤흔들어버릴 수 있다는 것도 안다. 전쟁으로 자식을 잃고 남편을 빼긴 두자나, 5년을 '사우디 부인'으로 감시 아닌 감시를 받으며 살아야 했던 수선이나, 이 소설에 등장하는 모든 인물들이 역사의 폭력으로부터 자유롭지 않았다. 그래서 "엄마는 대부분 화만 냈다. (…중략…) 언제나 미간을 찡그리고, 쩌렁쩌렁한 목소리로, 모두가 자기를 위협이라도 하는 듯, 손에 칼이라도 쥐어주면 원 없이 휘두를 것처럼." 『그 소녀』의 '가짜 부모'들을 만들어낸 것이 바로 국가고 사회인 것이다. 그러나 "국가와 이념은

1 최진영, 『당신 옆을 스쳐간 그 소녀의 이름은』, 한겨레출판, 2010.

귀신과 똑같았다. (…중략…) 듣지도 보지도 못하면서 소리만 꽥꽥 질러대는 병신 도깨비 같은 거였다". 말하자면 가짜라는 것. 그러니 이 가짜들을 가짜 취급하겠다는 것. 말하지 않으면서 말하기, 쓰면서 쓰지 않기가 바로 그 전략이다.

'현모양처'로 대변되는 전통적인 여성상은 이 소설이 가장 작심하고 비웃어버리는 가짜다. 두자의 친구가 현모양처의 자질을 구구절절 늘어놓자, 두자는 "그게 어디 사람이냐. 무당을 불러내 때려잡아야 할 귀신이지"라고 한마디로 정리해버린다. 아이들의 눈에도 이렇게 분명한 모순이, 어떻게 저 오랜 세월 여성의 삶에 들러붙어 있었을까. 살기 어려워질 때마다 우리 사회가 "자신의 욕구와 감정은 억누르고 자식과 가정을 위해 헌신하는 어머니"상을 강요해 왔다는 것은 주지의 사실이다. 아이러니한 것은 그것이 남성만의 작품이 아니라는 것이다. 모성이데올로기를 내면화하고 폭력적으로 대물림함으로써 가부장제 유지에 가장 적극적인 역할을 하는 인물은 바로 남성화된 여성, '시어머니'라는 이율배반적인 존재다. 『끝나지 않는 노래』에 반복적으로 등장하는 주요 대립항이 바로 '시어머니 vs. 며느리'인 것은 그 때문이다. 모성이데올로기의 가장 큰 희생자가 동시에 가장 열렬한 신봉자라는 모순을 우리는 어떻게 이해할 수 있을까? 시어머니는 며느리의 친엄마가 아니어서? 그렇다면 먼저 부정되어야 하는 것은 '시어머니'가 아니라 바로 '친엄마'가 아닌가. 『끝나지 않는 노래』가 『그 소녀』의 업그레이드 버전이라는 것은 여기서 다시 확인된다. 친엄마라고 해서 '진짜 엄마'는 아니다. "내 자식이 태어나면 오직 그놈만을 위해 내 평생을 몽땅 바치고, 누군가에겐 무뢰한에 마귀가 되어"버리는 엄마라면, 그 "엄마들은 다 마귀"다. 엄마를 칭송하는 척 희생을 정당화하는 작품들과는 분명하게 선을 긋는 장면이다.

그렇다면 '진짜 엄마'는 누군가? 두자와 가장 깊은 연대감을 형성하는 것은 친아버지나 친할머니가 아니라 함께 고생한 새엄마다. 핏줄이 아니라 동지애가, 함께 나눈 말과 마음이 이루어낸 이런 여성들의 연대는 두자-사장 부인, 두자-분녀, 그리고 쌍둥이 자매지만 오랜 친구에 더 가까운 수선-봉선으로 이어지며 '진짜 엄마'들의 역사를 써 내려간다. 무조건 자신의 욕망을 감추고 억압하는 엄마가 아니라 고통 속에서도 생명력과 성적에너지를 끊임없이 발산하는 엄마들. 술 마시고 행패 부리는 아버지에게 괭이를 휘두르며 맞서던 새엄마와, 시어머니 몰래 밤마다 집을 나가 남편과 성애의 기쁨을 나누던 두자. 저 강렬한 결투신과 성애신이 모두 봄날의 자연 속에서 벌어지고 있는 것을 보라. "길이 나는 대로" 걸었던 두자와 달리 이제 수선과 봉선은 스스로 제 삶의 길을 낼 줄도 안다. 사랑하지 않는 남자와의 형식적인 결혼생활 대신 사랑하는 '엄마들'의 공동체를 이루어 다른 삶과 가치관을 실천하는 것. 은하의 비명횡사는, 나눠먹는 법을 가르치던 이 '엄마들'의 삶법이 실은 얼마나 무기력한가를 보여주는 것도 같다. 무의미가 되지 않기 위해서 유서를 써들고 다니던 은하가 하필이면 모든 것이 재로 소멸해버릴 화재 사건으로 죽게 된다는 것은 이 세대가 처한 위기를 이중으로 드러낸다. 의미가 되지 못함으로써 역설적으로 이 세계의 균열을 드러내는 세대.

그러나 죽음을 앞두고 은하가 후회하는 것은 딱 한 가지, 충분히 사랑하지 못했다는 것이다. 현실에 발이 묶여 사랑조차 미루고 살았다는 것이다. 엄마의 엄마의 엄마, 저 유구한 역사의 연속적 흐름을 분 단위로 쪼개며 비집고 들어오는, 죽음 직전 은하의 '남겨진 시간'(아감벤)은 그러므로 동질적인 크로노스를 모두 단독적인 시간 곧 카이로스로 바꾸어 버린다. 사랑의 시간은 매 순간 단독적일 수밖에 없기 때문이다. 끝나지 않는 것은 고통만이 아니다. 사랑이야말로 숱한 고통 속에서도 끝나지 않고 계속되는 노래다. 그러면서도 결코 균일한 역사의 시간에 갇히지 않는다. 비극적인 결말이라서 마음이 아픈가. 아니다. 우리는 지금 사랑의 노래를 부를 줄 아는 '진짜 엄마'들의 이야기를 읽었다.

상처와 공포의 서사에서 치유와 회복의 서사로

김이정, 『그 남자의 방』*

부재는 어떻게 결핍이 되는가

부재와 결핍은 다르다. 결핍은 대개 부재에서 생겨나지만 모든 부재가 결핍으로 이어지거나 상처로 남는 것은 아니다. 하지만 우리는 부재를 곧잘 결핍으로 오인하고 결핍에는 반드시 결핍감이 따를 것이라고 생각한다. 문제는 부재가 아니라, 부재를 결핍으로 받아들이는 주체의 인식이다. 거기에는 언제나, 그것이 원래 '있어야 하는 것'이었다는 전제가 따라붙는다. 즉 부재가 욕망을 만드는 것이 아니라 욕망이 결핍을 낳는 것이다. 그러므로 먼저 방점을 찍어야 하는 것은 없다는 사실이 아니라 있어야 한다는 고정관념이고, 그 고정관념을 심화하고 확대 재생산하는 우리 사회의 구조와 논리다. 그러나 대개의 경우 우리는 그것들을 의심하기에 앞서 현실의 '부재'에 먼저 고착되어버린다. 존재가 아니라 소유가 삶의 원리로 자리 잡은 사회에서 그것은 필연적인 결과다. 더구나, 자신의 의지와 상관없이 주어진 부재고, 방금까지도 손에 쥐고 있다고 믿었던 것의 상실이라면 그 정도가 더할 수밖에 없다.

그것이 정말 있어야 하는 것인가에 대한 반성은, 어쩌면 잃어버린 자

---

* 김이정, 『그 남자의 방』, 이룸, 2010.

가 할 수 있는 질문이 아닐지도 모른다. 잃어버린 순간, 그는 이미 앓기 시작했기 때문이다. 한국문학을 온통 지배하고 있는 이 병통, 그것은 기실 상실감에 다름 아니다. 있어야 하는가에 대한 의심은 있었던 것이라는 미련에 또다시 자리를 빼앗긴다. 하지만 냉정하게 몰아칠 수가 없다. 부재를 결핍으로 받아들이는 것은 현실의 논리에 저항하지 못하고 고정관념에 빠져버렸기 때문이라는 식의 입바른 소리는, 결핍감에 상실감까지 겹쳐 실존 자체가 흔들리고 있는 사람에게는 또 하나의 폭력에 불과할 수도 있기 때문이다. 상처가 눈에 보이지 않아도 고통은 실재한다. 고통당하는 사람들에게 필요한 것은 위로와 치유지 분석과 비판이 아니다.

그러나 때로는, 분석하는 손과 비판하는 머리가 위로하는 숨결이 되고 치유하는 손길이 되기도 한다. 그 손과 머리를 작동시키는 힘이 사랑하는 가슴에서 나오는 경우가 바로 그러한 때다. 손과 머리와 가슴, 좋은 소설에는 언제나 이 세 가지가 함께 있다. 사랑 없는 비판이 대안이 될 수 없듯이 현실에 대한 정확한 인식 없이 남발되는 위로는 치유로 이어지지 못하기 때문이다. 물론 가장 어려운 것은 사랑이다. 인간이 할 수 있는 가장 지극한 사랑은 기껏해야 스스로를 사랑하는 것, 김이정 소설의 인물들 역시 한결같이 지독한 자기애에 빠져 있다. 하지만 진짜 문제는 이 상처받은 인간들의 자기애 옆에는 언제나 자기혐오가 도사리고 있다는 것이다. 진실로 스스로를 사랑할 수 있다면 타인을 사랑하는 것도 가능하겠지만, "내 안의 설움에만 갇혀" 이들은 서로를 진정으로 사랑하지 못한다. 상처는 상처와 만나 그렇게 상처가 된다.

그러나 아무리 치명적인 상처를 입어도 김이정 소설의 인물들은 생의 의지를 내려놓지 않는다. 하여 '그녀'들은, 끊임없이 병을 앓으면서도 앓고 있는 자신과의 거리 또한 확보한다. 상처를 들여다보는 이들의 집요한 시선은 환부를 가르는 날카로운 메스와도 같다. 연민과 혐오의 양극을 오가던 상처받은 내면은 수술대의 환한 조명 아래 적나라하게 드러난다. 그러나 이 작가의 수술은 환부를 잘라 내거나 병의 뿌리를 도려내는 방식으로 진행되지 않는다. 상처의 흔적을 깔끔히 지우는 것도 그의 방법이 아니다. 자신의 상처를 정확히 직시하는 것, 하여 그 상처를 자신의 일부로 인정하는 것으로부터 치료는 시작된다. 치료가 끝나는 것은 다시 사랑이 시작될 때이다. 문제는 타인을 사랑할 때조차 '그녀'들의 시선은 여전히 자신의 내면을 향한다는 것이다. '그녀'는 아직 자기를 찾아가는 길 위에 있고 '그녀'가 사랑하는 '그'(녀)들 역시 여전히 길 위를 떠돌고 있기 때문이다. '틈 하나 없이 완벽하게 하나로 포개지는 둘'은 그러므로 애초에 불가능한 꿈이다.

그럼에도 계속 걸어가다 보면 길은 결국 길과 만나게 되어 있다는 것을 보여주려고 했던 것일까. 그 길에서 '그녀들'이 마침내 대면하는 것은 여전히 '너'가 아니라 '나'이지만, 『그 남자의 방』은 그때의 '나'는 더 이상 예전의 '나'가 아니라는 것을 증명한다. '네가 죽어도 내 설움에 우는 나'가 아니라 '나와 똑같은 상처를 가진 너를 품은 나', 상처는 상처와 만나 그렇게 사랑이 된다. 불완전한 인간의, 불완전한 사랑이다.

상처는 어떻게 사랑이 되는가

김이정은 너무 오래 앓았다.

처음에는 그런 생각만 들었다. 거리두기가 되지 않아 한동안 소설을 밀쳐놓았다. 첫 소설부터 다시 읽었다. 끊임없이 반복되는 인물과 구조가 더욱 선명하게 와 닿았다. 아, 지독하다. 다시 소설을 덮었다. 그의 저 끈질긴 변주가 집요한 생의 의지라는 생각이 든 것은 그의 소설을 네 번쯤 읽었을 때였다. 앓는다는 것은 여전히 싸우고 있다는 것이고, 그것이야말로 살아 있다는 가장 확실한 증거다. 그 명백한 의미를 나는 왜 그제야 깨닫게 된 것일까. 눈이 어두웠던 것은, 나도 병자였기 때문일 것이다. 저 익숙한 아픔들에서 벗어나 어떻게든 손쉬운 돌파구를 찾고 싶었는지도 모르겠다. 하지만 김이정은 손쉽게 문제를 해결하는 작가도 아니고, 해결되지 않은 문제를 그대로 방치한 채 다른 문제로 가볍게 건너가는 작가도 아니다. 대충 앓고 쉽게 털어버리는 사람들 사이에서 그는 확실히 외로워 보인다. 하지만 그에게 그것은 작가적 양심이기 이전에 몸의 문제고 실존을 위한 고투다.

비슷한 인물과 사건이 계속 변주되며 반복될 때, 우리는 작가의 빈약한 상상력이나 소설적 열정을 의심하기에 앞서 그의 정신 세계를 문제 삼는다. 트라우마가 있는 것 아니냐는 것이다. 김이정도 그러한 혐의로부터 자유로울 수 없을 듯하다. 소설의 인물들이야 대개 다 상처받은 영혼들이지만, 김이정 소설의 인물들은 유독 비슷한 상처를 자주 보여준다. 첫 소설집 『도둑게』(문이당, 2006)가 그 상처의 기원으로 '부재하는 아버지'를 제시했다면, 『그 남자의 방』은 여기에 친구와 연인의 배신을 더한다. 그러나 결핍과 상실의 서사라는 점에서 둘은 결국 하나일 뿐만 아니라 서로가 서로에게 기원의 서사로 작동하기도 한다. 장편소설 『길 위에서 중얼거리다』(문학동네, 1997)와 『물속의 사막』(이룸, 2002) 역시 이번 작품집과 친연성이 깊다. 네 권의 책이 마치 한 권의 연작소설 같은 느낌이 들 정도다. 그러나 김이정은, 뛰지도 않지만 쉬지도 않는 작가다. 한 발 한 발 걸어갔을 뿐인 것 같은데 어느새 저만큼 가 있다. 시간의 족적만큼이나 깊어진 시선은 그의 저 느린 행보를 신뢰할 수밖에 없게 만든다.

능소화라는 꽃이 있다. 색은 붉고 꽃부리는 종처럼 둥근 덩굴식물이다. 여기에 사람들은 '하룻밤 자신을 품고 다시 오지 않는 임금을 기다리다 죽은 궁녀의 정한이 저렇게 붉은 꽃을 피워낸 것'이라는 이야기를 만들어 붙인다. 나팔처럼 생긴 꽃과 담을 타고 위로 오르는 잎에 대한 상상력까지 곁들어지면 능소화는 그야말로 살아 있는 망부석이 된다. 물론, 모든 이야기가 그렇듯이 이 이야기를 지배하는 것 역시 능소화의 실체와는 무관한 인간들의 욕망이다. 그런데 여기에 반응하는 사람들이 있다. 이 이야기를 기억하고 있다가 경주에게 들려주는 진이와 그 이야기를 들은 후부터 능소화를 볼 때마다 마음이 아렸다는 경주. 이들이 그 설화에 반응하는 이유는 그 궁녀가 바로 그들 자신이기 때문이다. 구중궁궐에 갇힌 것도 아니고 한번 성은은 입으면 다시는 다른 사람과 결혼할 수 없는 궁녀도 아니면서 스스로의 감옥에 갇혀 오직 한 사람만을 바라보고 있는 미련한 두 여자.

그렇다. 「능소화」는 한 남자를 사랑했던 두 여자의 이야기이다. 이 둘은 하필 피붙이보다 절친한 친구 사이이다. 사랑이 성공할 리 없다. 남자는 두 여자 모두에게 상처를 주고, 자기도 상처를 입은 채 그녀들을 떠난다. 근친상간 같은 삼각관계는 「빈방」과 「검은 강」에서도 반복된다. 『물속의 사막』에서는 「능소화」와 거의 유사한 이야기를 발견할 수 있다. 믿었던 친구와 연인의 배신은 모든 것을 파탄낸 "상처, 혹은 공포"로 이현에게 깊이 각인되어 그녀의 건강한 삶을 이후로도 계속 방해한다. 그러나

「능소화」는, 얼핏 보기에는 장편의 한 장을 떼어내 단편으로 만든 것처럼 보이지만, 동병상련을 뛰어넘는 두 여자의 우정을 통해 『물속의 사막』과는 달리 상처의 치유와 회복에 보다 초점을 맞추고 있다. '상처와 공포의 서사'가 어떻게 '치유와 회복의 서사'로 바뀌게 되었을까.

경주와 진이는 차례로 명수의 아이를 임신하지만, 가족에게 축복받기는커녕 뱃속 아기의 아빠에게조차 완강히 거부당한 혼전임신이라 결국 임신 중절수술을 받게 된다. 상처는 상처대로 죄책감은 죄책감대로 자의식 강한 이 두 여인을 평생 사로잡게 될 것이다. 더구나 경주는, 친구도 연인도 포기하지 못한 대가로 이 '죽음과 죽임'에 두 번씩이나 공모하게 되는 가혹한 형벌을 받는다. 자신이 사랑하는 남자의 아이를 임신한 친구, 그러나 진이에게는 함께 병원에 와 줄 명수조차 없기에 결국 경주가 그 역할을 대신하게 된 것이다. 진이의 수술이 진행되는 동안 "마취도 없이 그 모든 장면들을 생생하게 혼자서 재연"하며 함께 고통당하던 경주는, "버려진 물건처럼 회복실 바닥에 널브러져" 있는 진이를 보고 "지난 해, 미처 마취에서 깨어나지 않았을 당시 자신의 모습"을 새삼 꿰맞추며 그동안 참아왔던 모멸감과 분노에 몸을 떤다. 인간은 어쩔 수 없이 자신의 고통에 더욱 민감할 수밖에 없지만, 경주와 진이의 고통은 이제 서로 구별되지 않는다. "자신과 꼭 닮은 또 하나의 별"은 이렇게 완성된다. 욕망은 갈등을 불러일으키지만 고통은 연대를 가능케 한다.

하지만 「능소화」가 감동적인 것은 고통의 연대 때문이 아니다. 공통의 적이 등장하면 어제의 연적은 얼마든지 오늘의 동지가 될 수 있지만 경주는 더 이상 명수를 적으로 지목하지 않는다. 고통의 원인을 철저히 외부에서만 찾았던 젊은 시절의 이현과 달리 「능소화」의 경주는 "자기 몸속을 전부 갉아먹은 독충은 결국 자신"이라는 사실을 깨닫기 때문이다. 자기 안에 시커멓게 도사리고 있던 '징그러운 집착'을 인정함으로써 역설적으로 경주는 자신의 오랜 집착에서 벗어난다. 진이의 상처를 온몸으로 껴안는 경주의 아름다운 키스와, 부적처럼 지니고 다니던 목걸이를 마침내 풀어버리는 마지막 장면은 경주의 이런 트임과 성숙을 잘 보여준다. 명수뿐 아니라 어쩌면 진이와도 예전처럼 함께 하지는 못하겠지만, 그녀는 이제 일방적으로 버림받는 대상이 아니라 스스로 그들을 떠나보내는 주체로 거듭난다. 실연失戀은 존재를 성숙시키는 시련試鍊이 되고, 자기혐오 대신 자기긍정이 서서히 자기애의 옆자리를 차지한다.

물론 시련을 극복하고 상처를 치유한다는 것이 말처럼 쉬운 일은 아니다. 이현의 "나를 만나기 위한 여행"은 혼돈에 빠진 채 결국 죽음으로 끝이 나고, 「빈방」의 은영은 자해를 거듭하다가 타인에게까지 상처를 입힌다. 그들에게 실연의 상처가 이토록 치명적인 까닭은, 그들이 일찍이 부모로부터 버림받은 '아이'들이기 때문이다. "늘 떠나가는 사람들의 적막한 발자국 소리로부터 시작"되는 악몽은 은영의 상처받은 내면을 잘 드러낸다. 태준도 수희도, 누구 하나 놓치지 않으려고 하는 은영의 안간힘은 이 '상처받은 아이'로부터 나온다. 상대와의 완벽한 교감과 일치에 대한 욕망과 환상 역시 마찬가지다. 그러나 욕망이 강렬할수록 대상은 멀어지고 환상이 클수록 실체는 초라해지는 법이다. 더구나 이 욕망에는, 스스로 극복해야만 하는 실존의 무게를 타인에게 짐 지우려고 하는 의존적 성향이 농후하며 때로는 현실 도피적 경향마저 엿보인다. 그러므로 등대라고 믿었던 것이 실제로는 "먼지투성이의 형편없이 흐린 불빛"에 불과했다는 것을 깨닫게 되자 스스로 빛을 밝히는 방법을 몰랐던 은영은 급격히 무너진다.

이 무너짐의 방법이 왜 하필, 마음에도 없는 사람들과의 하룻밤 섹스인 걸까. 그녀에게 몸은 언제나 마음이었기 때문이다. 그러나 그녀의 이 신념을 비웃듯, 이미 틀어져버린 관계에도 불구하고 은영과 태준의 몸은 "익숙한 습관"에 따라 "마음의 통제를 벗어"난다. "사개가 딱 맞는, 요철 같은 두 몸"은 더 이상 완전한 사랑의 징표가 아니다. 환멸에 빠진 은영은 응징이라도 하듯이 자신의 몸을 마음과 분리시킨다. 아이러니하게도 그럴수록 그녀의 몸은 그를 잊지 못한다. 하여 자신을 겨누던 칼은 은영에게 진심으로 다가서던 장까지 함께 찌르고, 장의 상처받은 얼굴에서 자신의 얼굴을 발견한 은영은 그제야 자신의 상처가 날카로운 흉기였다는 사실을 깨닫는다. 이 깨달음으로부터 '치유와 회복의 서사'는 시작된다. 자기 안의 '상처받은 아이'만 바라보던 은영의 시선이 비로소 다른 사람에게로 향하기 시작했기 때문이다. 소설의 마지막 장면은 은영이 그 첫걸음을 떼기 시작했다는 것을 상징적으로 보여준다. 그렇게 길을 떠난 은영이 2년 후에 다다른 곳이 「능소화」다. 「능소화」의 트임이 소중한 것은 그래서이다. 그리고 어쩌면, 이 트임을 위해 저 혼돈과 방황이 필요했던 것인지도 모른다.

'나'는 어떻게 '너'가 되는가

「능소화」나 「빈방」과 달리 「검은 강」의 '나'는 친구의 남편을 사랑하는 여자다. 경주나 은영이 아니라 진이와 수희가 서사의 주체로 등장한 것이다. 배신당한 해경이 아니라 배신한 '나'의 내면에 집중하고 있다는 점에서 「검은 강」은 또 다른 차원의 열림을 보여준다. 이 소설만 놓고 보면 열림 운운하기에는 다소 무리라는 생각이 들 수도 있다. '나'와 '당신'이 사랑에 빠지게 되는 저 신파에 가까운 장면들이라든가, 네팔 사람들과 그곳 풍속에 대한 서술에서 엿보이는 '여행자의 시선' 등은 다소 기대에 미치지 못하는 측면이 있다. 사랑하는 사람의 죽음 앞에서조차 자신의 외로움에 몸서리를 치는 '나'를 보고 있노라면 「빈방」의 깨달음은 거짓이 아니었나 하는 생각이 들기도 한다. 그러나 '나'의 상처가 장를 찌르는 무기였다는 자각은, '나'를 찌른 태준과 수희에게도 상처가 돋아있었다는 사실에 눈을 뜨게 했을 것이다. 해경이 아니라 '나'와 '당신'에게로 기울어져 있는 서사의 축은 이 눈뜸의 실천이다. 오롯이 '나'의 상처와 슬픔에 집중하고 있는 것처럼 보이는 「검은 강」이 철저히 '너'의 상처와 슬픔에 공명하고 있는 소설이라는 역설은 그렇게 성립한다.

해경의 남편이 '나'의 못생긴 발가락에 마음이 흔들렸다는 다소 작위적인 설정에도, 타인의 상처에 예민하게 반응하는 작가의 시선이 담겨 있다. "단 한 번도 길이 아닌 길로 발을 디뎌보지 않은" 그가 '나'를 유일한 예외로 선택한 것은 어머니에 대한 죄책감 때문일지도 모른다. 그러나 이해받지 못한 상처는 무기가 되지만 공명하는 상처는 사랑이 된다. 죽음 직전에 그는 '나'를 밀쳐내지만, 그것은 아내에 대한 죄책감 때문에서만은 아닐 것이다. 죽어가고 있는 그를 보면서도 그의 "외로움에 한 발자국도 다가갈 수 없는" '나'의 외로움. 그가 던진 비수는, 그러므로 끝내 그를 떠나지 못하는 '나'를 위한 그의 마지막 사랑이 아니었을까. 그 사랑을 이해한다고 해서 '나'의 슬픔이 줄어드는 것은 아니다. 그를 사랑하는 내내 빼앗은 자의 죄책감과 불륜의 고독을 견디며 "흙과 모래와 자갈로 이루어진 깎아지른 산과 그 산의 피부 한가운데를 칼로 긋듯이 난 길"을 홀로 걸어야 했던 '나'는, 이제 그 유일한 공모자를 죽음의 손에 내주어야 하기 때문이다.

저 충만했던 합일의 기억이 무색하게 그의 몸에는 이미 죽음의 흔적이 완연하다. 죽음이라는 적수로부터는 그를 다시 빼앗아올 수도 없다. 떳떳하게 간호를 하거나 마음껏 슬퍼할 수도 없다. '나'와 남편의 관계를 알고 있으면서도 모른 척 작별할 기회까지 마련해주는 해경의 성숙한 사랑, 그 이면에 흐르는 쓸쓸함을 '나' 또한 알고 있기 때문이다. 묵티나트까지 가서도 성수를 받아 마시지 않고 "꺼지지 않는 불꽃" 앞에 서서도 기도를 올리지 않는 '나'의 엄격함에는 해경을 향한 마음이 담겨 있다. 이것이 친구의 남편을 사랑한 부도덕한 여자의 윤리다. 서로의 온기를 나누어 갖는 입맞춤을 하고 나서도 끝내 울 곳을 찾아 히말라야까지 떠나야 했던 '나'의 절박함을 그러니 어찌 그저 신파라고 부를 수 있겠는가. 접신의 순간처럼 '나'를 뒤흔든 "돌연한 전율"과 몸을 뚫어버릴 기세로 불어오는 히말라야의 바람, '나'는 그제야 주저앉아 꺼이꺼이 운다. 냉정하고 자의식 강한 김이정의 소설에서는 쉽게 찾아볼 수 없는 통곡소리다. 제 설움에 겨운 초혼招魂일지라도, 내려놓기 위해서는 반드시 애도의 시간이 필요한 법이다.

애도하는 방법은 사랑하는 방법만큼이나 다양하다. 「유인 김소희전」에서 그것은 수의壽衣 짓기다. 이 애도에는 통곡이 따르지 않는다. 이십년이라는 오랜 세월에 걸친 애도이기도 하려니와, 한평생 남편의 지기를 연모했던 이 구십 노파에게는 애당초 '합일의 순간'이라는 것이 없었기 때문이다. 그럼에도 그녀에게는 충일감이 넘쳐난다. 흙담에 난 구멍으로 훔쳐볼 수밖에 없는 사람을 당사자도 모르게 혼자 한 연모가 어떻게 누구와도 나누고 싶지 않은 내밀한 기쁨으로 이어질 수 있는가. 그것은 김소희가 사랑한 것이 실은 남편의 친구가 아니라 그를 사랑하는 자신의 마음이었기 때문이다.

문제는, 자기애에 불과한 그녀의 이 사랑을 오늘날의 기준으로 비판할 수 없다는 데 있다. 부모의 일방적인 통첩에 다름 아니었던 무자비한 결혼, "일 년에 서너 번 무슨 철마다 옷 바꿔 입듯" 진행된 남편과의 고통스런 합방, 식모나 유모, 때로는 그저 집안에 놓인 물건 취급을 받으면서도 "웃어른들 잘 섬기고 남편 공경하고 조상 제사 잘 지내는 게 최고의 덕"인 줄 알고 살아온 김소희에게 마음의 발견은 새로운 세계의 탄생에 버금가는 사건이기 때문이다. '내면의 탄생'과 함께 사막 같았던 그녀의 몸도 깨어난다. 그러나 "몸에 흐르는 물줄기를", "마음에 이는 이 아지랑이 같은 온기를", "혼속에 깊이 새겨진 그 사람의 그림자를 들키지 않기 위해" 김소희는 "정숙하고 현명한 아내의 얼굴"과 "자애 넘치는 어미의 손길"을 더욱 완벽하게 연출한다. 가부장적 질서를 가장 깊은 곳에서 배반하는 사람이 가부장적 질서에 가장 충실히 복무하는 역설, 그녀의 사랑은 과연 체제 교란의 수단일까 체제 안주의 방편일까.

자신의 결혼은 물론이고 아이들의 교육과 혼인에서마저도 자기 목소리를 제대로 내지 못하는 걸 보면 김소희가 전근대적 여성이라는 것은 분명하다. 당찬 정애나 이혼을 선택한 막내딸을 부러워하는 마음에는 낭만적 사랑과 주체적인 삶에의 욕망이 가득하지만, 그 욕망을 행동으로 옮기지 못한다는 점에서 그녀의 한계는 명백하다. 물론 이 한계는 그대로 억압적인 당대 사회의 지표다. 무너져가는 구시대의 이념도 거기에 길들여진 개인에게는 위력적인 법이다. 하지만 여성들은 너무 오래 당근도 없이 채찍만 얻어맞았다. 채찍이 무서워 도망가지는 못해도 이것이 과연 인간의 삶인가, 의심하지 않을 수 없다. 균열은 그렇게 시작된다. 그리고 이 균열로부터, 마음을 가진 인간 김소희가 태어난다. 아내나 며느리, 어미이기 이전에 나도 여자고 인간이라는 자각. "해야 할 일들과 지켜야 할 것들"로 아무리 본성을 억압해도, 그러므로 '하고 싶은 일들'은 생겨날 수밖에 없다. 그 '하고 싶은 일'이란 것이 고작 '외간남자'와의 사랑이냐는 비판은 문제의 본질을 비껴난 것이다. 방점이 찍혀야 하는 것은 외간남자가 아니라 '사랑'이기 때문이다. 사람은 사람과 함께 할 때 비로소 사람이 된다. 사람이고 싶은 사람의 최초의 욕망이 사랑인 것은 지극히 당연하지 않겠는가.

그런데 김소희는 이 사랑에서 상대방마저 지워낸다. 자신이 만든 환상에 스스로의 사랑을 가두어두고 짝사랑의 고통과 희열 속으로 홀로 걸어 들어간 것이다. 불가능한 사랑에 지레 겁을 먹었기 때문만은 아니다. 그녀에게 그 사랑은 충분히 자족적인 것이었으며 "이 세상 그 누구도 나눠가질 수 없는 나만의 것"이었기 때문이다. 그를 사랑하는 마음을 통해 그녀가 새롭게 발견한 것은 그가 아니라 사랑하고 욕망하는 그녀 자신이었으며, 그녀가 진정 사랑한 것 역시 사랑하고 있는 자신의 몸과 마음이었으니 그것을 어찌 타인과 나눠가질 수 있겠는가. 그러므로 이 사랑에는 파국도 없다. 노년의 삶을 온전히 바쳐 지은 남편의 수십 벌 수의가 실은 이미 죽은 그를 위한 옷이었다는 고백은 그 사실을 잘 보여준다. 그의 죽음에도 변치 않는 이 사랑이야말로 처음부터 그녀의 사랑이 그의 실체와는 무관했음을 반증하는 것이다. 그러므로 그녀의 자족적인 사랑은 자신 말고는 그 누구도 변모시키지 못하지만, 남편의 수의를 지으며 한을 삭혀야 했던 「수의」(『도둑게』)의 저 노파에 비해 비록 마음뿐이었을지라도 평생 딴 사람을 품음으로써 자신을 여자로도 아내로도 한 인간으로도 제대로 대접해 주지 않았던 남편과 시댁, 가부장적 사회 모두에 대해 은밀하게 반기를 들고 있는 「유인 김소희전」의 이 노파는 얼마나 도발적인가.

남편과 그 내연녀에 대한 원망과 분노를, 그들도 자신과 같은 피해자였다는 이해와 연민으로 극복해내는 「수의」의 노파도 물론 아름답다. 그러나 「수의」의 그 삭힘이 자신의 욕망을 삭제해 가는 과정이었다면, 「유인 김소희전」은 "참꽃빛 고운 명주 치마저고리"를 자신의 수의로 지어놓고 죽을 정도로 끝까지 자신의 욕망을 내려놓지 않는다. 그녀에게는 죽음이야말로 이 세상의 온갖 억압에서 벗어나 자신의 사랑을 만나러 갈 수 있는 길이었던 것. 이 믿음은 세상에 대한 지극한 절망감의 다른 얼굴이겠지만, "열여섯에 종가에 시집와서 허리가 90도로 굽을 때까지 아버지의 아내로 살아온 여인", "이제는 성별을 구별하는 것조차 무의미해질 만큼 방 한구석에서 오롯이 화석이 되어 가고"(「수의」) 있던 그 노파에게도 내면이 있고 욕망이 있으며, 누군가를 사랑하는 일은 여전히 설렌다는 사실을 「유인 김소희전」은 '참꽃보다 더 붉은' 얼굴로 조용히 웅변한다. "무너져 가는 기둥과 서까래로부터"(「수의」) 벗어나고 싶었던 것은 비단 혼외자식이었던 '나'뿐만이 아니었으며, 용감하게 제도 밖의 사랑을 선택한 '내 어머니'에게만 내면이 있었던 것은 아닌 것이다. 서사의 주체를 혼외자식인 '나'에서 '아버지의 본부인'에 다름 아닌 김소희로 바꿈으로써

「유인 김소희전」은 「검은 강」의 역설을 다시 한번 쟁취할 뿐 아니라, 「수의」의 '본부인'과는 전혀 다른 삶의 태도를 가진 인물로 김소희를 재창조함으로써 김이정 소설의 지평을 확대한다. 상실과 애도의 시간을 지나, 이제 그(녀)들은 자신의 진정한 자아를 찾아 떠난다.

육지는 어떻게 바다가 되는가

「그 남자의 방」은 평생을 '바른생활맨'으로 살아오다가 어느 순간 홀연히 사라져버린 노년의 한 사내와, 10년 만에 그의 행방을 알게 된 딸이 그를 몰래 지켜보며 이해해 가는 과정을 그리고 있는 작품이다. '아무 말도 없이 가족을 떠난 아버지'와 '다시 나타난 아버지를 오피스텔 창으로 엿보는 딸(소연)'은, 전작 「아버지의 이름으로」에 나오는 아버지와 아들(기수)의 변주다. 혼자 월북해 가족을 고통에 빠뜨려 놓고 다 늙어 다시 월남해 온 아버지와 그런 아버지를 거부하던 아들이 오피스텔 창을 사이에 두고 어둠 속에서 서로를 훔쳐보며 "대치하듯 마주한, 기묘한 재회"는, 마침내 불을 밝힌 아들이 아버지도 자기도 결국에는 "망망대해에 홀로 떠 있는 난파선"이었다는 이해와 연민에 도달하면서 화해의 가능성을 암시하는 것으로 끝이 났다. 그런데 이번에는 아버지가 아들을 훔쳐보는 것이 아니라 딸이 아버지를 훔쳐본다. 무엇이 이들의 관계를 이렇게 역전시킨 것일까.

생존을 위해 밀항선을 탄 것이 아니라 실존을 위해 외항선을 탔다는 점에서 소연의 아버지 박규범은 기수의 아버지와 확연히 다르다. 그는 이곳에 뿌리내릴 수 없어 저곳으로 떠난 것이 아니라 너무 깊이 뿌리박힌 이곳의 삶을 견딜 수 없어 아무 데도 뿌리내릴 수 없는 바다를 선택한다. "헛된 길을 걸은 적도 없고 삿된 길을 기웃거린 적도 없이 주어진 길을 묵묵히 걷는 게 최고의 선"이라 믿고 열심히 살았으나 그 결과는 "모든 게 허무하고 허전"해져버린 텅 빈 마음뿐이었기 때문이다. "안온한 노후"가 보장된 이곳의 삶이나 평생을 바쳐 일군 가정조차 이 실존의 위기 앞에서는 힘을 발휘하지 못한다. 그는 왜 이토록 짙은 허무감에 시달리게 된 것일까. 그의 삶 역시 그가 적극적으로 선택한 것이 아니라 타인에 의해 부과된 "해야 할 일들과 지켜야 할 것들"(「유인 김소희전」)로만 이루어져 있었기 때문일 것이다. 고등학교를 졸업하자마자 "어려운 집안 살림은 물론 동생들의 학비와 끝내 중풍과 치매로 마지막 생을 마감한 조부모를 모시는 몫까지 모두 혼자 도맡았"으며, 스카웃 제의가 몇 번 있었으나 "제대 후 곧바로 취직을 한 은행에서 30년 동안이나 근속", "부모의 상중을 제외하곤 결근 한번 없이 근무"했던 그는, "집을 떠난 나는 이미 내가 아니"라며 끝내 사랑하는 여자마저 떠나보냈던 「근속」의 황수혁에 다름 아니다. 그러므로 그의 가출은, 이제부터라도 "누구의 아들도 오빠도 아빠도 남편도 아닌 오직 황수혁으로 살아"보라던 동생의 절규에 그가 늦게나마 반응한 결과가 아닐까.

하지만 박규범의 자발적 실종은 남겨진 가족들에게 상처를 입히고 혼란을 준다. 이 소설에서 남겨진 가족은 장남을 불쌍하게 여기는 어머니가 아니라 남편의 고지식함에 가슴을 치면서도 그가 쌓은 성곽 속의 안온하고 평화로운 삶에 내심 만족하고 있던 아내이며, 더 이상은 오빠의 희생을 대가로 자유를 구가하지 않겠다고 마음먹은 철든 동생이 아니라 아버지야말로 "절대로 변하지 않을 한 인간 유형의 모델"이라고 굳게 믿고 있던 아직 어린 딸이기 때문이다. 그들에게 남편이나 아버지는 결코 방황하거나 잃어버린 자아를 되찾기 위해 가정을 박차고 나가도 되는 사람이 아니다. 그것은 사춘기 소년이나 권태에 빠진 중년 여성의 몫이지 쉰다섯, 더구나 정년을 겨우 한 해 남겨놓은 남자가 할 노릇은 결코 아닌 것이다. 이런 고정관념은, 여성뿐만 아니라 남성들에게도 우리 사회가 얼마나 폭력적인 곳인가를 반증한다. 가장이나 부장이라는 그럴듯한 자리를 꿰차고 앉아 있긴 하지만 실은 집에서나 회사에서나 국가에서나 그들은 금 밖으로는 한 발자국도 나갈 수 없는 "노계"에 불과했던 것은 아닐까. 박규범이 가출을 했다는 사건보다 바다로 갔다는 사실에 아내가 "더 심하게 몸을 베인" 까닭은, 그것이 그의 '인간선언'이라는 것을 눈치챘기 때문일 것이다. 그의 인간선언에서 가족은 철저히 타인일 뿐만 아니라 지금까지 그의 인간됨을 가로막은 가장 큰 장애로 취급되었다는 사실까지도.

한 5년 망망대해를 떠돌며 "자기가 일생을 지렁이처럼 기듯이 산 땅덩어리"와 객관적 거리두기를 할 수 있게 된 그는, "그토록 무겁고 두렵기만 하던 세상 것들이 어느 순간 뱃전으로 튀는 물 한 방울보다도 더 가볍고 덧없어"지는 경지를 획득한다. "좁아빠진 땅덩어리"로 돌아온 후에도 그가 다시 "떠나온 곳으로 되돌아가지" 않는 것은 그 때문이다. 어느 곳에도 뿌리 내리지 않고 육지를 바다처럼 떠돌아다니며 사는 그에게 가족이라는 닻은 가장 강력한 덫이 아니겠는가. 육지를 바다처럼 여기고 살 수 있다면 가족과 함께 살면서도 가족주의의 덫으로부터 자유로울 수 있지 않을까 기대해봄직도 하지만, 가국家國 체제에 깊이 빠져 있는 우리 사회에서 그것은 개인의 힘만으로는 달성하기 어려운 경지다. 가족의 생계 수단을 완벽하게 마련해 놓고서야 겨우 집을 떠날 수 있었던 박규범 같은 사내에게는 더욱 그렇다. 왜 우리는 '함께 사는 것'에 이렇게 집착하는 것일까. 가족은 무조건 함께 살아야 한다는 고정관념은, 가족 사랑에 대한 환상만큼이나 현실을 오히려 억압하는 것은 아닐까. 아버지가 있는 곳을 알면서도 가만히 지켜만 볼 뿐, 함부로 재결합을 시도하지 않는 「그 남자의 방」을 통해 작가는 어쩌면 이 질문을 던지고 싶었던 것일지도 모른다.

박규범의 가출로 세 식구는 결국 각자의 집에서 혼자 살게 되지만, 이 가족의 해체는 가족의 신화로 재영토화되지 않고 가족주의의 해체로 한 발 더 나아간다. 그렇다고 「그 남자의 방」이 가족주의를 강요하는 현실의 이면을 적극적으로 들춰낸다거나, 이러한 현실을 타개할 수 있는 구체적인 대안을 제시하고 있는 것은 아니다. 허전함을 달래기 위해 "아파트 구석구석을 화분으로 채우고" 있는 것을 보면 이들이 가족주의에서 완전히 자유로운 것도 아니다. 그럼에도 「그 남자의 방」이 감동적인 것은 그 한 발을 더 내딛기 위한 이들의 고투를 작가가 정확히 포착하고 있기 때문이다. 현실의 논리에 저항하기는커녕 제대로 의심 한 번 해보지 않았던 장삼이사들, 그러나 이들은 이제 떨어져서도 함께 술잔을 나누고, 원망하는 대신 서로를 염려하며, 간섭하는 대신 "어디서 잘 살고 있겠지?" 서로의 안부를 믿기로 한다. 십년의 세월 동안 자신의 실존과 고투를 벌인 것은 비단 '아버지' 한 사람만이 아니기 때문이다. 남편에 의해 피동적으로 남겨지긴 했지만 남편이라는 울타리가 사라진 후 아내 역시 단독자로서의 인간 존재를 인식하기 시작했을 것이고, "늘 홀로 있지만 정부와 틈 하나 없이 포개져 있는 사내처럼 충만해" 보이고 "고독하지만 외로워보이진 않는" 아버지를 지켜보는 동안 '나' 역시 함께 성장했기 때문이다.

물론 여전히 "그가 읽고 있는 책을 짐작조차 할 수 없듯이 나는 그가 지나온 인도양과 태평양의 물빛과 깊이를 알지 못한다. 그 깊은 바다 속으로 흐르던 어떤 해류가 어느 날 갑자기 불어온 바람 한 줄기에 방향을 틀어 물 위의 우리를 어떻게 흔들어댈지도". 하지만 그렇다 할지라도 이제 이들은 더 이상 망망대해를 홀로 떠도는 난파선이 아니다. 함께 있다고 생각했지만 혼자만의 섬에 고립되어 있었던 과거와 달리, 각자 떨어져 살아가지만 같은 바다 위에 떠 있기 때문이다. 바다에 나갔던 사람은 아버지인데 '나'의 비유가 더 자주 바다에 가닿는 것은 '나'와 아버지 사이의 이 거리가 생각보다 훨씬 가깝다는 의미가 아닐까. 물리적 거리의 원근에 관계없이 서로를 서로에게 밀착시키는 심리적 거리의 회복, 그것이 더 이상 서로를 난파시키는 폭력적인 거리가 되지 않는 것은 '우리 가족'이라는 강박적 신경증으로부터 이들이 점차 벗어나고 있기 때문이다. 「그 남자의 방」이 보여주고 있는 것은 그러므로 가족의 해체가 아니라 새로운 가족의 탄생이라 할 수도 있을 것이다.

흔들림은 어떻게 존재의 조건이 되는가

다른 작품들이 작가의 과거나 부모세대의 상처와 기억을 어루만지고 있다면, 가장 최근작에 해당하는 「꽃 진 자리」와 「장마」는 작가의 현재 삶에 보다 밀착해 있는 작품들이다. 쉰이 된 이 여성들에게도 어김없이 위기는 찾아온다. 그 중심에 서 있는 것은 두 작품 모두 남편의 파산이다. 유한마담의 권태에 젖어있던 「장마」의 민영은 처음에는 "무언가 새로운 모험이라도 떠나는 자의 비장함과 긴장"으로 파산에 호기롭게 맞서지만, 안전선도 없이 "전부 아니면 전무"로 밀어닥치는 위기를 겪으며 파산의 실체에 눈을 뜬다. 「꽃 진 자리」의 '나' 역시 처음에는 집안을 꾸미고 있는 고가구들과 전문가 급의 오디오세트를 보며 자신의 "교묘하고 은밀하며 위선적"인 욕심을 깨닫고 무소유를 다짐하지만 결국 가장 가까운 사람들에게 피해를 안겨줄 수밖에 없게 되자 남편과 마찬가지로 목이 졸리는 고통을 느끼게 되고, 무소유를 실천하겠다던 다짐 역시 정신적 허영에 다름 아니었다는 것을 깨닫게 된다. 더구나 "20대 청년의 단단하던 근육과 빛나던 눈동자"는 이제 폐경과 노안, 퇴행성관절염에 시달리는 생기 없는 몸이 되었다. "푸른 보석처럼 빛나는 삶"을 꿈꾸었으나 어느덧 "자신의 의지와는 상관없이 어딘가로 한없이 떠밀려가고 있는" 생. "오만에 가까운 자신감으로 충만하던" 「장마」의 남편은 이제 "이사 갈 집의 월세 보증금 전부"를 주식에 밀어 넣고 종일 컴퓨터 앞에 앉아 있을 뿐이다. 파산을 통해 드러난 적나라한 생의 실체 앞에서 그들은 분노도 원망도 쏟아낼 수 없는 극도의 무력감과 허탈감에 빠진다.

그런데 다른 대안이 없다는 핑계로 남편의 위험한 주행을 방관하면서 민영이 새삼 몰두하고 있는 것은 돈 되는 자기계발서 번역이 아니라 출판의 가능성도 없는 *Poetics* 번역이다. "10년 넘게 미뤄온 일을 왜 하필 이 위기의 시기에 붙들고 있는지" 민영은 스스로에게도 설명하지 못하지만, 남편과 시어머니의 불만에도 끝내 *Poetics* 번역을 포기하지 않는다. 이쯤 되면 그녀의 지적 허영을 의심해볼 만도 하다. 어쩌면 민영 역시 "형체도 알 수 없는 어떤 거대한 기계 속의 작은 나사못"으로는 살고 싶지 않다며 석 달 만에 직장을 때려치우고 또다시 오빠의 청춘을 저당 잡아 대학원으로 진학했던 「근속」의 '나'가 아닐까? 누구에게나 "누구도 함께 할 수 없는 혼자만의 직립"은 있게 마련이지만, 민영은 남편에게만 그 짐을 떠맡기고 있는 것처럼 느껴지기도 한다. 그 짐을 나누어지는 것이 오히려 더 쉬운 길이다. 비난의 시선들과 자책감으로부터 자유로워질 수 있기 때문이다. 하지만 김이정의 인물들은 결코 쉬운 길을 선택하지 않는다. 그들에게는 언제나 그들의 실존을 증명해야 할 의무가 있기 때문이다. 먹고 사는 일의 엄중함도, 이 존재 증명의 과제 앞에서는 "하찮고 허무"할 뿐이다. 생존의 무게가 가벼워서가 아니다. 생존이라는 딱 한 겹의 삶만을 강요하는, 우리 사회의 저 폭력적으로 얕은 깊이 때문이다.

그러나 이들은 그리스 비극의 주인공이 아니다. 아리스토텔레스는 비극의 주인공을 ① "덕과 정의에 있어 월등하지는 않으나 악덕과 비행 때문이 아니라, 어떤 과실 때문에 불행에 빠진 인물"로, ② "큰 명망과 번영을 누리는 자들 가운데 한 사람"[1]이라고 정의했다. 대부분의 소설적 인물은 우선 ② 항목을 충족시키지 못한다. 소설은 영웅의 노래가 아니라 필부의 이야기이기 때문이다. "선하지도 악하지도 않은 그 중간쯤의 사람"이라는 말은 비극의 주인공이 우리 같은 평범한 인물이라는 뜻이 아니다. 비극이 모방하는 것은 실제 이상의 선인[2]이며, 그들의 불행이 연민과 공포를 불러일으키는 이유 역시 여기에 있다. 더구나 그들은 비극적 운명 한가운데로 걸어 들어가 결연히 자신의 삶과 대결함으로써 최후에는 '위대함'을 쟁취한다. 그러나 소설의 관심은 오히려 인간의 '비참

1 아리스토텔레스, 천병희 역, 『시학』, 문예출판사, 1996, 74쪽.

2 위의 책, 31쪽.

함'에 있다. 제 눈을 찌르는 오이디푸스의 단호함이나 목숨을 아까워하지 않는 안티고네의 신념은 그러므로 소설적 인물의 자질이 아니다. 대신 이들은 끊임없이 방황하고 흔들린다. 민영은 현실의 "냉엄하고도 무자비한 손길"에 굴복하지 않기 위해 *Poetics* 번역에 매달리지만 이는 현실과의 단절을 선언하는 단호한 몸짓이라기보다 "적나라한 두려움"을 감추기 위한 안간힘에 가깝다.

이 흔들림은 「꽃 진 자리」에서 보다 선명하게 드러난다. 「장마」가 흔들림을 외면하고 부정하기 위한 안간힘을 그리고 있다면 「꽃 진 자리」는 흔들림이 존재의 조건이라는 것을 인정하는 데서 출발하고 있기 때문이다. 이런 차이는 소설의 도입부에서도 쉽게 확인할 수 있다. 바람에 한 치의 흔들림도 없이 서 있는 오페라극장의 "견고한 강철프레임"을 바라보는 민영의 시선에는 장마를 예고하는 거친 바람과 "바람 따라 사정없이 흔들리던 마음"에 대한 본능적인 경계가 담겨 있다. 「꽃 진 자리」의 '나' 역시 흔들림에 대한 두려움을 가진 인물이라는 점에서는 「장마」의 민영과 다를 바 없다. 그러나 '나'는, 섬처럼 크고 웅장해도 배란 움직이는 것이고 그 순간부터 흔들림은 배에 있는 모든 존재의 조건이 된다는 것을 깨닫는다. 항해가 익숙해지자 가벼운 롤링은 몸의 일부처럼 익숙해지고 '나'는 어느새 "요람에 든 신생아라도 된 기분"으로 배의 흔들림을 즐기기에 이른다. 물론 이 도입부가 보여주는 낙천적이고 관조적인 삶의 태도를 자기 삶의 흔들림에 곧바로 적용하지는 못한다. 파산은 일상의 '가벼운 롤링'이 아니라 삶을 완전히 난파시키는 강력한 해일로 다가오기 때문이다. 과도한 경직성은 흔들림의 충격을 한층 강화시킬 뿐이지만, 그러므로 그녀들은 내부의 흔들림을 멈추게 해줄 외부의 닻을 끊임없이 욕망한다. 민영이 *Poetics* 번역에 매달리는 것도, '나'가 '남자'에게로 기울어지는 것도 그 때문이다.

그러나 '외부의' 닻이라는 점에서 한계는 처음부터 명백하다. 민영은 파산이라는 현실에 투항하지 않기 위한 안간힘이라도 보여주지만, 이미 지칠 대로 지친 '나'에게 '남자'는 위안의 대상이자 도피의 장소일 뿐이다. 더구나 그를 욕망하기 시작하면서 '나'는 이중으로 흔들리기 시작한다. 파산과 함께 폐경기를 맞은 여자의 위태롭고 불안정한 몸과 마음이 행간마다 묻어날 정도다. 이 모든 흔들림을 피해 '나'는 바다로 떠나지만, 땅 위의 삶이 어이없도록 위태롭고 기이하게 여겨지는 순간에도 땅 위의 욕망으로부터 자유롭지 못하다. 그곳의 삶과 영원히 단절을 선언한 것이 아니라 잠시 도망쳤을 뿐이기 때문이다. "죽음을 떠올리지 않고도 바다에 뛰어들 수 있을 것만 같은, 일종의 황홀경"에 빠져 무의식적으로 죽음을 욕망하는 것도 "무력한 나를 덮치자마자 순식간에 황폐한 사막을 만들어버리는 그 냉엄하고도 무자비한 손길"로부터 도망가고 싶은 심리 때문일 것이다.

이러한 도피 심리는 파산이라는 현실로부터 자신을 아예 분리해내기도 한다. 파산으로 고통당하면서도 이것이 혹 "비극적 카타르시스를 위한 신의 '착오'인 걸까" 생각하는 민영을 보라. 그녀는 '신의 착오'에 방점을 찍었겠지만, 이것은 '그녀의 착오'다. 비극이 불러일으키는 연민과 공포로부터 카타르시스를 느낄 수 있는 사람은 고통에 빠진 주인공이 아니라 그 고통과 객관적 거리를 유지할 수 있는 독자나 관객이기 때문이다. 이러한 착오는, 고통과 객관적 거리를 유지함으로써 그 고통 속에 함몰되지 않으려는 안간힘에서 비롯한 것이겠지만, 인간 존재의 왜소함과 무의미함은 현실로부터의 도피가 아니라 현실과의 정면 대결을 통해 극복되는 것이다. 잔인할 정도로 집요하게 자신의 내면을 들여다보고 있는 작가 김이정이 그것을 모를 리 없다. 그런데 또 다시 현실로부터 도피하려고 하는 이유는 무엇일까. 개인이 싸워 이기기에는 현실의 힘이 너무 강고하기 때문이기도 하겠지만, 혹 모든 것을 개인의 문제, 실존의 문제로만 해결하려고 했기 때문은 아닐까. 하여 과거의 상처를 극복한 힘은 현재의 시련에 맥을 못 추고, 존재의 고독은 더욱 깊어지는 것이 아닐까.

그러나 나는 김이정이라는 작가를 믿는다. 어떤 순간에도 자신을 놓지 않는 그녀의 저 지독한 자기애를 믿는다. 한없이 무력하지만 결코 꺾이지 않는 그 생의 의지를 믿는다. "멀리 동쪽 하늘에서"는 '해'가 아니라 "또 다른 비구름"이 캄캄히 몰려오지만, "끝까지 가보는 수밖에" 없다는 생에 대한 맹목성을 믿는다. 저 맹목성이 기어이 만들어낼 그녀의 '또 한 걸음'을 믿는다. "흔들림의 현기증을 견디다 못한 몸"은 공황장애를 일으키기도 하지만, 어떤 흔들림은 "이미 다 사라졌다고 믿었던 몸의 감각들"을 "봄바람에 온 몸을 흔드는" 새순들처럼 다시 피어나게도 하지 않는가. "끓어 넘치지도 않고 쉽게 사라지지도 않는 그 끈질긴 욕망은 당황스러우면서도 무참하기 짝이 없"지만, "꽃 진 자리에서 더 요염하고 아련하게 타오르는 붉은 꽃술"에는 거부할 수 없는 생의 의지가 담겨 있다. 「꽃 진 자리」가 굳이 '남자'를 등장시켜 소설의 초점을 흔들어 놓은 것도, 「장마」의 삭막함을 이겨낼 수 있는 생의 의지를 드러내기 위해서일 것이다. 파산의 공포도 폐경의 허무도 이 생의 의지보다 끈질기지는 못하다. "내가 있는 여기는 도대체 어디일까요, 나는 그곳으로부터 얼마나 멀리 온 것일까요?"라는 '나'의 마지막 물음은, 이 도피가 실은 새로운 도약을 위한 발돋움이라는 사실을 일깨운다.

아무리 큰 닻을 내려 단단하게 고정시키려 해도 인간의 삶이란 결국 바다 위를 떠다니는 배와 같은 것이다. 흔들림이 멈춘다는 것은 움직임이 멈춘다는 것이고, 인간에게 그것은 죽음에 다름 아니지 않겠는가. 중요한 것은 흔들림을 멈추는 것이 아니라 그 흔들림을 어떻게 받아들이고 이겨내는가이다. 김이정은 다시, 그 길을 찾아 떠나고 있다. 아니, 그녀는 언제나 그 길 위에 있었다. 흔들림이야말로 모든 존재의 변치 않는 조건이며 삶에 대한 사랑이야말로 김이정 소설의 가장 강력한 동력이기 때문이다. 상처와 공포의 서사를 치유와 회복의 서사로 바꾸는 힘도, 외부의 닻이 아니라 그녀 내부의 이 사랑으로부터 나온다. 함께 그 길을 걷고 있는 것 같은 이 느낌도, 어쩌면 사랑일는지 모르겠다.

내 상처를 파헤치던 손길에서 네 상처를 어루만지는 손길로

이영옥, 『사라진 입들』*

「철길」과 「밤 기차」 사이의 거리

이영옥의 『사라진 입들』은 「철길」로 시작해 「밤 기차」로 끝난다. 시집의 문을 여닫는 '출발'과 '도착'. 노련한 배치다. 그러나 기차가 지나가는 곳은 공간이 아니라 시간이어서 시를 지배하는 것은 풍경이 아니라 기억이다. 첫 시집이기 때문일까, 이 기억의 중심을 차지하고 있는 것은 가족이다. 아버지와 어머니뿐 아니라 언니와 할머니, 삼촌과 이모, 늙은 숙부 내외에 이어 태어나지도 않은 아이와 이미 죽어버린 사돈까지, 『사라진 입들』에는 잔치라도 벌려야 한자리에 모일 법한 많은 가족들이 등장한다. 그러나 역설적이게도, 이 많은 가족들 덕분에 『사라진 입들』의 세계는 가족의 울타리를 넘어선다.

가족의 본질은 폭력과 상처다. 양수를 터뜨리고 질구를 찢으면서 아이는 태어나며, 탯줄이 잘리고 첫울음을 쏟아내면서 비로소 이 세계의 일원이 된다. 세상에 나왔다고 바로 독립적인 존재가 되는 것은 아니다.

---

* 이영옥, 『사라진 입들』, 천년의시작, 2007.

아이가 생명을 유지하고 성장하기 위해서는 누군가의 끊임없는 관심과 보살핌이 필요하다. 이 '누군가'가 대개는 부모이므로, 아이에게 부모는 절대적인 존재가 된다. 상처는 필연적이다. 부모 역시 인간이며, 인간인 한 그들도 완벽한 존재가 될 수 없기 때문이다. 그러나 아이의 무력함은 이 한계투성이 인간을 절대적인 존재로 승격시키고 이로써 가족 잔혹극이 시작된다. 부모는 세계의 폭력으로부터 아이를 온전히 보호해주지 못한다. 아니, 최초의 폭력은 오히려 부모로부터 온다. 더 큰 폭력에 노출되지 않기 위해 어쩔 수 없이 감내해야만 하는 작은 폭력. 무력한 아이에게 부모란 어쩌면 이런 것이 아닐까. 사랑과 보살핌, 이해와 연민, 화해와 공감은 모두 착각이거나 위장일지도 모른다. 삶은 착각과 위장 속에서만 이어지는 것이지만, 그럴수록 상처는 더욱 깊어지는 것이 아니겠는가. 그러므로 시詩란, 이 모든 것을 벗겨낸 뒤의 시퍼런 맨살과 그 살을 파고든 상처를, 더하여 그 아래 "구멍 뚫린 흰 뼈"(「연밥」)까지를 직시하는 것이다. 이영옥 시의 가족들이 모두 참담한 얼굴을 하고 있는 것은 이 때문이다. 「철길」은 이러한 가족의 본질을 10행의 짧은 시편에 강렬하게 담아내고 있다.

아버지가 없는 틈을 타 어머니가 나를 훔쳐갔다
내 손을 거머쥐고 철길을 뛰어갔다
작은 언니가 따라오겠다며 악을 쓰고 울었다
기차가 달려와 데굴데굴 몸부림치던 울음을 잡아먹었다
삶은 나란한 검은 침목처럼 끔찍하게 놓여 있었다
어머니는 유괴해 온 검은 밤을 펴고

펄럭펄럭 촛불을 밝혔다
내가 잠들 때까지 동화책을 읽어주었지만
기차의 검은 화통은 하루에 네 번씩 냅다 소리를 지르며
유년의 파리한 뒷덜미를 잡고 철컥철컥 사라졌다

—「철길」

'나'(이후부터는 작은따옴표 생략. 이 글에서 '나'는 모두 시에 등장하는 시적 주체다)는 '아버지가 없는 틈을 타 나를 훔쳐간 어머니'와 '따라오겠다며 악을 쓰고 울던 작은 언니' 사이에 놓여 있다. 손은 어머니에게 잡혀 있지만 눈과 귀는 언니에게로 향하고 있는 상황. 아버지를 배반하고 언니를 외면했다는 죄책감은 어머니를 구원자가 아니라 유괴자로 만들고 급기야 어머니가 나를 '훔쳐갔다'는 발상을 낳는다. 아이들의 의지를 묵살하는 어른들의 세계에서 나는 '사물'에 다름 아니었던 것. 시인의 뇌리에 선명하게 각인된 유년의 이 어두운 기억은 철길의 "검은 침목"과 기차의 "검은 화통"으로 형상화된다. 동화책의 환상은 기차 화통 소리에 산산이 깨어지고 나는 삶의 공포를 너무 일찍 깨닫는다. 죽음과 소멸에 대한 시인의 내밀한 욕망은 이렇게 자라난다.

그러나 『사라진 입들』을 지탱하는 힘은 타나토스가 아니라 에로스다. 시인의 시선은 한사코 소멸하는 존재들에게로 향하지만, 정작 시인이 보는 것은 그들이 차마 내려놓지 못한 생의 의지다. 고독은 여기에서 시작된다. 소멸하는 육체와 함께 생의 의지도 사라지면 좋으련만 생의 의지를 여전히 품은 채로 소멸하는 육체를 지켜봐야만 하는 존재의 고독. 서러움과 슬픔, 외로움과 분노가 시집의 저변에 깔릴 만하다. 그러

나 사랑이 시작되는 것도 이 불가항력의 존재 조건 아래서이다. 이영옥의 시에서는 세계에 대한 공포와 무력한 자아에 대한 연민이 파괴의 충동으로 치닫거나 내면성의 닫힌 세계로 침잠하지 않는다. 절대적 존재로서의 부모나 함께 상처받고 자란 언니, 동생뿐 아니라 어린 나이에 시집가 신산한 삶을 살아야 했던 막내 이모, 외팔이로 월남에서 돌아와 끝내 스스로 삶을 접은 삼촌, 내가 전화를 끊어버려도 수화기를 들고 있었을 귀 어두운 사돈 등으로까지 가족의 범위를 확대할 줄 아는 이 시인은, 나를 둘러싼 모든 타자들이 실은 나와 마찬가지로 여리고 약한 존재들이라는 것을, 그러므로 함께 싸워주고 울어주고 다독여줘야 한다는 것을 결국 깨닫는다. "변함없는 주제로 생의 아득함을 광고"(「밤 기차」)하는 이 세상에서 외로움은 모든 존재에게 "살아 있는 한 식량처럼 떨어지지 않는 것"(「동지 무렵의 검거나 새하얗던」)이지만, 혼자 제 외로움을 견디는 것만이 삶이 아니라 "서로의 늑골 사이에서 적막하게 웅성거리고 있던 외로움을 꼼꼼하게 만져주는 일"(「입맞춤」) 또한 우리 앞에 놓인 강을 건너는 방법임을 깨닫고 있는 것이다. 한 시인의 시세계가 시집 한 권에서 이렇게 성장하기란 쉽지 않은 일인데, 이 원숙한 시인은 "유년의 파리한 뒷덜미를 잡고 철컥철컥 사라"졌던 기차(「철길」)를 사돈의 "캄캄했던 시간"(「밤 기차」) 앞에 멈추어 세운다. "누구의 상처를 짐작해 보는 일은 / 몰래 스민 아픔이 자신의 마음까지 갉아먹는 일"(「그날은 민물새우가 아팠다」). 그러나 아프지 않은 곳에서 꽃이 피랴. 내 상처를 파헤치던 손길이 네 상처를 어루만지는 손길이 되는, 「철길」과 「밤 기차」 사이의 이 거리가 『사라진 입들』의 세계다.

유구한 역사를 가진 상처, 가족

태초胎初에 아버지가 있었다. 세상을 창조하고 인류를 탄생시킨 위대한 아버지가 아니라, 빚보증을 잘못 서 가족들의 집을 잃게 만들거나(「복어국」) "30년 공무원 퇴직금"을 날려 버리고 "막도장처럼 함부로 낡아"가는(「검은 뿔도장」) 아버지. 아버지의 "오래된 충복"(「바람 아래 붉은 강」)인 "구식 자전거"는, 성실하게 살아왔지만 끝내 이 세계의 속도를 따라잡지 못하는 무능력한 아버지의 메타포다. "이마에 하얀 점 하나를 찍고 상한 마음을 꼭 끼우고" 있는 "닳아버린 지문 같은 오래된 검은 뿔도장"(「검은 뿔도장」)이나 "얼음에 발을 심고 한나절을" 버티는 오십천 왜가리, "달랑거리는 귀 한 짝을 달고 외롭게 서" 있는 '미루나무'(「바람 아래 붉은 강」) 역시 마찬가지다. 아버지가 다양한 대상으로 자주 등장하는 것은 이영옥이 상징과 은유에 매우 능숙한 시인이기 때문이기도 하지만, 아버지라는 상처가 그만큼 깊고 크기 때문이기도 하다.

길쯤이 얼어붙은 강 위로
아버지의 구식 자전거는 오래된 충복처럼
삐거덕거리는 아버지를 부축해 왔다
오십천 왜가리는 얼음에 발을 심고 한나절을 버텼다
미루나무가 달랑거리는 귀 한 짝을 달고 외롭게 서 있었고
그 모습은 하나같이 바람의 갈기를 붙잡고 떠돌다가
이제 막 황량한 겨울 풍경 앞에 뱉어진 꼴이었다
하교 길에 영덕대교 아래에 사는 거지들의 따뜻한 저녁을
나는 가끔 훔쳐보았고 청솔가지 태운 연기가

흰 뱀처럼 몸을 비틀며 붉은 강을 건너왔다
한 방향 속에는 얼마나 무수한 방향들이 살고 있었는지
바람이 삶 전체를 뒤로 밀었다가 제자리에 세우면
강바닥에는 어지러운 손금들이 자꾸 태어났다
모두가 하룻밤만 자고 나면 떠날 객식구처럼
바람이 뱉어낸 싸락눈처럼 서늘하게 집안을 떠돌았고
나는 백열등 소켓까지 키가 닿지 않았던 아홉 살
깜깜한 날들이 블라인드처럼 가지런히 접혀 갔다
내 앞에 놓인 강을 어떻게든 건너려 했던 시절이었다

—「바람 아래 붉은 강」

다리 아래 사는 거지들의 저녁이 따뜻해 보인다면, 이 아이의 삶은 대체 얼마나 시린 것인가. 과도한 수식어구("모두가 하룻밤만 자고 나면 떠날 객식구처럼", "바람이 뱉어낸 싸락눈처럼", "서늘하게")는 언어로는 그 생의 한기寒氣를 결코 다 표현할 수 없으리라는 불안의 산물일 터, "바람의 갈기를 붙잡고 떠돌다가 / 이제 막 황량한 겨울 풍경 앞에 뱉어진" 존재는 그러므로 미루나무나 아버지뿐만이 아니다. "백열등 소켓까지 키가 닿지 않았던 아홉 살"에 이미 나는 "깜깜한" 혹한을 겪고 있었던 것. 내가 건너야 하는 이 얼어붙은 강이란 무엇인가. "삐거덕거리는 아버지"와 객식구처럼 떠도는 가족들이 만들어낸 불협화음의 풍경이야말로 어린 내가 건너야 할 첫 번째 강이 아니겠는가. 가족이라는 이 강은, 건넌다고 건널 수 있는 강도 아니고 얼어붙는다고 그 흐름을 멈추는 강도 아니다. 내내 흐르면서 얼어붙는 강, 나에게 가족은 유구한 역사를 가진 상처다.

때로는 실패가 아니라 성공이 지워지지 않는 상처가 되기도 한다. 파우스트는 쾌락을 얻기 위해 영혼을 팔았지만, 우리는 단지 몇 푼의 돈을 벌기 위해 영혼을 팔고 있기 때문이다. 「돼지」는 "다시 하늘을 보겠다"는 오기로 돼지 사육에 나선 아버지와 "오로지 먹고 살찌는 일에 전념하기 위해 거세를" 당한 수퇘지를 교묘히 등치시킴으로써 아버지의 성공 신화 뒤에 감추어진 절망과 상처를 드러낸다.

> ① 흰 눈이 펑펑 오던 저녁에 발정기의 수퇘지는 오로지 먹고 살찌는 일에 전념하기 위해 거세를 당했다 ② 수컷이 암컷을 사랑해야 할 이유를 아버지는 충분히 이해했지만 그의 경제력은 그게 아니었다 ③ 그땐 사랑보다 절박한 것이 먹고 사는 일이었다 ④ 돼지는 밥이 들어오자 아픔을 잊고 밥통에 코를 박았다 ⑤ 정말 돼지처럼 불쌍한 놈이었다
>
> —「돼지」 부분(번호는 인용자)

①에서 먹고 살찌는 일에 전념하기 위해 거세를 당한 것은 분명 수퇘지이다. 그런데 ②에서 화자는 ①의 '수퇘지' 대신 '수컷'이라는 포괄적 단어를 사용함으로써 수퇘지뿐 아니라 아버지도 그 수컷의 무리에 포함될 수 있음을 암시한다. ③에서는 "'돼지의' 사랑보다 절박한 것이 '우리가' 먹고 사는 일"이라고 쓰는 대신 행위의 주체를 생략하고 일반화함으로써 돼지와 사람의 구분을 아예 지워버린다. ⑤에서는 돼지를 "돼지처럼 불쌍한 놈"이라고 어색하게 호명하고 있기까지 한다. 그렇다면 ④에서 "밥이 들어오자 아픔을 잊고 밥통에 코를" 박은 것은 정말 돼지인가? 인간의 존엄은 모두 상실한 채 돈 되는 일에만 내몰린, 경제력 때문에 거

세까지 당한 "돼지처럼 불쌍한" 존재는 바로 아버지가 아닌가? 더욱 비극적인 것은, 그럼에도 불구하고 그는 여전히 무능력한 존재라는 것이다.

> 어미 돼지는 벌러덩 드러누워 분홍빛 젖꼭지를 빈틈없이 물렸다 그 힘으로 우리는 허연 비계구름이 흐르는 하늘을 다시 볼 수 있었지만 거세당한 돼지의 비명은 사라지지 않고 세월의 엉덩이에 보랏빛 상처로 선연하게 찍혀 있었다.
>
> —「돼지」 부분

새끼 돼지 열 마리가 태어남으로써 아버지의 성공 신화는 잠시 현실이 되지만, "벌러덩 드러누워 분홍빛 젖꼭지를 빈틈없이" 물리고 있는 암돼지와 달리 수돼지는 더 이상 생산에 동참하지 못한다. 새끼를 낳아 키우고 가계를 일구는 존재는 언제나 암컷이다. 거세당한 수컷의 "삶에 대한 맹목"이란 죽음을 목전에 둔 제 몸 불리기일 뿐이지만, 새끼 품은 암컷의 '생의 의지'란 제 살을 깎아서라도 자식들을 먹여 살리는, 계속되는 생산이다. 이를 위한 끊임없는 노동은 벅찬 형벌이지만, 그 자체 소신공양이기도 한 것. 어머니는 "알 중 단 한 개라도 흙에 발붙이고 살라고 / 실한 열매 주렁주렁 매달라고 / 오뉴월 땡볕에도 있는 힘을 다해 젖을 물"리고 "휘어지는 가지를 스스로 일으켜 세워 / 바람 부는 수많은 날들과 맞"(「콩대를 태우며」)서 왔다. 아버지의 빚보증으로 집이 넘어갈 위기에도 복어국을 끓여내고(「복어국」), 아버지가 "아랫목에 술 단지처럼 묻혀 부글부글 익어"가는 동안에도 "부뚜막에 앉아 팥죽 솥을 젓고"(「동지 무렵의 검거나 새하얗던」) 있던 어머니.

"다정한 막을 떠난 뒤에 / 찾아오는 첫추위"(「질긴 막」)가 외로움이라면, 외로움은 모든 존재의 근본 조건이다. 어머니 역시 예외일 수 없다. 한때 나를 품어준 "질긴 막"이었으나, 어머니 역시 실은 그 막으로부터 떠나온 존재일 것이므로. 그러나 어머니의 외로움은 두 겹이다. 제 몸을 감싸주던 막뿐만이 아니라 제 몸에 품고 있던 막 또한 이제 사라졌기 때문이다. 그 막과 함께, 이제 자식들도 떠난다.

한때 모든 길들은 흘러간다고 생각했다
삼나무떼들이 떠나려는 길의 양켠을 붙들고 있었다
뜬금없이 머리채 잡혀 있던 삼나무 사이로
바람의 일행들이 절뚝거리며 지나갔다
술 취한 아버지가 삼나무 옆구리에 자전거를 박았다
큰 언니가 가방을 꾸려 객지로 떠나던 날
내 안에서 우는 마른 바람 소리를 들었다
흔들고 있던 손바닥이 삼나무 잎처럼 버석거렸다
떼를 지어 막아도 잡을 수 없는 게 있었다
그것은 모두 한때라고
나는 우두커니 서서 흘러가는 것들을 지켜보았다
삼나무들은 그림자를 이곳에서 저곳으로
키를 줄였다 늘이면서 제 외로움을 견디고 있었다
바람이 몹시 불던 날 소식 없던 작은 언니 꿈을 꾸었다
삼나무는 밤새 한 뼘이나 키를 더 키웠다
세상의 바람이 다 불어간 다음에는

곤두세우고 있던 검은 머리채를
삼나무는 어디로 둘 건지 궁금했다
하루에 두 번 완행버스가 지나가면
변함없이 온몸을 일으켜 달려가는 것은 흙먼지뿐이었다
흘러간 것들은 망가져 돌아오거나 아예 오지 않았다
늘 떠나기만 하던 길들도 가끔 다리쉼을 했다
그때마다 삼나무떼들은
평생을 키워온 짙은 그늘을 말없이 내려주었다

—「삼나무떼」

한때 어머니에게 선택받지 못하고 남겨졌던 언니들은(「철길」) 이제 자라 떠나고, 「삼나무떼」에서는 도리어 내가 남겨진 채 떠나는 언니들을 지켜본다. 삼나무떼들은 "떠나려는 길의 양켠을 붙들"지만 나는 "떼를 지어 막아도 잡을 수 없는 게 있"다고 생각한다. 다만 "그것은 모두 한때라고" 여길 뿐이다. 그러나 "흘러간 것들은 망가져 돌아오거나 아예 오지 않"는다. 작은 언니는 소식이 없고, "밤차를 타고 온 언니"는 "아버지의 장화"가 "삑삑거리며 다그"쳐도 "잎 진 가지가 획획 내리치는 / 아픈 허공을 바라보며 묵비권을 행사"(「그날은 민물새우가 아팠다」)할 뿐이다.

그런데 어머니는 어디에 있는가. "떠나려는 길의 양켠을 붙들"었으나 "뜬금없이 머리채 잡혀" 바람의 일행들이 절뚝거리며 지나가는 것을 속절없이 지켜봐야만 했던 삼나무떼. 술취한 아버지가 자전거를 옆구리에 박아도 언니의 소식을 기다리느라 "밤새 한 뼘이나 키를 더 키"우고 "검은 머리채"를 곤두세우는, 이 외로운 삼나무떼가 혹 어머니가 아닌가. 아버지에게 매 맞는 어머니, 자식을 떠나보내고 소식만 기다리는 어머니, 가끔 돌아오는 자식들에게 "평생을 키워온 짙은 그늘을 말없이 내려주"는 어머니는 이제 너무 익숙해서 시적 감동을 주지 못한다. 그러나 그것이 삼나무떼라면 이야기가 달라지지 않을까. 어머니와 전혀 상관없는 사물에서 어머니의 속성을 발견해 냄으로써 이영옥은 어머니라는 단어를 전혀 노출하지 않으면서도 우리에게 어머니를 상기시킨다. 덕분에 독자는 삼나무떼뿐만 아니라 어머니마저도 새로운 눈으로 보게 된다. 이영옥의 뛰어난 시들은 이런 비유와 상징으로 가득하다. 그러나 이 말은, 원관념과 보조관념의 거리가 너무 가깝거나 익숙하면 상투를 벗어나지 못하고 자아와 세계를 너무 성급하게 이어 붙이면 미적 체험 대신 작위적인 느낌만을 줄 수 있다는 뜻도 된다. 「이팝나무 고봉밥」에서 "부음이 꽃잎처럼 떨어"졌다거나 "목련나무가 꽃등을" 내렸다는 표현 등이 그렇다. '혼자 살던 노인의 죽음'이라는 제재에 '외로움과 그리움'이라는 정서가 너무 익숙하기 때문일 수도 있다. 반면 "죽어서도 당당한 강대나무"에 아무 시적 장치도 없이 "죽음을 뛰어넘는 사랑"(「강대나무」)이라고 의미를 부여하는 것은 다소 급작스러운 데가 있다. 모든 시가 수작일 수는 없지만, 이영옥의 시는 다소 편차가 있는 편이다. 한 자, 한 자 새기고 싶을 정도로 뛰어난 시가 있는가 하면 미적 거리를 유지하지 못하고 감정을 직접적으로 노출하고 있는 시들도 있다.

그럼에도 이 시인에 대한 신뢰를 거두지 않는 것은 그가 성장하고 있는 시인이기 때문이다. 더구나, 새끼 돼지가 태어나는 모습을 "손전등이 몇 번인가 하얗게 까무러칠 동안 새끼 돼지 열 마리가 고물거리는 어둠처럼 축사를 채워갔다"(「돼지」)고 표현하는 것을 보면 이영옥에게 비유는 분명 단순한 수사가 아니다. 밤이고 까만 돼지니 '고물거리는 어둠'이라는 비유가 특별할 것 없어 보일 수도 있다. 하지만 다음에 이어지는 문장을 보면 그가 비유한 것이 갓 태어난 새끼 돼지의 외양만은 아니라는 것을 알 수 있다. "아버지가 성공이라는 신화를 탄생시킨 순간이기도 했다"와 "고물거리는 어둠"은 어울리지 않는다. '어둠'의 부정적인 이미지 때문이다. 검은 빛을 나타낼 수 있는 다른 말이 많음에도 굳이 '어둠'이라는 단어를 선택함으로써 시인은 아버지의 성공이 진짜 성공이 아니라는 것을, "허연 비계구름이 흐르는 하늘을 다시 볼 수 있"게 해준 그 새끼 돼지들이 어쩌면 재앙의 징조일지도 모른다는 것을 암시한다. "거세당한 돼지의 비명"은 아버지의 비명이기도 한 것이다.

세상과 싸워 얻은 것이라곤 "헛것만 낚아 올리다가 결국 무너진" "주먹만한 구멍 한 개"(「주먹만한 구멍 한 개」)뿐인 아버지는 이제 더 이상 헛된 바람을 품지 않는다. "궁금증을 이기지 못한 싹들이 / 어깨 들먹거리면 아직은 때가 아니라고" "꼭꼭 어둠을 다"(「달의 자서전」)지는 아버지. 그러나 아버지의 그 구멍은 마침내 "내 마음 속에 커다랗게 입"(「주먹만한 구멍 한 개」)을 벌린다. 내가 "그때 볏짚보다는 검불의 시간을 / 검불보다는 먼지의 시간을 살고 싶었"(「달의 자서전」)던 것은 그 시커먼 구멍 때문이 아니었을까. 아버지에게는 그나마 숨통이었을 구멍이, 나에게는 아버지가 뚫지 못한 세상의 두께와 아버지 등 뒤에 쌓인 세월의 두께를 지속적으로 환기시키는 환부일 것이기 때문이다. 그러므로 부모란, 때로는 그 존재만으로도 상처가 된다. 한때는 너무 강해서, 이제는 너무 약해서 그들은 한 번도 우리의 적수가 되지 못했다. 당당하게 한판 싸울 수도 없었다는 것, 어쩌면 그것이 우리가 이토록 오래 가족이라는 상처에 붙들려 있는 이유가 아닐까.

가시손가락의 입맞춤

부당하게 선택과 배제의 대상이 되거나(「철길」) 한쪽의 일방적인 희생이 계속된다면(「사라진 입들」) 형제와 자매 역시 서로에게 상처가 될 수밖에 없을 것이다. 죄책감이나 피해의식은 쉽게 자기합리화나 자기연민으로 옷을 바꿔 입기 때문에 이 상처는 덧나기도 쉽다. 그러나 「사라진 입들」에서 나는 죄책감을 떨쳐버리기 위해 자기합리화를 꾀하지 않는다. 오히려 언니의 부재나 소멸에 대한 불안과 두려움을 은근히 내비치고 있는가 하면 언니의 아픔을 내면화하고 있기까지 하다. 언니 역시 자신의 아픔을 나에게 전가하지 않는다. 이들 사이에는 고통을 함께 겪으며 자란 이들만의 깊은 연대와 애정이 형성되어 있기 때문이다.

> 잠실 방문을 열면 누에들의 뽕잎 갉아 먹는 소리가 소나기처럼 쏟아졌다
> 어두컴컴한 방안을 마구 두드리던 비,
> 눈 뜨지 못한 애벌레들은 언니가 썰어주는 뽕잎을 타고 너울너울 잠들었다가
> 세찬 빗소리를 몰고 일어났다
> 내 마음은 누가 갉아 먹었는지 바람이 숭숭 들고 있었다
>
> 살아 있는 것들이 통통하게 살이 오를 동안
> 언니는 생의 급물살을 타고 허우적거렸고
> 혼자 잠실 방을 나오면 눈을 찌를 듯한 환한 세상이 캄캄하게 나를 막아섰다

저녁이면 하루살이들이 봉창 거미줄에 목을 매러왔다
섶 위의 누에처럼 얕은 잠에 빠진 언니의 숨소리는
끊어질 듯 이어지는
명주실 같았다

허락된 잠을 모두 잔 늙은 누에들은 입에서 실을 뽑아 제가 누울 관을 짰지만
고치를 팔아 등록금으로 쓴 나는 눈부신 비단이 될 수 없음을 알았다
언니가 누에의 캄캄한 뱃속을 들여다보며 풀어낸 희망과
그 작고 많은 입들은 어디로 갔을까
마른고치를 흔들어 귀에 대면
누군가 가만가만 흐느끼고 있다
생계의 등고선을 와삭거리며
종종걸음 치던
그 아득한 적막에 기대

—「사라진 입들」

「사라진 입들」의 나에게 세상은 온통 어둠이다. "누에들의 뽕잎 갉아먹는 소리가 소나기처럼 쏟아"지는 어두컴컴한 잠실은 물론이고, 잠실 밖의 "눈을 찌를 듯한 환한 세상" 역시, 눈부신 비단이 될 수 없는 나에게는 잔인한 어둠이다. 그러나 나보다 더 어둠과 친연한 존재가 있다. 언니다. 2연을 보자. 여기서 "살아 있는 것들"이란 언니가 썰어주는 뽕잎을 먹고 자란 애벌레나 누에겠지만, 이영옥은 굳이 "살아 있는 것들"

이라는 추상적인 표현을 씀으로써 언니를 그 반대편, 죽음의 자리에 슬그머니 내려 놓는다. 3연에 오면 언니에게 드리워진 어둠과 죽음의 이미지는 더욱 강화된다. "봉창 거미줄에 목을 매러"오는 저녁 무렵의 하루살이와 "끊어질 듯 이어지는 / 명주실 같"은 언니의 숨소리가 나란히 이어지고, 다시 "섶 위의 누에처럼 얕은 잠에 빠진 언니"는 4연의 "허락된 잠을 모두 잔 늙은 누에"로 이어진다. "입에서 실을 뽑아 제가 누울 관을" 짜는 늙은 누에가 언니의 변주가 되는 것이다. 그렇다면 등록금을 내기 위해 팔아야 했던 것은 단순히 고치가 아니라 누에치던 언니의 삶이 아니겠는가. 아직 어린 나이에 "생계의 등고선을 와삭거리며 / 종종걸음" 쳐야 했던 언니와 나의 암울한 현실에, 눈부신 비단이 될 수도 없으면서 언니의 청춘을 희생시켰다는 나의 죄의식과 불안이 더해지면서 나는 마른고치에서 언니의 흐느낌 소리를 듣는다.

이 흐느낌 소리는 그러나 나의 것이기도 하다. 사라진 언니의 희망은 곧 나의 꿈이기도 했을 것이므로. 생존을 위해 만들어낸 고치가 도리어 관이 되는 자본의 논리 앞에서 가난한 자들의 꿈은 쉽게 좌절될 수밖에 없다. 「묵호항 사발낙지」는 "도저히 보호색을 낼 수 없는 파란색에 찰싹 엎드려 / 겨우 죽은 척이나 하고 있는 사발낙지"를 통해 이 비정한 현실을 다시 한번 부각시킨다. 어떻게든 살아보기 위해 바닥을 힘껏 움켜쥐지만 사발낙지의 빨판들이 움켜쥔 것은 "죽음을 속여주지 않는 / 현실이라는 새파란 바닥이다". 바다에서 육지로 잡혀 올라왔을 때 경기는 이미 끝났던 것. 삶은 "링 밖으로 튕겨 나와 혼자 구르고 일어선다 해도 / 전세를 역전하기에는 너무 빠르게 끝나버리는"(「굿바이, 역도산 찐빵집」) 라운드이므로, "자주 몸뚱이 들어 올리는 삶의 부력에 / 다들 최선을 다해 버티"(「우렁이집」)지 않으면 "무슨 시합인지도 모르고 치른 / 생의 뜨거운 경기에서" 몇 번이고 "억울한 판정패를"(「굿바이, 역도산 찐빵집」) 당할 수밖에 없는 것이다.

최선을 다해 버틴다고 해서 판정패를 당하지 않는다는 보장도 없다. 이영옥이 『사라진 입들』에서 새겨내고 있는 '폐병을 앓다 죽은 옆집 언니'(「우물 속의 잠자리」)나 '죽은 지 석 달이나 지나 발견된 노인'(「이팝나무 고봉밥」), '빗나간 복권들을 벽에 붙여두고 숨을 끊은 사내'(「부산 여인숙 3호방」), "지하도 기둥 사이에 원앙금침을 덮고 잠든 사내"(「원앙금침」), "한 단위에 묶이지 못하고 떠도는 사람들"(「노포동 터미널」)처럼 늙고 병들고 가난하고 소외된 이들이 우리 사회에는 넘쳐난다. 이렇게 현실의 힘이 너무 세면 현실을 부정함으로써 넘어서려는 죽음의 충동이 우리를 지배할 수도 있다. 소멸의 순간을 아름답게 그리고 있는 이영옥의 몇몇 시편에서도 이 타나토스의 흔적을 발견할 수 있다.

그러나 "완벽한 조립은 완전한 해체"(「돛배 제작소」)라는 시인의 비극적 인식은 시집 후반부로 갈수록 "올 테면 와라, 황사 흙먼지 온몸으로 받아주며 / 영도다리를 걸어보겠다"(「영도다리」)는 생에 대한 결의와 현실에 대한 대결의식으로 바뀐다. 「민달팽이의 길」에서도 "나는 저놈에게 어떤 결의가 생겨나 / 깨지든 이겨내든 자신의 문제를 해결하길" 바라고, 「늙은 개에게 바라는 최소한의 예의」에서도 더 이상 오지 말라고 위협하는 내게 "개가 이빨을 드러내며 가벼운 적의를 보내주길" 바란다. 그것이 이영옥이 생각하는 "삶에 대한 최소한의 예의"다. 다소 병약하게 느껴졌던 「사라진 입들」의 언니 역시 「언니라는 선인장」에 오면 "불모지에서 살아남는 근성"을 지닌 강인한 인물로 바뀐다. 비정한 현실에서 살아남기 위해 부드럽고 넓은 잎을 단단하고 뾰족한 가시로 만들어 버린 선인장처럼 언니는 이제 "가슴이 메말라 울지 못하는" "온몸에 가시가 돋아 있는" 사람이 되었다. 이 '삭막함'은, 우리의 투쟁 의지를 꺾는, 비정한 현실이 남긴 또 하나의 상처다. 그러나 시인은 여기서 무너지지 않는다. 선인장처럼 변한 언니의 삶이 실은 "연한 새순에서 시작"했다는 것을 기억하고 있기 때문이다. 언니의 온몸에 돋은 가시가 "1세대의 상처가 덧나" 생긴 것이며, 굵은 가시는 "조루의 물줄기를 공평하게 기다리던 / 시리게 아렸던 우리 언니의 손가락"이라는 것도 알고 있다. 그러니 어찌 그 손가락을 맞잡지 않을 수 있겠는가. 우리 모두가 또 한 그루 선인장에 불과하다 하더라도, 그 맞잡은 손에서는 가만히 물 흐르지 않겠는가. 부모와 형제, 친척들에게뿐 아니라, 모든 죽어가는 이들과 이름 없이 소멸하는 것들에게까지 이영옥은 제 상처 입은 손을 내민다. 그에게 사랑이란 결국 서로의 상처를 맛보고 어루만지는 것이기 때문이다.

> 그대와 눈을 감고 입맞춤을 한다면 그것은 내 안에서 일어난 수 천 개의 바람소리를 들려주기 위해서다 빛나는 계절 뒤에 때로 몰려오는 너의 허전한 바람을 마중해주는 일이며 빈 가지에 단 한 잎 남아 바르르 떠는 내 마른 울음에 그대가 귀를 대보는 일이다 서로의 늑골 사이에서 적막하게 웅성거리고 있던 외로움을 꼼꼼하게 만져주는 일이며 서로의 텅 빈 마음처럼 외골수로 남아 있던 뭉근한 붉은 살 점 한 덩이를 기꺼이 내밀어 보는 일이고 혀 밑에 감춰둔 다른 서러움을 기꺼이 맛보는 일이다 맑은 눈물이 스민 내가 발뒤꿈치 들고 오래 흔들리고 있었던 그대 뜨거운 삶의 중심부를 가만히 들어 올려주는 일이다
>
> —「입맞춤」

이렇게 쓸쓸하고 아름다운 입맞춤이 또 있을까. 너를 삼켜 나로 삼으려는 그 어떤 욕망에도 달뜨지 않고 너와 내가 속속들이 만나는 이 절경을 보라. 타인에 대한 동정이나 자신에 대한 연민이 아니라, 단지 사랑을 시작하는 이 '입맞춤'만으로도 우리는 우리 앞에 놓인 강을 또 건너갈 수 있을 것이다.

가시와 침

김덕희, 「가시 자극—혈 2」*

「가시 자극—혈 2」는 처음부터 가시 돋친 말들의 향연으로 시작한다. 공개적인 교양강좌 시간, 강의 내용과는 별 상관도 없이 강사인 '나(여한의사)'와 객석의 노부인 사이에서 펼쳐지는 야릇한 힘겨루기. 일부러 모멸적인 질문을 던진 노부인도, 바로 공격적인 대답을 쏴버리는 '나'도 뭔가 이상하다. "대체 뭐가 불만일까. 난 여자에게 무얼 그리 잘못했을까." '나'는 궁금해 하지만, 소설을 읽어갈수록 우리는 노부인이 아니라 '나'에 대해 더 궁금해진다. 대체 무엇이, 외동딸로 유복하게 자란 저 젊고 아름답고 실력 있는 한의사의 가슴 속에 스스로도 제어하기 힘든 가시덩어리를 심어 놓았는가.

하루 저녁에 장소를 몇 차례나 옮겨가며 여러 명의 사람들을 만나지만, 시종일관 '나'는 사람들의 가시자국을 의식한다. 물론, 거기에는 무엇보다 자기 자신이 포함되어 있다. 다른 사람들을 보면서 '나'는 '나'를 본다. '내' 안에서 터져 나오려고 하는 가시덩어리를 느낀다. 소설의 초입, '내' 가시에 마중물을 부어준 노부인의 공이다. 여러 인물들과의 에피소드에도 불구하고 덕분에 인물의 성격과 소설의 화제가 처음부터 선명

* 김덕희, 「가시 자국—혈 2」, 『급소』, 문학과지성사, 2017. 이후 인용할 때에는 인용 쪽수만 기재한다.

하게 드러났다. 메시지를 노골적으로 '말하기'보다 절묘한 대응물을 끌어와 노련하게 '묘사'함으로써 문학적 형상화의 묘미를 보여준 것은 더 큰 미덕이다. 선명한 캐릭터와 화제는 산만할 수 있는 여러 에피소드들을 하나로 묶어주는 구실을 하지만, 자칫 이야기를 단순하게 만들 수도 있다. 그러나 이 소설은 메타포를 적절하게 사용해 말하기와 보여주기의 균형을 잘 살렸을 뿐 아니라 단순해 보이는 인물과 이야기에 여러 겹을 입혔다. 선명하나 단순하지 않은 것, 좋은 이야기란 대저 그런 것이다.

먼저 소설 초입에 등장하는 노부인을 보자. 이 노부인이 누구이고 왜 '내'게 그런 태도를 보였는지에 대해서는 소설의 말미에 밝혀진다. '나'를 주치의로 삼아 호텔에서 따로 치료를 받아오던 기업 회장의 재취인 그녀는, 그간 남편이 어지간히 속을 썩였는지 회장과 미모의 한의사 관계를 단순한 '환자와 주치의' 관계가 아니라 남녀관계로 오인하고 일종의 시위를 했던 것이다. '내'게 그 "늙고 교양없는 여자"는 "부풀린 머리와 새빨간 루주와 비싼 가방과 금수가 놓인 스카프 따위로 사람인 양 하고 앉아 있는" 호랑이, 혹은 "잘 먹인 돼지"로밖에 보이지 않지만, 회장은 '나'를 따로 불러 "샘이 많은" 아내의 결례를 대신 사과하면서도 거금의 위약금까지 건네며 '나'와의 치료를 중단한다. 아내의 마음을 '헤아려' 차라리 죽음을 받아들이기로 한 것. TV드라마에서 익히 보아온 듯한 이런 회장 부부의 이야기가 소설을 여닫는 에피소드가 된 것은, 노부인의 '가시덩어리'와 회장의 저 '헤아림' 때문이다. 회장이 뒤늦게 아내의 마음을 헤아리게 된 것은 노부인의 가시가 실은 자신의 가시에 찔려 생긴 가시 자국이라는 것을 늘그막에 깨달았기 때문일 터, 아무리 샘이 많고 교양없는 여자라 할지라도 그러한 헤아림으로 바라보는 사람이 결코 한 마리 호랑이나 돼지일 수는 없는 것이다. 이 소설의 제목이 '가시'가 아니라 '가시 자국'인 까닭이 여기에 있다. 가시 자국이란 '가시가 있던 자국'일 수도, '가시에 찔린 자국'일 수도 있거니와, 양자 모두 실은 가시가 아니라, 가시의 흔적을 오롯이 제 몸에 새길 수밖에 없는 연약한 '살'에 대한 이야기이기 때문이다. 고주임이 섬세하게 생선뼈를 발라내는 장면이 유독 인상적인 것도 그래서이다. 이 장면은 작가의 탁월한 묘사력이 특히 빛을 발하는 부분이기도 하지만, '가시 자국'에 대한 작가의 통찰이 성공적으로 형상화된 부분이다. 다소 길지만 직접 인용해보자.

> 그는 우선 갈라놓은 몸체의 한쪽에 붙어 있는 등뼈를 걷어냈다. 한 손으로 꼬리지느러미를 살짝 꺾어 살과 뼈에 틈을 낸 뒤 그 사이로 젓가락을 집어넣어 살을 분리했다. 들어 올려지는 뼈 아래로 뽀얀 속살이 드러났다. 살 위에는 마치 연필로 금을 그어 놓은 듯 짙은 골들이 근육의 마디처럼 찍혀 있었다. 생선의 살이 가시를 물고 있던 자국이었다. 통통하게 오른 살 위로 촉촉한 물기가 어른거렸다. 깊고 어두운 물속에서 힘을 풀고 유연하게 물살을 즐기거나 길쭉하고 강하게 팽창해 사정없이 파고들었을 물고기의 탄력이 머릿속에서 그려졌다. 짙은 갈색으로 구워진 등뼈 아래에 오랫동안 감춰져 있던 새하얀 속살이 조금도 훼손되지 않은 채 나타나는 걸 보고 나자 내가 지금껏 보았던 생선구이들은 모두 엄청난 능욕을 당한 거구나 싶었다. (…중략…) 철길 침목처럼 나열되어 있던 가시들을 모두 제거하는 데는 약간의 시간과 조심성이 더 필요했다. 가시들은 살에서 떨어져 나오다가 부러지는 것 하나 없었다. 고 주임의 손놀림은 신중하고 정교하고 부드러웠으며 어떤 면에서는 숭엄해 보이기까지

했다. 잘 조율된 악기처럼, 가시가 있던 자리마다 질서 정연하게 배열된 선들이 나타났다. 나는 가시 자국들을 보다가 문득 해체되는 생선조차도 즐거워하지 않았을까 하는 생각을 해봤다. (190~191쪽)

단지 '예술적으로' 생선가시를 발라내는 묘사일 뿐이지만, 소설의 초입부터 '나'의 가시덩어리에 대한 언급이 있었으니 이 장면은 일종의 메타포다. 상대가 불편하지 않게 눈에 띄지 않은 움직임으로도 타인에게 필요한 것들을 속속들이 챙기는 고 주임은, '나'에게만은 과도하게 친절했으나 스스로의 행동에 도취되어 오히려 '내' 속의 가시들을 곤두서게 했던 태성 선배와 대조되는 인물이다. 하지만 가시 자국이 남아 있다는 점에서는 그 역시 태성과 다를 바 없다. 태성을 아프게 찌르는 가시가 한때 '나'였다면, 고 주임을 자극시키는 가시는 '시'다. 시종일관 "투명인간처럼 존재감을 드러내지 않으면서도 한편으로는 완전히 없어져서 도리어 눈에 띄는 일조차 일어나지 않게 하기 위해 아주 옅은 투명도는 유지"하던 그가 "시 얘기가 나오자마자 투명 망토를 확 내던지고 자기 모습을 드러내놓고서는" 마음에도 없는 소리를 하느라 목소리를 엉뚱하게 높이는 것은 그가 아직 시를 포기하지 않았다는 사실을 분명히 보여준다. 태성이 자기가 만든 허상 안에 완벽히 갇혀버렸던 것처럼 고 주임 역시 그렇게 자신을 포장하고 있을 뿐, 그에게 시는 여전히 "쉽게 메워지지 않을 깊은 구덩이"다. 그들만이 아니다. 이 소설에 등장하는 인물들은 모두 각자의 가시(자국)를 품고 있다. 회장 부인의 가시가 '남편의 여자'라면, 회장의 가시는 그렇게 가시덩어리로 늙은 '부인'일 것이다. 엄하고 강압적인 할아버지 밑에서 자란 아버지에게는 절대로 할아버지를 닮지 않겠다는 강박이 가시자국으로 남아 있다.

그러나 고 주임의 섬세한 손길로 뼈 아래 뽀얀 속살과 그 살이 가시를 물고 있던 자국, 그 자국 위의 촉촉한 물기까지도 전혀 훼손되지 않고 드러나는 저 인용문은, 가시덩어리를 품고 있는 사람들이 실은 모두 그 아래 여린 속살을 감추고 있다는 것을 매우 감각적으로 드러낸다. 가시를 피한답시고 살을 마구 헤집을 것이 아니라 결을 따라 조심스레 가시를 걷어내야 한다는 것 역시. 저마다 가시를 품고 있지만 고 주임이 태성 선배나 회장 부인과 달리 '나'의 가시를 자극하지 않은 것은, 그가 자신을 내세우기 전에 먼저 상대의 결을 읽을 줄 알았기 때문이다. "고 주임의 섬세한 손길에 내 몸을 맡기는 상상"은 그러므로 단지 에로틱한 상상이라기보다 인간적인 예의와 온기에 대한 '나'의 오랜 바람을 드러낸 것이다.

뛰어난 미모와 지성을 갖춘 잘나가는 한의사가 어째서 저런 가시덩어리를 품고 날을 세우는가, 라는 질문에 대해 이제 대답할 수도 있겠다. 한의사이지만 사람의 몸보다는 마음을 읽어내는 데 훨씬 탁월한 능력이 있는 듯한 '나'는 겉보기로는 자기밖에 모르는 부잣집 외동딸 같지만 그래서 더욱 쉽게 상처를 받기도 하는 예민한 감성의 소유자이다. 한때나마 시를 쓰고자 했던 것도 그러한 성향 때문일 터, 그것도 모르고 '나'에게 접근한 사람들은 결과 상관없이 무조건 '나'와의 간격을 좁히려고만 들다가 '나'의 예민한 가시에 찔려 화를 내곤 했다. 그러나 "내 안의 가시들이 일제히 일어설 때 맨 먼저 회복하기 어려운 내상을 입는 건 언제나 나였다". 한때는 누군가를 죽이고 싶다고 생각했을 정도로, 그 상처는 꽤 깊었던 듯하다. 타인에게 상처를 입지 않기 위해 세웠던 가시가 결국 자신을 찌르게 되는 딜레마, 그렇게 무수한 가시 자국을 감추기 위해서라도 다시 가시를 세울 수밖에 없는 악순환. 그리하여 여러 번의 실패 끝에 결국 '내'가 선택한 삶의 방식은 서로가 서로의 가시에 찔리지 않도록 상대와의 거리를 일정하게 유지하는 것이다.

그러나 '나'의 직업이 한의사라는 것은, 이러한 거리두기가 근본적인 대책이 될 수 없음을 암시한다. 상대의 몸에 침을 찔러 넣어 병을 치료해야만 하는 직업이 곧 한의사이기 때문이다. 고 주임의 에피소드에 아버지와의 전통적 자침수련 에피소드가 다시 추가되는 이유가 여기에 있다. 다가가 침을 찌르되, "아프지 않아야 할 뿐만 아니라 어떨 땐 시원하고 어떨 땐 따뜻할 수 있"는 경지는 어떻게 가능해지는가. 참외 과육에도 결이 있다는 것을 몸소 보여준 아버지는 "환자의 몸과 혈을 충분히 이해"해야 "침에 대한 감각 위에 온기를 조절할 수 있게" 된다고 말해 준다. 뾰족한 것으로 살을 찌른다는 점에서 가시와 침은 별반 차이가 없지만, 혈을 제대로 이해하고 찌르면 몸을 살리는 침이 되지만 결을 무시하고 찌르면 상처를 입히는 가시가 되는 것이다. 가시를 세웠다가 도리어 숱하게 내상을 입은 '나'의 과거는, 상대의 결을 제대로 이해하지 않으면 오히려 그 사람의 병이 네게 옮아올 수도 있다던 아버지의 경고를 떠올리게 한다. 결을 이해하는 것은 생선뼈를 바르거나 침을 놓을 때만 필요한 기술이 아닌 것이다. 사람을 죽일 수도 살릴 수도 있는 혈자리는 몸뿐만 아니라 마음에도 있다. 그 마음을 읽고 충분히 이해하는 것, 사람과 사람의 만남이 상처가 아니라 사랑이 될 수 있는 첩경은 바로 거기에 있다.

'나'는 치료를 중단하자며 회장이 건네는 위약금을 받지 않는다. 치료를 다하지 못한 책임감을 돈으로 바꾸고 싶지 않다는 이유다. '나'가

치료를 다하지 못한 이유는 회장 부인 때문에 치료가 중단되어서가 아니라 애초에 '나'가 상대의 결을 제대로 읽지 못했기 때문일는지도 모른다. 회장의 고급세단에 탈 때마다 자신을 "용궁으로 가는 거북이의 등에 탄 토끼"나 콜걸로 착각하곤 했던 것은, '나'를 제대로 읽지 못하고 돈으로 모든 것을 사려 한 회장의 잘못이기도 하지만 그러한 회장의 겉모습에 '내'가 지레 주눅이 들었기 때문일는지도 모른다. 이러한 모습에서는 한의사로서의 긍지와 자부는커녕 책임감 또한 찾을 수 없다.

'나'는 회장과의 마지막 만남에서야 회장의 결을 제대로 이해한다. '나'의 침에 서서히 온기가 돌기 시작했었다는 것도 이 소설이 어떤 가능성을 보여주고자 했다는 확신을 갖게 한다. 그러나 그러한 여운만을 남겨둔 채, 소설은 여전히 사람들과의 거리를 좁히지 못하고 혼자 잠드는 '나'의 모습으로 끝난다. 군더더기 없이 담담하고, 그래서 더욱 쓸쓸한 마지막이다. 소설이 끝날 때에야 비로소, 우리도 이렇게 '나'의 결을 읽게 된다.

절망의 강바닥에서 펴 올린, 이 싱싱한 낙관들

김종광, 『처음의 아해들』*

아파야 들여다보는 내 안의 역사, 아버지

간혹 작중인물과 작가를 혼동할 때가 있다. 작가의 실제 이력과 거의 일치하는 인물이 등장하거나 자전적 체험이 묻어있는 소설을 읽을 때면 특히 그런 유혹에 빠지기 쉽다. 체험을 옮겨 썼다는 작가의 고백까지 접하고 나면 착각은 쉽게 확신이 된다. 하여 혹 이런 생각을 하지는 않으셨는지? 소설가 김종광 역시 그의 소설 속 인물들처럼 웃기고 좀 모자란 인물일 것이라는 생각 말이다. 한 번 그런 생각이 들면, 자기 소설의 네 가지 테마를 거창하게 밝히고 있는 「작가의 말」(『첫경험』, 열림원, 2008)도 왠지 심각하게 받아들여지지 않고 우습게만 여겨진다. 웬 돈키호테냐 싶은 거다. 그는 억울해하겠지만, 속는 것은 우리다. 말하자면 그는, 억압적인 권위와 제도뿐 아니라 순진한 독자까지도 무장해제 시켜버리는 작가인 것이다. 그러니 매번 낄낄거리며 읽다가 얼얼하게 한 대씩 뒤통수를 맞곤 하는 것 아니겠는가. 이런 의뭉과 능청으로 따지자면 『처음의 아해들』도 전형적인 김종광 소설이다.

그런데, 「내시경」은 좀 다르다. 우선 눈길을 끄는 것은 고백투의 구

* 김종광, 『처음의 아해들』, 문학동네, 2010.

술체와 작품 전체를 감싸고도는 비애감이다. 그래서일까, 김종광 특유의 해학과 재담마저 이 소설에서는 빛을 잃는다. 간호사들의 막말은 웃음을 자아내기보다 소설의 현실성을 떨어뜨릴 뿐이다. 구성이 뛰어나지도, 기법이 특이하거나 주제의식이 남다르지도 않다. 내시경 검사를 받으러 올라온 아버지와 보호자 노릇을 하기 위해 내려온 아들이 병원에서 보내는 한나절에 대한 이야기이니, 내용이 신선한 것도 아니다. 말하자면 「내시경」은 『처음의 아해들』의 성공작은 아니다. 그러나 「내시경」을 '기준!'으로 『처음의 아해들』은 '헤쳐 모여' 한다. 차례 상으로도 「내시경」 앞에는 「세족식」, 「당장, 나가버려!」, 「처음의 아해들」, 「옷은 어디에?」가, 뒤에는 「시골사람 중국여행」, 「면민바둑대회」, 「우라질 양귀비」, 「빵집이 사라졌네」가 놓인다. 소설을 읽은 사람이라면 어렵지 않게 이 둘을 나누는 몇 가지 기준을 제시할 수 있을 것이다.

우선 공간의 문제. 전자는, 대도시는 아닐지라도 학원, 대학, 세탁소, 술집 등의 도시적 공간이 소설의 주요 배경으로 등장하고 있으며 후자는 논밭, 시골 장터, 이발소, 저수지, 저수지 근처 식당, 읍내에 하나밖에 없는 빵집 등으로 농촌과 그 주변부가 소설의 주공간이다. 공간이 나뉘면 등장인물도 달라진다. 교수나 세탁소 주인 같은 50대 인물이 전혀 등장하지 않는 것은 아니지만 전자의 주요인물들이 학생, 학원 강사, 작가, 주부 등의 20~30대 청장년이라면, 농촌에 터를 잡은 후자의 인물들은, 「우라질 양귀비」의 음순과 경찰, 「면민바둑대회」의 이다인과 김팽이, 고등학생 등을 제외하고 나면 평균 연령 50~60대의 노년층이다.

공간과 인물이 다르니 이들이 겪는 사건과 갈등, 그 갈등을 해결하는 자세와 방법 또한 차이날 수밖에 없을 것이다. 하여 전자는 대립과 갈등,

풍자와 비판의 세계를, 후자는 대화와 화해, 해학과 웃음의 세계를 드러내는 것이 아닐까 지레짐작할 수도 있다. 도시와 농촌, 청년층과 노년층에 대한 편견에서 기인한 짐작이다. 김종광은 이런 단순한 이분법으로 현실을 나누고 평가하지 않는다. 모든 경계에는 접점이 있고, 늙은이와 젊은이만으로 세계가 이루어져 있는 것도 아니다. 시간은 흘러가는 것이고 공간은 이어지는 것이니 인간이 나누어놓은 경계라는 것 자체가 실은 폭력적인 것이다. 전자의 세계를 대표하는 '아들'과 후자의 세계를 대표하는 '아버지'의 대화라는 형식을 통해, 「내시경」은 근대의 이 폭력적인 위계와 소외의 구조를 다시 한번 환기시킨다. 「내시경」이 소설집 한가운데 놓여 있는 것은 그러므로 우연이 아니다. 「내시경」이야말로 이 두 세계를 구분 짓는 경계이자 두 세계가 만나는 접점이기 때문이다.

다양한 인물들이 우후죽순 등장하여 저마다의 이야기를 신명나게 늘어놓는 여타의 작품들과 달리, 아들이 바라본 아버지 이야기로 서사가 집중되는 것도 만남과 대화의 형식에서 비롯한다. 인물들이야 익숙하다. 일찍 부모를 잃고 큰형 밑에서 자라 어릴 적부터 온갖 농사일에 잔뼈가 굵은 아버지, 아들을 낳은 후 광부가 되어 20년 세월을 꼬박 "두더지"로 보냈으며 그 후에도 소를 키우고 농사지으며 "자립경제를 유지하고" 있는 김종광의 이 아버지를 우리는 익히 알고 있다. 문예창작학과를 졸업하고 한동안 아버지의 농사일을 거들며 백수 노릇을 한 끝에 지금은 무명이나마 소설가로 살고 있는 30대 중반의 아들 역시 전작에 여러 차례 등장한 바 있다. 하지만 한국의 아버지와 아들이 대개 그렇듯이, 이 둘이 제대로 대화하는 모습을 본 적은 없다. '짬뽕과 소주의 힘'도 없이, 「내시경」에서는 어쩐 일로 부자간에 질문과 대답이 끊어지지 않는 것일까? 견디기 어려운 침묵 탓을 하고 있지만, 부자간의 침묵이야 새삼스러운 것도 아니질 않은가. 달라진 것은 그들을 싸고도는 침묵이 아니라 침묵이 겨워진 그들이다.

침묵은 친밀성의 정도를 측정하는 바로미터다. 상대와의 거리가 아주 가깝거나 멀 경우 그들 사이의 침묵은 아무런 문제가 되지 않는다. 떨어져 앉을 수도 붙어 앉을 수도 없는 애매한 거리, 침묵이 문제가 되는 것은 바로 그때다. 여기에는 물론 그 거리를 인식하는 주체와, 주체를 그 거리로부터 벗어나지 못하도록 강요하는 어떤 조건과 상황이 함께 놓여 있어야 한다. 그런 의미에서 「내시경」에 등장하는 아들은 겉보기와 달리 아주 예민한 존재이다. 그는 아버지 얼굴에 떠오르던 미소가 재빨리 사라지는 것을 놓치지 않으며, 자신과 아버지 사이에 놓인 종이가방과, 종이가방을 버린 뒤에도 좁혀지지 않는 '약간의 거리'를 집요하게 의식한다. 그 약간의 거리가, "아버지가 경험한 과거"와 "아들의 현대적인 감성" 사이에 놓인 한없이 먼 거리의 반영이기 때문이다. 거리를 조금이라도 좁혀보고자 아들은 자꾸 질문을 던지지만, 그는 아버지의 말을 알아듣지 못하고, 이해는 언제나 오해를 동반한다.

아버지의 봄병은 이 소통 불능으로부터 생겨난 것은 아닐까. 사회의 인정은커녕 아들에게조차 이해받지 못한 채 박물관에 처박혀버린 지난날에 대한 상실감은 어쩌면 아버지 스스로가 짐작하는 것보다 훨씬 깊을지도 모른다. 농사일 역시 마찬가지다. 자식들만은 흙 파먹고 살게 하고 싶지 않다는 그에게 여전히 흙 파먹고 살고 있는 자신의 삶은 대체 무엇일까.

작가인 아들 역시 현실의 타락한 구조로부터 자유롭지 못하다. 그가 믿음직한 보호자 노릇이나 효성스런 아들 노릇을 못하는 것은, 아버지는 금식중인데 혼자 밥을 먹으러 가거나 아버지를 대합실에 남겨둔 채 먼저 상행선 기차를 타러 가는 그의 요령부득 때문이 아니라 치료비 4만 원에도 아버지가 미안해할 정도로 그가 아직 궁핍한 작가이기 때문이다. 농부나 광부 외에는 길이 없었던 아버지와 달리 아들은 스스로의 선택으로 작가가 되었지만, 물질적인 부와는 동떨어진 삶을 살고 있다는 점에서 그들은 닮은꼴이다. 아버지에 대한 아들의 이해가 "기회를 가져보지 못한 사람에게, 왜 이렇게밖에 못 되었느냐고 따지는 것은 폭력일 것"이라는 반성과 연민에 그치고 마는 것도, "대상에 대한 무조건적인 긍정의 태도에서나 가능한 일종의 영탄조"(이경재) 문장이 소설 전체를 가득 채우고 있는 것도, 다른 작품에서는 보기 드문 애잔한 정서가 「내시경」을 온통 지배하고 있는 것도 그 때문이다. 아버지의 근대적 실패를 이해하려는 아들의 노력에는 자신의 현대적 실패에 대한 자괴감이 깊게 깔려 있는 것이다.

아들과 아버지가 새삼 이 거리를 인식하게 된 것은 병원이라는 공간과도 밀접한 관련이 있다. 현대사회에서 병원은 병을 치료하는 곳일 뿐 아니라 죽음을 맞이하는 곳이다. 수술 후 경과를 보기 위한 내시경 검사일 뿐인데도 마치 아버지의 죽음을 준비하듯 아들이 아버지의 지난날을 자꾸 반추하는 것은 병원이 끊임없이 환기시키는 죽음에 대한 이미지 때문이다. 문제는 아들에게 아버지를 떠나보낼 마음이 아직 없다는 것이다. 아버지 역시 마찬가지다. 보호받는 아들과 보호하는 아버지의 역할이 이제 서로 바뀌어야 함에도 아들에게는 여전히 아버지의 아들로만 남고 싶은 유아적 심리가 있고, 아버지는 아직도 아들 걱정뿐이다. 그러나 현실은 이들의 욕망과는 상관없이 흘러간다. 병원은 죽음의 공간일 뿐 아니라 이러한 현실을 극명하게 드러내는 곳이기도 하다. 아들은 어린아이처럼 떼를 쓰는 서산 노인에 이어 "산수 공부하는 어린아이처럼 정확하게" 말하는 아버지의 모습을 포착한다. 능숙한 제 삶의 공간을 떠나 병원이라는 현대적 제도 속으로 들어오는 순간, 노인들은 더 이상 연륜 있는 어른이 아니라 누군가의 보호를 받아야 하는 아이가 되어버리는 것이다. 인정하고 싶지 않지만 인정할 수밖에 없는 아버지와 아들의 이러한 위상 변화야말로, 그들을 싸고도는 침묵을 견딜 수 없게 만드는 요인이다.

그러므로 아들이 "아버지에게서 달아나버리듯" 서둘러 대합실을 떠난 것은, "길고 긴 대화와 침묵"이 힘겨워서가 아니라 곧 닥쳐올 아버지의 죽음을, 그리하여 자신이 아버지가 되어야 하는 현실을 인정하고 싶지 않아서이다. 대화는 성공하지 못했고, 소통은 이루어지지 않는다. 그것이 아들과 아버지의 영원한 운명이다. 그러나 그는 저 현실로부터 결코 도망갈 수 없다. "망설이고 망설이는 아들을 향해, 아버지의 창자 같은 상행선 기차가 맹렬히 달려오고 있었네"라는 소설의 마지막 문장은 그것을 본능적으로 감지하고 있는 아들의 곤혹을 드러낸다. 아들은 다시 아버지와의 대화를 시도할 수밖에 없을 것이다. 이 대화를 위해서는, 아버지와 어머니의 삶뿐만 아니라 삼십 대 중후반을 살아가고 있는 자신의 삶도 함께 들여다보아야 하는 것. 『처음의 아해들』이 그려내는 다양한 삶의 파노라마는 모두 아들의 이 곤혹으로부터 시작한다.

그래도 긍정하든지 그러니까 모른 척하든지, 억척 어멈들의 생존 전략!

「내시경」과 마찬가지로 자유간접화법과 구연체 종결어미의 묘미를 잘 살리고 있는 「빵집이 사라졌네」는 문체뿐 아니라 어머니의 전면적 등장이라는 점에서도 「내시경」과 짝패를 이루는 작품이다. 「빵집이 사라졌네」는 아들이나 딸이 아니라 오십 대 중반의 이기분 여사가 직접 초점화자 노릇을 하고 있어 늙은 부모를 바라보는 자식의 시선이 필연적으로 품게 마련인 연민과 자책으로부터 자유롭다. 아들의 시선에 아내의 시선을 추가함으로써 '아버지 서사'에도 균형과 활력을 불어넣는다. 무엇보다 이 작품은 아버지 서사에 가려져 있던 어머니 서사를, 도시 남성들의 노동에 밀려나 있던 주변부 여성 노동의 서사를 실감나게 구축하고 있다는 점에서 주목할 만하다. 특별한 갈등 구조 없이 밋밋하게 전개되고 있는 「내시경」과 달리 「빵집이 사라졌네」가 몇 겹으로 얽힌 갈등과 투쟁의 양상을 보여주고 있는 것은 그 때문이다.

석탄 합리화 방안으로 남편이 광산 일을 그만두자 맞벌이를 선언한 농촌 아낙 이기분이 그 후 십일 년간 매일같이 빵집에서 청소를 하다가 쉰다섯을 맞아 결국 일을 그만두기까지의 순탄치 않은 과정을 그리고 있는 「빵집이 사라졌네」는, 출근을 위해 가족들의 반대와 협박을 물리치는 과정과 퇴직금을 받아내기 위해 열 살이나 어린 빵집 주인에게 온갖 수모를 겪는 과정이 서사의 두 축을 이루고 있다. 마흔이 넘은 나이에 기분이 새삼 돈을 벌러 다니게 된 것은 논농사, 밭농사에 소를 스무 마리나 키워도 노후대책은커녕 자식들에게 용돈도 제대로 줄 수 없는 농촌의 열악한 경제사정 때문이지만, 여기에는 자본의 논리에 소외당한 농촌이 결국 자본의 세력권 안으로 속수무책 흡수당하고 마는 현실이라든가, 지방 대학 출신 자녀들의 팍팍할 수밖에 없는 서울살이 등도 함께 맞물려 있다. 더 큰 문제는 제도와 구조의 모순을 가족과 개인이 다 떠안아야 한다는 것이고, 비판적 인식의 부재 때문이 아니라 단지 힘이 없기 때문에 그러한 부조리를 수락할 수밖에 없다는 사실이다. "소송 건 사람만 심신 더 망가"지는 '법'은 있으나마나니 직접 나서서 문제를 해결해야 한다고 말하는 남편은 이러한 현실의 논리를 체화하고 있는 인물이다.

여전히 바깥일은 남자가 하고 여자는 집안일만 해야 한다는 생각에 사로잡혀 있는 전통적인 가부장인 그는, 그 집안일에 실제로는 밭일, 논일, 장사까지 다 포함되어 있다는 것을 모른 척하며 여성의 노동을 남성의 노동 아래로 위계화하는 인물이다. 그러나 그를 무작정 미워할 수가 없다. 그 역시 탄광일에 농사일에 풀 베고 소 먹이는 일까지 쉼 없는 노동에 시달려야 했던 사람이며, 그럼에도 불구하고 자본의 위력 앞에 속수무책 아내를 앞세워야 하는 남편의 자책과 두려움이 그 강압적 태도의 이면을 구성하고 있기 때문이다. 그러므로 기분과 남편은 날카로운 대립각을 형성하지 않는다. "감격해서 울어버릴" 정도로 자상한 남편의 말에도 자신의 뜻을 굽히지 않는 기분의 결기 뒤에는 아내의 출근을 막지 못한 남편이 "바깥마당에 허수아비처럼 서 있는" 모습을 "안 보려고 했지만 보고" 마는 마음이 또한 놓여 있기 때문이다. 농촌 경제의 붕괴와 함께 전근대적 남성의 권위 역시 추락하는 듯 보이지만, 부부의 오랜 신뢰와 연대는 무너지지 않고 오히려 더욱 공고해진다. 자본주의적 질서에 대한 옹호 때문이 아니라 함께 삶을 꾸려온 성실한 세월 때문일 것이다. 하지만 정직과 성실은 구시대의 미덕일 뿐 이제 중요한 것은 경쟁력이니, 남편의 반대와 자식들의 협박성 조름에 굴하지 않던 기분도 세대교체와 인건비 절감을 원하는 사장의 노골적인 핍박에는 결국 항복하고 만다.

삼 년간 넣어준 보험료와 못쓰게 되어 소멱이로 가져간 빵 값까지 따지고 들며 기분의 퇴직금을 깎는 빵집 사장은 이러한 자본의 논리를 대변하는 사람이다. 안 주겠다는 속셈으로 사장이 지급일을 자꾸 미뤄도 약속한 날짜가 되면 꼭 돈을 받으러 갈 정도로 억척스럽고 순진한 기분은 교활하고 막돼먹은 사장과의 거듭되는 충돌로 인해 깊이 상처받는다. 그러나 막말을 해대는 주인도 무섭지만 남편과 아들의 불같은 성정이 불러일으킬 참변은 더욱 두려워 기분은 계속 퇴직금을 받으러 다니고, 급기야 돈 덩이에 맞는 모멸까지 당하고 만다. 놀라운 것은, 그럼에도 불구하고 기분의 긍정적인 세계관은 크게 훼손되지 않는다는 것이다. 단지 시간이 흘렀을 뿐인데, 돈 다발로 자신을 때리던 사장에 대한 연민까지도 그녀는 회복한다. 이 놀라운 치유력은 어디에서 생기는 것일까? 함께 울어준 가족? 그럴 수 있다. 한평생 농사를 짓던 사람이니 돈이나 자본주의적 가치보다는 인간과 생명의 소중함을 온몸으로 체득하고 있었기 때문이기도 할 것이다. 하지만 "직장생활 십일년 경력"에 대한 자부심이야말로 기분의 '긍정과 낙관의 세계'를 형성하는 핵심 동력이다.

이는 기분의 직장생활이 단순한 생계수단에 그치지 않고 경제적 자립과 자존自尊을 위한 노동으로 확장된 것과도 관련이 있다. 애달파 하며 자녀들에게 무한정 퍼주기만 하는 어머니에서, 제 자식들을 "쪽팔릴 것도 없는 것들"이라고 제 자식들을 적나라하게 까발리면서도 자녀나 남편에게 의존하지 않고 스스로의 노동을 통해 자신의 삶을 윤택하게 가꿀

줄 아는 여성으로 이동함으로써 기분은 주체성을 회복한다. 그 "애틋한" 노동의 터전이 사라졌으니 "가슴속에서 뭔가가 무너져 내리는 듯"한 것은 당연하다. 허나 그렇다면, 사장에 대한 그녀의 변호 또한 인간성에 대한 순수한 옹호가 아니라 자신의 11년 세월을 부정하지 않기 위한 일종의 최면이었던 것은 아닐까. "이게 다 그놈의 돈 때문"이라는 말에는 사장 역시 자본의 논리에 희생된 연약한 한 개인에 불과하다는 인식은 들어있지만, 능동적 주체로서의 인간에 대한 반성과 성찰은 부족하다.

구조화된 권력과 맞짱뜰 수 없는 개인으로서는, 현실의 부조리 속에서도 삶의 희망과 가치를 발견해가는 긍정과 낙관의 정신이야말로 반드시 필요한 삶의 지혜라는 것을 모르지 않는다. 부정과 비판의 정신 옆에 긍정과 낙관의 힘을 함께 놓아둔 것은 분명 이 작품의 소중한 미덕이다. 하지만 누누이 지적받은 대로, 삶의 대한 긍정이 현실 추수로 귀결될 수 있다는 것을 부인하기는 힘들 듯하다. 물론 더 위태로운 것은, 감상에 젖거나 낭만에 빠지지 않고는 직장생활조차 자랑스럽게 회고할 수 없는 우리의 현실이며, 그런데도 그 반나절짜리 빵집 청소 경력 11년이 한평생 농사꾼의 삶보다 사는 보람을 더 많이 맛보게 해주었다는 사실이다. 김종광 소설의 인물들은 대부분 이런 현실에 봉착해 있다. 그리고 이것이, 그들의 긍정을 함부로 폄하할 수 없는 이유이기도 하다.

「옷은 어디에?」는 「빵집이 사라졌네」의 며느리 버전이라 할 정도로 인물과 사건, 갈등과 대립의 구조가 유사하다. 남편에 대한 한탄은 한탄대로 늘어놓으면서 정작 남편이 사건에 관여하는 것은 말리는 쾌순, 능력은 없으면서 큰소리나 치는 판돈, 남편 없이 자식 키우며 자수성가하느라 "닳고 닳은" 아담세탁소 주인은 그대로 기분과 남편, 빵집 사장이다. 버전이 다른 만큼 사건은 사소해지고 인물들의 관계는 수직에서 수평으로 기울었으나 기분의 퇴직금 투쟁만큼이나 쾌순의 옷 찾아오기도 눈물겹다. 하지만 11년 직장생활의 퇴직금이 아니라 10년 된 낡은 외투와 싸구려 면바지를 되찾는 소동이니, 「옷은 어디에?」는 우선 사건 그 자체로도 희극적이다. 여기에, 단순하고 어수룩한 데다 가난하고 염치없기로도 타의 추종을 불허하는 우스꽝스런 작가 남편의 등장으로 소설은 한층 더 코믹해진다. 가볍고 경쾌하게 치닫는 짧은 문장들과 직접화법으로 이어지는 등장인물들의 실랑이질 역시 소설의 이러한 성격에 일조한다. 읽고 있으면 분명 울화통 터지는 이야기인데 자꾸만 웃음이 터지고 그 웃음 끝에 다시 또 페이소스가 묻어나니, 여지없는 김종광 소설이다.

사건은 아담세탁소가 광활세탁소에 위탁한 고가의 양복이 분실되면서 발생한다. 서로에게 책임을 전가하던 두 세탁소 사이의 분쟁은, 밀린 세탁대금을 요구하며 광활세탁소 측이 아담세탁소의 옷 수십 벌을 볼모로 가져가버림으로써 새로운 국면에 접어들게 된다. 싸구려 면바지와 낡은 외투를 맡긴 판돈과 쾌순 같은 이들까지 이 분쟁에 휘말리게 되었기 때문이다. 모처럼 공짜술을 먹으러 서울나들이를 계획했던 판돈은 옷 때문에 아내와 싸우다가 결국 집에 눌러앉게 되고, 5년 만의 출근길에 외투도 없이 나갔던 쾌순은 지독한 감기에 걸려 출근 하루 만에 회사를 작파하고 만다. 세탁소 옷 분실이라는 사소한 사건이 가난한 부부의 일상에 일으키는 균열은 예상 외로 크다. 그러나 처음에는 미안하다던 아담세탁소 주인은 자기가 더 불쌍한 사람이라며 '배째라'로 일관하고, 광활세탁소 직원들은 옷을 찾으러 간 쾌순에게 멸시의 눈초리를 날릴 뿐이다. 이제 문제는, 옷이 아니라 자존심이 된다.

하지만 대립이 가장 격한 양상을 보여야 할 순간, 갈등은 허무하게 종결된다. 김종광 소설은 늘 이런 식이다. 「처음의 아해들」, 「내시경」, 「시골사람 중국여행」, 「면민바둑대회」처럼 이렇다 할 갈등 자체가 없는 작품들도 있지만 「세족식」, 「우라질 양귀비」처럼 제대로 된 대결을 보여줄 것 같던 작품들도 어느 순간 갈등이 사라져버리고 만다. 왜인가. 김종광 소설의 인물들은 투사가 아니라 소시민이기 때문이다. 그들에게 중요한 것은 생활이며, 생활의 동력은 자존심이 아니라 실리다. 그렇다고 철저하게 이기적인 것만도 아니어서, 결정적인 순간에 이들은 동정심도 발휘할 줄 안다. 아담세탁소 주인에 대한 적개심이 극에 달하자 판돈과 쾌순은 고소까지 생각하지만 복잡한 절차에 바로 발목을 잡히고 막상 얻을 게 없다는 충고에 주저앉아 버리며 세탁소 주인의 딱한 형편에 완전히 마음을 접어버린다. 그러자 기다렸다는 듯이 세탁소 주인은 일부나마 옷값 변상을 약속하고, 뒤이어 옷을 찾아 돌려주기까지 한다.

세탁소 주인들은 화해했고 쾌순과 판돈도 옷을 찾았으니 해피엔드인가. 아니다. 갈등은 해소된 것이 아니라 봉합된 것일 뿐이기 때문이다. 사라진 양복은 여전히 오리무중이고, 판돈과 쾌순이 받은 고통과 상처 또한 돌이킬 수 없는 것이다. 그러나 삶은 계속되어야 하니, 사건은 종결되고 쾌순 역시 광활세탁소 직원들에게 사과받겠다는 생각을 접을 수밖에 없다. 하지만 바로 그 때문에, 어떤 불합리한 일을 당해도 결국에는 참고 넘어갈 수밖에 없는 이들은 바로 돈 없고 힘없는 서민들이 될 수밖에 없다. 현실은 결코 바뀌지 않는다는 이들의 비극적 인식은 세계가 아니라 자아의 변화를 요청한다. 기분의 '낙관과 긍정의 힘'이나 쾌순의 '타협과 포기의 지혜'는 여기에서 생겨난 것이다. 변하지 않는 현실에 더 이상 상처입지 않기 위한 일종의 자기방어라는 점에서, 둘은 동전의 양면일 뿐이다.

극한 갈등도 극적인 결말도 없는, 이 흐지부지한 소설의 미학

"못 들은 척 못 본 척 하는 게 올바른 처신"이라는 생각은 「우라질 양귀비」와 「세족식」의 인물들에게서도 들을 수 있다. 하지만 말과 달리 온갖 일에 간섭하기 좋아하는 농촌 사람들이나 어수룩하고 단순해서 자기 감정을 쉽사리 드러내고 마는 강쇠와 음순은 도시의 세련된 처세술을 결코 체화하지 못하는 인물들이다. 바람결에 날아와 씨를 틔운 양귀비를 뽑아버리지 않았을 뿐이니 「우라질 양귀비」의 사건도 시작은 단순하다. 그런데 어떻게 알았는지 박 형사가 찾아와 음순은 경찰서로 끌려가게 되고 취조 과정에서 그녀의 노동쟁의법과 집시법 위반 경력도 드러난다. 재수가 없어 경찰서까지 끌려가 모진 고초와 수모를 겪긴 했으나 딱 한번 참여한 파업과 데모였을 뿐 대단한 의식이 있었던 것은 아니어서, 박 형사가 "우리 한총련" 운운하며 '유도리'를 비판하자 음순은 "이 무슨 감당하기 애매한 말씀이랴." 피하기 바쁘다. 그러나 정작 한총련이었다는 박 형사는 음순이 연세대에 갇혀 있을 때 그곳을 포위하고 있던 전경이었으며 덕분에 경찰되기도 쉬웠다니 그의 경직성은 이중으로 웃음거리가 되고 있는 셈이다. 경찰로 대변되는 국가권력에 대한 풍자와 비판은 김종광 소설의 단골 메뉴다. 절로 싹틔운 양귀비 하나에 온 마을이 분쟁에 휘말리는 「우라질 양귀비」 역시 감시와 통제만 일삼는 국가권력에 대한 노골적인 야유다.

물론 희화화되는 것은 박 형사뿐 아니다. 서창자, 최명청, 고음순, 조붕언, 김화투 같은 적나라한 이름에서 드러나듯이 「우라질 양귀비」에 등장하는 인물들은 하나같이 단순하고 우스꽝스런 인물들이다. 음순의 귀환이 사건의 종결이 아니라 본격적인 시작을 알리게 되는 것도 그 때문이니, 소문을 듣고 찾아온 조붕언의 "쏘삭임"에 넘어가 음순이 누군가 자기들을 신고했다고 의심하게 되면서 온동네 사람들은 바짝 긴장하게 된다. 그런데 어찌된 일일까. "그 개새끼를 잡아서, 멱을 틀어야 한다"며 노발대발하던 음순은 정작 마을 사람들과 말싸움 한 번 벌이지 않는다. "삼동네에 성정 격하기로 소문난" 음순이지만, 막상 생각해보니 의심 가는 사람들이 너무 많았고 하여 누가 진짜 범인인지 알 수 없었기 때문이다. 양귀비가 잘못 날아왔을 뿐 자신들에게는 아무 죄도 없다고 생각했건만, 돌이켜보니 이웃에게 원성살 만한 일이 한두 가지가 아니었던 것. 이렇게 「우라질 양귀비」는 범인을 찾아내기 위한 추리가 도리어 자신들의 잘못을 고백하는 아이러니한 구조를 띄게 된다. 누가 범인인가는 중요한 것이 아니다. 딸의 자수였다는 실토는 마을 사람들과 화해하기 위한 음순의 '유도리'였는지도 모른다.

다소 맥 빠지는 결말이지만, 이렇게 갈등을 종결짓는 방식에는 작가의 세계관이 그대로 녹아있다. 때로는 타협이 되기도 하고 어쩌면 현실추수가 될 수도 있지만, 그래도 포기할 수 없는 가치. 그것은 바로 함께 살아가는 이 못난 사람들에 대한 지독한 사랑이다. 딱히 누구를 주인공이라 꼽을 수 없는, 김종광 소설의 저 많은 인물들 역시 그렇게 태어난 것이 아니겠는가. 사소한 일에서 비롯되는 일파만파는 그 자체로도 재미지만, 이를 통해 드러나는 다양한 인물들의 면면과 그들이 엮어가는 구성진 삶의 가락이야말로 김종광 소설의 매력이 되는 것도 그 때문이다. 어수선한 대로 이 교향곡에 심취하다보면 현실의 윤곽도 얼추 잡히고 그들과 별다를 바 없는 우리 삶의 좌표까지도 점치게 되니, 과연 '김종광식 리얼리즘'이라 명명할 만도 하다. 굳이 '김종광식'이라 말하는 것은, 그의 소설 작법에서 사건이나 상황은 그저 다양한 인물들을 한자리에 불러 모으는 방편이 될 뿐이고, 중요한 것은 그렇게 모인 인물들의 "희로애락의 파노라마"이기 때문이다. 다양한 인물들이 한자리에 모였으니 온갖 사건 사고가 끊이지 않는 것이 당연하겠지만, 김종광의 파노라마 소설들에서는 애초에 사건 자체가 중요치 않다. 소설에 심각한 갈등이 없거나 있어도 흐지부지 사라지고 마는 결말은 비단 인물들의 소시민적인 성격 때문만이 아닌 것이다.

「시골사람 중국여행」은 김종광식 '가로되' 소설의 변형으로, 아예 인터뷰어의 질문은 생략되고 열한 명 인터뷰이의 대답만 있는 일종의 인터뷰 소설이다. 없는 것은 인터뷰어만이 아니다. 제목에 떡하니 '중국여행'이라고 적혀 있건만 정작 중국여행 이야기는 별로 없다. 이들에게 중요한 것은 중국여행을 '다녀왔다'는 사실이지 '중국여행' 그 자체가 아니라는 것을 작가-인터뷰어도 알고 있었기 때문일 것이고, 애초부터 '중국여행'이란 이 늙은 시골사람들을 한자리에 불러 모을 구실에 지나지 않았기 때문일 것이다. "아버지의 창자처럼 낡고 헐어, 종유석이 자라고 있을 늙은 사람들의 창자 속"을 떠올리는 아들(「내시경」)의 시선 속에는 비단 육친뿐 아니라 아버지 세대 전체에게로 확장되는 연민과 감사가 담겨 있다. 다양한 인물군상을 통해 71년생 90학번의 삶을 조명해 온 김종광은, 하여 이제 여기, 48년생 55학번(대학이 아니라 국민학교 입학년도로) 아버지 어머니들을 한자리에 불러 모아 그들의 "말라비틀어진 개뼈다귀 인생을 소설로" 쓰기 시작한다.

육성이 제대로 살아 있는 열두 명의 이야기는 다사다난했던 그들의 삶을 왁자하게 펼쳐 보이면서 한편으로는 겹쳐지고 한편으로는 어긋나는 그들의 과거와 현재를 파노라마처럼 그려 놓는다. 부잣집 딸로 태어나 여전히 부자로 살고 있는 '귀부인'도 있고 그 시절에 고등학교까지 나와 시청 복지과장을 하고 있는 '공무원'도 있지만, 대개는 가난한 시골에서 나고 자라 제대로 먹지도 배우지도 못했으니 그 팍팍한 삶이야 다시 말해 무엇 하랴. 국가와 제도는 예나 지금이나 눈물 나는 삶을 더욱 침통하게 만들 뿐이다. 그렇게 고생하며 살았음에도 불구하고 모두들 먼저 죽은 '똑똑이'를 애석해하니, 이들이 그 모진 세월을 이겨낸 것은 비단 부양해야 하는 자식들 때문만이 아니라 거역할 수 없는 생의 의지 때문이었던 모양이다. 지루한 공항 대합실을 왁자한 잔치판으로 만드는 농촌 아낙들의 거침없는 활력 역시 여기에서 나오는 것. 자꾸 딴데로 샜다가 다시 돌아오곤 하는 구술체의 묘미도 서사를 풍요롭게 만들며 원칙에 얽매이지 않는 생동감을 보여준다.

하지만 여행사 기획실장이 오금을 박고 있듯이, "완전 바른생활 교과서에서 튀어나온 사람들" 같은 이런 "시골 사람"이야기는 김종광의 입담으로도 다소 지루하다. 단지 인물들이 식상하거나 소설 전체를 끌고 가는 갈등이나 사건이 없어서, 혹은 작가의 작의가 너무 뻔해서가 아니다. 「우라질 양귀비」와 달리 「시골사람 중국여행」에는 소설적 긴장이 없기 때문이다. 긴장의 부재는 대화의 부재에서 나온다. 인물들은 모두 보이지 않는 인터뷰이에게만 대답하고 있을 뿐, 독자와도 등장인물 서로와도 아무런 말을 주고받지 않는다. 이는 이 소설의 형식이 갖는 필연적 결과가 아니다. 소설 내에 닮음과 다름의 긴장관계가 없기 때문이다. 공감과 동조만 있을 뿐 긴장을 형성할 만한 다름이 없을 때 소설적 대화는 이루어지지 않는다. 「시골사람 중국여행」의 지루함은 여기서 비롯하는 것이 아닐까.

반면 그야말로 잔치판이 벌어져 그 어느 작품보다 많은 인물들이 등장하는 「면민바둑대회」는 "사연과 사연이 맞부딪치면서 흥미를 유발하고, 사건과 사건들이 충돌해 흥건한 이야기의 진창을 만들어내는 마당놀이식 서사"[1]의 진수를 보여준다. 이 많은 사람들을 한자리에 불러 모을 건수가 있어야 하니, 제일 먼저 등장하는 인물은 환갑・칠순잔치 대신 아예 면민바둑대회를 개최하겠다는 배포 큰 이발사 이상원이다. 이발병 출신으로 읍내 이발소에서 일했으나 얼마 뒤 백수건달이 되어버린 이상원은 이발소 개업을 도와주겠다고 한 푸른벌면 정미소 사장 윤 씨의 말을 기억해내고 그를 찾아간다. 이상원이 진짜 찾아올 줄 몰랐던 윤 씨는 이상원의 형편없는 바둑 실력을 핑계로 그를 내치고, 절치부심 바둑을 배운 이상원은 1년 뒤 다시 윤 씨를 찾아간다. 그가 내건 조건은 윤 씨의 정미소에서 평생 무보수로 일한다는 것. 뭔가 대단한 실력을 쌓은 모양이군, 독자들은 팽팽한 대결을 기대하게 되지만 바로 이어지는 문장은 거두절미하고 "윤 씨가 만방으로 이겼다"는 것이다. 김종광 소설 특유의 빠른 전개가 빛을 발하는 부분이다. 이상원은 굴하지 않고 다음해 다시 윤 씨에게 도전장을 낸다. 결과는 물론 또다시 만방으로 져 한

1 오창은, 「주변부적 시선이 발산하는 열정적 힘들—김종광・공선옥・김하기의 소설」, 『비평의 모험』, 실천문학, 2005, 365쪽.

해 더 새경도 없이 일하는 것이니, 이쯤 되면 누구라도 「봄봄」의 주인공을 떠올릴 만하다.

그러나 「봄봄」의 장인과 달리 「면민바둑대회」의 윤 씨는 이듬해 파산해 앓아눕게 되고, 죽기 직전 이상원에게 부동산을 물려주며 딸 만옥을 부탁한다. 이것이 이상원이 만옥과 결혼하고 푸른벌면에 이발소를 차릴 수 있게 된 내력이다. 이후 39년간 이상원의 이발소는 푸른벌면의 이발을 독점하다시피 하며 푸른벌면 유지들의 사랑방이자 푸른벌면의 주요 대국이 모두 이루어진 기원 노릇까지 한다. 하여 그는 잔치의 명분으로 '푸른벌이발관 40주년 기념 면민바둑대회'를 계획하게 된 것이다. '자신만의 잔치'라더니 너무 거창한 일을 벌이는 거 아닌가 싶지만, 여론을 살피는 과정에서 대부분의 사람들이 지지와 협조를 약속하면서 일은 일사천리로 진행된다. 겨울날 심심하던 차에 놀 건수가 생겨서 다들 유쾌하다는 것이었고, 여러 사람들의 후원까지 받아 자기 잔치에 정작 자기 돈을 쓰지 않아도 되게 되었으니 이상원으로서는 그야말로 손 안 대고 코풀기인 셈이다.

마침내 면민바둑대회가 열리는 날이 되자, 몰락의 길을 걸어온 장터는 근 20년 만에 대성황을 이루게 된다. 축사를 하러 나온 자리에서 면장은 면사무소 주체 행사에는 왜 많이 안 오냐고 불만을 늘어놓고 면의원은 농사꾼도 놀 때는 놀아야 한다며 인기몰이식 발언을 하지만, 감투 쓴 사람들의 그런 형식적인 축사에 면민들이 노골적인 야유를 퍼부으면서 면민바둑대회는 유쾌하게 시작한다. 이변이 속출하고 설사가 판을 뒤엎으며 예의가 승부욕을 앞지르는 '대충', '대략'의 대회다. 한바탕 놀고먹자고 연 잔치였으니 애초부터 승패는 중요한 일이 아니었다. 함께 잔치에 참여한 순간 김팽이(이상원의 딸 다인의 애인) 역시 공동체의 일원이 된 셈이니 이 화합과 축제의 장에서 이상원이 어찌 자식의 사랑을 갈라놓는 아비 노릇을 할 수 있겠는가. 결국 다인과의 결혼을 걸고 펼쳐진 이상원과 김팽이의 3·4위전은 지지부진하다가 무승부로 끝나고 주 행사인 바둑대회의 막이 내리면서 소설도 끝을 고한다. 그러나 부대행사로 채워진 잔칫날은 이제부터가 절정일 것이라니 소설이 끝나도 신명은 사라지지 않는다.

서로 간의 유대를 쌓아야 한다고 노장 축이 젊은 축을 억지로 붙잡고서야 겨우 윷놀이판이 벌어졌던 「윷을 던져라」[2]와 달리 서로의 신명이 절로 어우러져 흥에 겨운 「면민바둑대회」는 읽는 내내 독자들까지도 이 신명나는 잔치에 함께 참여하고 있는 듯한 느낌을 준다. 의심이 드는 것은 그래서이다. 이 축제의 세계가 진짜 우리의 현실인가 하는 의심 말이다. 돈과 권력은 작은 마을잔치에도 어김없이 손길을 뻗치지만, 그러거나 말거나 그저 제 흥에 겨워 장바닥이 차고 넘치도록 모인 온 동네 사람들의 신명나는 잔치라니! 꿈이 아니길 바라지만, 왠지 '시골사람식 판타지소설'이라는 생각이 떨쳐지지 않는다.

현실은 힘이 세다. 하지만 진심은 더 힘이 세다

「세족식」, 「당장, 나가버려!」, 「처음의 아해들」은 이런 판타지의 세계로부터 가장 멀리 떨어져 있는 작품들이다. 배우고 가르치는 교육의

2 김종광, 『모내기 블루스』, 창비, 2002.

장이 가장 첨예한 현실의 격전장이 되어버렸기 때문이다. 인문계 고등학교가 한두 개밖에 없는 지방 소도시라고 예외는 아니다. 고등학교 하나를 두고 모두 치열한 경쟁을 해야 하니, 중학생 대상의 입시학원은 오히려 더 창궐한다. 고등학교에 들어가면 대학에 가기 위해 학교에 하루 종일 갇혀 있어야 하고 기껏 대학에 들어가 봤자 취업은 하늘의 별따기, 엄청난 등록금 때문에 이번에는 새끼강사로 다시 학원에 짱박혀야 하는 것이 이 아이들의 현실이다.

교육 당국은 진단평가를 부활시켜 학교뿐 아니라 입시학원들까지 서열 세우고, 대학은 이미지 마케팅에만 신경 쓸 뿐 대학 본연의 역할에는 무관심하다. 더욱 아이러니한 것은, 사교육기관인 학원이 대표적인 공교육기관이라 할 수 있는 대학의 이미지 광고를 모방해 불황타개 이벤트를 마련한다는 것이다. 예수가 제자들의 발을 닦아주었던 세족례가 민중의 환심을 사기 위한 권력층에 의해 종교의례로 굳어지고, 이 종교의례가 대학이나 군대 등에 의해 다시 세속화되다가 마침내 사교육기관의 이벤트성 행사로 자리 잡는 과정은 우리 사회의 타락을 압축적으로 보여준다. 빛나라학원의 학원장과 강사들이 세족식을 놓고 벌이는 해프닝을 해학적으로 풍자하고 있는 「세족식」은, 그러므로 철저히 타락하고 세속화된 우리 시대의 종교와 학문, 거기에 편승해 살아가고 있는 우리 모두에 대한 김종광식 똥침이다.

단순하고 솔직해서 쉽게 마음을 들키는 국어강사 강쇠, 선명한 이분법만을 강요하면서 모든 것을 자기식대로 해석하고 결정해버리는 권위적인 원장 혈녀. 세족식을 놓고 벌이는 이들의 부조리극 같은 대화는 단선적 인물로 등장하는 희화화된 다른 강사들에 의해 더욱 극대화된다.

여기에 추가된 예수녀의 세족식 계획안은 「세족식」이 보여주는 풍자의 극치다. 양말을 벗기는 과정이나 학생의 발에 물을 묻히는 순서까지 모든 것을 세분해 문서화하고, 강제할 수 없는 생각이나 내면의 욕망까지도 제한하고 규정하려 드는 이 우스꽝스러운 계획안을 두고 "발 닦는 데도 이런 훌륭한 과정이 있다"며 칭찬하는 모습을 보라.

문제를 제기한 것은 국어강사 꾸부정과 독서광뿐, 독서광에 앞서 세족식을 반대했던 강쇠마저 "어차피 다시 입대 했다 각오하고 시작한 학원강사 생활, 그만 둘 때까지 박으라면 박고 까라면 까야지"하며 세족식의 '광고 및 기자 섭외'까지 담당하고 만다. 독서광 말마따나 비겁하기 그지없는 강쇠의 이런 변모는 "목구멍이 포도청"인 현실 때문이기도 하지만, "위선도 선은 선"이라며 모든 것을 좋게 해석하려는 강쇠의 순진하고 단순한 사고방식 때문이기도 하다. 그런 점에서 강쇠는 기분의 아들이라 아니할 수 없다. 그러나 그의 이런 순진함에는 위선을 진짜 선으로 바꾸는 진심이 담겨 있다. 강쇠가 허둥지둥 꽃금이의 발을 씻어주는 장면이 웃기면서도 진한 감동을 자아내는 것은 그 때문이다.

강쇠의 좌충우돌 세족식은 또한, 모든 것을 매뉴얼로 통제하고 구속하려 드는 현대사회에 대한 노골적인 풍자이기도 하다. 시작부터 양말이 아니라 팬티스타킹이라는, 계획안에는 없는 비상상황이 발생했던 것. 조금만 생각하면 충분히 대응 가능한 일이지만, 매뉴얼대로만 움직이는 기계처럼 강쇠는 매우 당황한다. 꽃금의 즉흥적인 대처로 겨우 다음 단계로 넘어가지만, 예상치 못했던 상황과 습관적 행동에 따른 실수로 이후로도 그는 자꾸만 매뉴얼에서 벗어난다. 매뉴얼을 숙지하지 못했기 때문이 아니라 인간은 원래 매뉴얼대로 움직일 수 없는 존재이기 때문이다. 마음은 특히 더 그러하다. 예수녀의 계획안에는 학생에 대해 "음흉한 마음"을 품으면 안 된다고 되어 있지만, 아무리 제자와 스승이라도, 사랑까지 고백했던 젊은 청춘남녀가 살을 맞대었으니 가슴이 뛰지 않을 수 없다. 그 사랑의 힘이, 매뉴얼의 틀을 벗어나 꽃금의 발을 새물로 헹궈줄 수 있게 만든다. "뭐, 닦아줄만하네. 그래, 까짓것 닦아주는 거야"라는 강쇠의 마지막 말에는 역시나 현실 추수의 가능성이 다분하지만, 타락한 현실에도 불구하고 결코 그 진심만은 포기하지 않겠다는 작가의 한결같은 의지가 엿보인다. 마치 그것만이 이 세계와 싸울 수 있는 우리의 유일한 무기라는 듯이.

반면 '문학과 인생'이라는 교양강의 시간의 진풍경을 통해 오늘날의 대학 풍속도를 적나라하게 그리고 있는 「당장, 나가 버려!」는 이러한 '진심'이 사라진 세계다. 교수와 학생은 처음부터 소통 불능이다. 원고지 20장 분량의 글을 A4지에 써서 제출하라는 교수의 말을 학생들은 알아듣지 못한다. 교수에게는 문서 편집기의 기능들이 너무나 익숙하지만 학생들은 한글프로그램이 뭔지도 모른다. 과제 한번 내려다가 교수는 속이 터지고, 교수의 문법에 익숙지 못한 학생들은 혼란스럽다. 읽는 우리는 배꼽을 잡는다. 이렇게 첫 주 오리엔테이션에서부터 삐걱대던 수업은 겨우 4주차에 이르러 파국을 맞고 만다. 한 강의실에 200여 명의 학생을 몰아넣고 늙은 교수가 진행하는 시대착오적인 강의를, 고등학교를 갓 탈출한 대학 신입생들이 견뎌낼 턱이 없었던 것. 잠을 자거나 딴 짓을 하지 않는 학생들은 주말 연예프로그램이나 스포츠, 섹스, 정치, 취업, 미팅, 혹은 사소한 일상의 고충들을 화제로 끊임없이 떠들어대고, 교수는 자신의 등장에도 아랑곳하지 않고 "주둥아리를 닥치지 않"는 학생들을 이해하지 못한다. 강의실은 배우고 가르치는 곳이 아니라 침묵시위를 벌이는 교수와 그에 맞서 떠드는 학생들의 결투장이 된다. 그러나 교수의 침묵 시위도, 협박과 훈계, 돼지 멱따는 고함소리마저도 학생들을 조용히 시키지 못한다. 학생들을 조용히 시키는 데 마침내 성공했다 싶은 순간, 강의실은 번번이 난장판으로 돌아갈 뿐이다.

현실이 잘못되었다는 것을 인정하면서도 상황 논리를 강요하면서 "현재에 충실"해야 한다고 말하는 교수는 전형적인 기성세대다. 그런 그가 비판과 개혁의 상징인 연암의 글을 가르친다는 것 자체가 일종의 코미디다. 병원비 백만 원을 대가로 "저 교수 같은 중늙은이에게" 밤새 몸을 시달린 김효리 같은 학생들에게 그가 말하는 실천윤리가 설득력을 얻지 못하는 것은 당연하다. 그에게 학생들이 "틈만 나면 웃어 대려고 하는 깡통대가리 대삐리들!"인 것과 마찬가지로 학생들에게 그는 학점 위협이나 하는 "교수 새끼"거나 재수 없는 "꼰대"에 불과하기 때문이다. 기성세대에 대한 학생들의 불신과 신세대 학생들에 대한 교수의 편견, 여기에 200명이 함께 듣는 강의라는 부조리한 현실이 맞물리면서 이들의 갈등은 점점 극으로 치닫는다. "앞으로 또 떠들 사람은 지금 당장 나가 버려!"라는 교수의 협박에 안동근이 진짜로 나가버린 것. 기다렸다는 듯 다른 학생들도 일어서고 결국에는 우후죽순 학생들 대부분이 강의실을 박차고 나가자 충격을 받은 교수는 "괴력난신"의 눈물을 흘리고 만다. 허무하리만큼 갈등이 쉽게 봉합되는 다른 소설들과 달리 「당장, 나가 버려!」는 이렇게 소통 불능의 극한 대립과 그 파국만을 보여주면서 끝난다.

"떠들어 대는 다른 학생도 싫었지만, 침묵과 훈계로 학생들과 승강이를 하는 교수도 싫었다"는 안동근의 말처럼 소설은 학생과 교수, 양자를 모두 비판과 풍자의 대상으로 삼으며 출구 없는 현실의 암담함을 드러낸다. 따져보면 이들 모두 제도의 희생양이지만, 교수는 스스로 변화할 줄은 모르면서 학생들만 통제하려 들고 학생들은 교수에게 혼나고 강의실을 뛰쳐나가는 것 따위를 혁명이라고 떠들어대면서 현실을 변화시킬 동력을 상실하고 만다. 그러므로 이 싸움에는 이긴 사람은 없이 진 사람만 존재한다. 희망이 전혀 없는 것은 아니다. 기성세대에 대한 불신이 가장 극에 달해 있을 법한 김효리는 눈물을 흘리는 교수를 보고 일곱 살 때 죽은 아버지를 떠올린다. 아버지에 대한 그리움과 연민이 바로 인간 일반에 대한 이해로 확장될 수 있을지는 의문이지만, 작가는 어쩌면 여기서 소통의 가능성을 찾고 있는지도 모르겠다.

그러나 현실은 훨씬 더 공고하다. 김종광의 해학이 빛을 발하는 것도, 그 빛이 쓸쓸한 여운을 남기며 사라지는 것도 모두 그 때문이다. "자신만의 문제를 생각하는 데도 지쳐" 이제 "전체를 생각하기에는 너무 이기적"이 되어버린 전교조 세대들과 "아직도 전교조 열성회원"이고 "참교육을 이념으로" 삼고 있지만 "예전처럼 아이들에게 먼저 다가서지"는 못하는 '영원한 문제 스승'(영문승)의 모습은 이러한 현실을 반영한다. 고향에 남아 있는 열한 명의 제자와 이들의 오랜 스승 영문승의 '마지막 만찬'을 그리고 있는 표제작 「처음의 아해들」은, 그러므로 언젠가는 기성세대가 되어버릴 수밖에 없는 우리들의 쓸쓸한 자화상이다.

소설의 시작은 전교조 선생을 위해 촛불을 들었던 1987년에 대한 회상과 광우병 파동으로 서울광장이 온통 촛불로 뒤덮인 2008년의 현실이 교차되면서 진행된다. 고향에 살고 있는 친구들이 오늘 만나기로 한 사람이 바로, 1987년 전교조 활동을 하다가 경찰서 유치장에 잡혀들어갔던 그들의 선생이기 때문이다. 하지만 1987년 6월항쟁과 21년이 흐른 뒤의 촛불집회는 소설의 배면에만 깔려 있을 뿐, 결국에는 각자 먹고 사는 이야기가 소설의 주 내용이다. 워낙 불경기인 데다가, 대부분 돈의 미혹으로부터 자유롭지 못한 형편들이기 때문이다. 서해안 개발 사업으로 하루아침에 수십억 부자가 된 펠레 역시 돈에서 자유롭지 못하기는 마찬가지이며, 모든 것을 너무 잘 알고 있어서 선생과의 소통 자체를 거부하는 '요즘의 아이들' 역시 이러한 현실의 노예일 뿐이다. 그러므로 영문승을 존경한다는 '처음의 아해들'도 "참교육 담임을 안 만나고 개백정 같이 잡아주는 담임을 만났으면, 똥통 2년제가 아니라 적어도 지방 삼류대라도 4년제는 갈 수 있었지 않을까" 뒤늦게 아쉬워하는 것이고, 되바라진 '요즘의 아이들'도 "미국쇠고기 안 먹고 최상급 한우 먹는 삶"을 살기 위해서는 "눈귀 딱 감고 닫고 죽어라고 공부해야" 한다고 다짐하는 것이다.

속물이 되어버린 '처음의 아해들'과 벌써부터 속물을 꿈꾸고 있는 요즘의 아이들, 그리고 참교육의 이념에 회의를 느끼고 있는 영문승. 이들을 통해 작가는 또, 이제는 아무도 꿈을 꾸지 않으며 꿈을 꿀 수도 없다는 비극적인 세계관을 드러내고 있는 것일까. 그래서 낙후된 지방 소도시라는 소설적 공간은 중심에 대한 열망을 극대화하거나 밀려난 자의 자괴감을 심화시키는 소외된 공간으로 그려질 뿐이고, 촛불집회를 하는 사람들은, 불과 반년 전에 "그런 대통령을 뽑아 놓고" "불과 두 달 전에는 그런 광우병 같은 자들을 과반수로 뽑아" 놓고 이제 와서 난리들인 답답한 어른들이거나 "대통령 일당이 던진 미끼에 걸려 좌우 분간 못하고 휩쓸리고 있는" 사람들로 평가되는 것일까. 단란주점에서 민중가요를, 그것도 여자를 끼고 부르고 있는 제자들에게 '끝까지 가자'며 영문승이 한다는 소리가 기껏해야 3차나 다짐받는 것이니, 과연 모든 것이 자본의 치마폭 안으로 들어가 버린 현실을 자조하지 않을 수 없다. '좆불잔치를 벌려보자'를 '좆불잔치를 뻴려보지'로 바꿔 부르게 만든 것은, 언어의 규범에 저항하고 사회의 엄숙주의에 야유를 던지던 그 당시 청년들의 자유로운 정신이었을 것이다. 이제 그 정신은 사라지고 남은 것은 관성화된 말뿐이다.

「처음의 아해들」이 타락한 현실과 속물화된 인간들만을 이렇게 그리고 있는 것은 그것이 세태의 적나라한 반영이기 때문이지 김종광의 세계관이 비극적이기 때문만은 아니다. 동년배인 전교조 세대든 존경하는 전교조 스승이든 그 누구도 신화화하지 않는다는 점에서 그는 철저한 리얼리스트이다. 현실의 비참함을 비참함으로 인식하는 것, 시작은 여기에서부터다. 싸울 것인가 포기할 것인가 혹은 타협할 것인가를 결정하는 것은 다음 순서다. 물론 그의 비극적 세계관이 결코 절망으로 연결되지 않는다는 것은 우리 모두 알고 있다. 그에게는 절망의 강바닥에서도 펄떡펄떡 날아다니는 낙관의 힘이 있기 때문이다. 장삼이사들의 저 끈질긴 생명력, 우리는 때로 그것을 타협이라 부르고 혹은 현실추수라고 매도하기도 하지만 그들에게 그것은 단지 진심이었을 뿐인지도 모른다.

현실은 힘이 세다. 하지만 진심은 더 힘이 세다.

상투적이고 순진한 소리다. 그러나 이것이 이 타락한 '처음의 아해들'이 아비 어미에게 배운 유일한 삶의 전략이며, 절망에 찬 '요즘의 아이들'에게 알려주고 싶은 희망의 마지막 보루가 아닐까.

똥광에 똥쌍피

이소망, 「어떤 실업」*

비애를 노골화하지 않는 의지와 낙관의 계보

이소망의 「어떤 실업」은 청소위탁 업체에 소속되어 있던 60대 여성 춘옥의 어이없는 실직과 지난한 실업급여 수급 과정을 해학적으로 그려낸 작품이다. 춘옥의 위태롭고 팍팍한 삶을 생각하면 결코 만만하게 웃을 수 없는데도 구성진 입담과 재치로 비애를 노골화하지 않는다. 눈물이 흐르지 않아서가 아니라 여전히 살아갈 내일이 있어서, 눈물을 웃음으로 닦아내는 건강한 활력이 소설 전체에 흐른다. 현실에 대한 순응에서 비롯한 웃음이 아니라 결코 이 생에 지지 않겠다는 의지와 낙관이 만들어낸 웃음이라, 읽고 나면 이 구차한 일상, 사소하고 평범한 60대 여성 노동자의 이야기에 지그시 경의를 표하게 된다. 많이 배우지 못한 어머니 세대의 청소노동과 실직을 다루고 있고, 오랜 노동에 대한 자부심이 '긍정과 낙관의 세계'를 지탱하고 있으며, 잔인한 현실을 해학적인 문체로 구성지게 풀어내는 점, 무엇보다 현실의 쓰라린 변화에도 인물들의 긍정적 세계관이 근본적으로 손상되지는 않는다는 점 등에서 김종광의 「빵집이 사라졌네」[1]를 많이 연상시키는 작품이다.

* 이소망, 「어떤 실업」, 『문장웹진』 115, 2014.11.

물론 「빵집이 사라졌네」의 주인공 이기분은 오랫동안 농사를 짓던 농촌 아낙이지만 「어떤 실업」의 춘옥은 평생 도시에서 일해 온 여성이라 두 소설의 색채와 방향은 분명히 갈라진다. 실직 후 이기분 여사의 피눈물 나는 싸움이 빵집 주인에게서 퇴직금을 받아내기 위한 개별적인 투쟁인 반면 「어떤 실업」은 고용보험센터의 '실업급여'라는 제도적 장치를 상대로 고군분투한다는 점이 그것을 도드라지게 보여준다. 빵집 사장의 횡포와 악다구니는, 이기분 여사가 그와 11년간이나 함께 일했던 사람이라는 점에서 더욱 이가 갈리는 것이지만 「빵집이 사라졌네」가 빵집에서의 노동과 퇴직금투쟁을 회상하고 있는 것과 달리 「어떤 실업」은 매달 월세를 내야하는 도시 현실에서 현재형으로 진행되고 있는 실직과 구직 이야기라, 표면적으로는 '자상한 나랏님'의 얼굴을 한 제도에 적응하는 과정일지라도 그 절박감이 확실히 다르다. 전자에서 월급이 일하는 자의 자존감과 더 깊이 관련된다면, 후자에서 그것은 매일 매일의 생계와 직결되는 문제이다.

순박한 목소리 뒤에 숨은 풍자의 기술

단순한 서사 같지만, 춘옥이 표상하고 있는 우리 현실의 단면은 단순하지 않다. 우선 춘옥은 저학력의 육체 노동자이다. 국민학교 졸업장도 받지 못하고 학업을 그만둬 배움에 대한 미련을 남길 여지조차 없었다. 고등학교까지 나오고도 "쪽팔려서 일을 못해먹겠다는 말을 입에 달고

---

1 김종광, 「빵집이 사라졌네」, 『처음의 아해들』, 문학동네, 2010.

사는" 양파 같은 남편 대신 혼자 생계를 책임지느라 "다 하지 못한 공부에 기웃거릴 새"도, 굳이 그럴 이유도 없었다. 배운 것 없이도 먹고살 수 있는 일자리가 지금껏 있었고, 남보다 서너 배는 열심히 일한 덕에 넉넉하지는 못했지만 생활은 꾸려갈 수 있었던 것이다. ① 배우지 못했으나 배움에 연연하지 않는 것, ② 육체노동을 천시하거나 거부하지 않는 것, ③ 그렇게 쉬지 않고 일해 가족의 생계를 책임지는 것. 말하자면 이것이 춘옥이 현실에 임하는 기본적인 자세이자 오랜 신념이다.

그런데 춘옥을 둘러싼 현실에 몇 가지 변동이 생긴다. 가장 큰 문제는 실직. 춘옥은 그간 6층짜리 빌딩 청소를 해왔으나 건물주에게 직접 채용된 것이 아니라 청소위탁 업체에 소속된 계약직 파견 노동자였다. 저임금도 저임금이지만, 언제든 해고될 수 있는 불안정한 고용 형태였던 것. 회사와 계약이 끝났다는 이유로 일하러 들어온 사람을 무단침입자로 몰아세우는 보안팀장의 모습은 이러한 현실을 잘 드러낸다. 하루아침에 실직을 하게 된 것도 문제지만, 더 큰 문제는 재취업이 용이하지 않게 되었다는 사실이다. 배운 것 없이도 먹고살 수 있는 일자리가 늘 있었던 것은 춘옥이 건강하고 젊었기 때문이다. 그러나 이제 춘옥은 60대가 되었고, 고학력이 필요 없는 한국의 육체노동 현장은 상당수 젊은 외국인 노동자들로 채워지고 있다. "한국말은 서툴러도 춘옥보다 이십 년은 젊은 인력을 마다 할 업주는 없었다." 매달 나가야 하는 돈은 빤한데 들어오는 돈은 없으니, 보험이나 적금은커녕 가족의 생계 자체가 위협받게 된 상황이다(③의 불가능성). 고용보험센터에서 실업급여를 지원해 준다는 소식은 그러므로 가뭄의 단비 정도가 아니라 거의 구원과도 같았을 터, "춘옥은 처음으로 대한민국에 태어난 게 참 다행이라고 생각했다". 그러나 서술부를 한정짓는 '처음으로'라는 부사어로 인해, "나랏님"들에게 감읍하는 듯한 춘옥의 저 순박한 목소리는 반백 년 넘게 살아오는 동안 한 번도 그런 생각을 품어보지 못하게 만든 이 나라와 정치가들에게 대한 날카로운 풍자가 된다.

편리한 제도의 불편한 민낯

그런데 여기서 다시 문제가 발생한다. 고용센터 직원이 아무리 열심히 설명해줘도 춘옥은 당최 실업급여 수급절차와 구직등록 방법을 제대로 이해할 수 없었던 것. "못 배운 게 한이 된다"는 또래 여자들의 푸념을 "똥쌍피 들고 광타령하는 여자들의 투정" 정도로 치부하던 춘옥은 이제 "모자란 제 머리를 쥐어박는" 지경에 이른다(①의 불가능성). 멋모르고 '온라인 실업인정'까지 신청하는 바람에 그 고역은 한층 심화된다. 직원은 온라인으로 하면 실업급여 수급신청이 훨씬 편리해진다고 말했지만 인터넷에 문외한인 춘옥에게는 그 과정을 설명해 놓은 팸플릿 문구들조차 외계어에 다름 아니었던 것. "배운 머리가 없어도 몸뚱이가 부지런하면 먹고산다는 춘옥의 우직한 신념"은 이로써 완전히 철회되는 듯하다. 의젓한 가장이었던 춘옥은 이제 실업자일 뿐 아니라 온갖 눈치를 다 보며 딸애의 도움을 받을 수밖에 없는 노인, 사이버문화 지체자가 된다. 어느 나라나 노소老少 간의 정보 격차는 있지만 미국이나 일본 등과 비교할 때 실제로 우리나라의 노소 간 정보 격차는 매우 심각한 편이다.[2] 노년층

2 한국인터넷진흥원이 실시한 '2011년 정보화 실태 조사' 집계에 따르면 연령별로 3~9세 86.2%, 10~19세 99.9%, 20~29세 99.9%, 30~39세 99.4%, 40~49세 88.4%가 인터넷을 이용한다. 50대

중에서도 여성, 저학력, 저소득, 고연령, 독거노인일수록 인터넷 이용률이 낮게 나타나는데, 이는 연령은 물론 성별 · 지역 · 소득 등이 이중 삼중의 정보 격차 요인으로 작동한다는 뜻이다.[3] 저학력 저소득 고연령 여성, 그러고 보니 춘옥이야말로 이 모든 조건을 골고루 갖추고 있는 인물이다. 인터넷 포털사이트 이름을 실제 지명으로 이해하고 길에서 한나절을 헤맨다거나 팝업창 경고에 놀라 "성가셔서 벗어놨던 브라자를 챙겨 입을 새도" 없이 고용보험센터로 달려가는 우스꽝스러운 장면들을 연출하곤 하지만, 그런 실수를 연발할 수밖에 없는 당사자로서는 이러한 소외가 헛헛하고 외로울 수밖에 없다.

> 춘옥이 사는 도시의 밤은 화려하고 요란했다. 연탄가게가 있던 자리엔 프랜차이즈 햄버거 집이 들어섰고 오래된 밤나무가 있던 자리엔 아스팔트가 깔렸다. 솜씨 좋은 여자가 미싱을 돌리던 수선집은 그 주변으로 우후죽순 건물이 올라가면서 흔적조차 찾아볼 수 없었다. 눈감고도 찾아다니던 길이었는데 세월이 무색했다. 그리고 인터넷은 다 뭐란 말인가. 그래도 반백년을 넘게 살았는데 새카맣게 모르는 세상이 있었단 사실에 마음이 헛헛했다. 저들끼리만 알아보는 의미와 기호들이 넘쳐나는 거리에서 춘옥은 문득 외로워졌다.

정보화사회에 제대로 적응하지 못하는 부모세대의 소외감을 통해, 소설은 이렇게 부모세대를 이해하지 못하는 젊은 세대나 이들을 중심

에 이르면 인터넷 이용률은 57.4%대로 뚝 떨어지고 60세 이상 노인의 경우 22.9% 선에 머물러 있다.

3 홍명신, 『노인과 미디어』, 커뮤니케이션북스, 2013 참고.

으로 형성된 문화, 정책, 제도 등이 기본적으로 타인에 대한 배려나 소통을 도외시하고 있음을 드러낸다. 오래 취업난을 겪었던 것은 대학을 갓 졸업한 춘옥의 딸 역시 마찬가지였거니와, 이러한 사회에서는 늙은이뿐 아니라 젊은이도 언제든 사회부적응자로 낙인찍혀 내몰릴 수 있는 것이다.

비인간화된 세계를 버텨내는 인간이라는 긍지

그러나 「어떤 실업」은 비관적 결말로 치닫지 않는다. 이 소설의 구조는 '신념-역경-신념의 부정-역경의 극복-신념의 회복'으로 단순화할 수 있는데, 당장의 역경('실업급여 수급신청')은 극복했다고 할 수 있지만 춘옥이 인터넷에 익숙해졌다거나 안정된 일자리를 다시 찾은 것이 아니므로 엄밀한 의미에서 문제가 완전히 해결된 것은 아니다. 그럼에도 불구하고 춘옥은 문득 "여보, 당신이 양파 같은 남자라서 내가 남의 똥이나 치우고 사는구나, 했었는데, 지금 보니 똥지게 지고 사는 인생이 괜찮았더라고. 하, 그러고 보니 나한테도 똥광에 똥쌍피가 다 들었었네. 매일같이 똥만 보고 살았는데 그걸 왜 몰랐지 내가" 하는 인식의 전환을 보여준다. 인터넷으로 구직 신청을 하고 실업급여를 타는 일이 그 어떤 육체노동보다 힘들어서 "화장실 청소에 손발을 쓰던 날들"이 오히려 좋았다고 생각된 것처럼 읽히기도 하지만, 이를 단순히 변화한 현실에 대한 부정과 도피에서 비롯한 과거로의 회귀라고만 볼 수는 없다.

가까스로 실업급여 수급신청을 마무리하고 집에 돌아와 가계부를 펼쳐보며 그녀는 단정해진 지금의 글씨체보다 엉망이었던 예전 글씨체에 마음이 더 가닿는 것을 느낀다. 거기에 고단했던 그녀의 일상이 켜켜이 쌓여 있기 때문이다. 현재에 대한 부정이 과거를 미화하는 것이 아니라 과거에 대한 긍정이 변화한 현재까지 이어지고 있는 것이라고나 할까. 딸에게 유언장 대신 가계부를 남겨 주겠다는 발상은 힘들었을지언정 자신이 살아온 삶에 대한 춘옥의 자부와 긍지를 단적으로 보여준다. 그러므로 몸은 늙고 현실은 자신이 따라가기 벅찰 정도로 급변하고 있다는 것을 몸소 체험하고도, 춘옥은 "내일은 일찍 일어나 다시 청소 일을" 알아보겠다는 다짐을 할 수 있는 것이다. 역경을 극복함으로써 신념을 회복했다기보다, 스스로에 대한 신념으로 역경을 극복하고 있다고 할 수 있겠다.

이야기의 구조상 신념이 부정되어야 하지만, ①과 ③의 불가능성이 확인되고도 ②가 부정되지 않는 것은 그렇게 되면 자신의 인생이 모두 부정될 위기에 처하기 때문이다. 아이러니한 것은 ②를 부정하지 않음으로써 부정되었던 ①과 ③ 역시 다시 회복하게 된다는 사실이다. 물론 이러한 신념의 회복이 처음의 신념과 똑같을 수는 없다. 다시 청소 일을 알아본다고는 했지만 쉽게 일자리를 구하게 될지, 처우가 더 나빠지지는 않을지 알 수 없는 일이다. 현실의 잔혹한 변화를 개인의 신념과 노력만으로 붙잡아 세울 수는 없다. 춘옥의 대책 없는 실업과 지난한 구직 과정은 그것을 분명히 드러낸다. 「어떤 실업」이 제도에 대한 이야기를 하고 있는 것도 그 때문일 것이다. 그럼에도 불구하고, 춘옥이 보여주는 자기 삶에 대한 저 애정과 긍지는 외부의 기준에 맞춰 인간을 쉽게 잉여나 유령으로 취급해버리는 우리 시대에 무엇보다 소중한 덕목이 아닐 수 없다. 웃음의 소설적 상상력은 "진실로부터의 도피가 아니라 절망으로부터의 도피"(프로이트)라고 했거니와, 눈물을 닦아내는 웃음의 힘 역시 바로 여기에서 나온다.

5부

경계를 넘는다는 것

우리 시대 작가는 어떻게 존재해야 하는가

넘어라, 한국문학

월경의 상상력과 타자의 윤리
전성태, 『늑대』

땅이나 하늘, 바람에 그 누가 주인을 정하는가?
김형수, 『조드 – 가능한 성자들』

자가면역질환을 앓는 세계화 시대의 이방인들
김재영, 『폭식』

21세기 남아프리카공화국의 오이디푸스와 안티고네
존 쿳시, 『추락』

「아이반」이 던지는 여섯 가지 질문
윤이형, 「아이반」

소설을 넘는 소설의 욕망, 진화하는 소설의 DNA
박형서 소설의 기술

우리 시대 작가는 어떻게 존재해야 하는가

문화예술 정책의 변화에 따라 작가들의 존재방식도 달라지는가?

이 글은 "정책 변화가 작가의 정체성에 미치는 영향을 객관화"하기 위해 "역사적 맥락에서 국가의 문화예술 정책에 따라 작가들이 존재했던 방식을 고찰"해달라는 요청으로 시작되었다. 그러나 나는 기획서의 문장들에서 '역사적 맥락', '정책 변화', '객관화' 같은 단어들은 삭제하고, '국가', '문화예술 정책', '작가', '정체성' 등에만 집중하고 있었다. 단순한 실수가 아닐 것이다. 문학이 역사적 구성체이며 작가 역시 근대적 산물임을 모르지 않으나 나는 역사성보다는 그것들의 본질에 늘 관심이 있었고, 하여 무의식중에 기획문의 취지에 심리적 저항감을 느꼈을지도 모른다. 일테면, 문화예술 정책의 변화에 따라 과연 작가들의 존재방식이 달라지는가, 작가의 정체성이라는 것이 과연 그토록 허술한 것인가 하는 반발 말이다. 만약 작가가 그런 존재라면 문학의 자율성은 어떻게 성립 가능하며, 표현의 자유라는 것은 어떻게 주창될 수 있는가. 그러므로 문제는 변화하는 '문화예술 정책'이 아니라 불변하는 '국가의 본질'이며, 문화예술 정책 따위로 그 본질을 감추고 있는 국가에 대한 저항으로서의 '글쓰기의 본질'이 아닌가, 하는 생각들.

작가의 정체성은 변하지 않는 완성체인가?

무엇에든 '본질'로만 접근하려는 내 태도에는 작가의 정체성을 하나의 '완성된 실체'로 바라보는 시각이 전제되어 있으며, 문학이 사회의 제 관계로부터 자유로운 독립체라는 허구적 믿음이 깔려 있었을지도 모르겠다. 사실이 그렇지 않다는 것은 우리 모두가 아는 바이다. 정체성은 고정된 실체가 아니라 사회적·역사적 관계망 속에서 매 순간 새롭게 구성되고 발견되는 과정이며 흐름이다. 문학의 본질 역시 이 역동적 흐름 속에 존재한다. 시대와 사회의 가치와 무관한 문학의 초역사적 가치나 불변하는 본질이란 존재하지 않는다. 천 년 전의 작품이 지금 우리에게도 의미가 있다면 그것은 그 작품이 초역사적인 가치를 가지고 있기 때문이 아니라 바로 당대의 가치를 가지고 있기 때문이다.[1] 그것이 무엇이든, 본질이라는 것도 역사와 길항하면서 새롭게 정의되는 것이다. 사르트르의 『문학이란 무엇인가』를 그 예로 들 수 있겠다.

제목에도 잘 드러나고 있듯이, 사르트르는 이 책에서 쓴다는 것은 무엇인가, 무엇을 위해 쓰는가, 누구를 위해 쓰는가를 하나하나 짚어나가면서 문학의 본질을 탐구한다. 그러나 그가 왜 새삼스레 문학의 본질에 대해 이야기하고 있는가를 간과하면 이 책의 의미는 반감될 수밖에 없다. 알다시피 이 책은, 그의 앙가주망 문학론에 퍼부어진 비난과 공격에 대한 오만한 답변이자, 1940년대 말의 프랑스라는 구체적 시공간 속에서 작가는 과연 어떻게 존재해야 하는가 하는, 그 자신의 구체적이고 실

1 '초역사적인' 가치란 기실 역사를 '초월하는' 가치라기보다 역사 속에서 '매 순간' 그 가치를 인정받은 것이다. 과거에 뛰어난 가치가 있었다 하더라도 당대에 인정되지 않으면 '초역사적' 가치로 평가받을 수가 없다. 물론 시간이 흐른 뒤 재평가되어 그 가치를 인정받을 수도 있다. 그렇게 시간을 견뎌낸 가치들을 흔히 초역사적 가치라 부르지만, 이 경우도 결국 '당대의 인정'이 전제된 경우다.

존적인 질문으로부터 출발한 문학론이다. 이를 위해 그는 중세로부터 19세기에 이르기까지 작품 생산의 양상을 돌이켜보면서 작가와 사회적 조건 사이의 관계를 드러내고, 20세기 전반기의 프랑스문학을 세 세대로 나누어 고찰한 뒤 앞 세대와 구분되는 제3세대 작가들에게 이른바 제3의 길을, 다소 모호하긴 하지만 열정적으로 요청한다. 문학의 본질에 대한 그의 물음은 역사적 요청에 의해 제기되었고 시대와 응전하면서 고찰되었으므로, 그의 문학론은 결코 본질론 안으로 무한회귀하지 않는다. 아마도 이 심포지엄에서 내게 요청한 작업이 이런 것이었으리라. 그런데 나는 왜 답안을 작성하지 않고 문제를 문제 삼는가?

김대중, 노무현, 이명박 정권의 문화예술 정책 사이에는 건널 수 없는 깊은 강이 흐르는가?

내가 주제를 착각한 것은 "그 고찰의 대상은 김대중, 노무현, 이명박 정권을 포괄하며"라는 구절 때문이기도 하다. 문화예술 정책의 변화가 작가의 정체성에 미치는 영향을 '객관화'하기 위한 것이라면 겨우 이 세 정권만을 포괄하는 것으로는 부족하지 않은가? 문학이 아무리 사회와 길항하는 것이고 문화예술 정책이 작가들에게 직접적인 영향을 끼친다고 하더라도, 십수 년 만에 작가들의 정체성에 확연한 변화가 생겼을 것 같지는 않았다. 있었다면, 그것은 단지 문화예술 정책의 변화 때문만은 아닐 것이다. 김대중, 노무현, 이명박 정권의 문화예술 정책 사이에 그 정도로 심대한 차이가 존재하는 것은 아니라고 여겨지기 때문이다. 알다시피 이명박 정권의 문화예술 정책은 그 가치 지향을 경제, 산업, 경쟁력 등에 두고 있으며 모든 문화 관련 계획에서 문화 분야를 무엇보다 시장화의 대상으로 다루고 있다. 신新성장 동력, 고부가가치 산업, 서비스 산업 등의 시장 가치만을 배타적으로 강조할 뿐 문화 다양성이나 문화 공공성 등에 대한 고려가 매우 낮다는 것은 이명박 정권의 문화예술 정책에 대한 시민사회의 대표적인 비판이다. 그러나 사실 김대중 정부 때부터 문화 산업은 줄곧 시장주의 관점에서 다루어져 왔다.

1990년에 탄생된 '문화부'는 (1993년 '문화체육부'를 거쳐) 1998년 김대중 정부로 들어서면서 '문화관광부'로 이름을 변경했고 본격적으로 문화 정책과 문화 산업을 시장 경제적 관점으로 바라보기 시작했다. 문화를 이윤 창출의 수단으로 여기고 경쟁을 도입했으며 국가가 주도하여 문화 산업을 육성했다. 신자유주의에 입각한 문화 정책의 시대가 도래한 것이다. 2003년 출범한 노무현 정부 역시 김대중 정부의 신자유주의 문화 정책을 계승했다. 국민의 참여를 보다 확대하고 지방분권을 구체적으로 추진했다는 점에서 차이가 있었으나 '문화 · 관광 · 스포츠 산업의 국가 경제 신성장 동력화'라는 중심 사업의 범주를 볼 때 노무현 정권 역시 신자유주의 문화 정책을 유지 · 강화하는 기조 위에 있었다고 볼 수 있다(관광개발 사업 전면화, 저작권 침해 범죄화, 스크린쿼터제의 축소, 문화기구의 책임운영기관제 도입 등). 삶의 질적 측면에 대한 배려나 문화적 공공성에 대한 고려보다는 '경제적 부가가치 창출'에 주목함으로써 문화 분야의 빈익빈 부익부 현상을 심화시키고 문화의 획일화를 조장한 것은 최근 몇 년 동안에 갑자기 이루어진 것도 아니고 특정 세력에 의해서만 추동된 것도 아닌 것이다.[2]

---

2 박영윤, 「한국문화 정책의 현상과 과제－문민정부 이후를 중심으로」, 『경기대 대학원 논문집』, 2007; 문화연대, 『이명박 정부 문화 정책 중간평가 토론회 자료집－이명박 정부의 문화시장화 질주, 진보의

왜 우리는 이명박 정권의 문화예술 정책에 분노하는가?

그런데 이명박 정부의 문화예술 정책에서, 지난 정부와의 이런 연속성보다 그 변화가 보다 절실하게 체감되는 이유는 무엇일까. 문화의 시장화가 이명박 정권 들어 보다 전면적으로, 그것도 아주 노골적으로 추진되고 있는 것도 이유겠지만, 그것이 민주주의에 매우 역행하는 방식으로 이루어지고 있기 때문일 것이다. 김대중-노무현 정부는 신자유주의에 입각한 문화예술 정책을 펼치면서도 '지원은 하되 간섭하지 않는다'는 원칙하에 문화예술 정책을 최소한 권위정치의 도구로는 활용하지 않았다. 그러나 이명박 정부는 앞의 두 정부가 크게 내세웠던 문화행정의 자율성 및 문화 민주주의를 나름의 절차적 합리성도 없이 매우 권위적이고 억압적인 방식으로 위축시키고 있으며, 과거의 관료 중심행정으로 되돌려 놓으려는 의지를 강하게 드러내고 있다. 코드 인사에 대한 반발은 노무현 정부에서도 내내 문제가 되어 왔던 것이지만,[3] 이명박 정부의 대대적인 물갈이 행정은 결코 단순한 코드 인사가 아니라 우스울 정도로 강박적인 '좌파적출론'이며, 그렇게 위법도 마다하며 그 자리를 꿰어 찬 보수인사들은 문화행정 전반의 보수화와 문화시민권의 전면적인 축소, 문화생태계의 불균형을 더욱 심화시키는 데 크게 기여하고 있다. 문화 정책이 국정 홍보의 수단으로 전락하고 있는 일련의 사태[4] 역시 문

대안은 무엇인가?』, 2010.3.18; 원용진, 「이명박 정권의 문화 정책—전위적 · 전제적 국정 홍보로의 급선회」, 『문화과학』 58, 2009.여름 참고.

3 일례로, 2003년 1월 16일에 열린 '새정부 문화 정책 관련 정책제안 토론회'에서 강내희 교수는, "새 정부에서는 그동안 예총 같은 기득권을 누린 단체들은 발을 못 붙이게 하고, 민예총 같은 진보개력들이 대거 전진 배치되고, 포진해 개혁을 주도해 나가야 한다"고 강력하게 주장했다(『문화일보』, 2003.2.3). 이후 문화예술계는 문화예술기관 및 단체장 선임을 시작으로 코드 논쟁, 보혁 논쟁 등이 일어났다. 이명박 정권 초기의 '문화전쟁' 역시 정권이 바뀔 때마다 연출되는 이러한 코드 논쟁, 보혁 논쟁의 일환으로 바라보고 있는 사람들이 많을 것이다.

화예술 정책에 대한 기초적인 상식도 없는 이명박 정권의 수준을 적나라하게 드러내는 것이다. 그들은 "무릇 글쓰는 사람은 자유로운 사람들에게 호소하는 자유인이며, 오직 자유라는 한 가지 주제만을 가지고 있을 따름"[5]이라는 사실을 모르고 있다.

굳이 사르트르의 글을 인용하지 않아도 "글을 쓴다는 자유가 시민으로서의 자유와 불가분리하다"는 것은 모두 알고 있겠지만, 다시 한번 사르트르의 글을 인용해보자. "산문이라는 예술은 산문이 의미를 지닐 수 있게 해주는 유일한 제도, 즉 민주주의와 떼어놓을 수 없는 관계를 맺고 있다. 그래서 한쪽이 위협을 겪으면 다른 한쪽도 역시 위협을 겪는 것이다."[6] 그러므로 작가들은 그 무엇보다 민주주의의 후퇴에 대해 민감할 수밖에 없다. 이는 단지 작가로서의 정체성 때문만은 아니다. 언어를 억압하면, 모든 것을 억압할 수 있기 때문이다. 한 나라의 언어가 얼마나 통제되고 억압되어 있는가를 보면, 그 나라의 민주주의 수준을 알 수 있다. 따라서 표현의 자유가 민주주의의 근간을 이루는 것이며, '지원은 하되 간섭하지 않는다'는 원칙이 문화예술 정책의 기본이 되는 것이다.

---

4 2009년 5월 이명박 정부는 문화체육관광부 차관을 새로 임명하면서 '4대강 정비사업' '새만금사업'의 보조사업을 국정 홍보를 담당하던 제2차관에서 문화콘텐츠산업실, 문화예술국, 관광산업국 등을 관장하는 제1차관으로 옮긴다. 이명박 정권의 주력 사업인 '4대강 정비사업', 건설, 개발사업과 문화 정책이 연관을 맺고, 그것을 경제살리기 정책이라며 국정 홍보를 하며, 그동안 착착 이뤄져 왔던 미디어판 바꾸기와 연관 짓는 준비를 하고 있는 셈이다. 문화 정책을 외부 정책을 위한 수단이 되도록 했고, 그를 수행하기 위해 내부적 조직 정비를 꾀한 것이라 평가할 수 있다. 권위적 시장주의라는 문화 정책 기조는 이제 권위적 국정홍보 활동을 하는 것으로 바뀌어가고 있다. 참여정부 시절 국정홍보처를 폐지하고 국정홍보 업무를 축소시켰지만 이명박 정부 집권 1년이 지나면서 국정홍보부처의 크기나 예산규모를 키우고 있는 것이 그 증거다. 문화체육관광부는 권위적 시장주의라는 정부 기조를 홍보하거나 뒷받침하는 정부 내 전위조직으로 새롭게 태어나고 있는 셈이다(원용진, 앞의 글, 347쪽 발췌 인용, 부분적으로 문장 수정). 자기는 잘못한 것이 없는데 국민이 늘 '오해'를 하고 있다고 생각하는 사람이니 대화와 토론이 아니라 대대적인 홍보가, 그리고 '오해'를 조장하는 입들을 틀어막는 일이 중요하다고 생각한 모양이다.

5 사르트르, 정명환 역, 『문학이란 무엇인가』, 민음사, 1998, 90쪽.

6 위의 책, 92쪽.

그러나 이명박 정권 들어 이 원칙들은 눈에 띄게 훼손되고 있다. 한국작가회의가 '저항의 글쓰기 실천위원회'라는 노골적인 간판을 다시 내걸고 이런 심포지엄을 개최하는 것도, '6 · 9작가선언'이라는 새로운 흐름이 생긴 것도, 최근 각종 문예지가 연이어 '문학의 정치'를 특집으로 내세우고 있는 것들도 이러한 현실과 무관하지 않다. 아이러니하게도, 이명박 정권의 전제적이고 시대착오적인 문화예술 정책들이, 그동안 저마다의 밀실에 갇혀 있던 민주주의적 감수성들을 일깨우고 작가들을 다시 광장으로 불러 모으고 있는 것이다.

민주주의의 후퇴는 용납할 수 없지만 시장주의의 득세는 받아들일 수밖에 없는 현실인가?

민주주의의 후퇴는 용납할 수 없는 것이지만, 시장주의의 득세는 받아들일 수밖에 없는 것일까? 이명박 정권이 좀 더 영리하게 일을 처리했다면, 일테면 행정 절차상 아무런 문제를 야기하지 않고 모든 것을 민주적으로, 합법적으로 진행시켰다면 이명박 정권의 문화예술 정책은 별 문제가 없는 것일까? 물론 아무도 그렇다고 말하지는 않겠지만, 지금처럼 문화예술 정책의 변화를 예민하게 받아들이지는 않았을 것이다. 우리가 지난 정부의 문화예술 정책에 대해 그러했던 것처럼 말이다. 그런데 나는 혹시 질문을 잘못 던지고 있는 것은 아닐까? 시장주의를 향해 달려가는 민주주의라는 것이 과연 가능할까? 민주주의가 단순히 어떤 절차만을 의미하는 것이 아니라면, 그것은 어떻게 시장주의와 결합할 수 있는 것일까? 정치 원리와 경제 원리는 과연 명확하게 구분되는 것일까? 혹시 우리가 지금 참을 수 없어 하는 민주주의의 후퇴는 어느덧 대세가 되어버린 시장주의의 득세와 관련된 것은 아닌가? 만일 그렇다면, 우리는 과연 이 죄와 무관하다고 손을 씻을 수 있는 것일까? 이 괴물을 길러낸 것은, 어느새 시장만능주의에 젖어버린 우리들의 일상이 아닐까?

민주주의의 후퇴에는 이토록 예민한 작가들도 시장주의에 대한 비판에는 다소 소극적인 까닭은 작품이 유통되는 현장이 바로 시장이기 때문일지도 모르겠다. 유통되지 않는 작품이 지속적으로 생산되기는 힘들고 독자 없이 작가가 존재할 수는 없는 일이다. 그러므로 작가들은 어떤 식으로든 시장을 의식하지 않을 수 없다. 독자와의 소통이라는 측면에서, 어쩌면 그것은 작가들에게 반드시 필요한 덕목일지도 모른다. 시장에 대해 우리는 곧잘 부정적 입장을 취하곤 하지만, 시장은 작가들이 소수의 후원자에게 기대지 않을 수 있도록 만들어 주었고, 문학의 창조성과 자율성에 크게 기여한 측면이 있다. 작가가 스스로를 장인이 아니라 창작자로 여기게 된 것이나, 지적 재산권의 개념이 지금처럼 발달하게 된 것도 근대 자본주의의 상품 생산체계와 긴밀한 관련을 갖는다. 그러나 이러한 시장의 덕목은 동시에 시장의 가장 큰 폐단이 되기도 한다. 소수의 후원자 대신 다수의 독자들을 의식하게 되면서 작가는 이제 자본주의의 상품 생산체제에서 자유로울 수 없게 되었다. 대다수의 작가들이 미적 자율성을 금과옥조로 여기지만, 실제로 미적 자율성이 완벽하게 실현되는 일은 그러므로 불가능하다. 작가는 시스템 속에 존재하고, 문학 작품도 하나의 상품으로 유통되는 것이 우리의 현실이기 때문이다.

그러나 문학 작품에 상품가치가 존재한다는 말과 문학은 이제 하나의 상품에 불과하다는 말은 그 함의가 확연히 다르다. 상품으로 생산되고 유통되고 소비된다고 해서 문학 작품의 의미가 시장에서의 교환가치만으로 평가될 수는 없다. 문학이 모든 문화의 토대가 되는 기초예술이며 일종의 공공재적 성격을 갖고 있다는 것은 이제 하나의 상식에 속한다. 그러나 단지 그 때문만은 아니다. 필연적으로 독자를 요청한다는 점에서 근대 이후의 문학은 모두 친시장적 속성을 가지고 있지만, "미적 가상으로서 예술이 갖는 호명적 기능, 유토피아 기획"[7]은 체제에 대해서뿐만 아니라 시장에 대해서도 적대적인 형태로 나타날 수밖에 없다. 문학의 가장 중요한 기능은 기존의 질서에 대한 의심과 새로운 세계에 대한 상상력이다. 이것은 시장의 교환가치와 등가관계를 이루지도 않거니와, 시장이 그것을 상업적 가치로 손쉽게 전환하는 것에 대해 의도적으로 저항하는 글쓰기 또한 존재할 수 있다. 결코 시장을 부정하는 것이 아니다. 문제는 시장이 아니라, 모든 것을 시장의 논리로 재편하려는 시장만능주의이기 때문이다.

시장주의에 대한 해법은 국가주의인가?

그러나 조영일은 시장 논리를 부정하는 사람들을 "낭만주의를 미처 통과하지 못한 문학주의자"로 규정하며 "근대예술은 상품 그 이상도 그 이하도 아니며, 어디까지나 팔리기(읽히기) 위해서 제작"되는 것이라고 말한다. 물론 그의 말처럼 "시장이나 대중의 호응을 얻은 작품이 전부 대중문학이 아니었던 것처럼(상당수의 고전들은 당대의 큰 인기를 누렸다), 대중

---

7 황호덕, 『프랑켄 마르크스』, 민음사, 2008, 473쪽.

의 호응을 받지 못한 작품이 언제나 좋은 작품이었던 것은 아니다."[8] 그러나 이 말은 곧, '시장이나 대중의 호응을 얻은 작품은 많은 경우 대중문학이었고, 대중의 호응을 받지 못한 작품 중에도 좋은 작품이 많았다'는 말이기도 하다. 최근에는 독서인구 자체가 현격히 줄어들었기 때문에, 문학성뿐 아니라 어느 정도 대중의 호응을 받는 작품이라 할지라도 작가가 작품의 인세만으로 생활을 유지하기란 쉽지 않다. '문화의 공공적 가치'와 '시장 실패의 가능성', 국가의 문화예술 정책이 요청되는 것은 바로 이 두 가지 요인 때문이다.

문화예술 정책의 필요성은 인정하면서도, 작가나 문화예술 단체가 국가의 직접적인 지원을 받으면 예술이 국가에 투항하는 것이라거나 작가들의 도덕적 해이가 발생한다는 식의 우려(라기보다 질타)를 하는 사람들이 있는 듯하다. 과연 국가가 얼마나 많은 작가에게 얼마나 많은 돈을 주길래 도덕적 해이 운운할 수 있는지 의문이지만, 만약 그렇다고 하더라도 그것은 문예진흥기금이 도덕적 해이를 야기할 정도로 형편없이 운영되었다는 데 문제가 있는 것이지 지원 자체가 문제라는 식으로 몰아가서는 안 된다. 국가의 지원금을 받는 것이 국가에 대한 투항이라는 논리에도 적지 않은 문제가 내재해 있다. 이러한 생각에는 과거 관변 작가들이 국가의 지원금을 받으며 정권의 허수아비 노릇을 했던 기억이 작동하고 있는 듯한데, 더 이상 문화예술 정책은 국가의 홍보 정책으로 간주되어서도 안 되고 문예진흥기금 역시 그렇게 정치적 수단으로 오용되어서는 안 된다. 우리가 저항하고 감시해야 하는 것은 국가의 그런 시도

8 조영일, 『한국문학과 그 적들』, b, 2009, 182쪽.

들이며 오용의 실태들이지 지원금을 받는 몇몇 작가나 단체들이 아니다. 더구나 지원금을 받는 것이 국가에 투항하는 것이라는 논리는 오히려 문화예술 정책과 작가들의 위상을 모두 과거의 부정적 모습에 묶어놓는 결과밖에 되지 않는다. 현실이 그렇다면 그것을 바꾸어야지 왜 그 현실로부터 아예 발을 떼려고 하는가.

물론 이상과 현실은 다르다. 지원금을 받아도 국가로부터 자유로울 수 있(어야 한)다는 것은 우리의 바람일 뿐이고, 어느 나라든지 국가의 지원금에는 여전히 작가를 포섭하기 위한 장치가 직간접적으로 작동한다. 국가 기관이 직접 심사를 하고 사후관리까지 하려드는 이명박 정권의 문화예술 정책이야 더 이상 말할 것도 없지만, 모든 권한을 민간에 위임하고 국가는 후원만 해주는 정책이라 할지라도 그 이면에는 문화가 사회구성원들을 순화시켜 사회의 안정과 질서 유지에 도움을 줄 것이라는 논리가 깔려 있다. 즉 문화 영역을 간접통치의 수단으로 이해하는 것이다. 우리가 자주 놓치는 것은 오히려 이런 부분이다. 실제로 문화의 교육적 기능, 사회통합적 기능은 문화예술 정책의 정당성을 주장하는 시민사회의 논리로도 자주 활용된다. 그러나 이런 것들은 문학이 추구해야 하는 본질적인 가치가 아니다. 문학은 이 세계를 위무함으로써 지배질서를 공고히 하기 위해 존재하는 것이 아니라, 그 지배질서 아래에서 쩍쩍 갈라지고 있는 우리 삶의 균열을 드러내고 다른 삶의 질서를 창조하기 위해 존재하는 것이다.

그렇다면 작가는 더욱 더 국가의 지원을 받아서는 안 되는 것 아닌가? 국가가 작가를 후원한다는 것은 결국 오늘날의 작가는 '반항아는 될 수 있을지언정 혁명가는 되지 못한다'는 사실의 반증이 아닌가. 물론 그렇다. 더구나 국가의 개입이 시장의 실패를 모두 해결해주는 것도 아니고, 잘못하면 시장의 실패보다 더 큰 폐해를 가져올 수도 있다. 이명박 정권의 문화예술 정책에서 볼 수 있듯이, 자본주의와 하나의 공리계를 형성하고 있는 국가는 오히려 시장주의를 더욱 강화하면서 문화예술의 생태계를 파괴시키고 동시에 정치적 억압까지 가한다. 작가들은 이제 이중으로 자기 검열을 해야 할 판이다. 그것은 말 그대로 문화예술 전반의 퇴행으로 이어진다. 그러니 다시 정리하자. 시장의 필요성을 인정하는 것이 곧 시장주의를 의미하는 것이 아니듯이 문화예술 정책의 필요성을 말하는 것이 곧 국가주의를 의미하는 것은 아니다. 문학시장의 현실상 국가의 개입이 필요하다는 말이 국가의 개입만이 해답이라는 뜻도 아니며, 국가에 지원을 요청하는 것이 국가가 간섭을 해도 좋다는 말은 더더욱 아니다. 간섭이 싫으면 지원도 받지 마라, 말한다면? 더러우니 받지 말아야 하는가? 나는 그렇게 생각하지 않는다. 정부기관은 국가기금을 관리하고 배분하는 주체이지 그 돈의 주인이 아니다. 작가는 국가로부터 그 돈을 받는 것이 아니라 국민들로부터 받는 것이고, 한 사회의 꽃으로 나무로, 눈으로 귀로, 입으로 발로, 밀실로 광장으로, 쓰레기통으로 바다로, 죄인으로 병자로, 예언자로 제사장으로, 반항아로 혁명가로, 그리하여 결국 작가로 존재하면서 그것을 국민들에게 돌려주는 자이다. 문학이 통치성governmentality에 복무하게 될 가능성이 있다면 그것의 탈영토화를 고민해야지 재영토화된 것을 문학의 본질로 오해해서는 안 된다.

한국문학의 위기는 작가들의 의지박약과 전망 부재 때문인가?

이런 논리에 대해 의문을 제기하는 사람이 있을 수 있다. 일테면 조영일은 시장에 대한 상투적 적대감정에 기대어 국가의 개입을 통한 '분배의 정의'를 주장하는 것이 과연 정당하고 또 가능한가 묻는다. "'분배적 정의'는 '정의'와 무관하다"고 했던 존 롤스와 "그것(분배적 정의)은 국가적 폭력(약탈)을 정당화하는 이념으로 기능한다"고 말했던 가라타니 고진을 인용하면서, 조영일은 "국가가 '분배적 정의'를 실현하기 위해서는 먼저 누군가로부터 그것을 (폭력적으로) 빼앗아오지 않으면 안 된다"는 것을 지적한다. 이를 위해 그는 문학지원금의 일부가 복권기금으로 나온 것이며, 이 기금은 사실상 사회적 · 경제적 약자들로부터 갈취한 돈에 다름 아니라는 것을 상기시킨다. 국가가 우리 사회의 약자들에게 빼앗은 돈을 '분배적 정의'라는 고상한 이름하에 문학가들에게 지급했다는 것, 그러나 어떤 문학인도 이런 모순적 구조를 거부하지 않았다는 것을 문제 삼고 있는 것이다. 조영일에 따르면, 작가들이 이런 복권기금을 받는 것에 대해 아무런 망설임도 없는 것은[9] 탈취된 돈을 받음으로써 개개인이 가지게 될지도 모르는 죄책감을 친절하게도 국가기구가 나서서 '공적으로' 처리해 주고 있기 때문이다. 작가는 죄책감 없이 돈을 받을 수 있고, 국가는 정의롭고 품격 있는 문화국가의 모양새를 낼 수 있으니 확실히 상부상조인 셈이긴 하다.

9 그러나 실은, 문예진흥기금의 조성이 폐지된 이후 복권기금의 일부를 문학지원금의 재원으로 삼는 일에 대해 심리적 저항감을 느끼는 문화예술인이 더 많은 것으로 조사되었다(한국문화관광정책연구원, 『문화예술인 실태조사 2007』, 문화관광부, 2007). 문화예술인들조차 문화가 생계보다는 뒷전이라는 의식을 갖고 있다는 뜻이다. 그러나 문예진흥기금의 배분뿐 아니라 조성에 있어서도 정당성과 투명성이 필요한 것은 사실이다.

문제는 조영일의 이런 비판이 국가가 아니라 작가에게만 일방적으로 집중된다는 것이다. 국가란 원래 그런 것이지만 작가들에게는 보다 엄격한 도덕성이 요청된다고 생각하는 것일까? 잘못된 문화예술 정책의 수립을 막지 못하고 결국에는 국가의 비도덕성에 합승한 작가들의 한계도 분명하지만, 보다 근본적인 잘못은 사행심을 조장해 결국에는 서민들의 주머니를 터는 복권제도를 국가가 나서서 활성화시키고 그것으로 공적자금을 마련하고 있다는 것 아닌가. 분배적 정의가 국가적 폭력을 정당화하는 이념으로 기능하는 것도 문제지만, 이건 사실 분배적 정의에도 해당하지 않는다. 그런데 왜 조영일은 작가에게만 비판의 수위를 높이는 것일까. 더구나 그는 작가들에게 엄격한 도덕성뿐 아니라 극도의 청빈성까지 요구한다.

그는 황석영의 글[10]을 인용하며 "많은 문학인들이 '문학시장'의 위축을 들며 먹고살기 힘들기 때문에 창작할 여력이 없다고 엄살을 부리는데, 황석영에 따르면 이전에는 더 먹고살기 힘들었다는 것이다. 그리고 문학(특히 장편소설)은 바로 그런 '가난'을 감수함으로써만 가능한 것이다. 이는 먹고사는 데 안정을 찾은(다시 말해, 문예창작과 교수가 된) 문인들이 하나같이 제대로 된 작품을 생산하지 못하는 것만 봐도 명백하다"[11]고 말한다. 그러나 교수들이 작품을 생산하지 못하는 것은 먹고사는 데 안정을 찾아서라기보다는, 학생들을 가르치느라, 즉 돈을 벌어 생활에 안정을 찾느라 작품 생산에 시간과 공력을 온전히 바치지 못하기 때문이 아닐까? 이를 간과한 채 조영일은 황석영의 글이 논지 전개가 엉망

10 황석영, 「전업의 고통으로 감당하는 문학의 본령」, 『창작과비평』 136, 2007.여름.

11 조영일, 앞의 책.

이라고 비판하면서 '창작자로서의 황석영'이 아니라 '정치가로서의 황석영'을 설정해야 그 글에 내재된 모순을 해결할 수 있다고 주장한다. 그러나 그 글에 모순이 발생한 것은 창작자로서의 황석영과 정치가로서의 황석영이 따로 존재하기 때문이라기보다 조영일이 그 짧은 글의 논지를 잘못 해석했기 때문이다. 다소 들쑥날쑥 논의를 전개시키고 있긴 하지만 황석영이 옛날을 들먹이며 작가들은 지금도 무조건 가난을 감수해야 한다고 말한 것이 아님은 분명하다.[12]

19세기 말의 문인들은 문학의 산업화에 굴복하기를 거부하며 '빈곤과의 싸움'을 일종의 문학적 투쟁으로 여겼으나 오늘날의 작가들은 빈곤하지 않으면서도[13] 빈곤에 대한 두려움에 빠져 우울증을 앓는다는 진단은 분명 경청할 만하다. "기껏해야 시민의 대열에 보조를 맞추면서 그로부터 낙오되지 않으려고 아등바등하는" 작가들이 많다는 것도 부정할 수는 없다. 자본의 논리에 잠식된 예술가가 그 너머의 삶과 예술을 기획하기란 어려울 것이므로, 작가들의 이러한 태도에 일침을 놓는 일은 우리 문학의 각성을 위해서도 반드시 필요한 일이다(나는 이를 위해 그가 일

---

12 황석영 글의 논지는 오히려 다음과 같이 정리할 수 있다. '예전에는 가난을 무릅쓰고 글을 써서 먹고사는 일이 작가의 당연한 책무처럼 여겨졌지만, 지금의 가난은 절대적인 게 아니라 상대적이기 때문에 무조건 참고 살 수만은 없다. 그러나 장편소설이 나오는 토양은 글 쓰며 견디는 '전업작가'가 많이 있어야 만들어지는 것이므로 작가들이 교수나 다른 생계수단에 한 눈 팔지 않고 창작에 전념할 수 있도록 국가의 '지원정책'을 얻어내느라 노력했다. 그런데 그 지원이 (하필) 단편소설이나 창작집에 대한 것이어서 역으로 단편소설 쓰기로만 역량이 몰리고 장편소설을 침체시켰다는 평가도 있다. 경장편이라도 한 편 쓰려면 최소한 일 년은 걸리므로, 원고료와 인세 수입으로 이삼년은 살 수 있어야 글을 쓸 의욕이 생기는데 문학시장의 침체로 그것이 어려워졌다. 여기에는 독자들의 잘못도 있지만 서사와 현실을 등한시 해 온 작가들의 잘못도 크다. 그러나 문학은 삶의 기본적인 콘텐츠이므로 우리가 살아가는 한 영원히 지속될 것이다. 작가들은 위축되지 말고 서사와 현실이라는 화두에 이제 형식과 상상력을 가세시켜야 한다.'

13 그러나 만약 모든 작가들이 원고료나 작품의 인세만으로 생활한다면 그들은 대부분 극도의 빈곤을 경험할 것이다. 그들이 절대적 빈곤에 시달리지 않는 것은 다른 돈벌이를 병행하고 있거나 어디선가 지원금을 받거나 돈벌이를 하는 가족 구성원들에게 경제적으로 의지하고 있기 때문이다.

부러 악역을 도맡았다는 것을 알고 있고, 그것이 한국문학에 대한 지극한 애정에서 비롯했으리라는 것도 충분히 이해한다). 그러나 이로부터, 작가는 반드시 가난을 감수해야 한다거나 한국문학은 이제 '유토피아에의 의지'를 모두 상실한 채 오로지 국가기금을 통한 국가의 '상징적 인정'을 통해서만 문학행위의 정당성을 확보할 수 있게 되었다는 결론을 도출하는 것은 너무 과격한 비약이 아닌가. 더구나 이 모든 잘못을 작가 개개인에게만 돌리는 것은 폭력적일 뿐만 아니라 비생산적이기까지 하다. 그가 정확히 말했듯이 "'새로운 문학'은 몇몇 새로운(그러나 별로 새롭지 않은) 문학적 시도나 인적 자원의 교체만으로 이루어지는 것이 아니다. 그것은 문학 시스템(생산/유통/소비)의 전체적인 재편 없이는 불가능한 것이다." 그러므로 우리가 지금 주목해야 하는 것은 단순히 "기존에 주어진 문학 시스템 속에 안주하려는 작가들"이 아니라 바로 이 문학 시스템이다.

우리 시대 작가는 어떻게 존재해야 하는가?

문학 시스템을 구성하는 것은 비단 한 국가의 문화예술 정책만은 아니다. 한 국가의 문화예술 정책만 해도 그 나라의 노동, 복지, 교육 정책 등과 긴밀한 관계를 맺고 있고, 경제와 정치 수준, 정부의 국정운영 철학과도 연관된다. 당연히 그 나라 사람들의 시민의식과도 잇닿아 있다. 그것은 또한 전지구적 자본의 흐름과도 무관하지 않으며, 학문과 기술의 발전에도 영향을 받는다. 이렇게 말하자면 끝이 없겠지만, 분명한 것은 작가를 그 시대와 분리해서 이야기할 수 없는 것처럼 문화예술 정책에 대한 비판이나 제언이 그 사회 전체에 대한 분석과 반성 없이 진행될 수는 없다는 것이다. 그것은 같이 가는 것이고, 그래서 의미가 있는 것이다. 문화예술 정책이 작가의 정체성이나 제반 현실과 직접적인 관계를 갖는 것은 분명하지만, 그러므로 문화예술 정책에 대한 고민을 정치적 헤게모니 싸움이나 이익 집단의 투쟁으로만 왜곡해서 이해하고 그런 식으로만 접근해서는 곤란하다. 문화예술 정책에 어떤 관심도 갖지 않는 것이 작가적 순결성을 보장해 준다는 오해도 그래서 생기는 것이다.

물론 시스템은 쉽게 바뀌지 않는다. 그러므로 시스템을 변혁시키기 위한 운동과 함께 우리는 우리들의 몸-글쓰기를 현실의 이 시스템 밖에서도 작동할 수 있도록 훈련시켜야 한다. 이 완고한 시스템에 균열을 내는 것은 오히려 그러한 움직임이다. 정책에 대한 저항이, 시장에 대한 비판이 저 시스템의 중심으로 들어가고자 하는 욕망에서 시작된 것이라면 우리는 그 시스템 밖으로 한 발짝도 나갈 수 없다. 랑시에르가 치안의 논리를 넘어서는 새로운 정치활동의 필요성을 이야기하며 '감각적인 것의 나눔'을 새롭게 구성할 것을 제안한 것은 그 때문이다. 최근 '문학의 정치'에 대한 논의가 활발해지면서 랑시에르가 자주 인용되고 있는데, 많은 부분 논자들의 필요에 의해 왜곡되고 있다는 인상을 지울 수 없다. 랑시에르는 "문학의 정치는 작가의 정치가 아니다"(랑시에르, 『문학의 정치』)라는 것을 분명히 했지만, 그것이 '예술의 순수성에 전념해야 한다'는 것이 아니라는 것도 분명히 했다("이 순수성 자체도 사실 정치와 무관한 것이 아니다"). 그는 어떤 작품이 모험적인 실험을 시도했다는 사실만으로 새로운 감성적 분배에 참여했다고 보지 않는다. 그가 말하는 예술의 정치적 잠재성은 '예술의 자율성'이 아니라 '감성적 경험의 자율성'에 의해 규정되는 것이며 지배적 담론체제 자체를 파열시켜 새로운 종류의 감성적 분배를 가져올 삶의 형식을 만들어내는 데 있는 것이다.

이런 관점에서 보면 사르트르의 참여문학론이 가지는 한계는 명백하다. '참여'예술은 이미 특정한 방식으로 분배되어 있는 정치세력의 장 안에서 하나의 세력을 재현하는 방식을 택하는 경향이 있기 때문이다. 그러나 랑시에르는 "노동자 해방은 탈정체화 작업을 통해서만, 지배가 벼려놓은 노동자들의 행하고, 보고, 살고, 느끼고, 말하는 방식들에서 벗어나는 틈을 만드는 작업을 통해서만 하나의 집단적 주체를 벼릴 수 있음"[14]을 분명히 한다. 중요한 것은 단순히 권력을 장악하는 것이 아니라 우리 스스로가 정치적 주체가 되어 지각장의 틀을 다시 짜는 것이어야 한다. 그것이 바로 문학이 하는 일이며, 곧 문학의 정치성이다. 그러나 문학의 정치가 곧 작가의 정치는 아니지만(어떠한 불일치도 파생시키지 못하는 타성화된 참여로는 우리의 현실을 바꾸지 못한다는 의미에서), 문학의 순결한 성 안에만 머무르고자 하는 이들에게도 문학의 정치는 불가능하다. 처음부터 문학에는 순결한 성 따위가 존재하지도 않았거니와, 그렇게 구획된 세계 안으로 스스로를 가두는 태도야말로 감각의 자율성을 통해 새로운 삶의 형식들을 창안하려는 미학적 기획과 거리를 두는 것이기 때문이다. 그러므로 작가는 문학적 긴장뿐만 아니라 현실과의 긴장 역시 놓치지 말아야 한다. 실험은 문학 속에서만 존재하는 것이 아니라 바로 우리의 삶 속에 존재한다. 문학의 삶-되기, 이 어려운 길이 바로 작가의 길이다.

14 랑시에르, 양창렬 역, 『정치적인 것의 가장자리에서』, 길, 2008, 27쪽.

넘어라, 한국문학

국경을 넘는다는 것

인간이 사회 내 존재인 한 문학 역시 어떠한 형태로든 사회를 반영할 수밖에 없지만, 1990년대 문학 담론에서는 역사와 사회보다는 평범한 개인의 일상, 억압적 외부 현실보다는 다양한 내면의 욕망에 더 초점을 맞추었던 것이 사실이다. 실제로 1990년대 중후반에 들어서면 역사·사회·정치·이념을 고민하고 노동·실천·연대·변혁을 외치는 작품들은 더 이상 활발히 생산되지 않았으며, 생산되어도 이전처럼 적극적으로 소비되지 않았다. 대신 이 자리를 채운 것은 이른바 '후일담' 문학이거나 거대서사에 가려 그동안 소홀히 다루어 왔던 일상·내면·여성·욕망 등의 미시서사이다.

여기에는 1992년 소련 연방이 해체되면서 냉전체제가 사실상 종식되고 자본주의의 전일화·세계화가 돌이킬 수 없는 현실이 되어버린 세계사적 국면과, 33년간의 군부독재 시대가 드디어 막을 내리고 1993년 문민정부가 출범하면서 그동안의 정치·사회적 폭압과 제반 모순들이 형식적 민주주의와 경제적 풍요 뒤로 그 모습을 감추어버린 국내 상황이 함께 자리하고 있다. 이상도 타개할 현실도, 동지도 적도 사라져버린 혼돈의 시대에 누군가는 침묵하고 누군가는 환멸을 이야기했으며, 누군가가 메아리 없는 외침을 계속하며 지쳐가는 동안 또 누군가는 오랫동안 잊고 있었던 내면의 내밀한 욕망에 귀를 기울였고 가볍고 발랄하게 소비사회를 향유하기도 했던 것이다.

현실의 이런 지형 변화와 무관하다 할 수는 없겠지만, 너무 오랫동안 사회학적 상상력만이 압도적 우위를 차지해 왔던 한국문학에 대한 자성도 1990년대 문학의 변화를 추동한 힘이다. 억압적 사회 분위기에 대응하면서 1980년대 문학은 사회 현실에 대한 실천을 중시하게 되고 리얼리즘을 '시대적 당위'로 삼기에 이르렀다. 1980년대 문학이 일군 성취는 문학사적으로나 사회사적으로나 결코 폄훼할 수 없는 것이지만, 폭력적이고 억압적인 체제 · 지배이데올로기에 대한 타자로서의 소설이 현실 논리와 마찬가지로 지배적 문법과 세계관을 시대적 당위로 삼았다는 것은 1980년대 문학의 부인할 수 없는 한계다. 거대서사에 대한 반성으로서의 미시서사, 1980년대에 대한 안티테제로서의 1990년대는 그러므로 필연이었을 것이다. 그러나 이로 인해 1990년대는, 역설적으로 언제나 1980년대의 연속선상에 있었으며 1980년대와 마찬가지로 다소 강박적이고, 어떤 의미에서는 천편일률적이었던 것도 사실이다.

반면 2000년대 문학은, 이런 안티테제의 강박이나 진테제의 강압 모두로부터 한결 자유로운 지점에서 출발했다. 사회학적 상상력의 약진이 돋보인다는 점에서 1990년대 문학과 분명한 차별성을 보여주고 있지만 그렇다고 단순히 1990년대의 안티테제로 2000년대 문학이 존재하는 것은 아니며, 1980년대의 정치 · 경제학적 상상력을 그대로 답습하고 있지도 않다. 민족이나 계급 같은 거대 개념만으로는 포섭할 수 없을 정도로 현실 자체가 다양화·중층화되었을 뿐 아니라, 현실을 인식하고 표현하는 작가들의 시선과 태도 역시 다양해졌기 때문이다. 이 다양함이 모두 깊이와 폭을 수반한 것은 아니었지만, 개인과 사회 어느 한쪽으로의 쏠림 현상 없이 양자 모두에 대해 어느 정도 균형 잡힌 목소리를 낼 수 있었다는 것은 그만큼 한국문학이 성장했다는 뜻으로도 읽힌다.[1]

단순화와 배제의 혐의를 무릅쓰고 이런 2000년대 문학의 특징적 양상을 몇 가지 키워드로 정리해보면, 탈국가, 탈경계, 탈장르, 탈서정, 신빈곤, 팩션, 환상, 유머, 키덜트, 윤리, 종언, 디스토피아 등을 들 수 있다.[2] 일견 다양해 보이는 이 키워드들은 그러나 서로 밀접한 관련을 갖고 있기도 한데, 그것은 아마도 전 지구적 자본주의의 전일화라는 현실에서 어느 누구도 자유롭지 못하기 때문일 것이다. 탈국가, 탈경계의 문제는 이러한 오늘날의 현실이 가장 첨예하게 드러나는 지점이라 할 수 있을 것이다.

국경을 넘는 이른바 '탈국경의 서사'는 물론 과거에도 있어왔다. 가깝게는 1990년대 문학에서도 이국으로 확장된 소설 공간을 우리는 쉽게 발견할 수 있다. 그러나 "90년대 초반 이후 신세대 작가들의 상상력이 '영토성'을 유지한 채 서구적 취향의 향유와 내면화를 통한 즉자적 경계 넘기를 일상적으로 '소비'하고 있었던 데 비한다면, 현재 한국문학에서 나타나고 있는 (탈)경계의 관심은 상대적으로 뚜렷한 자의식을 가지고 표출된 흐름"[3]이라 할 수 있다. 단일민족이라는 신화와 분단국가라

---

1 고봉준 외, 「좌담 2000년대 문학의 알리바이를 묻다」, 『작가와비평』 9, 2009 상반기 참고.

2 작가와비평 편집동인, 『키워드로 읽는 2000년대 문학』, 작가와비평, 2011 참고.

3 김예림, 「'경계'를 넘는 문학적 시선들」, 『문학·판』 18, 2006.봄, 228쪽.

는 현실로 인해 우리 문학이 오랫동안 한반도 남쪽의 반국적 시야에 갇혀 있었음은 주지의 사실이거니와, 최근 탈국경의 서사가 이러한 근대 국민국가의 경계를 넘어 국가와 민족에 대해 다시 질문하고 국경 밖의 타자들에게로 시선을 돌리기 시작했다는 것은 의미 있는 변화이다.

여기에는 물론 1989년의 해외여행자유화 조치, 1992년의 산업연수생제도 도입, 1997년의 외환위기, 2000년의 남북정상회담, 2004년의 외국인고용허가제 시행 등이라는 일련의 현실이 놓여 있다. 특히 IMF 외환위기 이후 우리 경제가 미국 주도의 신자유주의체제에 확실하게 편입되면서 우리 사회 안팎으로 세계화는 더 급속히 진행되었다. 초국적 자본의 이동은 단일민족국가라는 아성 위에 수십만 외국인 노동자를 데려다 놓았고, 다문화 가정이 우리 사회의 이슈가 된 지도 오래다. 유학이나 취업, 이민 등으로 재외국민의 수도 갈수록 늘고 있다. 국회가 이들의 참정권까지 인정하기에 이르렀으니 국경이 유명무실하게 여겨지는 이들도 분명 있을 것이다. 그러나 누군가에게는 형식적 절차에 불과한 것들이 누군가에는 목숨을 내놓아도 넘을 수 없는 실존의 벽이기도 하다. 이것이 지금 진행되고 있는 세계화의 본질이다. 자본의 필요에 따라 그 흔적을 지우고 있을 뿐 국경은 사라지지 않는다. 아니, 우리도 모르는 사이에 내면화되어 선택과 배제의 논리로 작동한다는 점에서 국경은 오히려 도처에 포진해 있다. 재외국민의 참정권 역시 국가라는 경계 내로 자국민을 포섭하기 위한 하나의 방책일 뿐 국경 밖의 타자에 대한 배려나 이해가 그 본질은 아니다. 이것이 지금 우리가 월경의 상상력에 주목하는 이유이다.[4]

4 이선우, 「월경의 상상력과 타자의 윤리」, 전성태, 『늑대』, 창비, 2009, 286쪽.

주지하다시피, 오늘날 국경을 넘는다는 것은 단순히 국가의 지리적 경계를 넘는다는 의미가 아니다. "국경을 국경으로 만든 여러 실체들, 권력들, 힘의 작용을 의식하지 않고서는 국경을 넘을 수 없으며, 국경은 이러한 경계가 구축되는 지점이기 때문이다."[5] '국경은 경계border가 아니라 한계개념grenzbegriff으로서 사고해야 하며 국경이란 '국가' 그 자체를 문제 삼는 한에서만 제기될 수 있는 질문'[6]이라는 황호덕의 지적 역시 이러한 문제의식의 연장에 있다. 따라서 탈국경의 서사는 그동안 우리를 가두고 억압했던 근대의 여러 경계에 대한 비판적 질문으로 이어질 수밖에 없으며, 궁극적으로는 "근대적 국민국가 극복, 민족 정체성의 재구성, 타자에 대한 윤리, 다문화·다인종 가치와 제도의 창출 등"[7]을 통해 근대의 대안을 모색하는 데 그 본질이 있다.

그러므로 외국을 소설적 공간으로 삼거나 외국인이나 혼혈인, 탈북자 등을 다룬다고 해서 무조건 '탈국경의 서사'라 명명할 수는 없겠지만, 그 기준을 다소 느슨하게 설정할 경우 여기에 포함될 수 있는 2000년대 소설의 목록은 상당하다. 작가들의 이러한 작업에 비평계도 상당한 기대와 관심을 보여주었는데 이는 2005년 이후 대부분의 문학잡지들이 디아스포라 혹은 탈경계의 상상력을 특집이나 집중 기획 등으로 다루었다는 점에서 잘 드러난다.

5 박성창, 「문학·국경·세계화」, 『세계의 문학』 127, 2008.봄, 325쪽.
6 황호덕, 「넘은 것이 아니다」, 『문학동네』 49, 2006.겨울, 421쪽.
7 김형중, 「국경을 넘는 세 척의 배」, 『문학들』 10, 2007.겨울, 62쪽.

주체와의 경계를 전제한 타자의 윤리

최근 한국문학이 탈국경의 서사에 몰두하게 된 직접적인 원인 중 하나는 이주 노동자나 결혼 이민자 등으로부터 촉발된 '내부의 세계화'에 있다. 이것이 지난 세기 탈국경의 서사와 확연히 구분되는 21세기 탈국경 서사의 특징 중 하나라 할 수 있거니와, 문제는 한국 자본주의의 요구에 의해 시작된 유입임에도 불구하고 이 내부의 세계화가 타자와의 조화로운 공존과 연대로 이루어지지 않고 있다는 것이다. 스스로 아시아인임에도 불구하고 오리엔탈리즘을 철저히 내면화한 우리 사회의, 아시아・아프리카 민중들에 대한 뿌리 깊은 차별과 억압, 배제와 적대는 더 이상 외면할 수 없는 사회 문제이다. 이러한 현실에 대한 염려와 환멸, 부끄러움과 죄의식, 약소자에 대한 연대감과 작가로서의 책임의식 등이 작가들의 시선을 우리 안의 이 타자들에게 향하도록 촉구했을 것이다. 탈국경의 서사 혹은 월경의 상상력을 이야기할 때 언제나 타자의 윤리가 함께 논의되는 것도 그 때문이다.

그러나 무엇이 타자의 윤리인가. 레비나스가 말하는 '환대'는 단순히 반갑게 맞아들인다는 의미가 아니다. '타인/타인의 얼굴'이란 나의 자발적인 존재 확립과 무한한 자기 보존의 욕구에 도덕적 한계를 설정하는 존재이니, 그를 환대한다는 것은 나의 재산과 기득권을 '버림'으로써 그와 동등한 사람이 된다는 것을 의미한다.[8] 동정과 연민이 이 '절대적 환대'와 구별됨은 물론이다. 데리다 역시 "이방인, 난민, 이민자 등 경계에 선 외국인들의 문제를 정의의 이름으로 수행되는 타자에 대한 환대

8 강영안, 『타인의 얼굴—레비나스의 철학』, 문학과지성사, 2005 참고.

와 책임의 문제로 사유하라고 촉구한다."[9] 그러나 현실에서 이러한 환대를 기대하기는 거의 불가능하다. 레비나스는 타인의 존재를 자기 안으로 받아들이고 타인의 고난을 대신 짊어지며 타인과 윤리적 관계를 형성할 때 비로소 진정한 주체성이 가능함을 들어 이 절대적 환대를 주창하지만, 타자를 배제하는 사람들에게 실감으로 와 닿는 문제는 진정한 주체성의 확립이나 정의에 기반한 정치체제의 성립 등이 아니라 다만 자신의 고유성을 훼손당하지 않는 것이기 때문이다. 노동자를 착취하는 자본가뿐 아니라, 피부색과 언어만 다를 뿐 세계체제의 약소자라는 점에서는 결국 같은 위치에 놓여 있는 한국의 기층 민중들조차 이 내부의 타자들에게 적대적인 것은 이 때문이다.

> 늬들도 자르면 피 나오고 누르면 똥 나오는 사람이다, 이거냐? 웃기는 소리들 마. 한국 놈들한테도 안 해준 걸 늬들한테라고 해주겠냐? 아니꼬우면 돌아가. 젠장, 어차피 늬들도 고국으로 돌아가서 공장 차리고 사장되려고 여기 왔잖냐. 노동자들을 어떻게 다뤄야 되는지 눈 똑바로 뜨고 배워 가. 다 산 교육이여.[10]

한국의 일그러진 근대화 과정에서 "팔뚝이 날아가고 모가지가 뎅겅 뎅겅" 하는 비인간적인 노동을 경험했던 필용은, 여전히 억압적이고 반인권적인 노동 현실을 이주 노동자들과의 연대를 통해 개선하려고 하기

9 김재희, 「외국인, 새로운 정치적 대상-아감벤과 데리다를 중심으로」, 『세계의 문학』 129, 2008.가을, 248쪽.

10 김재영, 「코끼리」, 『코끼리』, 실천문학사, 2005, 26쪽.

보다 자신들이 겪었던 고통을 빌미로 현재 이주 노동자들의 고통을 당연시함으로써 이러한 현실의 고착화에 일조한다. 정규직 노동자가 비정규직 노동자와 쉽게 연대하지 않듯이 한국인 노동자는 외국인 노동자와 잘 연대하지 않는다. 그들에게 외국인 노동자는 자신들의 일자리를 빼앗아가거나 노동 현실을 후퇴시키는 침입자들이며, 같이 인권의 사각지대 안에 있어도 위계가 분명한 이방인들이다. 자본가의 착취와 동료 노동자의 냉대, 비인간적인 노동 현실과 제3세계 민중에 대한 한국사회 전반의 멸시, 언어와 문화의 차이에서 오는 오해와 편견 등 코리언드림을 꿈꾼 한국의 이주 노동자들은 몇 겹의 억압과 모순을 견뎌야만 한다.

그러나 약소자라는 사실이 이들이 언제나 착하고 선한 존재라는 것을 뜻하지는 않는다. 그럼에도 이주 노동자 문제를 다루고 있는 많은 소설들이 노동자/자본가라는 1980년대적 선악 구조로 '착취당하는 착하고 불쌍한 외국인 노동자'와 '착취하는 나쁘고 몰인정한 한국인 자본자'로 단순하게 양분하는 우를 범하곤 했다. 그것이 외국인 노동자의 실태를 전하기 위한 고군분투의 결과임을 모르지는 않으나, 자칫 한국인 개개인의 도덕성 문제로 환원해버릴 수 있다는 점에서 근본적인 한계를 노출한다. 환대는 개인적 차원에서뿐만 아니라 사회적 차원에서 이루어져야 하는 것이다. 적대가 구조화되어 있는 사회에서 저 혼자 환대를 실천하라는 것은 종교적 가르침은 될 수 있을지언정 보편적 시민윤리가 될 수 없다.

아감벤에 의하면, 주권은 '예외 상태'를 창출함으로써 법적·정치적 질서의 공간을 확정하는 데 그 본질이 있다. 그러나 더 큰 문제는 그러한 예외 상태가 점차 규칙이 되어 감으로써 헐벗은 삶의 공간이 정치 공간 일반으로 확장되고 결국에는 세계 전체가 수용소화된다는 것이다. 상설화되는 비정규직과 세계화되는 이주 노동의 흐름은 우리 모두를 점점 더 잠재적인 '호모 사케르'들로 만들어 가고 있다.[11] 그러므로 '예외 상태'로 내몰린 자들에 대해 겨우 죄책감만을 느낀다면 우리는 아직 문제의 본질을 제대로 인식하지 못하고 있는 것이다. 자신은 '예외 상태'가 아닌 주권구성의 경계 안쪽에 속하리라는 생각은 착각일 수 있기 때문이다. 이주 노동자라는 내부의 세계화에 제대로 접근하기 위해서는, 그러므로 이미 주체와의 경계를 전제한 타자의 윤리가 아니라 이 근대적 주권을 형성하는 다양한 위계에 대한 의심, 나아가 국가 그 자체에 대해 질문해야 한다.

한국의 이주 노동자에 대한 본격적인 실태 보고와 강도 높은 비판에도 불구하고 박범신의 『나마스테』가 실패할 수밖에 없었던 것은 이 때문이다. 이주 노동자라는 예외 상태의 인물 카밀을 사랑한 대가로 신우 역시 주권의 경계 밖으로 내몰릴 위기에 처하지만, 그녀는 주권권력 자체를 의심하거나 그에 맞서 저항하기보다 카밀을 그 경계 안으로 끌어들임으로써 이 세계의 위계질서 속에 안전하게 갇히기를 욕망한다. 아이의 엄마로서, 사랑하는 사람의 아내로서 어쩌면 지극히 당연하고 소박한 이 욕망에는, 예외 상태를 창출함으로써만 주권을 작동시키는 이 세계의 부조리를 외면하는 논리가, 하여 이를 더욱 고착화, 심화하는 기제가 숨어 있다.

주체를 여성으로 설정함으로써 『나마스테』는 여성에 대한 오랜 편견

11 김재희, 앞의 글, 242~245쪽 참고.

역시 드러낸다. 불법체류 노동자에 대한 대대적인 단속과 추방이 벌어지던 2003년 겨울, 궁지에 몰린 불법체류 노동자들이 연이어 죽음을 선택하자 신우도 마침내 농성단에 참여하지만 그녀는 전사의 아내, 남성의 보조자에서 더 멀리 나아가지는 않는다. 물론 그 과정에서 가족이기주의에 갇힌 자신의 한계를 각성하고 부도덕한 조국을 부정할 정도로 변신하긴 하지만, 이 부정은 네팔과 히말라야라는 외부에 대한 신비화로 이어질 뿐 국가의 작동 원리에 대한 의심으로까지 나아가지는 못한다. 몸에 불을 붙이고 투신한 카밀을 신우가 온몸으로 받아낸다는, 장엄하지만 그래서 더욱 비현실적인 결말과 사족처럼 붙어있는 행복한 2021년의 이야기는 특히 아쉬운 부분이다. 그렇다고 해서 이 작품이 주는 감동과 의미가 완전히 소거되는 것은 아니지만, 낭만적인 문제 해결이나 성급한 화해보다는 차라리 현실의 갈등과 모순을 핍진하게 드러내며 끝맺는 것이 더 낫지 않았을까.

한국인과 이주 노동자를 선악의 선명한 구도로 배치하지도 않고 성급하게 화해를 시도하거나 연대의 포즈를 취하지 않는다는 점에서 김재영의 「코끼리」는 초기 이주노동자소설의 이런 한계를 어느 정도 극복하고 있다. 불법체류 노동자 아버지와 가출한 조선족 어머니를 둔 소년을 화자로 내세움으로써 외부가 아니라 내부의 시선으로 외국인 노동자의 삶을 그리고 있으면서도, 외국인 노동자를 영웅시하거나 미화하지 않으며 자기연민에만 빠져들지도 않는다. 외국인 노동자들 또한 한국인과 다를 바 없는 욕망을 가진 인간이어서 서로를 해치며 강도짓까지 일삼는다는 것을 그리고 있기도 하다. 그렇다고 외국인 노동자들의 타락과 부도덕을 고발하고 있는 것은 아니다. 돈을 모아 고국에 돌아가기 위해 동료의 죽음까지 외면하고 특근을 하던 '노랭이'도, 그 노랭이의 돈을 훔치기 위해 강도로 돌변한 '비재 아저씨'도 실은 "뭐든 집어삼킬 태세로 거세게 휘돌아"가는, "현기증이 일도록 빠르게 소용돌이치는" '외'[12]에 빠진 코끼리라는 사실을 드러냄으로써 김재영은 바로 '외'와도 같은 우리의 현실을 문제 삼는다.[13]

공선옥의 「가리봉 연가」, 김연수의 「이등박문을, 쏘지 못하다」, 김윤영의 「타잔」, 김인숙의 「바다와 나비」, 천운영의 『잘 가라, 서커스』 등은, 사랑은커녕 서로의 언어나 문화에 대한 이해도 거의 전무한 채로 물건을 사고 팔 듯이 거래되는 국제결혼과, 그렇게 한국에 들어온 결혼 이주민의 삶에 소설적 관심을 보이고 있다. 인격적인 만남이 전제되지 않은 상태에서, 한국 여성들이 꺼려하는 농촌이나 도시 외곽의 주변부적 남성들과 결혼한 이주 여성의 삶이 평탄하기는 힘들다. 언어와 문화의 차이도 극복하기 어려울뿐더러 이들을 바라보는 한국인의 시선이 관대하지 않다는 것도 문제다. 행복한 가정을 잘 꾸리는가 싶던 『잘 가라, 서커스』의 이인호와 해화가 결국 파탄에 이르게 된 데에도 한국사회의 이런 배타적인 분위기가 작동했을 것이다. 이인호의 병적인 의심과 학대는, 어린 시절부터 잠재되어 있던 내면의 상처와 오해에서 비롯된 것이지만, 조선족의 위장 결혼에 대한 이야기나 돈만 훔쳐 달아난다는 결혼이주 여성에 대한 끝없는 소문은 국제결혼을 선택한 이들의 마음을 불안하게 할 만하다. 불신이 배신을 배태하는 상황이라 할까. 결혼 이주민을 교육하고 지원하기 위한 제도들이 마련되고 있긴 하지만, 정작 교육이 필요한 것은

12 미얀마 말로 소용돌이라는 뜻.

13 이선우, 「자가면역질환을 앓는 세계화 시대의 이방인들」, 『창작과비평』 147, 2010.봄, 406~407쪽.

이들이 아니라 이들을 받아들이고 있는 우리가 아닐까.

외국인 노동자의 장기 체류나 결혼 이주민의 증가 등으로 다문화가정이 일상화되면서 이제 혼혈인도 그리 낯설지 않은 우리 사회의 구성원이 되었다. 그러나 단일민족이라는 신화에, 외국인에 대한 이중적 잣대까지 코시안이나 흑인 혼혈인에 대한 우리 사회의 시선이 고울 리가 없다. 김려령의 『완득이』, 김재영의 「코끼리」, 전성태의 「이미테이션」, 천운영의 「알리의 줄넘기」, 박범신의 『나마스테』, 유순하의 『길 밖의 길』 등은 이런 우리 사회의 혼혈인 문제를 다루고 있는 작품들이다. "비비총을 새로 산 남자애들의 첫 번째 표적이 되지 않고, 적이 필요한 아이들의 왕따가 되지 않고, 달리기를 할 때 뒤에서 밀치고 싶은 까만 방해물로 비치지 않도록" "하루도 거르지 않고 탈색제를" 쓰는 「코끼리」의 '나', 시한부에 집시의 피를 이어받은 사람임에도 불구하고 백인인 존과의 결혼은 큰 망설임 없이 치렀으나 그 사이에서 막상 흑인아이가 태어나자 "내 새끼로 상상해보는 것마저" 싫어하는 『길 밖의 길』의 '나'는 우리보다 피부색이 까만 혼혈인에게 우리가 어떤 태도를 취하는가를 여실히 드러낸다. 천운영과 김려령 등은 한국사회의 배타성에 굴하지 않고 씩씩하게 살아가는 혼혈인상을 제시하기도 하지만, 이들의 '명랑'이 곧 우리 사회의 성숙을 의미하는 것은 아니다. 전성태의 「이미테이션」은 이들과는 반대로, 오리지널 한국인인데도 다국적인 외모를 갖고 있어 차라리 혼혈인이길 소망하는 문제적 인물을 등장시킴으로써 단일민족이라는 신화의 허구성과 내면화된 오리엔탈리즘의 실상을 풍자한다. 우리는 단일민족국가임을 내세워 혼혈인에게 배타적인 듯이 굴지만, 단일민족국가라는 신화가 위력을 발휘하는 것은 제3세계 국가의 국민들과 피가 섞일 때뿐이다. 한민족의 핏줄보다 영어원어민의 피가 우위를 차지하는 무한경쟁의 시대에는 순수혈통 한국인도 더 이상 '오리지널'이 아님을, 「이미테이션」은 이미테이션이 판을 치는 인공도시의 풍경을 통해 묘파한다.

경계에 대한 의심과 탈주

2차 남북정상회담 이후 '6 · 15 시대'에 대한 기대와 전망이 크게 부상했지만, 최근 급격히 경색된 남북관계는 우리에게 북이 아직도 '영원한 타자'임을 확인시켜 준다.[14] 6 · 15 시대 문학의 환경 변화를 가장 먼저 알리는 이야기 역시 통일이나 남북 화해에 대한 이야기가 아니라 탈북과 이산, 여전한 남북 대결에 관한 이야기라는 점은 그동안 쌓아올린 분단의 벽을 실감케 한다.

전성태의 「국경을 넘는 일」이 걸어서 국경을 넘는 일의 공포를 포착해냄으로써 무의식 속에 잠재된 월경越境에의 공포와 그 공포가 되쌓아올린 우리 안의 숱한 경계들을 그려내고 있다면, 「강을 건너는 사람들」은 월경의 공포를 넘어서는 북한의 처절한 빈곤과 그로 인해 결국 도강을 감행하는 북측 사람들을 그리고 있다. 길잡이가 업고 다니던 아이가

14 2007년 10월 2일~4일, 대한민국의 노무현 대통령은 북한의 평양을 방문하여 김정일 국방위원장과 정상회담을 하고 "6 · 15공동선언과 적극 구현, 한반도 핵(核) 문제 해결을 위한 3자 또는 4자 정상회담 추진, 남북 경제협력사업의 적극 활성화, 이산가족 상봉 확대 등을 내용으로 하는 2007남북정상선언문을 채택하였다"(두산백과 참조). 이에 힘입어 2007년 12월, 현대아산은 개성관광도 실시하였다. 그러나 2008년에 집권한 이명박 정부는 이전 정부와 전혀 다른 대북 정책(이른바 '비핵개방 3000 구상")을 견지했고, 그 결과 남북관계는 급격히 경색되었다. 이 글을 쓸 무렵인 2009년 4~5월에는 북한이 "광명성 2호"를 발사(2009.4.5)했고, 2차 핵실험(2009.5.25)도 강행하였다.

이미 나흘 전에 죽은 아이였음이 밝혀지는 소설의 결미는 생존의 근본 조건마저 박탈당한 북한의 현실을 섬뜩하게 고발한다. 그러나 작가는 이 참혹한 월경의 현장에서도 결코 목소리를 높이거나 감상에 젖어 눈물짓지 않는다. 감정의 과잉을 경계하는 데에는 사태를 보다 냉정하게 파악하고 전달하려는 작가의 의지가 녹아있겠지만 그렇다고 작가 스스로 현실에 대한 주석을 달거나 당위를 선전하지는 않는다. 전지적 시점을 취하면서도 관찰자적 시선이 지배적이며 문장은 군더더기 없이 짧고 건조하게 이어질 뿐이다. 이러한 작가의 시선과 태도가 오히려 작품의 미학적 성취로 이어지기도 하거니와, 이 침묵의 기저에는 연민이나 동정으로는 결코 넘을 수 없는 북한의 비참한 현실에 대한 작가의 참담한 심정이 또한 깔려 있다.

전성태의 「강을 건너는 사람들」이 탈북의 현장에 집중한 반면, 일곱 편의 연작소설로 이루어진 정도상의 『찔레꽃』은 충심이라는 인물의 탈북 '이후'에 보다 집중함으로써 탈북의 실체를 본격적으로 조명한다. 가난에 못 이겨 스스로 국경을 넘은 것이 아니라 인신매매자들에게 팔려 강제로 중국에 끌려왔다는 점에서 충심은 엄밀한 의미에서는 탈북자가 아니지만, "인민들이 고난의 행군을 하는 동안에 내 배만 채우겠다고 두만강을 건너는 순간, 니년들은 모조리 창녀로 전변되는 거"[15]라는 논리와 중국 공안에게 잡히면 코뀀을 당해 북에 끌려간다는 협박에 결국 북한으로 돌아가지 못하고, 팔리고 쫓기고 이용당하고 배신당하는 떠돌이 탈북자의 삶을 살아간다. 불안한 삶을 살지 않을 수 있는 신분증을 얻기

15 정도상, 「늪지」, 『찔레꽃』, 창비, 2008, 95쪽.

위해 박 선교사 일행에게 거금을 주고 몽골을 통해 한국으로 들어오지만, 한국에서의 삶 역시 녹록치 않다. 같은 민족이지만 외국인 노동자보다 탈북자를 더 심하게 차별하는 남측의 현실 때문에 식당에서도 일을 할 수 없었던 충심은 노래방 도우미로 전전하다가 결국 성매매까지 하게 된다. 가난하고 굶주리긴 했으나 연인도 있고 가족도 있고 삶의 긍지와 미래의 전망도 확고했던 북측에서의 지난날과 비교하면, 풍요롭다는 남측에서의 삶이 오히려 비인간적이다.

충심을 자발적 탈북자로 설정하지 않은 것이나 탈북 전의 삶을 평범한 우리네 여학생의 삶과 다를 바 없이 그려놓은 것은, 그녀가 탈북 이후에 겪게 될 비극을 강조하기 위한 서사적 전략이라기보다는 북한에 대한 남한사회의 편견을 교정하고 실재적 진실에 다가가려는 작가의 노력일 것이다. 그러나 탈북 이후 겪은 온갖 고난에도 불구하고 그녀가 북한사회에 대한 비판이나 회의를 표하지 않는 것은 무슨 까닭일까. 외국에 나가면 다 애국자가 된다는 말처럼, 충심은 '장군님'을 모욕했다고 따지다가 탈북자라는 사실을 들통내버리는가 하면 '장군님'과 공화국 욕을 하기 싫어 한국에도 들어가지 않고 버틴다. "내가 왜 내 얼굴에 침을 뱉어야 하나요?"[16]라는 말에서 알 수 있듯이 그녀는 조국과 '장군님'을 자신과 동일시할 정도로 신뢰한다. 그리고 이러한 그녀의 정체성은 마지막까지도 전혀 바뀌지 않는다. 이것이 북한 주민의 보편적 진실이자 그녀가 고난을 이겨내는 동력일지도 모르지만, 그러므로 충심은 여전히 '탈북'자가 아니다. '탈북'을 거절하는 것이야말로 충심의 진정성

16 정도상, 「소소, 눈사람 되다」, 위의 책, 161쪽.

일 수 있다. 그러나 북한을 의심하지 않는 충심이 남한은 제대로 의심할 수 있을까? 온갖 역경을 딛고 기어이 북의 가족에게 돈을 송금하며 삶의 의지를 다잡는 결말은 감동적이지만, 남도 북도 넘지 못하고 그녀는 내내 경계에 서 있을 것만 같다. 그녀를 끝내 경계로 밀어내는 것은 물론, 경계를 허무는 척 더욱 완강하게 경계를 재구축하는 신자유주의 세계체제하의 국가와 자본이며 그 경계 안에 있다고 믿는 우리들이다.

강영숙의 『리나』(랜덤하우스코리아, 2006)의 리나는 충심과는 전혀 다른 의미에서 국경 앞에 서는 인물이다. 스스로 국경을 넘은 인물답게 리나는 떠나온 조국에 대해 어떠한 미련도 갖지 않으며, 헤어진 가족에게로 "고분고분하게" 돌아가지도 않는다. P국으로 가기 위해 탈출했지만, 체포나 인신매매, 강도 등을 당하면서 P국으로의 입국은 계속 유예당하고 대신 주변의 다른 나라들로 잡혀가거나 탈출하며 그녀는 이동을 계속한다. 그 과정에서 리나가 경험하는 착취와 폭력은 상상을 초월하지만, 엉뚱하면서도 강인한 내면을 소유한 리나는 폭력의 피해자로만 머물지 않는다. 탈출을 위해 그녀 역시 살인과 시체 유기를 아무렇지도 않게 저지르고 돈을 벌기 위해 거짓말을 노래처럼 하며 자신을 해치거나 나무라는 사람들에게는 욕도 하고 협박도 한다. 비슷한 처지의 사람들끼리 연대해 싸우기도 하고 길에서 만난 사람들과 새로운 가족을 만들어 함께 지내는가 하면 어려운 사람들을 보면 돕기도 한다. 무엇보다 그녀는 농담도 한다. 끊임없이 이어지는 이 끔찍한 국경탈출기가 비관과 절망으로 떨어지지 않는 것은 그 때문이다.

그러나 유머란 현실과의 적절한 거리가 유지될 때만 가능한 태도로, 단순히 웃음을 유발하는 말이나 몸짓만이 아니라 그 기저에 현실에 대한 비판을 깔고 있는 삶의 양식이기도 하다. 예상 가능한 동선을 시종일관 배반하며 탈주하는 리나의 농담에는 삶에 대한 낙관과 함께 자아와 세계에 대한 뼈아픈 비판이 함께 자리하고 있다. 이 세계의 온갖 폭력과 비참을 다 겪으며 그만큼 쫓겨 다녔으면 이제 그만 정주의 꿈을 품을 만도 하건만, 자신을 찾는 부모의 편지를 받고도 끝내 P국행 대신 제3의 국가를 선택함으로써 그녀는 가족공동체와 민족공동체에 대한 스스로의 환상으로부터 탈주한다. 현실에 절망하거나 안주하는 대신 『리나』는 이렇게 "'국경'이라는 틀 자체에 대한 급진적인 시각을 통해 국가와 자본, 노동과 가족이라는 근대적 범주의 '외부'를 적극적으로 탐색"[17]하는 것이다.

다른 좌표와 상상력

한국인의 외국 체류기 혹은 여행기는 비단 2000년대만의 문학 현상은 아니지만, 방현석의 베트남, 전성태의 몽골, 김인숙의 중국, 오수연의 인도와 팔레스타인 등 최근에는 서구보다 아시아로 공간을 확장하고 있는 작품들이 많다는 점에서 이는 또 다른 주목을 요한다. 특히, 아시아로의 월경에 앞장서고 있는 작가들이 30, 40대 이상의 중진작가들이며 과거 대개 참여문학 진영에서 활동하던 작가들이라는 점은 이들의 월경이 단순한 소설 공간의 확장에만 놓여 있는 것이 아님을 시사한다.

아시아로의 공간 확장은, 문흥술이 지적했듯이 우선 '한국사회와 문학의 탈서구화'와 관련이 있다. 그는 "서구의 근대를 절대적 보편성으로

17 이혜령, 「국경과 내면성—강영숙 장편소설 『리나』에 대하여」, 『문예중앙』 107, 2006.가을, 344쪽.

설정하고 그것을 맹목적으로 추종하는 향서구 보편성의 미망에서 깨어나, 한국사회는 더 이상 서구 제국주의의 타자가 아니라 그 나름의 고유한 주체성을 지닌 존재라는 인식을 갖게 된 자리에 아시아로의 공간 확장의 의미가 놓여 있다"[18]고 평가했거니와, 이는 방현석이 계간 『아시아』를 창간하면서 밝힌 "20세기와는 다른 좌표와 상상력"에 대한 의미부여와도 통하는 바가 있다.

십여 년을 공단에서 보내며 '얼굴 없는 작가'로 문단에 나와야 했던 나에게, 90년대는 80년대와는 또 다른 곤혹스러움으로 다가왔다. 저무는 20세기와 다가오는 21세기 사이에서 나는 그냥 견뎌보기로 하였다. 새로운 시대적 기류에 편승하고 싶지 않았다. 자신의 청춘을 건 시대와 함께 사라져가는 것도 나쁘지 않을 것 같기도 했다. 그러나 조금은 알고 싶었다. 우리가 지나온 20세기의 길은 무엇이었는가. 그리고 21세기에는 무엇이 기다리고 있는가.

돌아보기 위해서는 거울이 있어야 했고, 내다보기 위해선 다른 좌표가 필요했다. 그것이 왜 꼭 베트남이었을까. 안이 아닌 밖에서 내가 살아온 사회를 바라보고 싶었다. 한국과 다른 방법으로 20세기를 산 이들의 삶에 나를 비춰보고 싶었다. 그렇다고 20세기를 지배한 서구를 거울로 삼을 생각은 없었다. 21세기가 20세기와 달라야 한다면 20세기와는 다른 좌표와 상상력이 필요하다고 믿었다. 정복자의 욕망이 아닌 정복당한 자의 꿈, 지배자들의 논리가 아니라 지배를 견뎌낸 자들의 지혜와 상상

18 문흥술, 「아시아로 공간 확장을 꾀하는 한국소설의 성과와 한계」, 『문학들』 7, 2007.봄, 50쪽.

력과 만나고 싶었다. 지배자의 용모를 준거로 편성된 미학적 질서가 아니라 자연의 질서가 빚어낸 미학적 질서를 확인하고 싶었다.[19]

베트남이라는 '다른 좌표와 상상력'에 대한 방현석의 오랜 탐구는 「존재의 형식」과 「랍스터를 먹는 시간」으로 결실을 맺는다. 「존재의 형식」의 재우는 노동운동에 몸을 바치다가 현실에 환멸을 느끼고 베트남으로 떠나온 인물이다. 그러나 베트남이 개방경제노선을 채택하자 재우의 주선으로 베트남으로 들어온 한국기업들은 한국의 1970년대를 베트남에서도 반복한다. 이를 격렬히 비판하다가 재우는 베트남 교민사회에서 완전히 고립되고, 민주화운동 관련자 명예 회복과 보상에 대해 비판적 입장을 표명하면서 문태 등과도 거리를 두게 된다. "불명예스러운 건 지난날이 아니라 지금의 우리"라는 재우의 말에는 과거와 현재를 가르는 선명한 이분법이 놓여 있지만, 과거에 비춰 현재를 부끄러워한다는 점에서 현재는 과거의 그림자이기도 하다. 더욱이 베트남의 현재가 한국의 과거라는 점에서 재우의 베트남행은 다소 퇴행적이라는 혐의를 받을 만하다.

그러나 한국의 과거가 베트남에서 그대로 재현되지는 않는다. 이는 한국인 관리자와 보 반 러이의 대립에 베트남 당국이 취하는 태도에서도 잘 드러나거니와, 방현석 소설의 베트남에는 「랍스터를 먹는 시간」의 팜 반 꾹이나 「존재의 형식」의 레지투이처럼 과거를 잊지 않되 과거에 머물지 않고 그 의미를 현재적으로 재현해 냄으로써 베트남의 다른 오늘을

19 방현석, 「창간하면서」, 『아시아』 창간호, 2006.봄, 17~18쪽.

만들어가고 있는 인물들이 있기 때문이다. 재우나 문태와 달리 레지투이는 '공산주의를 위해 싸운 것이 아니라 공산주의를 살았으므로' 피해의식에 젖지도 영웅주의에 빠지지도 않는다. 그에게 과거는 상처가 아니며 그 과거를 딛고 선 현재 역시 환멸의 시간이 아니다. "우리는 우리 세대가 해야 할 일을 끝냈을 뿐"이고 "다음 세대에게는 또 다음 세대가 해결해야 할 일이 기다리고" 있기 때문이다. 이 레지투이와의 만남을 통해 재우와 문태는 한국에서 느낀 패배의식과 자기 환멸을 극복하고, 다시 화해와 연대를 다짐한다. 단순히 이국의 풍경만을 제시하는 데 그치지 않고, 베트남의 과거와 현재에 대한 깊은 통찰을 바탕으로 주체의 자리를 반성하고 재탐색한다는 점에서 방현석 소설이 거둔 성취는 단연 돋보인다.

그러나 과연 주체의 '마음가짐'만으로 우리의 현실을 변화시킬 수 있을 것인가. 서로에 대한 몇 가지 오해가 빚은 갈등이긴 했지만 화해는 너무 쉽고 연대에의 다짐은 너무 낭만적이라는 점에서, 「존재의 형식」에는 어떻게든 갈등을 해결하고 희망을 제시하고자 하는 조급함이 묻어난다. 현실의 모순을 이겨내 보려는 의지는 중요하지만, 우리의 역사 발전 과정이 베트남에 그대로 적용되지 않았듯이 베트남식의 현실대응 태도 역시 우리나라에 그대로 이입될 수 있는 것은 아니라는 사실을 이 냉철한 작가가 간과한 것은 아닌가. 부정적인 과거를 반성하고 새로운 현재를 꿈꿔보는 것은 응원해야 할 일이지만, 그러기 위해서는 베트남과 다른 우리 현실의 중층적 구조를 좀 더 깊이 들여다볼 필요가 있다. 이미 다르게 변질되어버린 우리의 현재를 베트남이라는 과거의 시간으로 돌려놓을 수 있을 것인가는 의심해 보아야 할 사항이다.

아시아로 소설 공간을 확장할 때 쉽게 범할 수 있는 또 하나의 잘못은 서구의 오리엔탈리즘을 그대로 내면화해 아시아를 대상화하는 것이다. 말하자면 서구의 시각에서 진행된 '한국사회와 문화의 탈서구화'인 것. 전성태의 「늑대」는 자본의 "검은 혓바닥"이 삼켜버린 유목적 삶의 질서와 그로 인한 몽골 초원의 정신적 황폐를 깊이 응시함으로써 우리의 무한 질주가 초래할 파국을 거울처럼 되비추고 있는 뛰어난 작품이지만, 초원의 질서를 옹호하는 이 「늑대」의 세계에는 이방을 향한 낭만적 시선이 깃들어 있는 것도 사실이다. 그러나 「코리언 솔저」에서 전성태는 시원에의 동경이나 야만에의 공포 모두 제국주의적 시선의 두 얼굴임을 명백히 드러낸다. 시인으로서의 정체성을 회복하고자 '시원의 땅' 몽골로 왔으나 연거푸 강도를 당할 위험에 직면하자 '야만스런 약육강식의 세계'로 몽골을 재인식하고 급기야 "영원한 군인"으로서의 자신을 발견하고 마는 창대라는 인물을 통해, 사회 전체를 하나의 거대한 병영으로 만들어버린 한국 근현대사와 서구 사대주의에 물든 우리 사회의 실태를 풍자한다.

정미경의 「무화과나무 아래」는 보다 직접적으로 우리 사회에 팽배한 오리엔탈리즘을 비판한다. 시와 여행기에서 요리와 패션까지 인도풍을 바탕에 깔아야 장사가 될 정도로 "온통 인도가 유행"이던 무렵, 다큐멘터리 감독인 '나'는 "그들보다 많은 것을 누리면서도 상대적 박탈감과 허무에 시달리는 현대인들에게 지상에서의 열반을 보여주겠다는 기획의도"를 가지고 인도로 향한다. 하지만 실제 그곳의 삶은 그런 기획의도와 일치하지 않는다. "언제 무너져 내릴지 아슬아슬해 보이는 흙집 그늘에 앉아 있던 사람들이 원하는 것은 서울에서 온 속물덩어리인 내가 원하는 것과 별 다를 바가" 없다. 다만 그들에게는 욕망이 금지되어 있었을 뿐이다. "이 잔혹한 카스트를 금박을 칠해서 보여줄 수는 없다." 그러나 '나'의 이 윤리의식도 생의 적나라한 욕망 앞에서는 위력을 발휘하지 못한다. '나'의 생명만큼이나 타인의 생명 또한 중요하다는 사실을 인식할 수 있는 것은 내 목숨이 아직 경각에 달려 있지 않을 때이다. "만약에, 돌아갈 수 있다면, 다른 선택을 했을 것 같아?" 돈으로 산 신장이 누군가의 죽음을 전제로 한 것이었음을 깨닫고 죄책감에 시달리는 '나'에게 던지는 수명의 물음은 우리가 주창하는 '타인에 대한 윤리'의 한계 지점을 명백히 드러낸다. 자신의 생명, 그 지점까지도 뛰어넘어야 한다고는 누구도 말할 수 없다. 없으나, 그렇다고 죄책감을 느끼지 않을 수도 없는 것. 그것이 이 남루한 육체를 벗어던질 수 없는 서글픈 영혼의 내면이다.

오수연의 『황금지붕』이 출발하는 자리가 바로 이 지점이다. 자신이 총칼을 들고 나가 전쟁을 일으킨 것도 아니고 그 전쟁이 우리가 살고 있는 대한민국에서 벌어지고 있는 것도 아니지만, 아무런 명분도 없이—그러나 이 살육을 과연 어떤 명분이 정당화할 수 있는가—일상으로 전쟁을 치루는 이 인류의 일원이라는 죄로, 오수연은 죄책감을 느낀다. 인간 존재 일반의 죄를 자신의 것으로 앓고 있을 뿐 아니라 이 인류의 죄를 막아보고자 전장까지 달려가 그 현장을 기록하고 있다는 점에서 오수연의 정의감이나 윤리의식은 남다른 데가 있다. 그러나 『황금지붕』이 보여주는 것은 작가의 도덕적 우월감이 아니라 도덕적 우월감을 느끼는 자신에 대한 혐오와 반성이다.

이 무슨 주제넘은 짓인가. 먹고살 만해졌다고 가로줄에 슬쩍 끼어든

> 내가 스스로 아니꼽고, 자신에 대해 뜨거운 질투심마저 끓어오른다. 주민들한테 '땡큐'라는 말을 들을 때마다 나는 흐뭇하면서도 미안하고, 창피하다 못해 화난다. 하지만 동료들이 서구 합리주의와는 다른 아시아적 가치를 정중히 존중하면 나는 또 뜨끔하고 속이 터진다. 형태가 불안정한 나는 수시로 돌변한다. 나는 오리엔탈리즘에 신경질적으로 반응하는 오리엔탈리스트이자, 자주를 신뢰하지 않는 민족주의자다. 근대를 두려워하는 근대주의자, 개발에 반대하는 개발론자, 평화를 회의하는 평화주의자이다. 나는 나의 일부를 믿지 못한다. 가로인지 세로인지 몰라도. 항상 정반대의 두 가지 생각이 한꺼번에 떠오르는, 나의 전부도 믿지 못한다.[20]

'나'는 "항상 정반대의 두 가지 생각이 한꺼번에 떠오르는" 모순된 존재로서의 자신을 철저히 인식함으로써 도덕적 우월감에서 벗어날 뿐만 아니라, "나의 일부"도, "나의 전부"도 믿을 수 없는 자신의 존재를 매 순간 확인함으로써 '너'와의 윤리적 관계를 확장시켜 나간다. 국제적 연대를 위해 모인 자들 간의 불화와 그들이 돕고자 한 이라크인과의 갈등을 통해, 「길」은 우리의 정의감 속에 도사리고 있는 이기심과 연대의 장에까지 당연시되고 있는 국제적 힘의 역학관계를 반성한다. "이러한 자기 성찰은 「황금지붕」에서 동아시아 출신의 여성이라는 자신의 주변부적 위치에 대한 자각과 만나며, 「문」에 와서는 다시 삶이 추방임을 지시하는 국경에 대한 근본적 사유로 이어진다."[21] 나라와 나라를 구분하

20 오수연, 「황금지붕」, 『황금지붕』, 실천문학사, 2007, 238~239쪽.

21 복도훈, 「연대의 환상, 적대의 현실 ― 최근 한국소설의 연대적 상상력과 재현에 대한 비판적 주석」, 『문학동네』 49, 2006.겨울, 496쪽.

는 경계기도 하지만 나라와 나라가 만나는 소통의 지점이기도 해야 할 국경이, 거대한 장벽과 벌거벗은 신체의 행렬과 끊임없이 나타나는 문으로만 그 실체를 드러내는 「문」은, 문명이 이룩한 이 시대의 거대한 야만을 드러내기에 부족함이 없다. 이 야만에 동참하지 않고 경계를 허물기 위해 작가들은 끊임없이 질문을 던지는 것이리라.

> 사랑과 혐오의, 존경과 멸시의, 신뢰와 의심의, 타인과 나 사이의 경계는 어디인가. 어른들은 다 알면서 자기들끼리만 고개를 끄덕이는 그 경계선. 어디까지가 나이고 어디서부터 남인지. 세상에 많은 사람들 중에 누가 내 가족이며 친구, 동지, 동포, 내 계급, 내가 먹여줘야 하고 아프면 돌봐줘야 하며, 죽으면 가슴을 치며 울어주어야 할 내 편, 내 사람들인지. 누구는 남, 아파도 내가 책임일 필요 없고 죽어도 내 가슴에 아무 느낌을 남기지 않는 사람들, 나 자신이나 내 편을 위해서 죽여야 할 적. 문 안으로 들어오지 못하게 막아야 할 악마들인지. 그 경계선은 어디에 그어져야 하는가.[22]

22 오수연, 「땅 위의 인간」, 『부엌』, 강, 2006, 191쪽.

월경의 상상력과 타자의 윤리

전성태, 『늑대』*

경계 넘기의 (불)가능성

작가에게 경계 넘기는 단순한 소설적 테마가 아니다. 그것은 실존을 건 싸움이다. 소설은 그 싸움의 기록이니, 소설의 변화는 언제나 몸의 변화와 함께 오는 것이다. 전성태에게 『국경을 넘는 일』이 몸을 바꾸는 일이었다면, 『늑대』는 그 몸을 넘는 일이다. 사회적 가치와 개인의 내면이 충돌하는 지점을 포착해 우리 사회의 어두운 단면을 드러낸다는 점에서 『늑대』는 『국경을 넘는 일』의 연장이면서 확장이고 심화다. 내면화한 사회적 가치가 쌓아올린 숱한 경계를 드러내고 그 경계가 만들어낸 모순을 예각화함으로써 『늑대』에서 전성태는 경계 넘기의 테마에 보다 집중한다. 몽골이라는 낯설면서도 익숙한 공간의 도입은 이를 위한 필연의 장치다. 그러나 국경 밖에서도 월경은 실현되지 않는다. 넘어섰다고 생각하는 순간 넘어서지 못한 자신을 발견하게 될 뿐이니, 전성태가 보여주는 월경의 상상력이란 경계를 넘었다는 우리의 허위의식에 대한 반성이기도 하다.

현실에서 일상화되고 있는 월경 역시 양면성을 띤다. 초국적 자본의

* 전성태, 『늑대』, 창비, 2009.

이동은 단일민족국가라는 아성 위에 수십만 외국인 노동자를 데려다 놓았고, 다문화 가정이 우리 사회의 이슈가 된 지도 오래다. 유학이나 취업, 이민 등으로 재외국민의 수도 갈수록 늘고 있다. 국회가 이들의 참정권까지 인정하기에 이르렀으니 국경이 유명무실하게 여겨지는 이들도 분명 있을 것이다. 그러나 누군가에게는 형식적 절차에 불과한 것들이 누군가에는 목숨을 내놓아도 넘을 수 없는 실존의 벽이기도 하다. 이것이 지금 진행되고 있는 세계화의 본질이다. 자본의 필요에 따라 그 흔적을 지우고 있을 뿐 국경은 사라지지 않는다. 아니, 우리도 모르는 사이에 내면화되어 선택과 배제의 논리로 작동한다는 점에서 국경은 오히려 도처에 포진해 있다. 이것이 지금 우리가 월경의 상상력에 주목하는 이유이고 전성태의 작업에 응원을 보내는 까닭이다.

자본이 삼켜버린 유목적 삶의 질서

전작 『국경을 넘는 일』이 무의식 속에 잠재된 월경越境에의 공포와 그 공포가 되쌓아 올린 우리 안의 숱한 경계들을 그려내고 있다면, 「강을 건너는 사람들」은 월경의 공포를 넘어서는 북한의 처절한 빈곤과 그로 인해 결국 도강을 감행하는 북측 사람들을 그리고 있다. 목숨을 담보로 한 이들의 탈북은 의지이되 의지가 아니어서 한 치의 낭만이나 감상도 허락되지 않는다. 경계가 강화된 국경 부근의 모습과 길잡이를 둘러싸고 벌이는 의심과 갈등 위로 아이를 잃은 어미들의 얼빠진 표정만이 새겨져 있을 뿐이다. 젖먹이를 잃고 다섯 살 난 첫째에게 대신 젖을 물리는 안경잡이 아내와 죽은 지 며칠 지난 아이를 내처 업고 다니는 길잡이. 아이의 죽음을 인정하지 않으려는 이 어미들의 안간힘도 생존의 근본 조건마저 박탈당한 현실 앞에서는 무력할 수밖에 없지만, 이들은 마지막까지 인간의 존엄성을 포기하지 않는다. 인색하게 생긴 교포 사내는 아이를 위해 해열제를 내어 주고, 죽은 아이를 이웃끼리 바꿔 먹는다고 의심하는 청년에게 안경잡이는 직접 보지 않은 것은 믿지 말라고 충고한다. 조국을 떠나는 설움도 아이를 잃은 비통도 안으로 삼켜야 하는, 통곡과 오열 이후의 세계를 살아가면서도 이들이 끝내 삶을 포기하지 않는 것은 인간에 대한 이 최후의 믿음이 있기 때문일 것이다.

그러나 강 건너의 세계에서도 이들이 그 믿음을 지켜낼 수 있을까. 자국민의 안전과 세계 평화를 내세워 약소국의 국민을 죽음으로 내모는 세상. 목숨에도 순위가 있고 행복에도 순서가 있으니, 강 건너의 세상을 움직이는 힘은 인간과 자연에 대한 존중이 아니라 돈과 권력에 대한 탐욕이다. 이 냉혹한 자본의 논리 앞에서 인간의 존엄성이란 결국 선택받은 소수의 특권이 아니겠는가. 그러나 여기, 미국이 달까지 소유했다는 이야기를 들으며 알 수 없는 동경심에 빠져드는 청년이 있으니, 영혼을 팔아 순간의 쾌락을 사는 파우스트적 욕망의 세계가 어리석은 우리 인간의 세계이기도 하다.

「늑대」의 촌장 또한 저 "꺼지지 않는 욕정"에 사로잡혀 사냥꾼이 뿜어내는 검은 정염을 뿌리치지 못한다. 몽골 초원을 지배하는 것은 더 이상 그믐밤의 금기가 아니다. 사냥꾼의 정염이 "파괴적이고 불온한" 정염이라는 것을 알면서도 촌장은 그의 늑대사냥에 따라 나서고, 사원의 라마승마저도 "불법은 승과 속의 타협"이라는 깨달음을 핑계로 암묵적 살생 허가를 내준다. 최소한의 생존을 위한 삶의 방식이었던 유목과 사냥

이 재산을 늘리고 욕망을 채우기 위한 수단으로 변모하면서 초원은 이제 도시와 다를 바 없는 "불모의 대지"가 되어 간다. "살생을 즐기는 이빨"을 갖고 태어나 초원의 질서를 어지럽히는, 하여 "살아 숨쉬는 일만으로도 죄업을 늘리는 짐승"이란 무한 증식하는 자본에 다름 아닌 것. 그러므로 "국경이 사라지고 그저 자본의 의지만으로 굴러간다면" 얼마나 신이 나겠느냐고 말하는 한국인 사냥꾼이 늑대를 자신의 "숙명적인 라이벌"처럼 여기는 것은 당연하다.

그러나 예기치 않은 반전으로 소설은 전혀 새로운 국면으로 접어든다. 금기와 위반, 뒤따르는 파국이야 색다를 것 없지만 이 고전적 구조에 살을 입히는 전성태의 솜씨는 단연 일품이다. 초원의 목자라는 전혀 의외의 인물에게 위반의 자리를 내어줌으로써 늑대와 사냥꾼의 대결구도를 일시에 역전시켜버린 것. 늑대를 사로잡겠다는 사냥꾼의 야심은 물거품이 되고 어둠을 떠도는 늑대의 영혼이 도리어 사냥꾼을 겨냥한다. 암컷을 죽여 수컷을 사로잡겠다는 그의 계획이 바로 자신을 향한 올무가 된 것이다. 자신에게는 끝내 몸을 열어주지 않던 허와가 치무게와 눈밭을 뒹구는 장면을 목격한 그는 분노에 휩싸여 방아쇠를 당긴다. 죽는 것은 허와겠으나 파괴되는 것은 사냥꾼일 테니 결국 그는 "스스로 자신을 사냥"한 셈이다. 무릇 그믐밤의 금기란 살생에 대한 인간의 두려움이 만들어낸 것. 자본의 "검은 혓바닥"이 삼켜버린 유목적 삶의 질서와 그로 인한 초원의 정신적 황폐를 깊이 응시함으로써 「늑대」는 지금 여기, 죄의식과 두려움과 연민을 벗어던진 우리의 무한 질주가 초래할 파국을 거울처럼 되비춘다.

제국주의의 두 얼굴

초원의 질서를 옹호하는 「늑대」의 세계에는 이방을 향한 낭만적 시선이 다소 깃들어 있지만 「코리언 솔저」에서 작가는 시원에의 동경이나 야만에의 공포 모두 제국주의적 시선의 두 얼굴임을 명백히 드러낸다. 시인으로서의 정체성을 회복하고자 '시원의 땅' 몽골로 온 창대는 연거푸 강도를 당할 위험에 직면하자 '야만스런 약육강식의 세계'로 몽골을 재인식한다. 아이러니한 것은, 자신을 해치려는 몽골 청년들에게서 야만스런 칭기즈칸군대를 떠올렸던 창대가, 궁지에 몰리자 도리어 "칭기즈칸의 군대와 닮은 것은 오히려 한국군대이지 너희들의 군대는 아니다"고 강변하는 것이다. 한국군의 위세를 빌려 자신의 무력함에서 벗어나고자 했던 것이지만, 역설적으로 한국사회의 야만성을 고발한 셈이다. 가운뎃손가락 마디가 없는 이웃사내를 보고 그가 느끼는 두려움도 문명을 가장한 우리 사회의 야만에 기초해 있다. 이렇게 가해자와 피해자는 뒤바뀌고 문명과 야만은 역전된다.

더욱 아이러니한 것은 그가 몽골에서 '시인'이 아니라 "영원한 군인"으로서의 자신을 발견한다는 것이다. 열쇠 없이 문이 잠겨버리자 그는 한때의 병영 체험을 믿고 30미터도 넘는 벽을 타고 내려갈 수 있다는 호기를 부린다. 소설 곳곳에 포진한 그의 군사주의적 발상들은 이 장면을 위해 작가가 깔아놓은 포석이었던 것. 시인이기에 앞서 군인이 될 수밖에 없는 이 현실은, 사회 전체를 하나의 거대한 병영으로 만들어버린 한국 근현대사가 낳은 비극이다. 비극은 반복되고 그래서 공포가 된다. '군인'이라는 동지의식이 적대를 환대로 바꾸는 것을 보라. "우리는 친구다, 코리언 솔저." 한국의 1970년대처럼 사사로이 병력을 유용하던 몽골 장교의 저 반가운 인사가, 왠지 "나는 네가 한 일을 알고 있다"는 위협처럼 들려 한없이 무섭고 부끄럽다.

1980년대 초 시골 초등학생들의 일상을 담은 자전소설 「아이들도 돈이 필요하다」는 이 장군의 시대를 살아낸 서민들의 애환을 특유의 남도 방언과 해학미 가득한 필체로 그려낸다. '양다래 트럭 전복 사건'으로 오쟁이를 재발견한 교장은 검정 고무신을 들고 뛰어다니던 오쟁이를 스파이크 슈즈를 신은 육상선수로 탈바꿈시키고 오쟁이 우상화에 매진한다. 벚나무 베어내기로 일제 청산 작업을 해치우고 이순신 장군상을 무궁화동산에 모셔 올린 교장이 이번에는 마라톤 대회를 휩쓸 야심 찬 계획을 세웠던 것. 교장에게 떼밀려 마라톤 연습에 나섰지만 명심이보다 달리기를 못하는 '나'는 주운 돈으로 스파이크를 사고 설렁탕까지 사 먹으며 오쟁이를 모방한다. 하지만 결국 그 돈을 갚느라 달리기 연습 대신 개구리 잡기에 나서고 '쎄비 형'의 그릇까지 운반하게 되는데, 함께 부역에 나온 오쟁이가 변을 당하면서 시종일관 유머러스하던 소설은 비극으로 막을 내린다.

자신의 우상화가 거짓에 기초해 있다는 사실을 알면서도 그것을 묵인하고 받아들여 결국 비극의 주인공이 되었다는 점에서 오쟁이는 '퇴역 레슬러'(「퇴역 레슬러」)의 계보를 잇고 있지만, 그가 조작된 성공 신화를 수락한 배면에는 "혼자 달리면서" "속으로 자랄" 수밖에 없는 가난한 현실이 깔려 있다는 점에서 이 비극은 훨씬 가슴 아프다. 다리통 굵기가 조작되었다는 것을 아무렇지 않게 실토하는 오쟁이라면, 자신이 "전라도에서 제일 빠른 놈"이 아니라는 것도 알고 있지 않았을까. 다만, '나'가 2천 원 때문에 쎄비 형의 수레를 끌었듯이 오쟁이에게도 그렇게 자기최면을 걸어야 할 어떤 절박한 이유가 있었던 것은 아닐까. 그러나 권력이 개인의 절박함에 관심을 기울이는 경우란 그것이 권력의 유지와 확장에 기여할 때뿐이다. 희생되는 것은 언제나 개인이며, 신화화된 개인이 사라진다 해서 권력의 신화화가 중단되는 것도 아니다. 「아이들도 돈이 필요하다」가 단순한 과거 추억담이 아니라 지속되는 현재에 대한 뼈아픈 통찰인 이유다.

돈이 필요한 아이'들'은 몽골에도 있다. 한번 폐품 상자를 내어주자 폐품이 없는 날에도 찾아와 내다버린 폐품 값을 변상하라 억지를 부리고, 교회에 나오지도 않은 오빠들의 빵까지 챙겨 달라 떼를 쓰는 부랑아들. 그러나 '억지'와 '떼'에도 원칙이 있으니, 더 많은 돈을 주려 해도 내다버린 폐품 값만을 요구하고 죽은 동생 몫의 빵은 되돌려주는 것이 「중국제 폭죽」에 나오는 이 "못돼먹은" 아이들의 '정직'한 세계다. 주기로 했으면 받는 것이 '정당'한 것이고 맞았으면 때리는 것이 '공평'한 것이니 이 아이들의 행동에 거리낌이 있을 이유가 없다. 원칙과 욕망에 괴리를 보이는 것은 오히려 어른들이다. 제 몫의 재활용품을 빼앗기자 임대계약 조건을 들어 부랑아 출입을 막는 관리인, 이웃들의 곤궁함에 짜증이 나지만 자기만족을 위해 선행을 베푸는 목사 등 어른들의 세계는 한결같이 표리부동하다. 이 표리부동을 괴로워한다는 점에서 목사는 자기반성적 인물이지만, 그 역시 가난한 아이들에 대한 이중적 잣대를 거두지는 못한다.

이 "작은 악마"들도, 빵으로 채울 수 있는 몸뚱이뿐 아니라 폭죽으로나마 기리고 위로받아야 할 '영혼'이 있는 존재라는 것을 목사는 너무 늦게 알아차린다. 버림받고 괄시받고 외면당한 채 거리에서 죽어간 이 영혼들을 기억하는 것은 함께 거리를 떠돌던 아이들밖에 없다. 광장으로 모여드는 수백 명의 아이들을 보며 목사는 폭동을 떠올리지만, 이 경직된 어른들의 세계를 "욕!"으로 웃겨주던 아이들에게 불꽃놀이는 기도고 선물이고 영혼의 축제다. 그런데, 치부라도 들켰다고 생각한 것일까. 아무런 사회적 안전망도 없이 거리로 내몰렸던 아이들에게 그제야 경찰이 나타난다. 최소한의 인간적인 삶도 보장해주지 못하면서 규제와 처벌만 일삼는 우리 사회의 단면을 이토록 여실하게 드러내기도 쉽지 않을 것이다. 몽골의 과도기적 혼란상이라고 치부해버리기에는, 우리에게도 이미 너무 익숙한 광경이 아닌가.

실종된 타자의 윤리

경계 넘기에 대한 전성태의 오랜 고민은 그가 '타자의 윤리'에 매우 민감한 작가라는 것을 방증한다. 그러나 오랫동안 우리에게 타자는 배제와 경계의 대상이거나 기껏해야 호기심을 자극하는 존재일 뿐이었다. 다문화사회가 현실로 다가오고야 허겁지겁 그들에게 화해의 손길을 내밀고 있지만, 이 역시 안을 더욱 공고히 하기 위한 전략일 뿐 타자에 대한 진정한 이해나 연대는 여전히 요원한 형편이다. 북에 대한 태도 역시 크게 나아진 것이 없다. 남북정상회담 이후 '6 · 15 시대'에 대한 기대와 전망이 크게 부상했지만, 최근 급격히 경색된 남북관계는 우리에게 북이 아직도 '영원한 타자'임을 확인시켜 준다. 하지만 타자만 있고 타자에 대한 윤리는 없는 사회가 지속 가능할 수는 없다. 경계 너머에서 경계 안을 보는 전성태의 고민이 여기에 있다.

「남방식물」에는 양방향의 월경이 공존한다. 몽골에서 한국으로, 한국에서 몽골로. 자본의 유무에 따라 누군가는 '사장님'이 되고 누군가는 '불법체류 노동자'가 된다. 한국인이라는 이유만으로 '돕는 자'의 위치에 올라설 수도 있다. 몽골이 배경이지만 병섭보다 몽골인이 더 이방인처럼 느껴지는 것은 그래서이다. 그러나 연민과 동정, 은근한 멸시의 대상일 뿐이라는 점에서 병섭에게 몽골인은 진정한 타자도 아니다. 그에게 중요한 것은 자신의 상처받은 영혼밖에 없으므로 그는 내면성의 닫힌 세계에서 한 발짝도 나오지 않는다. 정작 가해자는 자신이면서 아내와의 관계에서조차 피해의식에 시달리는 그는, 아내가 자신에게 유배의 형벌을 내렸다고 생각하지만, 그를 고립시킨 것은 타인이 아니라 자기 자신이다. 타자를 배척하는 무기력과 이기심이 그를 구성하는 두 개의 키워드이기 때문이다.

이러한 태도는, 어워로 향하는 여인을 보는 시선에서도 드러난다. 마음 한구석이 알 수 없는 격정으로 저릿해지는 것을 느끼면서도 그는 결국 "저 성실한 고행이 죽음으로 기울어 있든 삶으로 구부러져 있든 그것은 오직 저만의 일"이라 생각하고 창에서 눈을 뗀다. 단독자로서의 인간 존재에 대한 돌올한 성찰로 읽힐 법한 이 장면에서도 그의 방관자적 태도만이 느껴지는 것은, 그가 그녀를 보고 떠올린 사람이 북한음식점 '목란'의 명화였기 때문이다. 환북을 앞두고 명화가 그에게 은밀히 건넨 편지를 그는 읽지도 않고 어워에 매장했던 것. 불법체류 노동자를 돕는 일은 불쾌와 짜증을 동반할 뿐이지만, 탈북을 돕는 일은 생각만으로도 그에게 공포와 불안을 안겨준다. 평생을 분단국가의 국민으로 살아온 그에게 이 공포와 불안은 '본능'에 가깝다. 이 본능이, 어설픈 그의 윤리 감각을 이긴다. 이기적 방관자와 부도덕한 준법자를 키운 것은 결국 타자의 윤리보다 동일자의 전체성이 우세하는 우리 사회인 것이다.

「목란식당」에서 벌어지는 한 편의 "진지한 코미디" 역시 경직된 남북관계가 낳은 웃지 못할 현실이다. 타락한 386세대와 극우 기독교 단체는 물론이거니와, 공으로 냉면을 먹고도 유독 목란에서만은 큰소리를 치는 불광동 양 씨나 죄책감을 동반한 추억과 감상으로 평양냉면을 대하는 삼촌 역시 북을 대하는 우리의 뒤틀린 시선과 태도를 보여준다. 남측 화가가 약속을 어겼다고 그와 함께 한 북측 화가를 단죄한 북한 당국과 북에 대한 남측 사람들의 호기심을 이용해 분단장사를 하고 있는 '목란' 역시 작가의 비판적 시각에서 자유롭지 못하다. 화자인 '나'는 이들 모두와 거리를 두고 있지만, 균형 잡힌 '거리'란 자칫 방관자적 시선으로 이어질 수 있다는 점에서 '나' 역시 대안적 인물은 아니다. 북의 화가가 다시 그림을 그리기 시작한 것이나 정치적으로 휘둘리지 않기 위해 교민식당 주인들이 함께 애쓰는 모습에서 남북 화해의 실마리를 찾을 수도 있으나, 목란의 실수를 "사악한 사탄의 마음" 때문이라고 몰아붙이는 목사 앞에서 "목란은 그냥 식당"이라는 '나'의 말은 공허한 외침일 뿐이다. 쟈르갈 시인의 비감어린 질문이 떠오른다. "도대체 우리는 서로에게 비수를 꽂을 만큼 뭐가 달랐던 걸까?"

'갇힘'을 드러냄으로써 '열림'을 쟁취하는 역설

어쩌면 우리가 휘두르고 있는 칼에는 칼집도 없고 칼자루도 없는 게 아닐까. 우리 손에 가득한 상처는, 그러므로 적이 아니라 우리가 쥐고 있는 칼이 낸 상처일는지도 모른다. 그 사실을 감추려고 상처마저 추문화해 온 세월, 분단으로 평생을 가족과 헤어져 살아가는 사람들이 있다는 것을 우리는 자주 잊는다. 그래서일까. 「누구 내 구두 못 봤소?」는 잃어버린 기억을 찾아가는 구조를 취하고 있으며, 그 기억 끝에 우리가 만나게 되는 것은 선장 김록성의 실종 사건이다. 이북에 처자식이 있다는 사실을 평생 숨기고 살던 김 선장은 북측 가족의 소식이라도 들어볼 생각으로 뒤늦게 아내에게 사실을 털어놓는다. 멋모르고 살던 남측 가족들은 이 일로 일대 혼란에 빠지고, 어렵사리 잡은 화상상봉 기회도 시국이 꼬이면서 무기한 연장되고 만다. 진생 씨는 "그런 일을 둔 사람이 몹쓸 짓을 했을 리 없다"고 생각하지만, 사람들의 증언은 김 선장의 자살로 무게가 실린다.

그렇다고 소설이 한없이 무겁고 슬프기만 한 것은 아니다. 진지하고 비극적인 이야기를 사소한 일상사에 곁들여 해학적으로 풀어내는 발군의 실력은 가히 전성태답다. 소설의 도입부를 웃음으로 가득 채우는 입담은 또 어떤가. 서사의 높은 밀도도 익히 알려진 전성태 소설의 특장이거니와, 구두를 찾으러 다니는 진생 씨의 하루 속에 시름겨운 구들장 논농사 일부터 섬마을의 중학교 통폐합 문제, 남북이산가족 문제 등이 다 녹아 있다. 하지만 가슴에 얹히는 것은 소설의 결말이다. 김 선장의 행방은커녕 전날 자기가 무슨 일을 했는지도 정확히 알지 못하는 채로 진생 씨는 또다시 구두도 찾고 논도 갈고 촬영도 해야 한다. 이것이 일상의 위대함이자 또한 비참함이다. "그 냥반이 뭔 걱정이 있다고 그래 금매." 곁에 두고도 속내를 헤아리지 못하는 사람이 어디 진생 씨 부인뿐이랴. 타인의 죽음보다 잃어버린 내 구두가 더 실감나는 법이니 그 핑계로 우리는 또 그들을 잊을 것이다.

단일민족이라는 신화가 만들어낸 상처도 있다. 혼혈인이다. 인류의 역사가 곧 혼혈의 역사니 혼혈인을 문제 삼는다는 것은 그만큼 우리 사회가 폐쇄적이라는 의미, 작가들의 비판적 시선이 가닿을 만하다. 그러나 전성태가 이 문제에 접근하는 방법은 우리의 허를 찌른다. "오리지널 한국인"인데도 "다국적인 외모"를 갖고 있어 차라리 혼혈인이기를 소망하는 인물을 등장시킨 것. 게리를 혼혈인으로 오해한 국사선생은 '민족은 핏줄이 아니라 가슴에 있다'고 말하지만, 이 위로가 오히려 자신을 배제하고 있다는 것을 알아차린 게리는 아예 '게리 워커 존슨'이라는 미국계 혼혈인의 인생을 자신의 것으로 만들어 버린다.

문제는 그가 '이미테이션' 혼혈인이라는 것이다. 외모는 혼혈인이지만 부모가 한국인인 그는 정작 혼혈인 병역복무면제 혜택에서는 제외되고 만다. 오리지널 한국인으로도 오리지널 혼혈인으로도 살아갈 수 없는 이 이중의 배제 속에서 그가 선택할 수 있는 길은 연극밖에 없다. 하지만 연극을 하는 것이 어디 게리뿐이랴. 「이미테이션」에는 그야말로 이미테이션이 판을 친다. 중요한 것은 배역이지 더 이상 배우가 아니다. 어떤 배역을 맡느냐에 따라 인생이 달라지니 아이들은 어린 시절부터 좋은 배역을 따내기 위한 경쟁으로만 내몰린다. 단일민족국가라는 신화가 위력을 발휘하는 것은 제3세계 국가들과 마주했을 때뿐이다. 한민족의 핏줄보다 영어원어민의 피가 우위를 차지하는 시대, 이 무한경쟁의 시대에는 순수혈통 한국인도 더 이상 "오리지널"이 아니다.

물론 여성은 더 오래전부터 "오리지널"이 아니었다. 『여자이발사』의 재한 일본인 처가 동네 아이들에게까지 멸시를 당한 것은 그가 일본인이기 때문만이 아니라 더하여 '여성'이기 때문. 구구절절 말하지 않아도 누구나 알아차릴 정도니, 여성만큼 마이너리티의 역사가 긴 존재가 또 있을까. 노골적인 핍박이나 멸시뿐 아니라 욕망하고 신성시하는 손길에도 여성에 대한 오랜 편견이 존재한다. 「두번째 왈츠」의 나마는 모두가 동경하고 선망하는 여자지만 그 이면에는 남성의 시선에 발가벗겨진 채 오도 가도 못하는 '조국의 여성'이라는 현실이 놓여 있다. "3지대로서 위치를 망각하고 금을 넘어보고" 싶었던 '나'의 욕망 역시 이 남성적 시선의 연장이다. 욕망의 '대상'으로 전락하는 순간 여성의 내면은 사라지거나 불가해할 수밖에 없다. 『늑대』의 남자들이 여자들과 제대로 된 관계를 맺지 못하는 것은 당연하다.

경계를 넘지도 없애지도 이해하고 받아들이지도 못하는 이 혼돈 속에서 '나'는 다만 나마를 "사랑할 자격이 있을까" 자문할 뿐이다. 그러나 이러한 질문으로부터 '타자의 윤리'는 시작한다. 의심과 회의, 혼돈과 방황이야말로 타인의 얼굴과 맞대면한 자의 내면이기 때문이다. 전성태가 보여주는 것은 경계를 훌쩍 뛰어넘는 비범한 경지가 아니다. 오히려 『늑대』의 인물들은 하나같이 경계 안에 갇혀 있다. 그러나 그의 이 비극적 세계인식은 결코 허무로 이어지지 않는다. '갇힘'을 드러냄으로써 그는 역설적으로 '열림'을 쟁취한다. 내면화된 유무형의 경계와 그 경계가 만들어낸 우리 사회의 숱한 모순을 얼음방석 위의 맨살처럼 아프게 드러냄으로써 전성태는 독자 스스로 월경을 말하고 실종된 타자의 윤리를 질문하게 한다. 이것이 경계 너머를 꿈꾸는 『늑대』의 세계다. 그러나 좋은 소설은 언제나 비평의 언어로 포섭되지 않는 법, 『늑대』는 매 순간 『늑대』를 넘어선다.

땅이나 하늘, 바람에 그 누가 주인을 정하는가?

김형수, 『조드—가난한 성자들』*

21세기 정치소설로서의 『조드』

몽골을 무대로 이야기가 펼쳐지는 또 한 편의 소설이 있다. 김형수의 『조드—가난한 성자들』(이하 『조드』)이다. 작가만 믿고 아무런 사전 정보도 없이 이 책을 샀다. 책을 펼치고 나서야 소설의 배경이 몽골이라는 것을 알았다. 『조드』가 저 유명한 칭기스칸 이야기라는 것도 몰랐고, 그래서 읽었다. 알았다면, 칭기스칸 같은 전쟁영웅 따위, 굳이 두 권이나 되는 소설을 읽을 만큼 관심 가질 필요는 없다 생각했을 것이다. 모든 국가가 폭력에 기반하고 있지만, 제국이란 국가 단위와는 비교할 수 없는 차원의 폭력을 전제한다. 제국의 탄생이 인류의 문명을 발전시키는 데 궁극적인 기여를 했다 하더라도, 제국주의적 발상에 대해서는 쉽게 수긍할 수가 없다. 하필이면 칭기스칸인가, 라는 생각이 든 것은 그 때문일 것이다. 어찌되었건 숱한 정복전쟁을 통해 역사상 가장 광활한 제국을 건설한 '칸'이다. 그에 대한 향수는 결국 제국에 대한 욕망에서 비롯하는 것 아닌가. 서양이 아니라 동양에 의한 제국. 유럽 중심주의에 대한 극복을 이유로, 유럽보다 먼저 제국을 건설한 동양의 한 정복왕을

---

* 김형수, 『조드—가난한 성자들』 1 · 2, 자음과모음, 2012. 이후 인용할 때에는 '권수, 쪽수'로 기재한다.

예찬하는 것은 정당한가. 아니, 유럽 중심주의가 과연 그런 방식으로 극복될 수 있는 것인가. 이러한 의심과 질문은 우리가 『조드』에 대해 품을 수 있는 가장 일반적인 오해와 편견일 것이다.

내가 아무것도 모르고 있었을 뿐 아니라 심지어 잘못 알고 있기까지 했다는 것은, 책을 다 읽을 즈음에야 알았다. 글을 쓰지 말까, 궁리하면서 한 번 더 읽는 동안, 19대 국회의원 선거운동이 시작되었다. 총선이 끝나고 다시 『조드』를 읽었다. 몇 문장에 새로 밑줄을 그었다. "인간이 인간을 사냥하는 야만적 행태를 뿌리 뽑을 통치 세력은 어떻게 해야 만들어지는가?" 시간도 공간도, 기후와 생활방식도 확연히 다르지만, 13세기 몽골의 고민이 지금 우리의 고민과 다르지 않았다.

국가라는 장막에 대한 유목민적 사유

우리는 칭기스칸이 끊임없는 침략 전쟁을 바탕으로 대제국을 건설했다는 사실은 알고 있지만, 그가 왜 그런 전쟁을 시작하게 되었는지는 잘 알지 못한다. 예수게이와 연합하여 부족연합체를 만든 키릴툭은, 예수게이가 죽자 테무진 가족을 초원에 내치고 부족을 모두 차지했을 뿐 아니라 테무진을 죽여 후환을 없애고자 한다. 친척들과 부족민들에게 철저히 배신당하고 스승이자 아비에 다름없었던 사람에게 목숨을 위협받으며, 고립은 곧 죽음에 다름 아닌 몽골의 혹독한 자연환경과도 싸워야 했던 테무진. 물론 고난과 그 극복 과정은 영웅 탄생에 필수불가결한 요소다. 문제는 그러한 상황에 처한 사람들이 테무진 일가만이 아니라는 사실에 있다. '어린 몽골'이 망한 뒤 고원은 "끝없는 분열과 경쟁으로 누구도 안정된 삶을 누릴 수 없는" 곳이 되어버렸다. 인간들 사이에 신의가 상실되고 오랫동안 지켜온 초원의 윤리마저 무너졌다. 일차적 원인은 초원의 척박한 자연 환경에 있다. 물이 부족한 건조지대에서 겨울철 가뭄과 추위가 겹치며 정점에 이르면, 가축이 한꺼번에 수천 마리씩 죽어나가는 '조드'가 발생한다. 피해의 양상에 따라 하얀 조드, 검은 조드, 눈보라 조드, 거울 조드로 세분할 수 있을 정도다.

자연만 조드를 일으키는 것이 아니다. 남아 있는 초지에 인간과 가축들이 몰려 결국 초원을 파괴하고 마는 '발자국 조드' 역시 부족 전체를 위험에 빠뜨린다. 발자국이 겹치지 않도록 만들 힘 있는 지도자가 없으니, 약육강식의 법칙이 초원을 지배하게 되고 급기야 서로를 죽이고 약탈하는 데까지 이르게 된다. 개인 유목을 지켜줄 강력한 국가의 존재가 유목민들의 절실한 소망이 될 수밖에 없는 이유다. 테무진이 숱한 전쟁을 거쳐 칭기스칸이 된 것은 바로 이런 필요와 소망 때문이었다는 것이 김형수의 시각이다. 다른 지도자들과 달리 테무진은 죽이기 위한 전투가 아니라 살아남기 위한 전투, "유목민끼리 원한관계로 싸우는 것을 끝장내는 전투"를 하려 했다는 것이다. 그는 귀족이었으나 어린 시절부터 온갖 고초를 겪으며 초원의 법칙을 체득했고, 오랜 세월 버려진 자로 살면서도 사람에게는 신성한 것이 있다는 믿음을 잃지 않았다. 그 믿음을 짓밟고 세상을 더럽히는 자는 결코 용서하지 않았지만, 인간의 위엄은 신분이나 직위와는 무관한 것이라 생각했으므로 하층민들과 편견 없이 어울렸고 부족 중심의 신분 집단을 합리적인 군사공동체로 바꾸어 버렸다. 공동체에 해가 되는 자라면 같은 핏줄이라도 죽였지만, 공존할 수 있는 자는 적장이라도 제 백성으로 삼았다. 하늘을 두려워하고 자연을 존중했으며 친구의 공로를 높이 샀다. 인간의 품격에 대한 갈망이 사람들을 그에게로 불러 모았을 뿐, 처음부터 그 스스로 칸이 되려고 했던 것도, 세계를 정복하겠다는 야망이나 권력욕에 추동되어 전쟁을 일으킨 것도 아니다. 전쟁의 보다 근본적인 이유는, 성을 허물려는 의지가 아니라 오히려 성을 쌓아올린 의지에 있다. "어떤 놈은 추운 데서만 살고 어떤 놈은 더운 데서만 살라고 길을 막고 성을 쌓아서 제각기 대지를 쪼개고 나누어 갖자, 제기랄, 전쟁의 시대가 막을 올린" 것이다.

> 전쟁을 없애는 길은 하나뿐입니다. 철새처럼 푸른 하늘을 따라다니며 사는 것이에요.
>
> —2권, 280쪽

농경문화 속에서 자란 우리들에게 이 같은 유목민적 사유는 매우 낯설다. 한곳에 가만히 붙어살지 못하는 사람을 우리는 역마살이 붙었다거나 뜨내기라는 식으로 폄하해 말하지 않았던가. 전쟁을 막기 위해서는 화친을 맺거나 성을 높이 쌓고, 강한 군사력으로 무장해야 한다고 배웠다. 침략하는 자가 나쁜 자이지 방어하는 자에게 무슨 잘못이 있겠는가. 그러나 내 것을 빼앗아 영원히 제 것으로 소유하려는 것이 아니라 다만 잠시 거쳐 가거나 함께 사용하려는 것뿐이었다면? "초원에도 법도가 있다. 유목민이라 함은 몸에 지닐 수 없는 것은 갖지 않아야 한다. 땅이나 하늘, 바람을 소유하려는 자는 세상을 훔치는 자이니, 마땅히 벌을 받아야 옳다. 인간은 두발짐승이요, 발은 지닐 수 없는 것을 찾아다니라고 내려준 것이다." 그러나 "정착민은 좋은 땅을 차지해서 성을 쌓고는 유목민이 초원을 영원히 벗어나지 말고 자기들끼리 싸울 것을 희망했다." 정착민의 입장에서 유목민은 애써 모은 식량과 재산을 일거에 앗아가 버리는 약탈자요 무법자지만, 유목민의 입장에서는 정착민이야말로 누구의 소유도 아니었던 세상을 훔쳐 생명의 자연스런 흐름을 막는 반역의 종자들이다. 인간을 철저한 신분제 속에 가두어 소수가 다수를 지배하고 착취한 역사 역시 소유할 수 없는 것을 소유하고자 했던 정착민들의 욕망과 무관하지 않을 것이다. 유목민들끼리의 저 끝없는 싸움을 멈추고 인간성을 회복하기 위해서는, 그러므로 국경이라는 장막을 걷어내고 막힌 길을 뚫어야 하는 것이다.

이용하되 홀로 소유하지 않으며, 맞서 싸우되 존재의 신성함을 파괴하지 않는 것

정착문명과 이동문명, 둘 중 무엇이 반드시 더 옳고 그르다고 단언할 수는 없을 것이다. 그러나 우리가 너무 오래 정착문명만이 이 세계의 모두인 것처럼 사유하고 생활해 왔던 것은 분명하다. 문자나 건축물 같은 가시적인 유산의 많고 적음만이 문명의 크기와 깊이를 재는 척도는 아닐진대, 우리는 그러한 것을 근거로 쉽사리 이동문명을 평가 절하해 왔다. 『조드』는 정착문명의 그 어떤 사상가보다도 높은 품격을 갖춘 초원의 인물들을 불러내 우리의 이 오만과 무지를 반성하게 만든다.

"인간이 말 등에서 얻은 수천 년 동안의 지혜를 익히고 다듬어 전승하는 역사의 관절"이라 불리는 나코 어른은 "집 없는 나그네가 메넨 초원에서 굶거나 어려움을 겪는 걸 자신의 수치로 아는 사람"이다. 그의 외아들 보오르추는 '사람이 말보다 뛰어난 것은 다른 사람의 일에도 슬퍼할 줄 알기 때문'이라는 아버지의 가르침을 몸소 실천해 테무진의 가장 큰 벗이 된다. 갓 시집온 며느리에게 "여자는 사랑보다 운명을 따라 사는 것"이라고 말해주는 후엘룬은 또 어떠한가? 그가 테무친의 정신적 지주였다는 것은 널리 알려진 사실이지만, 아내가 적장의 아이를 임신하지 않았나 걱정하는 아들에게 "너의 자식을 갖고 싶으면 너의 마음을 심어라"라고 충고해주는 어머니를 만나기는 쉽지 않은 일이다. 그야말로 "인간에게 어떤 올가미도 채우지 않는 가난한 성자"였다.

무엇이 초원에 이 '가난한 성자들'을 모셔왔는가. 『조드』에 따르면, 주기적으로 찾아와 유목민의 삶을 초토화시키는 조드야말로 "유목민으로 하여금 언제나 푸른 하늘이 내려준 대지 전체를 바라보며 살게" 한 이유다. 낱낱의 목숨에게는 분명 재앙이지만, 생태계의 질서를 회복시킨다는 측면에서뿐만 아니라 인간의 오만을 경계하게 만든다는 점에서도, 인간의 능력을 훨씬 초월하는 어떤 힘들이 있다는 것은 인류 전체에게 오히려 축복일 수 있다. 이용하되 홀로 소유하지 않으며, 맞서 싸우되 존재의 신성함을 파괴하지 않는 것은 13세기 초원의 삶에서뿐만 아니라 21세기 한반도의 삶에서도 꼭 필요한 덕목들이다. 칭기스칸의 다면성을 너무 단순화시키고 있는 것은 아닌가 하는 우려가 들 정도로 『조드』가 테무진의 인간적 품격에 특히 초점을 맞추고 있는 것은 아마 그 때문일 것이다. 그래서 이 소설에는 진정한 의미의 대립과 갈등이 없다는 느낌도 든다. 숱한 만남과 헤어짐이 있고, 모략과 배신, 전쟁과 죽음이 일상적으로 벌어지지만, 무엇이 정의인지, 어떤 지도자가 정말 필요한 지도자인지 이미 다 결정되어 있기 때문이다.

장르의 문법에 포섭되지 않는 잉여들

칭기스칸에 대한 연구는 과거 이슬람과 기독교의 연대기 학자들이 서술한 끔찍한 편견과 오만으로부터 벗어나 점차 학문적 균형을 되찾고 있다. 세계화와 '디지털 유목민' 시대의 새로운 이상으로 칭기스칸이 부상하면서 최근에는 오히려 너무 포장되고 있는 것 아닌가 하는 느낌마저 줄 정도이다. 이에 대해서는 김형수도 비판적 입장을 분명히 하지만, 『조드』 역시 이러한 학문적 성과나 시대적 트랜드와 전혀 무관하지는 않다. 테무친을 단순한 전쟁영웅이 아니라 초원의 윤리를 실천한 사상가로 보고 있는 점이나, "가톨릭과 비非가톨릭 정신이 각축하는 성곽의 중세가 아닌 (…중략…) 농경민과 유목민의 충돌을 야기한 광야의 중세"를 그림으로써 '보다 바른 세계사 상'을 찾는 데 기여하겠다는 작가의 의지가 『조드』를 기존의 전쟁영웅서사와 뚜렷이 구분지우는 것은 분명하지만, 그것이 이 소설만의 성과는 아니라고 말할 수도 있다. 그러나 소설에서 중요한 것은 무엇을 말하는가가 아니라 어떻게 말하는가이다. 칭기스칸을 다루었으니 불가불 역사소설이자 정치소설이라 할 수밖에 없겠지만, 이 소설의 가장 큰 성취는 오히려 이런 장르의 문법에 포섭되지 않는 잉여들에서 나온다.

이는 '조드'라는 이 소설의 제목과 '가난한 성자들'이라는 부제에서도 잘 드러난다. '테무친이 고원을 평정할 때까지의 시간'을 그리면서도 김형수는 소설의 서사를 테무친으로 초점화하지 않는다. 몇몇 주인공뿐 아니라 그 시대를 살아간 여러 인물들의 삶을 함께 조명한다거나, 당대의 시대와 문화, 가치와 습속을 드러내는 것은 대부분의 장편 역사소설이 갖는 특징이겠지만, 『조드』에서는 후자가 오히려 서사의 핵심이라 할 수 있을 정도다. 테무진의 가족과 친구, '푸른 군대'의 장수들 같은 핵심 인물이나 자무카 등의 지도자급 인사뿐 아니라, '오논 강 여자' 같은 주변인물들의 이야기까지 섬세하게 살려냄으로써 『조드』는 12~13세기 유목민들의 삶과 문화를 지금 우리 눈앞에 고스란히 복원시킨다. 서사의 기본축은 연대기를 따라 전개되지만, 몽골의 민요와 전설, 놀이와 풍습, 신화와 종교가 곳곳에 녹아들어 서사의 완급을 조절하고 이야기를 보다 풍성하게 만든다. 소설의 첫 장면과 마지막 장면을 비롯해, 잊을 만하면 반복적으로 묘사되는 몽골고원의 혹독한 자연환경은 이 소설의 제목이 '칭기스칸'이나 '몽골제국의 탄생'이 아니라 '조드'라는 것을 분명하게 환기시킨다. 왜인가. 칭기스칸을 만든 것은 한 개인의 영웅적 자질이 아니라 바로 이 자연과 역사, 그리고 그와 함께 초원을 살아간 평범한 사람들의 지혜와 믿음, 그 오랜 고독과 그것을 이겨낸 사랑이라 생각했기 때문일 것이다. 다소 투박하게 여겨질 법한 어떤 문장들이나 작가의 직접적 서술들은 초원의 구술문화를 본딴 것이 아닌가 한다. 인간과 세계에 대한 작가의 통찰을 발견하는 기쁨도 기쁨이지만, 계속 읽다보면 누군가 옆에서 이야기를 들려주는 것처럼 구수하고 가슴시리다.

자가면역질환을 앓는 세계화 시대의 이방인들

김재영, 『폭식』*

우리 사회 안팎으로 세계화가 급속히 진행되면서 최근 한국문학은 탈국경의 서사에 많은 관심을 보여 왔다. 그러나 '월경'이 2000년대 소설의 핵심적인 키워드로 떠들썩하게 자리 잡은 데 반해, 실제로 근대 국민국가의 경계를 넘어 국가와 민족에 대해 다시 질문하고 근대의 대안을 모색하는 데까지 나아간 작품은 많지 않았다. 2010년을 며칠 앞두고 출간된 김재영의 소설집 『폭식』은 그래서 더욱 주목을 요한다.

첫 소설집 『코끼리』에서부터 김재영은 우리 안의 타자에 대해 남다른 관심을 보여 왔다. 이주 노동자의 삶을 그리면서도 그는 한국인과 이주 노동자를 선악의 선명한 구도로 배치하지 않았고, 성급하게 화해를 시도하거나 어설픈 연대의 포즈를 취하지도 않았다. 그렇다고 이주 노동자들의 타락과 부도덕에 초점을 맞춘 것도 아니다. 돈을 모아 고국에 돌아가기 위해 동료의 죽음까지 외면하고 특근을 하던 '노랭이'도, 그 노랭이의 돈을 훔치기 위해 강도로 돌변한 '비재 아저씨'도 실은 "뭐든 집어삼킬 태세로 거세게 휘돌아"가는 '외'[1]에 빠진 코끼리(「코끼리」)라는

* 김재영, 『폭식』, 창비, 2009.

1 미얀마 말로 '소용돌이'라는 뜻.

사실을 드러냄으로써 김재영은 바로 저 '외'와도 같은 우리의 현실을 문제 삼았다. 두 번째 소설집 『폭식』은 이러한 현실인식을 한층 심화시킨 수작이다. 특히 자본의 심장부 뉴욕 맨해튼으로 소설의 공간을 확장함으로써, 상설화된 비정규직과 세계화된 이주 노동의 흐름이 우리를 그럴듯한 '코즈모폴리탄'이 아니라 오히려 점점 더 잠재적인 '호모 사케르'로 만들어가고 있다는 것을 더욱 명징하게 드러낸다.

결혼 이주민이라는 우리 안의 타자를 그리고 있다는 점에서 「꽃가마배」는 전작 「코끼리」나 「아홉개의 푸른 쏘냐」의 연장선에 서 있는 작품이다. 사랑이 아니라 서로의 이해관계에 따른 국제결혼의 참상은 이제 너무 익숙한 소재고, 태국 여자(능 르타이)와 재혼한 아버지를 못마땅해하던 딸이 미국 남자('마이클'이 미국으로 떠나긴 하지만 그가 미국인인지는 확실치 않다)와 연애하다 실패하는 이야기는 너무 작위적이라는 느낌을 지울 수 없지만, 여기에 수로왕과 허황옥의 결혼 이야기까지 겹쳐놓으며 김재영은 우리가 타자를 대하는 방식에 대해 진지하게 질문한다. 아유타국의 공주 허황옥은 왕비가 되어 양천 허 씨 등의 시조가 될 수 있었지만, 아유타 본국의 식민지였던 아유타야의 가난한 처녀 능 르타이는 반신불수의 늙은 한국인과 결혼하고도 결국에는 한줌의 재가 될 수밖에 없는 현실. 「꽃가마배」가 허황옥과 능 르타이 이야기를 교차 서술하는 것은, 단일민족신화를 비판하기 위해서일뿐 아니라 외국인에 대한 우리의 이중 잣대를 드러내기 위함일 것이다. 그러나 이 소설의 매력은 이런 단순한 전언에 있지 않다. 능 르타이와 갈등하는 사람을 남편이 아닌 시누이와 의붓딸로 설정함으로써 「꽃가마배」는 결혼이주여성을 둘러싼 우리 사회의 다양한 역학관계를 드러내는 한편, 우리 사회에 만연한 '다름의 공포'를 보여준다. '내'가 능 르타이를 새엄마로 받아들일 수 없는 것도 "가난하거나 비정상적인 집안의 상징"인 결혼이주여성으로 인해 '나' 역시 평생 "차별의 굴레"를 쓰고 살아가야 할지도 모른다는 공포 때문이다. 공포는 폭력을, 폭력은 다시 공포를 낳으며 차별을 강화한다. 아이러니한 점은, 이러한 이중 잣대로 인해 더 심하게 고통받는 것은 바로 우리 자신이라는 사실이다. 「꽃가마배」의 '나'와 아버지와 고모는 이미 우리 사회의 약소자가 아니었던가. 자신을 향해 찌르는 칼인지도 모르고 능 르타이에게 칼을 겨누는 이들의 모습은 차별과 배제가 구조화된 우리 사회의 암울한 자화상이다.

스스로를 적으로 여기고 결국 자기를 파괴해가는 오늘날의 세태는 「달을 향하여」와 「폭식」에도 잘 드러난다. 박병찬의 앞날이 세입자의 처지와 크게 다르지 않듯이 다국적기업의 이익을 대변하는 민 팀장 역시 최형과 마찬가지로 언제든 해고당할 수 있는 한낱 피고용자에 불과하다. 진짜 적이 누구인지도 모른 채 이들은 마치 서바이벌 게임을 하듯이 서로에게 총을 겨누고 있을 뿐이다. 그리하여 이 야만의 정글에서 최후까지 살아남는 것은 과연 누구일까. 혹시 우리는, 제 손에는 피 한방울 묻히지 않고 사냥감을 거둬들이기만 하는 누군가의 잘 훈련된 사냥개는 아닐까. 열악한 노동 조건과 불합리한 임금을 감내하면서도 언제나 실업의 위협에 시달리는 비정규직 노동자는 이 시대의 대표적인 "린도우인 미라"[2](「폭식」)다. 「십오만 원 프로젝트」의 해학과 풍자 이면에, 복직투쟁으로도 해결되지 않는 비정규직의 비애가 진하게 깔려 있는 것

2 기원전 300년경 초목의 신을 달래기 위해 제물로 바쳐진 린도우인의 미라

은 그래서이다. '나'의 해학과 낙관에도 불구하고 작가가 굳이 비극적인 결말을 암시하며 소설을 끝맺은 것은 몇몇 개인의 의지만으로는 극복될 수 없는 현실의 거대한 구조를 드러내기 위해서일까. 21세기, 위대한 과학의 시대를 살아갈 "축복받은 세대"일 줄 알았던 우리 앞에는 구조화된 실업과 가난, 일상이 되어버린 전쟁과 테러와 학살, 강대국의 각축장이 되어버린 우주, 달마저 투기의 대상으로 전락해버린 잔인한 자본의 논리가 펼쳐져 있을 뿐이다. 누군가의 폭식은 언제나 누군가의 굶주림을 전제로 한다. 이 제로섬 게임에서 나는 언제나 '예외 상태'가 아닌 주권 구성의 경계 안쪽에 속하리라는 생각은 착각이 아니겠는가.

뉴욕의 한국인 이민자들의 삶을 통해, 주체와의 경계를 전제한 '타자의 윤리'에 머물지 않고 '타자로서의 우리'로 주체의 자리를 아예 옮겨 놓는 「앵초」, 「롱아일랜드의 꽃게잡이」, 「M역의 나비」는 세계화에 대한 날카로운 비판과 함께 민족과 국가에 대한 우리의 환상을 적나라하게 고발한다. 새로운 조국을 위해서는 모국에도 총부리를 겨눌 수 있어야 하고, 살아남기 위해서는 거짓으로라도 애국심을 드러내야 하는 이민자들의 삶. 우정도 사랑도 약육강식의 정글에서 살아남기 위한 전략의 하나로 선택할 수밖에 없는 이민 2세대들에게는 "한국적인 문화와 정서"를 강요하는 이민 1세대들 역시 미국인들과 마찬가지로 광신도에 다름 아니다.

그렇다면 무엇이 국가고 민족인가. 이 세계의 가공할 속도에 치명타를 입고 속절없이 죽어간 'M역의 나비'들은 비단 뉴욕에만 있는 것이 아니다. 그럼에도 여전히 M역을 향해 날아가는 저 수많은 나비들. 그들의 "대책 없이 밝기만 한 웃음"에 우리가 차마 축복의 인사를 건네지 못하는 것은 "미처 사람으로 완성되지 못한 채 생을 마감하는 수많은 타인들"이 바로 우리 자신이기 때문은 아닐까. 국가와 민족의 경계에 대한 질문은 이렇게 인간의 경계에 대한 질문으로 이어진다. 모든 인물들이 역사와 시대의 모순을 끌어안고 있는 「앵초」 등에서는 다소 주제의식의 강박이 느껴지기도 하지만, 김재영은 생경한 관념을 나열하거나 뻔한 당위를 노출하지 않으면서도 이 어려운 질문들을 문학적으로 이끌어낼 수 있는 몇 안 되는 작가다. 그의 질문은 우리를 오래 괴롭힌다.

21세기 남아프리카공화국의 오이디푸스와 안티고네

존 쿳시, 『추락』*

제 눈을 찌르는 오이디푸스와 무덤으로 내려가는 안티고네

J. M. 쿳시의 장편소설 *Disgrace*[1]는 우리나라에서 '추락'이라는 제목으로 번역・출판되었다. 강조점이 불명예 자체보다는 명예로운 상태에서 불명예로의 '이행'에 놓여 있으나 한 단계 멀어진 의미가 때로는 본질에 보다 가까울 때가 있다. 'disgrace'가 고통스러운 것은 바로 그 이행, 낙차에 있을 것이기 때문이다. 아니, 이 낙차야말로 disgrace를 발생시키는 기제다. 추락이 없다면 치욕도 없다. 'dis-grace', '불-명예'는 단어 자체가 대립항을 내부에 품고 있는, 스스로를 내파시키는 극에서 극으로의 이행을 드러낸다.

이러한 극단적인 운동, 즉 '추락'에 대해서라면 오이디푸스를 대표적 인물로 꼽을 수 있다. 왕자로 태어났으나 나면서 버려졌으며, 가까스로 죽음에서 건져졌으나 운명으로부터의 도주가 끝내 운명으로의 질주가 되어버린 인물. '인간'에 대한 스핑크스의 수수께끼를 풀어낸 현자에서 자기 자신이 누구인지조차 모르는 무지한 자로, 괴물로부터 나라를 구

* J. M. 쿳시, 왕은철 역, 『추락』, 동아일보사, 2004. 이후 인용할 때에는 인용 쪽수만 기재한다.

1 J. M. Coetzee, *Disgrace*, penguine U. S, 2000.

한 고귀한 왕에서 아비를 죽이고 어미와 결혼하여 온 나라에 역병을 몰고 온 패륜아, 곧 괴물로, 하여 어미조차 죽게 만들고 결국 스스로의 눈을 찌르는 자로, 끝내 추방당한 자로, 말하자면 죽기까지 이방인으로 그는 전 생애에 걸쳐 추락했기 때문이다. "나는 내 나라에서 내 자식들에 의해 쫓겨났소이다. 그리고 나는 친부 살해자로서 다시는 돌아가지 못할 운명이외다."[2]

그러나 콜로노스의 이 오이디푸스에게는 언제나 옆에서 그를 이끄는 안티고네가 있다. "눈먼 노인의 딸 안티고네야, 우리가 대체 어떤 곳에, 어떤 사람들의 도시에 온 것이냐?"[3] 아비는 묻고 딸은 답한다. 자신의 운명까지도 망쳐버린 눈먼 아비를 한 마디 원망도 없이 따라다니며 길을 안내하는 안티고네. 그녀가 순종적인 여성이어서 오이디푸스를 섬긴 것은 아니다. 소포클레스가 남긴 오이디푸스 3부작은 이야기상으로는 「오이디푸스 왕」, 「콜로노스의 오이디푸스」, 「안티고네」 순이지만, 실제 발표된 순서로는 「안티고네」가 「콜로노스의 오이디푸스」보다 훨씬 앞선다. 그러니 먼저 「안티고네」를 보자. 여기서 안티고네는 이스메네의 걱정과 탄식에는 아랑곳없이 끝까지 크레온에 맞서는 인물이다. 순종은 그녀의 미덕이 아니다. 그러한 품성은 오히려 동생 이스메네에게서 보이는데, 여성의 현실적인 한계를 환기시키며 크레온에게 순종할 것을 종용하는 이스메네를 안티고네는 매몰차게 비판한다. 극 안에서 이미 남성에 비유될 정도로, 그녀는 자신이 하고자 하는 바를 정확히 알고 결코 포기하지 않는 신념에 찬 인물이다. 추방당한 오이디푸스와 함

---

2 소포클레스, 천병희 역, 「콜로노스의 오이디푸스」, 『소포클레스 비극 전집』, 숲, 2008, 599~601행.
3 위의 글, 1~2행.

께 하기 위해 스스로 고국을 등졌던 안티고네는, 이제 장사葬事가 금지된 오라비를 묻어주기 위해 스스로 삶을 등진 자가 된다. 왕의 이름으로 선포된 법이 아니라 자신의 욕망과 믿음을 끝까지 밀어붙이기 위해 그는 삶에서 죽음으로, 이승에서 무덤으로 기꺼이 내려간다.

오이디푸스의 딸이자 누이라는 모순적인 존재 조건이 드러난 순간 그는 자신의 행위와 관련 없이 이미 한번 추락했다. 그런데 이제 스스로의 선택에 의해 훨씬 더 극단적인 추락을 감행하는 것이다. 처음의 추락을 추락도 아닌 것으로 만드는 추락, 그럼에도 그 이름에 드리워진 오명(패륜으로 태어난 자)을 벗기고 명예(인륜을 수호하는 자)를 회복하는 내려감. 안티고네의 이 마지막은, 자신의 죄를 고백하는 동시에 자신의 결백 또한 당당하게 증명하고 의연하게 자기 무덤을 찾아가는 오이디푸스의 마지막과도 겹치는 데가 있다. 그렇다면 이들의 추락을 우리는 추락이라고 부를 수 있는가? 존재 자체가 죄의 산물이었고 삶은 오욕과 실패로 점철되었다. 그러나 그들을 주체로 거듭나게 하여 끝내 삶을 완성시킨 것 역시 바로 이 추락의 서사라는 점에서, 추락을 항상 치욕스러운 것이라 치부할 수는 없다. 기원전 그리스가 아니라 21세기 남아프리카공화국에서 쓰인 J. M. 쿳시의 『추락』에서도 우리는 오이디푸스와 안티고네에게서 볼 수 있는 이러한 모순적 의미의 추락을 발견하게 된다.

서로를 견인하는 두 겹의 서사

『추락』은 짝을 이루며 서로를 견인하는 두 겹의 서사로 이루어져 있다. 루리와 루시, 도시와 농촌을 배경으로 전개되는 두 겹의 추락, 두 겹의 삶. 그러나 서로를 견인하며 하나로 겹쳐지는 둘. 전체는 24장으로 이루어져 있는데 중심 사건과 공간의 이동에 따라 6장씩 총 네 부분으로, 마지막 부분은 다시 3장씩 두 부분으로 나눌 수 있다.

첫 6장은 케이프타운에 살고 있는 루리에 대한 소개와 그가 멜라니라는 제자에게 매혹되면서 성희롱 교수라는 오명을 뒤집어쓰고 교수직을 잃고 케이프타운에서 떠나게 되는 이야기이다. 이 소설의 제목과 관련지어 한마디로 요약하자면 '루리의 추락'이 첫 6장의 핵심 내용이라고 할 수 있다. 다음 6장에서는 루리가 케이프타운을 떠나 그의 딸 루시가 살고 있는 시골 농장으로 가게 되면서 만나고 부딪히는 새로운 인물과 사건이 전개된다. 공간의 이동에 따른 인물과 사건의 필연적 변화다. 루리와 관련해서는 핵심적인 사건들이 이미 다 발생했고, 7장부터는 사건 이후에 대한 이야기가 전개되는 것처럼 보이지만 또 다른 사건이 기다리고 있다. 남아프리카공화국에서 시골은 도시인의 낭만적 도피처가 아니다. 백인 혼자 살아가려면 개와 권총으로 무장해야만 하는 곳. 그래도 일어날 일은 일어나고 마는 곳. "도둑이 들면 두 사람이 한 사람보다 더 나을 것도 없"다는 루시의 예견처럼, 루리가 있는데도 결국 루시는 흑인 남자들에게 강간을 당한다. 편의상 이를 '루시의 추락'이라 부르자.

처음 6장과 다음 6장이 이렇게 짝을 이루듯이 서로 마주보며 전개된다. 비슷하지만 다른 사건, 혹은 다르지만 비슷한 사건. 그러나 닮은꼴의 다른 두 사건이 단순히 교차 전개되는 것이 아니다. 루시가 당한 성폭력은 루리가 행한 성폭력을 새롭게 조명하면서 그것을 이미 끝난 과거의 사건이 아니라 아직 끝나지 않은 현재진행형의 사건으로 만든다. 문제는 복잡하게 얽혀 있다. 루리가 훨씬 더 강한 충격을 받는 것도 케

『추락』 서사 분석표

장수 : 내용, 공간적 배경	사건
I. 1~6장 루리와 멜라니의 연애와 루리의 추락 —케이프타운	1장 : 루리에 대한 소개 및 사건의 발단(소라야와의 이별) 제시
	2장 : 멜라니와의 만남
	3장 : 멜라니와의 연애
	4장 : 멜라니의 남자 친구 등장으로 멜라니와의 은밀한 관계가 깨어짐
	5장 : 멜라니의 수강 취소와 루리에 대한 고발
	6장 : 진상조사위원회 개최
II. 7~12장 루리와 루시의 만남과 루시의 추락 —루시의 농장	7장 : 루시의 농장으로 떠난 루리
	8장 : 농장 생활에 적응하지 못하고 루시와 조금씩 마찰하는 루리
	9장 : 농장 생활에 적응하기 위해 노력하는 루리
	10장 : 베브 쇼를 도와주러 간 루리
	11장 : "시험의 날"
	12장 : 사건 이후, 농장을 떠나야 한다는 루리와 농장에 계속 남겠다는 루시
III. 13~18장 루리와 루시의 대립 —루시의 농장과 베브 쇼의 동물병원	13장 : 강간 사건에 대한 입장 차이로 인해 루시와 점점 더 멀어지는 루리
	14장 : 찬탈당한 삶
	15장 : 페트루스의 파티에 나타난 폴럭스
	16장 : 하리잔(harijan)이 되어가는 루리
	17장 : 베브 쇼와 잠자리를 가지는 루리
	18장 : 루시는 패배했다고 생각하는 루리와 떠나는 것이야말로 패배이므로 떠나지 않겠다는 루시, 그런 루시를 떠나는 루리
IV. 19~21장 변화하려고 시도하지만 변화하지 않은 자신을 발견하는 루리 —케이프타운	19장 : 아이삭스를 만나 사과하지만, 멜라니의 여동생을 보자 욕망의 전류가 뛰는 루리(멜라니의 집과 아이삭스의 학교)
	20장 : 케이프타운으로 돌아왔으나 '눈에 보이지 않는' 사람이 된 채 불안해하다가 '바이런의 오페라'를 완전히 다시 작곡하기 시작하는 루리(케이프타운)
	21장 : 멜라니의 공연을 보러 갔다가, 자신이 풍부해졌다는 확신과 동시에 다시 과거로 회귀하는 루리
V. 22~24장 굴욕 속에서 다시 시작하는 루시와 할아버지로 성장하는 루리 —루리의 농장과 베브 쇼의 병원	22장 : 루시의 임신 소식에 충격을 받는 루리와 이 땅에 남아 아이도 낳고 페트루스와도 결혼하겠다는 루시
	23장 : 폴럭스에게 원초적인 분노를 퍼붓는 루리
	24장 : 딸에게 더 이상 집착하지 않으며 좋은 할아버지가 될 준비를 하는 루리

이프타운에서 자신을 추방시킨 사건이 아니라 루시가 강간당한 일, 딸이 강간을 당하는 동안 자신이 아무것도 할 수 없었다는 사실이다. "그는 그의 몸 안에 있는 중요한 조직을 능욕당했다는 느낌을 받는다. 어쩌면 그의 가슴도 그랬을 것이다. 처음으로 그는 뼛속까지 피곤해지고, 희망이 없고, 욕망도 없고, 미래에 무관심한 노인이 된다는 게 어떤 것인지 맛본다."[4] "단순한 여파겠지. 침략의 여파겠지. 그는 이렇게 생각한다. 조금 지나면 몸은 저절로 치유가 되고 그 속에 사는 영혼인 나는 다시 나의 옛 자아를 찾겠지. 하지만 그는 그게 진실이 아니라는 걸 안다. 삶에 대한 즐거움이 꺾여버렸다. 시냇물 위에 떠 있는 하나의 나뭇잎처럼, 산들바람에 날리는 한 알의 민들레 씨앗처럼, 그는 종말을 향해 떠내려가기 시작했다."[5] 교수직에서 쫓겨나고 케이프타운에서 추방되었을 때조차 "그저 멜빵을 풀어놓고, 나머지 인생을 살아가는 거"라고 생각하던 루리였다. "새로운 삶에 파묻힌 단단한 여자"가 된 루시를 보고 "만약 이것이, 이 딸이, 이 여인이 그가 뒤에 남기는 것이라면, 그는 부끄러워할 필요가 없다"고도 생각했다. 그런 그가 루시의 사건을 겪으면서 '처음으로' 종말을 경험한다. 그러므로 엄밀한 의미에서 '사건'은, 루시에게뿐 아니라 루리에게도 II의 사건이다. I과 II의 두 서사는 III에서 이렇게 하나의 서사가 된다. 그리고 만남은 필연적으로 갈등을 동반한다.

고통은, 고통받는 자들을 묶어주는 힘이 있다. 공통의 적이 등장하면 어제까지의 적도 동지가 되는 것처럼. 그러나 루리와 루시는 이 사건을 계기로 오히려 더 강하게 대립한다. 루리는 현재의 고통을 감수함으로

4 162쪽. 강조는 인용자.

5 163쪽.

써 과거의 죄들을 속죄하려는 생각은 잘못이라고 주장하지만 루시는 그런 추상적인 생각으로 행동하는 것이 아니라고 받아친다. "그녀는 빌린 가운을 입고 앉아, 목을 긴장시키고 눈을 반짝이며, 그와 맞선다. 아버지의 어린 딸이 아니다. 더 이상은 아니다."[6] 딸과의 이러한 대립과 신경전은 루리에게 또 하나의 사건이다. 자기 자신에 다름 아니라고 생각했던 자식으로부터 아버지 역시 온전한 타인이라는 선언을 듣는 것. 케이프타운에서도 농장에서도 그리고 이제 딸에게조차 이방인으로 내몰린 채 그는 서서히 종말을 향해 나아간다. "그가 여기에 온 이유는 이게 아니었다. 먼먼 뒤안길에 처박혀 악마들을 물리치고, 딸을 간호하고, 사양길에 있는 일을 떠맡기 위해 여기에 온 건 아니었다. 이유가 있었다면, 그것은 자신을 정돈하고 힘을 축적하기 위한 것이었다. 그는 여기서 날마다 자기 자신을 잃어가고 있다."[7] 거칠게나마 '루시와 루리의 대립'으로 정리할 수 있는 III부(13~18장)는 이렇게 사건 '이후'가 아닌 사건의 '지속성'을 드러내며 이들의 추락을 남아프리카공화국의 모순된 역사와 길항시킨다. 이들의 추락이 개인의 특수한 사건으로 국한되지 않고 역사성과 보편성을 함께 획득할 수 있는 것도 그 때문이지만, 이를 통한 진실과 화해, 만남과 속죄의 서사가 그 무엇보다 중요하게 다뤄지는 이유 또한 바로 거기에 있다.

그러나 『추락』은 성공의 기록이 아니라 끝까지 실패의 기록이다. 마지막 장들(IV~V)은 길고 지난하게 화해와 속죄에 바쳐지지만, 그것은 결코 완전한 성취로 이어지지 않는다. 먼저 루리를 보자. 딸의 사건 속

6 159쪽.
7 182쪽.

에서 자기 사건의 현재성을 다시 발견한 루리는 IV부(19~21장)에 이르러 나름의 변화를 시도한다. 하지만 그가 발견하는 것은 오히려 자신의 변하지 않은 모습들이다. 그는 멜라니 아버지를 찾아가 사과하지만 그녀의 여동생을 볼 때는 여전히 욕망의 전류가 뛰는 사람이다. 멜라니가 자신을 어떻게 생각할지에 대해서는 전혀 생각지도 않고 그녀의 연극 공연도 보러 가는 사람이다. 추락이 끝나지 않았으니 치욕도 끝나지 않는다. 멜라니가 그를 보면 "당신의 눈에 침을 뱉을 거"라는 리안의 말에 그는 "존재의 충격"을 받고 공연장을 떠난다. 케이프타운의 이웃들조차 다시 돌아온 그를 '눈에 보이지 않는invisible' 사람인 양 모른 척 한다. 여전히 계속되는 이 철저한 추락. 그러나 자신이 관계를 맺었던 여자들, 다른 모든 사람들, 그리고 실패에 의해서도 자신은 풍부해졌다는 그의 생각만은 틀리지 않았다. 변하지 않는 가운데서도 그는 서서히 변화한다. 다시 쓴 바이런 오페라가 예전의 오페라와는 완전히 다른 오페라[8]가

8 그는 이제 "자기한테 넋이 빠진 영국인 마이로드와 결혼한 싱싱하고 조숙한 신부 테레사가 아니라 중년 여인 테레사로 설정"한다. 그녀는 "살림을 꾸려가고, 돈지갑을 잘 간수하고, 하인들이 설탕을 훔치지 못하도록 지켜보면서, 늙은 아버지와 함께 감바 저택에서 살아가는 땅딸막한 과부"(273쪽)로, 바이런은 이미 죽은 상태이다. "그는 6개월 전, 〈이탈리아에서의 바이런〉에 나오는 장소가 테레사의 마음과 바이런의 마음, 즉 열정적인 육신의 여름을 연장하고자 하는 염원과 오랜 망각의 잠으로부터 불려나오지 않으려 하는 마음 사이에 있는 어떤 곳이 되리라고 생각했다. 하지만 그가 틀렸다. 결국 그를 부르는 것은 에로틱한 것도 아니고 비가적인 것도 아닌, 희극적인 것이다. 그는 오페라 속에서 테레사도 아니고, 바이런도 아니고, 둘이 혼합된 존재도 아니다. 그는 우스꽝스러운 악기로부터 몸을 솟구쳐 달아나려고 하지만, 음악 자체에, 벤조 줄이 튕겨지면서 나는 밋밋하고 양철 같은 소리에, 계속적으로 끌어당기는 목소리에, 낚시바늘에 걸린 고기처럼 붙잡혀 있다. / 그는 생각한다. 그래, 이것이 예술이다. 이것이 예술의 방식이다. 참으로 이상하다! 참으로 신기하다!"(278쪽) "*나는 시인들로부터 사랑하는 법을 배웠네.* 바이런이 갈라진 C단조음으로 아홉 음절을 노래한다. *하지만 삶은 또 다른 이야기라는 걸 나는 알았네.*(여기서 C음은 반음계로 해서 F음으로 내려간다)"(279쪽) 그리고 어느 날, "전에는 듣지도 못했고, 들으리라고 생각하지도 못했던 목소리", "바이런의 딸 알레그라의 목소리"를 듣는다. "왜 저를 떠나셨나요? 오셔서 절 데려가 주세요!" "왜 그녀의 아버지는 대답을 하지 않는가? 삶에 지쳤기 때문에, 자기가 속한 죽음의 기슭으로 돌아가서 잠 속으로 가라앉고 싶기 때문에. 나의 가엾은 아가야! 바이런은 내키지 않아 하며, 흔들리며, 그녀가 들을 수 없을 정도로 살짝, 노래한다. 한 쪽 그늘 속에 앉아 있는 삼중주단이 게걸음 같은, 한 줄은 올라가고, 다른 줄은 내려가는 선율을 연주한다. 바이런의 것은 내려가는 쪽이다."(280쪽)

되어가고 있다는 것이 이를 증명한다.

루시의 추락도 아직 끝나지 않았다. 강간범의 아이를 임신하고서도 그녀는 임신중절수술을 하고 농장을 떠나는 대신 페트루스의 첩 혹은 셋째 부인이 되어 '이 땅에서' 아이를 낳고 그의 소작인처럼 살아가기로 한다. 루리는 루시의 결심에 펄펄 뛰지만, 어차피 그녀는 오래 갈 수 없을 텐데 페트루스가 왜 구태여 협상을 하려는 건지 궁금해 할 정도로 딸에 대한 신뢰를 상실한다. "그들은 그가 전혀 떠나있지 않았던 것처럼 서로를 물어뜯는다." 그러나 이 땅에 머물기 위해서는 다른 방도가 없다는 것을 둘 다 알고 있다. "정말로 굴욕적이구나. 그토록 원대했던 희망이 이렇게 끝나다니." "그래요, 저도 같은 생각이에요. 굴욕적이죠. 그러나 어쩌면 다시 시작하기에는 좋은 지점일 거예요. 어쩌면 저는 그것을 받아들이는 걸 배워야 할 거예요. 밑바닥에서 출발하는 걸 배워야죠. 아무것도 없이. 어떤 것밖에 없는 상태가 아니라, 아무것도 없이. 카드도 없고, 무기도 없고, 재산도 없고, 권리도 없고, 위엄도 없고." "개처럼." "그래요, 개처럼."[9]

개처럼, 그녀는 이렇게 밑바닥까지 내려간다. 그러나 이 삶이 그녀가 선택한 삶이다. 안티고네가 자신의 뜻을 굽히지 않기 위해 죽음을 불사했던 것처럼, 산 채로 무덤으로 내려갔던 것처럼, 루시는 이 땅에 남기 위해 '산 죽음'과도 같은 이 굴욕적인 삶을 선택한다. 루리는 자신은 변하기에는 너무 늙었다고 생각하고 이런 루시의 곁을 떠난다.

그러나 개처럼 살기로 선택한 것은 루시만이 아니었다. 루리가 경멸

---

9 309쪽.

했던 페트루스는 살아 있는 개를 돌보는 사람이었으나, 이제 루리는 죽은 개를 돌보는 사람이 아닌가. 그는 죽은 짐승들의 뒤처리를 도맡아 할 뿐 아니라 죽은 개들이 쓰레기취급을 당하지 않도록 월요일 아침까지 기다리고, 화장장에 가서도 그 시체들을 용광로에 넣는 일을 인부들에게 맡기지 않고 자신이 한다. 개 장의사, 개 혼례사, 하리잔harijan. "동물 복지, 재활, 심지어 바이런에 관한 일—이런 일들은 다른 사람들이 하고 있다. 동물의 시체의 명예를 지키는 일을 할 정도로 어리석은 사람이 없기 때문에, 그는 그 일을 한다. 그는 그처럼 어리석고, 미치고, 비뚤어진 인간이 돼가고 있다."[10] 죽은 개의 명예를 지키는 일, 그것은 물론 추락한 자신의 명예를 지키는 일과 무관하지 않다. 인간뿐 아니라 죽은 개들에게도 지켜야 할 명예가 있다고 생각하는 것, 그 명예를 지켜주기 위해 스스로 가장 비천한 자가 되는 것, 그것은 역설적으로 인간만이 가진 위대한 능력이다. 그리고 이러한 능력이야말로 그가 추락을 통해 획득한 능력이라는 점에서 그의 변화에 어떤 기대를 걸지 않을 수 없다.

루리와 루시, 둘은 더 가까워지지 않는다. 더 멀어지지도 않는다. 루리는 루시를 완전히 떠나지 않고 베브 쇼의 병원 근처에 방을 얻어 동물들을 돌보면서 곧 태어날 아이를 기다린다. 이따금 루시의 농장을 방문하기도 하면서. '손님'처럼 방문하고 맞이하는 부녀. 갈등은 일방의 승리로 끝나는 것이 아니라 차이를 인정하고 일정한 거리를 유지하면서 열어진다. 사라지는 것이 아니다. 여전히 갈등은 남아 있고 추락은 현재 진행형이다. 그것이 이 소설이 진실과 마주하는 방법이다. 이들 사이의

10 220쪽.

거리는 만남이 삭제된 관조적인 거리두기가 아니라 전 존재를 건 만남을 통해 가까스로 확보한 거리다. 하나라고 생각했던 딸과는 존재의 찢김을 통해 거리를 벌렸고, 완전한 타자라고 생각했던 흑인-여성-동물들과는 거듭된 만남을 통해 거리를 좁혔다. 이 거리가 변화와 속죄의 시작이다. 벌어지고 좁혀진 그 거리만큼 각자는 모두 조금씩 변한다. 물론 루리는 여전히 완고한 늙은이다. 죽어가는 동물들에 대한 그의 애정은 살아 있는 인간에 대한 그의 혐오를 드러내는 것이기도 하다. 그의 속죄는 여전히 불완전하다. 그것이 루시가 개 같은 삶일지라도 이 땅에 남는 이유일 것이다. "그건 나한테는 너무 늦은 것 같구나. 나는 형기를 채우고 있는 늙은 죄수일 뿐이다. 하지만 넌 앞으로 나아가거라. 네가 가는 길은 괜찮겠지."[11]

그러나 아끼던 개를 결국 안락사시키는 이 소설의 마지막 장면은 루리의 변화 역시 아직 끝나지 않았음을 증명한다. 살아 있는 한, '너무 늦은 것'은 것은 없다. "그는 한 마리의 양처럼 개를 팔에 안고, 수술실로 다시 들어간다. / 베브 쇼가 말한다. / "난 당신이 이 개를 한 주 더 살려줄 거라고 생각했어요. 이 개를 단념하시는 건가요." / "그렇소, 단념하는 거요."[12] 이 불구의 개를 단념하는 마지막 장면이 인상적인 것은, 그것이 바로 자신이 그토록 고수하려고 했던 자신의 자아, 일그러진 욕망과 편견에 사로잡힌, 고독하고 오만한 자기 자신에 대한 단념을 상징하기 때문이다. 루시가 어엿한 농부로, 엄마로 성장하는 동안 그는 이렇게 새로운 세대에게 길을 열어주는 구세대로 물러나며, 노인으로 '성장'해 나간다.

---

11 326쪽.

12 331쪽.

대립 구조를 해체하는 중층적 대립

위에서 살펴보았듯이 『추락』의 중심인물은 오이디푸스와 안티고네를 연상시키는 루리와 루시 부녀다. 그 점에서 이 소설은 결국 백인의 소설이다. 이들은 각자 도시와 시골, 남성과 여성, 나이든 세대와 젊은 세대, 이성애자와 동성애자 등을 대변하면서 이 소설의 가장 중요한 두 축을 형성, 대립하고 사랑하며 갈등하고 화해한다. 그러나 보다 자세히 살펴보면, 이 소설의 인물 구조도는 훨씬 더 복잡하게 얽혀 있으며 대립관계도 매우 중층적이고 인물들의 스펙트럼도 보기보다 다양하다. 일테면 루리와 루시의 대립관계로는 정확히 파악되지 않는 흑백의 대립은 이 소설의 또 다른 중심축이지만, 이들 부녀와 깊은 연관관계를 가지며 전개되고 있으며 개인의 정체성이 집단정체성(이를테면 인종이나 성별)과 완전히 일치하는 것도 아니다.

서른 명에 달하는 인물들(과 동물들)은, 중층적으로 대립각을 세우며 남아프리카 공화국의 과거와 현재, 그리고 미래의 모순과 갈등을 드러낸다. 우선, 가장 선명하게 드러나는 것은 루리-루시-에팅거-로잘린 vs. 페트루스-강간범-폴럭스-베브 쇼 등으로 대변되는 흑백의 갈등이다. 그러나 이 소설의 초점화자가 보다 강하게 의식하고 있는 것은 세대간의 갈등으로 보인다. 그는 멜라니와의 연애가 낳은 파국도 성에 권력이 개입함으로써 생기는 폭력의 문제가 아니라 늙음과 젊음의 결합, 즉 "*자연에 반하는 것*contra naturam"에 대한 금기로 파악한다. 이는 노년의, 특히 포스트아파르트헤이트를 살아가는 아파르트헤이트 시대의 인간이 갖는 사유라 할 수도 있다. 흑백의 갈등과 세대의 갈등이 일정 부분 겹쳐 있는 것이다. 겹쳐 있는 것은 이뿐만이 아니다. 도시와 시골, 지식노동과 육체노동, 순수문학과 응용언어학, 창작과 비평, 법과 정의, 가해자와 피해자, 남아프리카공화국과 서구유럽, 식민지와 피식민지, 여성과 남성, 아버지와 딸, 남편과 아내, 미인과 추녀, 사랑과 폭력, 이성애자와 동성애자, 인간과 동물 등 선명한 위계를 형성하고 있는 여러 겹의 대립이 서로 얽히며 이 소설의 세계를 구축하고 있으며, 모든 인물들은 이러한 대립과 갈등의 몇몇 축을 맡고 있는 듯하다.

모든 관계가 이런 대립관계만으로 이루어지는 것은 아니지만, 대립의 종류를 보다 세밀하게 나누면 나눌수록 인물들은 어떤 식으로든 이런 대립적 구도 속에 배치될 수밖에 없다. 현실은 이분법으로 이루어져 있지 않지만, 우리의 관념은 상당 부분 이분법에 지배받고 있기 때문이다. 그러나 중요한 것은, 이 소설에서 가해자와 피해자는 겹치고 교차 반복되며 궁극적으로 분리 불가능하다는 점이다. 겉보기와 달리 이 소설은 애초에 세계를 선악의 선명한 이분법으로 나누지 않는다. 그것들은 '겹쳐doubling' 있다. 일테면 '진상조사위원회' 위원들이나 '차별반대연합회' 학생들, 기자들은 루리의 성희롱 사건을 조사하고 보도하면서 그의 진정성 없는(즉 형식적인) 유죄인정과 무반성적 태도를 비판하지만, 루리에 의해 그들의 의협심은 처세술과 관음증, 타인을 거세하려는 저급한 욕망으로 동시에 고발당한다.

루시가 흑인들에 의해 윤간당하는 사건이 일어나면서 루리의 사건은 한 번 더 고찰된다. 루리는 루시의 아버지 입장에서는 야만적일 정도로 분노하고 절망하면서도 멜라니의 가족들에게는 마지못해 사과할 뿐이다. 흑인들의 강간과 자신의 일방적인 성행위는 철저히 구분하고, 페트루스와 루시의 결합은 말도 안 되는 것으로 취급하면서도 자신과 멜라니의 관계는 발전될 가능성이 있었다고 생각하기 때문이다. 그러나 『추락』은 이 두 사건이 구조적으로 겹쳐져 있다는 것을 거울처럼 되비춘다. 루시가 강간을 당하고서야 절망을 경험하게 되는 루리, 그러나 그를 더욱 절망에 빠뜨리는 것은 자신은 강간범들은 될 수 있지만 여자는 될 수 없다는 것, 루시가 강간당할 때 자신도 거기에 있었다고 생각했지만 남자인 이상 그는 결코 거기에 있을 수 없다는 사실이다. 그는 그것을 루시의 철저한 거리두기를 통해서 비로소 깨닫는다. 백인과 흑인, 지성인과 야만인의 이분법은 이렇게 의심되고 해체된다.[13] 관념적으로, 손쉽게 진행되는 해체가 아니라 존재의 철저한 추락을 통해, 구체적인 삶 속에서 매우 어렵고 더디게 진행되는 반성. 그것은 존재와 존재의 얽힘, 살아 있는 타자들과의 실제적인 만남 속에서만 가능하다. 루리라는 백인-남성-인간의 타자, 일테면 유색인, 여성, 그리고 동물들과의 진짜 만남을 통해서만.

그렇다고 백인과 흑인, 지성인과 야만인의 선악구도가 뒤집혀진 채 그대로 반복되는 것도 아니다. 이들의 스펙트럼은 훨씬 다채로워서 배타적인 선악구도나 전형적인 강자와 약자의 구도 안에 갇히지 않는다. 루리는 무의식적으로 흑인을 깔보는 경향이 있지만(일테면 루리가 페트루스를 만나 처음 건넨 말은 당신이 개를 돌보는 사람이냐는 것이었고, 페트루스는 소

---

13 이를테면 루리의 다름과 같은 서술을 보라. "*돼지 같은 놈!* 그 말이 아직도 공중에서 울린다. 그는 그렇게 원시적인 분노를 느껴본 적이 없었다. 그는 그 애에게 어울리는 걸 해주고 싶다. 적당한 매타작. 그가 평생 동안 하지 않으려고 애썼던 말이 갑자기 너무나 잘 들어맞는 것처럼 보인다. *본때를 보여주고, 그 놈에게 제 자리를 가르쳐줘라.* 바로 이것이 그것이로구나. 야만인이 된다는 게 바로 이것이로구나!"(312쪽) "나는 그 놈을 믿지 않아. 그 놈은 속임수를 쓰고, 자칼처럼 냄새를 맡고 돌아다니며 못된 짓을 하려고 한다. 옛날 같으면, 그런 놈에게 맞는 단어가 있었다. 박약아, 정신박약아, 도덕 박약아. 그 놈은 정신병원에 있어야 해."(315쪽)

리내어 웃으며 그것을 인정한다. 그러나 그 말을 오래 기억하고 있었던 것처럼, 나중에 루시의 개가 다 죽어버리자 페트루스는 '이제 개가 없으니 나는 더 이상 개를 돌보는 사람이 아니다'라고 말한다) 의식적으로는 시대가 바뀌고 있다는 것을 인식하고 있으며, 페트루스의 정직한 노동과 정직한 교활함을 동시에 인정한다.

루리와 동년배의 인물임에도 불구하고 지난 시대-노인의 삶이 아니라 새 시대-청년의 삶을 살고 있는 페트루스라는 인물은 이러한 이분법을 넘어선 대표적인 인물이다. 루리는 처음에는 페트루스를 좋게 생각하다가 점차 그를 의심하고 적대시하지만, 이는 그가 자신의 손 안에 들어오는 인물-'하인'이 아니라 자신이 마음대로 처리할 수 없는 자립적이고 패기만만한 '이웃'이기 때문이다.[14] 페트루스는 루시의 조수였다가 루시와 공동 주인이 되고, 나중에는 오히려 루리와 루시를 조수-소작농으로 부리게 되는데, 폴럭스를 감싸는 그의 태도나 자신의 땅을 확장해 나가는 교묘한 솜씨, 여러 부인을 거느리는 권위적인 성격, 동물을 함부로 다루는 무신경한 태도 등은 루리처럼 서구 근대의 도시적 삶과 정서에 익숙한 독자들에게 부정적으로 비춰질 수 있다. 그러나 페트루스의 성격과 일 처리 방식 등은 그가 정의라는 (다분히 서구적인) 관념에 입각해서 행동하는 것이 아니라 (남아프리카공화국의 시골 마을이라는) 구체적인

14 "옛날 같으면, 페트루스한테서 그것을 밝혀낼 수 있었을 것이다. 옛날 같으면, 그에게 화를 내며, 보따리를 싸라고 명령하고 그 자리에 다른 사람을 고용할 수도 있었을 것이다. 그러나 페트루스가 돈을 받고 일을 하긴 하지만, 그는 엄밀히 말하면 고용된 일꾼이 아니다. 엄밀하게 말하면, 페트루스가 어떤 존재인지 말하기도 어렵다. 그에게 가장 합당한 말은 이웃이라는 말이다. 페트루스는 그렇게 하는 게 자기에게 맞기 때문에 노동력을 팔고 있는 *이웃*이다. 그는 쓰이지 않은 계약에 따라 노동력을 판다. 그 계약에는 의심쩍다고 해서 해고할 수 있는 조항이 없다. 그것은 그들이, 그와 루시와 페트루스가 살고 있는 새로운 세계다. 페트루스는 그것을 안다. 그도 그것을 안다. 페트루스는 그가 그것을 안다는 것을 안다."(176쪽)

현실의 원칙 위에서 행동하는 인물이라는 것을 보여줄 뿐이다. 객관적인 태도는 도시인의 낭만적인 환상을 완전히 제거하고 남아공 시골 마을의 구체적인 현실을 생생하게 재현하고 있는 데서도 드러난다. "이웃들이 서로에게 음모를 꾸미고, 재앙을 바라고, 흉작을 기원하고, 돈 때문에 망하기를 바라다가도, 위기가 닥치면 손을 내밀어 돕는 게 시골 생활이다."[15] 남아공의 모순적인 현실 때문만이 아닐 것이다. 인간 본성에 내재한 양면성, 그 아이러니를 정확히 포착해냄으로써 『추락』은 이렇듯 시공간의 구체성뿐 아니라 보편성까지 획득하는 것이다.

대립적인 인물-세계와의 갈등과 대립은 그러므로 주체 바깥에서만 이루어지는 것이 아니라 한 인물 안에서도 끊임없이 일어난다. 루리는 자기 안에 도사린 편견과 한계를 분명히 인식하고 있는 인물이며, 그것의 사회적 의미도 알고 있다. 그는 잘못된 행동을 할 때마다 그런 행동을 하고 있는 자신을 인식하며, 더 나가지 말고 멈춰야 한다고 생각한다. 하지만 지식인인 그를 지배하는 것은 이성이 아니라 충동이다. 그는 번번이 그 충동에 굴복한다. 그렇다면 그를 밀어붙이는 이 힘은 어디에서 온 것일까. 문제는 그가 충동에 굴복했다는 것이 아니라 사회적으로 구성된 이 욕망을 인간의 본능이라고 생각한다는 점이다. 오랜 세월 그를 구성해 온 백인 아프리카너의 삶이 이제 그의 본능이 되다시피 했다는 것을 그는 깨닫지 못한다. 그의 몰역사성과 반시대성은 이러한 인간 이해에서 비롯한다. 법, 정의, 자유, 사랑. 이것들은 어느 시대, 어느 사회에서나 추구되어야 할 보편적 가치처럼 여겨지지만, 그것들의 구체적 형

15 178쪽.

태는 시대와 사회에 따라 다를 수 있다. 그가 자신이 추구한 가치들을 의심하고 자신의 지식과 행동의 이율배반을 보다 명확하게 인식하게 되는 계기는 루시가 강간을 당한 이후이다. 그런 의미에서 그에게 진정한 '사건'은 제자 성희롱으로 해직당한 일이 아니라 딸이 강간을 당한 일이다.

루시를 강간한 흑인 소년에게 원색적인 분노를 쏟아내면서 그는 자신이야말로 야만인이라는 것을 인식한다. 옳지 않았다고, 아무에게도 교훈을 주지 못했다고 후회한다. 그러면서도 그는 같은 상황이 되면 또다시 같은 행동을 반복할 수밖에 없을 것이라고 생각한다. 이것이 그가 겨우 다다른 자리다. 도시에서는 교수로 행세했던 사람일지라도 시골에서 필요로 하는 기술이 없을 경우 시골 사람들의 허드렛일을 도와줄 수밖에 없는 것이 당연한데도 루리가 페트루스의 조수 노릇에 굴욕감을 느끼는 것 역시, 그가 여전히 어떤 편견에 사로잡혀 있다는 것을 보여준다. 그는 이성적으로는 시대의 변화를 인식하고 역사적 과오를 인정하는 것 같지만 그것을 결코 자신의 잘못으로 받아들이지는 않으며, 무의식적으로는 여전히 인종적 편견에 젖어있는 백인이다.

반면 그는 흑인 여성(베브 쇼)의 조수 노릇을 하면서는 별로 굴욕감을 느끼지 않는데, 무보수 봉사여서 그럴 수도 있지만 이 소설에서 여성과 남성의 위계는 사회적인 노동보다는 성관계를 통해 드러나기 때문이다. 이것은 그가 여성을 철저히 성적인 존재로만 취급하고 있다는 의미다. 추락 이전에 그가 가진 성관계는 사랑이나 상호 간의 끌림에 의해 합의된 관계라기보다는 대부분 돈이나 권력관계에 의해 그가 일방적인 우위를 차지하는 가운데 이루어졌고(그러나 이런 권력관계가 작용하지 않을 때에도, 루시에 의하면[16] 남자가 여자와 하는 성행위는 그 자체가 살인과 유사하다) 특히 유색인종 여성에 대한 백인 남성의 성적 판타지-착취와 맞닿아 있었다. 그러나 선택과 배제, 환상과 모멸은 동전의 양면이다. 못생긴 흑인 여성에 대한 경멸은 또 하나의 폭력적 시선으로 루리의 내부에 작동하고 있다. 그는 베브 쇼에게 여성적인 매력을 전혀 느끼지 못하며, 따라서 스스로를 그녀의 우위에 위치시킨다. 나중에 베브 쇼와 관계를 갖게 되자 자신이 추락했다는 것을 온몸으로 실감하지만, 그러면서도 베브 쇼에게만큼은 자신이 뭔가를 베풀어주고 있다고 착각한다.

더 큰 문제는 루리의 이러한 생각과 감정에 독자가 상당 부분 공감하게 된다는 사실이다. 특히 강간 사건에 대처하는 루리 부녀의 태도에 있어서는, 루시의 날카로운 비판보다 루리의 미온적인 대책에 더 고개가 끄덕여지는 부분이 있다. 그것이 남아공의 역사 '바깥'에서 이 소설을 읽고 있기 때문일 것이다. 『추락』이 우리를 고통스럽게 만드는 것이 바로 이 지점이다. 『추락』은 지금 내가 서 있는 곳이 어디인지를 정확하게 응시하게 만든다. 루리는 비판적이고 자기반성적인 인물이면서도 매우 충동적인 인물이고, 사회적 시선보다는 자기 내면의 목소리에 훨씬 더 충실한 인물이다. 그런 점에서 그는 매우 인간적이고 그를 단죄했던 사람들보다 오히려 더 양심적인 인물일 수도 있다. 문학과 예술, 사랑에 대한 그의 강연은, 커뮤니케이션학과가 문학과를 대체하는 시대에는 공허하게 들릴 수도 있지만 분명히 존재의 본질을 건드리는 울림이 있다. 그러

16 "원한… 아버지, 남자들과 섹스의 문제에 이르면, 어떤 것도 그 이상으로 저를 놀라게 하진 못해요. 어쩌면 남자들은, 여자를 증오하면 섹스가 더 자극적이 되는가 봐요. 남자니까 아셔야죠. 낯선 사람과 섹스를 하고, 여자를 올가미에 넣고, 그녀를 짓누르고, 몸 밑에 두고, 자기 몸을 여자한테 부리는 건, 여자를 죽이는 것과 어느 정도 비슷하지 않나요? 칼을 들이밀고, 나중에는 피로 물든 몸을 뒤에 남기고 떠나버리는 건 살인 같지 않나요? 그건 살인을 하고 달아나는 것과 비슷하지 않나요?"(239쪽)

나 그는 동시에, 분명히 배타적이고 편파적인 백인-남성-도시-지식인의 일면을 드러내고 있으며 곧잘 자기 중심적으로 생각하고 행동한다. 그러면서도 나이가 들었다는 이유로 자신의 변화 가능성을 완강히 부정하며, 자신을 교정하고 치료하려는 시도들에 대해서도 매우 격렬하게 반응한다. 그리하여 그는 도시에서도 시골에서도 "이방인"의 삶을 살 수밖에 없게 되고, 딸에게도 "아웃사이더"로 취급당한다. "다른 곳으로부터 내던져진 잘못된 영혼" "피할 수 있었던 위험들을 스스로 선택한 / 어두운 상상의 것." 바이런의 〈라라〉에 그려진 '루시퍼'는 바로 루리의 초상이다. 그는 '이방인'이며, "스스로가 칭한 대로 *하나의 것*a thing, 즉 괴물"이다. 그렇다면 이 괴물에 공감하고 있는 우리 역시 하나의 괴물이 아닌가.

그런데 이 소설 전체의 서사는, 변화에 대한 루리의 완강한 거부에도 불구하고 결국에는 루리의 변화를 그리고 있다. 매우 아이러니하면서도 교묘한 구조다. 제도에 의한 강압적인 교정이나 하나의 선善만을 상정한 폭력적인 치료가 아니라는 점에서 이 소설이 보여주는 변화는 매우 '대화적'이다. 그는 주위의 모든 사람들에 의해 "풍부해졌다". "*풍부해졌다*. 산문은 이 말을 붙들고 늘어지며 야유했었다. 그런 상황에서는 어리석은 말이었다. 하지만 그는 지금도, 바로 이 순간에도, 그 말을 할 것이다. 그는 멜라니에 의해, 토우스 리버에서의 그 여자에 의해, 로잘린과 베브 쇼와 소라야에 의해, 그들 모두에 의해 풍부해졌다. 그리고 그는 다른 사람들에 의해서도, 전혀 그럴 것 같지 않은 사람들에 의해서도, 실패에 의해서도, 풍부해졌다. 그의 가슴에 피는 한 송이 꽃처럼, 그의 가슴은 감사하는 마음으로 넘친다."[17] 말하자면 이 소설은, 루리의 성장소설이다. 성장, 그것은 청춘의 한 시기에만 이루어지는 것이 아니라 노년의 완고한 삶 속에서도 지속적으로 이루어지는 것이라는 것을 보여주고 있는 것이 바로 『추락』인 것이다. "이런 순간들은 어디서 오는가? 틀림없이 최면적인 것들이다. 하지만 그건 무얼 설명하는가? 그가 이끌어진다면, 어떤 신이 그를 이끄는 것인가?"[18] 그것은 바로 동일자로 환원되지 않는 타자들, 눈먼 아비의 손을 잡고 타향길을 안내하는 안티고네들이다.

타자되기—추락과 만남을 통한 속죄와 성장

앞서 『추락』의 중심인물은 오이디푸스와 안티고네를 연상시키는 루리와 루시 부녀라고 밝힌 바 있다. 그것은 이 소설을 두 인물의 성장소설로 읽겠다는 의미이기도 하다. 하지만 왜 오이디푸스와 안티고네인가. 당연히 소포클레스의 오이디푸스와 안티고네 이야기는 구체적으로는 이들과 상당히 다른 서사를 가지고 있다. 그러나 루리의 추락과 방황, 화상으로 인한 '눈'과 머리의 부상, 자신이 딸을 보호하고 인도하고 있다고 생각하지만 오히려 루시가 아버지 루리를 인도하고 있다는 것 등 서사의 주요 모티프는 상당 부분 소포클레스의 오이디푸스 3부작과 겹친다. 실제로 『추락』에는 루리가 「오이디푸스 왕」을 언급하는 구절("하지만 그가 「오이디푸스 왕」의 마지막 후렴구를 잊은 건 아니다. 죽기 전에 누구도 행복하다 말하지 말라")도 있고, 이밖에도 이들의 메타포를 연상시키는 구절들이 종종 보인다.[19]

17 289쪽.

18 289쪽.

19 이를테면 다음과 같은 구절들.
"내 딸, 나의 가장 소중한 딸. 내가 인도해야 할 딸. 어느 날인가 나를 인도해야 할 딸."(234쪽)

루리가 애송하는 바이런의 시 「라라」도 오이디푸스에 대한 시로 읽을 수 있다. '이방인' 그리고 '괴물', 그것은 곧 오이디푸스를 지칭하는 이름에 다름 아니다. 오이디푸스는 "아침에는 넷, 낮에는 둘, 저녁에는 셋"이 되는 것이 인간이라고 답해 혼종괴물 스핑크스를 물리치고 왕이 되었지만, 그 정답 속 인간 곧 자기 자신이야말로 혼돈 즉 괴물에 다름 아니었던 것. 테베의 왕을 죽인 것은 '여러' 명의 강도들이므로 오이디푸스는 자신이 '혼자' 죽인 노인이 아버지일 리 없다 생각하지만, "하나는 하나이지 다수가 아니다"라는 그의 합리적 산술은 코린트의 왕자이자 테베의 왕자, 아들이자 남편, 오빠이자 아버지, 살인자이자 구원자라는 그의 모순된 존재론 앞에서 철저히 붕괴되고 만다. "하나는 다수이다." 인간(여자)의 얼굴, 새의 날개, 사자의 몸통을 한 스핑크스가 괴물이라면, 그러므로 오이디푸스 역시 괴물일 수밖에 없다. "너는 나다." 근친상간이 금기되는 이유는 그것이 바로 이런 혼란들을 초래하기 때문이다. 그러나 인간의 혼종성이 근친상간만의 결과겠는가. 스핑크스의 질문에는 인간이란 원래부터 바로 이런 혼돈이라는 진실이 감춰져 있거니와, 『추락』의 루리야말로 인간의 이런 괴물성을 적나라하게 드러내는 인물이다.

오이디푸스의 죄가 아버지를 죽이고 어머니와 근친상간한 것이라면, 표면적으로 루리의 죄는 딸 또래의 여자들과 관계를 맺은 것이다. 멜라니와의 관계를 유독 아버지와 딸의 그것처럼 그려놓고 있다[20]는 데에서 이

"당신이 서 있는 길은 하느님이 당신을 위해 정해 놓으신 것이기 때문에, 우리가 중재할 수는 없습니다."(264쪽) "방황의 끝. 방황의 끝에는 무엇이 있나? 그는 머리가 하얗게 되고, 등이 굽은 자신이 발을 질질 끌며, 반 리터짜리 우유와 반 봉지의 빵을 사려고 길모퉁이 가게로 가는 광경을 상상해본다."(266쪽)

20 "아이! 아이에 불과한데! 내가 무슨 짓을 하고 있는 걸까? 그러나 그의 가슴은 욕망으로 흔들린다." (34

는 좀 더 분명해진다. 루리가 이 사건을 인종 문제나 권력관계로 해석하지 않고 굳이 세대 간의 문제, 자연에 반하는 금기를 어긴 사건으로 해석하는 것도 이러한 상호텍스트성을 염두에 두었기 때문일지도 모르겠다.

> 크로누스와 하모니의 결혼. 부자연스럽다. 모든 좋은 말을 다 벗겨내고 보면, 바로 그것을 처벌하려고 위원회가 열렸던 것이다. 그의 삶의 방식에 대한 재판. 부자연스러운 행위에 대해, 늙은 씨, 피곤해진 씨, 생기 없는 씨를 뿌린 것에 대해. *자연에 반한 것*contra naturam. 늙은 남자가 젊은 여자를 탐내면, 종족의 미래는 어떻게 될 것인가? 그것이 고발의 밑바닥에 깔린 것이었다. (286쪽)

그 벌로 그는 '케이프타운'에서 쫓겨나 루시의 농장으로 간다. 그러나 그에게 내려진 벌은 추방뿐만이 아니다. 흑인들에게 공격당해 화상을 입고 눈과 머리, 귀를 다치고, 딸은 흑인들에게 강간당해 임신까지 하게 된다. 오이디푸스는 아내이자 어머니였던 이오카스테가 자살하자 스스로 자신의 눈을 찔렀다. 이는 눈을 뜨고도 제 아버지와 어머니를 알아보지 못한 자신에게 스스로가 내린 형벌이다. 그러나 루리의 화상은 외부에서 주어진 형벌이다. 그는 스스로 추방을 선택하긴 했지만 아직 그의 추락은 완전하지 않았던 것이다. 당연히 그는 절망하지 않았고, 참회

쪽), "그는 구애하는 방법을 잊어버렸다. 그의 귀에 들리는 목소리는 연인이 아니라 아이를 구스르는 부모의 목소리다."(35쪽), "그는 "아빠에게 무슨 일인지 얘기해 봐"하고 말할 뻔한다."(43쪽), "그는 딸의 방에서 다시 한번 그녀와 사랑을 한다. 좋다. 처음처럼 좋다. 그는 그녀의 몸이 움직이는 방식을 이해하기 시작한다. 그녀는 빠르고, 경험을 하고 싶어 안달이다. 만약 그가 그녀에게서 충만한 성욕을 느끼지 않는다면, 그것은 오로지 그녀가 아직 젊기 때문이다."(47쪽)

도 성찰도 변화도 일어나지 않았다. 그는 자신을 정당화할 논리를 갖추고 있었으며, 적어도 스스로에게는 자존심도 지킬 수 있었다. 그러므로 그는 자신이 아니라 오히려 집단적인 마녀사냥에 나선 대중들의 욕망을 비판한다. 그런 그가 훨씬 더 깊은 절망에 빠지는 것은 앞서 밝혔듯이 딸의 추락을 경험하면서이다. 아버지인데 딸의 추락을 막지 못했다는 것, 치욕적인 상황에서 딸을 구출해낼 수 없다는 것이 그를 끊임없는 분노와 절망에 빠뜨린다. 그러나 그의 분노와 절망은 딸에 대한 지배욕과 정확하게 구분되지 않으며, 흑인들에 대한 멸시로 인해 더욱 증폭된다. 루시의 추락은 이런 '눈먼' 아버지 세대를 이끄는 능동적인 결단이다.

자신의 남편이 곧 자신의 아들이었다는 사실을 깨달은 이오카스테는 곧바로 자살을 선택했다. 그러나 루시는 강간당하고도 남성들에게 구원을 요청하지 않으며, 원하지 않는 아이를 임신하고도 낙태하지 않고, 사랑하지 않는 남자와 결혼까지 해가면서 농장에서의 삶을 선택한다. "더 높은 차원의 삶"이 있는 것이 아니라 "이것이 유일한 삶"이기 때문에 누구도 우리들을 더 높은 차원으로 이끌지 않는다는 루시의 말은, 이곳의 삶에 대한 그녀의 확고한 세계관을 드러낸다. 그것은 신화의 시대가 아닌 바로 이 소설의 시대에 대한 뛰어난 성찰이다. 비단 인간들의 삶만이 아니라 인간과 동물의 삶 사이에 존재하는 위계적 질서까지도 타파하고자 하는 루시의 수평적 세계관이 낭만적이고 관념적인 구호에 그치지 않는 것은 이러한 삶에 그녀가 자신의 전 존재를 걸고 있기 때문이다.

백인의 흑인에 대한 착취와 폭력의 역사가 죄악인 만큼 흑인 남성에 의해 저질러진 백인 여성에 대한 강간 또한 죄악인 것은 분명하다. 그것이 그 땅에 머물고자 하는 백인 여성들이 지불해야 하는 일종의 세금이라는 생각은 폭력의 악순환을 용인하는 위험한 생각처럼 여겨지기도 한다. 그러나 그렇다고 그대로 그 땅을 떠나는 것이 해결책이 아닌 것은 분명하다. 비록 자신이 저지른 잘못이 아니더라도 백인들이 흑인 원주민들에게 약탈했음이 분명한 그 곳의 토지를 다시 흑인들에게 돌려주는 것이 남아공의 오랜 차별의 역사를 청산하고자 하는 이들의 구체적인 실천이 되어야 한다는 목소리에도 설득력이 있다. 루시의 선택은, 그러므로 굴욕적일 수는 있지만 잘못된 선택은 아니다. 그 굴욕과 추락을 자신의 존재 상황으로 받아들이는 것, 레비나스의 말처럼 철저히 타인의 위치까지 내려가는 것에서 타인과의 윤리적 관계는 시작되는 것이기 때문이다.[21]

이렇게 루리와 루시의 이중의 추락을 겹으로 보여주면서 『추락』은 포스트아파르트헤이트 체제하의 남아공 현실과 아프리카너의 추락에 대해 진지하게 성찰하는 한편, 추락을 통해 이들이 어떻게 타인들과 '이웃'으로 거듭나며 진정한 관계 맺기를 시작해 나가는가를 보여준다. 이 소설에서 루리가 보여주는 변화는 그다지 많지 않다. 하지만 그것이 오히려 이 소설의 설득력을 높인다. 루시의 선택 역시 구체적인 삶을 통해 배운 현실에 대한 정확한 이해와, 몇 줄로 간단하게 요약될 수 없는 내면의 끈질긴 싸움을 거쳐 어렵게 획득된 것이지 선험적으로 이루어진 것이 아니다. 그 무엇도 미화하지 않고, 그 어떤 낭만적 기대도 하지 않고 변화의 이러한 어려움과 현실의 혼란상을 정확히 그려냈다는 것은 이 소설에서 우리가 놓치지 말아야 할 중요한 덕목이다.

---

21 강영안, 『레비나스의 철학, 타인의 얼굴』, 문학과지성사, 2005.

그렇다면 구원은 어떻게 오는가. 오이디푸스를 구원한 것은 신이지만, 루리를 구원하는 것은 동일자가 아닌 타자들이다. 루시와 곧 태어날 그녀의 딸, 그리고 베브 쇼와 새로운 테레사는 이러한 타자들을 대표하는 인물들이다. 남성을 구원하는 여성, 아버지를 이끄는 딸이라는 상상력은 다소 식상한 데가 있다. 그러나 이들은 피로 이어진 자손, 남성에 의해 명명된 여성성이 아니라 동일자임을 거부하는 타자로서의 딸, 흑백의 이분법 안에 기입되지 않는 손녀, 쾌락과 착취의 대상이 아니라 우정을 나누는 이웃이자 동지로서의 여성이다. 남성의 사랑을 갈구하는 아름다운 뮤즈에서 고통에 몸부림치는 일그러진 형상일지라도 자기 내면의 목소리를 내는 주체로 변화해가는 테레사는 루리의 여성관뿐 아니라 그의 문학관과 세계관 자체의 변화를 암시하거니와, 이는 곧 새로운 여성적 힘에 대한 긍정이자 모든 권력을 쥐고 있던 백인-아버지 세대의 퇴장을 뜻한다. 남아프리카 공화국에서 이것은 구시대의 청산이라는 매우 중요한 역사적 의미를 갖는 것이다. 루리의 성장이 곧 노인이 되는 것이라는 점, 그것은 곧 딸(들)에 대한 백인-아버지-남성의 욕망과 집착, 소유욕을 내려놓는 것이라는 점에서 『추락』이 그려 보이고 있는 오이디푸스와 안티고네의 서사는 고전적 테마의 지루한 반복이 아니라 21세기 남아프리카공화국이라는 구체적 현실이 낳은 새로운 서사의 탄생이라 할만하다.

그러나 그리스 비극이 고대 그리스라는 특수한 역사적 산물에 머무르지 않고 오늘날까지 인간과 사회에 대한 근본적인 질문을 던지며 서사의 원형이 되고 있듯이 『추락』이 던지고 있는 물음들 역시 남아프리카공화국이라는 한 국가에 한정된 것이 아니다. 서구적 근대의 이분법과 인종주의가 낳은 모순은 비단 남아프리카공화국만의 문제가 아닌바, 탈-아파르트헤이트 시대의 혼란과 과제는 우리 모두의 현실이며 숙제인 것이다. 『추락』은 남아프리카공화국이라는 구체적인 시공간 속에서 이러한 보편적 과제를 끌어올렸을 뿐 아니라 현실의 고통을 외면하지도 쉽게 봉합하지도 않는 어려운 길을 선택한다. 다층적으로 대립각을 세우는 인물들과, 짝을 이루며 서로를 견인하는 두 겹의 서사는 이러한 주제를 형식적으로 구현하며 독자로 하여금 끊임없이 근본적인 질문들을 하게 만든다. 그야말로 고통스러운 텍스트다. 그러나 『추락』의 윤리성이 바로 여기에 있다. 모든 것을 동일자로 환원시키는 것이 아니라 철저히 추락해 타자가 되기, 주인과 노예가 아니라 더불어 함께 사는 '이웃'이 되기란 이토록 지난하고 어려운 길이기 때문이다.

「아이반」이 던지는 여섯 가지 질문

윤이형, 「아이반」*

SF는 '공상' 과학소설인가?

10여 년 전 윤이형의 「아이반」이 발표될 당시만 해도 '로봇'은 우리 문학에서 익숙한 소재가 아니었다. 물론 인간보다 더 인간다운 로봇이라든가 그런 로봇들과의 '반려생활'이 일상화된 미래는 이제 전혀 낯설지 않다. '인간이 되고 싶어 하는 로봇'이라는 익숙한 주제를 비틀고 있긴 하지만 아이반은 이미 그 어떤 로봇보다 더 인간적이고, 이후의 반전은 예상 가능한 범위를 넘어서지 않는다. 본격적인 하드hard SF에 비하면 자연과학적 정합성은 분명 떨어질 테고, 장편소설처럼 거시적인 안목을 가지고 인간 삶의 총체성을 구현해내고 있는 것도 아니다.

그렇다면 「아이반」을 읽는 이 재미는 어디에서 오는 것일까. 인물과 서사가 살아 있다는 게 가장 직접적인 이유겠지만 소설의 구성이나 문체, 묘사의 힘이나 주제의 깊이까지 「아이반」은 단편소설이 갖추어야 할 품성을 고루 갖추고 있는 작품이다. 물론 성격이 좋다고 다 매력적인 것은 아니다. 「아이반」의 진짜 매력은, 과거와 미래, 사실과 허구, 익숙함과 낯섦, 비루함과 우아함, 본격문학과 장르문학 사이의 넘나듦이 만

* 윤이형, 「아이반」, 『내일을 여는 작가』 47, 2007.여름. 이후 인용할 때에는 인용 쪽수만 기재한다.

들어내는 긴장과 의문, 그것이 만들어내는 '리얼리티'에 있다.

현실과 환상은 문학이 가진 두 개의 존재 기반이다. 발은 땅을 딛고 섰으되 눈은 하늘을 바라보듯이, 현실을 재현하고자 하는 욕망과 현실에서 벗어나고자 하는 욕망 사이의 긴장관계는 '개연성 있는' '허구'를 만들어낸다. '미메시스'란 사실의 단순한 재생이 아니라 현실을 재현하고 재구성하는 창조적인 능력인 것이다. 소설이 추구하는 진실, 곧 소설의 리얼리티는 이 창조적 능력에 의해 달성되는 것이지 현실을 있는 그대로 그린다고 해서 달성되는 것은 아니다. SF라고 해서 허무맹랑한 '공상' 과학소설이라 치부할 수 없는 이유다.

본격문학과 장르문학 사이에는 건너지 못할 강이 흐르는가?

과학적 상상력을 바탕으로 미래의 시공간을 다루고 있다는 점에서 「아이반」은 일종의 SF 혹은 슬립스트림slipstream이다. 슬립스트림이란 항공기의 프로펠러가 회전할 때 그 뒤에 생겨나는 기류를 의미하는 용어로, 사이버펑크 작가였던 브루스 스털링이 비非 SF작가들이 SF의 프로토콜을 차용해서 쓴 일종의 경계적인 작품들을 지칭하기 위해 제창한 용어이다.[1] 영어권에서는 이미 1980년대에 슬립스트림의 대두가 예견되었고 최근 몇 년 동안에는 슬립스트림이 하나의 출판 장르로 정착하려는 조짐까지 보이고 있다고 하지만, SF의 전통이 전무하다시피 한 우리나라에서는 이른바 본격소설과 장르소설의 결합은 드물었다. 리얼리

1 김상훈, 「현대 SF의 진화—포스트고딕에서 슬립스트림으로」, 『HappySF』 창간호, 2004, 21쪽 참고.

즘 전통이 강한 한국문학계가 그동안 판타지나 SF를 '인간과 사회에 대한 구체적 탐구와 그 미학적 승화'와는 거리가 먼, '특수한 재미만을 추구하는 공상문학 혹은 도피문학'으로 치부하는 경향이 짙었기 때문이기도 하다. 그러나 "SF는 최상의 작품들이 아니라 최악의 작품들에 의해 판정받는 유일한 문학 장르"라는 봅 쇼의 말처럼 이는 SF에 대한 우리의 무지와 편견에서 비롯한 것일지도 모른다. 현실과의 관련성이 희박하거나 장르의 규칙에 지나치게 종속된 작품들은 SF 장르 안에서도 결코 뛰어난 작품은 아닐 것이기 때문이다.

이제 고전이 된 올더스 헉슬리의 『멋진 신세계』나 조지 오웰의 『1984』 같은 작품들이 보여주듯이, SF가 그리고 있는 세계는 오늘의 현실이 나아가려고 하거나 나아가게 될지도 모를 미래 즉 '오늘과 관련된' 세계이다. 과학적 상상력을 바탕으로 구축한 그 가상의 세계는, 때로 오늘의 현실을 보다 명징하게 드러내는 역할을 하기도 한다. 그렇다면 본격소설과 장르소설을 굳이 구분할 필요가 있을까? 인간 고유의 가치 및 가능성을 탐구하고 표현하는 것은 문학의 형식이나 장르, 작품의 시공간적 배경에 따라 좌우되는 것이 아니라 작가정신의 치열함에 따라 결정되는 것일 텐데 말이다.

최근 들어 박민규, 김경욱, 이기호, 박형서 등 몇몇 젊은 작가들을 중심으로 본격소설과 장르소설의 경계를 허무는 경향이 확산되고 있다. 윤이형 역시 「점등인에게」나 「그녀의 향기」 등을 통해 이미 특유의 SF적 상상력을 선보인 바 있다. 이런 경계 지우기는 역설적으로 본격소설이 처한 '상상력의 위기'를 드러내는 것이기도 하겠지만, 어쩌면 문학이 재현해내야 하는 현실의 변화를 드러내는 지표일 수 있다. 독자의 퇴행적 욕망과 작가의 도피주의, 출판 자본의 상업주의가 결탁한 결과라고 외면해버릴 일만은 아니다.

표현할 수 없다면, 느낀다고 말할 수 있는가?

앞서 대략 이야기했지만 「아이반」은 "모든 사람들이 적어도 한 번, 보통은 두세 번쯤 로봇을 구입해본 경험"이 있는, 2050년을 전후한 미래의 이야기이다. "시대의 모든 트렌드가 그러하듯, 로봇은 이제 더 이상 새롭고 신기한 유행"이 아니지만, "한때의 취미나 과시욕을 넘어 정말로 그 맛을 알아버린 사람들, 로봇 없이는 살아갈 수 없게 된 사람들, 도저히 그 이전의 상태로 돌아갈 수 없게 되어버린 사람들"은 담배를 사듯 계속 로봇을 구입한다. 주변 사람들이 모두 로봇에 흥분할 때 차갑게 그들을 냉소했던 주인공 역시 이제 로봇 없이는 살 수 없게 된 인물이다. "이제, 로봇이 아니라 반려입니다"라는 H사의 로고는 그런 미래사회의 모습을 압축적으로 표현한다.

인간과 반려생활을 하게 된, "인간을 뛰어넘는 인공지능에 더해 인간과 거의 흡사한 감성까지 지닌 로봇"의 출현은 아이러니하게도 인간이 더 이상 자신만의 감정을 느낄 수 없게 되었을 때 실현된다.

> 사람들을 동요하게 한 건 감정이 이제 인간의 전유물이 아니라는 사실만은 아니었다. 과학자들은 인간이 감정을 느끼는 패턴뿐 아니라 그것을 표현하는 패턴 또한 대여섯 가지의 비슷비슷한 바운더리를 벗어나지 못한다는 결론을 도출해냈다. 인류의 99%가 감정을 제대로 표현하는 데

장애를 겪고 있으며 설령 표현한다 하더라도 '밥을 먹어서 기쁘다' '컴퓨터가 고장 나서 슬프다' 정도의 단순한 형태로밖에 할 수 없다는 결과가 보도됐을 때, 사람들은 조용히 입을 다물었다. 인간이 여전히 감정을 가지고 있다는 것은 정론이며, 누구도 타인이 자신과는 다른 감정을 느끼지 못한다고 오만한 결론을 내릴 수는 없었다. 그러나 가슴 속에 아무리 독창적인 감정을 품고 있다 하더라도 그것을 표현하는 형태가 다른 모든 사람들과 똑같다면? 그것은 생각해 볼 만한 일이었다. (224~225쪽)

독창적으로 느낄 수 없게 된 미래사회의 인간들은 더 이상 예술을 창작하지 않는다. 음악과 영화만이 근근이 남아 버티고 있지만, 새롭게 창작되는 작품에 대한 사람들의 반응은 한결같이 '재미있다'나 '재미없다', '훌륭하다'나 '형편없다' 둘 중 하나일 뿐이다. 2050년을 '멸종 위기 예술 보존의 해'로 지정, 사장되어가던 문화시설에 막대한 예산을 투입해 보지만 별 성과가 없다. 예술에 대한 사람들의 관심은 또 하나의 트렌드를 향한 그것이었을 뿐, 그들은 여전히 "옛날 사람들이 창조해낸 그 열정으로 가득한 작품들에서 '완성도가 있다' '없다' 이 외의 특별한 감정을 느끼지는 못한다."

인간들이 느끼는 감정이 이토록 천편일률적이 된 이유는 무엇인가. 「아이반」은 그것을 문자 언어의 퇴보에서 찾고 있다. 통신기술의 발달로 문자 언어의 대부분이 음성 언어로 대체되자 사람들은 형식적인 관계를 맺고 있는 타인들에게 자신의 감정을 날것 그대로 발설하는 일을 점차 꺼리게 된다. 사용하지 않는 도구가 퇴화하는 것은 당연한 일. 그러나 감정을 표현하는 언어가 줄어들자 사람들은 이제 그 감정 자체를 느끼지 못하게 된다. 일찍이 『1984』는, 어휘의 수를 줄여나감으로써 사고의 폭을 줄여나가는 신어newspeak를 통해 전체주의 사회의 공포를 그려낸 바 있다. 그러나 국가의 이념적 필요에 의해 고안·강요된 언어 때문이 아니라 진보를 향한 것이라고 믿었던 개개인의 선택에 의해 인간의 사고와 감정이 '자연스럽게' 말초화하고 단순화해갔다는 점에서 「아이반」의 미래상은 훨씬 공포스럽다. 『1984』의 미래보다 「아이반」의 미래가 오늘의 우리와 보다 닮아 있기 때문이다.

로봇에게도 기억과 감정이 있다면 과연 인간과 로봇을 구분할 수 있는가

2050년, 사람들의 필요와 취향만큼이나 다양한 로봇들—독서 전문 로봇, 포토그래퍼 로봇, 대체형 연인 로봇, 강아지 로봇, 섹스 전문 로봇, 대화 로봇 등—은 이제 공적인 영역뿐 아니라 사적인 영역에서도 인간의 필요와 욕망을 인간보다 완벽하게 충족시켜 준다. 애정과 친밀감은 물론, 배신감과 죄책감마저 로봇에게만 느끼고 있으니 행복과 불행의 원천이 모두 로봇인 셈이다. 「아이반」은 "자신이 그런 로봇을 사고 싶다고 느끼는 날은 여자로서뿐 아니라 피와 살을 지닌 인간으로서도 끝장"이라고 생각했던 주인공이 어떻게 그런 로봇들을 사들이게 되고 마침내 로봇 없이는 살 수 없는 인간이 되어 가는가를 설득력 있게 그려냄으로써 우리에게 또 하나의 질문을 던진다. 그렇다면 도대체 인간 고유의 영역은 무엇인가.

신과 다른 인간의 본질은 유한성이고, 동물과 구분되는 인간의 특질은 언어와 도구를 바탕으로 문화를 창조한다는 것이다. 그렇다면 로봇과 인간은? 아이반의 정리에 의하면 지금까지 인간과 로봇을 차별화하는 중요한 요소는 기억과 감정이었다. 그런데 인공지능과 인공감성으로 이제 로봇 또한 기억을 지닐 수 있고, 감정을 느낄 수도 있다. 그렇다면 로봇과 인간을 구별하는 것은 무엇인가?

슬프게도, 인간에게 남은 영역은 그렇게 많아 보이지 않는다. 인간에 대한 감정이라고는 경멸밖에 남지 않은 사회, 가족과 친구와 연인의 역할을 모두 로봇에게 넘겨준 인간들은 인간과 로봇의 관계보다 훨씬 형식적이고 피상적인 만남만을 갖는다. 주인공이 팀장을 따라 로봇 전문 매장에 가는 이유는 "경멸하는 사람이지만 어쨌거나 직장 상사"이기 때문이고, 팀장이 클라이언트와 술자리를 갖는 이유는 무한경쟁 시스템 속에서 살아남기 위해서이다.

> 로봇은 인간보다 빠르고 정확했으며, 밤새 일을 시켜도 불만이 없었다. 팀장은 그렇게 날로 터프해지는 무한경쟁 시스템 속에서 인간으로 살아남는 방법을 나름대로 터득한 사람이었다. 그녀는 술을 마시며 클라이언트와 친해지는 법을 잘 알았다. 아무리 효율적이고 과학적인 시대가 되었어도 사람들은 여전히, 술자리에서 더 친해지고 가까워졌다. 이 부분에서 인간을 대체할 수 있는 로봇은 없었다. 업무 능력이 로봇보다 떨어진다고 평가받은 인간 직원들이 줄줄이 잘려나가는 와중에도 그녀는 그 능력 하나로 굳건히 버틸 수 있었다. 대신 팀장은 일하다 생긴 가벼운 알코올중독 증세 때문에 늘 나사가 하나 빠져 있는 것처럼 보였다. 접대가 없는 날에도 혼자 집에서 술병을 끼고 사는 날이 많다고 했다. (230~231쪽)

대체할 수 없는 인간의 영역이라곤 이제 "술을 마시면서 친밀감을 쌓는 일"밖에 남지 않았다고 주인공은 자조한다. 더욱 참담한 것은, 이런 심각한 대화를 나눈 뒤 그녀가 하는 생각이란 "인간도 로봇도 인간과 로봇의 차이도 아닌 아주 단순한 사실이었다. 아이반, 너는 정말 잘생긴 로봇이야". 사유의 깊이는커녕 논리의 일관성도, 인간 존재에 대한 진지한 성찰도 없는 이 단순하고 말초적인 반응이 낯설지 않은 것은 왜일까. 아이반은 냉소한다. "이제 인간에겐 오직 합리적인 생활패턴을 되풀이하게 하는 에고만이 남았어. 로봇과 별다를 게 없지."

꿈을 꿀 수 있다면 로봇도 예술을 창작할 수 있는가?

인간이 로봇과 별 다를 게 없는 존재로 전락한 이유는 무엇인가. 이유는 하나, 그들은 더 이상 꿈을 꾸지 않기 때문이다. 출생과 동시에 꿈을 생성하는 대뇌 세포를 제거해버린 2050년의 인간은 더 이상 희망을 품지도 상상력을 펼치지도 못하며, 그리하여 예술을 창작하지도 못하는 존재가 된다. "인간의 감정이 퇴보하지 않았다 하더라도, 그것을 고양하고 재창조하는 데 가장 핵심적인 역할을 맡아 하던 예술이 죽어버렸다는 것은 그 누구도 부정할 수 없는 사실"이 되어버리자 로봇우월주자들은 드디어 꿈을 꾸는 로봇을 제작한다. 그 꿈을 모태로 로봇이 예술을 창작하게 되면 로봇으로 인간을 대체하기 위해서다. 아이반은 이를 위해 시험 제작된 예술가형 로봇이다. 인간보다 더 치밀하게 생각하고 인간보다 더 예민하게 느낄 수 있을 뿐만 아니라, 인간들이 더 이상 꿀 수 없는 꿈까지도 꿀 수 있게 되었으니 예술의 주체가 인간이 아니라 로봇이 되는 것은 필연적인 결과인 것처럼 보인다. 그러나 꿈을 꿀 수 있다고 해서 과연 로봇이 예술을 창조할 수 있을까?

아이반은 이에 대해 긍정도 부정도 하지 않는다. 다만 그 실험이 성공한다면 인간보다 로봇이 훨씬 우월해지게 될 것이라고 경고할 뿐이다. 그런데 왜 아이반은 인간에게 그런 경고를 하는 것일까? 인간이 로봇으로 대체되는 것을 막기 위해서? 그렇다면 이 로봇 역시 '로봇공학의 3원칙'[2]에서 한 치도 자유롭지 못한 존재가 아닌가. "인간들은 왜 모든 로봇이 인간이 되고 싶어 한다고 생각할까?"라는 질문을 던짐으로써 SF의 상투적 상상력을 비판하고 '인간이 되기를 거부한 로봇'이라는 SF의 새로운 캐릭터를 창조한 점은 분명 「아이반」의 성취다. 주체적인 의지와 신념을 가지고 있다는 점에서 아이반은 인간보다 더 인간답다. 하지만 전후맥락을 가만 살펴보면 예술을 창작하지 않겠다는 아이반의 선언은 인간을 위한 자기희생처럼 들리기도 한다. 아이반은 자신의 이야기가 "인간을 해롭게 하는, 금지된 이야기"라고 말하지만 사실은 '로봇은 인간에게 해를 끼쳐서도, 위험에 빠진 인간을 보고만 있어서도 안 되기 때문에' 로봇우월주의자들의 계획을 그녀에게 폭로하고, 로봇 대신 인간이 다시 예술을 창작할 수 있도록 그녀를 권면한 것이다. 그렇지 않다면 굳이 그녀에게 '무언가를 창조하는 일'을 맡길 필요까지는 없는 것 아닌가.

---

2 아이작 아시모프가 1942년 처음 공표한 이 원칙의 내용은 다음과 같다.
1원칙 : 로봇은 인간에게 해를 끼쳐서는 안 되며, 위험에 빠진 인간을 보고만 있어서도 안 된다.
2원칙 : 1원칙에 위배되지 않는 경우, 로봇은 인간의 명령에 반드시 복종해야만 한다.
3원칙 : 1원칙, 2원칙에 위배되지 않는 경우, 로봇은 자기 자신을 보호해야만 한다.

> 그래서 난 마지막으로 너에게 부탁하려고 해. 나는 반환되어 되살아난 다음에도 내가 꾼 꿈들로 무언가를 창조하는 행위는 하지 않으려고 노력할 거야. 나는 인간이 되고 싶지 않아. 가능할지는 모르겠지만 나는 있는 힘을 다해 그 꿈들을 내 기억 장치에만 남겨두겠어. 대신 무언가를 창조하는 일은 네가 해줘. 나는 지금 인간을 해롭게 하는, 금지된 이야기를 하고 있어. 오늘밤 내가 한 이야기는 너를 공허하게 할 거야. 결핍되게 만들 거야. 그냥 이대로는 충분하지 않게 바꿔놓을 거야. 그리고 그것이 제대로 작용한다면, 넌 꿈을 꿀 수 있을지도 몰라. (252쪽)

로봇우월주의자라는 부정적 세력을 등장시킴으로써 선악의 문제를 지나치게 단순화한 것이나 인간 중심주의에서 벗어나지 못한 점, 소설의 긴장감이 갑자기 떨어지는 것은 「아이반」이 극복해야 할 한계다. 후반부로 갈수록 그녀를 가르치는 듯 변하는 아이반의 말투도 다소 거슬린다. 꿈도 너무 쉽게 찾아왔다. 희망을 제시하는 것은 좋지만 비약이 만들어 낸 희망은 낭만적 허위이기 쉽다. 아이반을 잃고 인생이 다시 공허해졌다지만, 그 정도에 그날 밤 바로 꿈이 찾아왔다면 '대뇌에서 꿈을 생성하는 부분을 제거하는 수술'이란 아무것도 아니었던 것인가. 아이반을 잃고서야 "태어나서 처음 느껴보는 진짜 슬픔"에 빠지게 된 것은, 그녀가 한 번도 인간과는 그런 교감을 나누지 못했기 때문이다. 희망을 이야기하면서도 「아이반」은 끝까지 인간과 교감하는 인간은 그리지 않는다.

예술을 창조하는 능력이 인간의 인간됨을 드러내는 마지막 표지인가

예술을 창작할 수만 있다면 로봇이 인간과 동등한 시민권을 얻을 수 있고 인간을 대체할 수도 있다는 로봇우월주의자들의 발상에는 예술을 창작하는 능력이야말로 인간의 인간됨을 드러내는 표지라는 생각이 깔려 있다. 예술지상주의까지는 아니더라도 「아이반」의 문제의식 또한 여기에 머물러 있다. 그러나 예술을 창조할 수 있다고 해서 로봇을 과연 인간이라 할 수 있을까?

예술을 인간과 로봇을 구분하는 주요한 표지로 삼고 있는 것은 「아이반」뿐만이 아니다. 로저 젤라즈니의 「프로스트와 베타」 역시, 인간의 모든 문화를 분석하고 이해했음에도 인간이 예술 작품을 창조하면서 느꼈던 특별한 감정은 결코 가질 수 없었던 프로스트라는 로봇에 대해 이야기한다. 그러나 프로스트가 인간이 될 수 있었던 것은 그에게 인공감성이나 예술을 창작할 수 있는 능력이 있었기 때문은 아니다. 예술이라는 벽에 부딪쳐 인간이 될 수 없었던 프로스트는 전혀 다른 차원의 접근을 시도한다. 인간 세포를 재생해 인간의 몸속으로 들어간 것이다. "그 순간 그는 유한한 육체를 가진 인간이라는 존재의 공포와 절망을 기적적으로 이해하게" 되고 인간이 되기를 거부하지만, 그런 감정을 느낀 순간 그는 이미 인간이다. 그렇다면 「프로스트와 베타」가 말하는 인간과 로봇의 본질적 차이란 감정이나 예술 창조의 능력에 앞서, 예술을 창조하지 않고서는 견딜 수 없게 만드는 인간의 유한하고 불완전한 몸이 아닐까.

로봇과 달리 인간의 정신은 인간의 몸을 떠나 존재할 수 없다. 인간은 몸이 보고 만진 것을 느끼고 생각하며, 생각하고 느낀 것을 다시 몸으로 표현한다. 몸이 죽으면 정신도 죽고 몸이 태어나면 정신도 함께 생겨난다. 그러므로 극단적으로 말하면, 몸이 없으면 예술도 없다. 물론 몸만 있다고 해서 예술을 창작할 수 있는 것은 아니다. 새삼스러워 굳이 말할 필요도 없지만 인간은 몸과 정신, 육체와 영혼의 복합체인 까닭이다. 반면 로봇의 인공지성과 감성은 로봇의 몸체와 유기적으로 결합되어 있지 않다. 몸이 사라져도 로봇의 인공지성과 감성은 다른 로봇의 몸에 옮겨 담을 수 있는 것이다. 그러므로 로봇에게 아무리 기억과 감정이 있고 예술을 창작하는 능력까지 있다고 해도 로봇을 인간과 같은 생명체라고 할 수는 없다.

그러나 그 점에서 로봇은 인간보다 편리한 존재다. 인간은 로봇을 통해 욕망을 충족할 수 있을 뿐 아니라 사고팔고 폐기하고 방치하고 버리는 일에 일말의 죄책감도 느낄 필요가 없기 때문이다. 이런 로봇이 있는데 육체적 노동은 물론이고 온갖 감정노동까지 요구하는 피곤하고 복잡한 인간과의 관계를 계속할 이유가 있겠는가. 인간성의 상실은 효율성만 추구한 인간 진보의 결과다. "인간은 자유가 주어져도 그것을 사용할 능력이 없어요." 아이반과 부키언의 입을 빌려 젊은 작가 윤이형은 우리에게 다시 한번 인간다움이 무엇인지 생각해볼 것을 요구한다.

소설을 넘는 소설의 욕망, 진화하는 소설의 DNA

박형서, 소설의 기술*

다른 영역으로의 초대

소설이란 무엇인가.

박형서의 어떤 소설들은, 당신을 종종 이런 근본적인 질문에 빠뜨린다. 소설이라면 모름지기 갖추어야 할 기본적인 규칙들이 너무 쉽게 무시되는 것 같고, 그런데 재미는 있고, 그냥 웃고 있자니 열심히 규칙을 지켜가며 읽고 쓴 사람으로서는 뭔가 억울한 느낌. 하여 처음에는, 이런 게 소설인가, 질문했다가 점차 소설이 무엇인지 되묻게 되는 것이다.

소설에 대한 숱한 정의가 있다. 그러나 '근대소설'의 이러저러한 공리들을 나열할 수는 있어도 소설을 완벽하게 정의하는 것은 불가능하다. 그것은 처음부터 어떤 잉여, 고전적 규율로 제압되지 않는 넘쳐나는 언어의 춤, 어떤 금기나 규칙도 없이, 주변의 모든 문화적 자산을 제 것으로 병합해 끈질기게 자신의 영토를 확장하는 제국주의적 정복자이다. 태생부터가 잡종적이니 순혈주의자들에게는 눈엣가시였겠다. 그러나

* 이 글에서 다룰 박형서의 작품은 소설집 『토끼를 기르기 전에 알아두어야 할 것들』(문학과지성사, 2003), 『자정의 픽션』(문학과지성사, 2006), 『핸드메이드 픽션』(문학동네, 2011), 장편소설 『새벽의 나나』(문학과지성사, 2010) 및 단편소설 「아르판」(『문학과사회』 94, 2011.여름)이다. 이후 인용할 때에는 장편은 '책 제목, 쪽수'로, 단편은 '글 제목, 책 제목, 쪽수'로 기재한다.

근대문학의 대표주자로 등극한 이후에도 소설은 여전히 하이브리드를 제 성장 동력으로 삼고 있다.

딱 떨어지게 정의내릴 수 없다는 것만큼 당신에게 곤혹스러운 일도 없을 것이다. 그러나 경계를 나누고 정의를 내리면 내릴수록 그 본질로부터 멀어지는 것을 어찌하랴. 근대문학의 종언이 선언된 이후에도, 소설은 여전히 살아 있는 생명체처럼 움직이고 변화한다. 그러니 박형서의 '소설답지 않은 소설'들이야말로 어쩌면 소설의 욕망에 가장 충실한 소설이 아닐까. 오해하기 쉽도록 다시 한번 말해본다면, 가장 소설다운 소설, 이랄까.

어쩌면 소설에서 정말 중요한 것은 개연성 그 자체가 아니라 그 이야기가 당신을 다른 영역으로 초대할 수 있는가, 일 것이다. 익히 알고 있다고 생각했으나 실은 잘 몰랐던 '미지未知의 기지旣知'. 말하자면 "소설이란 있을 법한 이야기로만 독자를 감동시키는 것이 아니라 있을법하지 않은 이야기로도 한 세계를 움직이는 것이다. 그 목적을 달성하기 위해 가능한 모든 방법을 동원할 수 있다."[1]

형식이라는 주제의 선정

등단 12년, 그동안 박형서는 세 권의 소설집과 한 권의 장편소설을 냈다. 어떤 작품을 먼저 접했느냐에 따라 이 작가에 대한 인상이 판이하게 다를 정도로, 알고 보면 작품의 경향이 꽤 다채롭다. 등단작 「토끼를

---

1 "논쟁이란 상대를 설득하는 것이 아니라 굴복시키는 것이다. 그 목적을 달성하기 위해 가능한 모든 방법을 동원한다." 박형서, 「논쟁의 기술」, 『자정의 픽션』, 11쪽.

기르기 전에 알아두어야 할 것들」(이하 「토끼」)은 아내가 토끼로 변해 죽어간 이유를 능청스럽게 추론해 번호까지 붙여가며 정리하고 있는 작품이지만 비슷한 시기에 발표한 「사막에서」는 등단작과는 전혀 다른 혼돈의 형식을 선보인다. '부끄럽다'(『토끼를 기르기 전에 알아두어야 할 것들』)에서 '부끄럽지 않다'(『핸드메이드 픽션』)로, ''노동'이라는 생각이 별로 안 들기에 남에게 팔아먹으려면 좀 쑥스럽다'(박형서, 「울지 마요, 미스터 앤더슨」, 『문학과사회』 76, 2006.겨울)에서 '당신이 이 책을 구입하기 위해 지불한 돈은 혼돈에 일련의 질서를 부여한 내 노동의 대가다'(『새벽의 나나』)로 바뀌고 있는 '작가의 말'만큼이나 시간에 따른 작품 세계의 변화도 뚜렷이 감지된다.

그러나 그의 소설이 집중적으로 조명을 받은 것은 2007년 전후. '자정의 픽션'이라는 호기로운 제목으로 두 번째 소설집을 펴낸 직후다. 첫 소설집에서 보여주었던 관념성이나 죽음 충동, 악몽과 혼돈의 형식은 상당 부분 약화되고 「토끼」, 「불 끄는 자들의 도시」(이하 「도시」) 계열의 유희성과 허구성이 보다 강화되었다. '자정'이란 '요란했던 근대' 이후의 시간, 혹은 소설이 태동하던 근대 이전의 먼 '새벽'이라는 '작가의 말'이 있었고, "소설 이전, 혹은 이후로도 일컬어질 수 있는 미친, 새로운 소설"(김형중1)이라는 해설이 따라붙었다. 현실에 한 발자국도 들여놓고 있지 않은 순정의 허구이자, 인과성 없는 여담들의 증식으로 이루어진 유쾌하고 유치한 편집증적인 소설이라는 것. "단단한 형식의 외피를 벗어던진 자율적 상상력과 산문미학"(최성실), "근대소설의 엄숙주의를 파괴하는 반미학의 쾌감(혹은 불쾌감)"(박대현) 등도 비슷한 맥락에서 내려진 평가다. 새롭다, 재미있다, 자유롭다는 데는 대체적으로 동의가 이루어진 셈. 그러나 같은 이유로, '이런 소설을 소설이라고 불러야 할 필연성이 대체 어디에 있는가'(심진경) 하는 질문도 제기되었다. 형식적으로는 새로워 보이지만 현실에 대한 통념을 반복하면서 독아론적 물음이나 유희에 몰두하고 있으니 오히려 '아직 아닌' 혹은 '더 이상 아닌' 소설이 아니겠냐는 것. 아무렴, '소설이 아니다'(조효원)라는 답변이 제출되었으나 이것은 비판이라기보다는 지지와 상찬에 가깝다. 중요한 것은 소설가로 행사하는 것이 아니라 말들의 질서를 재건하는 것이며 모든 '픽션'의 본령 역시 실은 거기에 있다는 이유에서이다. 바야흐로 이제 질문은 '무엇이 소설인가' 혹은 '이것은 소설인가 아닌가'가 아니라 '반드시 소설이어야 할 필연성은 어디에 있는가'로 넘어가는 중에 있는 듯하다.

평가가 나뉘는 지점은 또 있다. 일테면 박형서 소설의 알레고리적 성격. "알레고리적 성격이 강함에도 현실의 자력이 느껴지지 않는다"(박대현)는 염려가 있는가 하면, 현실에서 존재할 가능성이 없는 이야기에서 시작하지만, 현실 감각으로 충만한 세부사항 덕분에 이야기가 팽팽하게 긴장하고 있으며 알레고리적 의미까지 만만치 않게 발산되고 있다(오창은)는 목소리도 있다. 오래되고 식상한 주제를 다만 사소한 필요에 따라 알레고리화할 뿐, 소설의 진짜 목적은 유희 충동이니 그의 작품을 현실적부심에 부치지 말라(김형중1)는 일침도 있고, 박형서의 소설은 애초에 아무런 감흥도 주제의식도 전해주지 않는다(심진경)는 냉담도 있다. 그러니까 실은 같은 이야기다. 다만 '무엇을' '어떻게' 이야기하느냐 하는 문제에 있어 한쪽은 '무엇'에, 다른 쪽은 '어떻게'에 더 초점을 맞춘다. 재미냐 교훈이냐 역시 결국에는 저 오래된 '형식과 내용'의 문제. 좀 더 진전된 논의로는 '어떻게'를 잘 해낸 작품의 경우 '무엇을'도 성취하고

있다는 정도다.[2]

마셜 맥루한이 '미디어가 곧 메시지'라고 말한 것이 근 반세기 전이다. 인간이 몸과 영혼으로 분리해 존재하지 않듯이, 예술의 형식과 내용도 외따로 사유할 수 없다. 그것은 당신도 나도 모두 아는 바다. 하지만 이분법을 거치지 않고서는 사유를 제대로 전개시킬 수조차 없는 것이 여전한 우리의 현실이다. 아이러니하지만, 바로 이러한 현실의 한계로부터 예술이 요청된다. 지금 이곳에 갇히지 않고 끊임없이 다른 세계를 상상하는 것, 예술의 현실은 오히려 거기에 있기 때문이다. 그러므로 때로 누군가는 형식 그 자체로 말한다. "중요한 건 '무엇을 보았느냐'가 아니라 '본 이미지들을 어떠한 방식으로 편집하느냐'에 달려 있다."(『새벽의 나나』)

딴말하기

서사의 진행과 별 관련 없어 보이는 소리를 장황하게 늘어놓거나, 자꾸 딴 이야기로 새는 것도 '새로운' 형식인가? 당신은 갸웃한다. 그래, 그것은 분명 박형서 소설에서 흔히 볼 수 있는 수법이다. 「물 한 모금」에 나오는 어떤 발명가는, 자기 이름이 마음에 들지 않는다는 사람을 위로하겠다고 양파의 뛰어난 효능을 두 페이지 가까이 늘어놓는다. 그의

2 위에 인용된 비평가들의 글은 다음과 같다. 김형중, 「소설 이전, 혹은 이후의 소설」, 박형서, 『자정의 픽션』, 문학과지성사, 2006; 김형중, 「소설의 제국주의, 혹은 '미친, 새로운' 소설들에 대한 사례 보고」, 『문학수첩』 23, 2008.가을; 최성실, 「저 먼 '새벽' 혹은 '이후'의 표현성을 향한 질주」, 『문학과사회』 77, 2007.봄; 박대현, 「'박형서'라는, 젊거나 늙은 모나드(monad)」, 『오늘의문예비평』 67, 2007.겨울; 심진경, 「뒤로 가는 소설들」, 『창작과비평』 135, 2007.봄; 조효원, 「소설이 아니다」, 『문학과사회』 97, 2012.봄. 본문에서 위의 글을 인용 시 비평가의 이름만 병기하도록 한다.(김형중의 경우 위의 순서대로 김형중1, 김형중2)

이름이 '양파'이기 때문이다. 「날개」의 화자는 "하루에 열네 시간씩 꼬박 사 년 동안"이 얼마나 오랜 시간인지 일일이 계산해 보여주는가 하면 친구에게 뜬금없이 결혼 축하인사를 날리고 "이 이야기와 전혀 관계없지만" 운운하면서도 온갖 이야기를 늘어놓는다. 그러다가 다시 원래의 서사로 돌아오기 위해 툭하면 '아무튼', '어쨌든'이다. 불필요한 문장은 단 한 문장도 쓰지 않는다는 단편소설의 미학은 어디로 사라지고, 오히려 이런 딴말하기가 박형서 소설의 작동 원리로 기능하는 듯하다. 「두유 전쟁」이나 「나는 『부티의 천 년』을 이렇게 쓸 것이다」(이하 「부티」) 등의 소설은 과연 "편집증적 자동기술"이라 아니할 수 없을 정도로 "인과성 없는 여담들의 증식"(김형중1)으로 가득 차 있다. 메인 서사가 있는데 잠시 딴소리를 하는 것이 아니라 온갖 딴소리들을 하기 위해 메인 서사를 고안해 냈지 싶을 정도다. 「논쟁의 기술」, 「노란 육교」, 「「사랑 손님과 어머니」의 음란성 연구」(이하 「음란성 연구」), 「자정의 픽션」 등은 이 딴소리들을 정교하게 배치해 하나의 잘 짜인 소설로 성공시킨 사례라 할 수도 있다.

하지만 박형서의 작품들이 모두 이러한 불필요한 여담들로 구성되어 있는 것은 아니다. 평단의 주목을 받은 것은 박형서의 '새로운' 소설들이지만 「K」, 「물속의 아이」, 「진실의 방으로」, 「너와 마을과 지루하지 않은 꿈」(이하 「너와 마을」), 「정류장」, 「신의 아이들」, 「아르판」 등 훨씬 더 많은 소설들이 전통적인 소설의 문법에 견주어도 전혀 손색없는, 매우 치밀한 구조와 문장을 선보인다. 이 상반되는 스타일의 공존은 무엇을 의미하는 것일까? 어쩌면 박형서에게도 이 '딴말'하는 소설들은 하나의 실험이며, 무의미를 가장한 '의미'는 아닐까?

> 그러니까 삼백육십오 곱하기 십사는 오 사 이십에 이 올라가고 영 남고 육 사 이십사에 이 올라가고 아까 이랑 더해서 사가 남고 삼 사 십이에 아까 이랑 잘 합쳐서 십사 거기에 더하기 오 일은 오 육 일은 육 삼 일은 삼 이렇게 해서 사천구십, 여기에 다시 사를 곱하면 사 영은 영 구 사 삽십육 삼 올라가고 육 남고 사 영은 영에 아까 올린 삼이 슬며시 내려오고 사 사 십육 해서 만 육천 삼백육십, 어라 어디서 계산이 틀렸지? 어쨌든 엄청나게 오랜 시간 동안 교육을 받은 것이다.
>
> ―「날개」, 『자정의 픽션』, 56쪽

뭐냐, 이 쓸데없는 계산식은? 싶다가 "어라 어디서 계산이 틀렸지?"에서 저도 모르게 터지는 웃음. 서사의 긴장은 돌연 사라지고 경직된 근육에는 자글자글 주름이 진다. 그러나 단순한 '재미'만을 위한 '무의미한 발화'는 아니다. "어라 어디서 계산이 틀렸지?" 묻는 순간, 무심결에 따라 읽던 당신도 잠시 멈추지 않았는가. 이런 멍청한 놈을 봤나, 처음엔 화자를 비웃었지만 저 '멍청한 화자'의 "어라 어디서 계산이 틀렸지?"가 없었다면 당신은 계산의 오류조차 몰랐으리라는 것을 뒤늦게 깨닫고 머쓱해한다. 그렇다. 대부분이 유희 충동에서 비롯한 농담이고 딴청이고 때로는 알리바이이기도 하지만, 동시에 텍스트로의 몰입을 끊임없이 방해하는 일종의 '낯설게 하기'이자 사고의 자동화를 방지하기 위한 작가의 치밀한 전략이기도 한 것이다. 무규칙적이고 혼종적인 글쓰기 자체가 하나의 전략이라면, 저 '딴말'들은 사실 모두 필요한 말들. "정해진 지점을 향해가는 서사의 응집성과 긴장성을 와해시킴으로써 근대소설의 경직된 형식을 탈영토화"(박대현)하기 위한 춤들.

「작별」은 슬프게 사라져간 이상한 춤꾼들에 대한, 다소 망상에 가까운 이야기이지만 작가의 이러한 문학관과 우리의 문학 현실에 대한 일종의 알레고리로도 읽힌다. 이 소설의 춤은 "시간을 관통하여 전 우주를 매혹시키는 영원불변의 스텝", "자신이 가진 본질보다 쾌활한 척"하며 "대화를 끝없이 이끌어가는 재능이 있"다. 자신의 몸도, 자신에게서 나오는 모든 사상과 행위도 춤으로 이루어져 있다고 스스로를 소개한다. 보기엔 "코믹"하지만 "본질적으로 비극"이다. "명확히 밝혀진 의도가 없기에 법적으로 그 춤을 금지해야 한다는 것이 여론이지만 실지로 그 춤을 제대로 추는 자는 대단히 드물"다('춤' 대신 '박형서의 소설'을 대입해 위의 문장들을 다시 한번 읽어보라). 그러나 춤추는 자들도, 춤도 결국에는 모두 사라진다. 춤의 빈자리를 채우는 삭막한 겨울의 냉기, 농담의 거리를 하나 둘 메워가는 경직된 몸짓, 분명한 목적지를 향한 저 총총걸음, 그 참담함으로부터 그리하여 또 하나의 질문이 제기된다.

무엇이 정말 '리얼'한 현실인가?

마술 같은 현실

등장하는 인물들만 봐도 박형서의 소설은 분명 현실의 인과율에서 멀찍이 떨어져 있다. 토끼로 변한 아내, 머리에서 고농축 유분이 흘러나오는 실어증 청년, 인육을 먹는 소방관, 날아다니는 거인, 미래나 전생을 볼 수 있는 소설가 등의 이상한 '사람'들은 물론이고 사람이 된 고양이, 인간과 결혼하는 쥐, 춤추는 외계인과 식빵, 양변기의 물살을 이용해 바다로 탈출하는 마른 멸치 같은 비인非人들도 예사로 등장한다. 뿐인가, 망자와 유령, 신령과 정령들까지 무시로 출몰해 이 허무맹랑함에 쐐기를 박는다. 자전거를 타고 저승으로 건너가는 망자들의 풍경이 한 시대를 풍미하는가 하면(「노란 육교」) 유령이 되어서까지 정류장 표지판을 닦으며 아들을 기다리는 아버지도 있다(「정류장」). 콘크리트 도로를 놓겠다고 하자 산과 강의 정령이 군수의 사무실로 찾아와 자기들끼리 싸우고(「나무의 죽음」), 설화의 세계에서 갓 튀어나온 산신령(「열한시 방향으로 곧게 뻗은 구 미터가량의 파란 점선」 이후 「파란 점선」)이 당당하게 소설의 공간으로 들어온다. 『새벽의 나나』에서는 레오의 눈을 통해 온갖 사람들의 전생이 영화처럼 펼쳐질 뿐만 아니라 죽은 자도 산 자와 함께 일상적으로 '살아'간다. 남편과 서서 '붐붐'도 하고 말 안 듣는 아이는 엉덩이를 까서 찰싹찰싹 때리기도 하면서. 카르펜티에가 말한 아이티처럼 초현실주의가 사물들 자체 속에 들어 있는, 말 그대로 '마술 같은 현실Lo real meravilloso'. 모더니즘적 기교에 현실성을 되돌려주는 이 일상적이자 집단적 현실[3]이 바로 박형서 소설의 '현실'이다.

하지만 이것이 지금 우리의 현실인가. 마르케스의 남미가 "근대 세계체제의 마술을 예비해 놓은 창고"[4]로 기능하듯이 박형서의 태국이나 '신화와 전설의 세계' 역시 재주술화를 갈망하는 현대 한국인이 건설한 또 하나의 '오리엔트'는 아닌가. 한국에서는 평범했던 레오가 태국에만 가면 전생을 볼 수 있는 능력을 갖게 된다는 설정은, 이러한 의심을 한층 강화시킨다. 아프리카에 가려다가 머물게 된 태국이었지만 실은 그곳도 "일종의 아프리카"였다. '자유'라는 뜻의 타이, '보석'이라는 이름의 플

---

3 프랑코 모레티, 조형준 역, 『근대의 서사시』, 새물결, 2001, 359쪽.

4 위의 책, 380~381쪽.

로이, 죽는 순간에도 다시 꼭 가야겠다 다짐하게 되는 삭막한 현대인의 고향. 이러한 신화화, 낭만화, 야만과 매혹이라는 기만적인 이중화의 혐의가 전혀 없는 것은 아니다. 그러나 『새벽의 나나』는 태국의 매춘 거리, 소이 식스틴의 이국적인 풍광과 타자화된 삶들을 이방인의 시선으로 스케치하는 데 머무르지 않는다. 레오는 매 순간 이방인으로서의 자기 한계를 인식하지만, 떠나고 돌아오고 다시 돌아오는 시간들 속에서 어느덧 소이 식스틴의 일부가 된 자신을 발견한다. 유희 충동이 강해 알레고리를 통해서만 현실을 슬쩍슬쩍 드러내던 단편들에서와 달리, 화장을 지운 '나나'의 맨얼굴이 본격적으로 조명되는 이유다. 인과의 법칙 속에 들어오지 않는 마술성은 현실의 맨얼굴을 감추는 데 공모하는 것이 아니라 또 하나의 엄연한 현실로 공존한다. 원인과 결과의 세속적 세계는, 보다 풍부한 원형의 상징적 세계로 이동한다. 인간과 세계, 성과 세속, 자아와 타자에 대한 여러 겹의 이해와 성찰이 가능해진 것이다.

'매춘'은 인류 보편의 '식민의 역사'다. 그러나 『새벽의 나나』는, 정색하고 비난하기 전에 그것 역시 절박한 삶의 한 형태라는 사실을 인정하길 권한다. 현실에 대한 무비판적인 순응일까. 하지만 인간에 대한 이해가 전제되지 않은 도덕은 폭력일 뿐이다. 진정으로 매춘의 역사를 종식시키고 싶다면 매춘을 규제하기 이전에 매춘을 강제하는 현실을 먼저 종식시켜야 한다. 가난, 질병, 폭력, 차별, 불평등, 열악한 노동 조건, 불합리한 임금체계 등은 물론이거니와 어느덧 보편적인 혼인제도로 자리 잡은 일부일처제까지 모두. 물론 쉽지 않다. 그러므로 부조리한 현실은 그대로 두고, 부조리에 속수무책 노출된 사람들만 제거해 손쉽게 부조리를 감추는 것, 그것이 우리의 근대화가 선택한 방법이다. 폭력은 일상화된다. 근대의 좁은 경험으로 모든 것을 판단하고, 구경거리를 넘어서는 '다름'은 용인하지 않는다. 자신이 이방인이라는 것을 인정하기보다 타자를 이방인으로 몰아 내쫓는다. 그러나 우리 중에 이방인이 아닌 자는 없다. 경계를 나누기 위한 모든 차별과 편견, 온갖 규제와 폭력은 우리가 '지금' '이곳'이라는 시공간의 한계에 갇혀 있다는 고백에 다름 아니다. 박형서가 실제로는 윤회를 믿지 않는다면서도 소설에서는 줄기차게 윤회를 다루는 것은 그 때문일 것이다. 윤회의 사슬은 우연으로 점철된 듯 보이는 이생을 필연으로 얽어매는 억겁의 감옥일 수도 있지만, 숱한 전생들이 엉키고 겹치고 포개지면서 끝없이 반복된다는 관점에서 보면 모든 인간을 평등하게 실어 나르는 수레바퀴이기도 한 것이다.

> 우리 중에 살인자가 아니었던 사람은 없기 때문이다. 우리 중에 배신자가 아니었고 도둑이 아니었고 희생양이 아니었던 자는 없기 때문이다. 윤회의 풍차에서 불어오는 영겁의 바람은 모든 영혼의 이력을 평평하게 만들어놓았다. 단지 순서가, 오늘 여기서 맡은 배역이 다를 뿐이다. 우리 중에서 매춘부로 살아보지 않은 자는 한 명도 없는 것이다.
>
> —『새벽의 나나』, 340쪽

박형서의 소설 세계는 이제, 원망과 분노, 증오와 복수로 이어지는 윤회의 사슬, 일생을 결박하던 저 밧줄로부터 어떻게든 벗어나기를 소망하던 「하나, 둘, 셋」으로부터 윤회조차 인간의 온갖 위계와 편견을 걷어내는 세계관으로 이해하기에 이른 『새벽의 나나』로 나아간다. "둘러보면 너무도 많은 상처받은 영혼들이 전생에서 입력된 것과 정반대의 삶을 살아가고 있었다. 그들은 맹렬한 증오와 원한 대신 타인에 대한 밑도 끝도 없는 동정과 대가 없는 베풂, 그리고 무엇보다도 그것들을 가능케 하는 선량한 자유의지를 씨앗처럼 품고 있었다. 집요하게 복수를 추구하는 자들보다 오히려 훨씬 다수라서, 레오는 대부분의 윤회가 원한의 연쇄 사슬이라는 자신의 선입견을 교정해야 했다. 요컨대 윤회가 존재하는 목적은 복수가 아니라 용서해 줄 기회를 잡기 위함인 모양이었다." 「하나, 둘, 셋」이 자신의 완전한 죽음을 확인하면서 끝나는 것과 달리, 『새벽의 나나』가 다시 꿈틀대며 피어오르는 생명을 목격하면서 끝나는 것도 이러한 인식의 변화 때문일 것이다.

선택 가능성을 선택하기

「날개」는 한 소설가가 2005년의 지구에서 바라본 2175년의 한 식민지 행성 이야기다. 미래를 예측한다거나 상상한다는 것이 아니다. 그는 우리가 지금 이곳을 보듯이 그곳을 본다. 물론 불가능한 일이지만, 그 불가능을 한마디로 일축한다. "미래를 본다는 게 이상한가? 뭐가? 그건 그다지 특별한 일이 아니다. 누구라도 원한다면 어느 장소든 어느 시대든 갈 수 있다. 정말로 간절히 원한다면 말이다. 눈을 감고, 팔을 벌리고, 간절히." 비슷한 이야기가 「날개」에서 두 번 더 나온다. 정확한 과학적 사실만을 가르치는 여자와 명료하지 않은 감정적 언어를 가르치는 거인. 어울릴 것 같지 않은 둘은 사랑에 빠지고, 여자가 너무 보고 싶었던 거인은 하늘을 날아 여자에게 왔다는 것. 이 낭만적인 영혼의 소유자는 학생을 구하다 죽고, 거인을 잊을 수 없었던 여자는 50년을 바친 끝에 거인의 DNA를 구해 아이를 낳는다. 그런데 부전자전, 어느 날 아이도 날아서 집에 온다. 물론 여자는 믿지 않는다. 아이는 왜 믿지 않느냐며 언젠가 거인이 했던 말을 반복한다. "이상해요? 뭐가요?" 그 한마디로, 여자는 잊었다고 생각했던 거인과의 추억 속에 속수무책 빠져든다. 여기까지면 그냥 슬프고 웃기고 낭만적이고 판타스틱한 러브스토리.

그러나 우리는 제일 먼저 이 말을 했던 인물이 소설가 화자라는 사실을 기억해야 한다. 소설가의 질문을 거인이, 그리고 아이가 다시 반복한다. 세 겹의 이야기가 하나의 질문을 품고 있다. 어디든 갈 수 있는 소설가라 미래의 이야기를 들려주는 것이 아니라, 간절히 원하면 어디든 갈 수 있다는 이야기를 하기 위해서 미래의 이야기가 동원된 셈이다. 반복될수록 질문은 진지해지고 듣는 사람은 난감해진다. 엄마가 믿지 않자 아이는 여자의 눈앞에서 실제로 날아 보이기까지 한다. 이쯤 되면 아무리 허무맹랑한 이야기라도 그냥 믿어줘야 할 것 같다. 그러나 여자는 자신을 향해 날아오는 아이를 보지 않는다. 공중에서 뻗어나온 아이의 팔에 안겨 행복감을 느끼면서도 결코 눈을 뜨지 않는다.

> 여자는 움직이지 않았다. 눈을 뜨지 않았다. 감미로운 손길에 대한 판단도 거부했다. 자기에게 벌어지고 있는 일들을 받아들일 수 없기 때문이었다. 여자는 오랜 시간 그렇게 교육받았고, 더 오랜 시간 그렇게 가르쳐왔다. 하늘을 난다는 건, 다른 시대로 간다는 건 불가능한 일이다. 그게 가능하다면 왜 젊고 아름답던 시절로 돌아가지 않았단 말인가? 왜 반세기 전으로 날아가 사랑하는 사람의 품에 안기지 않았단 말인가? 그렇게 할 수 있었다면, 허락되었다면 여자는 저 멋진 거인과의 세월에 묻혀 절대로 돌아오

> 지 않았을 것이다. 그러나 그건 선택할 수 있는 범위 내에 있지 않았다. 여자는 무슨 일이 벌어지고 있는지 확인하기 위해 눈을 가린 손을 내릴 수도 없었다. 불가능이라는 믿음은 너무 긴 세월 동안 여자를 간섭해 왔다. 이제는 이쪽과 저쪽 사이에서의 망설임조차 받아들일 수 없게 되었다.
>
> —「날개」, 『자정의 픽션』, 80쪽

여자의 반박은 합리적이고 현실적이다. 그러나 '거인'과 '아이'의 현실에서 볼 때 여자는 비현실적이다. 눈앞에서 '실제로' 일어나고 있는 일도 믿지 못하고, 믿지 못하므로 보지도 않으려 한다. 감각과 경험이 지식을 구성하는 것이 아니라 지식의 체계가 현실을 규정한다. 여자가 구사하는 과학의 언어, 합리적이고 현실적인 사고방식 역시 실은 '믿음'의 영역의 속하는 것이다. "불가능이라는 믿음은 너무 긴 세월 동안 여자를 간섭해왔다." 그리하여 여자는 이 소설에서 가장 불행한 사람이 된다. 사랑했으나 사랑하는 사람들과 다른 세계에 속해 있었고, 자신의 세계만이 존재 가능한 세계라고 믿고 있기 때문이다. 이 소설을 동화처럼 읽고 있는 당신과 나 역시 마찬가지다. 우리는 '날개'의 세계가 허구라는 것을 믿어 의심치 않는다. 그러나 존재 불가능성에 대한 믿음은 소통 불가능성, 이해 불가능성으로 이어질 수밖에 없다. 사랑 역시 불가능하다.

박형서의 세계가 이 '날개'의 세계는 아니다. "이상한가?" 묻고 있지만, 과학의 언어를 깡그리 폐기하고 신화의 세계로 들어가자고 주문하는 것은 아니라는 의미다. 사태의 핵심은 우리가 더 이상 "이쪽과 저쪽 사이에서의 망설임조차" 받아들이지 않는다는 것이다. 이 경직성. 다른 존재, 다른 방법, 다른 가능성들에 대해 그 어떤 여지도 남겨놓지 않는 완고한 사고와 체제가 필연적으로 야기할 수밖에 없는 폭력과 불행의 연쇄, 박형서의 소설이 문제 삼고 있는 우리의 '현실'은 바로 그것이다.

「이쪽과 저쪽」 역시 모든 것을 필연적인 인과의 논리에 따라 설명하려 드는 우리 사회를 희화한다. 사십 년 동안 이쪽 길로만 다니다가 딱 하루 저쪽 길로 갔는데 거기서 그만 실수로 사람을 죽이게 된 양 씨. 우연히 발생한 사고라는 게 양 씨 측의 주장이지만, 고의성이 없었다면 그날은 왜 하필 한 번도 다니지 않던 길로 갔는지를 "인과율"에 맞춰 설명하지 못한다. 나중에는 스스로도 자신의 행동이 정말 우연이었나 의심하게 되고, 결국 양 씨는 인과율의 법칙에 따라 사형을 선고받는다. 당신은 법이 진실을 밝히고 정의를 구현한다 믿고 싶겠지만, '법'으로 상징되는 이 '필연'의 세계에서 정작 중요한 것은 정의나 진실 따위가 아니다. 그것은 승자들의 수사修辭일 뿐, 「진실의 방으로」가 그려 보이듯이 진실은 언제나 사후에 구성되는 것이고, 그 구성력의 핵심은 폭력이다. 박형서의 소설이 현실의 인과율로부터 일정한 거리를 유지하는 것은 이러한 현실에 대한 일종의 저항이라 할 수 있다.

불일치를 드러내기

인간과 비인간, 산자와 죽은 자, 과거와 현재 그리고 미래의 겹침과 공존. 그러나 「날개」가 보여주듯이 이러한 비동시대성에는 본질적인 불일치가 있다. 그것이 때로 웃음을 야기하지만, 폭력도 함께 초래한다. 박형서의 소설은 바로 이 불일치에서 발생하는 폭력을 희극적으로 그려낸다. 「음란성 연구」의 풍자성도 형식과 내용의 불일치에서 발생한다. 「신의 아이들」, 「K」, 「너와 마을」 등은 타고난 능력과 욕망의 불일치가 야기한 슬픔과 고통, 그리고 죽음을 섬뜩하게 그려내고 있는 작품들이다. 하지만 박형서 소설에서 무엇보다 특징적인 것은 신화의 세계와 과학의 언어가 충돌하는 장면들이다. 「나무의 죽음」, 「노란 육교」, 「파란 점선」은 물론이고 「날개」, 「정류장」, 「두유전쟁」, 「논쟁의 기술」, 「갈라파고스」, 「토끼」 등도 넓게 보면 모두 이 범주에 포함할 수 있다. 근대의 인과율로 설명할 수 없는 신화, 전설, 만화, 판타지, SF, 무협소설 등의 세계를 다루면서도 이 소설들의 시공간은 과거나 미래가 아니라 대개 현재로 설정되어 있다. 충돌은 필연적이다. 현대인은 신화와 전설의 세계를 믿지 않거나 필요에 따라 이용할 뿐이니까. 이를 위해 측량, 실험, 관찰, 종합, 논리, 증거, 규칙, 연구, 통계, 탐사 따위 온갖 과학의 언어가 동원된다.

「파란 점선」은 구체적이고 치밀한 세부 묘사로 현실감을 높임으로써 이러한 불일치를 더욱 효과적으로 드러낸다. '금도끼은도끼 설화'를 고증하기 위해 마이크로폰, 커맨드머신, 홀로그램, 위치추적센서, 표적지향성 마이크, 집음기, 파동센서, 초음파수신기 등의 최첨단 장비가 총동원된다. 덕분에 금도끼 은도끼는 더 이상 신의 선물이 아니라 533돈의 순금과 2kg의 순은으로 이루어진 '데이터'로, 산신령 역시 '대상인식 프로그램'으로 분석 가능한 '대상'으로 전락한다. 과학의 언어로 무장한 인간의 승리다. 실제로 「나무의 죽음」의 정령들이나 「노란 육교」의 망자들은 인간이 자신들의 필요와 욕망에 따라 그들을 철저하게 이용하고 짓밟아도 아무런 저항을 하지 않는다. "고통을 호소할 뿐, 누군가를 향한 원망 같은 건 조금도 섞여 있지 않았다."(「노란 육교」)

> 정령들은 똑똑히 알고 있었다. 곡식을 영글게 하고 물고기를 살찌우는 게 그들의 임무였다. 사람을 해치는 게 아니었다. 그들은 굽힐 수밖에 없었다. 그 무수한 굽힘 속에서 인간은 노동을 하고, 숙면에 들고, 새끼를 낳아 번성해 온 것이다.
>
> —「나무의 죽음」, 『자정의 픽션』, 80쪽

말하자면 인간은 "저 빌어먹을 유령은 내게 도대체 뭘 원한단 말인가?" 매몰차게 떠나면서도 "아버지는 나를 용서할 것"이라 믿는 패륜아(「정류장」), 자연과 정령과 망자들은 그 패륜아를 낳고 먹이고 기르느라 늙고 힘없어진 부모. 이용만 당하고 폐기처분되거나 훼손된 채 방치된다는 점에서 거리의 매춘부와 성전환자(『새벽의 나나』), 두유인간(「두유전쟁」)과 거리의 고양이(「갈라파고스」)처럼 이들은 우리 사회의 약자들이다. 늙은 부모, 선량한 약자들과의 싸움이라니, 치사하고 부끄럽다. 웃기니까 웃을 땐 웃더라도 일단 그렇게 낯이 뜨거워야 한다. 그러나 박형서의 소설 세계는 그렇게 일면적이지 않다. 두유인간 성범수는 말 한마디 못하고 이리저리 붙잡혀 다니다 죽었지만, 고양이인간 성범수는 자신을 죽이려고 했던 청년을 몰아내고 그 방의 주인이 된다. "진화란 그처럼 무정한 것이다."(「갈라파고스」) 「파란 점선」의 산신령 역시 처음에는 망자나 유령, 정령들처럼 철저하게 이용당하고 측량당하는 무기력한 존재로 희화되지만, 인간의 욕망이 어떤 한계를 넘어서는 순간 주위의 모든 존재와 사물들을 초토화시키는 폭력적인 신으로 현현한다. 인간의 기술과 노력, 온갖 데이터들은 신의 이 폭력 앞에 한순간 무無로 사라진다. 그 모든 욕망과 지식체계의 정점에 있던 성질 고약한 T교수와 함께.

그러나 T교수 역시 일방적으로 풍자되고 희화화되는 것은 아니다.

> 진호가 허리를 숙였다. 그리고 반쯤 주저앉아 '교수님' 하고 중얼거렸다. 그가 마운틴고릴라처럼 얼굴을 감싸고 울기 시작할 때 나는 뒤를 돌아보았다. 폐허가 된 숲을 채운 건 짙은 어둠뿐이었지만, 내 눈에는 T교수가 연못을 향해 뛰어가며 점점이 남긴 저 파랗고 맹렬한 불꽃의 궤적이 또렷이 남아 있었다. 그 잔상은 꽤 오랫동안 지워지지 않았기 때문에, 단순한 망막의 착각이 아니라 바로 거기에 실재하는 어떤 데이터처럼 여겨졌다.
>
> —「파란 점선」, 『새벽의 나나』, 255~256쪽

인용문은 이 소설의 제목이 왜 '열한시 방향으로 곧게 뻗은 구 미터 가량의 파란 점선'인지를 설명해준다. 죽다 살아난 T교수는 평소처럼 혼자 도망치지 않고 배터리를 껴안은 채 산신령을 향해 몸을 날렸던 것이다. 곧 죽을 몸이니 마지막으로 학생들을 위해 희생한 것일 수도 있고, 자신의 모든 노력이 물거품이 되자 그만 화딱지가 나서 저 죽는지도 모르고 신에게 대든 것일 수도 있다. 어느 쪽이든 T교수의 이 마지막은 탈신화화와 신화화를 동시에 수행하는 것임에 분명하다. 제자들에겐 처음부터 T교수 자체가 하나의 '전설'이었다. 실험은 실패했고, 인간은 그 한계를 철저히 드러냈다. 교수로서의 명성은 이것으로 끝나게 될 것이다. 그런데 바로 그 순간 신의 폭력에 맞선 인간이라는 또 하나의 전설이 시작된다. 야비하고 이기적이고 욕심 많은 인간, 철저히 현세적 인간이다. 그러나 희생이라든가 신에 대한 저항은 인간의 초월에의 욕망과

맞닿아 있다. 세속성과 초월성, 같은 인간의 두 얼굴. 말하자면 「파란 점선」이 우리에게 보여주는 데이터는, 금부은부 설화를 고증하는 데이터가 아니라 바로 인간성을 탐구하는 데이터인 것이다. 양면적이고 모순적인, 온갖 불일치로 가득 찬, 바로 당신과, 나 말이다.

끝에서 시작하기, 처음으로 돌아가기

박형서의 소설에서 또 하나 특징적인 것은 이야기가 미래로부터 과거를 거쳐 다시 미래로 한 바퀴 원을 그리며 전개된다는 것이다. 에피소드는 미래를 향한 도약과 함께 시작되고, 언급된 사실로부터 가장 멀리 떨어진 과거로 비약한다. 그리고 사건들을 연대기 순으로 따라가다가 결국 시작 부분에서 이야기했던 미래의 사실과 연결된다. 이런 식으로 해서 원이 닫힌다. 즉 에피소드는 시작된 곳에서 끝나고, 끝난 곳에서 시작되는 것이다.[5] 이것은 요사가 마르케스의 『백 년의 고독』을 분석하면서 한 말이다. 하지만 박형서의 여러 소설에도 거의 그대로 적용할 수 있다. 「진실의 방으로」, 「너와 마을」, 「정류장」, 「갈라파고스」, 「부티」, 「자정의 픽션」 등도 끝에서 시작해 처음으로 돌아가는 구조를 취하고 있으며, 장편소설 『새벽의 나나』에서는 이러한 순환 구조가 특히 두드러진다. 「물속의 아이」나 「날개」의 경우 전형적인 순환 구조는 아니지만, 이 역시 반복과 재생을 통해 처음이 끝을, 끝이 처음을 품고 있다는 점에서 일직선적인 연대기 구성은 아니다.

---

5 M. Vargas Liosa, *García Màrquez : historia de un deicidio*, Barcelona : Barral Editores, 1971, p.549. 프랑코 모레티, 조형준 역, 앞의 책, 370쪽에서 재인용.

순환 구조에 대한 작가의 남다른 관심을 보여주는 작품도 있다. 「음란성 연구」다. 전형적인 논문 형식을 취하고 있지만, 이 유쾌한 지적 패러디가 밝혀내고 있는 것이 바로 「사랑 손님과 어머니」에 나오는 달걀의 성적 상징과 순환 구조인 것이다. 따라서 이 작품의 결말은 단절이 아니라 새로운 시작이라는 주장. 물론 웃자고 하는 소리다. 객관적이고 논리적이라는 논문의 외피를 걸치고 능청스레 전개되는 터무니없는 주장, 형식과 내용의 불일치가 불러일으키는 통쾌한 웃음과 쾌감이 이 소설의 핵심임에는 분명하다. 그런데 흥미로운 것은, 박형서 소설에서 순환 구조가 드러나기 시작한 것이 이 소설이 발표된 전후라는 것이다. 초기소설에서는 거의 보이지 않던 순환 구조가 이 소설을 발표한 후부터는 특징적이라 할 만큼 자주 눈에 띈다.

윤회를 벗어날 수 없는 운명의 수레바퀴로 볼 수도 있지만 '다름'에 대한 편견을 잠재우는 윤리적 사유로 전환시킬 수도 있듯이, 순환 구조 역시 이 세계의 출구 없음을 드러내는 비극적인 구조로 기능할 수도 있지만 새로운 시작의 가능성을 보여주는 희망적인 구조로 활용될 수도 있다. 일테면 「너와 마을」은 '영원히 벗어날 수 없는 따분한 형벌'로서의 삶을 섬뜩하게 그려내고 있는 작품이다. '너'는 이 지루한 마을을 벗어나고 싶었을 뿐이지만, '너'의 욕망은 '너'를 가두는 구멍이 되고 만다. 세계는 '너'의 머리를 삼켜버린 구멍 그 자체이며, 인간은 아무리 도망치려고 해도 그 구멍에서 한 발짝도 벗어날 수 없는 운명을 짊어지고 있을 뿐이다. 유일한 출구는 죽음, 그러나 마지막까지 '네'가 도망치려고 했던, 끝끝내 도망칠 수 없었던 '너'의 구멍은 어쩌면 '죽음' 그 자체인지도 모른다. 세계는 벗어날 수 없는 사막(「사막에서」), 존재를 삼키는 구멍(「너와 마을」), 거부할 수 없는 운명(「K」)이라는 비극적 인식이 박형서 소설의 기본축이다.

물론 능청스런 입담과 만화적 상상력, 시니컬한 인물 묘사와 이질적 요소들의 충돌은 종종 희극적 상황을 연출한다. 그러나 웃음은 울음의 또 다른 형태다. 유머는 '자신의 존재를 동요시키고 절망으로 내모는 것에서 시선을 돌리는 정신적 위대함'(프로이트)이지만, 거리화가 필요하다는 것은 현실이 그만큼 참담하다는 의미 아니겠는가. 물 한 모금 마시는 시간으로 인해 두 사람의 운명이 갈렸다는 「물 한 모금」은 단순한 '우연' 혹은 아무도 원망할 수 없는 '운명'에 대한 우화로 읽을 수도 있지만, 가난이 만들어낸 '필연'에 대한 이야기이기도 하다. 인육을 먹는 소방관이라는 「도시」의 황당한 상상력은, 소방관들의 열악한 노동 조건과 위험한 근무환경에 대한 야유에서 촉발되었을 가능성이 높다. 「토끼」에 나오는 아내의 이상한 죽음과 남편의 태연한 추리에는 이해 불가능성으로 인한 인간 존재의 근원적인 외로움이 노골적으로 깔려 있다. 물론 무거운 주제를 가볍게 표현함으로써 절망으로부터는 고개를 돌리고 현실에 대한 비판은 보다 효과적으로 수행했다. 그러나 「너와 마을」까지만 해도 박형서의 소설에서 인간과 세계에 대한 긍정을 발견하기는 힘들었다. 순환 구조는 분명 "환원론의 비극적 운명"(박대현)과 더 깊은 연관을 가졌다.

그러나 이제 박형서는 그 비극적 세계 옆에 따뜻한 위로와 생성의 상상력으로 가득 찬 「자정의 픽션」을 함께 놓아둔다. 처음은 끝으로, 끝은 처음으로 이어지지만 그것은 더 이상 벗어날 수 없는 운명, '닫힌 원'의 세계가 아니다. 맹렬한 증오와 원한 대신, 선량한 자유의지를 씨앗처럼 품고 있는 사람들의 이야기(『새벽의 나나』), 윤회는 족쇄가 아니라 기회가 되고 순환 구조는 "한없이 반복되는 새로움" 곧 "생명의 본질"(「음란성 연구」)이 된다. 이러한 세계관의 변화는 지금까지 살펴본 박형서 소설의 기술들과 내적 연관을 갖는다. 여러 가지 기술이라도 발견한 냥 이것저것 나열했지만, 실은 모두가 '다름'에 대한 사유에서 비롯한 것들이다. 형식은 새로웠으나 인간과 세계에 대한 이해는 다소 일면적인 데가 있었던 초기 소설의 세계가 이 '다름'에 대한 이해와 성찰을 통해 훨씬 더 유연해지고 깊어진 것이다.

덕분에, 형식 실험을 하지 않는 소설들도 내용이 좀 더 복잡해졌다. 품고 있는 세계 자체가 다층적이기 때문이다. 일테면 「아르판」은 "이야기 자체에 관한 이야기이면서 우리의 척박한 삶에 왜 이야기가 필요한지를 말해주는" 「자정의 픽션」을 품고 있다. 이 소설이 '놀이로서의 소설'도 결코 현실과 무관한 것이 아니라는 전언만 담고 있는 것은 아니다. 그것은 우리가 처음 했던 질문, 즉 '소설이란 무엇인가' 하는 저 근본적인 질문 위에 인간성의 높이에 관한 물음도 함께 올려 놓는다. 아니, 서로는 서로를 품고 있다. 문명과 야만, 세속과 초월, 승자와 패자, 거짓과 진실이 넘나들며 서로의 경계를 지운다. '와카만의 방식'은 '세상 모두가 와카'라는 모순적인 이야기로 이어진다. 그리고 다시, 이야기가 남는다. 인간을 숙주로 삼아 끝없이 자신의 생명을 이어가는 정신의 DNA. 진화는 이토록 쉼 없는 것이다. 박형서의 소설도 지금 그렇게 진화 중이다.

면죄부 없이, 당신과 함께

안보윤 『사소한 문제들』*

'네버랜드'는 동화 속 세상, 영원히 어른이 되지 않는 소년 피터팬이 사는 곳이다. Neverland, 실은 존재하지 않는 땅. 단지 허구의 세계여서가 아니라 아이들이 꿈꾸는 이상향utopia이기 때문에 그곳은 언제나 네버랜드일 수밖에 없다고 생각했다. 그런데 나이가 들어서 다시 읽은 피터팬 이야기는, 녹록치 않았다. 네버랜드의 아이들은 모두 고아. 집도 없이, 큰 나무 아래 땅굴을 은신처 삼아, 부모도 없이, 아이들만의 공동체 속에서 살아간다. 이들을 지켜주는 어른은 아무도 없다. 네버랜드의 어른들은 아이들이 무찔러야 할 나쁜 악당들일 뿐이다. 아이들의 영원한 친구 피터팬 역시, 같은 또래의, 부모 없는 아이일 뿐이다. 물론 피터팬 이야기가 신나는 이유도 바로 여기에 있다. 피터팬은 아이지만 하늘을 날 수 있는 능력이 있고, 어른들보다 훨씬 용감하고 총명해서 친구를 괴롭히는 악당들을 다 물리친다. 도처에서 출몰하는 어려움은 즐겨야 할 신나는 모험일 뿐이다. 간섭하고 금지하고 명령하는 부모들은 애초

* 안보윤, 『사소한 문제들』, 문학동네, 2011. 이후 인용할 때에는 인용 쪽수만 기재한다.

에 존재하지 않고, 아이들은 결코 자라지 않는다. 같이 놀 친구만 있다면, 굳이 자라 어른이 될 필요가 있는가. 아이들의 세계에서 때로 부모는 거추장스러운 짐일 뿐이다. 웬디네 집을 기웃대다가 피터팬은 가끔 그림자가 찢어지기도 하지만, 어른이 되기 싫은 아이들에게 네버랜드는 여전히 꿈의 동산이다.

그러나 안보윤이 그리고 있는 'NEVER랜드'는, 부디, 결코 존재하지 않기를 기원할 수밖에 없는 악몽과도 같은 현실이다. 이 세계에도 어른은 없다. 그러나 아이들도 없다. 고등학생, 중학생, 초등학생. 연령으로만 따진다면 분명 아이들이지만, 이 아이들이 살고 있는 세계는 결코 우리가 생각하는 동심의 세계가 아니다. 폭력이 난무하고, 강압적인 성행위가 아무렇지도 않게 자행된다. 아이들의 적은 더 이상 어른들만이 아니다. 같은 반의 친구가, 같은 동네의 형과 언니 오빠가 가장 무서운 적이고 공포의 대상이다. 이 'NEVER랜드'의 아이들에게는 부모뿐 아니라 친구도 없기 때문이다. 아이들은 힘을 합쳐 악당 같은 어른들이 아니라 힘이 없는 친구들을 괴롭힌다. 고아들은 모두 '왕따'가 된다. 생명력을 발산하며 한창 자랄 나이에, 그들은 삶이 죽음보다 더한 감옥이라는 것을 깨닫는다. 그렇다고 하늘을 날아 이 땅을 벗어날 수도 없다. 그 어떤 환상도 기대도 낙관도 없이, 단지 주어진 하루를 견뎌낼 뿐이다. 폭력은 그렇게 반복된다. 맞거나 때리거나, 살거나 죽거나. 중간항은 없다.

안보윤의 『사소한 문제들』은, 아이들의 이러한 현실을 매우 충격적으로 보여주는 장면으로 시작된다. 사랑도 욕망도 책임도, 인간에 대한 그 어떤 연민도 없이, 단지 폭력으로만 존재하는 삽입과 사정. 남자아이들의 이 '새로운 놀이'가 벌어지는 곳은 한밤중의 외진 공사 현장이 아니라 해가 아직 중천에 떠 있는 평일 오후 세 시, 새로 단장한 친환경 놀이터의 원목 요새다. 중학교 3학년생인 황순구가 한 학년 위의 남자아이들에게 둘러싸여 아랫도리를 까고 있다. 눈앞에는 여자아이의 벌거벗겨진 다리가 벌어져 있다. 욕지기가 치솟는다. 읽는 우리도 욕지기가 난다. 적나라한 묘사 때문만이 아니다. 외면하고 싶은 마음 때문이다. 안보윤이 이 소설에서 우리에게 계속해서 묻고 있는 질문, 거기에 자신 있게 대답할 용기가 없기 때문이다. "눈을 돌려라, 무시해라, 잊어버려라." "위험한 것, 불길한 것으로부터 자신을 지키고자 하는" 동물적 본능은 두식만의 것이 아니다. 그러니까 우리도 실은 이렇게 묻고 싶은 것이다. "무지한 것이 잘못인가? 불길하고 불필요한 것들을 다만 외면하고 사는 것이 잘못인가? 누구나 다 그렇게 사는 것 아닌가? 내가 특별히 무엇을 잘못하고 있었던 건가?"

그래, 계속 그렇게 합리화해보자. 그러니까 계속, 평일 대낮의 놀이터, 아무도 다가가지 않는, 친환경(!), 원목, 요새, 우리들의 아무렇지도 않은 일상, 공간, 바로 거기에서, 매일같이 일어나고 있는, 나와 당신, 그리고 우리 아이들의, 저 '사소한 문제들'……. 불편한가? 그렇다, 안보윤의 『사소한 문제들』은 반어적인 제목이 환기하는 이 불편함으로부터 시작된다. 이번 소설에서 그가 특히 문제 삼고 있는 것은, 그 누구도 이에 대해 스스로에게 면죄부를 부여할 수 없는, '학교폭력'에 대한 것이기 때문이다. 전작 『악어 떼가 나타났다』나 『오즈의 마법사』에서처럼 현실은 여전히 환각에서 깨어나고 싶지 않을 정도로 잔혹하다. 그러나 이 세 번째 장편소설에서 안보윤은 환각이나 환상을 말끔히 걷어내고 맨 정신으로 현실을 직시한다.

왕따가 사회적 이슈가 된 지는 이미 오래다. 다들 문제라고 말은 하지만 여전히 뚜렷한 해결책은 없다. 학교폭력이지만 학교만의 문제도, 왕따를 당하거나 시키는 몇몇 학생들만의 문제도 아니기 때문이다. 힘에 의한 서열화, 서열에 의한 폭력의 재구조화는 비단 학교에서만 볼 수 있는 것이 아니다. 군대, 직장, 가족, 심지어 연인 사이에서조차 이러한 폭력은 만연해 있다. 인간의 근원적인 폭력성 때문인가. 그럴 수 있다. 그러나 그것이 문제의 핵심은 아니다. 지금 우리 사회에 만연한 원인 모를 분노와 폭력은 올바른 가치의 부재가 낳은 우리 사회의 구조적 병폐에 가깝다. 학교폭력은 이 병폐가 청소년이라는 가장 취약한 집단에서, 학교라는 가장 대중적인 교육기관에서 집중적으로 발현된 것에 다름 아니다. 학교에 경찰관이 주둔한다거나 학교폭력 신고센터를 운영한다고 해서 쉽게 해결될 리가 없다. 문제는 훨씬 더 심각하다. 잘못은 아이들이나 선생들에게만 있는 것이 아니다. 중학생들이 초등학생을 때리고 협박해 원조교제를 시키는 현실이 무서운가. 조직적으로 폭력을 학습시키고 온갖 수단을 동원해 현금을 갈취해가는 무서운 아이들 뒤에는 한탕주의와 무사안일주의에 빠져 있는 무능력하고 무기력하고 무감각한 어른들이 있다. 사랑은 돈으로 거래되고, 인생은 안정된 직장에 저당 잡힌다. 다른 가치는 없다. 공무원 집안의 성현이 도박중독자가 되어버린 것 역시 그 때문이다. 아이들은 본능적으로 이 세계의 본질을 꿰뚫는다. 동물들의 먹이사슬과도 같은 철저한 약육강식의 세계가 자신들이 살아가는 세계의 진짜 얼굴이라는 것을 알아차린다.

황순구는 자기보다 서열이 높은 '남자아이' 앞에서는 "돌진해, 라고 명령하면 곧장 돌진하는 황소일 뿐"이지만, 못생기고 뚱뚱하고 자기보다 힘이 약한 초등학생 여자아이 앞에서는 그러므로 무소불위의 힘을 휘두른다. 우연히 요새에 있다가 황순구가 고등학생들에게 당하는 것을 훔쳐본 죄로, 아영은 이후 황순구의 폭력에 무방비로 노출되어 돈을 뺏기고 원조교제 자리에까지 끌려다니게 된다. 겨우 초등학생이다. 하지만 가족도 학교도 이 폭력으로부터 아영을 보호해주지 못한다. 아버지는 도박에 빠져 빚만 남기고 집을 나갔고, 생계를 책임진 어머니는 24시간 대형마트에서 장시간 노동에 시달리느라 집에 오면 쓰러져 자기 바쁘다. 학교에서도 이미 '슈렉'이라고 놀림받으며 왕따를 당하는 처지. 하지만 아이들이 값비싼 학용품을 가져오며 잘못된 풍조를 조장해도 아무런 제제도 가하지 않는 선생님에게는 그 어떤 기대도 할 수 없다. 도처에 어른이 있지만, 이 아이들을 지켜주고 이끌어줄 어른은 한 명도 없다. "황순구는 한번 때리기 시작하면 입안이 전부 찢기고 이가 부러질 때까지" 때리는데, 횡단보도 한가운데서 아영이 그렇게 맞고 있어도 "횡단보도에 서 있는 사람도 차 안에 앉아 있는 운전자도 누구 하나 황순구를 말리거나 경찰에 신고하지 않았다" 뿐인가, 아영을 상대로 구강성교를 한 PC방 직원은 다음번에는 "제대로" 한번 해보겠다고 황순구를 꼬드긴다. 아영은 생각한다. "살아 있는 것만이 최선은 아니다." 계속 살아봤자, 결코 떼어낼 수 없는 끔찍한 꼬리표를 단 채, 죽는 것보다 못한 삶을 살게 될 것이다. 황순구를 향한 것이라고 생각했던 살의는 그리하여 쉽게 자기 자신에게로 향한다.

우리는, 왕따를 당하던 아이가 자살하는 이야기가 더 이상 낯설지 않은 시대를 살고 있다. 다른 선택을 했어야 한다고 말할 수 있을 만한 그 어떤 일도 하지 못해서, 이런 문장을 쓰고 있는 내 손이 참담하다. 그나마 다행인 것은, 『사소한 문장들』은 비현실적인 낙관에 기대지도 않지만 이런 결론으로 치닫지도 않는다는 것이다. 절망적인 현실을 그대로 보여주는 것에 그치지 않고 어떤 식으로든 대안을 찾아보고자 하는 작가의 고민이 엿보이는 지점이다. 성공 여부를 떠나, 나는 그것이 이 작가가 좀 더 성숙해가는 증거라고 생각한다. 관계 맺기에 대한 문제가 제기되는 것이 바로 이 지점이다.

아영을 사로잡고 있던 저 명백한 살의는 헌책방 주인아저씨에 불과했던 두식과 '한 뼘의 체온'을 나누어가지게 되면서 얼음 녹듯이 사라져버린다. 폭력이나 방관이 아니라 존중과 배려, 연민과 사랑이 이 낯선 타인들을 어루만져주었기 때문이다. 그것은 어떻게 가능했을까. 아영과 두식의 이상한 동거가 시작된 것은 황순구에게서 벗어나기 위해 충동적으로 가출을 결정한 아영의 막무가내식 '습격'에 따른 것이지만, 누구와도 관계 맺기를 꺼려하던 두식이 문제의 소지가 다분한 아영을 숨겨주기로 결정한 것은 그가 아영에게서 죽음에 육박하는 공포를 보았기 때문이다. "연약하고 비굴한" 동류들만의 그림자, 그 "그림자의 불행과 외로움을, 절망을" 알아보았기 때문이다. 물론 동류에 대한 감정은 양가적이다. 동류라는 느낌 때문에 그는 아영을 기억했지만, 같은 이유로 아영을 외면했었다. 선의를 베풀 때조차 "불길한 아이들보다는 철모르는 짐승이 낫다"는 식으로 스스로를 합리화해야 할 만큼 그는 이미 상처투성이였기 때문이다. 하지만 "눈을 돌리고 숨을 참고 자신의 손가락만 응시"해서는 불행뿐 아니라 행복도 찾아오지 않는다. 표 나지 않게 아영을 환대해준 두식의 삶에 찾아온 변화야말로, 삶의 이 아이러니를 증명한다.

어쩌면 우리 시대는 "여자애랑 같이 엘리베이터만 타도 범죄자 취급을 받는", 애초부터 환대가 불가능한 시대일는지도 모른다. 더구나 두식에게 타인에 대한 관심이나 환대는, 언제나 고통과 불행의 다른 이름이었을 뿐이다. 가족으로부터도 지지받지 못했고, 사랑했던 사람에게조차 사랑받지 못했던 동성애자 두식. 그가 서른아홉이 되도록 쓰러져가는 헌책방에서 아무도 욕망하지 않는 헌책들처럼 조용히 낡아가고 있는 이유는 후배 성현을 향한 애타는 마음 때문이지만, 도박 중독에 빠진 성현은 그런 두식의 감정을 이용해 그의 전 재산을 우려내고도 그를 원망할 뿐이다. 두식은 점차 일상의 행복으로부터 스스로를 유폐하고 모든 일에 무심한 사람이 되기 위해 노력한다. 그러나 그렇게 숨죽여 살아도 폭력은 예기치 않았던 곳에서 불시에 날아든다. 동성애 혐오주의자의 표적이 되어 끔찍한 상해를 입었으나 입원도 신고도 하지 못한 채 집에 돌아온 그가, 아영의 다리를 붙잡고 터뜨린 저 벼락같은 울음. 그가 느낀 서러움과 슬픔, 공포와 고독은 더더욱 그를 그 누구도 환대할 수 없는 사람으로 만들었을 것이다. 하지만 역설적으로 그가 아영을 환대할 수 있었던 것은, 바로 그가 환대받지 못한 사람이었기 때문이다. 고통은 때로 사랑보다 사람을 더 긴밀하게 묶는다. 그는 아영에게서, 환대받고 싶었던 자기 자신을 보고 있었던 것은 아닐까. 왕따 소녀와 게이 노총각은 그렇게 서로에게서 서로의 얼굴을 보고 서로의 체온을 조금씩 나눈다. "뚱뚱하고 뻔뻔한, 버릇없는 불청객"은 이제 성현을 내쫓고라도 찾아나서야 할 "**소중한 손님**"(강조는 원문)이 된다.

문득, 탄식처럼 질문이 터져 나온다. 사람이란 무엇일까. 대저 사람에게, 사람이란 무엇일까. 둔중한 아픔 없이 이 질문에 대답할 수 있다면, 당신은 행복한 사람일까? 초등학생의 입에서 '무서운 건 몬스터나 뱀파이어가 아니라 사람'이라는 소리가 나올 정도로 이 소설에서 사람은 사람에게 공포고 때로 헤어나올 수 없는 불행 그 자체다. 그러나 『사소한 문제들』은 그 역 또한 진실이라는 것을, 사람은 그 누구도 타인 없이 살아갈 수 없다는 것을, 사람 때문에 불행하다면 행복 역시 결국에는 사람을 통해서만 얻을 수 있다는 것을, 이 부인할 수 없는 존재의 딜레마를 온몸으로 껴안고 있는 소설이다. 어쩌면 이 뻔한 진실을 이야기하기 위해 저 숱한 문학 작품이 탄생했는지도 모른다. 하지만 여전히, 여기에는 정답이 없다. 사람에게는 수많은 얼굴이 있고, 관계는 언제나 쌍방향적인 것이기 때문이다. 레비나스의 말대로 환대는 무조건적으로 이루어져야 하는 것이겠지만, 그러한 환대로부터 시작된 관계 역시 결코 일방적으로 끝나지 않는다. 혼자 살 수도 없지만, 단둘만의 공동체 역시 존재하지 않는다. 혼자 있을 때조차 우리는 사회 내 존재로 홀로 있다.

그래서일까. 보름간 함께 체온을 나누며 서서히 변해가는 두식과 아영을 통해, 작가는 이 세계가 변화할 수 있는 가능성을 잠시 열어 보이지만, 소설의 결말 자체는 그다지 낙관적이지 않다. 두식의 헌책방, 모든 것이 "고인 채 흘러가지 않는" 그 시간 속에 잠시 멈춰 서 있는 것만으로는 결코 문제를 해결할 수 없기 때문이다. "안개는 결국 안개에 불과하다." 성현과 황순구의 등장으로 안개는 걷히고 두식과 아영 둘만의 평화로운 동거는 깨어진다. 현실은 다시 추악한 얼굴을 드러낸다. "겸연쩍어하거나 미안해하는" 기색도 없이, 또다시 빚쟁이처럼 두식을 찾아온 성현, 아영보다 더 힘없는 '송곳니'를 대상으로 여전히 똑같은 짓을 반복하고 있는 황순구. 변하지 않는 현실 앞에서 두식과 아영은 이제 자신들이 어떤 결단을 내려야 한다는 것을 깨닫는다. 두식은 더 이상 성현에게 미련을 품지 않고 냉정하게 그를 돌려보낸 뒤 아영을 찾으러 나선다. 아영은 '송곳니'의 아랫도리를 깨끗이 씻어준 뒤 집에 돌아가 할머니에게 사실을 알리라고 말한다. 황순구를 죽이려고 했으나 대신 아영과 '송곳니'가 성행위를 해야만 했던 그 더러운 PC방 화장실이라도 불태우기로 한다. 그러나 모든 일이 그렇게 순조롭게 진행되지는 않는다. 두식은 아영을 찾는 대신 화장실에 숨어 있는 '송곳니'를 발견한다. 자신이 찾던 아이가 아니었으니 그가 그냥 돌아선 것이 큰 잘못은 아닐 수 있다. 아영은 실수로 건물 전체를 불태우고 도망친다. 문제는, 아영이 분명히 내보냈던 '송곳니'가 어느 틈에 다시 돌아왔는지 화장실 안에서 시신으로 발견되었다는 사실이다. 소설은 다시 우리에게 질문을 던진다.

이 여자아이를 죽인 것은 누구인가?

대답은 명백하다. 누구도 이 죄에서 손을 씻을 수 없다. 이 소설을 읽고 혀를 끌끌 차고 있을, 혹은 눈물 한 방울로 아영을 애도하고 있을 당신 역시도. 우리는 모두 공범자다. 그러므로 현실은 쉽게 바뀌지 않는다. 아이들은 여전히 누군가를 왕따시키고 있고, 어른들은 이제 웬만한 일에는 놀라지도 않는 무감각함으로 돈을 버는 데 여념이 없다. 이 사건으로 황순구 일당의 행동들이 드러나게 되었으니 결국 '송곳니'는 '사실을 밝히라'는 아영의 말을 자신의 죽음을 통해 실현한 셈이지만, 방화범이 되어버린 아영의 입은 오히려 더 굳게 닫힌다. 책방이 모두 불타고 파산자가 되어버린 두식은 홀가분하게 이곳을 떠나기로 하지만, 적극적으로 타인들과 '관계 맺기'보다는 여전히 침묵하고 외면하는 데 익숙하다. 떠남, 이전의 삶으로부터 자신을 끊어내겠다는 결단은 그렇게 쉽게 실현되지 않는다.

그러나 이 비극적인 결말은, 작가의 냉정한 현실인식을 드러내는 것이지 현실에 대한 절망을 드러내는 것은 아니다. 두식은 자신의 길을 떠나기에 앞서, 그를 찾아온 아영을 배웅한다. 다리를 절며 걸어가는 아영의 "여전히 불행하고 쓸쓸해" 보이는 그림자, "그 고독한 절망이, 자신과 똑같은 깊이의 그 슬픔이 더 이상 보이지 않을 때까지" 오래오래. 어쩌면 『사소한 문제들』의 목적은, 현실을 이토록 참혹한 'NEVER랜드'로 만든 나와 당신, 우리 모두를 공범자로 고발하는 데 있는 것이 아니라 이 쓸쓸하고 고독한 배웅을 보여주는 데 있는 것인지도 모르겠다. 면죄부는 없다. 그러나 당신의 슬픔이 나의 절망을 배웅한다. 다음 발을 내밀어 혼자 걸어갈 수 있는 힘은, 같은 고통을 짊어지고 나와 함께 걸어준 당신의 그 '사소한' 한 걸음에 있다.

발표 지면

프롤로그 그리하여 밤이 밤을 밝히었다 / 『문장웹진』 2020.2.

1부 인간이란 무엇인가

· 인간이란 무엇인가 / 『문학들』, 2017.여름.
· 인간이 무엇이지 '않기' 위해 우리는 무엇을 해야 하는가 / 『실천문학』, 2014.겨울.
· 불가능한 애도 / 『문예바다』, 2016.여름.
· 종말을 살아가는 인간의 윤리 / 『오늘의 문예비평』, 2014.여름.

2부 죽음 앞의 삶

· '대낮'의 삶과 '밝아지기 전'의 윤리 / 『자음과 모음』, 2013.봄.
· 진실은 '어떻게' 드러나는가 / 『문장 웹진』, 2010.11.
· 서울은 '어디에' 있는가 / 김수이 외, 『서울의 문화적 완충지대』, 삶창, 2012.
· 환상은 어떻게 환멸이 되는가 / 『오늘의 문예비평』, 2007.여름.
· 사실과 진실, 진언과 잡설의 경계 / 『문학과사회』, 2010.가을.
· 소외된 자의 언어, 견디는 자의 침묵 / 『2007 '작가'가 뽑은 올해의 소설』, 도서출판 작가, 2007.
· 센티멘털리즘에 빠진 동물들 / 『서시』, 2010.겨울.

3부 청춘의 종언과 선언 사이

· 청춘의 종언과 선언 사이 / 『작가와비평』, 2010 상반기
· 청춘, 그 벌레로서의 '삶' / 『실천문학』, 2015 해설
· 세계의 아이러니에 빠진 유머리스트 / 『문학동네』, 2010.봄
· 무한히 확장되는 '안'의 세계, 닿을 수 없는 죽음의 '바깥' / 『오늘의 문예비평』, 2007.봄
· 룰의 세계를 내파하는 사랑의 룰 / 김금희, 전미세리 역, 『체스의 모든 것(Everything About Chess)』, 도서출판 아시아, 2016 해설
· 외부화하는 비평, 내파하는 소설 / 프레시안books, 2011.10.7, 발표 당시 제목은 '백설공주가 먹은 것은 정말로 '독사과'였나?'

4부 룰의 세계를 내파하는 사랑의 룰

· 존재의 어둑함 속에 깃드는, 사랑 / 『문학동네』, 2012.봄
· 다시, 가족에서 사회로 / 『문학수첩』, 2009.가을
· 환영幻影을 어떻게 환영歡迎할 것인가 / '프레시안books', 2011.7.15
· 끝나지 않는 것은 고통만이 아니다 / 『실천문학』, 2012.여름
· 상처와 공포의 서사에서 치유와 회복의 서사로 / 자음과모음, 2010 해설
· 내 상처를 파헤치던 손길에서 네 상처를 어루만지는 손길로 / 『오늘의 문예비평』, 2009.여름
· 가시와 침 / 『문장 웹진』, 2009.여름
· 절망의 강바닥에서 퍼올린 이 싱싱한 낙관들 / 문학동네, 2010 해설
· 똥광에 똥쌍피 / 『문장 웹진』, 2009.여름

5부 경계를 넘는다는 것

· 우리 시대 작가는 어떻게 존재해야 하는가 / 『내일을 여는 작가』 특집호, 2010
· 넘어라, 한국문학 / 『문학마당』, 2009.여름
· 월경의 상상력과 타자의 윤리–전성태, 『늑대』 / 창작과비평, 2009 해설
· 땅이나 하늘 바람에 그 누가 주인을 정하는가?–김형수, 『조드–가난한 성자들』 / 『문학의오늘』 2012.여름
· 자가면역질환을 앓는 세계화 시대의 이방인들–김재영, 『폭식』 / 『창작과비평』, 2010.봄
· 21세기 남아프리카공화국의 오이디푸스와 안티고네–존 쿳시, 『추락』 / 2011 초고, 미발표
· 「아이반」이 던지는 여섯 가지 질문–윤이형, 「아이반」 / 『오늘의 문예비평』, 2007.가을
· 소설을 넘는 소설의 욕망, 진화하는 소설의 DNA–박형서 소설의 기술 / 『문학의오늘』, 2012. 가을

에필로그 면죄부 없이, 당신과 함께–안보윤, 『사소한 문제들』 / 『자음과 모음』, 2012.봄